**Directeur d'ouvrage**
André Duco

**Auteurs**
Françoise Baret
Françoise Bringer
David Busti
Audrey Carpentier
Nicolas Caudron
Céline Charrier
Frédéric Celle
Grégoire Daoust
Hervé Froissard
Laurent Geray
Sylvie Jalabert
Anne Mauffrey
Claire Olive
Jean-Michel Picoche
Samuel Rebulard
Lucas Salomon
Andaine Seguin-Orlando
Romina Seyed
Pierre-Olivier Thébault
Sébastien Vigier
Anne Woehrlé

**Coordinateurs pédagogiques**
Claude Censier
Myriam Vial

**Conseillers scientifiques**
Rémi Cadet
Ludovic Orlando
André Schaaf

Programme 2011

8, RUE FÉROU 75278 PARIS CEDEX 06
WWW.EDITIONS-BELIN.COM

# SOMMAIRE

| | |
|---|---|
| Mode d'emploi du manuel | 4 |
| Le nouveau manuel de SVT 1re S | 6 |
| Le programme 2011 et le manuel de SVT 1re S | 8 |

### THÈME 1 — Expression, stabilité et variation du patrimoine génétique — 12

| | | |
|---|---|---|
| | Mobiliser ses acquis | 14 |
| Chapitre 1 | La reproduction conforme de la cellule et la réplication de l'ADN | 17 |
| Chapitre 2 | À l'origine de la variabilité génétique : les mutations | 31 |
| Chapitre 3 | L'expression du patrimoine génétique | 47 |
| | **OBJECTIF BAC** | 67 |
| | **ATELIERS D'EXPLORATION** | 68 |

### THÈME 2 — La tectonique des plaques : l'histoire d'un modèle — 70

| | | |
|---|---|---|
| | Mobiliser ses acquis | 72 |
| Chapitre 1 | La mobilité des continents : naissance d'une idée | 75 |
| Chapitre 2 | De la dérive des continents à l'expansion océanique | 95 |
| Chapitre 3 | Le modèle actuel de la tectonique des plaques | 113 |
| | **OBJECTIF BAC** | 133 |
| | **ATELIERS D'EXPLORATION** | 134 |

### THÈME 3 — Enjeux planétaires contemporains — 136

| | | |
|---|---|---|
| | Mobiliser ses acquis | 138 |
| Chapitre 1 | Tectonique des plaques et géologie appliquée | 141 |
| Chapitre 2 | La production agricole végétale et animale | 159 |
| Chapitre 3 | Les impacts des pratiques alimentaires collectives | 179 |
| | **OBJECTIF BAC** | 193 |
| | **ATELIERS D'EXPLORATION** | 194 |

---

Le directeur d'ouvrage, les auteurs et les éditions Belin tiennent à remercier les personnes et sociétés suivantes pour leur aide lors de la réalisation du manuel : la Cité scolaire internationale de Lyon et J. Véniant ; J.-L. Balossi ; le Dr Beauclair ; P. Bernard ; N. Bouatia-Naji ; T. Busigny ; E. Cappelini ; F. Cariou ; P. Cordier ; L. Counillon ; C. Delaunay-Blanchard ; P. Denis ; A. Dewaele ; J.-C. Dreher ; L. Duret ; I. Durieu ; S. François ; R. Gautier ; A. Ginolhac ; P. Giral ; A. Jacquemin-Sablon ; N. Josso ; K. Knoblauch ; A. Le Bras ; J.-M. Lobaccaro ; L. Loison ; F. Malartre ; S. Mathieu ; M. Meselson ; Y. Morel ; F. Pedeutour ; C. Robert ; C. Sanloup ; A. Sarrieau ; A. Schedl ; G. Sescousse ; F. Stahl ; P. This ; P. Thomas ; D. Veutin ; C. Vidal ; V. Vidal ; J.-L. Vigneresse ; les sociétés Sciencéthic (http://www.sciencethic.com) et BéGéNAT (http://www.begenat.com).

Toutes les références à des sites Internet présentées dans cet ouvrage ont été vérifiées attentivement à la date d'impression. Compte tenu de la volatilité des sites et du détournement possible de leur adresse, les éditions Belin ne peuvent en aucun cas être tenues pour responsables de leur évolution. Nous appelons donc chaque utilisateur à rester vigilant quant à leur utilisation.

© Éditions Belin, 2011                                ISBN : 978-2-7011-5825-9

Sommaire détaillé p. 8

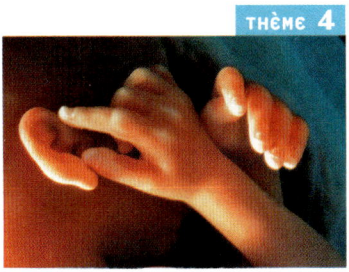

**THÈME 4** — **Féminin, masculin** — **196**
  Mobiliser ses acquis — 198
Chapitre 1 **Devenir femme ou homme** — 201
Chapitre 2 **Sexualité et procréation** — 219
**OBJECTIF BAC** — 239
**ATELIERS D'EXPLORATION** — 240

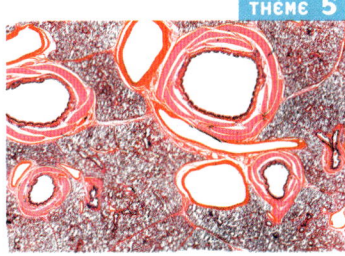

**THÈME 5** — **Variation génétique et santé** — **242**
  Mobiliser ses acquis — 244
Chapitre 1 **Patrimoine génétique et maladie** — 247
Chapitre 2 **Variations du génome et maladie** — 263
**OBJECTIF BAC** — 283
**ATELIERS D'EXPLORATION** — 284

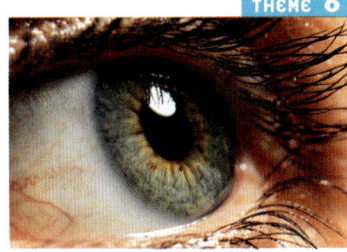

**THÈME 6** — **De l'œil au cerveau : quelques aspects de la vision** — **286**
  Mobiliser ses acquis — 288
Chapitre 1 **De la lumière au message nerveux : le rôle de l'œil** — 291
Chapitre 2 **Cerveau et vision : aires cérébrales et plasticité** — 307
**OBJECTIF BAC** — 325
**ATELIERS D'EXPLORATION** — 326

---

**Des outils pour un accompagnement personnalisé de l'élève**

• Des exercices guidés
• Des exercices Objectif Bac         voir p. 7
• Des ateliers d'exploration

• Les corrigés d'exercices — 328
• Le Dico des SVT — 332

# Mode d'emploi du manuel

**6 grands thèmes et 15 chapitres avec la même structure**

### Avant de commencer
- Des documents à observer
- Des questions pour mobiliser les acquis
- Des mots clés
- Un rappel des notions indispensables

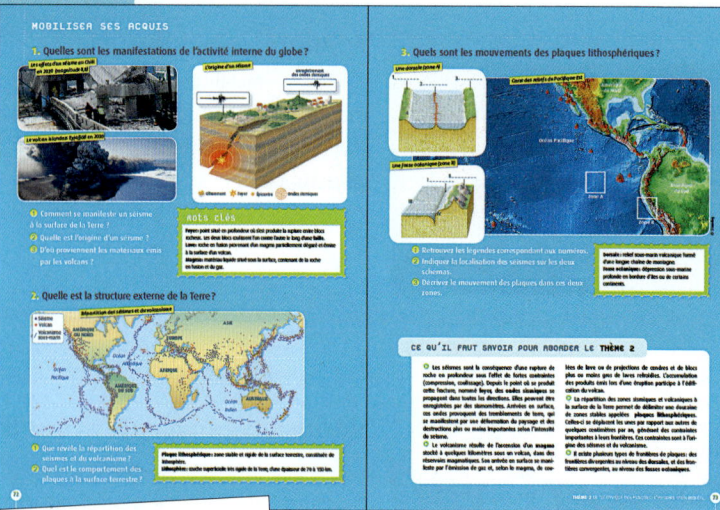

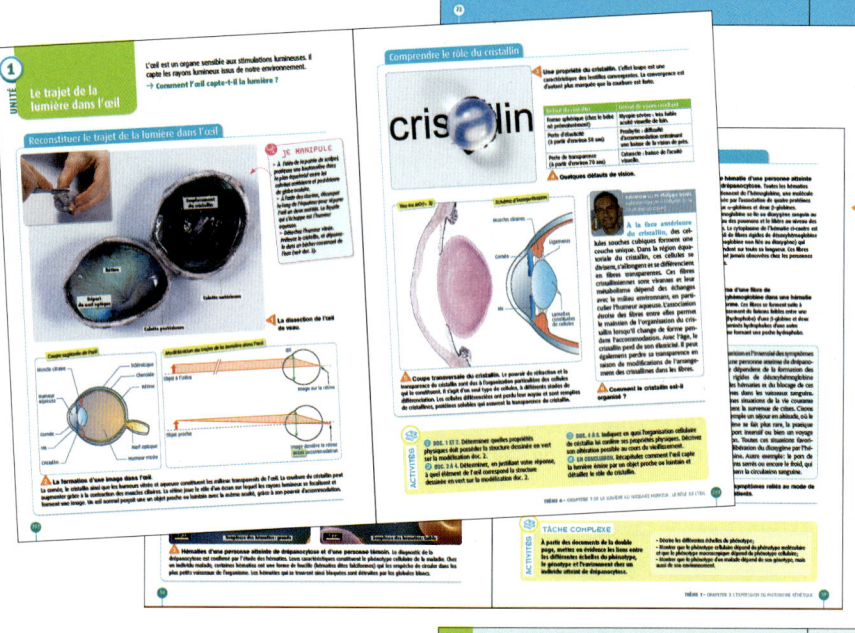

### Les unités du chapitre
- Des documents à exploiter
- Des expériences à réaliser **TP**
- Des interviews de chercheurs
- Un questionnement guidé ou des activités en tâche complexe

### Le bilan des unités
- Les notions découvertes dans chaque unité
- Des schémas explicatifs pour faciliter la compréhension

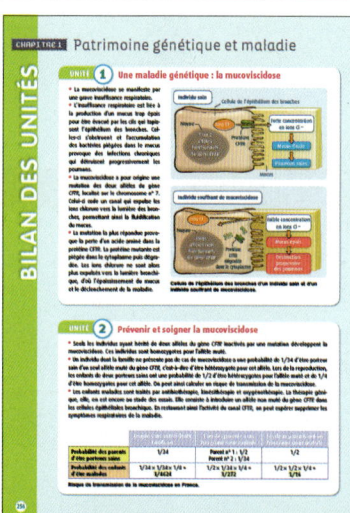

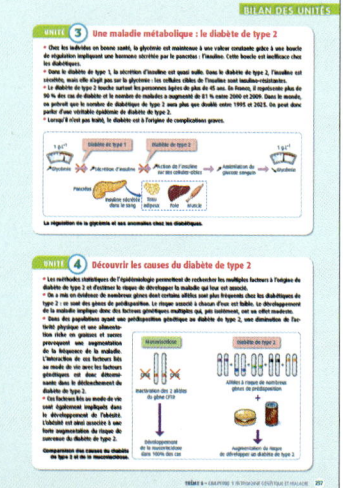

4

## L'essentiel

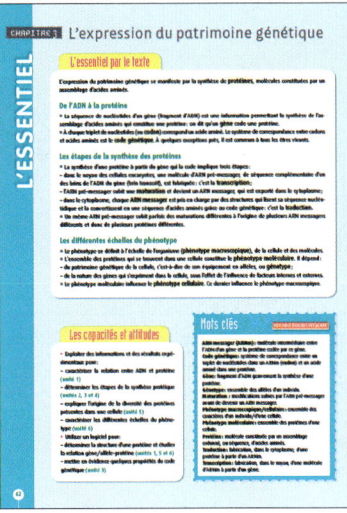
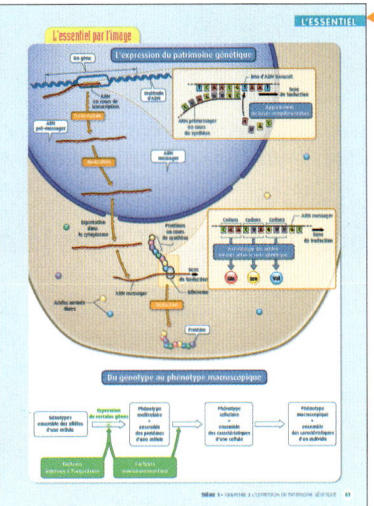

- L'essentiel par le texte
- Les capacités et attitudes
- Les mots clés du chapitre
- L'essentiel par l'image

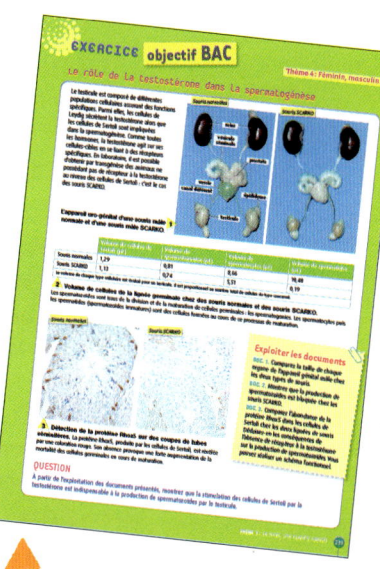

## Exercice Objectif bac

- Trois documents scientifiques à exploiter
- Un guide pour s'entraîner

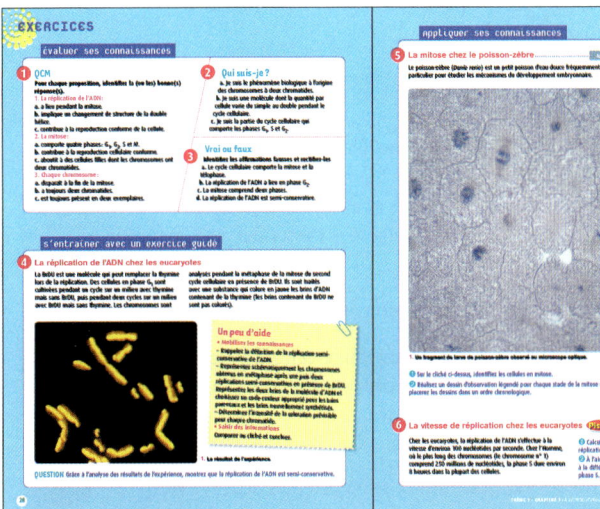

## Les exercices du chapitre

- Évaluer ses connaissances
- S'entraîner avec un exercice guidé
- Appliquer ses connaissances

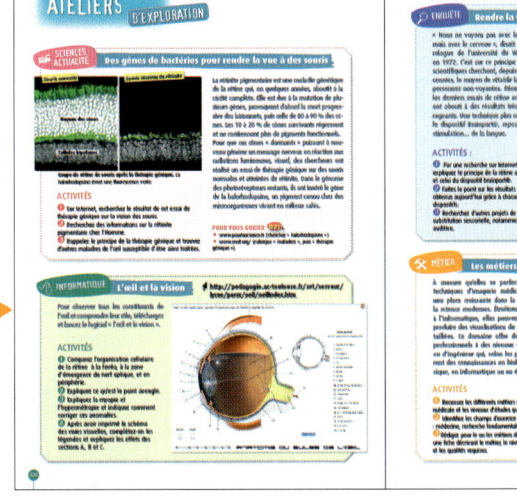

## Les ateliers d'exploration

- Des activités complémentaires pour découvrir des métiers, utiliser les TICE, organiser un débat, suivre l'actualité scientifique, etc.

MODE D'EMPLOI DU MANUEL — 5

# Le nouveau manuel de SVT 1ʳᵉS

Ce nouveau manuel de SVT 1ʳᵉS est conçu pour être un support efficace pour l'enseignement. Il est accompagné de sa version numérique interactive, le **Lib' Livre interactif Belin** au service de votre liberté pédagogique.

*Retrouvez le Lib', Livre interactif de Belin : www.libtheque.fr/svtlycee*

## Comment est mis en œuvre le programme de SVT dans le manuel ?

| LE PROGRAMME | LE MANUEL |
|---|---|
| « Les conditions d'exercice de la liberté pédagogique du professeur » | **15 chapitres répartis en 6 thèmes** selon le déroulé du programme, que l'enseignant peut aborder dans l'ordre qu'il souhaite. Un grand nombre de documents sont proposés comme autant de pistes à explorer et de supports de travail. |
| « La démarche d'investigation » | **74 Unités** au cœur de la démarche pédagogique. Une unité aborde un problème scientifique précis et renvoie l'élève à des activités diversifiées dans le cadre de la **démarche d'investigation**. De nombreuses **activités expérimentales** sont proposées. **TP** |
| | **15 Bilans des unités** reprennent les connaissances construites dans les unités, par des textes courts et des schémas explicatifs. |
| « Les compétences : une combinaison de connaissances, capacités et attitudes » | **320 Activités** pédagogiques comprenant des tâches complexes mettent en œuvre les **capacités et attitudes** du programme. |
| | **15 « L'essentiel »**, un par chapitre, facilitent le travail de mémorisation par l'élève des connaissances exigibles. Chaque double page comprend : les notions construites dans les unités (« **L'essentiel par le texte** »), « **Les capacités et attitudes** » mobilisées dans les unités, les « **Mots clés** » du chapitre et un schéma de synthèse (« **L'essentiel par l'image** »). |
| « L'évaluation des élèves » | **130 Exercices** diversifiés et progressifs. Ils sont classés en 4 rubriques : « **Évaluer ses connaissances** », « **S'entraîner avec un exercice guidé** », « **Appliquer ses connaissances** » et « **Objectif bac** ». |
| « L'autonomie des élèves et le travail par atelier » | **24 Ateliers d'exploration** participent « **à la construction d'une culture scientifique** » et « **à la formation de l'esprit critique et à l'éducation citoyenne** ». Au travers d'activités variées, l'élève fait preuve d'autonomie et d'initiative, se familiarise à l'utilisation des TICE, découvre des métiers et domaines professionnels, participe à des débats, etc. |
| « Les technologies de l'information et de la communication » | Dans les **unités**, comme dans les **ateliers d'exploration**, de nombreuses **activités TICE** sont proposées dans le cadre du Brevet informatique et Internet (B2i). **B2i** |
| « La pratique de démarches historiques » | Dans les **unités**, comme dans les **ateliers d'exploration**, de nombreuses références à l'**histoire des sciences**, l'**histoire des techniques** et à l'**art et la science**. **HISTOIRE DES SCIENCES** **ART ET SCIENCE** |
| « Les pistes : des prolongements du programme » | Dans les **unités**, les **exercices** et les **ateliers d'exploration**, des documents et des propositions d'activités pour orienter le travail des élèves en TPE, dans le cadre de l'accompagnement personnalisé ou de clubs scientifiques. **Piste** |

## Capacités et attitudes (B.O.)

- Pratiquer une démarche scientifique (observer, questionner, formuler une hypothèse, expérimenter, raisonner avec rigueur, modéliser).
- Recenser, extraire et organiser des informations.
- Comprendre le lien entre les phénomènes naturels et le langage mathématique.
- Manipuler et expérimenter.
- Comprendre qu'un effet peut avoir plusieurs causes.
- Exprimer et exploiter des résultats, à l'écrit, à l'oral, en utilisant les technologies de l'information et de la communication.
- Communiquer dans un langage scientifiquement approprié : oral, écrit, graphique, numérique.
- Percevoir le lien entre sciences et techniques.
- Manifester sens de l'observation, curiosité, esprit critique.
- Montrer de l'intérêt pour les progrès scientifiques et techniques.
- Être conscient de sa responsabilité face à l'environnement, la santé, le monde vivant.
- Avoir une bonne maîtrise de son corps.
- Être conscient de l'existence d'implications éthiques de la science.
- Respecter les règles de sécurité.
- Comprendre la nature provisoire, en devenir, du savoir scientifique.
- Être capable d'attitude critique face aux ressources documentaires.
- Manifester de l'intérêt pour la vie publique et les grands enjeux de la société.
- Savoir choisir un parcours de formation.

# Les outils du manuel

## pour un accompagnement personnalisé de l'élève

### Exercices guidés
dans chaque chapitre du manuel (15 chapitres)

### Exercices Objectif Bac

| | |
|---|---|
| • Le phénotype moléculaire de cellules cancéreuses | 67 |
| • Les mouvements relatifs de trois plaques lithosphériques | 133 |
| • Agriculture et gestion de la ressource en eau | 193 |
| • Le rôle de la testostérone dans la spermatogenèse | 239 |
| • Les causes d'une maladie cardiovasculaire : l'athérosclérose | 283 |
| • L'étude d'un trouble visuel | 325 |

### Le Dico des SVT
Tous les mots clés des chapitres, en lien avec les connaissances exigibles du programme — 332

### Les métiers
**Pour préparer les futures études supérieures, en partenariat avec l'ONISEP**

• **6 Ateliers d'exploration** consacrés à la découverte de domaines professionnels en lien avec la SVT (voir ci-contre)

Retrouvez sur le Lib', Libre interactif de Belin, des fiches métiers et des vidéos de l'ONISEP : www.libtheque.fr/svtlycee

### Ateliers d'exploration avec de multiples activités

**Débat**
• Réduire notre consommation de viande ? — 194
• Question d'éthique : le diagnostic pré-implantatoire — 241

**Enquête**
• Attention : agents mutagènes ! — 68
• Passé, présent et futur de la tectonique des plaques — 135
• Contraception : halte aux idées reçues ! — 240
• Le dépistage : une arme efficace contre le cancer — 285
• Rendre la vue : une révolution à venir ? — 327

**Sciences Actualité**
• Une alternative aux cellules souches ? — 68
• Un essai de thérapie génique réussi ? — 284
• Des gènes de bactéries pour rendre la vue à des souris — 326

**Plus loin avec Internet** B2i
• Étudier les séismes en direct — 134
• L'œil et la vision — 326

**Informatique** B2i
• Calculer la porosité d'une roche réservoir du pétrole — 194

**Le coin du labo**
• Observer des roches au microscope — 135
• Modéliser une culture de blé — 195

**Métier**
• Chargé(e) hygiène, sécurité, environnement — 69
• La géologie : un gisement de métiers ! — 134
• Le conseil en agriculture — 195
• Sage-femme — 241
• Médecin endocrinologue — 284
• Les métiers de l'imagerie médicale — 327

**Histoire des sciences, histoire des techniques, art et science**
• L'eugénisme : de la fiction à la science — 69
• L'hermaphrodisme — 240
• La première enquête épidémiologique — 285

# LE NOUVEAU MANUEL DE SVT 1ʳᵉS ET LE PROGRAMME 2011

B.O. du 28 août 2010

## I. La Terre dans l'Univers, la vie et l'évolution du vivant

| Connaissances du programme | Chapitres du manuel |
|---|---|

### A. Expression, stabilité et variation du patrimoine génétique

**Thème 1 :** Expression, stabilité et variation du patrimoine génétique — 12

#### Reproduction conforme de la cellule et réplication de l'ADN

Les chromosomes sont des structures constantes des cellules eucaryotes qui sont dans des états de condensation variables au cours du cycle cellulaire.
En général la division cellulaire est une reproduction conforme qui conserve toutes les caractéristiques du caryotype (nombre et morphologie des chromosomes).
Chaque chromatide contient une molécule d'ADN.
Au cours de la phase S, l'ADN subit la réplication semi-conservative. En absence d'erreur, ce phénomène préserve, par copie conforme, la séquence des nucléotides.
Ainsi, les deux cellules-filles provenant par mitose d'une cellule-mère possèdent la même information génétique.

**Chapitre 1** La reproduction conforme de la cellule et la réplication de l'ADN — 17
Unité 1 La division cellulaire — 18
Unité 2 Le cycle cellulaire — 20
Unité 3 La réplication du matériel génétique — 22
Bilan des unités — 24
L'Essentiel — 26
Exercices — 28

#### Variabilité génétique et mutation de l'ADN

Pendant la réplication de l'ADN surviennent des erreurs spontanées et rares, dont la fréquence est augmentée par l'action d'agents mutagènes. L'ADN peut aussi être endommagé en dehors de la réplication.
Le plus souvent l'erreur est réparée par des systèmes enzymatiques. Quand elle ne l'est pas, si les modifications n'empêchent pas la survie de la cellule, il apparaît une mutation, qui sera transmise si la cellule se divise.
Une mutation survient soit dans une cellule somatique (elle est ensuite présente dans le clone issu de cette cellule) soit dans une cellule germinale (elle devient alors héréditaire).
Les mutations sont la source aléatoire de la diversité des allèles, fondement de la biodiversité.

**Chapitre 2** À l'origine de la variabilité génétique : les mutations — 31
Unité 1 Les mutations, des modifications de l'ADN — 32
Unité 2 Les variations de la fréquence des mutations — 34
Unité 3 Le devenir des lésions de l'ADN — 36
Unité 4 Les mutations, source de biodiversité — 38
Bilan des unités — 40
L'essentiel — 42
Exercices — 44

#### L'expression du patrimoine génétique

La séquence des nucléotides d'une molécule d'ADN représente une information. Le code génétique est le système de correspondance mis en jeu lors de la traduction de cette information. À quelques exceptions près, il est commun à tous les êtres vivants.
Les portions codantes de l'ADN comportent l'information nécessaire à la synthèse de chaînes protéiques issues de l'assemblage d'acides aminés.
Chez les eucaryotes, la transcription est la fabrication, dans le noyau, d'une molécule d'ARN pré-messager, complémentaire du brin codant de l'ADN. Après une éventuelle maturation, l'ARN messager est traduit en protéines dans le cytoplasme.
Un même ARN pré-messager peut subir, suivant le contexte, des maturations différentes et donc être à l'origine de plusieurs protéines différentes.
L'ensemble des protéines qui se trouvent dans une cellule (phénotype moléculaire) dépend :
– du patrimoine génétique de la cellule (une mutation allélique peut être à l'origine d'une protéine différente ou de l'absence d'une protéine) ;
– de la nature des gènes qui s'expriment sous l'effet de l'influence de facteurs internes et externes variés.
Le phénotype macroscopique dépend du phénotype cellulaire, lui-même induit par le phénotype moléculaire.

**Chapitre 3** L'expression du patrimoine génétique — 47
Unité 1 La relation gènes-protéines — 48
Unité 2 La transcription, première étape de l'expression d'un gène — 50
Unité 3 La traduction, seconde étape de l'expression d'un gène — 52
Unité 4 Les modifications de l'ARN après la transcription — 54
Unité 5 La diversité des protéines cellulaires — 56
Unité 6 Les différentes échelles du phénotype — 58
Bilan des unités — 60
L'essentiel — 62
Exercices — 64
**Objectif Bac** Le phénotype moléculaire de cellules cancéreuses — 67
Ateliers d'exploration — 68

### B. La tectonique des plaques : l'histoire d'un modèle

**Thème 2** La tectonique des plaques : l'histoire d'un modèle — 70

#### La naissance de l'idée

Au début du xxᵉ les premières idées évoquant la mobilité horizontale s'appuient sur quelques constatations :
– la distribution bimodale des altitudes (continents/océans) ;
– les tracés des côtes ;
– la distribution géographique des paléoclimats et de certains fossiles.
Ces idées se heurtent au constat d'un état solide de la quasi-totalité du globe terrestre établi, à la même époque, par les études sismiques. L'idée de mobilité horizontale est rejetée par l'ensemble de la communauté scientifique.

**Chapitre 1** La mobilité des continents : naissance d'une idée — 75
Unité 1 La naissance de la théorie de la dérive des continents — 76
Unité 2 L'abandon de la théorie de la dérive des continents — 78
Unité 3 La découverte du contraste océans-continents — 80
Unité 4 Les roches de la croûte océanique — 82
Unité 5 Les roches de la croûte continentale — 84
Unité 6 La découverte et la caractérisation du manteau — 86
Bilan des unités — 88
L'essentiel — 90
Exercices — 92

#### L'interprétation actuelle des différences d'altitude moyennes entre les continents et les océans

La différence d'altitude observée entre continents et océans reflète un contraste géologique.
Les études sismiques et pétrographiques permettent de caractériser et de limiter deux grands types de croûtes terrestres : une croûte océanique essentiellement formée de basalte et de gabbro et une croûte continentale constituée entre autres de granite.
La croûte repose sur le manteau, constitué de péridotite.

8

### L'hypothèse d'une expansion océanique et sa confrontation à des constats nouveaux

Au début des années 1960, les découvertes de la topographie océanique et des variations du flux thermique permettent d'imaginer une expansion océanique par accrétion de matériau remontant à l'axe des dorsales, conséquence d'une convection profonde.
La mise en évidence de bandes d'anomalies magnétiques symétriques par rapport à l'axe des dorsales océaniques, corrélables avec les phénomènes d'inversion des pôles magnétiques (connus depuis le début du siècle) permet d'éprouver cette hypothèse et de calculer des vitesses d'expansion.

### Le concept de lithosphère et d'asthénosphère

Au voisinage des fosses océaniques, la distribution spatiale des foyers des séismes en fonction de leur profondeur s'établit selon un plan incliné.
Les différences de vitesse des ondes sismiques qui se propagent le long de ce plan, par rapport à celles qui s'en écartent, permettent de distinguer : la lithosphère de l'asthénosphère.
L'interprétation de ces données sismiques permet ainsi de montrer que la lithosphère s'enfonce dans le manteau au niveau des fosses dites de subduction.
La limite inférieure de la lithosphère correspond généralement à l'isotherme 1300° C.

### Un premier modèle global : une lithosphère découpée en plaques rigides

À la fin des années soixante, la géométrie des failles transformantes océaniques permet de proposer un modèle en plaques rigides. Des travaux complémentaires parachèvent l'établissement de la théorie de la tectonique des plaques en montrant que les mouvements divergents (dorsales), décrochants (failles transformantes) et convergents (zones de subduction) sont cohérents avec ce modèle géométrique.
Des alignements volcaniques, situés en domaine océanique ou continental, dont la position ne correspond pas à des frontières de plaques, sont la trace du déplacement de plaques lithosphériques au-dessus d'un point chaud fixe, en première approximation, dans le manteau.

### Le renforcement du modèle par son efficacité prédictive

Le modèle prévoit que la croûte océanique est d'autant plus vieille qu'on s'éloigne de la dorsale. Les âges des sédiments en contact avec le plancher océanique (programme de forage sous-marin J.O.I.D.E.S.) confirment cette prédiction et les vitesses prévues par le modèle de la tectonique des plaques.
Le modèle prévoit des vitesses de déplacements des plaques (d'après le paléomagnétisme et les alignements de volcans intraplaques). Avec l'utilisation des techniques de positionnement par satellites (GPS), à la fin du xxe siècle, les mouvements des plaques deviennent directement observables et leurs vitesses sont confirmées.

### L'évolution du modèle : le renouvellement de la lithosphère océanique

En permanence, de la lithosphère océanique est détruite dans les zones de subduction et produite dans les dorsales.
La divergence des plaques de part et d'autre de la dorsale permet la mise en place d'une lithosphère nouvelle à partir de matériaux d'origine mantellique.
Dans les zones de subduction, les matériaux de la vieille lithosphère océanique s'incorporent au manteau.

**Chapitre 2** De la dérive des continents
à l'expansion océanique 95
**Unité 1** L'hypothèse de l'expansion océanique 96
**Unité 2** Le magnétisme des roches magmatiques 98
**Unité 3** La confirmation de l'expansion océanique 100
**Unité 4** L'étude des séismes
au niveau des fosses océaniques 102
**Unité 5** Lithosphère et asthénosphère 104
**Bilan des unités** 106
**L'essentiel** 108
**Exercices** 110

**Chapitre 3** Le modèle actuel de la tectonique
des plaques 113
**Unité 1** Le modèle de la tectonique des plaques 114
**Unité 2** Les plaques et leurs frontières 116
**Unité 3** Le renforcement du modèle
de la tectonique des plaques 118
**Unité 4** La confirmation du modèle
par les données GPS 120
**Unité 5** Le fonctionnement des dorsales 122
**Unité 6** Le fonctionnement des zones de subduction 124
**Bilan des unités** 126
**L'essentiel** 128
**Exercices** 130
**Objectif Bac** Les mouvements relatifs
de trois plaques lithosphériques 133
**Ateliers d'exploration** 134

## II. Enjeux planétaires contemporains

| Connaissances du programme | Chapitres du manuel |
|---|---|
| **A. Tectonique des plaques et géologie appliquée** | **Thème 3** Enjeux planétaires contemporains 136 |

### Tectonique des plaques et recherche d'hydrocarbures

Le modèle de la tectonique des plaques constitue un cadre intellectuel utile pour rechercher des gisements pétroliers.
À partir de l'étude d'un exemple on montre que la tectonique globale peut rendre compte :
– d'un positionnement géographique du bassin favorable au dépôt d'une matière organique abondante et à sa conservation ;
– d'une tectonique en cours de dépôt (subsidence) et après le dépôt qui permettent l'enfouissement et la transformation de la matière organique puis la mise en place du gisement.
La rare coïncidence de toutes ces conditions nécessaires explique la rareté des gisements dans l'espace et le temps.

### Tectonique des plaques et ressource locale

Un exemple de ressource géologique est choisi dans un contexte proche de l'établissement scolaire. Son étude (nature, gisement) permet de comprendre que ses conditions d'existence peuvent être décrites en utilisant le cadre général de la tectonique des plaques.

**Chapitre 1** Tectonique des plaques
et géologie appliquée 141
**Unité 1** Les bassins d'hydrocarbures pré-salifères 142
**Unité 2** Un exemple de gisement pré-salifère 144
**Unité 3** L'histoire d'un gisement pré-salifère 146
**Unité 4** La potasse d'Alsace,
un exemple de ressource locale 148
**Unité 5** L'histoire du gisement de potasse d'Alsace 150
**Bilan des unités** 152
**L'essentiel** 154
**Exercices** 156

## B. Nourrir l'humanité

### *La production végétale : utilisation de la productivité primaire*

Un écosystème naturel est constitué d'un biotope et d'une biocénose. Son fonctionnement d'ensemble est permis par la productivité primaire qui, dans les écosystèmes continentaux, repose sur la photosynthèse des plantes vertes.
L'agriculture repose sur la constitution d'agrosystèmes gérés dans le but de fournir des produits (dont les aliments) nécessaires à l'humanité.
Un agrosystème implique des flux de matière (dont l'eau) et d'énergie qui conditionnent sa productivité et son impact environnemental.
L'exportation de biomasse, la fertilité des sols, la recherche de rendements posent le problème de l'apport d'intrants dans les cultures (engrais, produits phytosanitaires, etc.).
Le coût énergétique et les conséquences environnementales posent le problème des pratiques utilisées. Le choix des techniques culturales vise à concilier la nécessaire production et la gestion durable de l'environnement.

### *La production animale : une rentabilité énergétique réduite*

Dans un écosystème naturel, la circulation de matière et d'énergie peut être décrite par la notion de pyramide de productivité.
Dans un agrosystème, le rendement global de la production par rapport aux consommations (énergie, matière) dépend de la place du produit consommé dans la pyramide de productivité. Ainsi, consommer de la viande ou un produit végétal n'a pas le même impact écologique.

### *Pratiques alimentaires collectives et perspectives globales*

Les pratiques alimentaires sont déterminées par les ressources disponibles, les habitudes individuelles et collectives selon les modes de consommation, de production et de distribution. Le but de cette partie est de montrer en quoi les pratiques alimentaires individuelles répétées collectivement peuvent avoir des conséquences environnementales globales. À l'échelle globale, l'agriculture cherche à relever le défi de l'alimentation d'une population humaine toujours croissante. Cependant, les limites de la planète cultivable sont bientôt atteintes : les ressources (eau, sol, énergie) sont limitées tandis qu'il est nécessaire de prendre en compte l'environnement pour en assurer la durabilité.

## Thème 3 Enjeux planétaires contemporains — 136

**Chapitre 2** La production agricole végétale et animale — 159
**Unité 1** Le fonctionnement des écosystèmes naturels — 160
**Unité 2** La producton agricole végétale — 162
**Unité 3** Les conséquences de l'usage des intrants — 164
**Unité 4** Des pistes pour réduire l'impact des intrants — 166
**Unité 5** Production végétale et gestion durable de l'environnement — 168
**Unité 6** La production agricole animale — 170
**Bilan des unités** — 172
**L'essentiel** — 174
**Exercices** — 176

**Chapitre 3** Les impacts des pratiques alimentaires collectives — 179
**Unité 1** Le défi alimentaire — 180
**Unité 2** Les limites de la planète cultivable — 182
**Unité 3** Pratiques alimentaires et agricoles futures : pistes pour l'avenir — 184
**Bilan des unités** — 186
**L'essentiel** — 188
**Exercices** — 190
**Objectif bac** Agriculture et gestion de la ressource en eau — 193
**Ateliers d'exploration** — 194

# III. Corps humain et santé

## Connaissances du programme | Chapitres du manuel

### A. Féminin, masculin

#### *Devenir femme ou homme*

Les phénotypes masculin et féminin se distinguent par des différences anatomiques, physiologiques, et chromosomiques.
La mise en place des structures et de la fonctionnalité des appareils sexuels se réalise, sous le contrôle du patrimoine génétique, sur une longue période qui va de la fécondation à la puberté, en passant par le développement embryonnaire et fœtal.
La puberté est la dernière étape de la mise en place des caractères sexuels.

#### *Sexualité et bases biologiques du plaisir*

L'activité sexuelle est associée au plaisir.
Le plaisir repose notamment sur des phénomènes biologiques, en particulier l'activation dans le cerveau des « systèmes de récompense ».

#### *Sexualité et procréation*

Chez l'homme et la femme, le fonctionnement de l'appareil reproducteur est contrôlé par un dispositif neuroendocrinien qui fait intervenir l'hypothalamus, l'hypophyse et les gonades.
La connaissance de ces mécanismes permet de comprendre et de mettre au point des méthodes de contraception féminine préventive (pilules contraceptives) ou d'urgence (pilule du lendemain). Des méthodes de contraception masculine hormonale se développent. D'autres méthodes contraceptives existent, dont certaines présentent aussi l'intérêt de protéger contre les infections sexuellement transmissibles.
L'infertilité des couples peut avoir des causes variées. Dans beaucoup de cas, des techniques permettent d'aider les couples à satisfaire leur désir d'enfant : insémination artificielle, FIVETE, ICSI.

### Thème 4 Féminin, masculin — 196

**Chapitre 1** Devenir femme ou homme — 201
**Unité 1** Les phénotypes sexuels — 202
**Unité 2** Du sexe chromosomique au sexe gonadique — 204
**Unité 3** Du sexe gonadique au sexe phénotypique — 206
**Unité 4** La puberté — 208
**Unité 5** Les bases biologiques du plaisir sexuel — 210
**Bilan des unités** — 212
**L'essentiel** — 214
**Exercices** — 216

**Chapitre 2** Sexualité et procréation — 219
**Unité 1** Le fonctionnement du testicule et son contrôle — 220
**Unité 2** Le fonctionnement cyclique de l'appareil génital chez la femme — 222
**Unité 3** Le contrôle hypothalamo-hypophysaire chez la femme — 224
**Unité 4** Les rétrocontrôles exercés par les hormones sexuelles — 226
**Unité 5** La maîtrise de la reproduction par contraception — 228
**Unité 6** Infertilité du couple et procréation médicalement assistée — 230
**Bilan des unités** — 232
**L'essentiel** — 234
**Exercices** — 236
**Objectif bac** Le rôle de la testostérone dans la spermatogenèse — 239
**Ateliers d'exploration** — 240

## B. Variation génétique et santé

### Patrimoine génétique et maladie

La mucoviscidose est une maladie fréquente, provoquée par la mutation d'un gène qui est présent sous cette forme chez une personne sur 40 environ. Seuls les homozygotes pour l'allèle muté sont malades.
Le phénotype malade comporte des aspects macroscopiques qui s'expliquent par la modification d'une protéine.
L'étude d'un arbre généalogique permet de prévoir le risque de transmission de la maladie. On limite les effets de la maladie en agissant sur des paramètres du milieu. La thérapie génétique constitue un espoir de correction de la maladie dans les cellules pulmonaires atteintes.
Le plus souvent, l'impact du génome sur la santé n'est pas un déterminisme absolu. Il existe des gènes dont certains allèles rendent plus probable le développement d'une maladie sans pour autant la rendre certain. En général les modes de vie et de milieu interviennent également et le développement d'une maladie dépend alors de l'interaction complexe entre facteurs du milieu et génome.
Un exemple de maladie (maladie cardio-vasculaire, diabète de type II) permet d'illustrer le type d'études envisageables.

### Perturbation du génome et cancérisation

Des modifications accidentelles du génome peuvent se produire dans des cellules somatiques et se transmettre à leurs descendantes. Elles sont à l'origine de la formation d'un clone cellulaire porteur de ce génome modifié. La formation d'un tel clone est parfois le commencement d'un processus de cancérisation.
Des modifications somatiques du génome surviennent par mutations spontanées ou favorisées par un agent mutagène. D'autres sont dues à des infections virales.
La connaissance de la nature des perturbations du génome responsable d'un cancer permet d'envisager des mesures de protection (évitement des agents mutagènes, surveillance, vaccination).

### Variation génétique bactérienne et résistance aux antibiotiques

Des mutations spontanées provoquent une variation génétique dans les populations de bactéries. Parmi ces variations, certaines font apparaître des résistances aux antibiotiques.
L'application d'un antibiotique sur une population bactérienne sélectionne les formes résistantes et permet leur développement. L'utilisation systématique de traitements antibiotiques peut augmenter la fréquence des formes résistantes par sélection naturelle.

## C. De l'œil au cerveau : quelques aspects de la vision

### Le cristallin : une lentille vivante

Le cristallin est l'un des systèmes transparents de l'œil humain. Il est formé de cellules vivantes qui renouvellent en permanence leur contenu. Les modalités de ce renouvellement sont indispensables à sa transparence.
Des anomalies de forme du cristallin expliquent certains défauts de vision. Avec l'âge sa transparence et sa souplesse peuvent être altérées.

### Les photorécepteurs : un produit de l'évolution

La rétine est une structure complexe qui comprend les récepteurs sensoriels de la vision appelés photorécepteurs. Celle de l'Homme contient les cônes permettant la vision des couleurs (3 types de cônes respectivement sensibles au bleu, au vert et au rouge) et les bâtonnets sensibles à l'intensité lumineuse.
Les gènes des pigments rétiniens constituent une famille multigénique (issue de duplications) dont l'étude permet de placer l'Homme parmi les Primates.
Des anomalies des pigments rétiniens se traduisent par des perturbations de la vision des couleurs.
Le message nerveux issu de l'œil est acheminé au cerveau par le nerf optique.

### Cerveau et vision : aires cérébrales et plasticité

Plusieurs aires corticales participent à la vision.
L'imagerie fonctionnelle du cerveau permet d'observer leur activation lorsque l'on observe des formes, des mouvements. La reconnaissance des formes nécessite une collaboration entre les fonctions visuelles et la mémoire.
Des substances comme le LSD perturbent le fonctionnement des aires cérébrales associées à la vision et provoquent des hallucinations qui peuvent dériver vers des perturbations cérébrales graves et définitives.
La mise en place du phénotype fonctionnel du système cérébral impliqué dans la vision repose sur des structures cérébrales innées, issues de l'évolution et sur la plasticité cérébrale au cours de l'histoire personnelle.
De même la mémoire nécessaire par exemple à la reconnaissance d'un visage ou d'un mot repose sur la plasticité du cerveau.
L'apprentissage repose sur la plasticité cérébrale. Il nécessite la sollicitation répétée des mêmes circuits neuroniques.

---

**Thème 5** Variation génétique et santé — 242

**Chapitre 1** Patrimoine génétique et maladie — 247
Unité 1 Une maladie génétique : la mucoviscidose — 248
Unité 2 Prévenir et soigner la mucoviscidose — 250
Unité 3 Une maladie métabolique : le diabète de type 2 — 252
Unité 4 Les causes du diabète de type 2 — 254
Bilan des unités — 256
L'essentiel — 258
Exercices — 260

**Chapitre 2** Variations du génome et maladie — 263
Unité 1 Les caractéristiques d'un cancer — 264
Unité 2 Les bases génétiques des cancers — 266
Unité 3 Cancers et agents mutagènes — 268
Unité 4 Cancers et virus — 270
Unité 5 Le mode d'action des antibiotiques et leurs limites — 272
Unité 6 Le développement de la résistance aux antibiotiques — 274
Bilan des unités — 276
L'essentiel — 278
Exercices — 280
**Objectif bac** Les causes d'une maladie cardiovasculaire : l'athérosclérose — 283
Ateliers d'exploration — 284

**Thème 6** De l'œil au cerveau : quelques aspects de la vision — 286

**Chapitre 1** De la lumière au message nerveux : le rôle de l'œil — 291
Unité 1 Le trajet de la lumière dans l'œil — 292
Unité 2 La rétine et le rôle des photorécepteurs — 294
Unité 3 Les pigments rétiniens et la vision des couleurs — 296
Unité 4 La vision des couleurs chez les primates — 298
Bilan des unités — 300
L'essentiel — 302
Exercices — 304

**Chapitre 2** Cerveau et vision : aires cérébrales et plasticité — 307
Unité 1 Les troubles cérébraux de la perception visuelle — 308
Unité 2 L'étude du cerveau en fonctionnement — 310
Unité 3 L'effet des drogues sur la perception visuelle — 312
Unité 4 Le développement du cortex visuel — 314
Unité 5 La plasticité du cerveau et l'apprentissage — 316
Bilan des unités — 318
L'essentiel — 320
Exercices — 322
**Objectif bac** L'étude d'un trouble visuel — 325
Ateliers d'exploration — 326

# THÈME 1

# Expression, stabilité et variation du patrimoine génétique

**MOBILISER SES ACQUIS** — p. 14
1. La reproduction conforme de la cellule et la réplication de l'ADN — p. 17
2. À l'origine de la variabilité génétique : les mutations — p. 31
3. L'expression du patrimoine génétique — p. 47

*La diversité des motifs et des couleurs chez la coccinelle asiatique Harmonia axyridis.*

# MOBILISER SES ACQUIS

## 1. Quelle est l'origine des caractères des individus ?

*Trois générations dans une famille*

*L'effet du soleil sur la pigmentation de la peau*

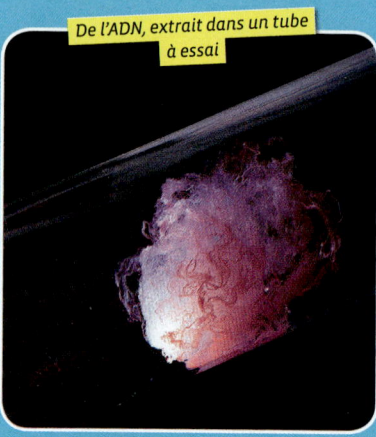
*De l'ADN, extrait dans un tube à essai*

❶ Quelles sont les caractères héréditaires observables dans cette famille ?
❷ La pigmentation de la peau est-elle uniquement un caractère héréditaire ?
❸ Identifiez le support de l'information génétique et rappelez sa localisation chez les organismes eucaryotes.

> **mot clé**
>
> **Caractère héréditaire :** caractère présent chez un individu et se retrouvant chez les individus des générations suivantes.

## 2. Comment l'information génétique est-elle codée dans les chromosomes ?

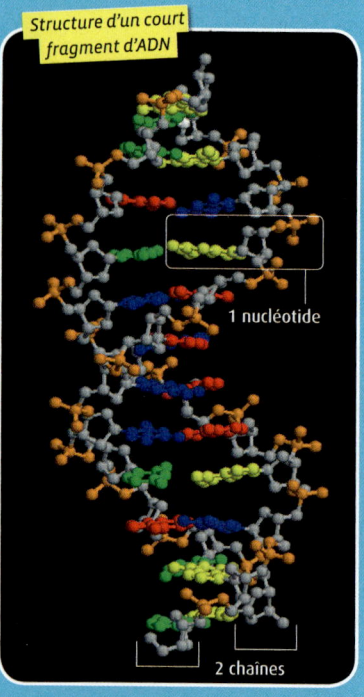
*Structure d'un court fragment d'ADN*
1 nucléotide
2 chaînes

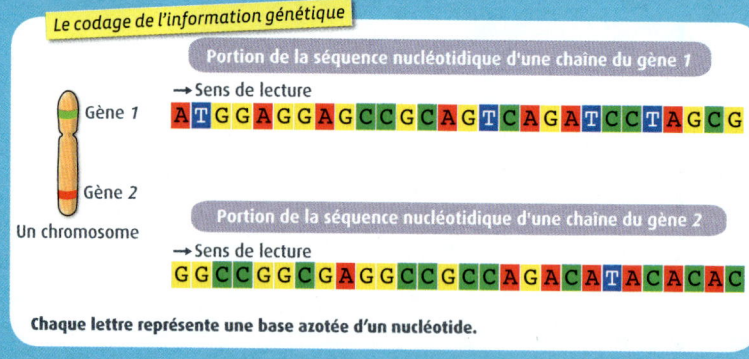

*Le codage de l'information génétique*

Un chromosome — Gène 1, Gène 2

Portion de la séquence nucléotidique d'une chaîne du gène 1
→ Sens de lecture
A T G G A G G A G C C G C A G T C A G A T C C T A G C G

Portion de la séquence nucléotidique d'une chaîne du gène 2
→ Sens de lecture
G G C C G G C G A G G C C G C C A G A C A T A C A C A C

Chaque lettre représente une base azotée d'un nucléotide.

❶ Comment la molécule d'ADN est-elle organisée ?
❷ Qu'est-ce qu'un nucléotide ?
❸ Comment est codée l'information portée par un gène ?

> **Allèles :** versions d'un même gène. Deux allèles différents déterminent la réalisation d'un même caractère héréditaire, sous deux versions différentes.
> **Gène :** portion d'ADN déterminant un caractère héréditaire.
> **Séquence nucléotidique :** succession ordonnée de nucléotides dans la molécule d'ADN.

## 3. Que devient l'information génétique d'une cellule lorsqu'elle se multiplie ?

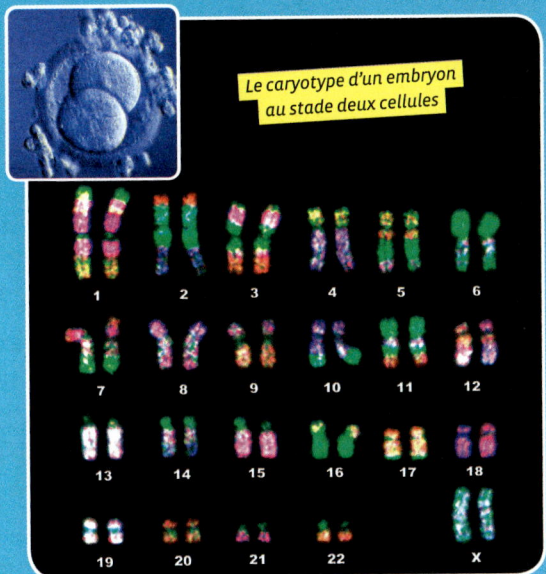

Le caryotype d'un embryon au stade deux cellules

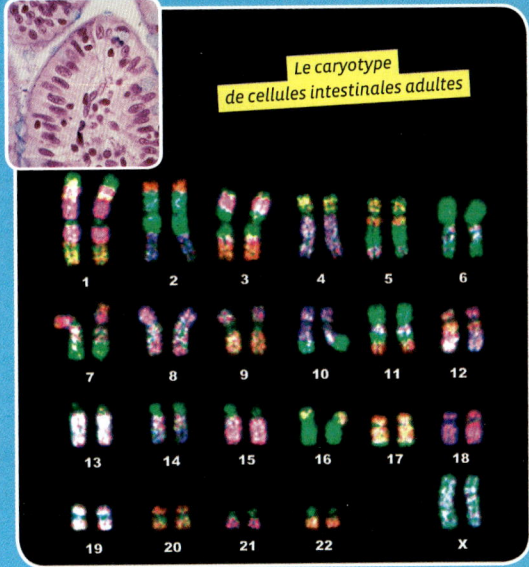

Le caryotype de cellules intestinales adultes

❶ D'où proviennent toutes les cellules d'un organisme adulte ?
❷ Par quel phénomène sont-elles produites ?
❸ Comment l'information génétique est-elle transmise au cours de ce phénomène ?

> **Caryotype :** ensemble des chromosomes d'une cellule et leur classement. À l'exception des cellules reproductrices, toutes les cellules d'un organisme ont le même caryotype.

## CE QU'IL FAUT SAVOIR POUR ABORDER LE THÈME 1

▶ Certains caractères observables des individus sont issus des parents : ce sont les **caractères héréditaires**. Ils sont déterminés par le patrimoine génétique contenu dans les **chromosomes**. Les caractères d'un individu peuvent être modifiés par l'environnement.

▶ Les chromosomes sont constitués **d'ADN, support universel de l'information génétique**, qui porte les gènes. Chaque gène détermine la réalisation d'un caractère héréditaire.

▶ La molécule d'ADN est organisée en deux brins, enroulés en **double hélice**. Chaque brin est composé d'un enchaînement de nucléotides. Un **nucléotide** comprend un groupement phosphate, un sucre et une base azotée parmi quatre existantes : guanine (G), cytosine (C), adénine (A) ou thymine (T). Les deux brins d'une molécule d'ADN s'associent selon le principe de **complémentarité des bases azotées** (A avec T, C avec G).

▶ Un gène est un fragment de la molécule d'ADN. L'information génétique qu'il contient est codée par sa **séquence en nucléotides**. Un gène peut exister sous plusieurs versions appelées **allèles**. La séquence nucléotidique de deux allèles présente de faibles différences, qui résultent de la modification de quelques nucléotides. Ce phénomène est appelée **mutation**.

▶ Toutes les cellules de l'organisme (exceptées les cellules reproductrices) contiennent la même information génétique que la cellule-œuf dont elles sont issues par des **multiplications cellulaires successives**. L'information génétique est donc transmise en intégralité d'une cellule mère à ses deux cellules filles. Cette conservation est permise par la **copie de toutes les molécules d'ADN**, avant la multiplication cellulaire.

THÈME 1 EXPRESSION, STABILITÉ ET VARIATION DU PATRIMOINE GÉNÉTIQUE

# THÈME 1 — Expression, stabilité et variation du patrimoine génétique

## SOMMAIRE

### CHAPITRE 1 — La reproduction conforme de la cellule et la réplication de l'ADN — 17

- **UNITÉ 1** La division cellulaire — 18
- **UNITÉ 2** Le cycle cellulaire — 20
- **UNITÉ 3** La réplication du matériel génétique — 22
- Bilan des unités — 24
- L'essentiel — 26
- Exercices — 28

### CHAPITRE 2 — À l'origine de la variabilité génétique : les mutations — 31

- **UNITÉ 1** Les mutations, des modifications de l'ADN — 32
- **UNITÉ 2** Les variations de la fréquence des mutations — 34
- **UNITÉ 3** Le devenir des lésions de l'ADN — 36
- **UNITÉ 4** Les mutations, source de biodiversité — 38
- Bilan des unités — 40
- L'essentiel — 42
- Exercices — 44

### CHAPITRE 3 — L'expression du patrimoine génétique — 47

- **UNITÉ 1** La relation gènes-protéines — 48
- **UNITÉ 2** La transcription, première étape de l'expression d'un gène — 50
- **UNITÉ 3** La traduction, seconde étape de l'expression d'un gène — 52
- **UNITÉ 4** Les modifications de l'ARN après la transcription — 54
- **UNITÉ 5** La diversité des protéines cellulaires — 56
- **UNITÉ 6** Les différentes échelles du phénotype — 58
- Bilan des unités — 60
- L'essentiel — 62
- Exercices — 64
- **OBJECTIF BAC** Le phénotype moléculaire de cellules cancéreuses — 67
- **ATELIERS D'EXPLORATION** SCIENCES ACTUALITÉ – ENQUÊTE – ART ET SCIENCE – MÉTIER — 68

**CHAPITRE 1**

# La reproduction conforme de la cellule et la réplication de l'ADN

*La croissance d'un organisme et le renouvellement de ses cellules sont assurés par la division cellulaire. Les deux cellules filles issues d'une division cellulaire sont génétiquement identiques à la cellule mère. La division cellulaire permet donc une reproduction cellulaire conforme.*

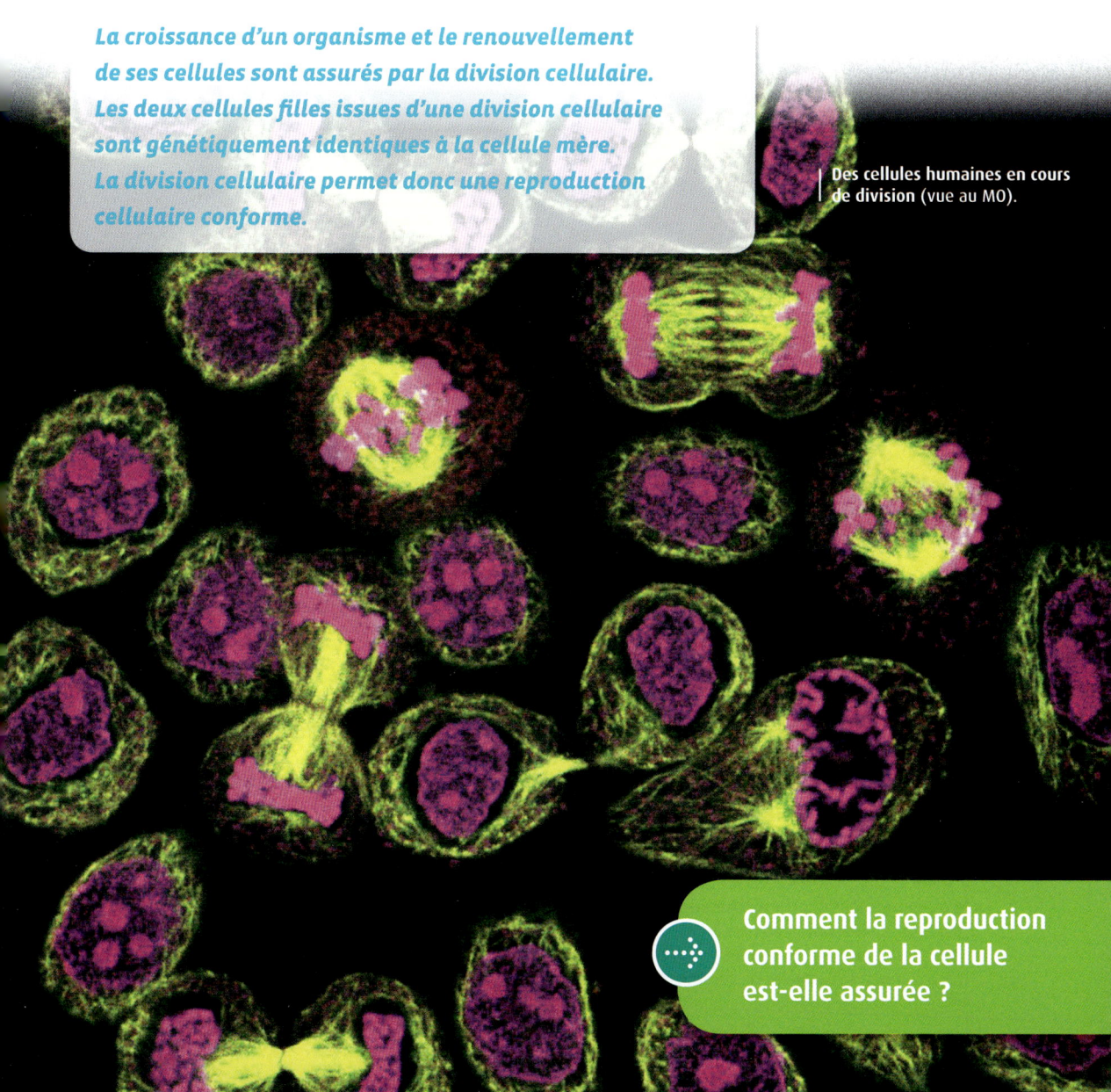

Des cellules humaines en cours de division (vue au MO).

**Comment la reproduction conforme de la cellule est-elle assurée ?**

## La division cellulaire

La division cellulaire, ou mitose, permet la croissance des tissus et leur renouvellement. Lors de la division cellulaire, une cellule mère donne naissance à deux cellules filles qui possèdent le même nombre de chromosomes qu'elle.

⇢ **Comment la division cellulaire permet-elle la conservation du nombre chromosomes ?**

### Observer des cellules en division — TP

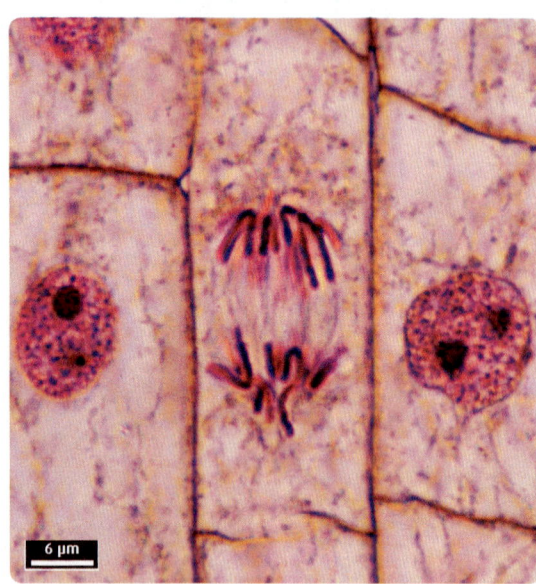

6 µm

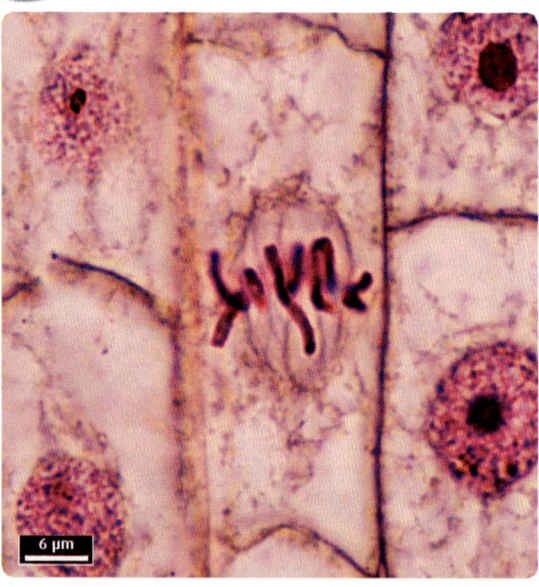

6 µm

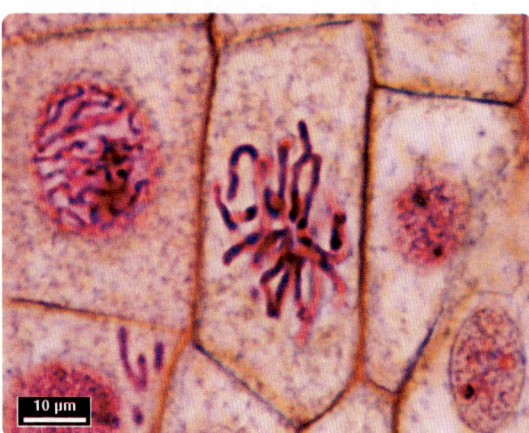

10 µm

#### JE MANIPULE

▶ Prélevez l'extrémité de jeunes racines sur 1 cm. Fendez-les avec une lame de rasoir.
▶ Placez-les dans un bécher contenant du carmin acétique et portez la solution à ébullition deux fois de suite.
▶ Rincez les racines à l'eau distillée, puis montez-les entre lame et lamelle.
▶ Observez au microscope optique.

**1** L'extrémité d'une racine d'ail colorée au carmin acétique bouillant montrant des cellules en cours de division (vues au MO).

### TÂCHE COMPLEXE

À partir des observations et des documents, suivez le comportement des chromosomes et montrez en quoi la mitose permet la conservation du nombre de chromosomes.
Vous produirez un texte illustré de schémas légendés, la cellule mère comportant 3 paires de chromosomes homologues.

Pour cela, vous pouvez :
– repérer les phases de la mitose observables **DOC. 1**.
– identifier l'état de condensation, le nombre de chromatides et la position des chromosomes durant les phases de la mitose **(DOC. 2 ET 3)**.

**ACTIVITÉS**

18

## Comprendre les mouvements des chromosomes

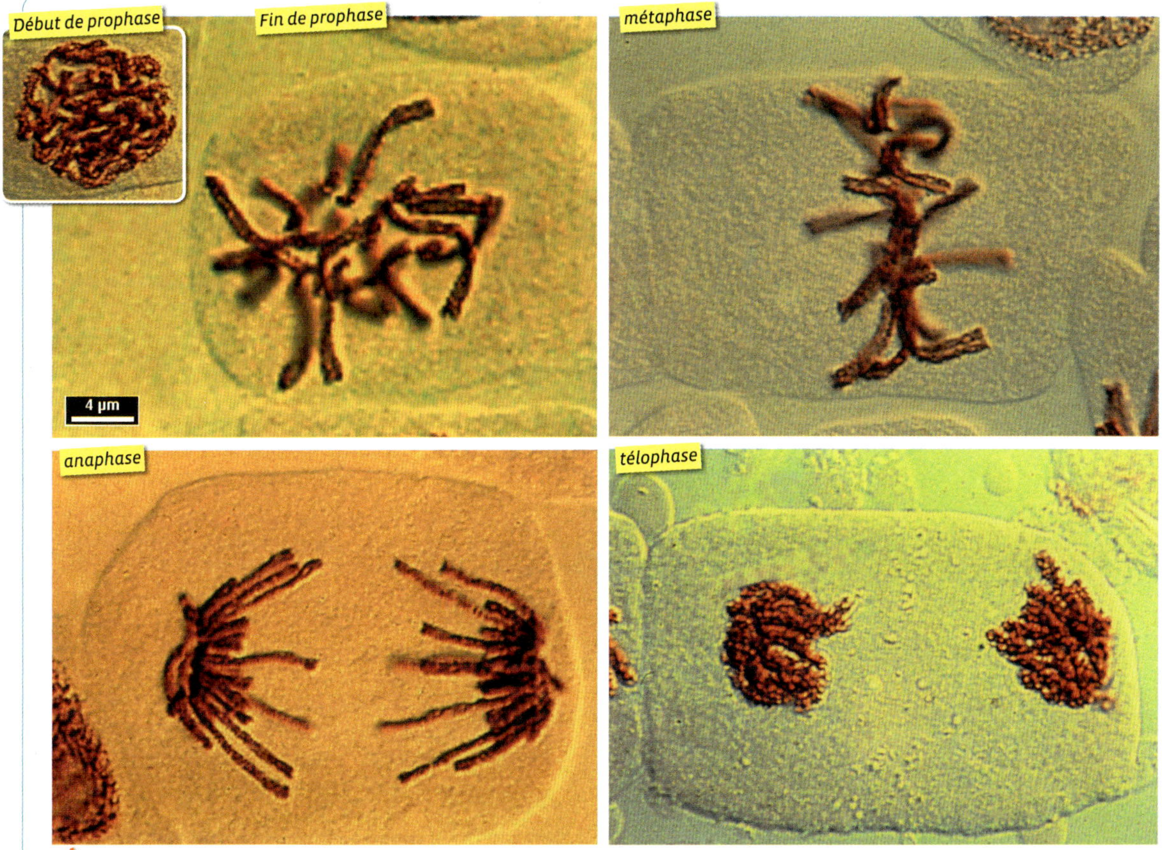

*Début de prophase* | *Fin de prophase* | *métaphase*

*anaphase* | *télophase*

**2. Les phases de la mitose dans une racine de campanule** (photographies présentées dans l'ordre chronologique).
Pendant la prophase, l'enveloppe qui délimite le noyau (enveloppe nucléaire) se désorganise. En fin de télophase, la membrane plasmique se pince à l'équateur de la cellule, individualisant les deux cellules filles : c'est la cytodiérèse. L'enveloppe nucléaire se reconstitue alors dans chaque cellule fille. Durant certaines phases de la mitose, les chromosomes sont doubles : ils sont constitués de deux chromatides qualifiées de chromatides sœurs.

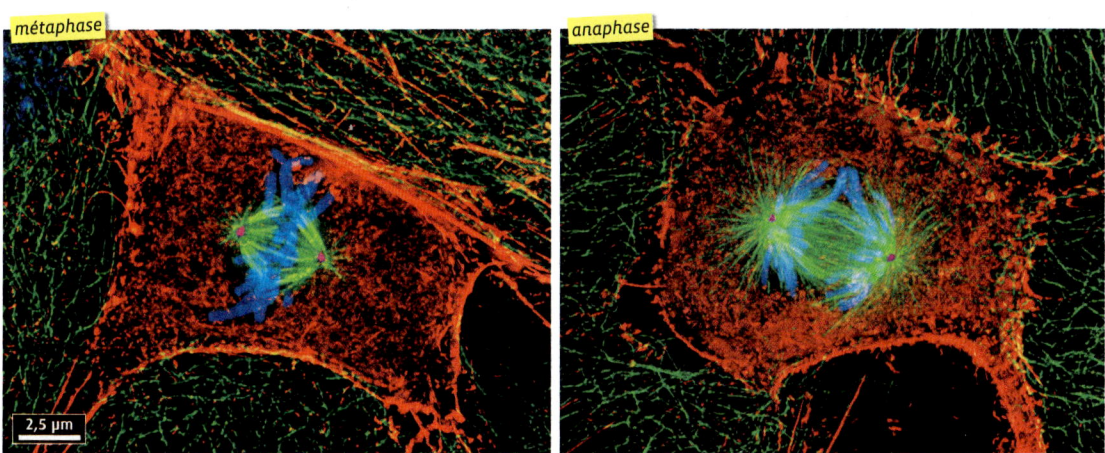

*métaphase* | *anaphase*

**3. Une vue de détail des chromosomes lors de la métaphase et de l'anaphase.** Grâce à des molécules fluorescentes, on a marqué en bleu les chromosomes, en rouge le cytoplasme et en vert des protéines appelées tubulines. Ces dernières forment des câbles qui sont capables de séparer puis de tirer les chromatides d'un chromosome double.

**THÈME 1 – CHAPITRE 1** LA REPRODUCTION CONFORME DE LA CELLULE ET LA RÉPLICATION DE L'ADN

# UNITÉ 2 — Le cycle cellulaire

Lors de la première partie de la mitose, les chromosomes comportent deux chromatides qui sont ensuite réparties également entre les deux cellules filles. La mitose est l'une des étapes d'un cycle que suit la cellule au cours de sa vie : le cycle cellulaire.

↪ **Quelles sont les différentes étapes du cycle cellulaire ?**

## Caractériser les phases du cycle cellulaire

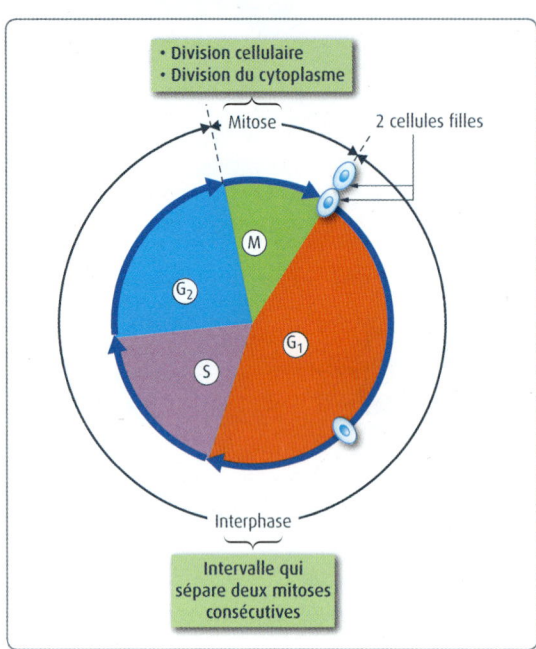

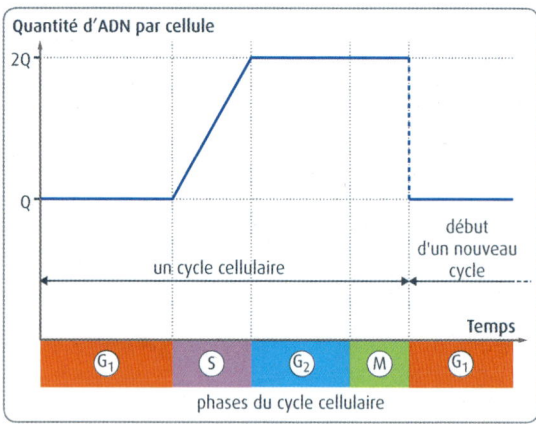

**1** **Les quatre phases du cycle cellulaire.** Les phases $G_1$, S et $G_2$ du cycle cellulaire constituent l'interphase. La phase M correspond à la mitose.

**2** Évolution de la quantité d'ADN par cellule au cours du cycle cellulaire.

On dispose d'une sonde spécifique d'un gène situé à l'extrémité du chromosome 22, c'est-à-dire d'une courte séquence d'ADN capable de se fixer spécifiquement sur ce gène. Cette sonde est marquée à l'aide d'une substance émettant une fluorescence verte. On observe sa fixation soit sur les chromosomes d'une cellule en phase $G_1$ de l'interphase (les chromosomes ne sont pas visibles au MO lors de cette phase du cycle), soit sur les chromosomes d'une cellule en métaphase de mitose.

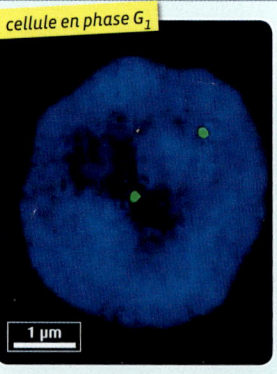

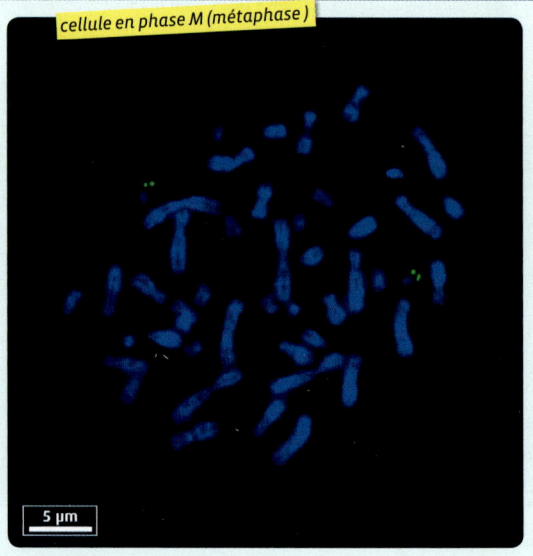

**3** Le suivi d'un gène au cours de deux phases du cycle cellulaire.

## Observer les modifications des chromosomes

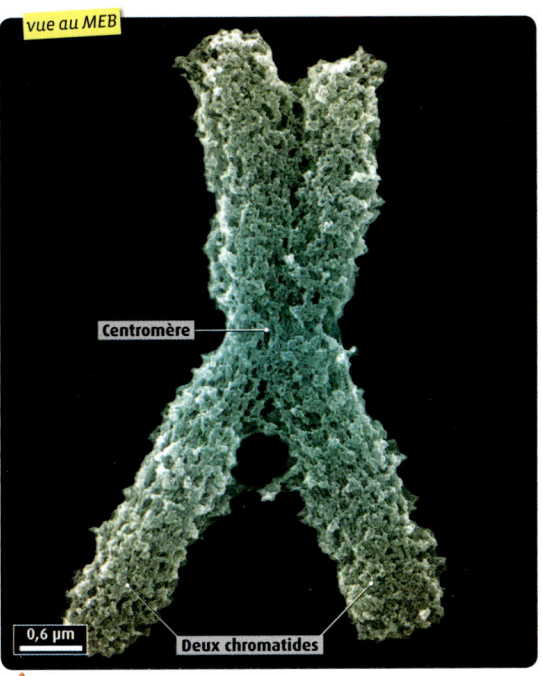
vue au MEB
Centromère
0,6 µm
Deux chromatides

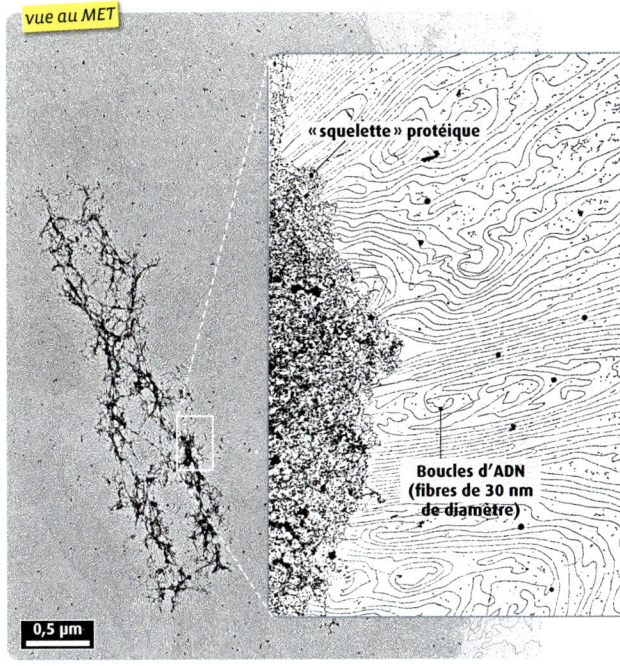
vue au MET
« squelette » protéique
Boucles d'ADN (fibres de 30 nm de diamètre)
0,5 µm

**4** **La structure d'un chromosome à deux chromatides lors de la métaphase de la mitose.** Chaque chromatide est constituée d'une unique molécule d'ADN compactée sous la forme de nombreuses boucles. Ces boucles apparaissent « débobinées » sur le cliché de droite, où le chromosome est observé après un traitement spécifique.

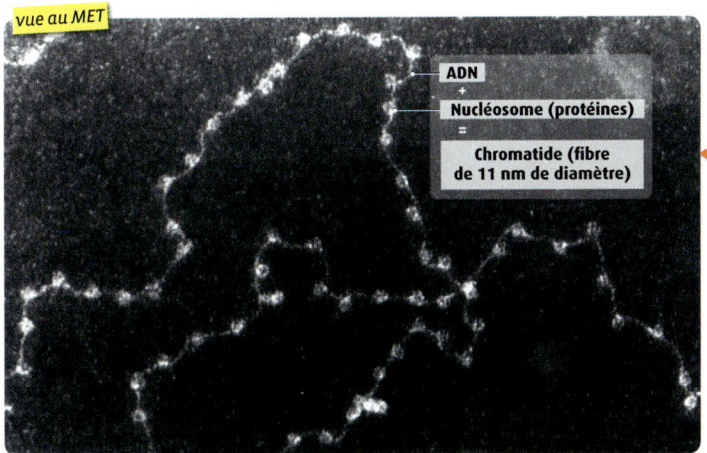
vue au MET
ADN
+
Nucléosome (protéines)
=
Chromatide (fibre de 11 nm de diamètre)

**5** **Des fragments de chromosomes observés dans une cellule en phase $G_1$.** L'ADN est associé à des structures protéiques (les nucléosomes), formant une fibre de 11 nm de diamètre. En phase $G_2$, les chromosomes ont le même degré de condensation, mais possèdent deux chromatides unies au niveau du centromère. Dans les boucles d'ADN visibles doc. 4, les nucléosomes sont empilés les uns sur les autres, formant une fibre de 30 nm de diamètre.

## ACTIVITÉS

**❶ DOC. 1, 4 ET 5.** Indiquez l'état de condensation et le nombre de chromatides des chromosomes durant les phases $G_1$, $G_2$ et M du cycle cellulaire.

**❷ DOC. 2 ET 3.** Déterminez l'événement qui marque la phase S du cycle cellulaire.

**❸ DOC. 2 À 4.** Déduisez-en l'origine des chromosomes à deux chromatides. En utilisant vos connaissances sur le partage des chromosomes lors de la mitose, montrez alors que l'information génétique des cellules filles et de la cellule mère est identique.

**❹ CONCLUSION.** Construisez un bilan du cycle cellulaire en indiquant, pour chaque phase, l'état des chromosomes, la quantité d'ADN par cellule et les processus observés.

THÈME 1 – CHAPITRE 1 LA REPRODUCTION CONFORME DE LA CELLULE ET LA RÉPLICATION DE L'ADN

# UNITÉ 3 — La réplication du matériel génétique

Durant la phase S, la molécule d'ADN qui constitue chaque chromosome est recopiée : c'est la réplication de l'ADN, qui aboutit à la formation de chromosomes à deux chromatides portant chacune la même information génétique.

⇢ **Quels sont les mécanismes assurant la réplication de l'ADN ?**

## Analyser une expérience historique — HISTOIRE DES SCIENCES

 M. Meselson   F. Stahl

« Nous avons cherché à savoir si l'ADN se réplique de façon semi-conservative, de façon dispersive ou de façon conservative. Autrement dit, à chaque division, est-ce que les deux brins se séparent, restent sous la forme simple brin pendant un certain temps puis se trouvent chacun associés à un brin nouvellement synthétisé ? Ou bien est-ce qu'ils se disloquent et sont ensuite dispersés ? Ou bien est-ce que les deux brins restent indéfiniment accolés et permettent la synthèse, à côté d'eux, d'une molécule dont les deux brins sont nouvellement synthétisés ? »

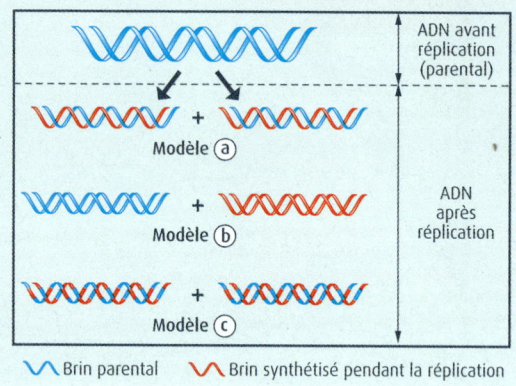

**1** L'objectif de l'expérience raconté par ses auteurs : M. Meselson et F. Stahl (1958).

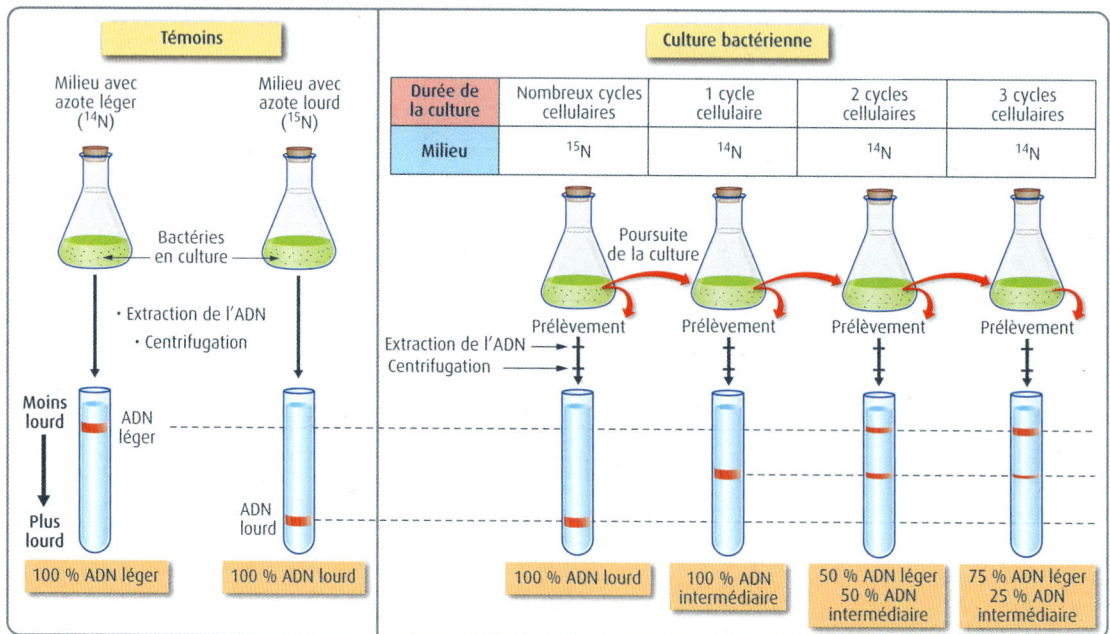

**2 Principe et résultats de l'expérience.** Les bactéries sont cultivées pendant de nombreux cycles dans un milieu enrichi en azote lourd ($^{15}N$) puis transférées dans un milieu enrichi en azote léger ($^{14}N$). À chaque réplication, l'azote, qu'il soit lourd ou léger, s'incorpore à l'ADN bactérien. Un échantillon de chaque culture est prélevé, puis l'ADN bactérien est extrait, placé dans un tube et centrifugé. Cela permet d'évaluer la proportion d'ADN « lourd » (avec $^{15}N$), « léger » (avec $^{14}N$) ou « mixte » (avec $^{14}N$ et $^{15}N$) : sous l'effet de la centrifugation, l'ADN forme une bande qui est localisée d'autant plus près du fond du tube que la molécule est lourde.

## Comprendre les mécanismes de la réplication

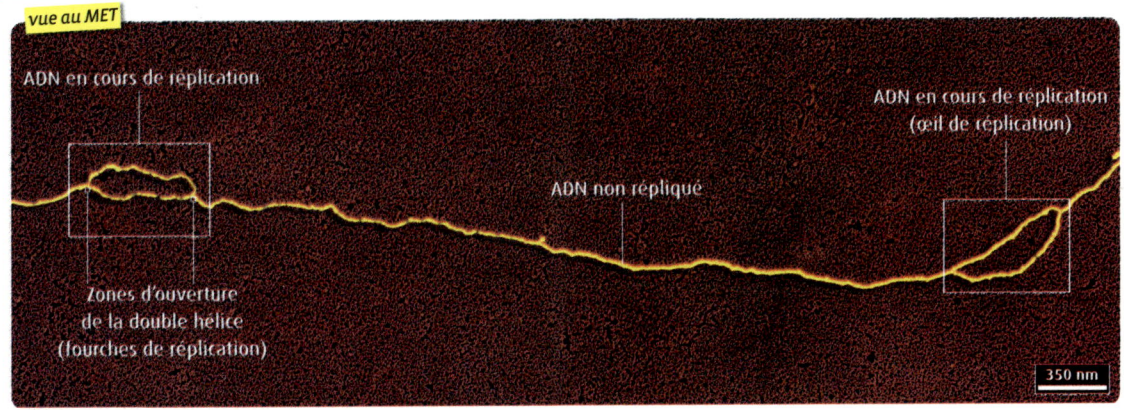

**vue au MET**

*ADN en cours de réplication*
*Zones d'ouverture de la double hélice (fourches de réplication)*
*ADN non répliqué*
*ADN en cours de réplication (œil de réplication)*
*350 nm*

**3** **Un chromosome en cours de réplication.** La réplication est initiée simultanément en plusieurs points du chromosome. Les zones d'ouverture de la double hélice sont qualifiées de fourches de réplication.

**Interview** de **Laurent Counillon,** chercheur en biochimie à l'université de Nice

**La réplication de l'ADN est assurée par un ensemble de protéines formant un complexe de réplication.** Au niveau d'une fourche de réplication, les deux brins de la double hélice sont séparés. Une enzyme appelée ADN polymérase positionne, en face de chaque nucléotide d'un brin de la molécule d'ADN à répliquer (brin parental), le nucléotide complémentaire. Puis elle établit une liaison entre ce nouveau nucléotide et le nucléotide précédent sur le brin d'ADN en cours de synthèse (brin néosynthétisé). Elle avance alors le long du brin parental et ajoute le nucléotide suivant au brin néosynthétisé. Plusieurs complexes de réplication glissent ainsi simultanément le long d'un chromosome jusqu'à ce que sa réplication soit achevée. Chez un être humain adulte, il y a environ un million de divisions cellulaires par minute. Cela implique la synthèse de 120 000 kilomètres d'ADN par heure !

**4** Qu'est-ce que l'ADN polymérase ?

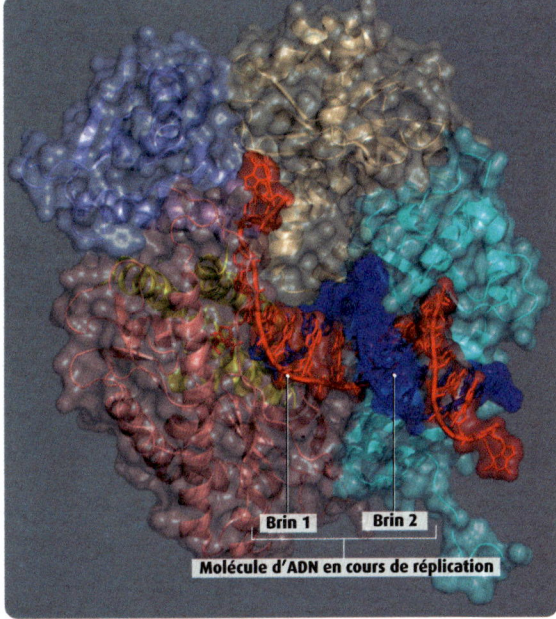

*Brin 1    Brin 2*
**Molécule d'ADN en cours de réplication**

**5** La structure spatiale d'une ADN polymérase « autour » de deux brins d'ADN en cours de réplication.

---

### ACTIVITÉS

**1 DOC. 1.** Identifiez les schémas associés à chacun des modèles hypothétiques de réplication décrits dans le texte. Représentez les molécules d'ADN obtenues après une puis deux réplications supplémentaires.

**2 DOC. 2.** Précisez à quel type de molécules correspond chacune des bandes observées après centrifugation.

**3 DOC. 1 ET 2.** Confrontez chacun des modèles hypothétiques de réplication avec les résultats obtenus.

**4 DOC. 3 À 5.** Construisez un schéma illustrant la réplication de l'ADN au niveau d'une fourche de réplication. Vous représenterez les brins parentaux, les brins néosynthétisés et la séquence des nucléotides de chaque brin.

**5 CONCLUSION.** Rédigez une synthèse décrivant les mécanismes qui assurent la réplication de l'ADN.

**THÈME 1 – CHAPITRE 1** LA REPRODUCTION CONFORME DE LA CELLULE ET LA RÉPLICATION DE L'ADN

# CHAPITRE 1 — La reproduction conforme de la cellule et la réplication de l'ADN

## UNITÉ 1 — La division cellulaire

- La division cellulaire, ou **mitose**, est le processus par lequel une cellule mère donne naissance à deux cellules filles possédant le même nombre de chromosomes qu'elle.
- La mitose comprend quatre phases durant lesquelles l'organisation des chromosomes est modifiée :
– En prophase, les chromosomes sont doubles, formés de deux **chromatides** accolées qualifiées de chromatides sœurs. Ils se condensent progressivement, si bien qu'en fin de prophase, ils deviennent individuellement observables. Pendant la prophase, l'enveloppe qui entoure le noyau (enveloppe nucléaire) se désorganise.
– En métaphase, les chromosomes condensés à deux chromatides s'alignent dans un même plan au centre de la cellule.
– En anaphase, les chromatides sœurs de chaque chromosome se séparent ; chaque chromatide sœur est tirée vers un pôle opposé de la cellule par des câbles protéiques.
– En télophase, les chromosomes, désormais à une chromatide (chromosomes simples), se décondensent à chaque pôle cellulaire, où l'enveloppe nucléaire se reforme. La division du cytoplasme individualise deux cellules filles.
- Une cellule mère possédant *n* paires de chromosomes homologues à deux chromatides en début de mitose donnera ainsi deux cellules filles possédant chacune également *n* paires de chromosomes homologues, mais à une chromatide (chromosomes simples). La mitose permet donc le partage égal des chromatides sœurs entre les deux cellules filles.

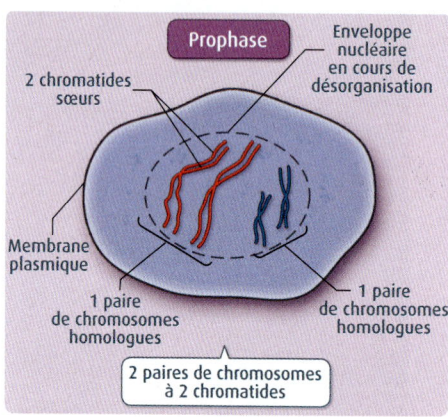
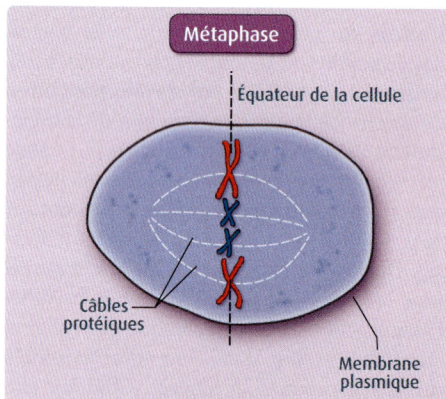
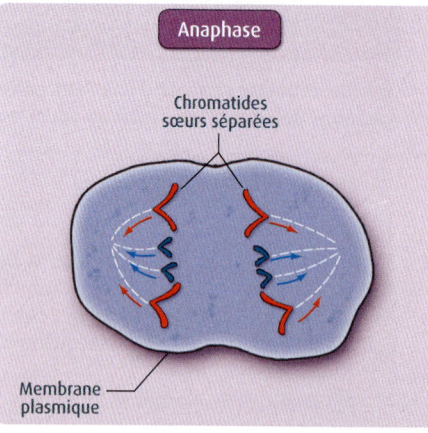
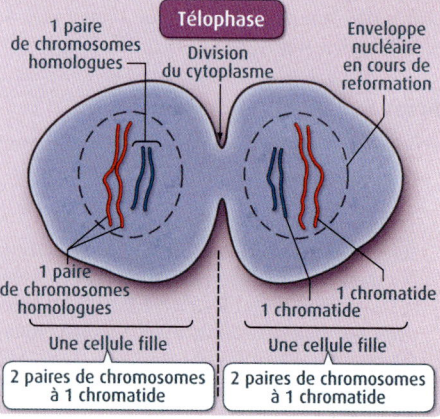

**Les étapes de la mitose dans une cellule comprenant deux paires de chromosomes homologues.**

# BILAN DES UNITÉS

## UNITÉ  Le cycle cellulaire

- Le cycle cellulaire est la succession d'une mitose (phase M) et d'une interphase (comprenant les phases $G_1$, S et $G_2$).
- L'organisation et la condensation des chromosomes varient durant le cycle cellulaire.
- Pendant la phase S, la quantité d'ADN dans la cellule double. Après la phase S, chaque gène se trouve dupliqué en deux copies présentes chacune sur une chromatide sœur. La molécule d'ADN constituant les chromosomes à une chromatide est donc copiée pendant la phase S : c'est la réplication de l'ADN. Elle permet le passage des chromosomes d'une chromatide à deux chromatides sœurs constituées chacune d'une molécule d'ADN comprenant la même information génétique.
- Pendant la mitose, les chromatides sœurs sont réparties également entre les cellules filles. Les cellules filles possèdent donc une information génétique identique à celle de la cellule mère : la mitose est une reproduction cellulaire conforme.

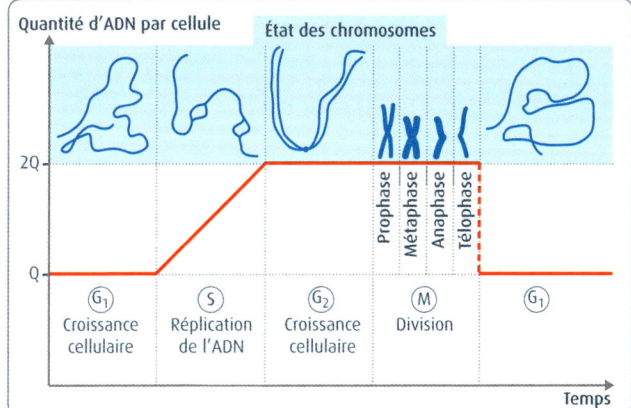

Quantité d'ADN et état des chromosomes au cours du cycle cellulaire.

## UNITÉ  La réplication du matériel génétique

- L'expérience de M. Meselson et F. Stahl (1958) a permis d'élucider le mode de réplication de l'ADN. Dans les conditions de l'expérience, si la réplication est conservative, on attend uniquement de l'ADN « lourd » et de l'ADN « léger » après transfert des bactéries dans un milieu contenant de l'azote « léger » ($^{14}N$). Si la réplication est dispersive, on attend uniquement de l'ADN intermédiaire. Si la réplication est semi-conservative, on attend de l'ADN intermédiaire puis une proportion croissante de l'ADN léger. Les résultats obtenus prouvent que la réplication est semi-conservative.
- Lors de la réplication de l'ADN, les deux brins de la double hélice sont séparés. Chaque brin sert de modèle pour la synthèse d'un nouveau brin d'ADN. Cette synthèse est effectuée par l'ADN polymérase, qui associe en face de chaque nucléotide du brin parental le nucléotide complémentaire. Une molécule mère d'ADN est ainsi recopiée en deux molécules filles de séquence nucléotidique identique à celle de la molécule mère.

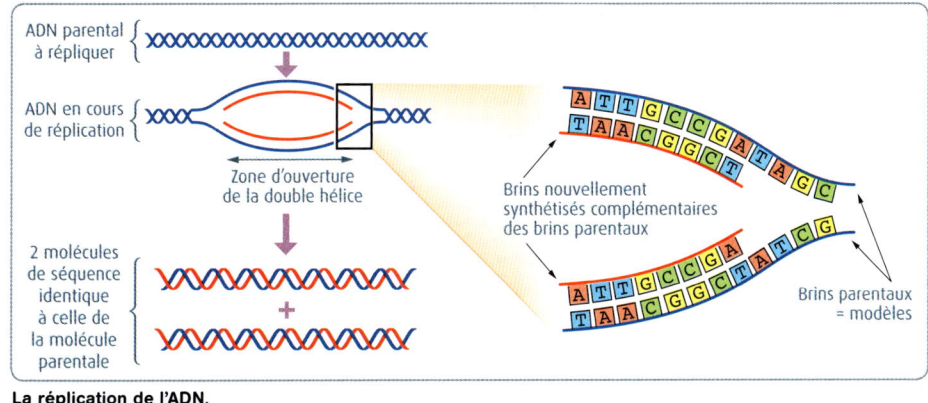

La réplication de l'ADN.

**THÈME 1 – CHAPITRE 1** LA REPRODUCTION CONFORME DE LA CELLULE ET LA RÉPLICATION DE L'ADN

# CHAPITRE 1 — La reproduction conforme de la cellule et la réplication de l'ADN

## L'ESSENTIEL

### L'essentiel par le texte

Le **cycle cellulaire** décrit la vie d'une cellule. Il est constitué d'une **interphase** puis d'une **mitose**.

#### L'interphase : croissance cellulaire et réplication de l'ADN

- L'**interphase** se compose de trois phases ($G_1$, S et $G_2$) durant lesquelles les chromosomes sont décondensés et non observables au microscope optique. Les phases $G_1$ et $G_2$ sont des phases de croissance cellulaire.
- Pendant la phase $G_1$, les chromosomes possèdent une **chromatide** (chromosomes simples). Chaque chromatide contient une molécule d'ADN constituée de deux brins.
- Pendant la phase S, chaque molécule d'ADN est répliquée de façon **semi-conservative** : chaque brin de la double hélice sert de modèle pour la synthèse d'un brin de séquence nucléotidique complémentaire. Les deux molécules d'ADN issues de la réplication ont ainsi la même séquence nucléotidique que la molécule d'ADN de départ.
- À la fin de la phase S et pendant la phase $G_2$, chaque chromosome est donc constitué de deux chromatides sœurs comprenant chacune une molécule d'ADN identique (chromosome double).

#### La mitose : partage égal de l'information génétique

- La **mitose** est une division cellulaire en quatre phases. Après la condensation des chromosomes doubles, ces derniers deviennent visibles au microscope optique (prophase). On observe qu'ils migrent vers l'équateur de la cellule (métaphase). Les chromatides sœurs des chromosomes se séparent et sont tractées vers les deux pôles de la cellule mère (anaphase). Une fois les chromosomes simples parvenus aux pôles cellulaires, les deux cellules filles s'individualisent (télophase).
- La mitose permet ainsi une répartition égale des chromatides sœurs dans les cellules filles. Chaque chromatide sœur étant constituée d'une molécule d'ADN identique, deux chromatides sœurs portent la même information génétique. Les deux cellules filles issues de la mitose sont donc génétiquement identiques à la cellule mère : la mitose est une reproduction cellulaire conforme.

### Les capacités et attitudes

- ▶ Réaliser et observer une préparation microscopique **(unité 1)**
- ▶ Extraire des informations de documents photographiques pour caractériser les étapes de la mitose **(unité 1)**
- ▶ Mettre en relation des informations pour comprendre les étapes chromosomiques du cycle cellulaire **(unité 2)**
- ▶ Interpréter les résultats d'une expérience historique pour comprendre le mécanisme de la réplication de l'ADN **(unité 3)**

### Mots clés
*Voir aussi Dico des SVT p. 332*

**Chromatide :** molécule d'ADN formée de deux brins constitutive d'un chromosome. Les chromosomes ont soit une chromatide (chromosomes simples), soit deux chromatides sœurs identiques (chromosomes doubles).
**Cycle cellulaire :** cycle de vie de la cellule, constitué par l'interphase puis la mitose.
**Interphase :** étape du cycle cellulaire marquée par la réplication semi-conservative de l'ADN. L'interphase comprend les phases $G_1$, S et $G_2$.
**Mitose :** étape du cycle cellulaire (phase M) pendant laquelle s'effectue la division d'une cellule mère en deux cellules filles génétiquement identiques.
**Réplication semi-conservative :** processus permettant la copie conforme d'une molécule d'ADN. Les deux molécules issues de la réplication ont la même séquence nucléotidique que la molécule de départ.

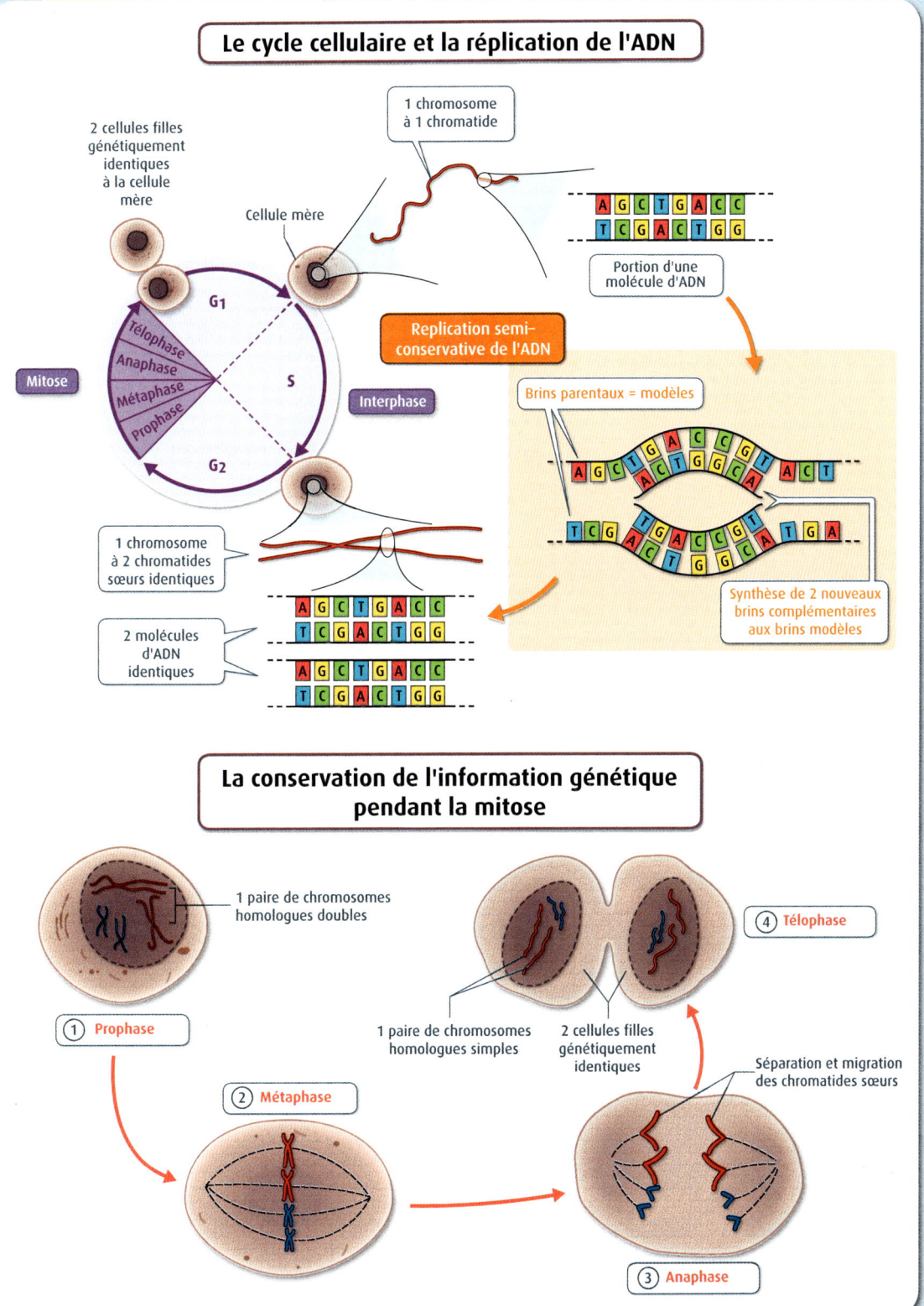

# EXERCICES

## évaluer ses connaissances

### 1 QCM
Pour chaque proposition, identifiez la (ou les) bonne(s) réponse(s).

**1. La réplication de l'ADN :**
a. a lieu pendant la mitose.
b. implique une ouverture de la double hélice.
c. contribue à la reproduction conforme de la cellule.

**2. La mitose :**
a. comporte quatre phases : $G_1$, $G_2$, S et M.
b. contribue à la reproduction cellulaire conforme.
c. aboutit à des cellules filles dont les chromosomes ont deux chromatides.

**3. Chaque chromosome :**
a. disparaît à la fin de la mitose.
b. comprend une ou deux chromatides.
c. comprend un ou deux brins d'ADN.

### 2 Qui suis-je ?
a. Je suis le phénomène biologique à l'origine des chromosomes à deux chromatides.
b. Je suis une molécule dont la quantité par cellule varie du simple au double pendant le cycle cellulaire.
c. Je suis la partie du cycle cellulaire qui comporte les phases $G_1$, S et $G_2$.

### 3 Vrai ou faux
Identifiez les affirmations fausses et rectifiez-les.
a. Le cycle cellulaire comporte la mitose et la télophase.
b. La réplication de l'ADN a lieu en phase $G_2$.
c. La mitose comprend deux phases.
d. La réplication de l'ADN est semi-dispersive.

## s'entraîner avec un exercice guidé

### 4 La réplication de l'ADN

La BrdU est une molécule qui peut remplacer la thymine lors de la réplication. Des cellules en phase $G_1$ sont cultivées pendant un cycle sur un milieu avec thymine mais sans BrdU, puis pendant deux cycles sur un milieu avec BrdU mais sans thymine. Les chromosomes sont analysés pendant la métaphase de la mitose du second cycle cellulaire en présence de BrdU. Ils sont traités avec une substance qui colore en jaune les brins d'ADN contenant de la thymine (les brins contenant de la BrdU sont peu colorés) puis observés au microscope optique.

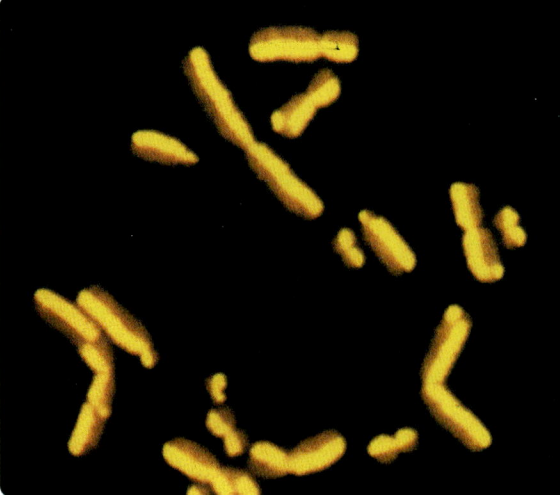

**Un peu d'aide**
- **Saisir des informations**
Décrivez la coloration des chromosomes par la BrdU.
- **Raisonner et conclure**
– Représentez schématiquement les chromosomes obtenus en métaphase après une puis deux réplications semi-conservatives en présence de BrdU. Représentez les deux brins de la molécule d'ADN et choisissez un code couleur approprié pour les brins parentaux et les brins nouvellement synthétisés.
– Déterminez l'intensité de la coloration prévisible pour chaque chromatide et concluez.

**1.** Le résultat de l'expérience.

**QUESTION** Grâce à l'analyse des résultats de l'expérience, montrez que la réplication de l'ADN est semi-conservative.

## appliquer ses connaissances

### 5 La mitose chez le poisson-zèbre — Faire preuve d'un sens de l'observation

Le poisson-zèbre (*Danio rerio*) est un petit poisson d'eau douce fréquemment utilisé par les chercheurs en biologie, en particulier pour étudier les mécanismes du développement embryonnaire.

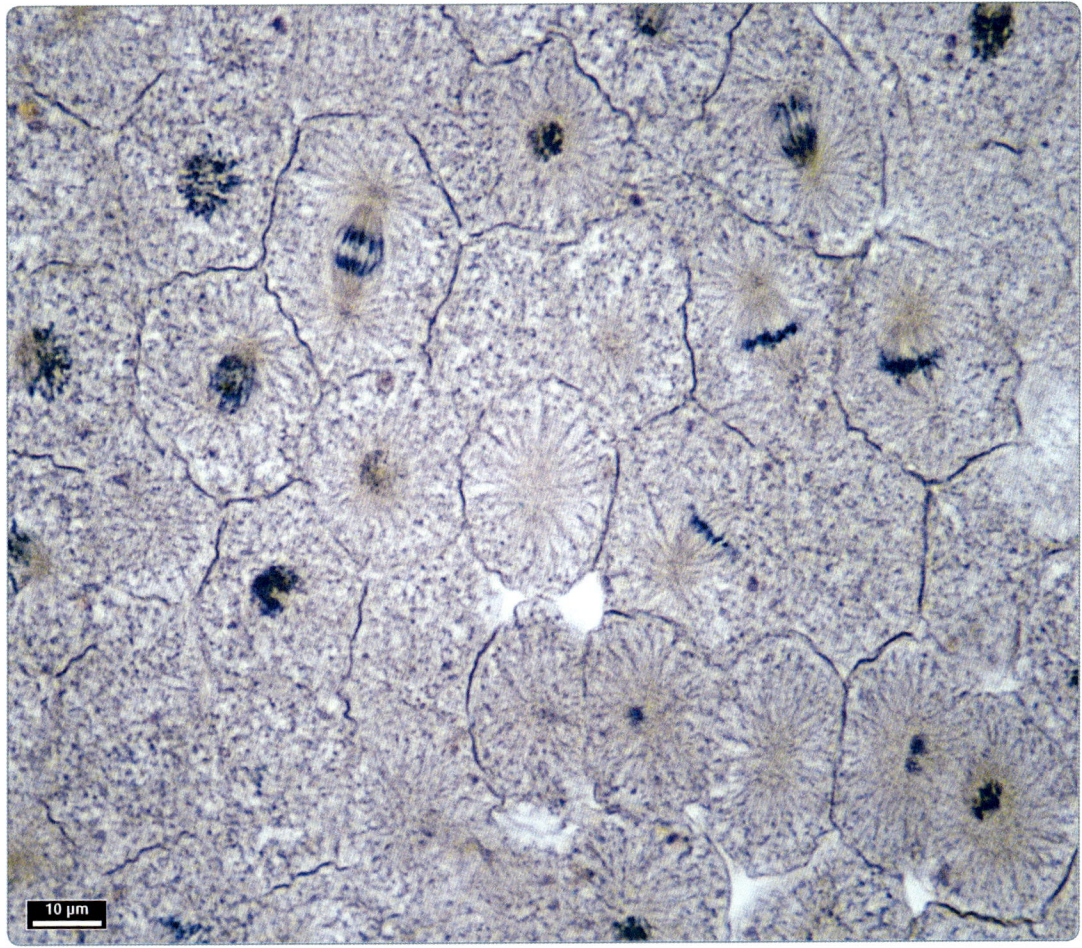

**1.** Un fragment de larve de poisson-zèbre observé au microscope optique.

❶ Réalisez un schéma d'ensemble du cliché ci-dessus, puis identifiez les cellules en mitose.

❷ Réalisez un schéma légendé pour chaque stade de la mitose que vous avez observé. Vous placerez les dessins dans un ordre chronologique.

### 6 La vitesse de réplication chez les eucaryotes — Piste — Calculer et raisonner

Chez les eucaryotes, la réplication de l'ADN s'effectue à la vitesse d'environ 100 nucléotides par seconde. Chez l'Homme, où le plus long des chromosomes (le chromosome n° 1) comprend 250 millions de nucléotides, la phase S dure environ 8 heures dans la plupart des cellules.

❶ Calculez la durée théoriquement nécessaire à la réplication du chromosome 1.

❷ À l'aide du doc. 3 p. 23, proposez une explication à la différence entre la durée calculée et celle de la phase S.

# EXERCICES

## Appliquer ses connaissances

### 7 La polyploïdie des plantes
*Construire un schéma et exploiter des résultats*

De nombreuses plantes cultivées par l'Homme sont tétraploïdes, c'est-à-dire qu'elles possèdent chaque chromosome en 4 exemplaires et non 2. Les plantes tétraploïdes sont recherchées car elles ont des fleurs et des fruits de grande taille (**doc. 1**). Souvent, ces plantes ont été obtenues artificiellement grâce à l'action d'une molécule extraite de la colchique (une plante herbacée) : la colchicine. Le **doc. 2** représente le déroulement d'une mitose en présence de colchicine.

**1.** La fraise : version tétraploïde et version diploïde.

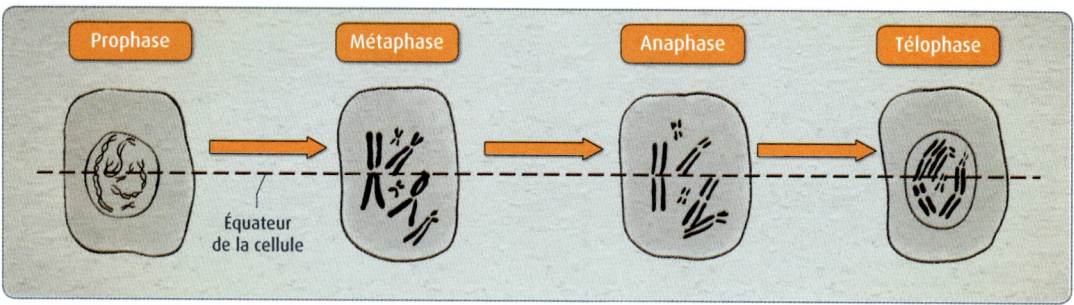

**2.** Déroulement d'une mitose en présence de colchicine.

❶ Caractérisez les anomalies du déroulement de la mitose en présence de colchicine.
❷ La mitose qui suit celle figurée dans le doc. 2 est effectuée sans colchicine. Schématisez son déroulement.
❸ Déduisez-en comment les biologistes obtiennent des variétés de plantes tétraploïdes.

### 8 Les chromosomes géants des larves de drosophile
**Piste** — *S'informer et raisonner*

Les cellules des glandes salivaires des larves de drosophiles (communément appelées « asticots ») renferment des chromosomes géants qui peuvent contenir jusqu'à 1 000 molécules d'ADN (**doc. 1**). Ces cellules sont caractérisées par un cycle cellulaire modifié qui est représenté **doc. 2**.

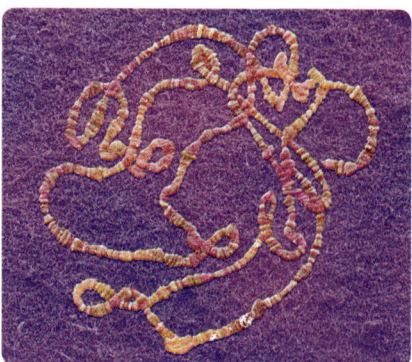

**1.** Un chromosome géant de larve de drosophile. Il est ici observé dans une cellule en phase $G_1$.

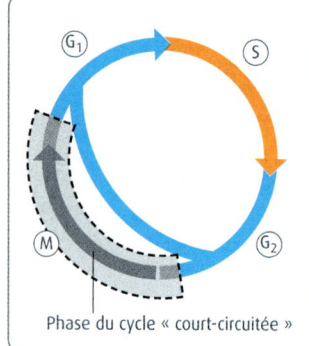

**2.** Le cycle cellulaire modifié des cellules de larve de drosophile.

❶ Considérant une cellule de glande salivaire en phase $G_1$ qui contient initialement deux paires de chromosomes homologues normaux, représentez schématiquement les chromosomes obtenus après un puis deux cycles cellulaires, en figurant les deux brins de chaque molécule d'ADN.
❷ Expliquez alors à quoi correspondent les nombreuses molécules d'ADN qui constituent les chromosomes géants.

**CHAPITRE 2**

# À l'origine de la variabilité génétique : les mutations

Le tigre blanc est un tigre du Bengale porteur d'une mutation de la molécule d'ADN, à l'origine d'une modification de la couleur de son pelage. Tous les tigres blancs en captivité descendent d'un même individu capturé en 1950.

**Deux tigres du Bengale** en captivité dans un parc zoologique.

Quels sont les mécanismes conduisant à des mutations ? Quelles sont les conséquences des mutations pour l'individu et pour l'espèce ?

# UNITÉ 1 — Les mutations, des modifications de l'ADN

La réplication de l'ADN est conforme : les molécules synthétisées sont identiques à la molécule de départ. Pourtant, l'apparition de caractères nouveaux au cours de l'évolution des espèces suggère que des modifications de la séquence de la molécule d'ADN peuvent survenir : ce sont les mutations.

⇢ **Comment expliquer l'apparition des mutations ?**

## Les mutations : des événements spontanés

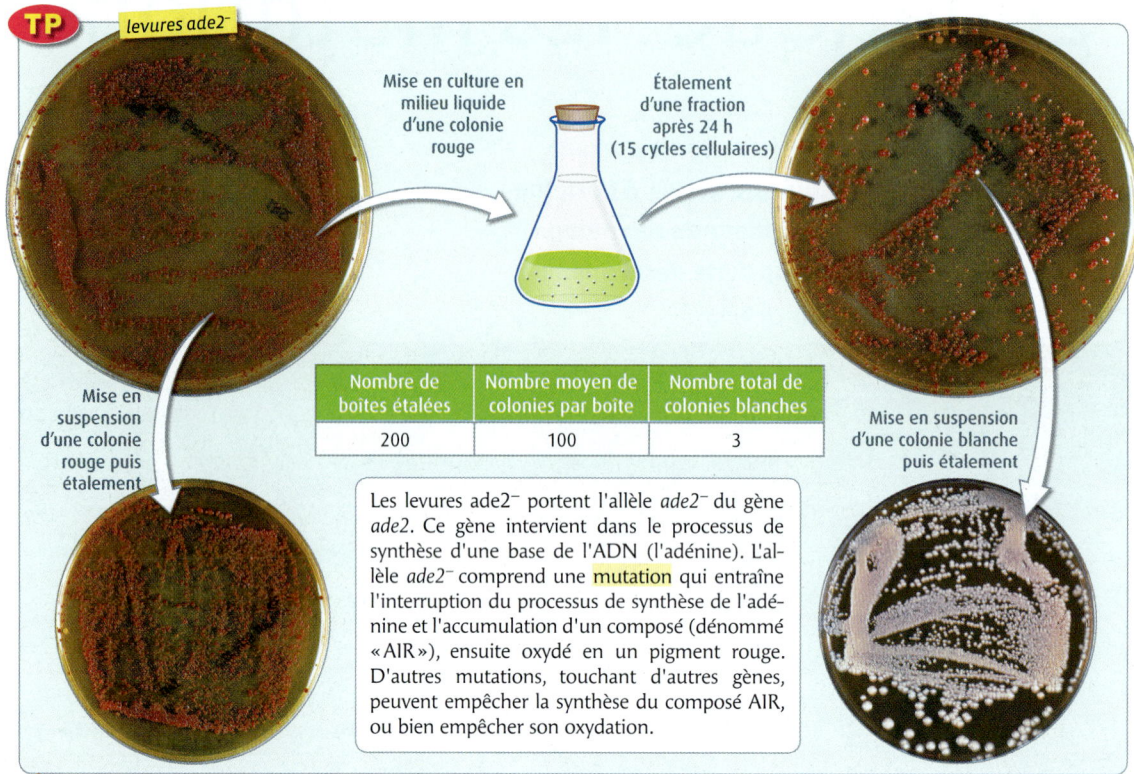

**TP** levures ade2⁻

Mise en culture en milieu liquide d'une colonie rouge

Étalement d'une fraction après 24 h (15 cycles cellulaires)

Mise en suspension d'une colonie rouge puis étalement

| Nombre de boites étalées | Nombre moyen de colonies par boite | Nombre total de colonies blanches |
|---|---|---|
| 200 | 100 | 3 |

Mise en suspension d'une colonie blanche puis étalement

Les levures ade2⁻ portent l'allèle *ade2⁻* du gène *ade2*. Ce gène intervient dans le processus de synthèse d'une base de l'ADN (l'adénine). L'allèle *ade2⁻* comprend une **mutation** qui entraîne l'interruption du processus de synthèse de l'adénine et l'accumulation d'un composé (dénommé « AIR »), ensuite oxydé en un pigment rouge. D'autres mutations, touchant d'autres gènes, peuvent empêcher la synthèse du composé AIR, ou bien empêcher son oxydation.

**1** **L'observation de cultures de levures** (champignons unicellulaires). Chaque colonie est issue des divisions successives d'une unique levure et de ses descendantes.

**TP** J'UTILISE ANAGÈNE

| | 603 610 620 630 640 650 660 670 680 690 700 710 720 730 |
|---|---|
| Traitement | 0 |
| Allèle *ade2⁺* | 0 GGTTTAGTGTTTTCTTACCCAATTGTAGAGACTATCCACAAGGACAATATTTGTGACTTATGTTATGCGCCTGCTAGAGTTCCGGACTCCGTTCAACTTAAGGCGAAGTTGTTGGCAGAAAATGCAATC |
| Allèle *ade2⁻* | 0 ------------------------------------------------------------------------G-------------------------------------------------- |

**2** **Comparaison de la séquence nucléotidique de deux allèles du gène *ade2*.** Longueur du gène *ade2* : 1713 paires de bases. Le tiret signifie qu'il n'y a pas de différence de séquence.

| Espèce | Taille du génome (nombre de paires de bases) | Taux de mutations spontanées par cycle cellulaire |
|---|---|---|
| *Escherichia coli* (bactérie) | 4,6.10⁶ | 1/435 |
| *Neurospora crassa* (champignon) | 4,2.10⁷ | 1/333 |
| Levure (champignon) | 1,4.10⁷ | 1/370 |

**3** **Taux de mutations spontanées chez différentes espèces.** Un taux de 1/435 signifie qu'en moyenne, il faut 435 cycles cellulaires pour observer une cellule présentant une modification d'un nucléotide (mutation) dans l'ADN qui constitue son génome.

# L'origine des mutations

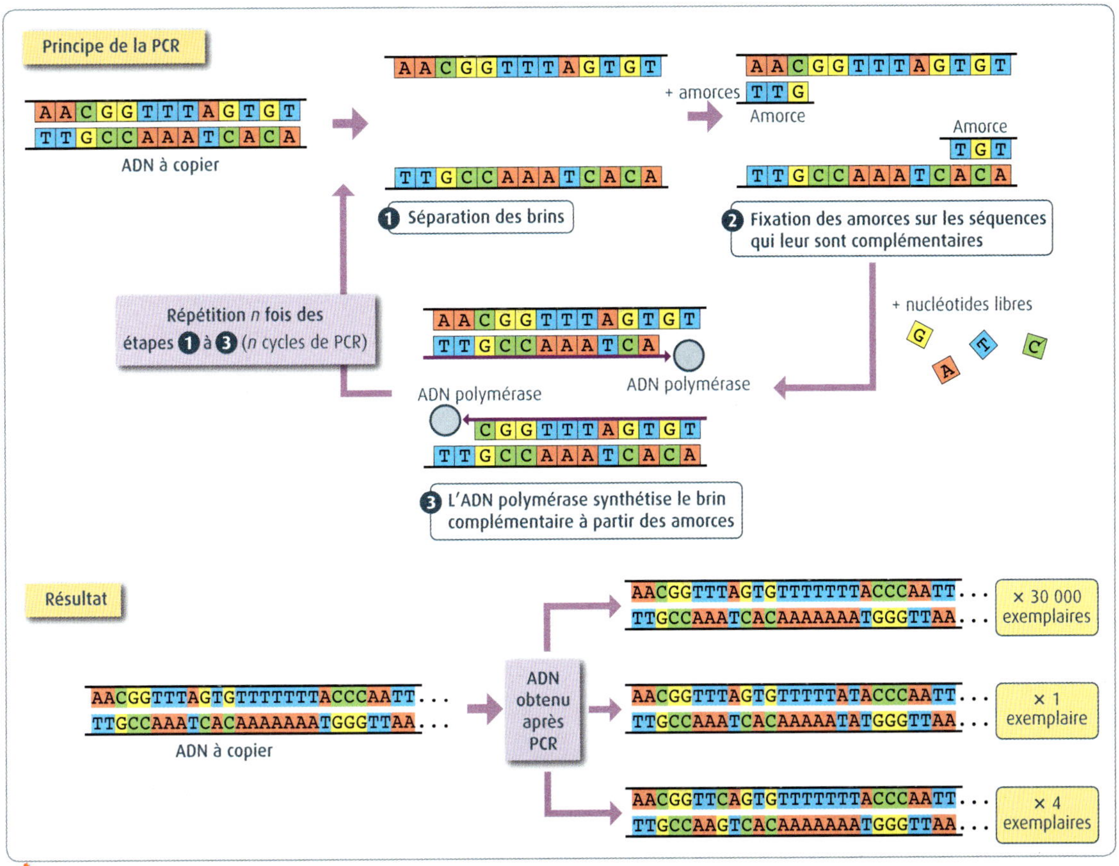

**Principe de la PCR**

① Séparation des brins
② Fixation des amorces sur les séquences qui leur sont complémentaires
③ L'ADN polymérase synthétise le brin complémentaire à partir des amorces

Répétition *n* fois des étapes ① à ③ (*n* cycles de PCR)

**Résultat**

- × 30 000 exemplaires
- × 1 exemplaire
- × 4 exemplaires

 **Une expérience de PCR** (*Polymerase Chain Reaction*).
La PCR est une technique qui reproduit *in vitro* la réplication de l'ADN. à l'aide d'une ADN polymérase, de courts fragments d'ADN (amorces) et de nucléotides, la PCR permet de recopier en de nombreux exemplaires une région donnée de la molécule d'ADN. Ici, un fragment d'ADN de 100 nucléotides a subi 15 cycles de PCR. Trois types de molécules ont été obtenus. Une portion de séquence est représentée.

Des modifications spontanées de la molécule d'ADN se produisent durant l'intégralité du cycle cellulaire. Elles résultent de l'action permanente de divers facteurs physiques ou chimiques issus du métabolisme cellulaire comme du milieu extérieur. Par exemple, dans des conditions oxydantes résultant de certaines réactions métaboliques, une guanine peut spontanément s'oxyder et se transformer en oxo-guanine. L'oxo-guanine s'apparie non pas avec la cytosine, mais avec l'adénine.

**Des modifications chimiques de l'ADN.**

---

 **ACTIVITÉS**

**TÂCHE COMPLEXE**

À l'aide des documents, montrez que des modifications de l'ADN, spontanées et rares, peuvent apparaître à divers moments du cycle cellulaire et entraîner des mutations.

Pour cela, vous pouvez :
– Montrer que diverses mutations, spontanées et rares, peuvent être à l'origine des colonies blanches (**DOC. 1 ET 2**).
– Calculer, pour chaque espèce, combien de nucléotides doivent être répliqués pour observer une mutation (**DOC. 3**).
– Montrer que des modifications de l'ADN à l'origine de mutations peuvent survenir lors de différentes phases du cycle cellulaire (**DOC. 4 ET 5**).

**THÈME 1 – CHAPITRE 2** À L'ORIGINE DE LA VARIABILITÉ GÉNÉTIQUE : LES MUTATIONS

# UNITÉ 2 — Les variations de la fréquence des mutations

Des mutations surviennent spontanément à une fréquence très faible. Ces modifications de la séquence de l'ADN sont dues soit à des erreurs de réplication de l'ADN, soit à des altérations de l'ADN en dehors de la réplication.

⇢ **Existe-t-il des conditions telles que la fréquence des mutations augmente ?**

## Étudier l'effet des UV sur les cellules

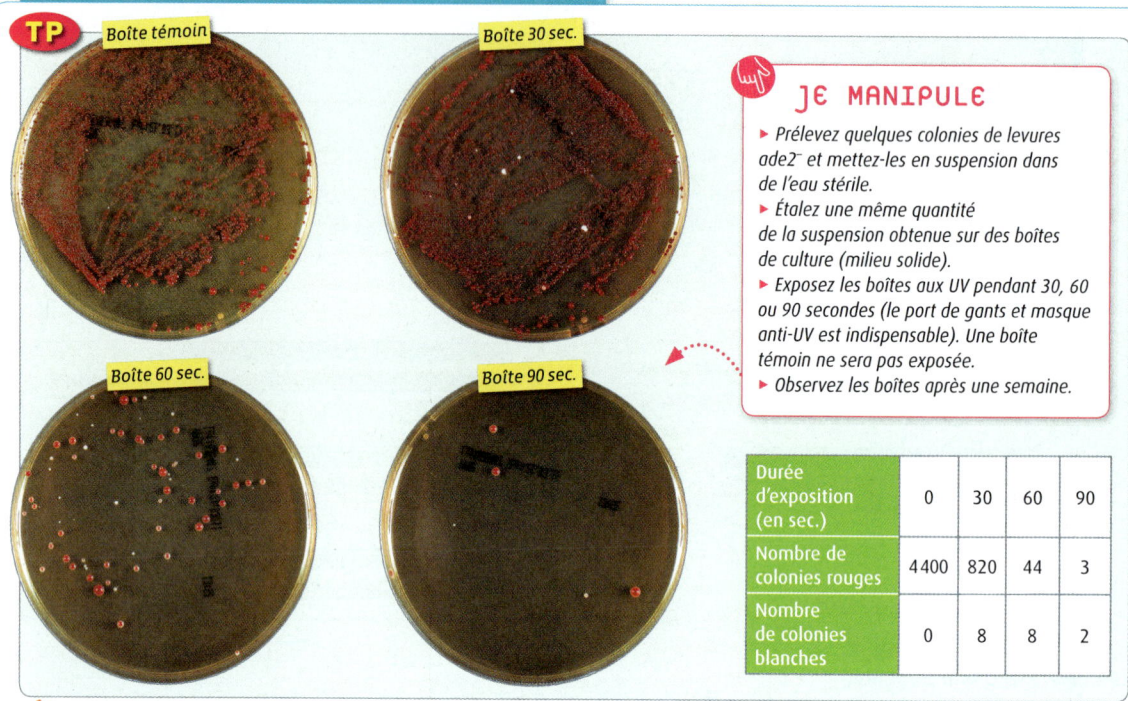

**TP**

Boîte témoin — Boîte 30 sec. — Boîte 60 sec. — Boîte 90 sec.

### JE MANIPULE
- Prélevez quelques colonies de levures ade2⁻ et mettez-les en suspension dans de l'eau stérile.
- Étalez une même quantité de la suspension obtenue sur des boîtes de culture (milieu solide).
- Exposez les boîtes aux UV pendant 30, 60 ou 90 secondes (le port de gants et masque anti-UV est indispensable). Une boîte témoin ne sera pas exposée.
- Observez les boîtes après une semaine.

| Durée d'exposition (en sec.) | 0 | 30 | 60 | 90 |
|---|---|---|---|---|
| Nombre de colonies rouges | 4400 | 820 | 44 | 3 |
| Nombre de colonies blanches | 0 | 8 | 8 | 2 |

**1** L'étude de l'effet des rayons ultraviolets (rayons UV) sur les levures ade2⁻.

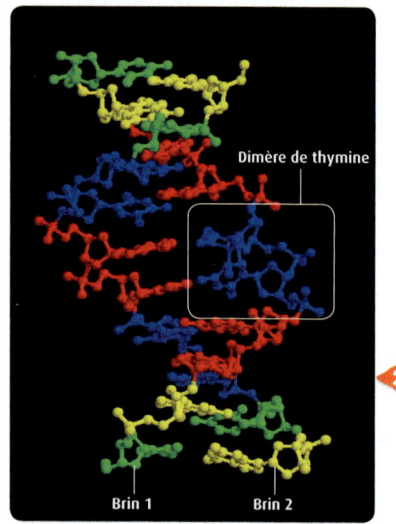

Dimère de thymine — Brin 1 — Brin 2

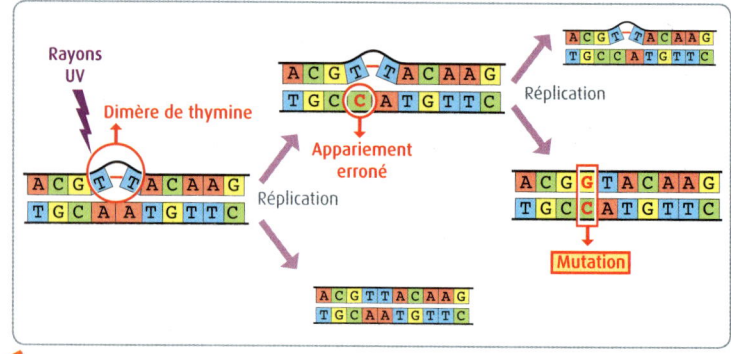

Rayons UV — Dimère de thymine — Appariement erroné — Réplication — Mutation

**2** L'action des rayons UV sur la molécule d'ADN. Les UV provoquent la formation de liaisons entre deux thymines adjacentes. Ces dimères de thymine déforment la double hélice et stoppent la plupart des ADN polymérases lors de la réplication, induisant la mort de la cellule. Certaines ADN polymérases parviennent toutefois à les franchir, mais elles commettent souvent des erreurs d'appariement.

# Étudier l'effet des UV sur les populations humaines

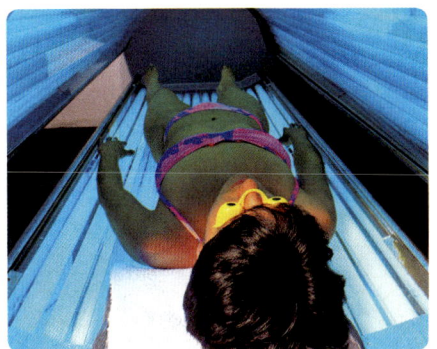

Les cancers sont des maladies dues à une multiplication incontrôlée de certaines cellules. Ils sont causés par une accumulation de mutations (voir doc. 7 p. 267). Le lien entre l'exposition aux UV artificiels dans les cabines de bronzage et les cancers de la peau a été étudié. Plus de 100 000 femmes scandinaves ont été suivies durant 14 années, ce qui a permis de déterminer le risque relatif (RR*) à la fréquentation de ces cabines. Depuis juillet 2009, les UV émis par les appareils de bronzage artificiel sont classés dans le groupe des agents cancérogènes (favorisant l'apparition de cancers) certains.

$$* \, RR = \frac{\text{risque de développer une maladie si l'on est exposé à un facteur}}{\text{risque de développer cette maladie si l'on n'est pas exposé à ce facteur}}$$

**3 Une cabine de bronzage aux UV.**
Les rayons UV sont une des composantes de la lumière solaire. Sur la peau, ils sont à l'origine, entre autres, du bronzage.

| Fréquence d'utilisation des cabines | Durée d'utilisation | Risque relatif |
|---|---|---|
| ≥ 12 fois par an | ≥ 20 ans | 2,4 |
| | ≤ 10 ans | 1,4 |
| ≤ 10 fois par an | 20 à 30 ans | 1,2 |
| Nulle | – | 1,0 |

**4 L'effet de l'utilisation des cabines de bronzage sur la santé.**

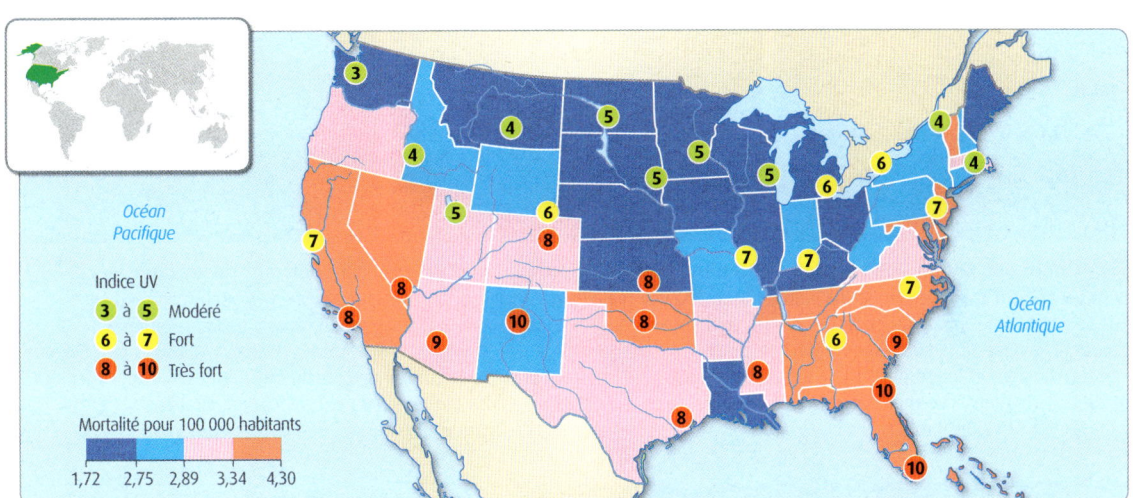

**5 La mortalité par mélanome chez les hommes à peau blanche aux États-Unis.** Le mélanome est un cancer qui touche des cellules de la couche la plus superficielle de la peau : les mélanocytes. Sur cette carte, on a également indiqué l'indice UV mesuré un après-midi d'été. Cet indice est proportionnel à l'intensité du rayonnement UV d'origine solaire qui atteint le sol.

## ACTIVITÉS

### TÂCHE COMPLEXE

À l'aide des informations apportées par les documents, montrez que certains facteurs de l'environnement augmentent la fréquence d'apparition des mutations dans une population.

Pour cela, vous pouvez :
– Exploiter les résultats de l'expérience réalisée sur les levures (**DOC. 1**).
– Exposer les effets des rayons UV sur la molécule d'ADN (**DOC. 2**).
– Mettre en relation le risque de survenue d'un cancer dans une population et l'exposition aux rayons UV (**DOC. 3 À 5**).

# UNITÉ 3 — Le devenir des lésions de l'ADN

Les mutations sont des événements rares dont la fréquence est augmentée par certains facteurs de l'environnement : les agents mutagènes.

**Quels mécanismes permettent le maintien d'une faible fréquence de mutations ? Quelles sont les conséquences des mutations sur l'organisme ?**

## Mettre en évidence un système de réparation de l'ADN

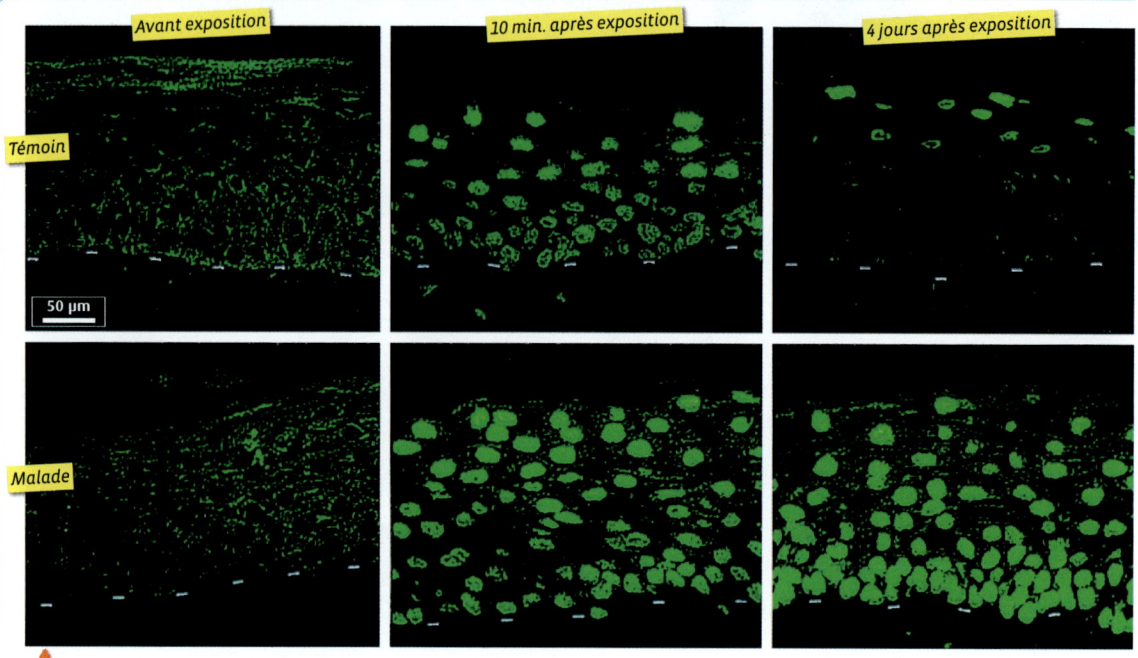

**1** **L'effet des UV sur les cellules de la peau d'un individu sain et d'un malade souffrant de xeroderma pigmentosum (XP).** Le xeroderma pigmentosum est une maladie génétique se manifestant par une hypersensibilité aux UV. Elle se traduit par l'apparition de taches brunes sur la peau (causées par la mort des cellules) et de cancers de la peau (liés à l'accumulation de mutations). Sans protection contre les UV, la fréquence d'apparition de cancers de la peau est 4 000 fois plus élevée chez les malades et leur espérance de vie est inférieure à 20 ans. À partir de fragments de peau prélevés chez des individus malades et chez des témoins, des chercheurs ont reconstitué une peau « artificielle » dans des boîtes de culture. Ces préparations ont été exposées aux UV puis incubées avec des anticorps se fixant aux dimères de thymine et émettant une fluorescence verte.

| Enzyme | Fonction |
|---|---|
| XPC et XPE | Reconnaissance de la structure spatiale anormale de l'ADN à l'endroit de la lésion |
| XPB et XPD | Séparation des deux brins de l'ADN |
| XPA | Reconnaissance du brin d'ADN à réparer |
| XPF | Coupure du brin d'ADN en amont de la lésion |
| XPG | Coupure du brin d'ADN en aval de la lésion |

**2** **Des enzymes inactives chez les malades.** Des mutations inactivant différents gènes peuvent être à l'origine du xeroderma pigmentosum. Chacun de ces gènes dirige la synthèse d'une enzyme essentielle au fonctionnement d'un système de réparation qui élimine, sur la double hélice d'ADN, un fragment d'ADN simple brin d'une trentaine de nucléotides contenant un dimère de thymine. Une ADN polymérase synthétise ensuite un fragment d'ADN qui remplace le fragment éliminé.

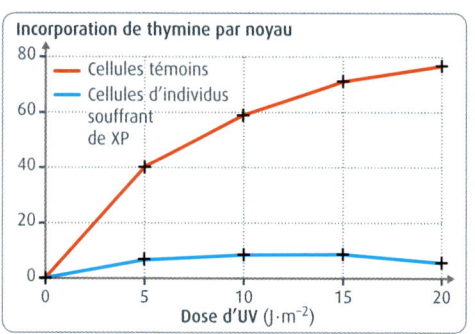

**3** L'incorporation de thymine en phase $G_1$ du cycle cellulaire dans des cellules en culture exposées aux UV.

# Caractériser deux catégories de mutations

Certaines mutations perturbent le fonctionnement de la cellule au point d'être incompatibles avec sa survie. Si tel n'est pas le cas, deux situations sont à distinguer. Quand la mutation apparaît dans des cellules non reproductrices (mutation somatique), elle provoque l'apparition de cellules mutantes identiques, qui toutes descendent de la cellule qui a subi la mutation initiale. Cette population de cellules identiques s'appelle un clone. La mutation peut aussi survenir dans un tissu qui se différenciera en cellules reproductrices (mutation germinale). Si les cellules reproductrices mutées prennent part à la fécondation, la mutation sera transmise à la génération suivante.

**4** **Mutation somatique et mutation germinale.**

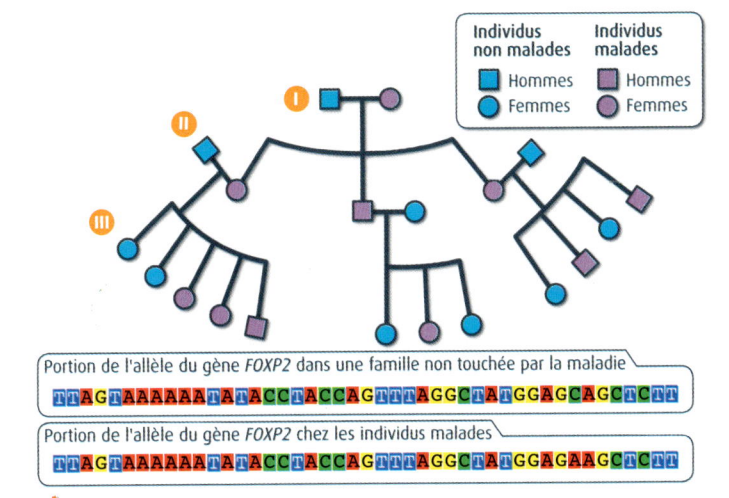

Portion de l'allèle du gène *FOXP2* dans une famille non touchée par la maladie
TTAGTAAAAAATATACCTACCAGTTTAGGCTATGGAGCAGCTCTT

Portion de l'allèle du gène *FOXP2* chez les individus malades
TTAGTAAAAAATATACCTACCAGTTTAGGCTATGGAGAAGCTCTT

**5** **L'arbre généalogique d'une famille touchée par des troubles du langage.** Plusieurs membres de cette famille présentent des difficultés de coordination des mouvements de la bouche, qui se traduisent notamment par l'incapacité de répéter des mots nouveaux. Une analyse génétique a montré que ces individus portent un allèle muté du gène *FOXP2*, impliqué dans le développement de certaines zones du cerveau chez l'embryon.

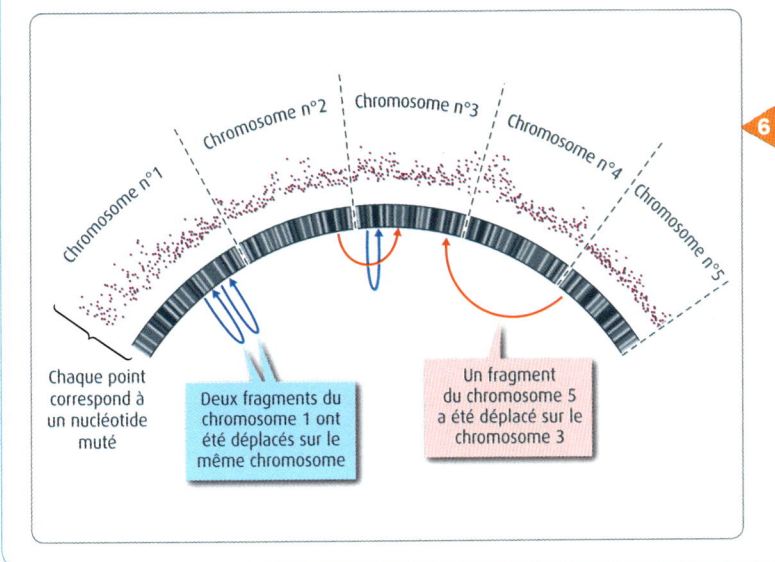

**6** **Comparaison du génome de cinq chromosomes d'une cellule saine et d'une cellule cancéreuse chez une personne souffrant d'un cancer du poumon.** Les cellules cancéreuses ont acquis, suite à de nombreuses mutations, la capacité de se diviser de manière incontrôlée, formant un amas de cellules identiques appelé tumeur. Ces mutations affectent en particulier les systèmes qui réparent les lésions de l'ADN. Le schéma ci-contre est issu d'analyses du génome réalisées sur des cellules saines et sur des cellules de la tumeur. Les modifications génétiques indiquées sont observées dans toutes les cellules de la tumeur.

## ACTIVITÉS

**1** **DOC. 1.** Montrez qu'il existe des systèmes permettant l'élimination des lésions de l'ADN et que ces systèmes sont nécessaires au maintien d'un faible taux de mutation (aidez-vous du doc. 2 p. 34).

**2** **DOC. 2 ET 3.** Exploitez les données pour préciser le mécanisme de réparation de l'ADN qui est déficient chez les individus XP.

**3** **DOC 4 À 6.** Dans les deux exemples (doc. 5 et 6), indiquez si la ou les mutations sont germinales ou somatiques.

**4** **CONCLUSION.** Résumez les conséquences possibles d'une lésion de la molécule d'ADN, selon qu'elle est ou non prise en charge par les systèmes de réparation et selon le type de cellule où elle se produit.

# UNITÉ 4 — Les mutations, source de biodiversité

Si certaines mutations sont à l'origine de maladies, ce n'est pas, loin s'en faut, le cas de toutes. Les mutations sont également une source essentielle de biodiversité.

⇢ **En quoi les mutations sont-elles une source de biodiversité ?**

## Comparer différentes populations

*Sanglier (sauvage)*
*Meishan (domestique)*
*Duroc (domestique)*
*Large black (domestique)*
*Large white (domestique)*

**1** **Différentes races appartenant à une même espèce : le porc (*Sus scrofa*).** Selon la définition la plus courante, une espèce regroupe les individus qui peuvent se reproduire entre eux et donner une descendance fertile. La notion de race animale (ou de variété végétale) est utilisée en agronomie pour désigner, au sein d'une même espèce, des individus ayant des caractéristiques spécifiques, adaptées par exemple à un usage domestique ou à un habitat particulier.

**TP**

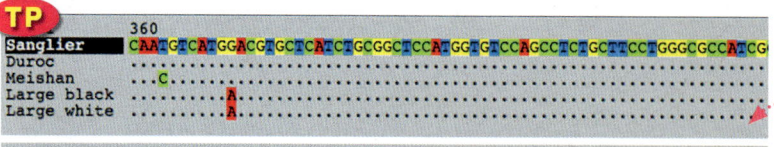

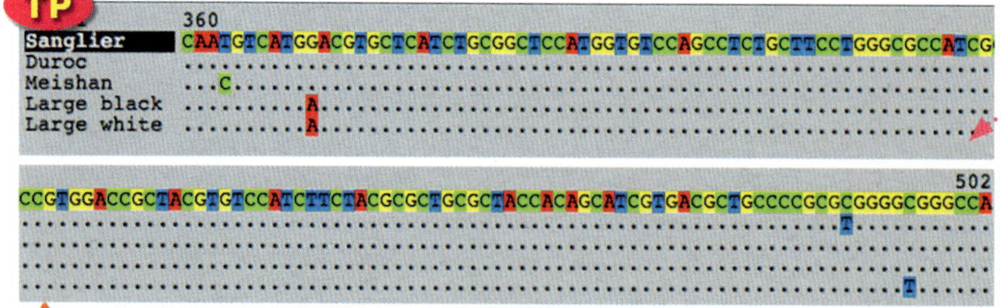

```
              360
Sanglier    CAATGTCATGGACGTGCTCATCTGCGGCTCCATGGTGTCCAGCCTCTGCTTCCTGGGCGCCATCG
Duroc       ..............................................................
Meishan     ...C..........................................................
Large black .....A........................................................
Large white .....A........................................................
                                                                      502
CCGTGGACCGCTACGTGTCCATCTTCTACGCGCTGCGCTACCACAGCATCGTGACGCTGCCCCGCGCGGGGCGGGCCA
...............................................................A...........
...............................................................A...........
............................................................................
............................................................................
```

**2** **La séquence du gène *MC1R* chez différentes races de porc.** Le gène *MC1R* régule la production de deux pigments, l'eumélanine (brun/noir) et la phæomélanine (jaune/orangé) par certaines cellules de la peau. Il détermine ainsi la coloration de la peau et du pelage des individus.

### J'UTILISE UN LOGICIEL

▶ Utilisez la banque de données GenBank pour rechercher la séquence du gène MC1R chez les différentes races de porc ➡ http://www.ncbi.nlm.nih.gov/genbank/

▶ Comparez ces séquences grâce au logiciel seaview ➡ http://pbil.univ-lyon1.fr/software/seaview.html

## Observer l'évolution d'une population au laboratoire

Le 15 février 1988, une expérience originale a été initiée par une équipe de chercheurs de l'université du Michigan, aux États-Unis. Des bactéries *Escherichia coli* possédant toutes le même génome ont été mises en culture. Tous les jours sans exception, les cultures ont été repiquées pour permettre aux bactéries de continuer à se diviser. Toutes les 500 générations, des cellules ont été congelées en vue d'une analyse ultérieure comprenant, en particulier, le séquençage du génome. En 2011, il est ainsi possible de suivre l'évolution des génomes des bactéries d'une même population bactérienne initiale sur plus de 50 000 générations !

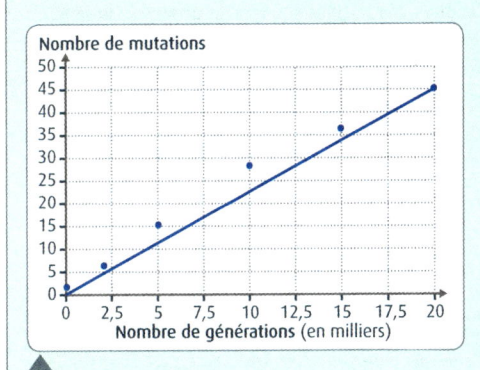

**Évolution du nombre de mutations dans le génome des bactéries sur 20 000 générations.** Chaque point représente le nombre total de mutations détectés dans le génome des différentes populations de bactéries analysées à un moment donné de l'expérience, en comparaison avec le génome des bactéries initiales.

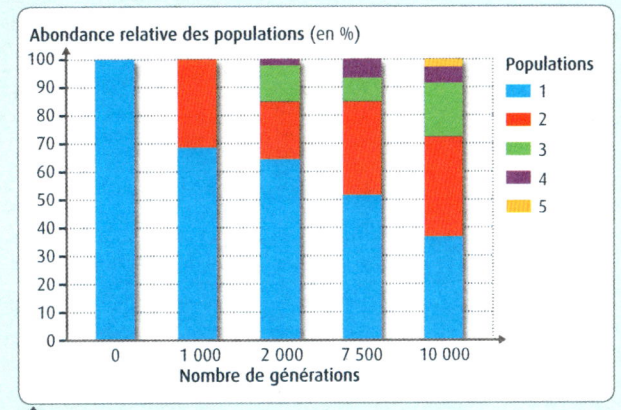

**Évolution de la diversité génétique des bactéries sur 10 000 générations.** Au fur et à mesure de l'expérience, on observe l'apparition progressive de plusieurs populations bactériennes. Ces populations diffèrent entre elles par une ou plusieurs mutations.

**3** L'évolution d'une population de bactéries au laboratoire.

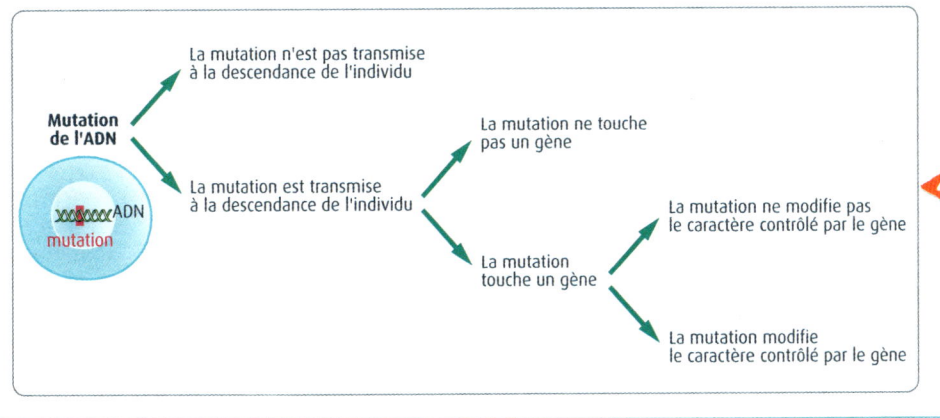

**4** Quelques conséquences possibles d'une **mutation**. Les gènes n'occupent qu'une partie de la molécule d'ADN (voir doc. 6 p. 49).

### ACTIVITÉS

**1 DOC. 1 ET 2.** Montrez que la diversité des races présentées correspond à une diversité génétique.

**2 DOC. 3 ET 4.** Décrivez les résultats de l'expérience du doc. 3, puis formulez une hypothèse sur les processus qui ont pu aboutir à la diversité génétique constatée dans le doc. 2.

**3 DOC. 4.** Indiquez à quelle(s) condition(s) une mutation peut se traduire par l'apparition d'un nouveau caractère au sein d'une espèce.

**4 EN CONCLUSION.** Expliquez en quoi les mutations sont une source de biodiversité.

THÈME 1 – CHAPITRE 2 À L'ORIGINE DE LA VARIABILITÉ GÉNÉTIQUE : LES MUTATIONS

# CHAPITRE 2 — À l'origine de la variabilité génétique : les mutations

## BILAN DES UNITÉS

### UNITÉ 1 — Les mutations, des modifications de l'ADN

- Lorsque l'on réalise des cultures de levures, on observe l'apparition spontanée de rares cellules présentant des caractères différents de ceux des cellules mères. Ces caractères nouveaux sont expliqués par des modifications de la séquence d'ADN, ou **mutations**, au niveau de certains nucléotides (par exemple sur le gène *ade2*). Des mutations peuvent donc apparaître spontanément à une fréquence très faible.
- Lors d'une expérience de PCR, une enzyme (l'ADN polymérase) recopie *in vitro* un fragment d'ADN en de nombreux exemplaires. On observe que la séquence de rares fragments recopiés diffère de celle du fragment de départ au niveau d'une paire de bases. Ces mutations sont le résultat d'erreurs d'appariement des nucléotides commises par l'ADN polymérase lorsqu'elle réplique l'ADN. Ce type d'erreur est très rare. Ainsi, il y a en moyenne, lors de la réplication de l'ADN chez la levure, une erreur pour $5,2.10^9$ nucléotides répliqués.
- Des mutations peuvent également résulter de modifications de bases de l'ADN en dehors de la réplication.

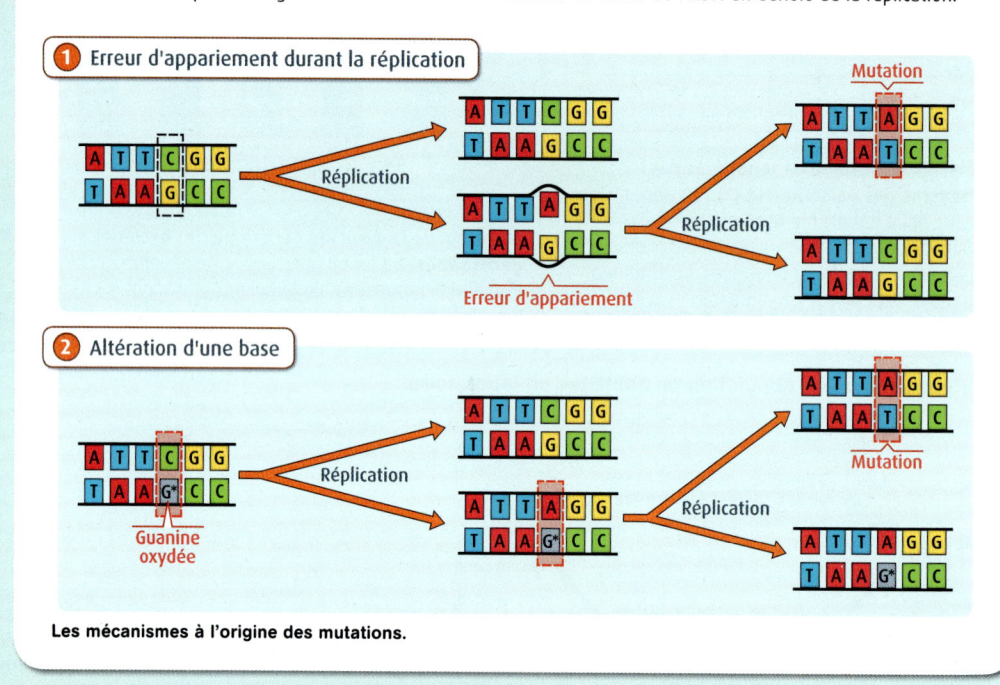

**① Erreur d'appariement durant la réplication**

**② Altération d'une base**

Les mécanismes à l'origine des mutations.

### UNITÉ 2 — Les variations de la fréquence des mutations

- L'irradiation de levures par des rayons ultraviolets (UV) provoque une augmentation de la fréquence d'apparition des mutations. Plus l'irradiation est intense, plus le taux de mutation est élevé et plus la mortalité des levures est importante.
- L'effet des UV s'explique par leur capacité à provoquer des lésions dans la molécule d'ADN. Lors de la réplication, soit l'ADN polymérase ne parvient pas à franchir ces lésions et la cellule meurt, soit elle les franchit, mais en commettant une (ou des) erreur(s) d'appariement qui pourra être à l'origine d'une mutation. Les UV et les autres facteurs qui endommagent la molécule d'ADN sont des **agents mutagènes** : ils augmentent la fréquence des mutations.
- L'effet mutagène des UV est confirmé par l'étude de populations humaines. En effet, plus elles sont exposées aux UV (d'origine naturelle ou artificielle), plus elles ont de risques de développer une maladie causée par une accumulation de mutations : le **cancer** de la peau.

# BILAN DES UNITÉS

## UNITÉ 3 — Le devenir des lésions de l'ADN

- Lorsque des cellules de la peau d'un individu témoin sont exposées aux rayons UV, il se forme des dimères de thymine dans l'ADN. Quatre jours après l'irradiation, ces lésions ont entièrement disparu. Il existe donc un système permettant d'éliminer les dimères de thymine de l'ADN. Il s'agit de l'un des nombreux **systèmes de réparation** des lésions de l'ADN. Ces systèmes éliminent la majorité des altérations chimiques ou structurales de l'ADN, ainsi que les mauvais appariements dus aux erreurs de réplication. Ils restaurent ensuite une molécule d'ADN intègre.

- Chez les malades atteints de xeroderma pigmentosum, le système de réparation des dimères de thymine est inactif. Ces malades présentent une sensibilité extrême à l'action mutagène des rayons UV, qui se manifeste par une fréquence accrue de cancers de la peau. L'activité des systèmes de réparation de l'ADN est donc indispensable au maintien d'un faible taux de mutation.

- Si une mutation est compatible avec la survie de la cellule dans laquelle elle s'est produite, elle est transmise quand cette cellule se divise.

- Une mutation qui affecte une cellule germinale (cellule reproductrice) d'un individu est transmissible à la descendance de ce dernier si elle participe à la fécondation. Dans ce cas, toutes les cellules du descendant portent la mutation. Une mutation qui affecte une cellule somatique (cellule non reproductrice) d'un individu n'est pas transmissible à sa descendance : elle est portée chez lui et uniquement par le **clone** issu de la cellule mutée, c'est-à-dire par l'ensemble de ses cellules filles.

*Le principe de la réparation des dimères de thymine de l'ADN.*

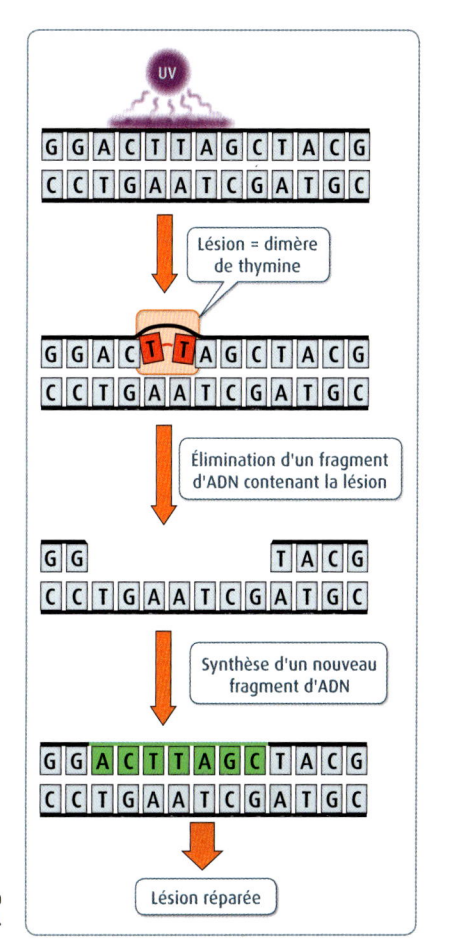

## UNITÉ 4 — Les mutations, source de biodiversité

- Chez différents individus d'une même espèce, la séquence d'un gène donné peut différer par suite de mutations : ces individus portent des **allèles** différents du gène considéré. La biodiversité au sein d'une espèce est donc une diversité génétique : elle est le reflet de la diversité des allèles. La **biodiversité génétique** est l'un des trois niveaux de la **biodiversité** du monde vivant.

- Les différents allèles d'un gène peuvent expliquer les variations de certains caractères (comme, par exemple, la couleur du pelage) que l'on observe entre les individus d'une même espèce au sein d'une population.

- De façon spontanée et aléatoire, des mutations apparaissent et s'accumulent au sein du génome d'une espèce. Si ces mutations sont transmissibles à la descendance de l'individu chez qui elles surviennent, elles pourront éventuellement être à l'origine de nouveaux allèles présents au sein de l'espèce. Les mutations germinales sont donc la source de la biodiversité génétique d'une espèce.

# CHAPITRE 2 — À l'origine de la variabilité génétique : les mutations

## L'ESSENTIEL

### L'essentiel par le texte

Une **mutation** est une modification de la séquence nucléotidique de la molécule d'ADN. Les mutations ont des causes et des conséquences variables.

#### Les causes des mutations

- Lors de la réplication de l'ADN, des erreurs d'appariement des nucléotides surviennent de façon aléatoire et à une fréquence très faible. De plus, à tout moment du cycle cellulaire, les nucléotides de l'ADN peuvent spontanément subir des modifications chimiques.
- Le plus souvent, un nucléotide modifié ou un mauvais appariement des nucléotides lié à une erreur de réplication est détecté puis éliminé par les **systèmes de réparation** de l'ADN. Toutefois, avec une fréquence faible, ces modifications de l'ADN peuvent échapper aux systèmes de réparation. Elles sont alors à l'origine d'une mutation. Si elle est compatible avec la survie de la cellule, la mutation perdure et elle pourra être transmise. Des mutations surviennent donc spontanément, mais, grâce aux systèmes de réparation de l'ADN, leur fréquence est faible.
- La fréquence des mutations est augmentée par les agents physiques ou chimiques de l'environnement qui endommagent l'ADN : ce sont les **agents mutagènes**.

#### Les conséquences des mutations

- Les conséquences des mutations ne sont pas les mêmes selon les cellules où elles se produisent.
- Une mutation ayant lieu dans une cellule non reproductrice, appelée **mutation somatique**, n'est transmise qu'au **clone** issu des divisions de cette cellule et de ses descendantes. Elle disparaît avec la mort de l'individu.
- Une mutation ayant lieu dans une cellule germinale (cellule reproductrice), appelée **mutation germinale**, est transmissible à la descendance de l'individu. Si elle est effectivement transmise, alors elle devient héréditaire.
- Les mutations germinales sont la source aléatoire des différents **allèles** des gènes. Ces mutations sont donc à l'origine de la biodiversité génétique des espèces.

### Les capacités et attitudes

▶ Utiliser des logiciels pour caractériser des mutations **(unités 1 et 4)**
▶ Réaliser un protocole pour analyser l'influence de l'irradiation de levures par des UV **(unité 2)**
▶ Recenser, extraire et organiser des informations pour :
– mettre en évidence l'influence d'agents mutagènes sur des populations humaines **(unité 2)**
– déterminer les conséquences d'une lésion de la molécule d'ADN **(unité 3)**
– caractériser la diversité allélique d'une population **(unité 4)**

### Mots clés

*Voir aussi Dico des SVT p. 332*

**Agent mutagène :** agent de l'environnement qui augmente la fréquence d'apparition des mutations.
**Allèles :** versions d'un même gène. Les allèles diffèrent entre eux par des mutations.
**Clone :** ensemble de cellules génétiquement identiques issues des divisions d'une cellule mère et de ses descendantes.
**Mutation :** modification de la séquence nucléotidique de l'ADN.
**Mutation germinale :** mutation présente dans l'ADN d'une cellule reproductrice, transmissible à la descendance.
**Mutation somatique :** mutation présente dans l'ADN d'une cellule non reproductrice, transmise seulement aux cellules filles de la cellule mutée.
**Système de réparation de l'ADN :** ensemble de protéines éliminant les nucléotides endommagés ou corrigeant les mauvais appariements de bases.

# L'ESSENTIEL

## L'essentiel par l'image

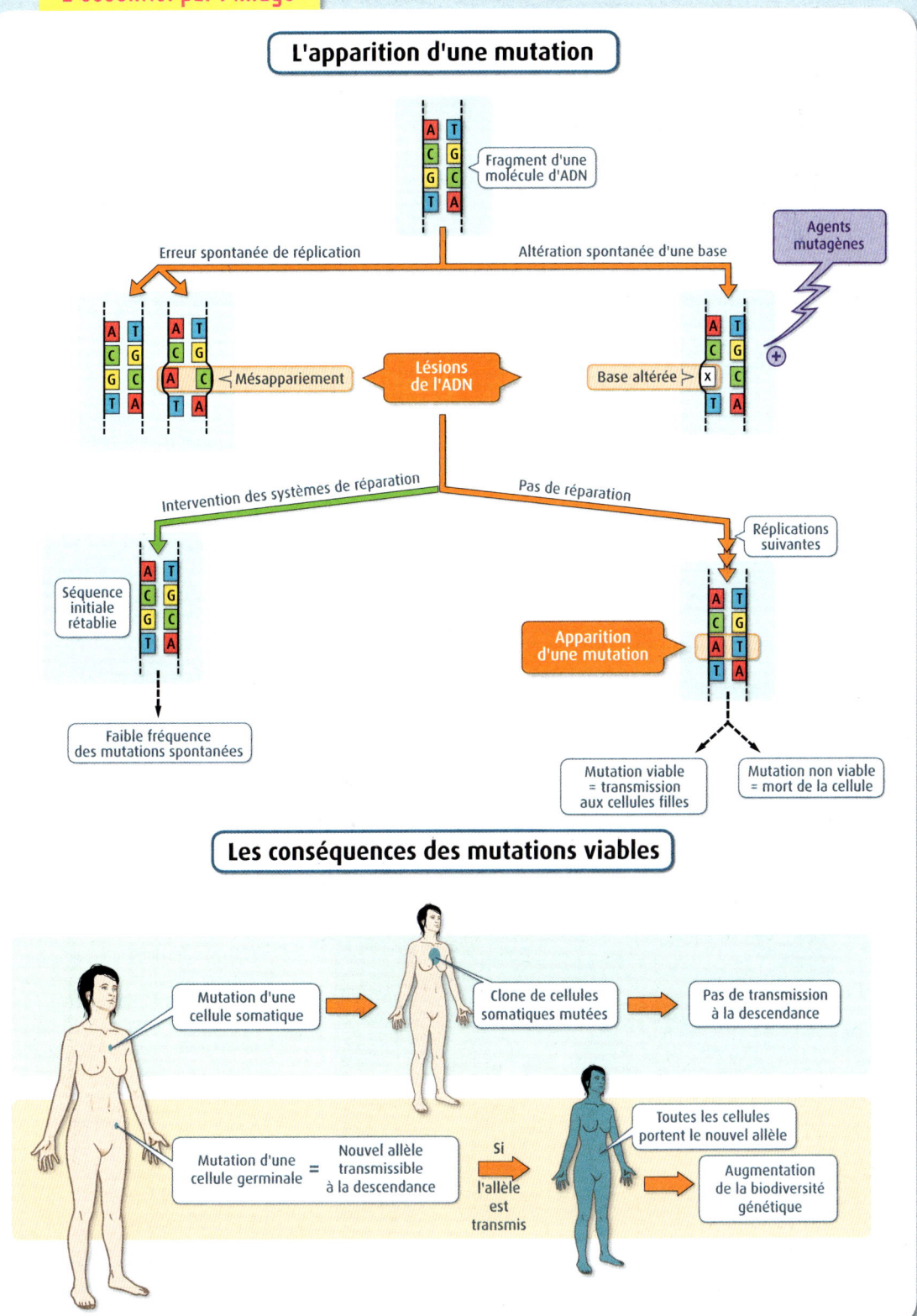

### L'apparition d'une mutation

Fragment d'une molécule d'ADN

Erreur spontanée de réplication — Mésappariement

Altération spontanée d'une base — Base altérée

Agents mutagènes

Lésions de l'ADN

Intervention des systèmes de réparation → Séquence initiale rétablie → Faible fréquence des mutations spontanées

Pas de réparation → Réplications suivantes → Apparition d'une mutation
- Mutation viable = transmission aux cellules filles
- Mutation non viable = mort de la cellule

### Les conséquences des mutations viables

Mutation d'une cellule somatique → Clone de cellules somatiques mutées → Pas de transmission à la descendance

Mutation d'une cellule germinale = Nouvel allèle transmissible à la descendance → Si l'allèle est transmis → Toutes les cellules portent le nouvel allèle → Augmentation de la biodiversité génétique

THÈME 1 – CHAPITRE 2 À L'ORIGINE DE LA VARIABILITÉ GÉNÉTIQUE : LES MUTATIONS

# EXERCICES

## évaluer ses connaissances

### 1 QCM

**Pour chaque proposition, identifiez la (ou les) bonne(s) réponse(s).**

**1. Une mutation spontanée :**
a. est un événement très rare à l'échelle cellulaire.
b. est due à l'action d'un agent mutagène.
c. sera toujours corrigée par les systèmes de réparation.

**2. Un agent mutagène :**
a. augmente la fréquence des mutations.
b. est éliminé de la cellule grâce aux systèmes de réparation.
c. induit des mutations spontanées.

**3. Une mutation germinale :**
a. ne sera pas transmise à la descendance.
b. peut être à l'origine d'une augmentation de la biodiversité génétique.
c. est toujours due à l'action d'un agent mutagène.

### 2 Qui suis-je ?

a. Je suis une mutation présente dans l'ADN des cellules reproductrices d'un individu et qui pourra être transmise à sa descendance.
b. Je suis une mesure de la diversité des individus d'une même espèce dans un écosystème donné, fondée sur la diversité des allèles portés par ces individus.
c. Je suis une composante de l'environnement pouvant augmenter la fréquence d'apparition des mutations.

### 3 Questions à réponses brèves

a. Expliquez à quoi sont dues les mutations spontanées.
b. Expliquez le rôle des systèmes de réparation de l'ADN.
c. Exposez quelles peuvent être les conséquences, pour un individu et pour sa descendance, d'une mutation somatique.

## s'entraîner avec un exercice guidé

### 4 L'altération d'une base de l'ADN

Les bases de l'ADN peuvent subir de nombreuses altérations en dehors de la phase S du cycle cellulaire. L'une des plus fréquentes d'entre elles est la perte d'un groupement amine ($NH_2$) par une cytosine (C). Cette désamination s'accompagne, entre autres, de l'ajout d'un atome d'oxygène et transforme la cytosine en uracile (U), une base qui n'est normalement pas présente dans l'ADN.

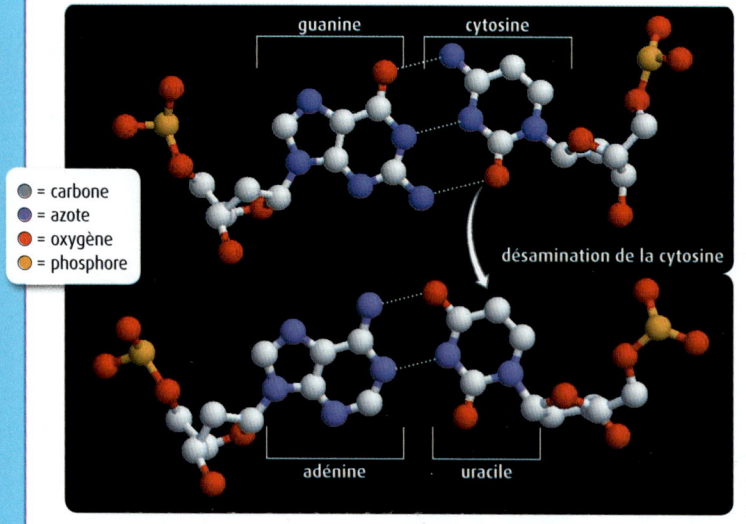

● = carbone
● = azote
● = oxygène
● = phosphore

guanine — cytosine
désamination de la cytosine
adénine — uracile

**Un peu d'aide**

• **Saisir des informations**
Identifiez les bases complémentaires de la cytosine et de la cytosine désaminée.
• **Mobiliser ses connaissances et raisonner**
– Précisez quel nucléotide sera incorporé, lors de la réplication, en face d'un nucléotide à cytosine et en face d'un nucléotide à cytosine désaminée.
– Représentez, sous forme de schéma, deux réplications successives d'un fragment d'ADN contenant une cytosine désaminée.

1. Les liaisons faibles établies par un nucléotide à cytosine et par un nucléotide à uracile.

**QUESTIONS** à l'aide du document, expliquez quelle peut être la conséquence, pour une molécule d'ADN, de la désamination d'une cytosine.

## appliquer ses connaissances

### 5 Une maladie rare : la progeria
*Extraire des informations et raisonner*

La progeria est une maladie caractérisée par un vieillissement prématuré et accéléré des enfants, dont l'espérance de vie ne dépasse pas 13 ans. Elle touche 1 enfant sur 4 à 8 millions. Des analyses génétiques ont permis d'associer cette maladie au gène *LMNA*, nécessaire à la structure du noyau cellulaire et à la division des cellules. Deux allèles de ce gènes ont été identifiés : *LMNA*⁺ et *LMNA*⁻.

```
Sel = 0    1801                                                    1848
LMNA+      AGCGGCTCAGGAGCCCAGGTGGGCGGAGCCATCTCCTCTGGCTCTTTCT
LMNA-      AGCGGCTCAGGAGCCCAGGTGGGTGGAGCCATCTCCTCTGGCTCTTTCT
Mère_allèle1   AGCGGCTCAGGAGCCCAGGTGGGCGGAGCCATCTCCTCTGGCTCTTTCT
Mère_allèle2   AGCGGCTCAGGAGCCCAGGTGGGCGGAGCCATCTCCTCTGGCTCTTTCT
Père_allèle1   AGCGGCTCAGGAGCCCAGGTGGGCGGAGCCATCTCCTCTGGCTCTTTCT
Père_allèle 2  AGCGGCTCAGGAGCCCAGGTGGGCGGAGCCATCTCCTCTGGCTCTTTCT
Enfant_allèle1 AGCGGCTCAGGAGCCCAGGTGGGTGGAGCCATCTCCTCTGGCTCTTTCT
Enfant_allèle2 AGCGGCTCAGGAGCCCAGGTGGGCGGAGCCATCTCCTCTGGCTCTTTCT
```

**1. Analyse du gène *LMNA* chez un enfant atteint de progeria et chez ses parents.** Toutes les cellules de l'enfant possèdent les mêmes allèles du gène *LMNA*. Les allèles des parents ont été identifiés à partir de cellules sanguines.

❶ Nommez l'événement à l'origine de la différence entre les deux allèles du gène *LMNA*.
❷ Identifiez les allèles présents chez l'enfant malade et chez ses parents.
❸ En vous appuyant sur vos connaissances et sur les données de l'exercice, déterminez si l'anomalie génétique à l'origine de l'allèle *LMNA*⁻ a pu apparaître chez les parents ou chez l'enfant, dans une cellule somatique ou une cellule germinale.

### 6 Des bactéries exceptionnelles
*Extraire des informations et raisonner*

La bactérie *Deinococcus radiodurans* a été identifiée dans les années 1950 car elle résistait aux tentatives de stérilisation de la viande par les rayons γ. Ces rayonnements brisent la molécule d'ADN. Une bactérie intestinale très courante (*Escherichia coli*) et deux souches de *D. radiodurans* (une souche témoin et une souche *RecA*) ont été exposées à des doses croissantes de rayons γ. La souche *RecA* de *D. radiodurans* présente une mutation dans le gène *RecA*, qui contrôle un système de réparation de l'ADN. Le taux de survie des bactéries a été déterminé.

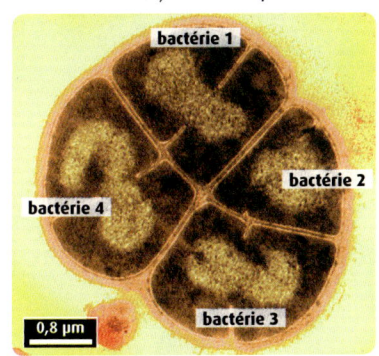

**1. Des bactéries *Deinococcus radiodurans* accolées (vue au MET).**

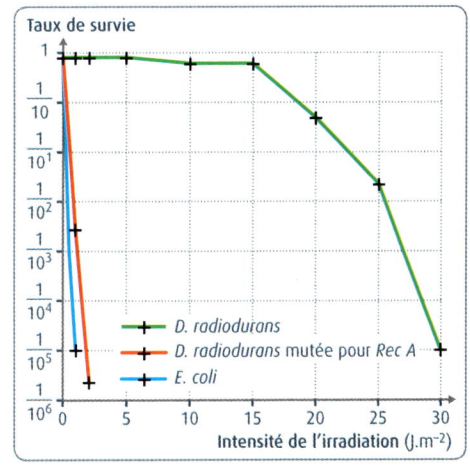

**2. Courbe de survie des bactéries exposées à différentes doses de rayons γ.** Un taux de survie de $1/10^2$ signifie que le nombre de bactéries vivantes a été divisé par $10^2$ après irradiation.

❶ Montrez que *Deinococcus radiodurans* présente une résistance exceptionnelle aux rayons γ.
❷ Déterminez l'origine de cette résistance exceptionnelle.

### 7 Les altérations de la molécule d'ADN
*Communiquer dans un langage scientifiquement approprié*

L'ADN est une molécule qui peut subir de nombreuses altérations.

● Après avoir présenté les causes de ces altérations en vous aidant des documents p. 32 et 33, vous exposerez quelles peuvent en être les conséquences pour une cellule, pour un individu et pour sa descendance.

# EXERCICES

## Appliquer ses connaissances

### 8 Mesurer l'effet mutagène d'une molécule — Piste
*Exploiter des résultats expérimentaux*

L'aflatoxine B1 est une molécule produite par un champignon. On cherche à déterminer si cette molécule est un agent mutagène. Pour cela, on utilise des bactéries portant une mutation inactivant l'un des gènes impliqués dans la synthèse de l'histidine, une molécule indispensable à leur croissance (bactéries His⁻). Elles sont donc incapables de pousser sans ajout d'histidine dans leur milieu de culture. On expose ces bactéries à des doses différentes d'aflatoxine B1, puis on compte le nombre de bactéries capables de se développer sur des boîtes de culture contenant un milieu sans histidine (bactéries His⁺). L'existence de telles bactéries s'explique par une nouvelle mutation qui a touché l'un des gènes de synthèse de l'histidine et l'a rendu à nouveau fonctionnel.

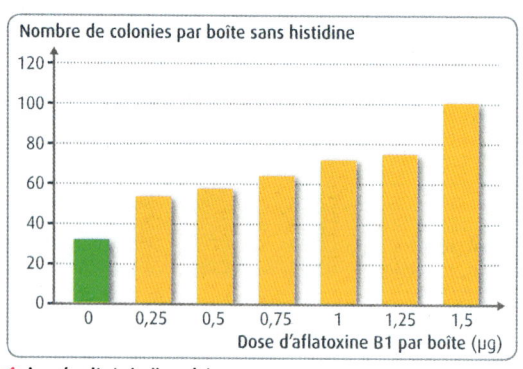

**1.** Le résultat de l'expérience.

❶ Nommez le phénomène responsable de l'apparition de bactéries His+ en l'absence d'exposition à l'aflatoxine B1.

❷ Expliquez en quoi l'expérience permet de mesurer le caractère mutagène d'une molécule.

❸ Déterminez si l'aflatoxine B1 est un agent mutagène.

### 9 L'intolérance au lactose
*S'informer et raisonner*

Le lactose est un des sucres du lait. Chez la majorité des humains, le gène *LCT*, qui permet la digestion du lactose, n'est plus actif chez l'adulte et la consommation de lait entraîne des diarrhées : c'est l'intolérance au lactose. Toutefois, certaines populations sont peu touchées par ce phénomène. Afin de comprendre pourquoi, des chercheurs ont comparé la séquence du gène *LCT* chez des personnes tolérant ou non le lactose (**doc. 1**). D'autres chercheurs ont analysé la fréquence de l'intolérance au lactose chez des populations de traditions alimentaires différentes (**doc. 2**).

| Nucléotide sur le 1ᵉʳ / le 2ᵉ chromosome | G/G | G/A | A/A |
|---|---|---|---|
| Personnes intolérantes au lactose | 53 | 6 | 0 |
| Personnes tolérant le lactose | 0 | 63 | 74 |

**1.** Intolérance au lactose et séquence du gène *LCT* sur les deux exemplaires du chromosomes n° 2. La nature du nucléotide n° 22 018 du gène *LCT* a été déterminée chez 196 individus finlandais.

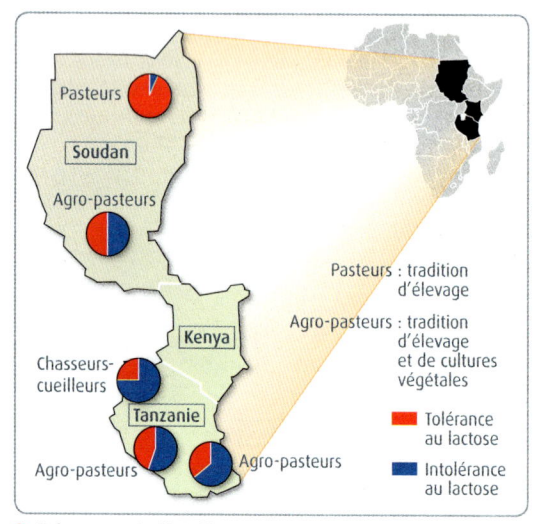

**2.** Fréquence de l'intolérance au lactose et traditions alimentaires chez certaines populations du Soudan et de la Tanzanie (Afrique).

Pasteurs : tradition d'élevage
Agro-pasteurs : tradition d'élevage et de cultures végétales
■ Tolérance au lactose
■ Intolérance au lactose

❶ Déterminez combien d'allèles du gène *LCT* ont été observés dans cette étude (**doc. 1**).

❷ Montrez que la capacité à digérer le lactose dépend des allèles du gène *LCT* présents chez un individu (**doc. 1**).

❸ Montrez que la fréquence de l'intolérance au lactose est associée à la domestication et l'élevage d'animaux dans l'histoire des populations étudiées (**doc. 2**).

❹ Formulez une hypothèse pour expliquer le résultat précédent.

**CHAPITRE 3**

# L'expression du patrimoine génétique

*Couleur de la peau, couleur des cheveux, taille, etc. : chacun des 7 milliards d'êtres humains vivant actuellement sur la Terre est unique. Leurs différents caractères héréditaires sont déterminés dès la fécondation par le patrimoine génétique hérité de leurs parents.*

Un aperçu de la diversité des caractères au sein de l'espèce humaine.

**Comment les gènes déterminent-ils la réalisation des caractères héréditaires ?**

# UNITÉ 1 — La relation gènes-protéines

Un gène est un fragment d'ADN participant à l'expression d'un caractère héréditaire. Les protéines sont des molécules carbonées qui jouent un rôle essentiel dans le fonctionnement des êtres vivants.

**Quelle est la relation entre gènes et protéines ?**

## Analyser une expérience historique — HISTOIRE DES SCIENCES

**Interview de Enrico Cappellini, chercheur en génétique**

**Les protéines remplissent de nombreuses fonctions dans l'organisme.** Certaines participent à la structure des tissus (comme la kératine des cheveux et des ongles). D'autres sont des hormones, qui permettent la communication entre organes. D'autres encore transportent des molécules (comme l'hémoglobine, transporteur du dioxygène dans le sang). Certaines protéines sont également capables d'accélérer considérablement la vitesse des transformations chimiques qui se déroulent en permanence dans la cellule : ce sont les enzymes. Elles sont essentielles au métabolisme cellulaire.

**1** Quel est le rôle des protéines ?

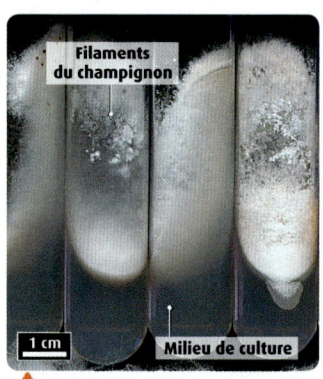

**2** **Le champignon filamenteux *Neurospora crassa*.** Il est facilement cultivable dans des tubes contenant un milieu nutritif (milieu minimum). Des souches mutantes sont incapables de synthétiser certaines molécules organiques essentielles. Leur croissance nécessite l'ajout de molécules organiques supplémentaires dans le milieu de culture.

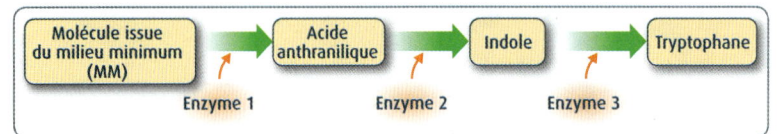

Molécule issue du milieu minimum (MM) → [Enzyme 1] → Acide anthranilique → [Enzyme 2] → Indole → [Enzyme 3] → Tryptophane

**3** **La voie de synthèse du tryptophane (acide aminé) chez *Neurospora*.** Elle implique plusieurs transformations chimiques qui requièrent chacune la participation d'une enzyme différente.

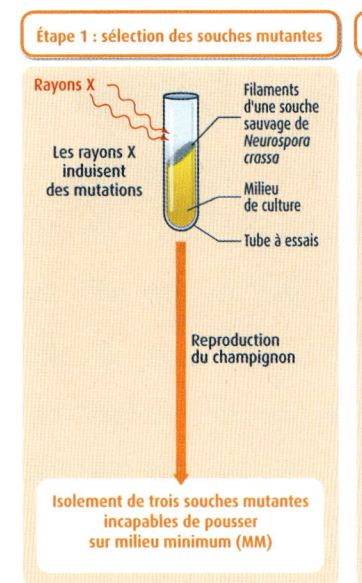

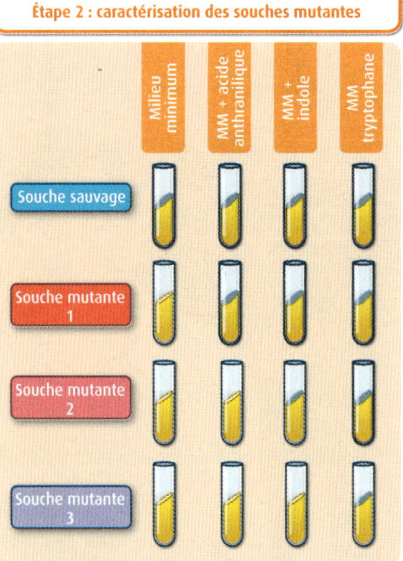

**Étape 1 : sélection des souches mutantes**
Rayons X — Les rayons X induisent des mutations. Filaments d'une souche sauvage de *Neurospora crassa*, milieu de culture, tube à essais. Reproduction du champignon. Isolement de trois souches mutantes incapables de pousser sur milieu minimum (MM).

**Étape 2 : caractérisation des souches mutantes**
Milieux : Milieu minimum / MM + acide anthranilique / MM + indole / MM tryptophane
Souche sauvage, Souche mutante 1, Souche mutante 2, Souche mutante 3.

**4** **L'expérience de G. Beadle et E. Tatum (1941).** Par mutagénèse, ces deux chercheurs obtiennent trois souches mutantes de *Neurospora crassa* incapables de synthétiser le tryptophane. Ils montrent qu'elles sont mutées chacune sur un **gène** différent. Afin de déterminer l'enzyme déficiente dans chaque souche, ils étudient leur capacité à pousser sur milieu minimum supplémenté en diverses molécules.

# La correspondance gène-protéine

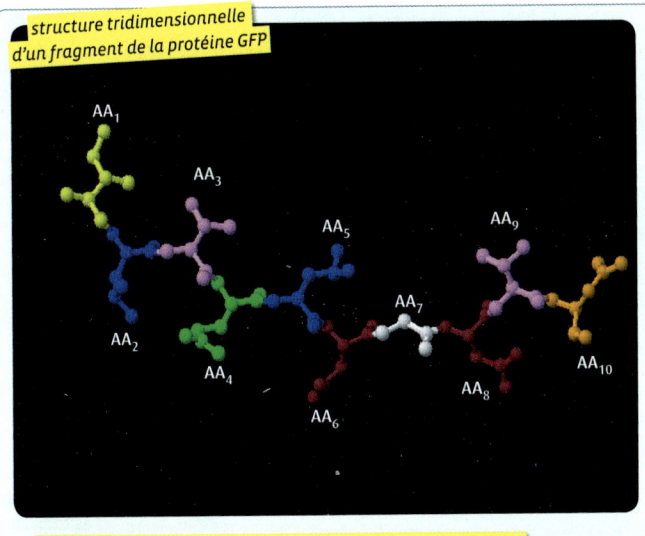

**TP — J'UTILISE RASTOP ET ANAGÈNE**

**structure tridimensionnelle d'un fragment de la protéine GFP**

Toutes les **protéines** sont composées d'un enchaînement ordonné, ou séquence, d'**acides aminés** reliés par des liaisons chimiques fortes. Il existe 20 acides aminés (AA) différents et une protéine peut comporter jusqu'à plusieurs milliers d'acides aminés. La GFP (*green fluorescent protein*) est une protéine (ou polypeptide) constituée de 238 acides aminés. Elle est responsable de la fluorescence verte émise par certaines méduses de l'océan Pacifique. La GFP est utilisée par les chercheurs pour marquer des molécules cellulaires : sa fluorescence permet de les suivre « à la trace » sous le microscope.

**représentation schématique d'un fragment de la protéine GFP**

| AA₁ Isoleucine | AA₂ Leucine | AA₃ Valine | AA₄ Acide glutamique | AA₅ Leucine | AA₆ Acide aspartique | AA₇ Glycine | AA₈ Acide aspartique | AA₉ Valine | AA₁₀ Asparagine |

Acide aminé (AA) — Liaison chimique forte

**5 Un exemple de protéine : la GFP.** La liste des 20 acides aminés et leur abréviation est fournie sur le rabat de couverture.

**Interview de Laurent Duret, chercheur en génétique**

**Un gène est une unité d'information sur l'ADN qui permet la synthèse par la cellule d'une protéine spécifique.** On dit qu'un gène code une protéine. Le génome humain compte 3,1 milliards de nucléotides et environ 20 000 gènes. Ces derniers ne correspondent qu'à 34 millions de nucléotides, soit environ 1 % du génome. Les 99 % restants constituent l'ADN non codant, dont le rôle biologique est encore très mal connu. Cet ADN comprend notamment des motifs de quelques nucléotides répétés de nombreuses fois et dont le nombre de répétitions varie d'un individu à l'autre : ce sont les microsatellites. Ils sont utilisés dans les tests ADN d'identification criminelle.

**6 Qu'est-ce que l'ADN codant et l'ADN non-codant ?**

|  | 60 | 63 | 66 | 69 |
|---|---|---|---|---|
| Protéine GFP | 0 ValThrThrPheSer Tyr GlyValGlnCysP |
| Gène GFP | 0 GTCACCACCTTCTCC TAC GGCGTCCAGTGC1 |
| Protéine BFP | 0 ValThrThrPheSer His GlyValGlnCysP |
| Gène BFP | 0 GTCACCACCTTCTCC CAC GGCGTCCAGTGC1 |

Sélection : 0/4 ligne

**7 Extrait de la séquence d'acides aminés des protéines GFP et BFP, et extrait de la séquence nucléotidique du gène codant la GFP et du gène codant la BFP.** La BFP (*blue fluorescent protein*) est une protéine obtenue par les chercheurs à partir de la GFP. Elle émet une fluorescence bleue.

## ACTIVITÉS

**TÂCHE COMPLEXE**

À partir des informations présentées dans la double-page, établissez les relations qui existent entre gènes et protéines.

Pour cela, vous pouvez :
– Exploiter les résultats de l'expérience de Beadle et Tatum pour mettre en évidence la relation « un gène – une enzyme » **(DOC. 1 À 4)**.
– Comparer la séquence d'acides aminés des protéines GFP et BFP et la séquence nucléotidique des gènes qui codent ces deux protéines afin de préciser la correspondance entre une protéine et le gène qui la code **(DOC. 5 À 7)**.

THÈME 1 – CHAPITRE 3 L'EXPRESSION DU PATRIMOINE GÉNÉTIQUE

## UNITÉ 2 — La transcription, première étape de l'expression d'un gène

Chaque gène gouverne la synthèse d'une protéine : il code une protéine. Les chromosomes qui portent les gènes sont situés dans le noyau cellulaire, alors que les protéines sont réparties dans toute la cellule.

⇢ **Comment l'information génétique contenue dans le noyau permet-elle la synthèse de toutes les protéines cellulaires ?**

### Mettre en évidence un intermédiaire entre ADN et protéine

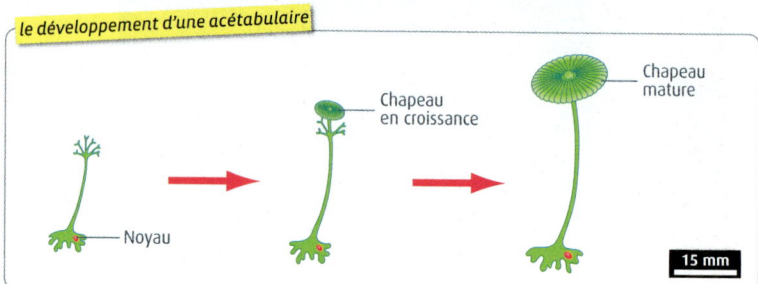

*le développement d'une acétabulaire*

**1** **L'acétabulaire *Acetabularia acetabulum*.** Cette algue de la mer Méditerranée est constituée d'une unique cellule. Son noyau est situé à la base, près du fond marin. La jeune acétabulaire est dépourvue de chapeau. La mise en place de ce dernier est un processus qui nécessite une importante synthèse de protéines.

**TP — J'UTILISE RASTOP**

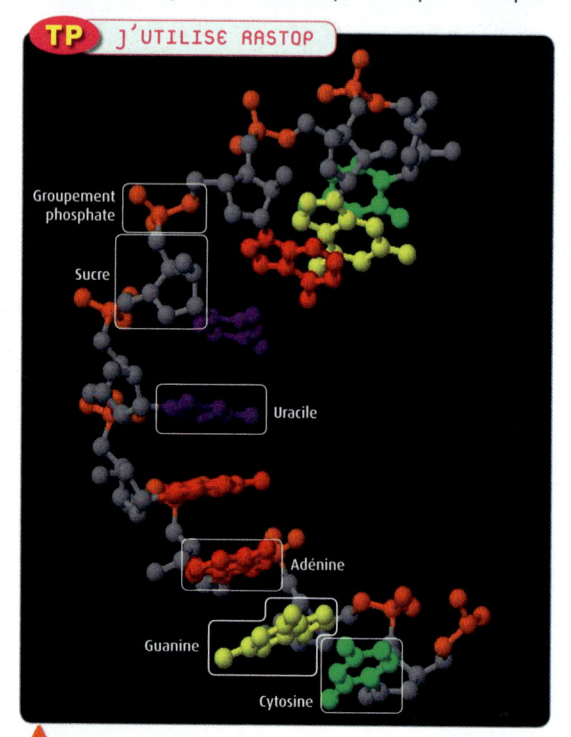

Groupement phosphate — Sucre — Uracile — Adénine — Guanine — Cytosine

**2** **Un autre acide nucléique : l'ARN (Acide RiboNucléique).** Il est constitué d'une seule chaîne de nucléotides comportant chacun un sucre (le ribose), un groupement phosphate et une base azotée parmi 4 possibles : cytosine, guanine, adénine et uracile (qui remplace la thymine). L'ARN est synthétisé dans le noyau, puis exporté dans le reste de la cellule.

**HISTOIRE DES SCIENCES**

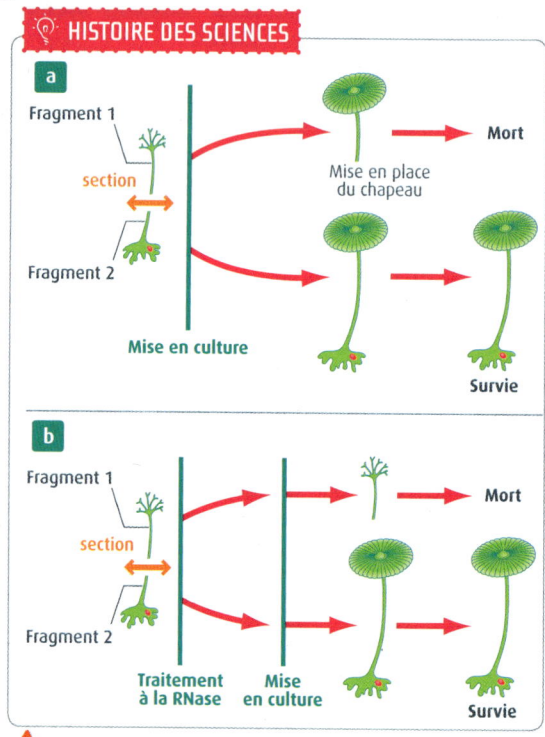

**3** **Des expériences historiques.** Une jeune acétabulaire est sectionnée en deux fragments. Après avoir remis ces derniers en culture, on suit leur développement (a). La même expérience est répétée, mais chaque fragment est d'abord placé dans un milieu contenant une substance, la RNase, qui détruit les ARN (b).

# La synthèse de l'ARN à partir de l'ADN

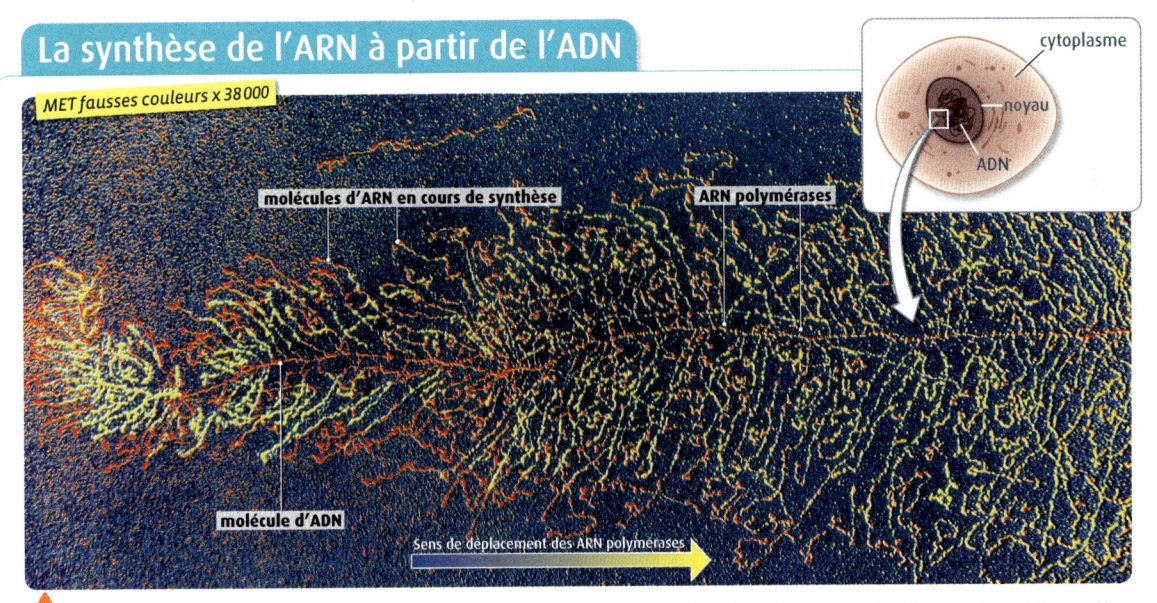

*MET fausses couleurs × 38 000*

**4** **La synthèse d'ARN dans le noyau d'un ovule de grenouille.** On dit qu'un gène est exprimé lorsque la protéine qu'il code est synthétisée par la cellule. Dans la première étape de l'expression d'un gène, plusieurs enzymes appelées ARN polymérases se déplacent simultanément et dans un seul sens tout le long de la séquence d'ADN du gène.

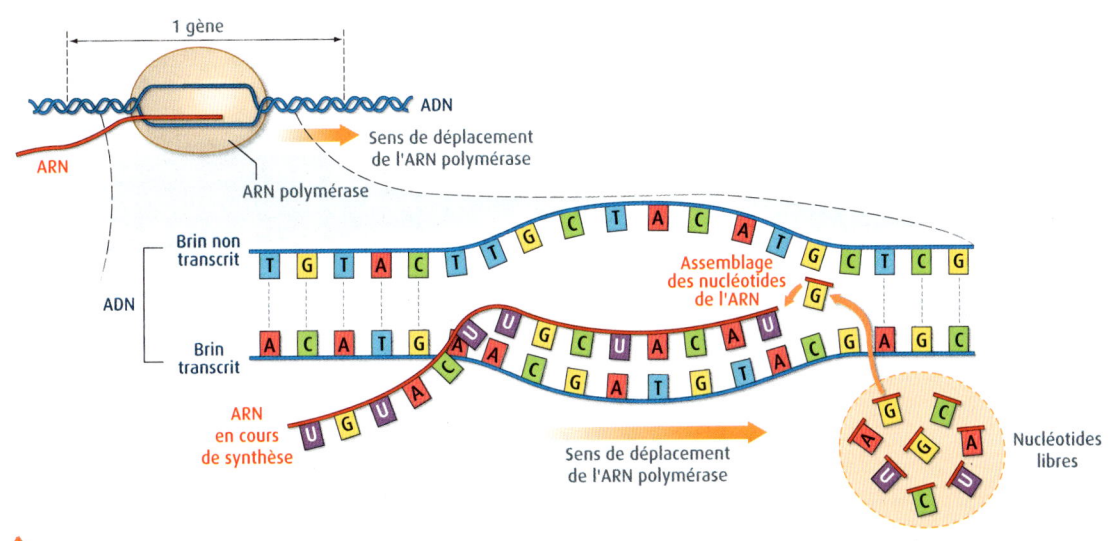

**5** **Le mécanisme de la transcription.** Au fur et à mesure de son trajet sur un gène, l'ARN polymérase ouvre la double-hélice et permet la synthèse d'une molécule d'ARN complémentaire de l'un des deux brins d'ADN (brin transcrit). Ce mécanisme est la transcription. La totalité du gène est ainsi transcrite en une molécule d'ARN. L'ARN migre ensuite dans le cytoplasme. On le qualifie alors d'ARN messager (ARNm).

## ACTIVITÉS

**1** **DOC. 1 ET 3A.** Montrez que la synthèse des protéines du chapeau de l'acétabulaire se déroule dans le cytoplasme. Déduisez-en la nécessité d'un intermédiaire entre ADN et protéines.

**2** **DOC. 2 ET 3B.** Montrez que l'ARN est un bon candidat pour jouer ce rôle d'intermédiaire.

**3** **DOC. 4 ET 5.** Expliquez comment l'ARN assure une transmission fidèle de l'information génétique portée par un gène du noyau vers le cytoplasme.

**4** **CONCLUSION.** Résumez par un schéma comment l'information génétique portée par un gène est transportée dans le cytoplasme.

**THÈME 1 – CHAPITRE 3** L'EXPRESSION DU PATRIMOINE GÉNÉTIQUE

# UNITÉ 3 — La traduction, seconde étape de l'expression d'un gène

Un ARN messager (ARNm) porte l'information génétique correspondant à un gène sous la forme d'une séquence de nucléotides. Dans le cytoplasme, l'ARNm permet la synthèse d'une protéine, c'est-à-dire d'un enchaînement d'acides aminés.

⇢ **Comment une protéine est-elle synthétisée à partir d'un ARNm ?**

## Comprendre la découverte du code génétique

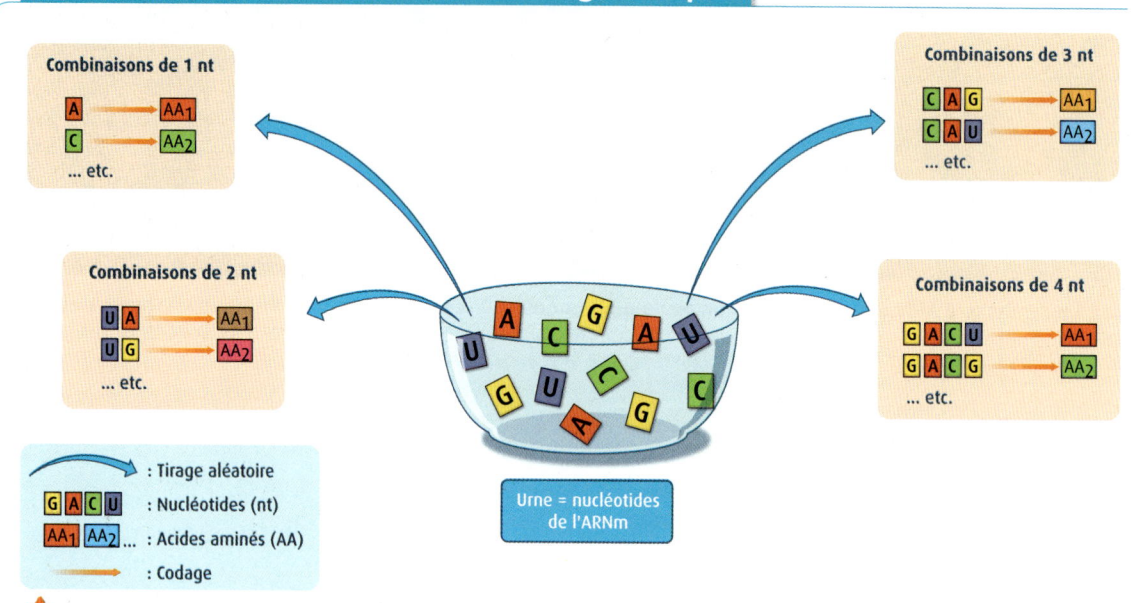

**Combinaisons de 1 nt**
A → AA₁
C → AA₂
… etc.

**Combinaisons de 2 nt**
UA → AA₁
UG → AA₂
… etc.

**Combinaisons de 3 nt**
CAG → AA₁
CAU → AA₂
… etc.

**Combinaisons de 4 nt**
GACU → AA₁
GACG → AA₂
… etc.

Urne = nucléotides de l'ARNm

↗ : Tirage aléatoire
GACU : Nucléotides (nt)
AA₁ AA₂ … : Acides aminés (AA)
→ : Codage

**1 Différentes possibilités de codage de l'ARNm.** Un ARNm est constitué d'un enchaînement ordonné de nucléotides parmi 4 possibles (A, U, G, C). Une protéine est constituée d'un enchaînement ordonné d'acides aminés parmi 20 possibles. Il doit donc exister une correspondance, ou code, entre une séquence de nucléotides et une séquence d'acides aminés. Plusieurs possibilités de codage sont envisageables suivant que l'on considère des combinaisons de 1 à 4 nucléotides de l'ARNm pour un acide aminé de la protéine.

En 1960-1961, des études montrent qu'un triplet de nucléotides, appelé **codon**, code un acide aminé. Ce système de correspondance est le **code génétique**. En faisant varier la séquence d'ARN synthétisée *in vitro*, les scientifiques créent une multitude de codons différents et déterminent l'acide aminé codé par chacun. En 1966, le code est décrypté. On montre qu'à chaque codon correspond un unique acide aminé. On constate en outre que certains codons ne codent aucun acide aminé : ce sont des codons-stop ; sur un ARNm, ils marquent la fin de la séquence codant la protéine. Le code génétique a été élucidé chez une bactérie. Il s'est avéré quasiment identique chez tous les êtres vivants étudiés jusqu'à aujourd'hui.

**Voir le code génétique sur le rabat de couverture**

**2 L'élucidation du code génétique.**

**TP** J'UTILISE ANAGÈNE

| ARNm Drosophile | AUGGAGGAUUUUGAGAAAAUUGAGAAGAUUGGCGAGGGC |
|---|---|
| Protéine Drosophi | MetGluAspPheGluLysIleGluLysIleGlyGluGly |
| ARNm Homme | AUGGAAGAUUAUACCAAAAUAGAGAAAAUUGGAGAAGGU |
| Protéine Homme | MetGluAspTyrThrLysIleGluLysIleGlyGluGly |
| ARNm Maïs | AUGGAGCAGUACGAGAAGGUGGAGAAGAUCGGGGAGGGC |
| Protéine Maïs | MetGluGlnTyrGluLysValGluLysIleGlyGluGly |
| ARNm Drosophile | UAUUUCAAUGGUUUUCAAUCGGGCUUAGUUCGAAAUUAA |
| Protéine Drosophi | TyrPheAsnGlyPheGlnSerGlyLeuValArgAsn |
| ARNm Homme | UAUUUUAAUGAUUUGGACAAUCAGAUUAAGAAGAUGUAG |
| Protéine Homme | TyrPheAsnAspLeuAspAsnGlnIleLysLysMet |
| ARNm Maïs | UACUUCAAGGACCUUGAAGUGGUACAGUGA |
| Protéine Maïs | TyrPheLysAspLeuGluValValGln |

**3 Extrait des séquences de l'ARNm et de la protéine cdc2 chez la drosophile, l'Homme et le maïs.** La protéine cdc2 est une molécule indispensable au bon déroulement du cycle cellulaire chez les eucaryotes.

# La synthèse d'une protéine à partir d'un ARNm

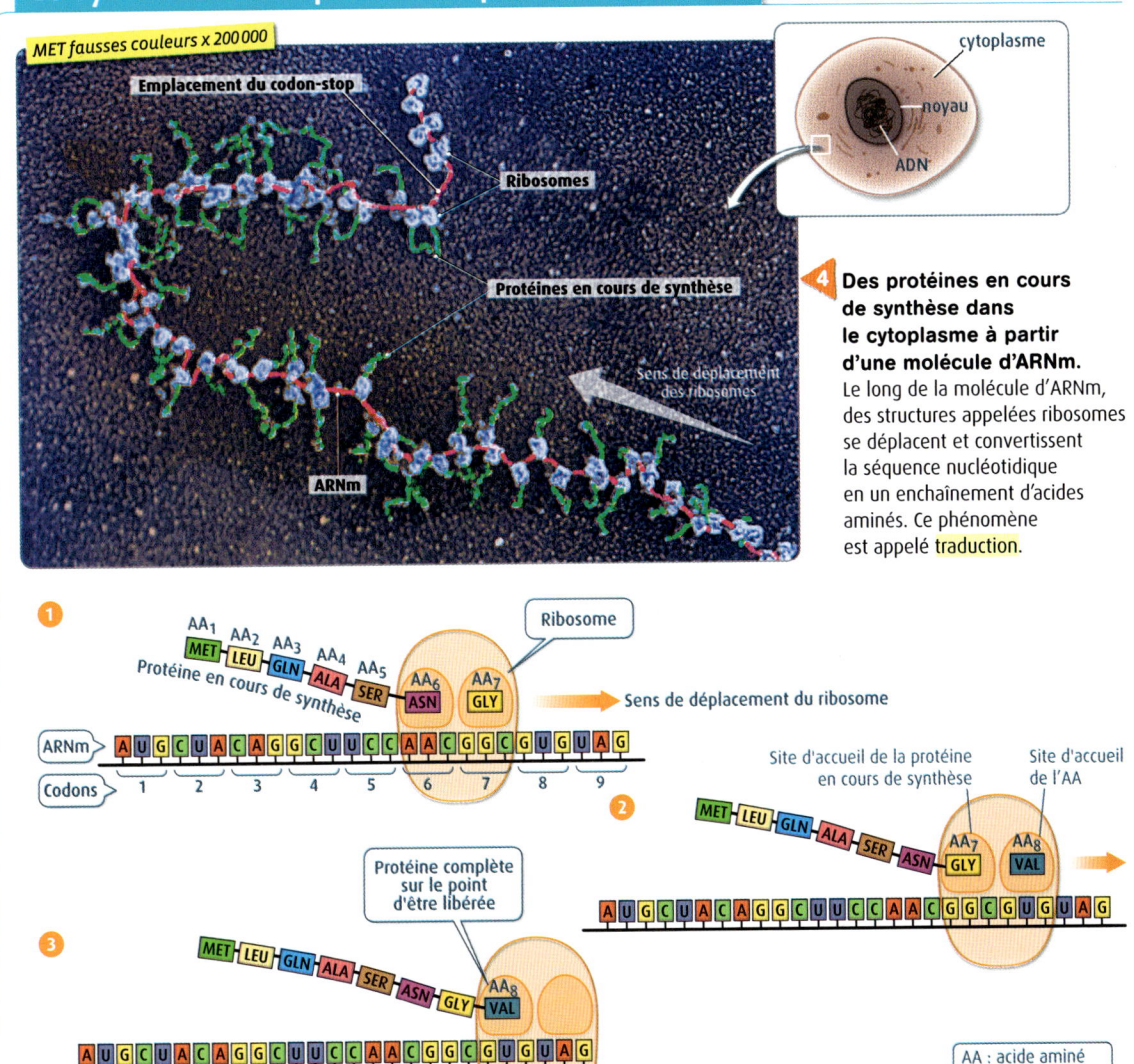

MET fausses couleurs × 200 000

**4 Des protéines en cours de synthèse dans le cytoplasme à partir d'une molécule d'ARNm.** Le long de la molécule d'ARNm, des structures appelées ribosomes se déplacent et convertissent la séquence nucléotidique en un enchaînement d'acides aminés. Ce phénomène est appelé traduction.

**5 Le mécanisme de la traduction.** Pour chaque codon « lu », le ribosome ajoute, en suivant le code génétique, un nouvel acide aminé sur la protéine en croissance. L'acide aminé se loge d'abord dans un site spécifique du ribosome, puis une liaison chimique est établie avec l'acide aminé précédent. Le ribsosome avance alors d'un codon.

## ACTIVITÉS

**1 DOC. 1.** Montrez par le calcul qu'il est nécessaire et suffisant d'associer 3 nucléotides pour coder un acide aminé.

**2 DOC. 2 ET 3.** En comparant les différentes séquences du doc. 3, déterminez les acides aminés codés par les codons AUG, UAG, CUU, AAU et UUG, ainsi que le ou les codon(s) correspondant aux acides aminés Glu, Val, Tyr, Lys et Phe.

**3 DOC. 2 ET 3.** Justifiez l'expression : « Le code génétique est univoque, redondant et, à quelques exceptions près, universel. »

**4 DOC. 4 ET 5.** Expliquez en quelques phrases comment une protéine est synthétisée à partir d'une molécule d'ARN messager.

**5 CONCLUSION.** Complétez le schéma réalisé dans l'unité précédente en montrant comment un ARN messager est traduit en protéine.

THÈME 1 – CHAPITRE 3 L'EXPRESSION DU PATRIMOINE GÉNÉTIQUE 53

# UNITÉ 4 — Les modifications de l'ARN après la transcription

À l'issue de la transcription, le message porté par l'ADN d'un gène se retrouve dans une molécule d'ARN. Ce n'est qu'après avoir subi certaines modifications dans le noyau que cet ARN devient un ARN messager, qui est exporté dans le cytoplasme.

⇢ **Quelles modifications l'ARN subit-il avant sa migration hors du noyau ?**

## Mettre en évidence des modifications de l'ARN

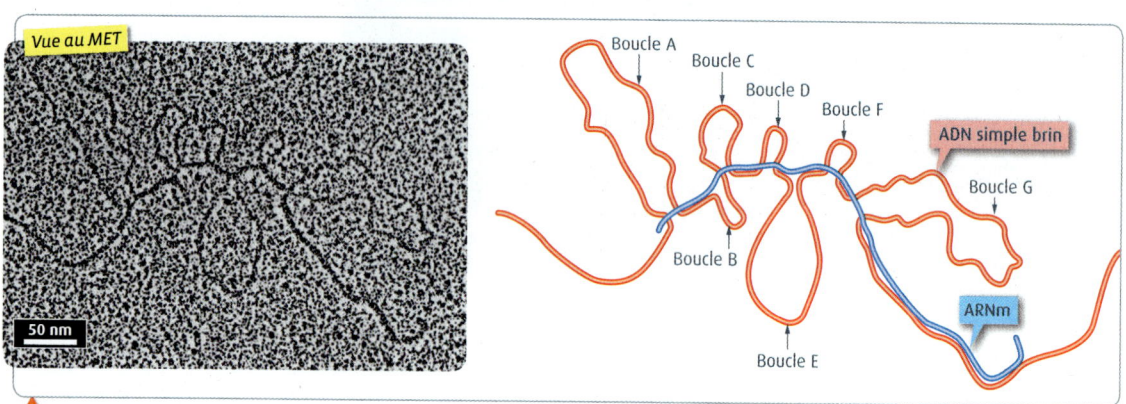

*Vue au MET* — 50 nm

Boucle A, Boucle C, Boucle D, Boucle F, Boucle G, Boucle B, Boucle E, ADN simple brin, ARNm

**1 Hybridation de la molécule d'ADN du gène de l'ovalbumine de poule et de son ARN messager (ARNm).**
Dans un tube à essai, la molécule d'ADN du gène de l'ovalbumine de poule est chauffée, ce qui sépare ses deux brins. On ajoute ensuite l'ARN messager (simple brin) correspondant à ce même gène. L'ARN peut alors établir des liaisons faibles avec l'un des brins d'ADN du gène (le brin transcrit, voir doc. 5 p. 51) quand sa séquence de nucléotides lui est complémentaire : on dit que l'ADN et l'ARN s'hybrident. Les molécules hybrides ADN/ARN sont ensuite observées au microscope électronique à transmission (MET).

| Gène | Insuline | Collagène VII | CFTR | Dystrophine |
|---|---|---|---|---|
| Taille de l'ARNm | 32 % | 18 % | 3,2 % | 0,7 % |

**2 Taille de l'ARN messager de différents gènes humains** (en % de la taille de l'ADN du gène correspondant)

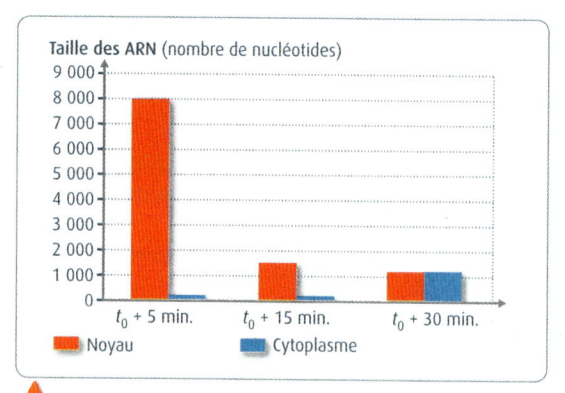

**3 Les variations de la taille et de la localisation des ARN au cours du temps.** Au temps $t_0$, les ARN qui sont en train d'être synthétisés dans le noyau de cellules en culture sont marqués grâce à de l'uracile radioactive. À $t_0 + 5$, $t_0 + 15$ et $t_0 + 30$ minutes, on étudie la localisation des ARN radioactifs et on détermine la taille du plus long ARN radioactif produit soit dans le noyau, soit dans le cytoplasme.

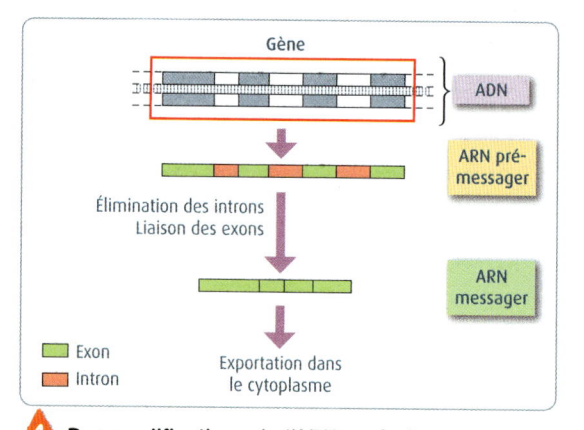

**4 Des modifications de l'ARN après la transcription.** La molécule d'ARN synthétisée au contact de l'ADN est l'ARN pré-messager. Certaines portions de cet ARN, appelées introns, sont éliminées. Les portions qui sont conservées, ou exons, sont ensuite liées les unes aux autres, formant l'ARNm. Ce processus est la maturation de l'ARN.

# Plusieurs modifications pour un même ARN

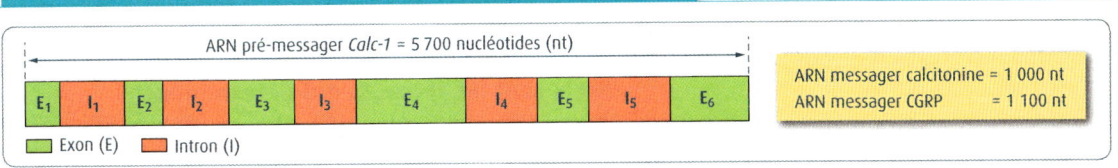

ARN pré-messager *Calc-1* = 5 700 nucléotides (nt)

| E₁ | I₁ | E₂ | I₂ | E₃ | I₃ | E₄ | I₄ | E₅ | I₅ | E₆ |

Exon (E) — Intron (I)

ARN messager calcitonine = 1 000 nt
ARN messager CGRP = 1 100 nt

## 5. Le gène *Calc-1* : un gène pour deux protéines.
Dans certaines cellules, le gène *Calc-1* entraîne la production de la calcitonine (qui régule le métabolisme du calcium), alors que dans d'autres, il provoque la synthèse de la protéine CGRP (qui agit sur les vaisseaux du cerveau). L'ARN synthétisé par l'ARN polymérase après la transcription du gène *Calc-1* est appelé « ARN pré-messager *Calc-1* ».

### Principe de l'expérience

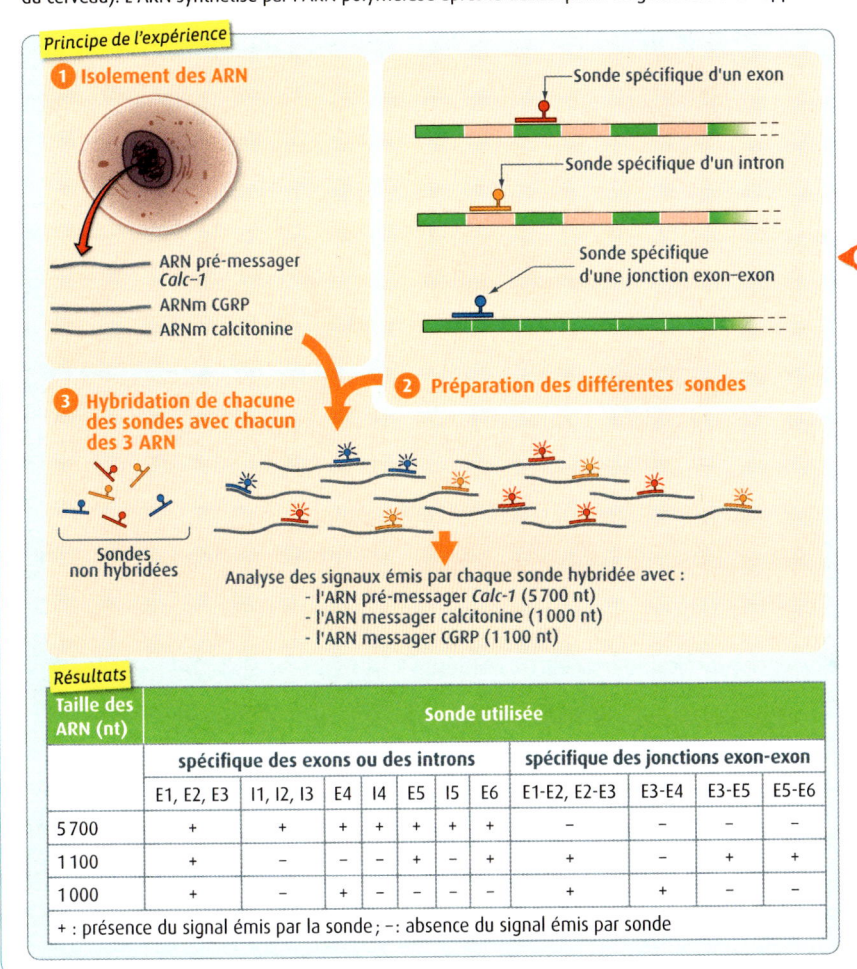

**1** Isolement des ARN
- ARN pré-messager *Calc-1*
- ARNm CGRP
- ARNm calcitonine

**2** Préparation des différentes sondes
- Sonde spécifique d'un exon
- Sonde spécifique d'un intron
- Sonde spécifique d'une jonction exon-exon

**3** Hybridation de chacune des sondes avec chacun des 3 ARN

Sondes non hybridées

Analyse des signaux émis par chaque sonde hybridée avec :
- l'ARN pré-messager *Calc-1* (5 700 nt)
- l'ARN messager calcitonine (1 000 nt)
- l'ARN messager CGRP (1 100 nt)

## 6. Étude de la maturation de l'ARN du gène *Calc-1*.
Dans des cellules capables de produire à la fois de la calcitonine et du CGRP, on isole l'ARN pré-messager *Calc-1* et les ARN messagers permettant la synthèse des deux protéines. Chacun de ces ARN est mélangé avec des fragments d'ADN simple brin, ou sondes. On dispose de sondes dont la séquence est complémentaire soit d'un intron (sondes $I_1$ à $I_5$), soit d'un exon (sondes $E_1$ à $E_6$), soit d'une jonction exon-exon de l'ARN pré-messager du gène *Calc-1* (sondes $E_1$-$E_2$ à $E_5$-$E_6$). Si une sonde rencontre un ARN dont la séquence est complémentaire, elle s'hybride avec lui et émet un signal. Pour chacun des trois ARN étudiés, on détecte le signal émis par les différentes sondes.

### Résultats

| Taille des ARN (nt) | Sonde utilisée ||||||||||||
|---|---|---|---|---|---|---|---|---|---|---|---|
| | spécifique des exons ou des introns |||||||| spécifique des jonctions exon-exon ||||
| | E1, E2, E3 | I1, I2, I3 | E4 | I4 | E5 | I5 | E6 | E1-E2, E2-E3 | E3-E4 | E3-E5 | E5-E6 |
| 5 700 | + | + | + | + | + | + | + | − | − | − | − |
| 1 100 | + | − | − | − | + | − | + | + | − | + | + |
| 1 000 | + | − | + | − | − | − | − | + | + | − | − |

+ : présence du signal émis par la sonde ; − : absence du signal émis par sonde

## ACTIVITÉS

**1** DOC. 1 ET 2. Formulez une hypothèse pour expliquer la différence de taille entre un ARN messager et le gène à partir duquel il est transcrit.

**2** DOC. 3. Exploitez les résultats de l'expérience pour éprouver votre hypothèse.

**3** DOC. 1 ET 4. Décrivez les étapes qui conduisent à la synthèse d'un ARNm et identifiez à quoi correspondent, sur le doc. 1, les boucles d'ADN A à E d'une part, et les zones d'ADN hybridées avec l'ARN messager d'autre part.

**4** DOC 5 ET 6. En exploitant les résultats de l'expérience, expliquez comment le gène *Calc-1* peut être à l'origine de deux protéines différentes.

**5** CONCLUSION. Résumez les modifications que subit un ARN avant de migrer dans le cytoplasme.

# UNITÉ 5 — La diversité des protéines cellulaires

Dans le noyau d'une cellule, les gènes sont transcrits en ARN messagers (ARNm). Dans le cytoplasme, ces ARNm sont traduits en protéines. L'ensemble des protéines présentes dans une cellule correspond à son phénotype moléculaire.

⇢ **Quels sont les facteurs qui déterminent le phénotype moléculaire d'une cellule ?**

## Des variations d'un individu à l'autre

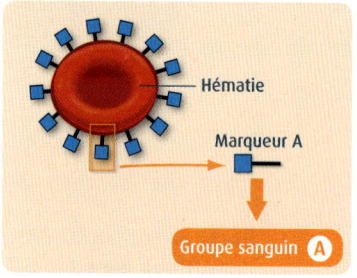

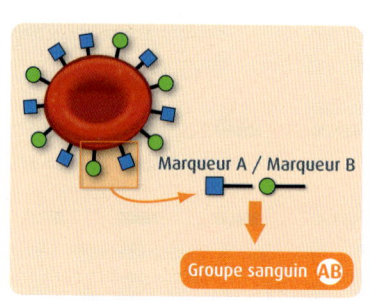

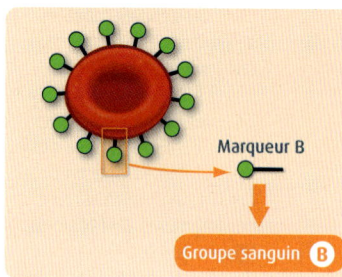

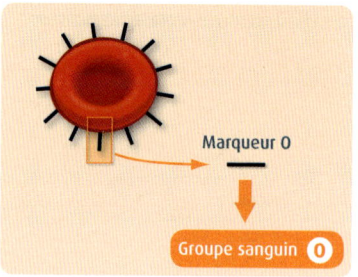

**1 Les groupes sanguins ABO.** Il existe quatre groupes sanguins : A, B, AB et O. Le groupe sanguin d'un individu est déterminé par les molécules glucidiques qui sont présentes sur la membrane plasmique de ses globules rouges (hématies). Ces molécules peuvent être de trois types : A, B et O. Elles comprennent toutes un même glucide de base, mais les molécules A et B possèdent un glucide spécifique supplémentaire.

**2 La synthèse des marqueurs sanguins.** Chaque enzyme A, B ou O est une protéine codée par un même **gène** situé sur le chromosome 9, dont il existe trois **allèles** : A, B et O.

### TP — J'UTILISE ANAGÈNE

```
                81        84        87        90        172       174       177       180
Allèle A      0 AAGGATGTCCTCGTGGTGACCCCTTGGCTG   CTGGAGGTGCGCGCCTACAAGCGCTGGCAG
Protéine A    0 LysAspValLeuValValThrProTrpLeu   LeuGluValArgAlaTyrLysArgTrpGln
Allèle B      0 AAGGATGTCCTCGTGGTGACCCCTTGGCTG   CTGGAGGTGCGCGCCTACAAGCGCTGGCAG
Protéine B    0 LysAspValLeuValValThrProTrpLeu   LeuGluValGlyAlaTyrLysArgTrpGln
Allèle O      0 AAGGATGTCCTCGTGGTACCCCTTGGCTGG   TGGAGGTGCGCGCCTACAAGCGCTGGCAGG
Protéine O    0 LysAspValLeuValValProLeuGlyTrp

                231       234       237       263       267       270
Allèle A      0 CTGCACCCCGGCTTCTACGGAAGC    TACTACCTGGGGGGGTTCTTCGGGGGG
Protéine A    0 LeuHisProGlyPheTyrGlySer    TyrTyrLeuGlyGlyPhePheGlyGly
Allèle B      0 CTGCACCCCAGCTTCTACGGAAGC    TACTACATGGGGCGTTCTTCGGGGGG
Protéine B    0 LeuHisProSerPheTyrGlySer    TyrTyrMetGlyAlaPhePheGlyGly
Allèle O      0 TGCACCCCGGCTTCTACGGAAGCA    ACTACCTGGGGGGGTTCTTCGGGGGGT
Protéine O    0
```

**3 Portion de la séquence des allèles du gène du groupe sanguin.**
Sur l'allèle O, la délétion d'un nucléotide dans le codon 87 entraîne la présence d'un codon-stop prématuré et la synthèse d'une protéine tronquée inactive. En revanche, les allèles A et B codent une enzyme active.

Tous les représentants d'une espèce donnée possèdent les mêmes gènes. Toutefois, ils ne possèdent pas les mêmes allèles de chaque gène. Chaque individu au sein d'une espèce est donc génétiquement unique. L'ensemble des allèles que possède un individu constitue son génotype. À l'exception des cellules germinales (cellules reproductrices), toutes les cellules d'un organisme ont le même génotype.

**4 La définition du génotype.**

## Des variations chez un même individu

**Piste**

En 2006, des chercheurs canadiens sont parvenus à analyser, chez une seule et même souris, les protéines présentes dans des cellules du cerveau, des poumons, des reins, du cœur, du foie et du placenta. Autrement dit, ils ont décrit le **phénotype moléculaire** (ou « protéome ») de ces cellules. Dans les six tissus analysés, 4 768 protéines différentes ont été identifiées ! Parmi elles, 2 750 protéines étaient présentes dans toutes les cellules analysées, tandis que 2 018 protéines n'ont été détectées que dans un seul tissu. Ces protéines remplissent des fonctions spécifiques à chaque tissu. Il s'agissait, par exemple, de protéines permettant la communication entre neurones du cerveau, ou bien de protéines nécessaires à la contraction musculaire dans le cœur, ou bien encore, dans les poumons, de protéines impliquées dans le transport des gaz respiratoires à travers la paroi des alvéoles pulmonaires.

**5** L'étude des protéines dans les différents tissus d'une même souris.

**6** Des tétines garanties « sans bisphénol A (BPA) ».
Le bisphénol A (BPA) est une substance chimique présente, entre autres, dans de nombreux récipients contenant des denrées alimentaires : cannettes de soda, boîte de conserve, biberons et tétines en plastique, etc. Plusieurs études ont suggéré que le BPA pouvait provoquer des dérèglements de la fonction reproductrice chez les animaux et, peut-être, chez l'Homme. Depuis le 1er juin 2011, la vente de biberons et tétines contenant du bisphénol A est interdite dans l'Union européenne.

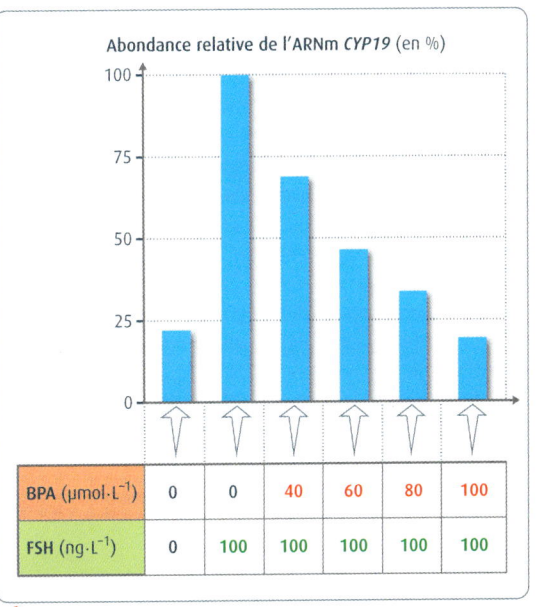

**7** L'effet d'une hormone et du bisphénol A (BPA) sur des cellules d'ovaire en culture.
On étudie l'effet de deux substances sur des cellules d'ovaires : le BPA, et une hormone stimulant naturellement le fonctionnement de l'ovaire (la FSH). Dans chacune des conditions de culture analysées, l'abondance de l'ARNm du gène *CYP19* est mesurée. Ce gène code une protéine impliquée dans le métabolisme des cellules ovariennes.

Abondance relative de l'ARNm *CYP19* (en %)

| BPA ($\mu mol \cdot L^{-1}$) | 0 | 0 | 40 | 60 | 80 | 100 |
|---|---|---|---|---|---|---|
| FSH ($ng \cdot L^{-1}$) | 0 | 100 | 100 | 100 | 100 | 100 |

## ACTIVITÉS

**1 DOC. 1 À 4.** Après avoir déterminé le phénotype moléculaire associé à chaque groupe sanguin, montrez que le phénotype moléculaire d'une cellule dépend de son génotype.

**2 DOC. 5.** Comparez le phénotype moléculaire des différentes cellules d'un même organisme.

**3 DOC. 6 ET 7.** Montrez que le phénotype moléculaire des cellules d'ovaire dépend à la fois de facteurs internes et de facteurs externes à l'organisme.

**4 DOC 7.** Indiquez en quoi cette expérience montre les possibles effets du BPA sur la fonction reproductrice.

**5 CONCLUSION.** Récapitulez en une phrase les facteurs qui influencent le phénotype moléculaire d'une cellule.

# UNITÉ 6 — Les différentes échelles du phénotype

Le phénotype d'un individu est l'ensemble de ses caractères observables dans un environnement donné. Il se définit à l'échelle de l'organisme (phénotype macroscopique), des cellules et des protéines cellulaires (phénotype moléculaire).

⋯▷ **Quels sont les liens entre les différentes échelles du phénotype ?**

## Découvrir les symptômes de la drépanocytose

La drépanocytose est une maladie génétique, souvent mortelle, particulièrement répandue dans certaines régions du monde (Afrique intertropicale, Inde, Antilles, Guyane, etc.). En Afrique, 1 enfant sur 100 naît avec la maladie. La drépanocytose se manifeste par une anémie chronique (diminution du nombre des hématies dans le sang) et une obstruction des petits vaisseaux sanguins, à l'origine de crises très douloureuses. La mauvaise oxygénation des tissus qui en résulte a des répercussions importantes sur l'ensemble des organes. Le tissu osseux est particulièrement touché : on observe des nécroses anormales et des troubles articulaires douloureux. L'ensemble de ces symptômes constitue le phénotype macroscopique de la drépanocytose.

**1** La drépanocytose, une maladie des cellules sanguines.

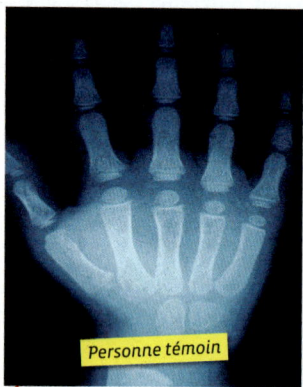

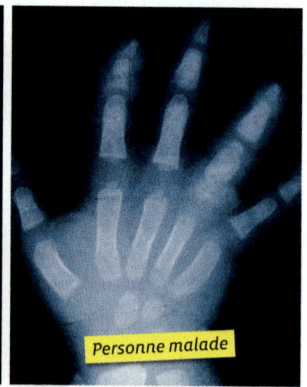

*Personne témoin* — *Personne malade*

**2** Radiographie des mains d'une personne témoin et d'un patient atteint de drépanocytose. L'altération de la circulation sanguine dans les os provoque une irrégularité de croissance des doigts.

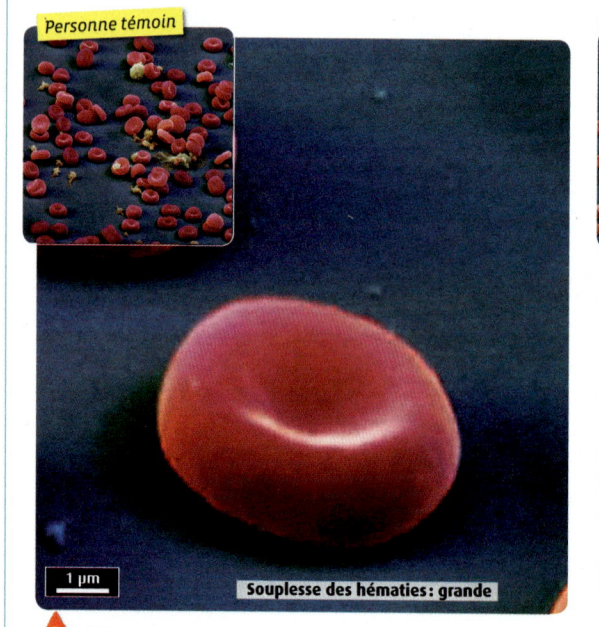

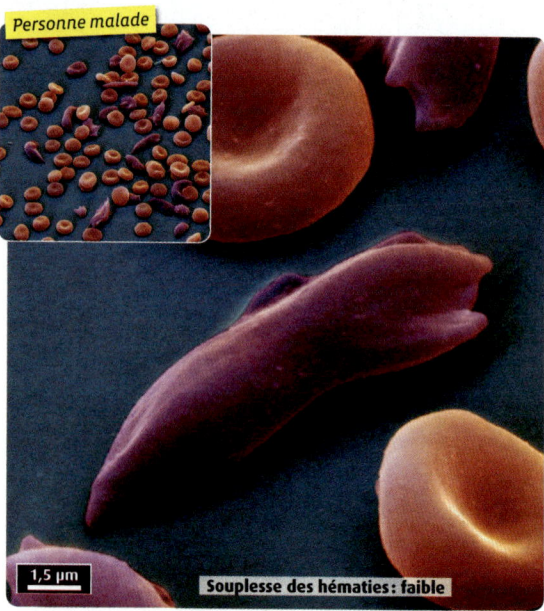

*Personne témoin* — *Personne malade*

*Souplesse des hématies : grande* (1 µm) — *Souplesse des hématies : faible* (1,5 µm)

**3** Hématies d'une personne atteinte de drépanocytose et d'une personne témoin (vues au MEB). Le diagnostic de la drépanocytose est confirmé par l'étude des hématies. Leurs caractéristiques constituent le **phénotype cellulaire** de la maladie. Chez un individu malade, certaines hématies ont une forme de faucille (hématies dites falciformes) qui les empêche de circuler dans les plus petits vaisseaux de l'organisme. Les hématies qui se trouvent ainsi bloquées sont détruites par les globules blancs.

## Comprendre l'origine de la drépanocytose

**Vue au MET**

Fibre rigide d'hémoglobine

300 nm

**4 Une hématie d'une personne atteinte de drépanocytose.** Toutes les hématies contiennent de l'hémoglobine, une molécule formée par l'association de quatre protéines : deux α-globines et deux β-globines. L'hémoglobine se lie au dioxygène sanguin au niveau des poumons et le libère au niveau des tissus. Le cytoplasme de l'hématie ci-contre est rempli de fibres rigides de désoxyhémoglobine (hémoglobine non liée au dioxygène) qui s'étendent sur toute sa longueur. Ces fibres ne sont jamais observées chez les personnes saines.

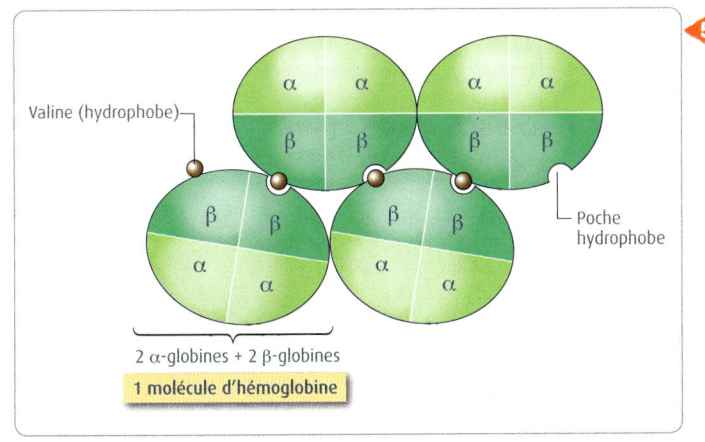

Valine (hydrophobe)

Poche hydrophobe

2 α-globines + 2 β-globines
1 molécule d'hémoglobine

**5 Schéma d'une fibre de désoxyhémoglobine dans une hématie falciforme.** Ces fibres se forment suite à l'établissement de liaisons faibles entre une valine (hydrophobe) d'une β-globine et deux acides aminés hydrophobes d'une autre β-globine formant une poche hydrophobe.

L'apparition et l'intensité des symptômes chez une personne atteinte de drépanocytose dépendent de la formation des fibres rigides de désoxyhémoglobine dans les hématies et du blocage de ces dernières dans les vaisseaux sanguins. Certaines situations de la vie courante augmentent la survenue de crises. Citons par exemple un séjour en altitude, où le dioxygène se fait plus rare, la pratique d'un sport intensif ou bien un voyage en avion. Toutes ces situations favorisent la libération du dioxygène par l'hémoglobine. Autre exemple : le port de vêtements serrés ou encore le froid, qui ralentissent la circulation sanguine.

### TP J'UTILISE ANAGÈNE

| | | |
|---|---|---|
| Protéine HbA | ◁▷ | 0 MetValHisLeuThrProGluGluLys |
| Allèle HbA | ◁▷ | 0 ATGGTGCACCTGACTCCTGAGGAGAAG |
| Protéine HbS | ◁▷ | 0 MetValHisLeuThrProValGluLys |
| Allèle HbS | ◁▷ | 0 ATGGTGCACCTGACTCCTGTGGAGAAG |

**6 Début de la séquence polypeptidique de la β-globine et de la séquence nucléotidique du gène de la β-globine chez un individu sain (allèle HbA) et un individu drépanocytaire (allèle HbS).** La suite des séquences est identique chez les deux individus, de même que la séquence de l'α-globine.

**7 Des symptômes reliés au mode de vie des patients.**

### TÂCHE COMPLEXE

**À partir des documents de la double page, mettez en évidence les liens entre les différentes échelles du phénotype, le génotype et l'environnement chez un individu atteint de drépanocytose.**

Pour cela, vous pouvez :
– Décrire les différentes échelles du phénotype (doc. 1 à 5) ;
– Montrer que le phénotype cellulaire dépend du phénotype moléculaire et que le phénotype macroscopique dépend du phénotype cellulaire ;
– Montrer que le phénotype d'un malade dépend de son génotype, mais aussi de son environnement (doc. 6 et 7).

# CHAPITRE 3 — L'expression du patrimoine génétique

## BILAN DES UNITÉS

### UNITÉ 1 — La relation gènes-protéines

- Le champignon *Neurospora crassa* réalise la synthèse du tryptophane grâce à une réaction en trois étapes impliquant chacune l'intervention d'une enzyme (molécule protéique). En 1941, G. Beadle et E. Tatum isolent trois souches mutantes incapables de synthétiser le tryptophane, mutées chacune sur un gène distinct. La molécule qu'il faut ajouter dans le milieu de culture pour permettre la croissance d'une souche mutée est celle que cette dernière est incapable de synthétiser. Elle indique donc l'enzyme qui est inactive. Beadle et Tatum montrent ainsi qu'une enzyme différente est inactive dans chaque souche et donc que chaque gène muté détermine la synthèse d'une enzyme.
- D'autres expériences ont prouvé que, plus généralement, un gène détermine la synthèse d'une protéine, c'est-à-dire d'un enchaînement ordonné (ou séquence) d'acides aminés : on dit qu'un gène code une protéine.
- La séquence en acides aminés d'une protéine dépend de la séquence nucléotidique du gène qui la code.

1 gène = 1 enchaînement de nucléotides — Gouverne la synthèse → 1 protéine = 1 enchaînement d'acides aminés

### UNITÉ 2 — La transcription, première étape de l'expression d'un gène

- Les protéines du « chapeau » d'une acétabulaire (algue) peuvent être synthétisées dans un fragment d'algue énucléé (dépourvu de noyau). La synthèse de ces protéines a donc lieu dans le cytoplasme. Or, les gènes (ADN) qui codent ces protéines sont localisés dans le noyau. Un intermédiaire entre ADN et protéines est donc nécessaire.
- L'ARN est un acide nucléique chimiquement proche de l'ADN, synthétisé dans le noyau puis exporté dans le cytoplasme. La destruction des ARN présents dans un fragment d'algue énucléée entraîne l'arrêt de la synthèse protéique. L'ARN est donc un intermédiaire entre ADN et protéines.
- Dans le noyau, le gène qui s'exprime sert de modèle pour la fabrication d'une molécule d'ARN : c'est la transcription. La séquence de cet ARN est complémentaire de l'un des brins de la molécule d'ADN constituant le gène. L'ARN, ensuite exporté dans le cytoplasme, est un ARN messager (ARNm).

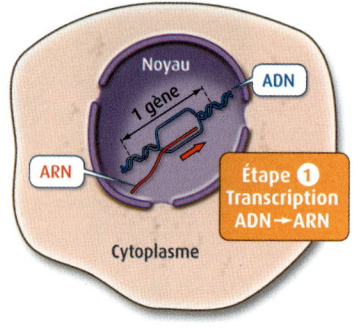

Étape ❶ Transcription ADN → ARN

### UNITÉ 3 — La traduction, seconde étape de l'expression d'un gène

- Dans le cytoplasme, l'ARNm sert de modèle pour la synthèse de la protéine codée par un gène qui s'exprime. L'association de trois nucléotides consécutifs dans une molécule d'ARNm constitue un codon. À chaque codon correspond un acide aminé dans la protéine synthétisée : c'est le code génétique. Il est universel (commun à tous les êtres vivants à quelques exceptions près), univoque (un codon correspond à un unique acide aminé) et redondant (plusieurs codons peuvent correspondre au même acide aminé).
- Dans le cytoplasme, l'ARNm est pris en charge par des ribosomes qui lisent sa séquence et assurent ainsi, en suivant le code génétique, la liaison des acides aminés les uns à la suite des autres : c'est la traduction, qui permet la synthèse de la protéine.

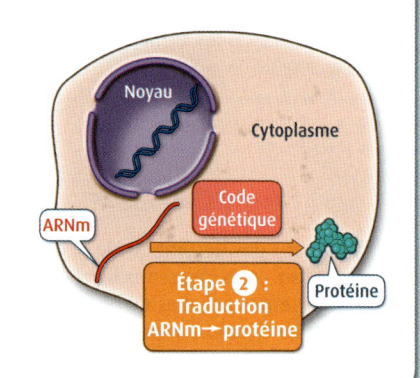

Étape ❷ : Traduction ARNm → protéine

# BILAN DES UNITÉS

## UNITÉ 4 — Les modifications de l'ARN après la transcription

- L'hybridation entre l'ADN et l'ARNm du gène de l'ovalbumine de poule ainsi que l'étude de différents gènes et ARNm humains montrent que l'ARNm est toujours plus court que le fragment d'ADN du gène qui a été transcrit.
- À l'issue de la transcription, les ARN ont une séquence complémentaire du gène dont ils sont issus : ce sont des ==ARN pré-messagers==. Ils subissent ensuite une ==maturation== : certains fragments (introns) sont éliminés et les fragments conservés (exons) sont « recollés ». Les ARN messagers ainsi obtenus sont exportés dans le cytoplasme.
- Selon le contexte, un même ARN pré-messager peut subir des maturations différentes, conduisant ainsi à des ARNm différents donnant naissance à des protéines différentes.

**La maturation et la traduction de l'ARN.**

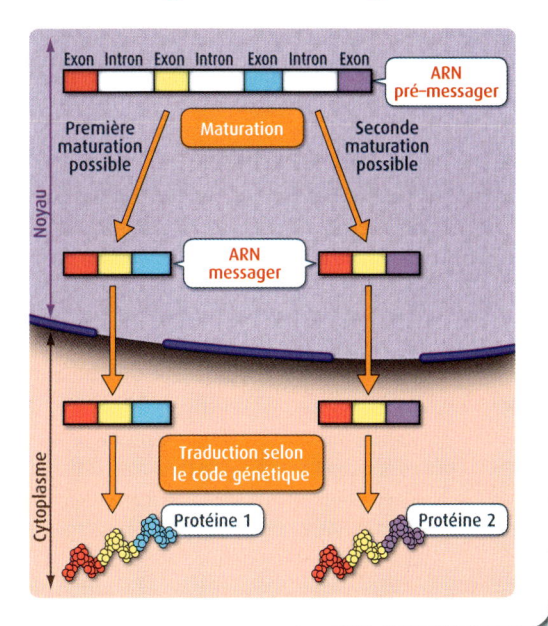

## UNITÉ 5 — La diversité des protéines cellulaires

- L'ensemble des protéines présentes dans une cellule constitue son ==phénotype moléculaire==. Ce dernier dépend du ==génotype== de la cellule, c'est-à-dire de l'ensemble des ==allèles== qu'elle possède.
- Toutes les cellules d'un organisme possèdent le même génotype, mais ne présentent pas forcément le même phénotype moléculaire. Certaines protéines sont synthétisées uniquement dans des cellules remplissant une fonction précise. Par ailleurs, certaines substances, fabriquées par l'organisme (comme les hormones) ou présentes dans l'environnement, peuvent modifier le phénotype moléculaire d'une cellule en agissant sur l'expression de ses gènes.

## UNITÉ 6 — Les différentes échelles du phénotype

- Le phénotype d'un individu souffrant de drépanocytose (maladie sanguine) est défini à différentes échelles :
  – macroscopique (organisme) : anémie chronique, crises articulaires douloureuses, etc.
  – cellulaire : hématies déformées (en faucille) ;
  – moléculaire : le 6$^e$ acide aminé de la β-globine, constitutive de l'hémoglobine, est une valine (Val) au lieu de d'un acide glutamique (Glu).
- Les différentes échelles du phénotype sont emboîtées. Ainsi, la présence de la valine dans l'hémoglobine d'un individu souffrant de drépanocytose entraîne sa polymérisation sous forme de fibres rigides. Celles-ci confèrent une forme de faucille aux hématies qui, ne pouvant plus circuler normalement dans les petits vaisseaux, sont à l'origine des symptômes de la maladie à l'échelle de l'organisme.
- Le phénotype d'un malade dépend de son génotype (une mutation est à l'origine de la modification de la β-globine), mais aussi de son environnement (certaines situations favorisent la survenue de crises).

THÈME 1 – CHAPITRE 3 L'EXPRESSION DU PATRIMOINE GÉNÉTIQUE

# CHAPITRE 3 — L'expression du patrimoine génétique

## L'essentiel par le texte

L'expression du patrimoine génétique se manifeste par la synthèse de **protéines**, molécules constituées par un assemblage d'acides aminés.

### De l'ADN à la protéine

- La séquence de nucléotides d'un gène (fragment d'ADN) est une information permettant la synthèse de l'assemblage d'acides aminés qui constitue une protéine : on dit qu'un **gène** code une protéine.
- À chaque triplet de nucléotides dans un gène (ou codon) correspond un acide aminé dans une protéine. Le système de correspondance entre codons et acides aminés est le **code génétique**. À quelques exceptions près, il est commun à tous les êtres vivants.

### Les étapes de la synthèse des protéines

- La synthèse d'une protéine à partir du gène qui la code implique trois étapes :
– dans le noyau des cellules eucaryotes, une molécule d'ARN pré-messager, de séquence complémentaire d'un des brins de l'ADN du gène (brin transcrit), est fabriquée : c'est la **transcription** ;
– l'ARN pré-messager subit une maturation et devient un ARN messager, qui est exporté dans le cytoplasme ;
– dans le cytoplasme, chaque **ARN messager** est pris en charge par des structures qui lisent sa séquence nucléotidique et la convertissent en une séquence d'acides aminés grâce au code génétique : c'est la **traduction**.
- Un même ARN pré-messager subit parfois des maturations différentes à l'origine de plusieurs ARN messagers différents et donc de plusieurs protéines différentes.

### Les différentes échelles du phénotype

- Le phénotype se définit à l'échelle de l'organisme (**phénotype macroscopique**), de la cellule et des molécules.
- L'ensemble des protéines qui se trouvent dans une cellule constitue le **phénotype moléculaire**. Il dépend :
– du patrimoine génétique de la cellule, c'est-à-dire de son équipement en allèles, ou **génotype** ;
– de la nature des gènes qui s'expriment dans la cellule, sous l'effet de l'influence de facteurs internes et externes.
- Le phénotype moléculaire influence le **phénotype cellulaire**. Ce dernier influence le phénotype macroscopique.

## Les capacités et attitudes

▸ Exploiter des informations et des résultats expérimentaux pour :
– caractériser la relation entre ADN et protéine **(unité 1)**
– déterminer les étapes de la synthèse des protéines **(unités 2, 3 et 4)**
– expliquer l'origine de la diversité des protéines présentes dans une cellule **(unité 5)**
– caractériser les différentes échelles du phénotype **(unité 6)**

▸ Utiliser un logiciel pour :
– déterminer la structure d'une protéine et étudier la relation gène/allèle-protéine **(unités 1, 5 et 6)**
– mettre en évidence quelques propriétés du code génétique **(unité 3)**

## Mots clés

*Voir aussi Dico des SVT p. 332*

**ARN messager (ARNm) :** molécule intermédiaire entre l'ADN d'un gène et la protéine codée par ce gène.
**Code génétique :** système de correspondance entre un triplet de nucléotides dans un ARNm (codon) et un acide aminé dans une protéine.
**Gène :** fragment d'ADN gouvernant la synthèse d'une protéine.
**Génotype :** ensemble des allèles d'un individu.
**Phénotype macroscopique/cellulaire :** ensemble des caractères d'un individu/d'une cellule.
**Phénotype moléculaire :** ensemble des protéines d'une cellule.
**Protéine :** molécule constituée par un assemblage ordonné, ou séquence, d'acides aminés.
**Traduction :** fabrication, dans le cytoplasme, d'une protéine à partir d'un ARNm.
**Transcription :** fabrication, dans le noyau, d'une molécule d'ARN à partir d'un gène.

# L'ESSENTIEL

## L'essentiel par l'image

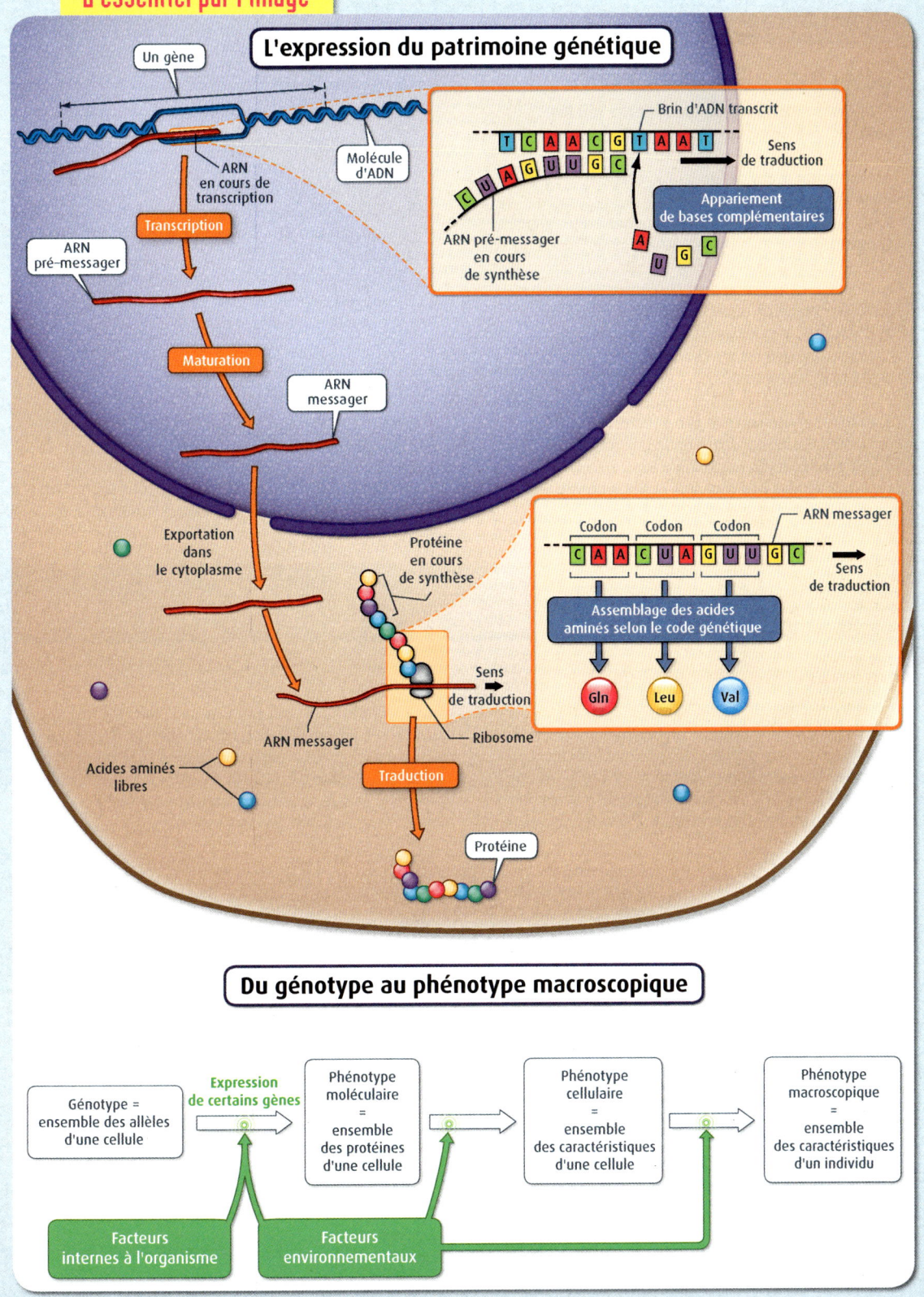

### L'expression du patrimoine génétique

- Un gène
- Molécule d'ADN
- ARN en cours de transcription
- Transcription
- ARN pré-messager
- Maturation
- ARN messager
- Exportation dans le cytoplasme
- Protéine en cours de synthèse
- ARN messager
- Ribosome
- Sens de traduction
- Traduction
- Acides aminés libres
- Protéine

**Encart 1 :** Brin d'ADN transcrit — ARN pré-messager en cours de synthèse — Appariement de bases complémentaires — Sens de traduction
(T C A A C G T A A T / C U A G U U G C / A U G C)

**Encart 2 :** Codon — Codon — Codon — ARN messager (C A A C U A G U U G C) — Sens de traduction — Assemblage des acides aminés selon le code génétique → Gln, Leu, Val

### Du génotype au phénotype macroscopique

Génotype = ensemble des allèles d'une cellule
→ Expression de certains gènes →
Phénotype moléculaire = ensemble des protéines d'une cellule
→ Phénotype cellulaire = ensemble des caractéristiques d'une cellule
→ Phénotype macroscopique = ensemble des caractéristiques d'un individu

- Facteurs internes à l'organisme
- Facteurs environnementaux

THÈME 1 – CHAPITRE 3 L'EXPRESSION DU PATRIMOINE GÉNÉTIQUE

# EXERCICES

## évaluer ses connaissances

### 1. QCM

Pour chaque proposition, identifiez la (ou les) bonne(s) réponse(s).

**1. Les protéines présentes dans une cellule :**
a. sont synthétisées dans le noyau cellulaire à partir d'une molécule d'ARN messager.
b. sont constituées d'un enchaînement d'acides aminés.
c. constituent le phénotype macroscopique.

**2. La transcription d'un fragment d'ADN :**
a. produit une molécule dont la séquence est complémentaire de celle du brin transcrit de l'ADN.
b. a lieu dans le cytoplasme.
c. dépend de facteurs présents dans l'environnement de l'organisme concerné.

**3. Le code génétique :**
a. est différent selon les espèces d'êtres vivants.
b. établit la correspondance entre une molécule d'ARN messager et une protéine.
c. permet toujours de connaître la séquence d'ADN correspondant à la séquence en acides aminés d'une protéine donnée.

### 2. Vrai ou faux ?

Identifiez les affirmations fausses et rectifiez-les.

a. L'intégralité de l'ADN présent dans le noyau d'une cellule est exprimée sous la forme d'une synthèse de protéines.
b. Toutes les cellules d'un organisme vivant possèdent le même génotype et le même phénotype moléculaire.
c. En connaissant la séquence de l'ARN messager correspondant à une protéine donnée, on peut déduire avec certitude la séquence du gène correspondant.

### 3. Une phrase appropriée

Rédigez une phrase scientifiquement correcte avec les termes suivants :
a. ARN pré-messager – maturation – protéines – synthèse.
b. Phénotype – génotype – environnement – expression.
c. Phénotype moléculaire – protéines – mutations alléliques.

## s'entraîner avec un exercice guidé

### 4. Un nouveau traitement contre le VIH ?

Au cours de l'infection d'une cellule par le virus responsable du sida (VIH), le matériel génétique du virus est intégré dans le génome de la cellule infectée. Le génome viral est ensuite exprimé par les systèmes de transcription et de traduction cellulaires. Ce processus conduit à la multiplication du virus. Parmi les nouveaux traitements envisagés pour lutter contre le sida, l'IDC16 est une molécule prometteuse. Pour étudier ses effets sur l'infection par le VIH, on cultive des cellules infectées pendant 14 jours en présence d'IDC16. Les quantités d'une protéine virale (p24) ainsi que d'ARN pré-messager (ARNpm) et messager spécifiques du VIH sont mesurées dans ces cellules.

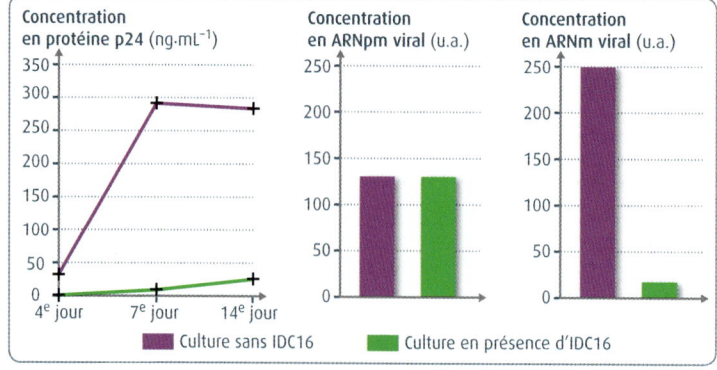

**1.** Concentrations en protéine p24, en ARN pré-messager et messager du virus VIH dans des cellules infectées et cultivées ou non en présence d'IDC16.

**Un peu d'aide**

• **Saisir des informations :**
– Identifiez les données qui permettent d'évaluer l'expression finale du génome du virus et celles qui permettent d'étudier les étapes intermédiaires.
– Pour chaque molécule, comparez les valeurs obtenues en présence et en absence d'IDC16.

• **Mobiliser ses connaissances :**
– Rappelez les étapes de l'expression d'un gène.
– Concluez en précisant l'étape de l'expression du génome du VIH entravée par l'IDC16.

**QUESTIONS** ❶ Indiquez l'effet de l'IDC16 sur l'expression du génome viral.
❷ Précisez l'étape de l'expression génétique sur laquelle agit l'IDC16.

## Appliquer ses connaissances

### 5 Un intermédiaire entre ADN et protéine
*Exploiter des résultats expérimentaux*

Pour déterminer si l'ARN est susceptible de jouer le rôle d'intermédiaire entre ADN et protéines, on réalise une expérience de pulse-chase. Deux cultures de cellules sont réalisées en présence d'uridine radioactive. L'uridine est un nucléotide que l'on rencontre seulement dans les molécules d'ARN. Après des durées d'incubation différentes, chacune des cultures est photographiée à l'aide d'une plaque sensible à la radioactivité. L'image obtenue est une autoradiographie.

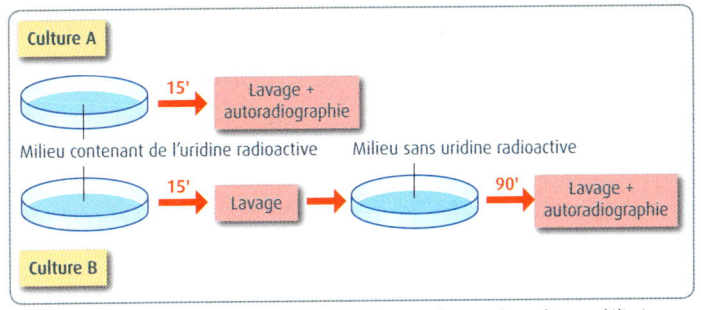

**1. Le protocole de l'expérience de pulse-chase.** Le lavage des cultures n'élimine que les molécules d'uridine radioactive non incorporées à l'ARN.

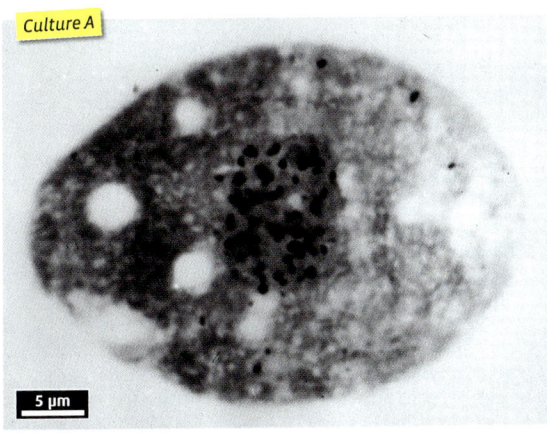

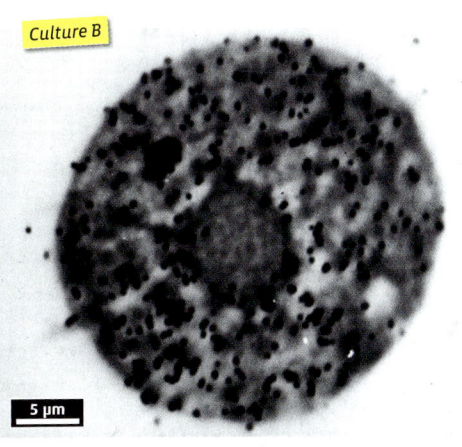

**2. Autoradiographies de cellules extraites des cultures A et B.** La radioactivité noircit le film photographique.

❶ Montrez que le protocole de pulse-chase permet de suivre la localisation d'une molécule d'ARN dans la cellule au cours du temps.

❷ Expliquez en quoi cette expérience apporte des arguments en faveur de l'ARN comme intermédiaire entre ADN et protéines.

### 6 Des exceptions au code génétique
*Mobiliser ses connaissances et raisonner*

Dans une cellule eucaryote, les mitochondries possèdent leur propre matériel génétique : elles contiennent une molécule d'ADN différente des molécules d'ADN du noyau et réalisent leur propre synthèse protéique.

❶ Rappelez la définition du code génétique et mentionnez ses principales propriétés.

❷ À partir du doc. 1 et du code génétique (voir rabat de couverture), identifiez des exceptions à la règle d'universalité du code génétique.

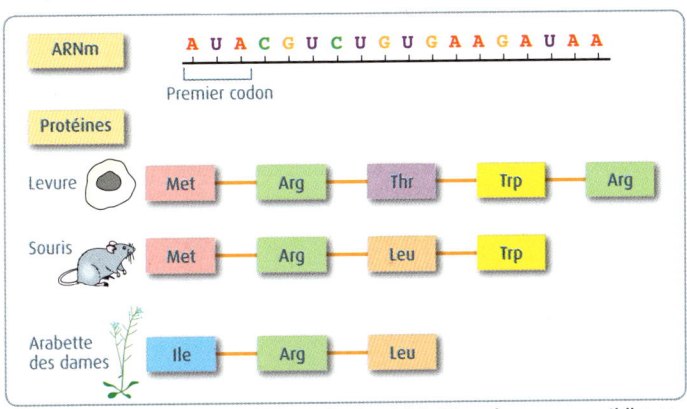

**1. Portion d'une séquence d'ARNm mitochondrial et les séquences peptidiques issues de sa traduction dans les mitochondries chez quelques espèces.**

ARNm : A U A C G U C U G U G A A G A U A A
Premier codon

Protéines :
- Levure : Met – Arg – Thr – Trp – Arg
- Souris : Met – Arg – Leu – Trp
- Arabette des dames : Ile – Arg – Leu

THÈME 1 – CHAPITRE 3 L'EXPRESSION DU PATRIMOINE GÉNÉTIQUE

# EXERCICES

## Appliquer ses connaissances

### 7 De l'ADN à la protéine

**Mobiliser ses connaissances et raisonner**

Deux allèles mutés du gène ci-contre ont été mis en évidence : le nucléotide n° 15 (C) du brin transcrit est remplacé par T (mutation A) ; le nucléotide n° 7 du brin transcrit (A) est remplacé par G (mutation B). Le brin d'ADN transcrit est celui qui est « lu » par l'ARN polymérase.

```
1  1er codon  5        10       15       20
T A C G T T A C G C A T G G C T G C A C T  ← Brin transcrit de l'ADN
```

**1.** Séquence d'une portion du brin d'ADN transcrit d'un gène.

❶ À l'aide du code génétique (voir rabat de couverture), donnez, pour le gène non muté et pour ses deux allèles mutés, la séquence de l'ARN messager correspondant et celle de la protéine codée.

❷ Précisez la propriété du code génétique mise en évidence par la mutation A.

### 8 La phénylcétonurie, une maladie métabolique

**Extraire et organiser des informations**

La phénylcétonurie touche 1 nouveau-né sur 17 000. Sans traitement, elle provoque un retard mental et des troubles du comportement. Elle est causée par un déficit en une enzyme du foie, la phénylalanine-hydroxylase (PAH), dont le rôle est de transformer l'acide aminé phénylalanine en acide aminé tyrosine. Sans PAH fonctionnelle, la phénylalanine s'accumule dans les cellules hépatiques puis dans le sang, dans des proportions si importantes qu'elle peut perturber le métabolisme des cellules du cerveau. Un régime alimentaire limitant les sources de phénylalanine permet de réduire les manifestations de la phénylcétonurie.

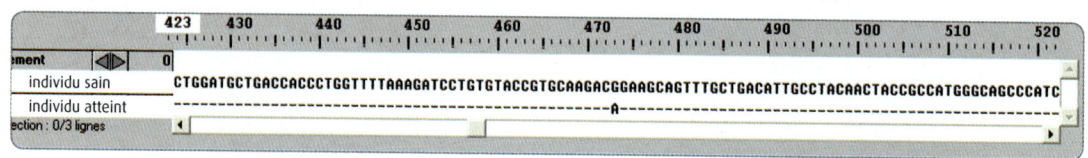

```
                423    430      440      450      460      470      480      490      500      510      520
individu sain        CTGGATGCTGACCACCCTGGTTTTAAAGATCCTGTGTACCGTGCAAGACGGAAGCAGTTTGCTGACATTGCCTACAACTACCGCCATGGGCAGCCCATC
individu atteint    -------------------------------------------------------A---------------------------------------------
```

**1.** Portion de séquence de l'allèle codant la PAH chez un individu sain et chez un individu atteint de phénylcétonurie. Les individus atteints de phénylcétonurie possèdent deux allèles mutés de ce gène qui produisent chacun une PAH non fonctionnelle.

❶ Identifiez les différentes échelles du phénotype d'un enfant atteint de phénylcétonurie et montrez les liens entre ces différentes échelles.

❷ Expliquez le lien entre le génotype, le phénotype et l'environnement d'un individu atteint de phénylcétonurie.

### 9 Les effets d'un arrêt de la traite sur les vaches laitières

**S'informer et raisonner**

La traite des vaches laitières a lieu deux fois par jour. Lorsque l'on diminue ce rythme, le lait est moins riche en nutriments. Lorsque l'on cesse la traite totalement, les mamelles se distendent, une inflammation s'y développe et de nombreuses cellules du tissu mammaire meurent. Une étude est réalisée sur des vaches laitières : au jour 0, les vaches ne sont plus traites qu'une seule fois par jour puis, au jour 5, ne sont plus traites du tout. Au jour 21, on évalue l'expression de différents gènes dans les cellules mammaires de ces vaches.

| Gène | Protéine correspondante | Quantité d'ARNm du gène au jour 21 (par rapport au jour 0) |
|------|--------------------------|-----------------------------------------------------------|
| LALBA | Enzyme de synthèse du lactose, glucide du lait | 0,028 |
| FASN | Enzyme de synthèse des lipides du lait | 0,021 |
| CSN3 | Enzyme de synthèse des protéines du lait | 0,067 |
| MYC | Protéine déclenchant la mort cellulaire | 5 |
| SOD2 | Protéine favorisant la réaction inflammatoire | 28 |

**1.** Évolution de l'expression de 5 gènes dans les cellules mammaires des vaches testées. Au jour 0, le niveau d'expression est estimé à 1.

❶ Montrez le rôle de l'environnement dans l'expression du génome des cellules mammaires de ces vaches.

❷ Montrez que la variation d'expression du génome de ces cellules induit une variation du phénotype des vaches laitières aux différentes échelles.

# EXERCICE objectif BAC

**Thème 1 : Expression, stabilité et variation du patrimoine génétique**

## Le phénotype moléculaire de cellules cancéreuses

Les cellules cancéreuses présentent des caractéristiques différentes des cellules saines : elles possèdent, par exemple, une capacité à se diviser accrue à tel point qu'on peut les considérer comme immortelles. Leur prolifération incontrôlée dans un tissu vivant conduit à la formation d'une tumeur. Les propriétés de ces cellules dépendent de leur phénotype moléculaire. On se propose d'étudier celui de cellules issues de tumeurs du sein.

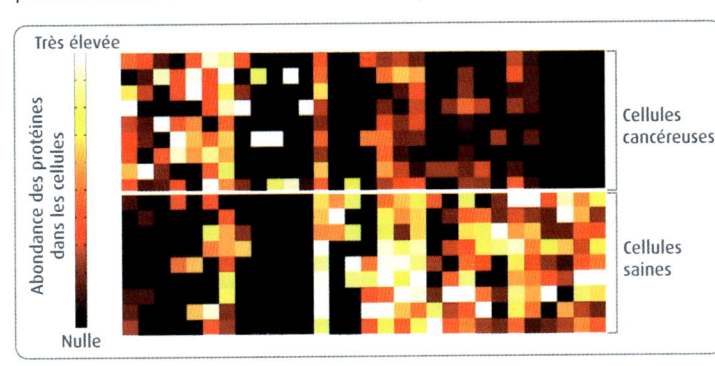

**1** **Identification et quantification de quelques protéines de cellules mammaires saines et de cellules issues de tumeurs du sein.** Chaque colonne correspond à une protéine et chaque ligne à une cellule, soit saine, soit cancéreuse. La couleur de chaque carré indique donc la quantité d'une protéine donnée dans une cellule donnée.

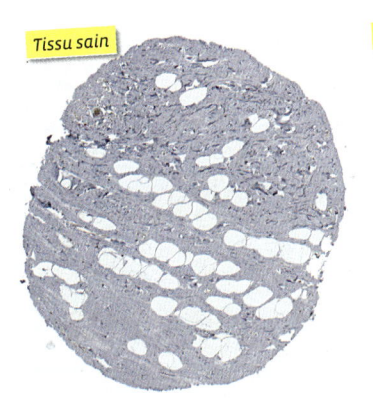

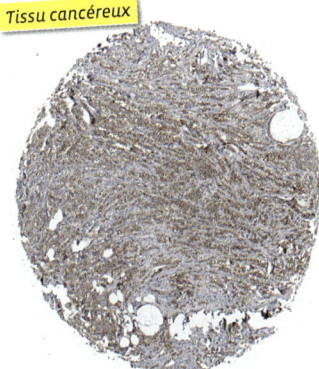

**2** **Détection de la protéine Her-2 dans des cellules mammaires saines et dans des cellules issues d'une tumeur du sein.** La protéine Her-2 est impliquée dans les mécanismes de prolifération cellulaire. On la localise par des anticorps spécifiques, puis par une technique de révélation qui confère une coloration rouge-marron aux anticorps fixés sur la protéine.

|  | Quantité cellulaire d'ARNm *Her-2* | Quantité cellulaire d'ARNm *TBP* |
|---|---|---|
| Tumeur mammaire | 653 210 | 2 200 |
| Tissu mammaire sain | 4 261 | 2 052 |

**3** **Quantité d'ARNm *Her-2* dans des tissus mammaires sains et dans des tissus issus d'une tumeur du sein.** Le gène *TBP*, dont on sait qu'il s'exprime de la même façon dans les deux types de tissus, sert de témoin.

## QUESTION

À partir de l'exploitation des documents présentés, montrez que le phénotype moléculaire est perturbé dans les cellules cancéreuses issues d'une tumeur du sein et proposez une explication à cette perturbation.

### Exploiter les documents

**DOC. 1.** Sans prendre en compte le détail des variations entre cellules d'un même type, réalisez une étude qualitative (quelles protéines ?) et quantitative (en quelle quantité ?) des protéines présentes dans les deux types de cellules pour montrer que la production de protéines est perturbée dans les cellules cancéreuses.

**DOC. 2.** Comparez l'abondance de la protéine Her-2 dans les deux tissus étudiés pour montrer que sa production est perturbée dans une tumeur mammaire.

**DOC. 3.** Pour chaque tissu, calculez le rapport ARNm *Her-2*/ARNm *TBP* pour fournir une explication à la production perturbée de la protéine Her-2.

# ATELIERS D'EXPLORATION

## SCIENCES ACTUALITÉ — Une alternative aux cellules souches ?

*Un embryon humain*

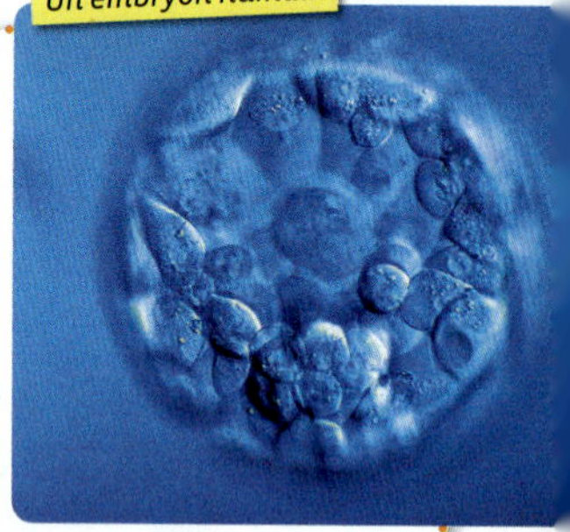

La thérapie cellulaire représente un espoir de traitement pour de nombreuses maladies. Elle consiste à remplacer des cellules non-fonctionnelles dans des zones lésées. On utilise pour ce faire des cellules souches, capables de produire tout type de cellules. Les embryons en sont une source possible, mais leur utilisation pose un problème éthique qui a conduit, en France, à suspendre les recherches sur le sujet. De récents travaux ouvrent des perspectives nouvelles.

« Un même génome s'exprime différemment selon le type cellulaire considéré et cela, pensait-on, de manière irréversible. En 2010, plusieurs équipes ont réussi à changer le destin de cellules adultes en les convertissant en cellules d'un type différent. Cette technique a pour point de départ des cellules adultes de peau. À l'arrivée, ont été obtenus des neurones, des cellules cardiaques et des cellules sanguines. La stratégie consiste à surexprimer, dans les cellules de départ, des gènes qui ne sont normalement actifs que dans les cellules souhaitées à l'arrivée. »

D'après *La Recherche*, janvier 2011.

**Une technique innovante : la transdifférenciation.**

### ACTIVITÉS

❶ Recherchez quelques exemples de maladies qui pourraient être soignées par la thérapie cellulaire.
❷ Expliquez l'avantage des cellules souches embryonnaires et les problèmes éthiques que pose leur utilisation.
❸ Montrez que la technique de transdifférenciation cellulaire pourrait constituer une alternative aux cellules souches embryonnaires.

### POUR VOUS GUIDER
- www.inserm.fr (choisissez « immunologie-hématologie-pneumologie », puis « dossiers d'information » et « cellules souches et thérapie cellulaire »).
- www.industrie.gouv.fr/techno_cles_2010/html/viv_45.html
- www.afm-france.org/ewb_pages/t/therapie_cellulaire.php

## ENQUÊTE — Attention : agents mutagènes !

Une enquête a révélé que 1,1 % des salariés sont exposés chaque jour dans leur travail à des agents dits CMR (cancérogènes, mutagènes ou toxiques pour la reproduction). Parmi ces agents, on compte le chlorure de vinyle, ou chloroéthylène, utilisé dans la fabrication de matières plastiques. Ses effets mutagènes ont été confirmés par des tests pratiqués *in vitro* et *in vivo*. Le trichloroéthylène est, lui, un bon solvant.

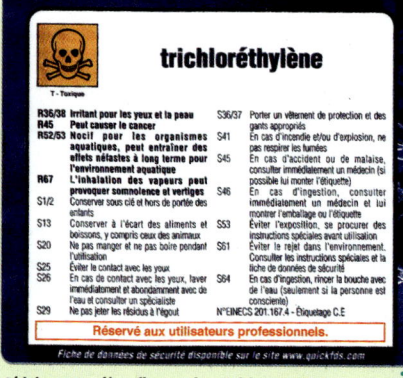

**L'étiquette d'un flacon de trichloroéthylène.**

### ACTIVITÉS

❶ Recherchez les utilisations du chloroéthylène. Justifiez le fait qu'il puisse provoquer des cancers en milieu professionnel.
❷ Recherchez sur Internet d'autres agents mutagènes utilisés en milieu professionnel.
❸ Exposez les actions mises en œuvre en milieu professionnel afin de limiter les risques liés à l'utilisation des CMR.

### POUR VOUS GUIDER
- www.inrs.fr/
- www.substitution-cmr.fr/
- www.atousante.com/

## ART ET SCIENCE — L'eugénisme : de la fiction à la science

L'eugénisme peut être défini comme l'ensemble des pratiques visant à « améliorer » le patrimoine génétique de l'espèce humaine par discrimination des individus porteurs de caractères jugés négativement. Il a donné lieu à des dérives graves, notamment dans l'Allemagne nazie. La tentation de l'Homme parfait est un sujet fréquemment traité dans la science-fiction.

Le film *Bienvenue à Gattaca*, par exemple, dépeint une société organisée en castes. La caste supérieure est composée d'individus dont le génome a été manipulé pour qu'ils soient génétiquement « parfaits ». Ils peuvent accéder aux meilleurs emplois quand les autres citoyens, conçus naturellement, sont dévoués à des travaux ordinaires. Les citoyens sont souvent soumis à des tests génétiques pour évaluer leurs « qualités ».

**Le centre spatial de Gattaca.** Seuls les individus « parfaits » y sont admis.

### ACTIVITÉS

❶ Expliquez sur quoi se fonde la sélection sociale dans le film *Bienvenue à Gattaca*.
❷ Expliquez comment cette société conçoit le rôle des gènes dans l'établissement du phénotype.
❸ À l'aide de vos connaissances sur le rôle de l'environnement, expliquez pourquoi cette conception est scientifiquement erronée.
❹ Sur Internet, trouvez des pratiques eugénistes dans l'histoire récente.

## MÉTIER — Chargé(e) hygiène, sécurité, environnement

À l'instar des substances mutagènes, de nombreux produits utilisés par l'industrie présentent un risque pour la santé ou pour l'environnement. Pour y faire face, les lois concernant l'utilisation de ces produits évoluent rapidement.

Le rôle du chargé « hygiène, sécurité, environnement » est de mettre en oeuvre les moyens pour faire appliquer des normes de plus en plus strictes. Salarié d'une entreprise ou conseiller indépendant, ces experts contrôlent les rejets industriels, réhabilitent des sites pollués ou veillent aux respects des normes de sécurité dans les usines. Un secteur d'activité en plein développement !

**POUR VOUS GUIDER**
- www.libtheque.fr
- www.onisep.fr  onisep
- www.afite.org (Association française des ingénieurs et techniciens en environnement)

### ACTIVITÉS

❶ Trouvez les types d'industrie qui ont particulièrement recours à ces métiers.
❷ Identifiez les différentes formations possibles débouchant sur ces métiers.

THÈME 1 – EXPRESSION, STABILITÉ ET VARIATION DU PATRIMOINE GÉNÉTIQUE

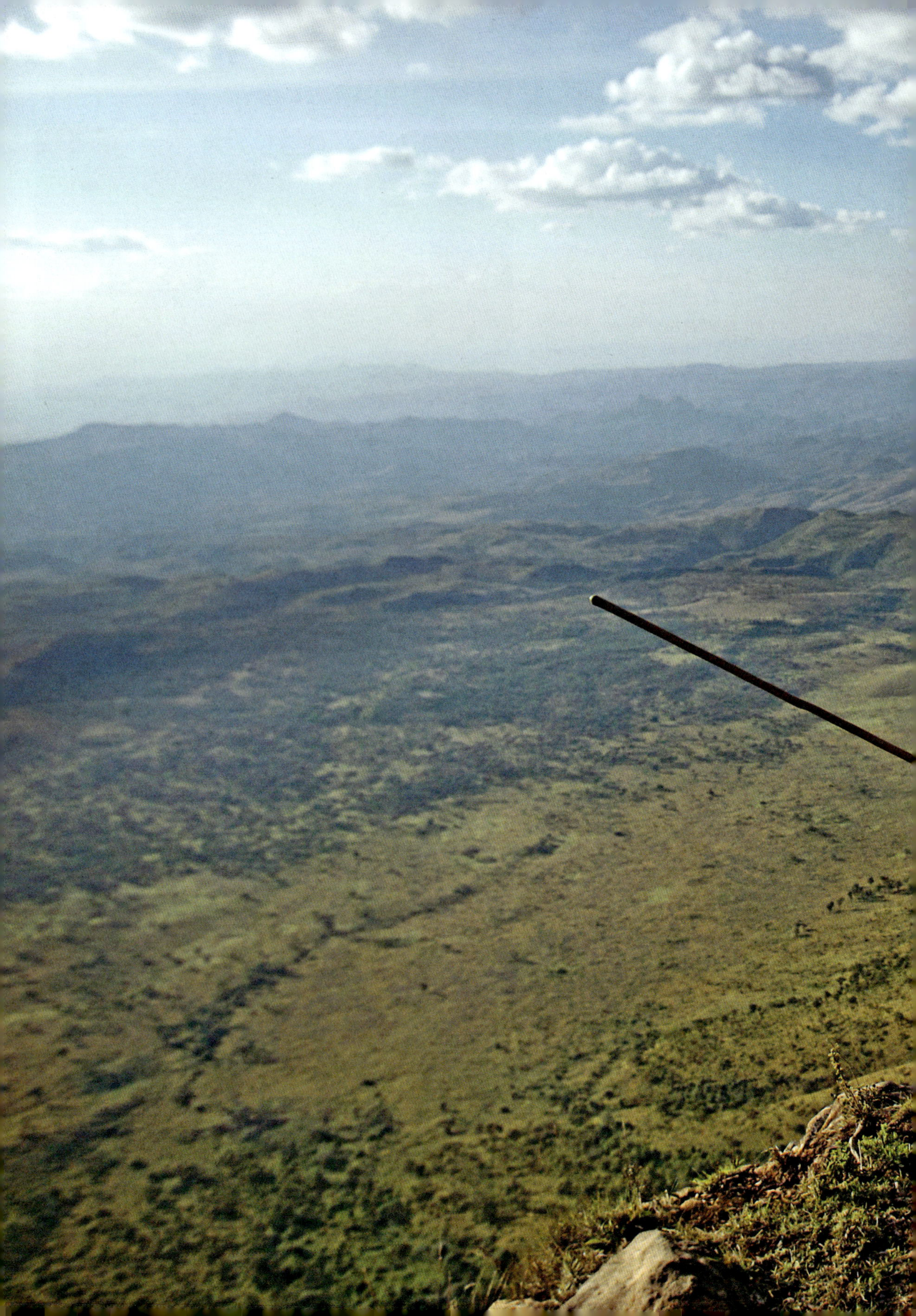

# THÈME 2

# La tectonique des plaques : l'histoire d'un modèle

**MOBILISER SES ACQUIS**   p. 72
1. La mobilité des continents : naissance d'une idée   p. 75
2. De la dérive des continents à l'expansion océanique   p. 95
3. Le modèle actuel de la tectonique des plaques   p. 113

Un homme face à la vallée du rift au Kenya.

# MOBILISER SES ACQUIS

## 1. Quelles sont les manifestations de l'activité interne du globe ?

*Les effets d'un séisme au Chili en 2010 (magnitude 8,8)*

*Le volcan islandais Eyjafjöll en 2010*

*L'origine d'un séisme*

enregistrement des ondes sismiques

Glissement — Foyer — Épicentre — Ondes sismiques

❶ Comment se manifeste un séisme à la surface de la Terre ?
❷ Quelle est l'origine d'un séisme ?
❸ D'où proviennent les matériaux émis par les volcans ?

### mots clés

**Foyer :** point situé en profondeur où s'est produite la rupture entre blocs rocheux. Les deux blocs coulissent l'un contre l'autre le long d'une **faille**.
**Lave :** roche en fusion provenant d'un magma et émise à la surface d'un volcan.
**Magma :** matériau liquide situé sous la surface, contenant de la roche en fusion et du gaz.

## 2. Quelle est la structure externe de la Terre ?

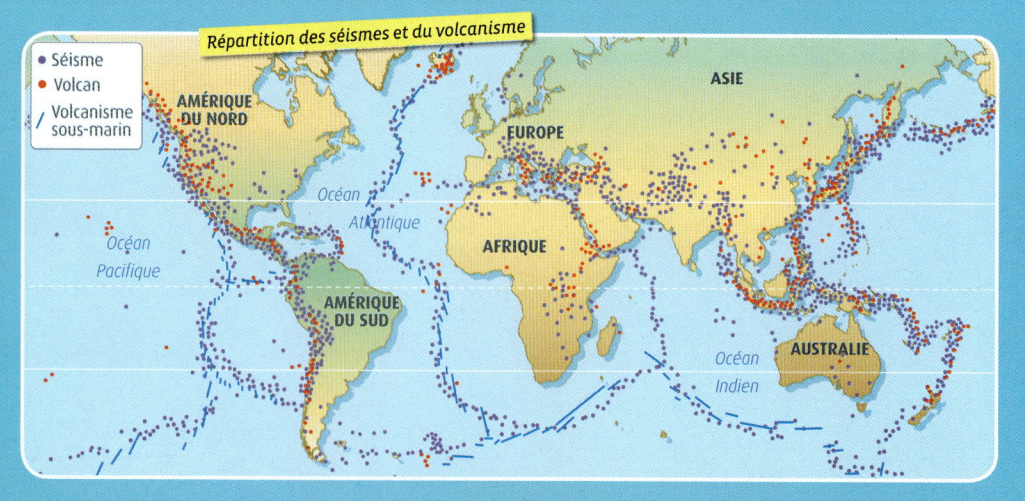

*Répartition des séismes et du volcanisme*

- Séisme
- Volcan
- Volcanisme sous-marin

AMÉRIQUE DU NORD — EUROPE — ASIE — Océan Atlantique — Océan Pacifique — AFRIQUE — AMÉRIQUE DU SUD — Océan Indien — AUSTRALIE

❶ Que révèle la répartition des séismes et du volcanisme ?
❷ Quel est le comportement des plaques à la surface terrestre ?

**Plaque lithosphérique :** zone stable et rigide de la surface terrestre, constituée de lithosphère.
**Lithosphère :** couche superficielle très rigide de la Terre, d'une épaisseur de 70 à 150 km.

## 3. Quels sont les mouvements des plaques lithosphériques ?

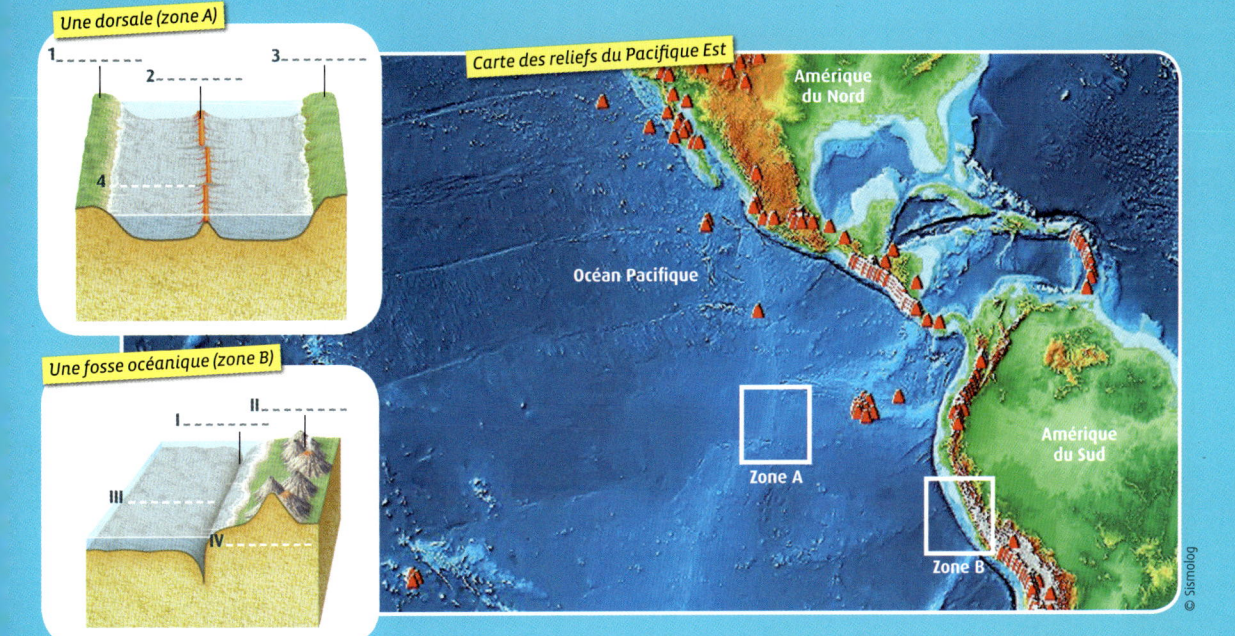

**Une dorsale (zone A)**

**Une fosse océanique (zone B)**

*Carte des reliefs du Pacifique Est*

❶ Retrouvez les légendes correspondant aux numéros.
❷ Indiquez la localisation des séismes sur les deux schémas.
❸ Décrivez le mouvement des plaques dans ces deux zones.

**Dorsale :** relief sous-marin volcanique formé d'une longue chaîne de montagne.
**Fosse océanique :** dépression sous-marine profonde en bordure d'îles ou de certains continents.

---

## CE QU'IL FAUT SAVOIR POUR ABORDER LE THÈME 2

▸ Les séismes sont la conséquence d'une rupture de roches en profondeur sous l'effet de fortes contraintes (compression, extension). Depuis le point où se produit cette fracture, nommé **foyer**, des **ondes sismiques** se propagent dans toutes les directions. Elles peuvent être enregistrées par des sismomètres. Arrivées en surface, ces ondes provoquent des tremblements de terre, qui se manifestent par une déformation du paysage et des destructions plus ou moins importantes selon l'intensité du séisme.

▸ Le volcanisme résulte de l'ascension d'un **magma** stocké à quelques kilomètres sous un volcan, dans des réservoirs magmatiques. Son arrivée en surface se manifeste par l'émission de gaz et, selon le magma, de coulées de **lave** ou de projections de cendres et de blocs plus ou moins gros de laves refroidies. L'accumulation des produits émis lors d'une éruption participe à l'édification du volcan.

▸ La répartition des zones sismiques et volcaniques à la surface de la Terre permet de délimiter une douzaine de zones stables appelées **plaques lithosphériques**. Celles-ci se déplacent les unes par rapport aux autres de quelques centimètres par an, générant des contraintes importantes à leurs frontières. Ces contraintes sont à l'origine des séismes et du volcanisme.

▸ Il existe plusieurs types de frontières de plaques : des frontières divergentes au niveau des **dorsales**, et des frontières convergentes, au niveau des **fosses océaniques** et des chaînes de montagnes.

THÈME 2 LA TECTONIQUE DES PLAQUES : L'HISTOIRE D'UN MODÈLE

# THÈME 2 — La tectonique des plaques : l'histoire d'un modèle

## SOMMAIRE

### CHAPITRE 1 — La mobilité des continents : naissance d'une idée — 75

- **UNITÉ 1** La naissance de la théorie de la dérive des continents — 76
- **UNITÉ 2** L'abandon de la théorie de la dérive des continents — 78
- **UNITÉ 3** La découverte du contraste océans-continents — 80
- **UNITÉ 4** Les roches de la croûte océanique — 82
- **UNITÉ 5** Les roches de la croûte continentale — 84
- **UNITÉ 6** La découverte et la caractérisation du manteau — 86
- Bilan des unités — 88
- L'essentiel — 90
- Exercices — 92

### CHAPITRE 2 — De la dérive des continents à l'expansion océanique — 95

- **UNITÉ 1** L'hypothèse de l'expansion océanique — 96
- **UNITÉ 2** Le magnétisme des roches magmatiques — 98
- **UNITÉ 3** La confirmation de l'expansion océanique — 100
- **UNITÉ 4** L'étude des séismes au niveau des fosses océaniques — 102
- **UNITÉ 5** Lithosphère et asthénosphère — 104
- Bilan des unités — 106
- L'essentiel — 108
- Exercices — 110

### CHAPITRE 3 — Le modèle actuel de la tectonique des plaques — 113

- **UNITÉ 1** Le modèle de la tectonique des plaques — 114
- **UNITÉ 2** Les plaques et leurs frontières — 116
- **UNITÉ 3** Le renforcement du modèle de la tectonique des plaques — 118
- **UNITÉ 4** La confirmation du modèle par les données GPS — 120
- **UNITÉ 5** Le fonctionnement des dorsales — 122
- **UNITÉ 6** Le fonctionnement des zones de subduction — 124
- Bilan des unités — 126
- L'essentiel — 128
- Exercices — 130
- **OBJECTIF BAC** Les mouvements relatifs de trois plaques lithosphériques — 133
- **ATELIERS D'EXPLORATION** PLUS LOIN AVEC INTERNET – MÉTIER – ENQUÊTE – LE COIN DU LABO — 134

**CHAPITRE 1**

# La mobilité des continents : naissance d'une idée

Jusqu'au début du XX$^e$ siècle, les géologues attribuent aux continents une position fixe et immuable. Mais en 1912, Alfred Wegener remet cette vision en cause : ce scientifique suggère pour la première fois un déplacement horizontal des continents à la surface de la Terre.

**Image satellitale** montrant la topographie de l'Afrique, de l'Amérique du Sud et de l'océan Atlantique.

Comment Wegener a-t-il argumenté la mobilité des continents ? Comment cette théorie a-t-elle été accueillie par la communauté scientifique ?

# UNITÉ 1 — La naissance de la théorie de la dérive des continents

En 1912, Alfred Wegener propose une théorie qui bouleverse les conceptions scientifiques de l'époque. Selon lui, les continents peuvent se déplacer à la surface du globe : c'est la théorie de la dérive des continents.

**Comment Wegener a-t-il conçu la théorie de la dérive des continents ?**

## Des observations nouvelles

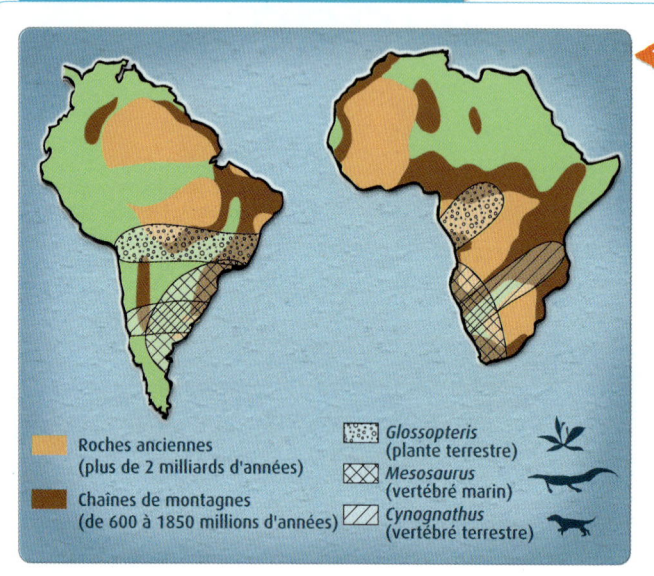

**1** La répartition actuelle de formations géologiques et de quelques fossiles âgés de plus de 200 millions d'années en Amérique du Sud et en Afrique.

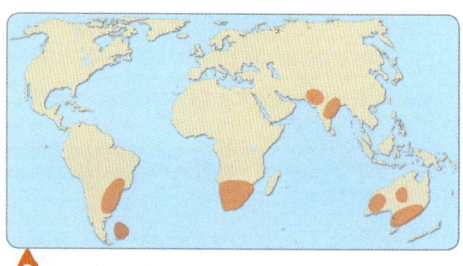

- Roches anciennes (plus de 2 milliards d'années)
- Chaînes de montagnes (de 600 à 1850 millions d'années)
- *Glossopteris* (plante terrestre)
- *Mesosaurus* (vertébré marin)
- *Cynognathus* (vertébré terrestre)

**2** La répartition des vestiges glaciaires du permo-carbonifère. Ces dépôts (figurés en rose) attestent de la présence d'une calotte glaciaire entre −320 et −250 millions d'années (Ma).

A. Wegener

« La statistique des surfaces terrestres de même altitude met en lumière le fait curieux que l'écorce du globe présente deux niveaux nettement prédominants entre lesquels les surfaces d'altitude moyenne sont une minorité. De ces deux altitudes, la plus élevée répond aux aires continentales, la plus basse aux domaines abyssaux. Pour s'en rendre compte, il suffit de diviser la surface du globe en kilomètres carrés et de classer ces derniers par rang d'altitude. En portant en abscisses les surfaces et en ordonnées les altitudes on obtient une courbe connue sous le nom de courbe hypsographique. »

A. Wegener, *La genèse des continents et des océans*, 1924.

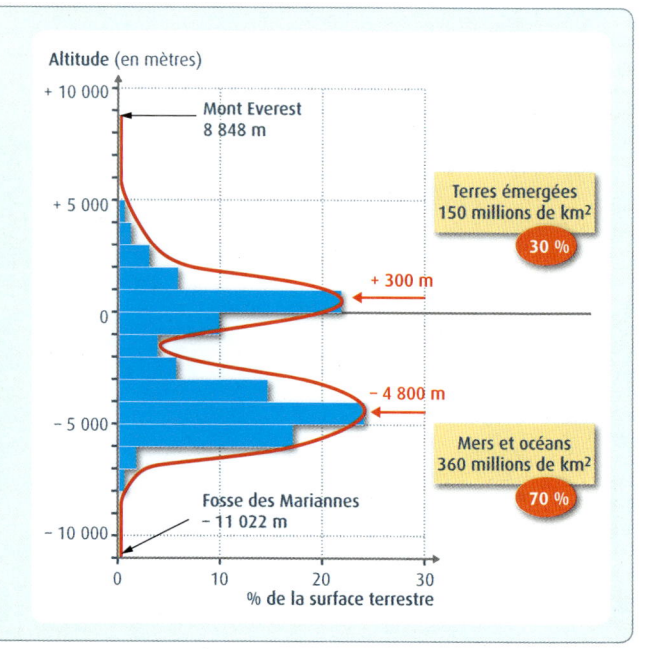

Altitude (en mètres)
- Mont Everest 8 848 m
- +300 m
- −4 800 m
- Fosse des Mariannes −11 022 m

Terres émergées 150 millions de km² — 30 %
Mers et océans 360 millions de km² — 70 %

% de la surface terrestre

**3** La distribution statistique du relief à la surface de la Terre.

## L'interprétation d'Alfred Wegener

La distribution des altitudes (voir doc. 3) conduit Alfred Wegener à faire une distinction claire entre océans et continents. Avec d'autres géologues, il propose que les continents sont faits d'un matériau léger (le «SIAL», riche en **si**licium et en **al**uminium) reposant sur un matériau dense (le «SIMA», riche en **si**licium et en **ma**gnésium), qui constitue aussi le plancher des océans. D'autres études vont suggérer que les continents «sialiques» sont en équilibre sur le SIMA, tel un iceberg dans l'eau, et qu'ils peuvent être animés de mouvements verticaux (voir ci-contre). Pour Wegener, si des mouvements verticaux des continents sont possibles, pourquoi des déplacements horizontaux ne le seraient-ils pas ?

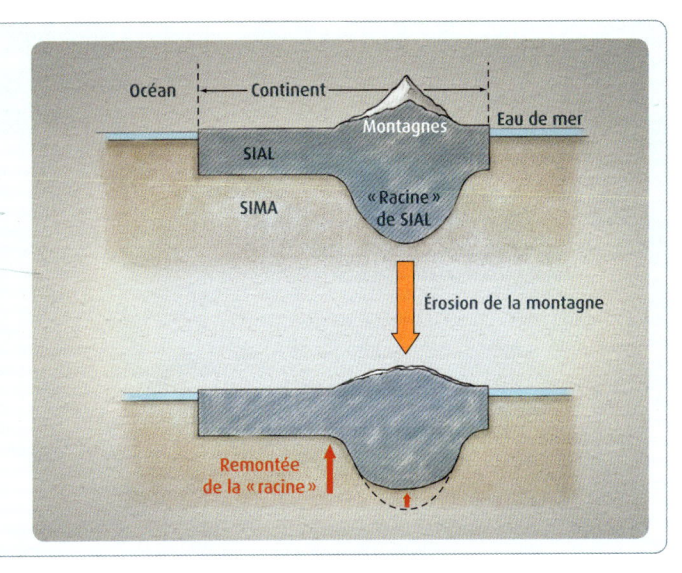

**4** Une nouvelle conception de la structure du globe.

« C'est comme si nous devions reconstituer une page de journal déchirée, en mettant les morceaux bord à bord, puis en vérifiant si les lignes imprimées correspondent. Si oui, on doit conclure que les morceaux étaient bien placés de cette façon à l'origine. »

A. Wegener, *La genèse des continents et des océans*, 1912.

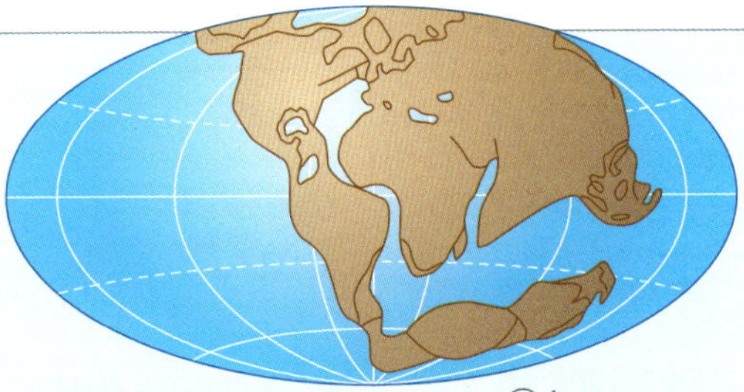

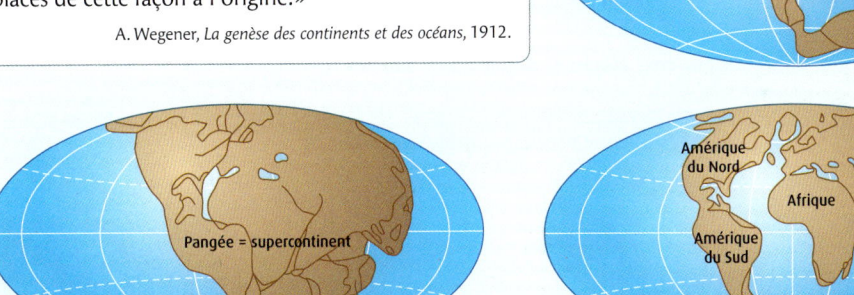

**①** Carbonifère supérieur (− 270 Ma)
Pangée = supercontinent

**②** Éocène (− 50 Ma)

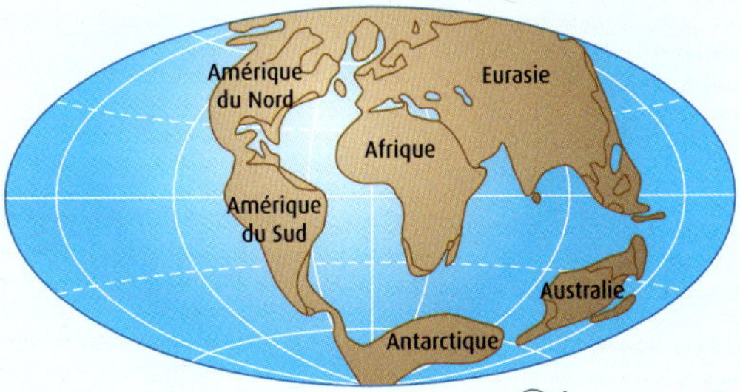

**③** Époque actuelle
Amérique du Nord, Eurasie, Afrique, Amérique du Sud, Australie, Antarctique

**5** Le modèle de la **dérive des continents** proposé par Alfred Wegener en 1912.

## ACTIVITÉS

**❶ DOC. 1 ET 2.** Décalquez le doc. 1 en ajoutant la répartition des dépôts glaciaires (doc. 2). Découpez puis placez ces continents dans une position suggérée par la répartition des différentes données.

**❷ DOC. 3 ET 4.** Expliquez comment Wegener utilise la répartition des altitudes pour argumenter l'idée d'une mobilité horizontale des continents.

**❸ DOC. 1, 2 ET 5.** Montrez comment Wegener reconstitue la position passée des continents et explique leur position actuelle.

**❹ EN CONCLUSION.** Résumez comment Wegener a conçu la théorie de la dérive des continents.

# UNITÉ 2 — L'abandon de la théorie de la dérive des continents

Dès sa présentation, la théorie de la dérive des continents proposée par A. Wegener suscite de nombreux débats. Très controversée, cette théorie est finalement abandonnée par la communauté scientifique à la fin des années 1920.

**Comment la théorie de la dérive des continents a-t-elle été débattue puis abandonnée ?**

## Une théorie controversée

La théorie des ponts continentaux, sur laquelle se fondent les opposants d'A. Wegener, est largement acceptée au début du XXe siècle. Elle propose que des continents aujourd'hui séparés ont jadis été réunis par des « ponts continentaux ». Pour certains géologues, tel Émile Haug, ces ponts ont pu être aussi vastes que les continents eux-mêmes. En 1900, Haug écrit : « Il est bien rationnel d'admettre que chaque unité continentale a eu sa faune propre tant qu'elle est restée isolée, que des migrations se produisent chaque fois que des communications par terre s'établissent avec une unité voisine. [...] Si plus tard l'unité continentale est morcelée par un effondrement partiel, les résidus de faunes permettront de rétablir par la pensée l'ancienne connexion. »

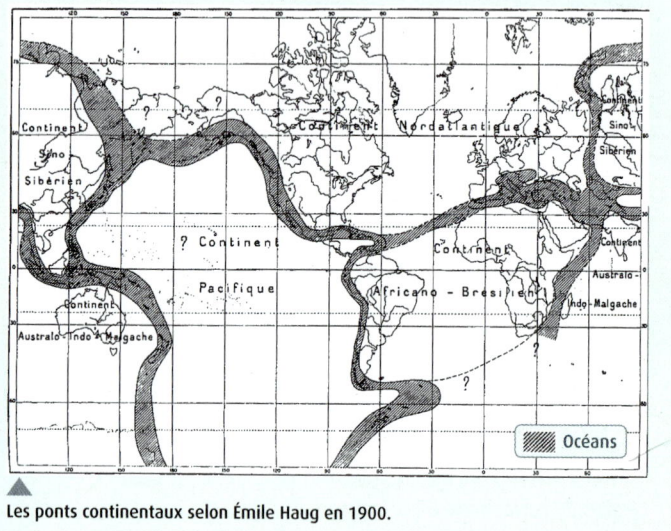

Les ponts continentaux selon Émile Haug en 1900.

**1** La théorie des ponts continentaux (XIXe siècle et début du XXe siècle).

**2** L'origine des océans : deux propositions. La théorie des ponts continentaux envisage que ces derniers ont « fait naufrage » : les ponts effondrés forment le plancher des océans actuels. Selon A. Wegener, c'est incompatible avec les lois de la physique puisque les continents « flottent » en équilibre sur un substrat plus dense (SIMA, voir doc. 4 p. 77).

# Les arguments contribuant à l'abandon de la théorie

**Interview** de **Pascal Bernard,** physicien sismologue à l'Institut de physique du globe.

**Le 17 avril 1889, à Potsdam (près de Berlin), alors qu'aucun séisme n'a secoué la région,** un fort signal est enregistré sur un pendule utilisé pour des recherches astronomiques. Les chercheurs sont perplexes jusqu'à ce qu'ils apprennent qu'une heure plus tôt, un important séisme a eu lieu au Japon. Pour la première fois, il est ainsi établi que les ondes sismiques se propagent dans les profondeurs du globe. Le géologue John Milne va alors entreprendre la construction d'un réseau international de sismographes. Son but : comprendre, grâce aux ondes sismiques, la structure de la Terre profonde. Au début du XXe siècle, on compte plus d'une centaine de sismographes dans le monde entier.

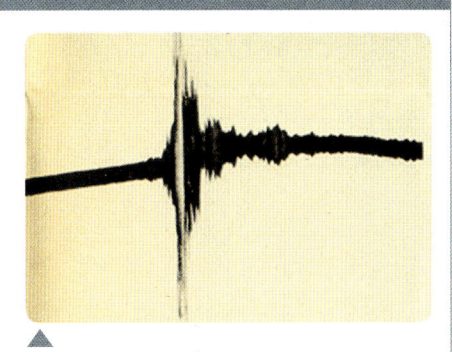

Le sismogramme du séisme de Potsdam (1889).

**3** Un séisme « historique ».

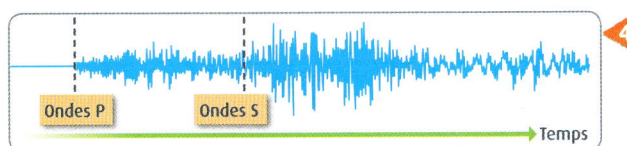

Ondes P    Ondes S    Temps

**4** **Enregistrement d'ondes sismiques (sismogramme).** Après un séisme, on observe des ondes sismiques primaires (ondes P, qui se propagent dans tous les milieux), puis des ondes sismiques secondaires (ondes S, qui ne se propagent pas dans les liquides).

**TP J'UTILISE SISMOLOG**

Foyer du séisme
Trajectoire des ondes (rais sismiques)
Croûte
Noyau
Manteau

**5** **La propagation des ondes S dans le manteau terrestre.** Le logiciel Sismolog permet de modéliser les trajectoires des ondes sismiques telles qu'on pourrait les déduire des données issues du réseau mondial de sismographes.

« Celui qui [à la fin des années 1920] portera le "coup de grâce" (provisoire) à la dérive des continents n'est pas géologue, mais avant tout physicien. [...] Pour Harold Jeffreys, les causes physiques proposées par Wegener pour expliquer les déplacements continentaux sont ridiculement inadéquates, même s'il admet que certains mécanismes, tel un changement de la vitesse de rotation de la Terre, pourraient entraîner des déplacements des terres et des mers [...]. Pour lui, les lois physiques ne permettent pas les déplacements continentaux. La croûte terrestre est trop rigide pour que les forces invoquées puissent la déformer. »

E. Buffetaut, *Les cahiers de Sciences et Vie*, juin 1991.

**6** **Le problème du moteur des déplacements des continents.**

## ACTIVITÉS

**1** **DOC. 1 ET 2.** En quoi la théorie des ponts continentaux est-elle utilisée à la fois dans l'argumentation d'A. Wegener et dans celle de ses adversaires ?

**2** **DOC. 3 À 4.** Montrez que les données sismiques ont permis aux scientifiques de l'époque de déterminer l'état physique du manteau.

**3** **DOC. 5.** Expliquez en quoi la connaissance de l'état physique du manteau a contribué à entretenir la controverse autour de la mobilité des continents.

**4** **DOC. 6.** Précisez l'argument qui conduit au rejet de la théorie de d'A. Wegener.

**5** **EN CONCLUSION.** Expliquez comment la théorie d'A. Wegener a été débattue puis abandonnée.

# UNITÉ 3 — La découverte du contraste océans-continents

Selon A. Wegener, la composition des fonds océaniques (« croûte océanique ») est distincte de celle des continents (« croûte continentale »). La découverte de la structure de la croûte océanique va confirmer ce contraste géologique.

⇢ **Comment le contraste géologique entre océans et continents a-t-il été prouvé ?**

## Les progrès de l'exploration océanographique

**1** **L'un des premiers navires de recherche océanographique : le Vema.** Mis en service au début des années 1950, il a permis aux géologues d'étudier la propagation des ondes sismiques dans la croûte océanique par une technique appelée **sismique réfraction** (voir ci-dessous).

Une source embarquée sur le navire émet des ondes sonores semblables aux ondes sismiques P. Lorsque ces ondes rencontrent une surface séparant deux milieux aux propriétés physico-chimiques différentes (discontinuité), certaines sont réfléchies, tandis que d'autres sont réfractées, c'est-à-dire que leur trajectoire est déviée au passage de la discontinuité. Les ondes qui regagnent la surface sont captées par des hydrophones. L'analyse du temps de parcours des ondes entre la source à différentes positions et l'hydrophone permet de localiser les discontinuités et de déterminer la vitesse des ondes dans chaque couche.

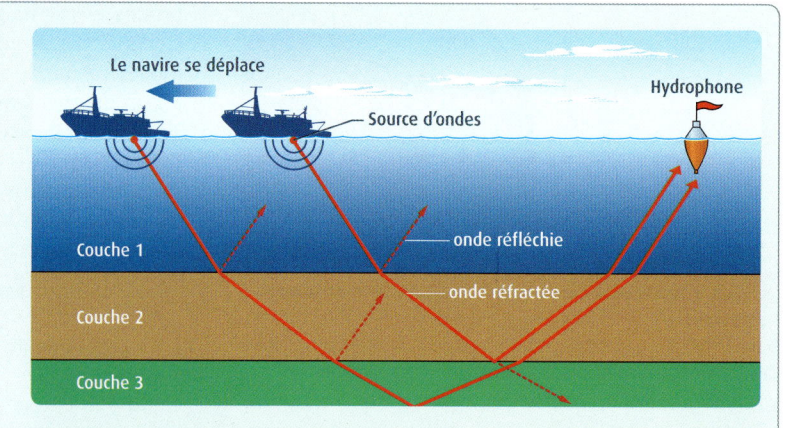

| Couche | Profondeur à partir du niveau marin | Vitesse moyenne de propagation des ondes P |
|---|---|---|
| 1 | De 0 à 5 km | $1,5$ km.s$^{-1}$ |
| 2 | De 5 à 6 km | $2,8$ km.s$^{-1}$ |
| 3 | De 6 à 12 km | $6,2$ km.s$^{-1}$ |

Un exemple très simplifié de résultats de sismique réfraction en milieu océanique.

**2** **La sismique réfraction appliquée à l'étude de la croûte océanique.**

# L'apport de l'étude des ondes sismiques

**TP**

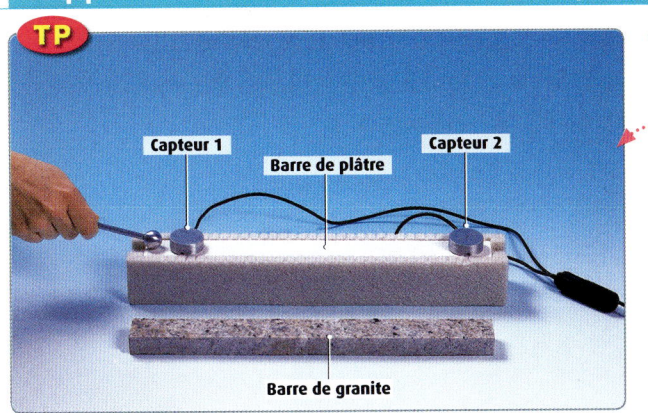

### JE MANIPULE

▶ Deux capteurs distants de 28 cm enregistrent les ondes de compression produites par l'impact d'un marteau sur une barre de granite et sur une barre de plâtre.

▶ Grâce au logiciel gratuit Audacity*, on observe sur l'écran d'un ordinateur l'amplitude des ondes en fonction du temps pour chacun des capteurs.

▶ On mesure alors, pour les deux matériaux étudiés, la différence entre le temps d'arrivée des ondes au premier capteur et le temps d'arrivée des ondes au second capteur.

*\* http://audacity.sourceforge.net/?lang=fr*

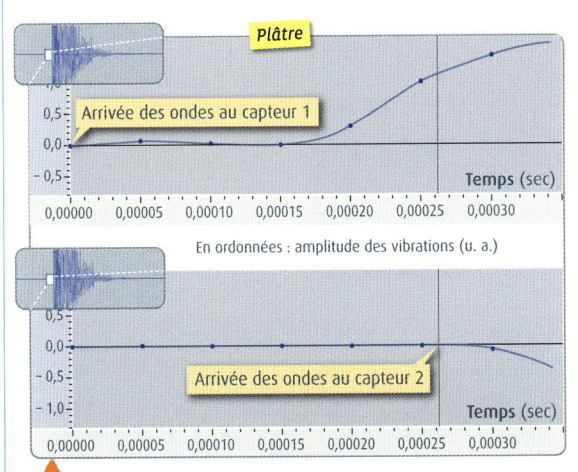

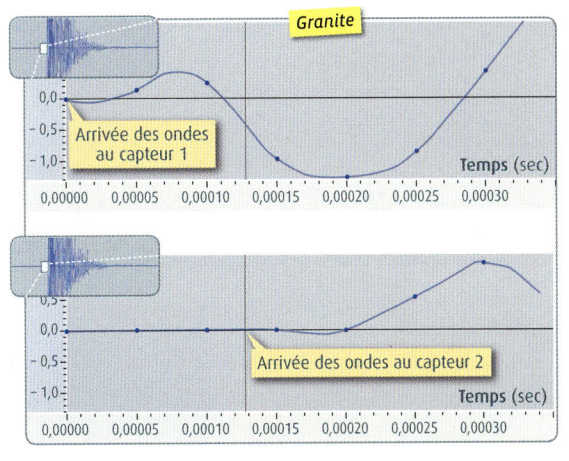

Légendes de la photo : Capteur 1, Barre de plâtre, Capteur 2, Barre de granite

Graphiques Plâtre : Arrivée des ondes au capteur 1 ; Arrivée des ondes au capteur 2. En ordonnées : amplitude des vibrations (u. a.). Temps (sec).

Graphiques Granite : Arrivée des ondes au capteur 1 ; Arrivée des ondes au capteur 2. Temps (sec).

**3** **Mesure de la vitesse d'ondes semblables aux ondes P dans une barre de granite et dans une barre de plâtre.** Dans le doc. 4, les matériaux sont étudiés dans des conditions de pression et de température proches de celles rencontrées dans la croûte terrestre. Les vitesses ne sont donc pas directement comparables à celles mesurées ici.

| Matériau | Vitesse moyenne de propagation des ondes P |
|---|---|
| Eau | 1,5 km.s$^{-1}$ |
| Roches sédimentaires | 1,6 à 3,5 km.s$^{-1}$ |
| Granite | 5,6 km.s$^{-1}$ |
| Basalte et gabbro | 6,5 km.s$^{-1}$ |

| Profondeur | Vitesse moyenne de propagation des ondes P |
|---|---|
| De 0 à 20 m | 1,6 km.s$^{-1}$ |
| De 20 à 30 m | 1,8 km.s$^{-1}$ |
| De 30 à 1 000 m | 5,5 km.s$^{-1}$ |
| De 1 000 à 3 000 m | 5,8 km.s$^{-1}$ |

**4** **Mesure au laboratoire de la vitesse de propagation des ondes sismiques P dans quelques matériaux.**

**5** **Exemple de vitesses de propagation des ondes sismiques P dans la croûte continentale.** La croûte continentale s'étend au-delà de 3 000 m de profondeur.

## ACTIVITÉS

**1** **DOC. 1 À 3.** Calculez la vitesse de propagation des ondes sismiques dans les deux matériaux étudiés grâce au montage présenté doc. 3. Déduisez-en l'intérêt de la sismique réfraction pour l'étude de la croûte océanique.

**2** **DOC. 2, 4 ET 5.** Déterminez la nature possible des roches de la croûte océanique et des roches de la croûte continentale.

**3** **EN CONCLUSION.** Expliquez comment le contraste géologique entre océans et continents a été prouvé.

**THÈME 2 – CHAPITRE 1** LA MOBILITÉ DES CONTINENTS : NAISSANCE D'UNE IDÉE    **81**

# UNITÉ 4 — Les roches de la croûte océanique

À partir de la fin des années 1950, l'utilisation de submersibles et la réalisation de forages ont permis d'observer et d'échantillonner directement les roches constituant la croûte océanique.

⇢ **Quelles sont les caractéristiques des roches de la croûte océanique ?**

## Observer les roches de la croûte océanique

**1** Des basaltes affleurant à la surface de la **croûte océanique**. L'image a été réalisée depuis un submersible dans l'océan Atlantique. Ces basaltes sont dits « en coussins ».

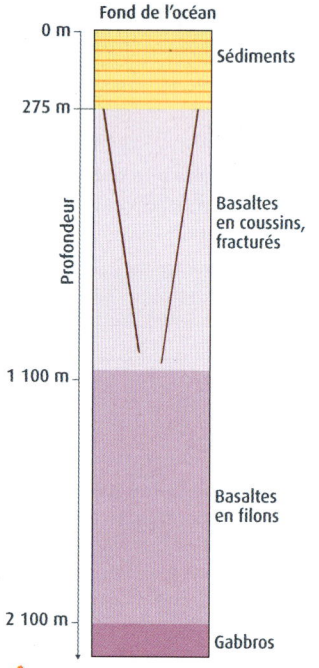

25 cm

Fond de l'océan
- 0 m — Sédiments
- 275 m — Basaltes en coussins, fracturés
- 1 100 m — Basaltes en filons
- 2 100 m — Gabbros

Profondeur

**2** Colonne de roches extraites lors d'un forage du plancher océanique. Entre 1979 et 1993, la croûte de l'océan Pacifique a été forée sur plus de 2 100 mètres de profondeur.

**Basalte**

1 cm

**Gabbro**

Pyroxène
Feldspath plagioclase

1 cm

**3** Un échantillon de basalte et un échantillon de gabbro.

# Étudier basaltes et gabbros au laboratoire

**4** **Une lame mince de basalte et une lame mince de gabbro observées au microscope en lumière polarisée et analysée.** Les principaux minéraux constituant ces roches sont le pyroxène (Py), l'olivine (Ol) et le feldspath plagioclase (Fp). Les éléments chimiques les plus abondants d'un basalte et d'un gabbro sont identiques : il s'agit de l'oxygène (43-45 %), du silicium (22-24 %), du calcium (8-10 %), de l'aluminium (8-9 %) et du fer (7-9 %).

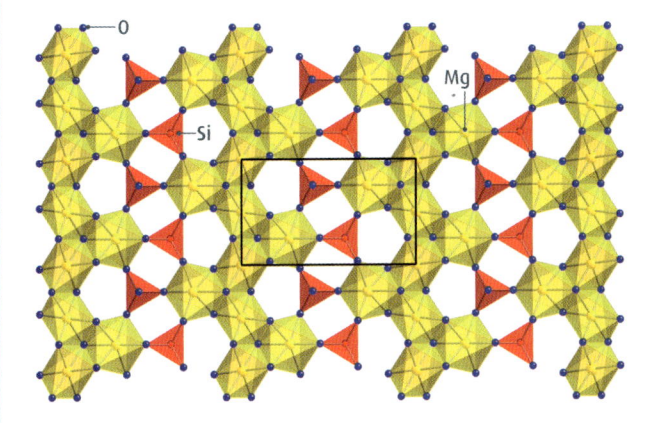

**5** **La structure d'un minéral : l'olivine.** Les minéraux sont des associations d'atomes ou d'ions agencés en édifices ordonnés : les cristaux. On a représenté ici une petite portion d'un cristal d'olivine ($Mg_2SiO_4$). Le cristal est formé par la répétition de l'assemblage d'atomes qui a été encadré.

Une roche est un assemblage de minéraux. Elle comprend aussi parfois du verre, c'est-à-dire une pâte où les atomes ne sont pas organisés en un réseau ordonné. Basalte et gabbro sont des roches magmatiques : elles sont issues du refroidissement d'un magma. Lorsque le refroidissement est très lent, tous les éléments de la roche sont cristallisés et les minéraux sont visibles à l'œil nu. La structure de la roche est dite grenue. Lorsque le refroidissement est rapide, la roche contient du verre et de petits cristaux allongés non visibles à l'œil nu (microlites). Sa structure est alors qualifiée de microlitique. Quelques cristaux visibles à l'œil nu sont parfois observés dans les roches à structures microlitique.

**6** **Basaltes et gabbros, des roches magmatiques.**

## ACTIVITÉS

**1** **DOC. 1 À 3.** Indiquez en quoi l'observation et l'échantillonnage ont confirmé les données de la sismique réfraction.

**2** **DOC. 3 À 5.** Réalisez un tableau de comparaison des caractéristiques chimiques, structurales et minéralogiques du basalte et du gabbro.

**3** **DOC. 1, 2 ET 6.** Proposez une explication à la différence de structure entre basalte et gabbro, sachant que ces deux roches proviennent d'un même magma.

**4** **EN CONCLUSION.** Récapitulez les caractéristiques des roches de la croûte océanique.

# UNITÉ 5 — Les roches de la croûte continentale

La croûte continentale se prête bien aux observations et à la récolte d'échantillons. Son étude, amorcée bien avant celle des océans, révèle la présence de roches de nature et d'âge très variés.

⇢ **Quelles sont les caractéristiques des roches de la croûte continentale ?**

## Observer les roches de la croûte continentale

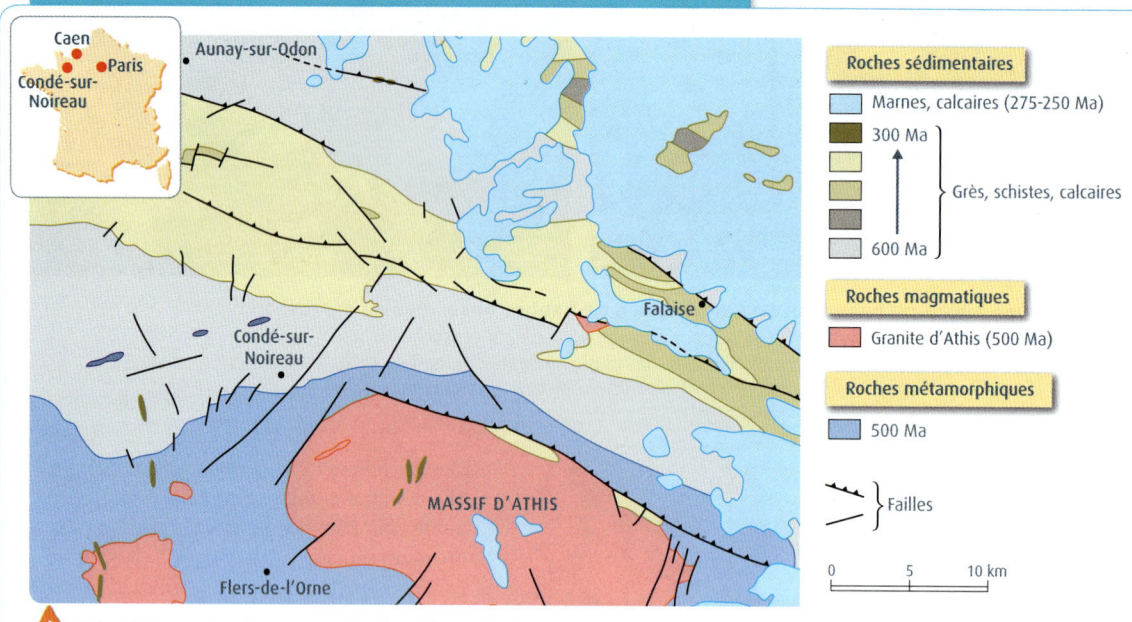

**Roches sédimentaires**
- Marnes, calcaires (275-250 Ma)
- 300 Ma
- Grès, schistes, calcaires
- 600 Ma

**Roches magmatiques**
- Granite d'Athis (500 Ma)

**Roches métamorphiques**
- 500 Ma

Failles

**1** **Extrait de carte géologique de Condé-sur-Noireau (Calvados).** Les roches sédimentaires sont formées à partir de sédiments enfouis et durcis (voir doc. 5 p. 143). Les roches magmatiques résultent du refroidissement d'un magma. Les roches métamorphiques proviennent de la transformation d'autres roches sous l'effet de variations de température et de pression.

**2** Aiguilles granitiques sur la face ouest des Drus, dans le massif du Mont-Blanc.

**3** L'échantillonnage des roches de la **croûte continentale**.

Les roches de la partie supérieure de la croûte continentale sont étudiées sur des affleurements en région montagneuse et grâce aux forages. Elles comprennent :
– des roches sédimentaires comme les calcaires, les grès ou les argiles, ces deux dernières étant constituées de minéraux issus de l'altération des granites ;
– des roches magmatiques : granites et roches proches de ces derniers (granodiorites) ;
– des roches métamorphiques dont la composition chimique est souvent proche de celle d'un granite.
Au-delà de 15-20 km, la croûte est échantillonnée grâce à des remontées de roches dues à des phénomènes volcaniques ou tectoniques. Elle est constituée d'un groupe de roches métamorphiques très déformées (les granulites) et de roches magmatiques variées.

## Étudier le granite au laboratoire

**4** **Un granite : échantillon et lame mince observée au microscope en lumière polarisée et analysée.**
Les principaux minéraux du granite sont le quartz (Q), le mica (M), le feldspath plagioclase (Fp) et l'orthose (O). Les éléments chimiques les plus abondants d'un granite sont : l'oxygène (49 %), le silicium (36 %), l'aluminium (7 %) et le potassium (4 %). Cette composition chimique est proche de la composition chimique globale de la croûte continentale.

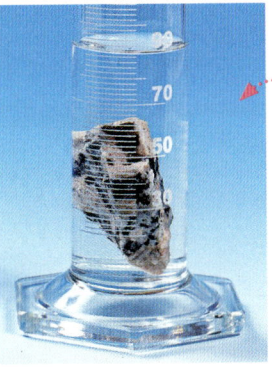

### JE MANIPULE

- Pesez chaque échantillon de roche.
- Placez chacun d'eux dans une éprouvette contenant 70 mL d'eau.
- Notez le nouveau volume et déduisez-en la masse volumique de chaque échantillon.

|  | Basalte | Granite |
|---|---|---|
| Masse de l'échantillon | 84,1 g | 46,9 g |
| Volume final d'eau dans l'éprouvette | 102 mL | 90 mL |

**5** Détermination de la masse volumique d'un granite et d'un basalte.

### ACTIVITÉS

**1** **DOC. 1 À 3.** Précisez pourquoi la croûte continentale est qualifiée d'hétérogène.

**2** **DOC. 4.** Précisez les caractéristiques chimiques, structurales et minéralogiques du granite.

**3** **DOC. 5.** Mesurez et comparez la masse volumique du granite et du basalte.

**4** **DOC. 1 À 5.** Comparez, à l'aide d'un tableau, les caractéristiques de la croûte continentale et de la croûte océanique.

**5** **EN CONCLUSION.** Récapitulez les caractéristiques des roches de la croûte continentale.

THÈME 2 – CHAPITRE 1 LA MOBILITÉ DES CONTINENTS : NAISSANCE D'UNE IDÉE

# UNITÉ 6 — La découverte et la caractérisation du manteau

Dans les années 1950, les études sismiques ont montré que la croûte océanique et la croûte continentale ne sont pas constituées des mêmes roches. Ces deux enveloppes reposent sur le manteau. Mais celui-ci est difficilement accessible.

**Comment le manteau a-t-il été mis en évidence et quelles sont les roches qui le constituent ?**

## Comprendre la mise en évidence du manteau

Le 8 octobre 1909, un séisme superficiel se produit au sud de Zagreb (dans l'actuelle Croatie). Andrija Mohorovicic, géophysicien croate, observe les sismogrammes fournis par ses instruments. Les stylets zigzaguent : voici les ondes P, puis les ondes S, puis... de nouveau des ondes P et de nouveau des ondes S. Les ondes se sont dédoublées. Ses appareils sont pourtant parfaitement réglés. Les deux trains d'ondes P successifs observés sont en fait partis du même lieu, en même temps, et ils circulent à la même vitesse. Leur décalage ne s'explique que par un trajet différent : les ondes se sont réfléchies sur une surface de discontinuité. Cette discontinuité (dite de Mohorovicic ou « Moho ») sépare la croûte terrestre du manteau sous-jacent.

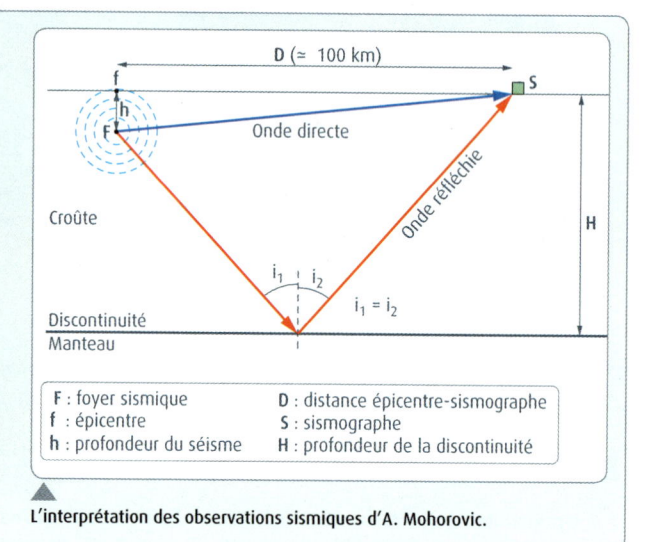

F : foyer sismique
f : épicentre
h : profondeur du séisme
D : distance épicentre-sismographe
S : sismographe
H : profondeur de la discontinuité

$i_1 = i_2$

L'interprétation des observations sismiques d'A. Mohorovic.

**1** Les observations sismiques d'Andrija Mohorovicic en 1909.

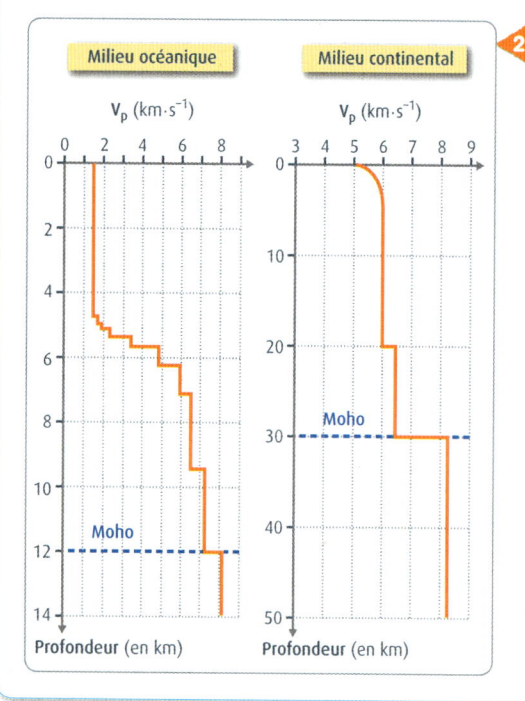

**2** **Vitesse de propagation des ondes P en fonction de la profondeur.** Ces données ont été acquises par sismique réfraction (voir doc. 2, p. 80) à partir des années 1950.

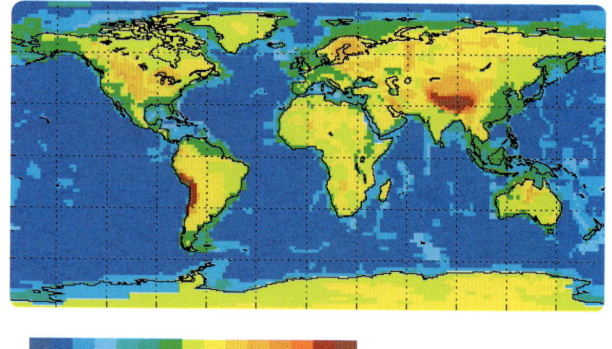

Milieu océanique — $V_p$ (km·s$^{-1}$)
Milieu continental — $V_p$ (km·s$^{-1}$)
Moho
Profondeur (en km)

**3** **Planisphère des variations de profondeur du Moho.**
Le Moho est la limite inférieure de la croûte terrestre. L'ensemble formé par la croûte et le manteau jusqu'à environ 100 km de profondeur est la lithosphère. On distingue lithosphère continentale et lithosphère océanique.

Profondeur du Moho (km)

# Découvrir les roches du manteau

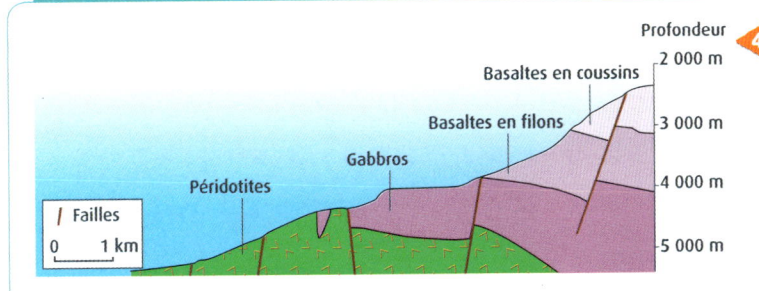

**4 Des observations au niveau des fonds océaniques.** Dans les années 1960, de nouveaux submersibles ont permis l'observation d'une importante fracture sur les fonds de l'océan Atlantique : la faille de Vema. Il fut possible d'observer la lithosphère sur plusieurs kilomètres d'épaisseur. À ce niveau, la profondeur du Moho est de 5-6 km.

**5 Des enclaves de péridotites remontées par les laves.** Les magmas basaltiques peuvent incorporer des fragments de roches du manteau. Ces dernières forment alors des enclaves de péridotites. La roche la plus profonde que l'on connaisse est une enclave de péridotites formée à 250 km de profondeur. Les ondes P se propagent à 8,1 km.s$^{-1}$ dans les péridotites de la lithosphère.

**6 Lame mince de péridotite observée au microscope en lumière polarisée et analysée.** Une péridotite contient deux types de minéraux principaux : environ 65 % d'olivine (Ol) et 30 % de pyroxène (Py). Sa densité est comprise entre 3,2 et 3,3. Ses éléments chimiques les plus abondants sont : l'oxygène (44 %), le magnésium (24 %), le silicium (21 %) et le fer (7 %).

## ACTIVITÉS

**1 DOC. 1.** Expliquez comment déterminer la profondeur du Moho en supposant h négligeable et en utilisant le théorème de Pythagore.

**2 DOC. 2, 4 ET 5.** Montrez que le manteau est constitué de péridotites.

**3 DOC. 3.** Comparez l'épaisseur de la croûte continentale et de la croûte océanique.

**4 DOC. 5 ET 6.** Résumez les caractéristiques minéralogiques, chimiques et physiques de la péridotite.

**5 DOC. 6.** Discutez de la validité des notions de « SIAL » et de « SIMA » exposées doc. 4 p. 77. Aidez-vous des doc. 4 p. 83 et 4 p. 85).

**5 EN CONCLUSION.** Réalisez une coupe synthétique de la lithosphère océanique et de la lithosphère continentale.

**THÈME 2 – CHAPITRE 1** LA MOBILITÉ DES CONTINENTS : NAISSANCE D'UNE IDÉE

# BILAN DES UNITÉS

## CHAPITRE 1 — La mobilité des continents : naissance d'une idée

### UNITÉ 1 — La naissance de la théorie de la dérive des continents

- Au début du XXe siècle, Alfred Wegener met en relation plusieurs observations :
– la répartition bimodale des altitudes à la surface de la Terre suggère un contraste océans-continents : les continents seraient faits d'un matériau léger (le « SIAL ») et le fond des océans d'un matériau dense (le « SIMA », sur lequel flotterait le « SIAL ») ;
– le tracé des côtes de l'Afrique et de l'Amérique du Sud est complémentaire ;
– la similarité sur ces deux continents de fossiles et de vestiges d'une calotte glaciaire âgés de plus de 200 millions d'années.
- Ces arguments conduisent A. Wegener à proposer que des continents aujourd'hui séparés par des océans étaient jadis regroupés en un supercontinent qui s'est fracturé, individualisant des blocs continentaux ayant dérivé jusqu'à leur position actuelle : c'est la théorie de la dérive des continents.

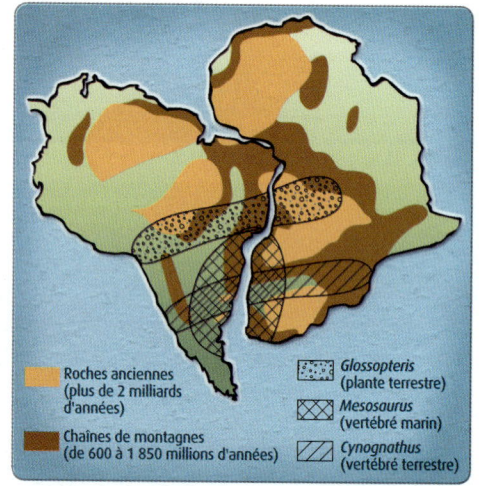

Roches anciennes (plus de 2 milliards d'années)
Chaînes de montagnes (de 600 à 1 850 millions d'années)
*Glossopteris* (plante terrestre)
*Mesosaurus* (vertébré marin)
*Cynognathus* (vertébré terrestre)

L'emboîtement de l'Amérique du Sud et de l'Afrique.

### UNITÉ 2 — L'abandon de la théorie de la dérive des continents

- La théorie de la dérive des continents implique une mobilité horizontale des continents. Cette hypothèse est réfutée par la communauté scientifique et un vigoureux débat s'engage.
- À la même époque, l'étude de la propagation des ondes sismiques montre que la quasi-totalité du globe terrestre est à l'état solide. Le principal point faible de la théorie d'A. Wegener est qu'elle ne présente pas de cause pouvant expliquer le déplacement des continents dans un tel contexte géologique. Voilà pourquoi, à la fin des années 1920, la théorie de la dérive des continents est abandonnée. Elle tombe provisoirement dans l'oubli.

|  | Arguments « mobilistes » | Arguments « fixistes » |
|---|---|---|
| Similarité des faunes et flores fossiles sur différents continents | Expliquée par le regroupement passé des continents en un supercontinent | Expliquée par des ponts continentaux reliant jadis les continents entre eux |
| Complémentarité des côtes | Témoigne de la fracturation d'un supercontinent | Très approximative, surtout de part et d'autre de l'Atlantique Nord |
| Mobilité horizontale des continents | Possible, car les continents (« SIAL ») flottent comme des icebergs sur un matériau plus dense (« SIMA ») | Impossible, car la Terre est quasi entièrement solide et beaucoup trop résistante |

Quelques éléments du débat entre « fixistes » et « mobilistes ».

### UNITÉ 3 — La découverte du contraste océans-continents

- Au début des années 1950, de nouvelles méthodes d'exploration des océans voient le jour. Parmi elles, la sismique réfraction permet de connaître la vitesse de propagation des ondes sismiques dans les roches de la croûte océanique et de faire ainsi des hypothèses sur la nature des roches traversées par les ondes.
- Ces données sismiques suggèrent que la croûte océanique est constituée essentiellement de basaltes et de gabbros. Ces roches sont rares dans la croûte continentale, qui contient surtout des granites. Le contraste géologique entre continents et océans est ainsi confirmé.

# BILAN DES UNITÉS

## UNITÉ 4 — Les roches de la croûte océanique

- À partir de la fin des années 1950, les forages, l'échantillonnage et les observations directes des fonds océaniques se multiplient. Les données recueillies confirment que la croûte océanique est composée essentiellement de basaltes et de gabbros.
- Ces deux roches magmatiques ont une composition chimique et minéralogique identique, mais leur structure est différente : grenue pour le gabbro, microlitique pour le basalte. En outre, les forages montrent que les basaltes surmontent les gabbros.
- Ces données suggèrent que les basaltes et les gabbros proviennent d'un même magma ayant refroidi dans des conditions différentes.

|  | Basalte | Gabbro |
|---|---|---|
| Minéraux visibles à l'œil nu | Très peu | Tous |
| Présence de verre et de minéraux allongés invisibles à l'œil nu | Oui | Non |
| Structure | Microlitique | Grenue |
| Conditions de refroidissement du magma à l'origine de la roche | Rapide (en surface) | Lent (en profondeur) |

**Comparaison d'un basalte et d'un gabbro.**

## UNITÉ 5 — Les roches de la croûte continentale

- La croûte continentale est beaucoup plus hétérogène que la croûte océanique. Des roches d'origine diverse la constituent : roches sédimentaires, métamorphiques et magmatiques. Parmi ces dernières, le granite, de structure grenue, est la roche la plus représentative car sa composition chimique est proche de la composition globale de la croûte continentale.
- La comparaison de la composition chimique des basaltes (ou des gabbros) et des granites révèle des ressemblances (richesse en silicium, oxygène, aluminium), mais également des différences notables (richesse en fer et en calcium des basaltes et gabbros, richesse en potassium et sodium des granites). Croûte continentale et croûte océanique sont donc deux enveloppes chimiquement distinctes.

## UNITÉ 6 — La découverte et la caractérisation du manteau

- L'étude de la propagation des ondes sismiques a permis de mettre en évidence, dès 1909, une discontinuité qui sépare la croûte terrestre du manteau sous-jacent.
- Cette discontinuité est le Moho. Elle traduit un changement dans la nature des roches : le manteau est constitué de péridotites, roches riche en oxygène, silicium, magnésium et fer.
- La profondeur du Moho, et donc l'épaisseur de la croûte, est variable :
  – 6 à 8 kilomètres en moyenne pour la croûte océanique ;
  – 30 kilomètres en moyenne pour la croûte continentale, mais jusqu'à 70 km sous les chaînes de montagnes.
- L'ensemble formé par la croûte et le manteau jusqu'à environ 100 km de profondeur est la lithosphère. On distingue la lithosphère continentale et la lithosphère océanique.

**Coupe schématique de la lithosphère océanique et de la lithosphère continentale.**

# CHAPITRE 1 — La mobilité des continents : naissance d'une idée

## L'ESSENTIEL

### L'essentiel par le texte

Au début du XXe siècle, les scientifiques considèrent que les continents occupent une position fixe à la surface de la Terre. Dans les années 1910, cette conception « fixiste » est remise en cause.

#### La théorie de la dérive des continents

- En 1912, Alfred Wegener émet l'hypothèse d'une **mobilité horizontale des continents**. Il se fonde sur plusieurs observations :
– la répartition bimodale des altitudes suggère que les fonds océaniques sont faits d'un matériau distinct de celui dont sont faits les continents ;
– la complémentarité des côtes africaines et sud-américaines, ainsi que la similarité de nombreux fossiles et vestiges glaciaires découverts sur ces deux continents suggèrent que ces derniers, bien qu'aujourd'hui séparés par des océans, étaient autrefois regroupés en un supercontinent qui s'est fragmenté. Selon Wegener, ces fragments continentaux auraient ensuite dérivé jusqu'à leur position actuelle.
- Cette théorie, dite de la dérive des continents, est très débattue. Vers 1930, elle finit par être rejetée car A. Wegener ne propose pas de mécanisme capable d'expliquer le déplacement horizontal de continents alors que, comme l'ont montré les études sismiques, la quasi-totalité de la Terre est à l'état solide.

#### Le contraste océans-continents

- Dès 1909, il est établi que l'enveloppe la plus superficielle de la Terre, qualifiée de **croûte**, repose sur le **manteau**, constitué de péridotites. La croûte et la partie supérieure du manteau forment la **lithosphère**.
- Dans les années 1950, l'exploration océanographique permet de montrer que la **croûte océanique** est constituée principalement de basaltes et de gabbros, deux roches magmatiques peu représentées dans la **croûte continentale**. Cette dernière est composée d'une grande diversité de roches, dont le granite.
- Il existe donc deux lithosphères distinctes : la lithosphère océanique et la lithosphère continentale. Le contraste géologique entre les océans et les continents invoqué par Wegener se trouve ainsi confirmé.

### Les capacités et attitudes

▸ Utiliser des données et des arguments pour comprendre comment s'élabore et se discute une théorie scientifique (unités 1 et 2)
▸ Réaliser et exploiter des modélisations analogiques et numériques pour comprendre la structure du globe (unités 2, 3 et 5)
▸ Identifier à l'œil nu et au microscope des minéraux et des structures de roches constitutives des enveloppes superficielles du globe (unités 4, 5 et 6)

### Mots clés

*Voir aussi Dico des SVT p. 332*

**Croûte :** partie superficielle et solide de la Terre. La croûte est séparée du manteau sous-jacent par la discontinuité de Mohorovicic (ou « Moho »).
**Croûte continentale :** croûte qui constitue les continents. Elle est composée de roches diverses dont le granite (roche magmatique).
**Croûte océanique :** croûte qui constitue le plancher océanique. Elle est constituée pour l'essentiel de basaltes et de gabbros (roches magmatiques).
**Lithosphère :** enveloppe superficielle de la Terre constituée de la croûte et de la partie superficielle du manteau.
**Manteau :** enveloppe intermédiaire entre la croûte et le noyau terrestre. Le manteau, entièrement solide, est constitué de péridotites.
**Mobilité horizontale des continents :** déplacement latéral (ou « dérive ») des continents à la surface de la Terre.

# L'essentiel par l'image

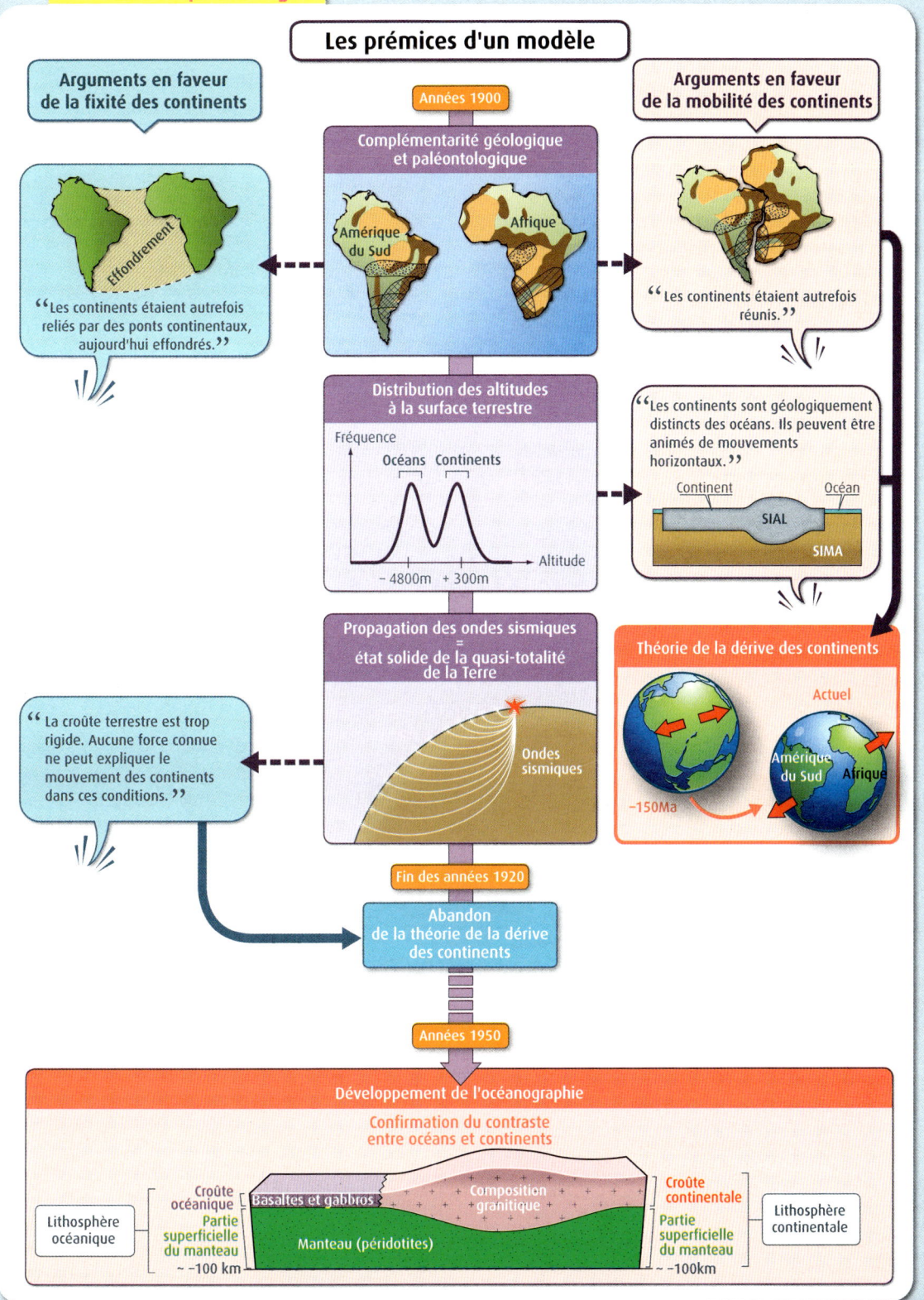

## Les prémices d'un modèle

**Années 1900**

### Complémentarité géologique et paléontologique

**Arguments en faveur de la fixité des continents**

"Les continents étaient autrefois reliés par des ponts continentaux, aujourd'hui effondrés."

**Arguments en faveur de la mobilité des continents**

"Les continents étaient autrefois réunis."

### Distribution des altitudes à la surface terrestre

Fréquence — Océans — Continents — Altitude
−4800 m  +300 m

"Les continents sont géologiquement distincts des océans. Ils peuvent être animés de mouvements horizontaux."

Continent — Océan — SIAL — SIMA

### Propagation des ondes sismiques = état solide de la quasi-totalité de la Terre

Ondes sismiques

"La croûte terrestre est trop rigide. Aucune force connue ne peut expliquer le mouvement des continents dans ces conditions."

### Théorie de la dérive des continents

Actuel — −150 Ma — Amérique du Sud — Afrique

**Fin des années 1920**

### Abandon de la théorie de la dérive des continents

**Années 1950**

### Développement de l'océanographie

Confirmation du contraste entre océans et continents

Lithosphère océanique — Croûte océanique — Basaltes et gabbros — Partie superficielle du manteau ~ −100 km — Manteau (péridotites) — Composition granitique — Croûte continentale — Partie superficielle du manteau ~ −100 km — Lithosphère continentale

THÈME 2 – CHAPITRE 1 LA MOBILITÉ DES CONTINENTS : NAISSANCE D'UNE IDÉE

# EXERCICES

## évaluer ses connaissances

### 1 QCM

**Parmi les affirmations suivantes, choisissez la (ou les) réponse(s) exacte(s) :**

**1. La théorie de la dérive des continents :**
a. est une théorie « mobiliste » proposée par A. Wegener au début du XX$^e$ siècle.
b. a été acceptée d'emblée par la communauté scientifique.
c. s'appelle aussi la théorie des ponts continentaux.

**2. La croûte océanique :**
a. est de même nature que la croûte continentale.
b. est constituée principalement de gabbros et de basaltes.
c. repose sur la péridotite du manteau.

**3. Le manteau :**
a. est constitué de matériaux liquides.
b. comprend une partie supérieure intégrée à la lithosphère.
c. est délimité de la croûte par le Moho.
d. est constitué d'une roche moins dense que celles de la croûte.

### 2 Qui suis-je ?

a. Je suis émise lors d'un séisme, me propage dans tous les milieux par compression et décompression.
b. Je suis une technique qui permet de localiser les zones de discontinuité et de déterminer la vitesse des ondes sismiques.
c. Je suis une enveloppe superficielle du globe constituée entre autres de granite.

### 3 Savez-vous ?

a. Retrouver les arguments principaux de la théorie de la dérive des continents.
b. Caractériser les deux types de croûte terrestre.

## s'entraîner avec un exercice guidé

### 4 La répartition des altitudes à la surface de la Terre

La courbe ci-dessous fournit le pourcentage de la surface de la Terre située au-dessus d'une altitude donnée.

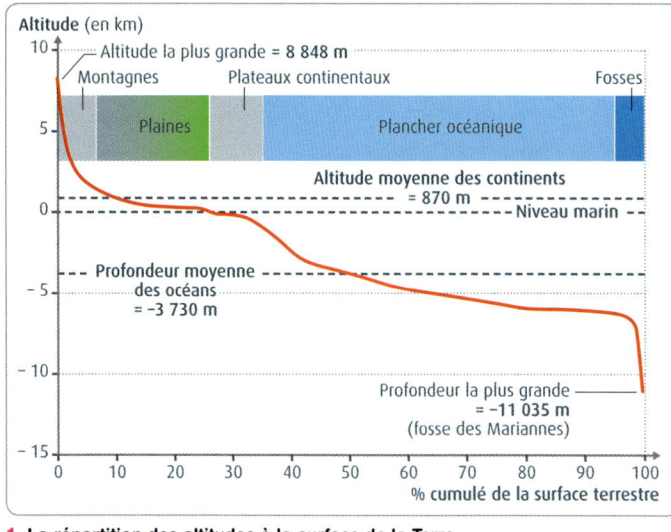

**Altitude** (en km)
- Altitude la plus grande = 8 848 m
- Montagnes
- Plateaux continentaux
- Fosses
- Plaines
- Plancher océanique
- Altitude moyenne des continents = 870 m
- Niveau marin
- Profondeur moyenne des océans = –3 730 m
- Profondeur la plus grande = –11 035 m (fosse des Marianes)
- % cumulé de la surface terrestre

**1.** La répartition des altitudes à la surface de la Terre.

### Un peu d'aide

• **S'approprier des données graphiques**
Un point de la courbe permet de lire, en abscisse, le pourcentage de la surface terrestre située à une altitude comprise entre l'altitude maximale et celle donnée par l'ordonnée du point.

• **Saisir des informations**
Argumentez la répartition bimodale des altitudes en déterminant le pourcentage de la surface de la Terre située : entre –4 000 m et –6 000 m ; entre 0 et +2 000 m.

• **Mobiliser les connaissances**
Rappelez comment cette répartition bimodale, associée à des données concernant la densité des continents et des fonds océaniques, a été interprétée au début du XX$^e$ siècle.

**QUESTIONS** ❶ Exploitez les données graphiques pour argumenter la répartition bimodale des altitudes à la surface de la Terre.
❷ Expliquez en quoi cette répartition bimodale a fourni à Wegener un argument en faveur de la mobilité des continents.

## Appliquer ses connaissances

### 5 La vitesse de propagation des ondes sismiques — Effectuer un calcul

Le 12 janvier 2010, un violent séisme a ravagé une partie de l'île d'Haïti, tuant plus de 300 000 personnes.
Le foyer du séisme a été localisé à 10 km de profondeur. À l'épicentre, le séisme est survenu à 21h 53'10,4''.

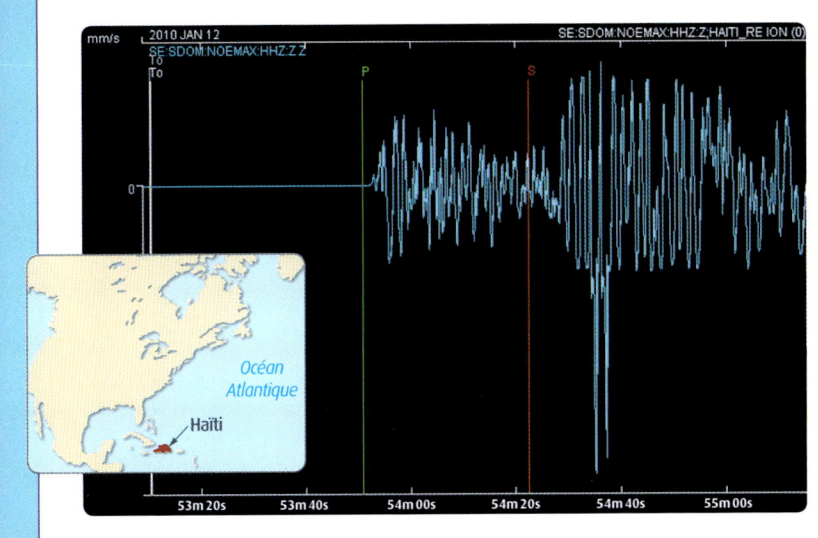

❶ Rappelez les principales caractéristiques des ondes sismiques repérées sur l'enregistrement.

❷ Calculez la vitesse de propagation de ces ondes sismiques.

❸ Rappelez comment l'étude de la propagation des ondes sismiques a contribué au rejet initial des idées d'A. Wegener.

**1.** Enregistrement du séisme du 12 janvier 2010 par une station sismographique située à 277,806 km de l'épicentre.

### 6 La cartographie des chaînes de montagnes — Extraire des informations et les mettre en relation

Sur le planisphère ci-dessous, on a représenté la localisation d'anciennes chaînes de montagnes aujourd'hui érodées, d'âge et de structure semblables. Dans les années 1910-1920, l'existence de ces chaînes de montagnes a conduit certains géologues « mobilistes » à proposer que l'Afrique, l'Europe et l'Amérique avaient été réunies en un supercontinent qui se serait fragmenté il y a 250 millions d'années (Ma).

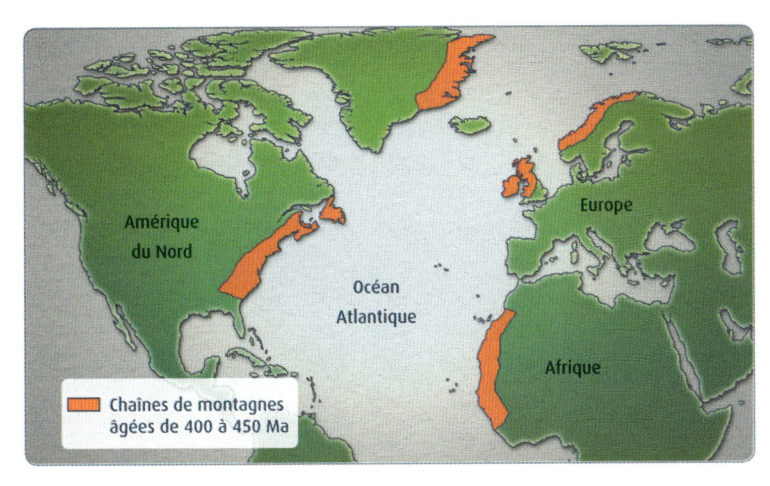

**1.** Localisation d'anciennes chaînes de montagnes âgées de 400 à 450 millions d'années (Ma).

❶ Décalquez le planisphère puis découpez les 3 continents obtenus.

❷ Replacez les 3 continents selon l'hypothèse des géologues « mobilistes ».

❸ Commentez le résultat obtenu et expliquez comment il a pu être utilisé aussi bien par les partisans que par les adversaires de la mobilité des continents.

### 7 La croûte océanique — Rédiger une synthèse organisée des connaissances

La structure de la croûte océanique et la nature des roches ont été connues avec précision à partir de la seconde moitié du XX$^e$ siècle.

● Après avoir rappelé comment la structure et la nature de la croûte océanique ont été étudiées à partir des années 1950, vous comparerez les caractéristiques de cette croûte avec celles de la croûte continentale.

# EXERCICES

## appliquer ses connaissances

### 8 Le plateau continental
*Saisir des informations et les représenter schématiquement*

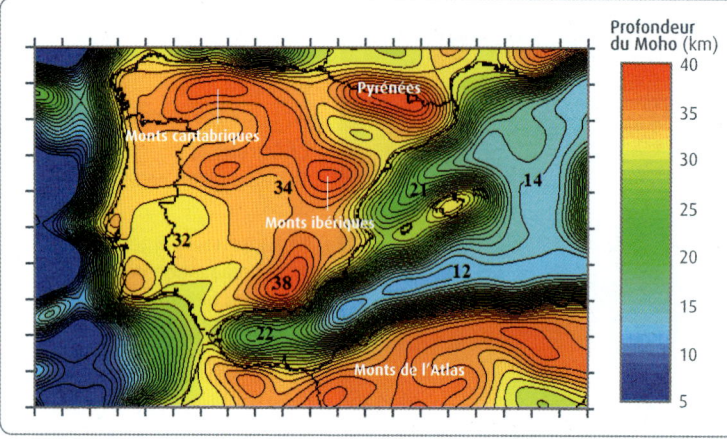

La limite de la lithosphère continentale ne correspond pas à la limite géographique des continents. Les géologues définissent ainsi une zone appelée plateau continental, qui correspond à la portion immergée des continents au-delà de la ligne de rivage.

**1.** La profondeur du Moho au large des côtes de la péninsule ibérique et de l'Afrique du Nord.

❶ Définissez le Moho et rappelez comment il a été mis en évidence.

❷ Décalquez le document ci-dessus, puis, d'après vos connaissances, tracez la limite entre la croûte continentale et la croûte océanique.

❸ Situez alors sur votre schéma la zone correspondant au plateau continental.

❹ Quelle relation observe-t-on entre la profondeur du Moho et l'altitude des reliefs en milieu continental ?

### 9 Un modèle de cristallisation des magmas
*Éprouver une hypothèse*

On utilise la vanilline de synthèse pour modéliser le refroidissement du magma et expliquer la différence de structure entre un basalte et un gabbro. La vanilline, utilisée comme arome artificiel de vanille, se présente sous forme de cristaux. On dépose de la vanilline sur deux lames qui sont placées au-dessus d'une flamme de bougie. La vanilline fond vers 80 °C. Chacune des lames est ensuite refroidie à une température différente : la première lame est placée à 30 °C et la seconde à 5 °C. Après 5 minutes, les deux préparations sont observées au microscope polarisant.

*Refroidissement à 30 °C (MO × 4)* — *Refroidissement à 5 °C (MO × 16)*

**1.** Aspect des lames de vanilline au microscope polarisant après refroidissement à 30 °C ou à 5 °C.

❶ Rappelez la différence de structure entre le basalte et le gabbro.

❷ Après lecture du protocole expérimental, déterminez l'hypothèse testée lors de cette modélisation pour expliquer cette différence de structure.

❸ Comparez les résultats obtenus aux deux températures de refroidissement et concluez quant à la validité de l'hypothèse.

❹ Déterminez, pour chaque élément du modèle, ce qu'il représente dans la réalité.

**CHAPITRE 2**

# De la dérive des continents à l'expansion océanique

*Faute de connaissances suffisantes sur la structure et le fonctionnement de la planète Terre, la théorie de la dérive des continents est abandonnée à la fin des années 1920. Dans les années 1950-1960, de nouvelles données océanographiques et sismiques vont relancer l'hypothèse d'une mobilité des continents.*

Vue satellitale de la péninsule arabique.

**Comment l'hypothèse de la mobilité des continents a-t-elle été relancée puis validée ?**

# UNITÉ 1 — L'hypothèse de l'expansion océanique

Au-delà de la connaissance des roches de la croûte océanique, les campagnes océanographiques des années 1950-1960 ont fourni des données qui ont relancé l'hypothèse de la mobilité des continents.

**▸ Comment l'hypothèse de la mobilité des continents a-t-elle été relancée dans les années 1950-1960 ?**

## Des nouvelles observations océanographiques

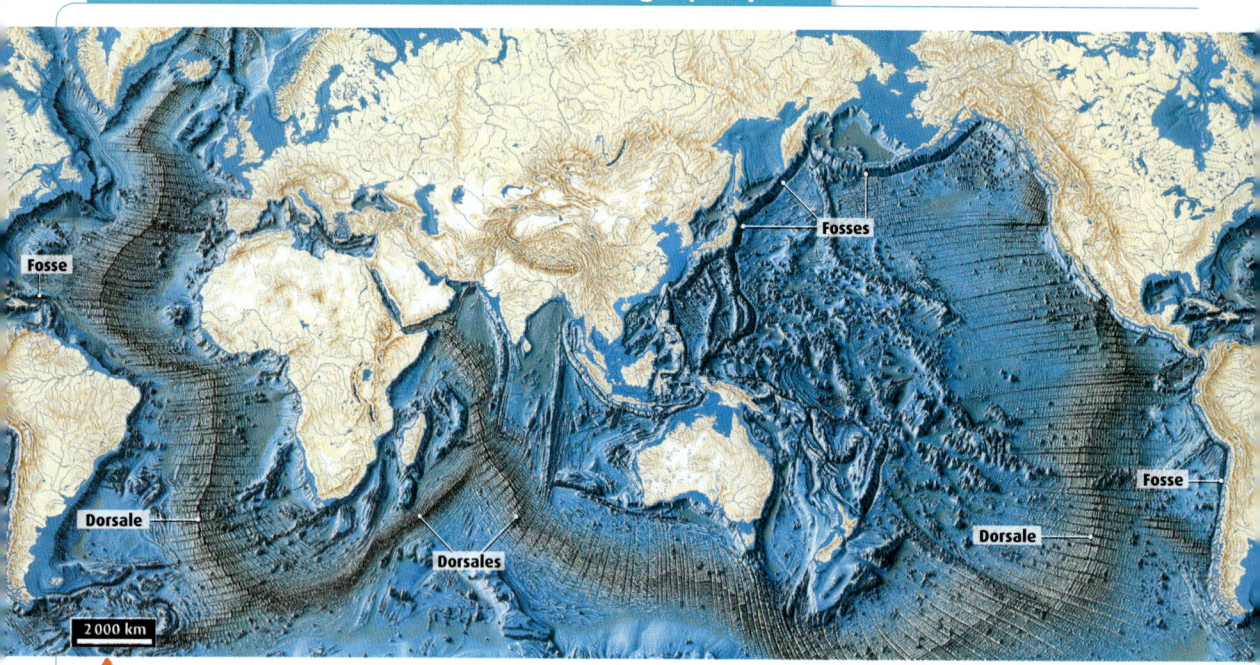

**1 La topographie des fonds océaniques.** Les **dorsales** sont de longs reliefs sous-marins. Elles ont été mises en évidence dès la fin du XIXᵉ siècle. Les campagnes océanographiques des années 1950 ont permis d'en dresser une cartographie complète et de prélever, à leur niveau, des échantillons de basaltes et de gabbros récemment mis en place. Ces campagnes ont également révélé l'existence de profondes fosses océaniques.

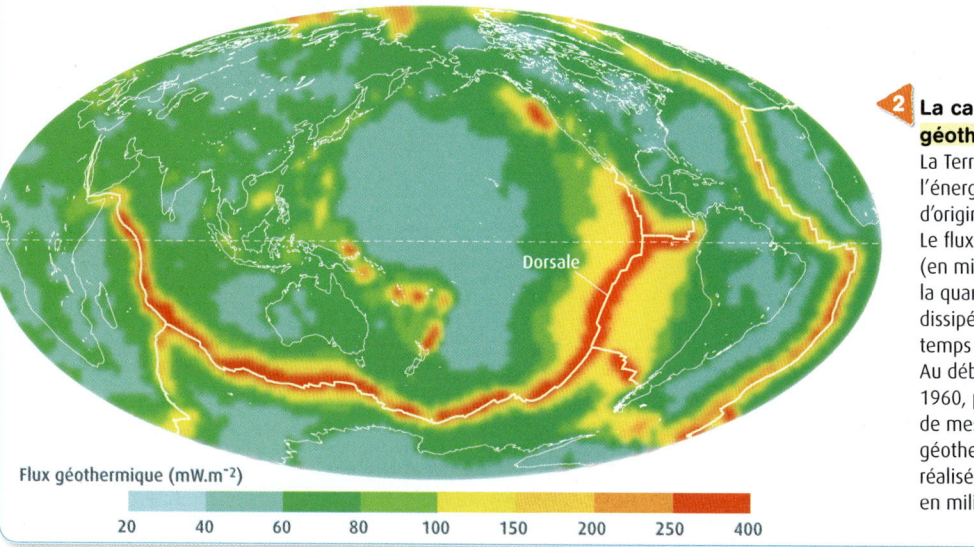

**2 La carte du flux géothermique.**
La Terre dissipe de l'énergie thermique d'origine interne. Le flux géothermique (en milliWatt.m$^{-2}$) mesure la quantité de chaleur dissipée par unité de temps et de surface. Au début des années 1960, plus d'un millier de mesures du flux géothermique avaient été réalisées, les deux tiers en milieu océanique.

Flux géothermique (mW.m$^{-2}$) : 20 — 40 — 60 — 80 — 100 — 150 — 200 — 250 — 400

## De nouvelles données physiques

**TP**

La convection est un mode de transfert de la chaleur s'accompagnant de mouvements de matière (voir ci-contre). En 1945, le géologue Arthur Holmes émet l'hypothèse que les dorsales océaniques sont les témoins à la surface du globe de mouvements de convection ascendants dans le manteau. Cette proposition n'a que peu d'écho car, à l'époque, on pense que des mouvements de matière à l'état solide sont impossibles. Toutefois, quelques années plus tard, on démontre qu'un milieu solide comme le manteau peut, dans certaines conditions, être le siège de mouvements de convection.

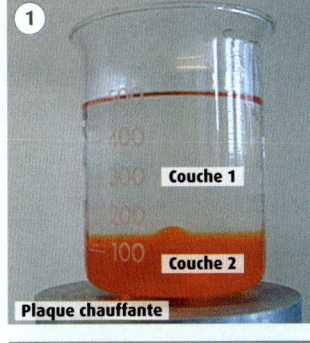

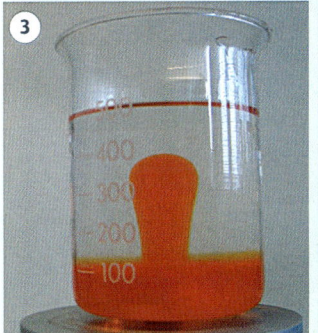

Dans cette modélisation du transfert de chaleur par convection, deux couches de glycérine de couleur différente sont placées dans un bécher chauffé à sa base.

(Images 1–4 : Couche 1, Couche 2, Plaque chauffante)

**3** Des mouvements de matière dans le manteau et leur modélisation.

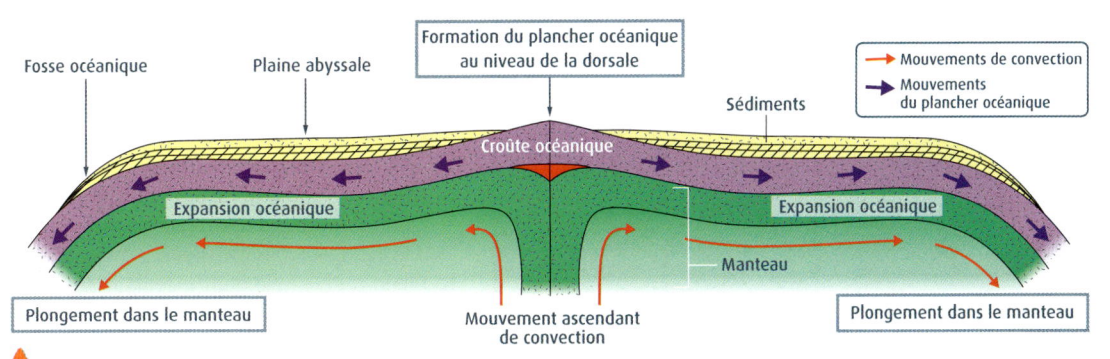

Schéma légendé : Fosse océanique — Plaine abyssale — Formation du plancher océanique au niveau de la dorsale — Sédiments — Croûte océanique — Expansion océanique — Manteau — Plongement dans le manteau — Mouvement ascendant de convection — Mouvements de convection — Mouvements du plancher océanique.

**4** **L'hypothèse de l'expansion océanique.** En 1962, le géologue Harry Hess propose que le plancher océanique se forme au niveau de la dorsale, s'en écarte de part et d'autre à la manière d'un double tapis roulant, puis finit par plonger dans le manteau au niveau des grandes fosses océaniques. Les mouvements de convection dans le manteau seraient le moteur de ce processus, et en particulier de la mise en place du plancher océanique à l'aplomb de la dorsale.

### ACTIVITÉS

**1** **DOC. 1 ET 2.** Déterminez les informations océanographiques et thermiques qui n'étaient pas à la disposition d'A. Wegener.

**2** **DOC. 2 ET 3.** Argumentez l'idée d'Arthur Holmes à partir de la répartition du flux géothermique.

**3** **DOC. 3.** Décrivez les résultats de la modélisation et proposez une explication aux mouvements observés.

**4** **DOC. 1 À 4.** Précisez les arguments à l'origine de l'hypothèse de l'expansion océanique de Harry Hess.

**5** **DOC. 4.** Montrez que l'hypothèse de Harry Hess implique une mobilité des continents.

**6** **EN CONCLUSION.** Expliquez comment l'hypothèse de la mobilité des continents a été relancée au début des années 1960.

# 2 Le magnétisme des roches magmatiques

L'hypothèse de l'expansion océanique est formulée en 1962. Le débat concernant la mobilité des continents est alors relancé. L'étude des propriétés magnétiques des roches magmatiques de la croûte océanique va contribuer à la validation de cette hypothèse.

▸ **Quelles sont les propriétés magnétiques des roches magmatiques ?**

## La mémoire magnétique des roches

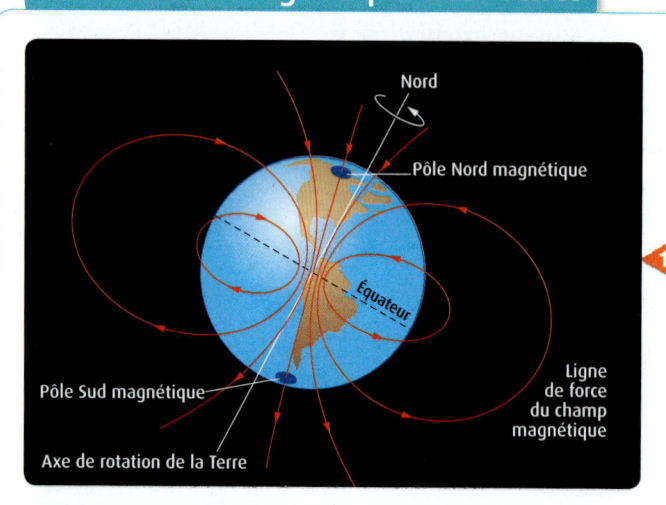

**1 Le champ magnétique terrestre.**
La Terre possède un champ magnétique semblable à celui qui serait créé par un barreau aimanté placé au centre de la Terre. Ce champ est caractérisé par ses deux pôles magnétiques (Nord et Sud), sa direction (donnée par les lignes de force) et son intensité (en millitesla). L'aiguille d'une boussole s'aligne sur les lignes de force du champ magnétique ambiant.

**Interview de Patrick Cordier**, chercheur en physique des matériaux.

**Les roches magmatiques possèdent leur propre aimantation.** Elles contiennent en effet des minéraux (comme la magnétite $Fe_3O_4$) qui acquièrent une aimantation en dessous d'une certaine température, dite de Curie (585 °C pour la magnétite). Prenons l'exemple d'un magma basaltique, émis à une température de 900-1 000 °C. Au cours de son refroidissement, vers 585 °C, les cristaux de magnétite acquièrent leur propre aimantation, à l'origine d'un champ magnétique, qui s'oriente selon la direction du champ magnétique terrestre ambiant. Or à cette température, le basalte est déjà solidifié. Les minéraux aimantés ne peuvent donc plus bouger les uns par rapport aux autres. Le basalte a acquis ainsi une « mémoire magnétique » : il a enregistré la direction et le sens du champ magnétique terrestre contemporain de son refroidissement.

**2 Les propriétés magnétiques d'un basalte.** On compare l'orientation d'une boussole, suivant qu'elle est ou non placée à côté d'un basalte.

**3 La mémoire magnétique des roches.**

## Les variations du champ magnétique terrestre

En 1906, le géologue Bernard Brunhes découvre que le sens du champ magnétique « mémorisé » par certaines laves basaltiques âgées de moins de 5 millions d'années est l'inverse du champ actuel. Il en conclut que le pôle Nord magnétique contemporain de l'émission des laves était proche du pôle Sud géographique actuel et, donc, que le sens du champ magnétique terrestre peut s'inverser. Dans le même temps, le géologue Motonori Matuyama montre, en étudiant des laves d'âge variable, que de multiples inversions du sens du champ magnétique terrestre se sont produites dans l'histoire de la Terre. On parle de polarité normale quand le sens du champ est identique à celui du champ actuel et de polarité inverse quand le sens du champ est l'inverse de celui du champ actuel.

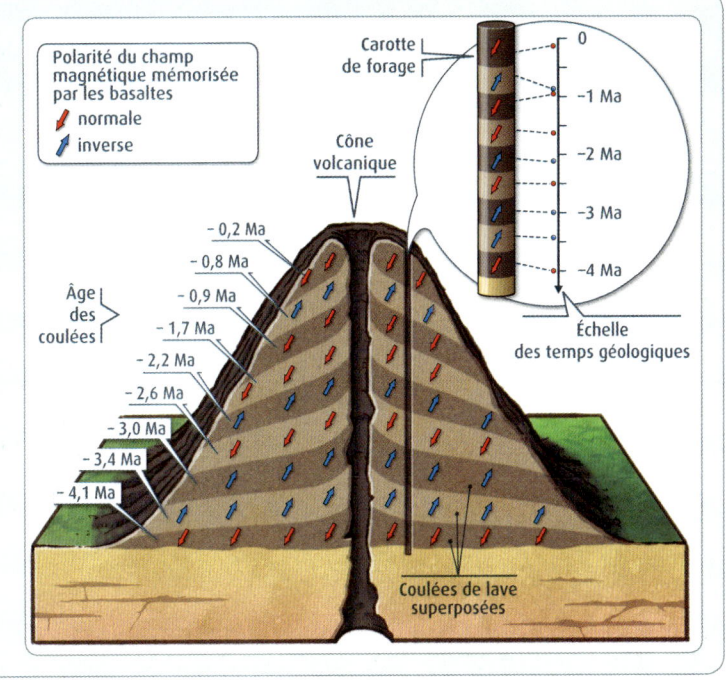

Polarité du champ magnétique mémorisée par les basaltes
- normale
- inverse

Carotte de forage
Cône volcanique
Échelle des temps géologiques

Âge des coulées :
− 0,2 Ma
− 0,8 Ma
− 0,9 Ma
− 1,7 Ma
− 2,2 Ma
− 2,6 Ma
− 3,0 Ma
− 3,4 Ma
− 4,1 Ma

Coulées de lave superposées

**4** **Les inversions du champ magnétique terrestre.** Ma : millions d'années.

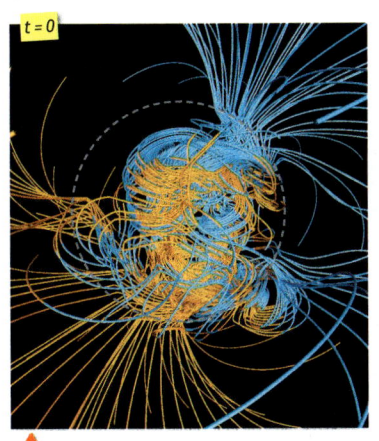

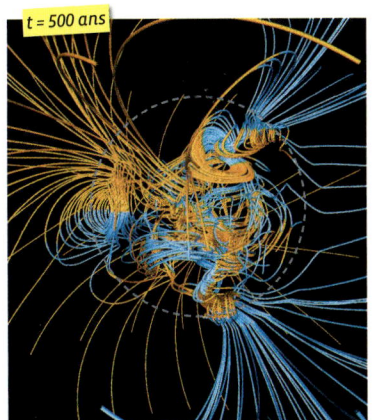

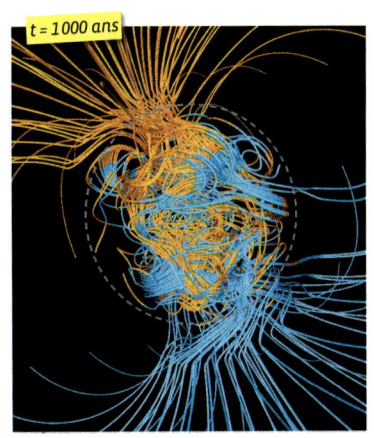

t = 0 | t = 500 ans | t = 1 000 ans

**5** **Modélisation récente de l'évolution du champ magnétique terrestre au cours du temps.** Seules les lignes de force du champ sont représentées. En bleu : les lignes qui entrent vers le pôle Nord magnétique ; en jaune : les lignes qui sortent du pôle Sud.

### ACTIVITÉS

**1** **DOC. 1 À 3.** Mettez en relation les informations fournies par les doc. 1 et 3 pour expliquer la différence observée entre les deux photos du doc. 2.

**2** **DOC. 3 ET 4.** Expliquez comment la mémoire magnétique des basaltes permet de mettre en évidence les inversions du champ magnétique terrestre.

**3** **DOC. 4.** Déterminez la polarité du champ magnétique terrestre il y a 4,1 Ma, 3 Ma et 1,7 Ma.

**4** **DOC. 5.** Indiquez si les inversions du champ magnétique terrestre sont des phénomènes rapides ou lents à l'échelle des temps géologiques.

**5** **EN CONCLUSION.** Récapitulez les propriétés magnétiques des roches magmatiques et les informations qu'elles fournissent.

THÈME 2 – CHAPITRE 2 DE LA DÉRIVE DES CONTINENTS À L'EXPANSION OCÉANIQUE

# UNITÉ 3 — La confirmation de l'expansion océanique

Le champ magnétique terrestre s'est régulièrement inversé au cours des temps géologiques. Au début des années 1960, l'étude de ces inversions magnétiques va fournir des arguments décisifs en faveur de l'hypothèse de l'expansion océanique.

⇢ **Comment l'étude des inversions magnétiques a-t-elle permis de confirmer l'expansion océanique ?**

## Enregistrer le magnétisme des fonds océaniques

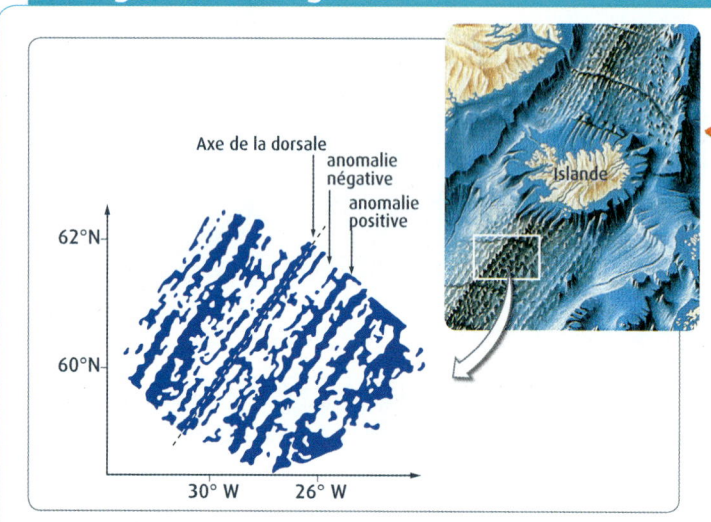

**1 Carte des anomalies magnétiques au sud-ouest de l'Islande (océan Atlantique).** Les campagnes océanographiques des années 1950 ont permis de mesurer l'intensité du champ magnétique en milieu océanique. On a alors découvert l'existence d'anomalies magnétiques : l'intensité mesurée était soit supérieure (anomalie positive), soit inférieure (anomalie négative) à l'intensité moyenne du champ magnétique actuel. Ces anomalies ont été reportées sur des cartes. Pour tous les océans sans exception, on a obtenu des profils « en peau de zèbre » (voir ci-contre) qui sont restés incompris jusqu'en 1963.

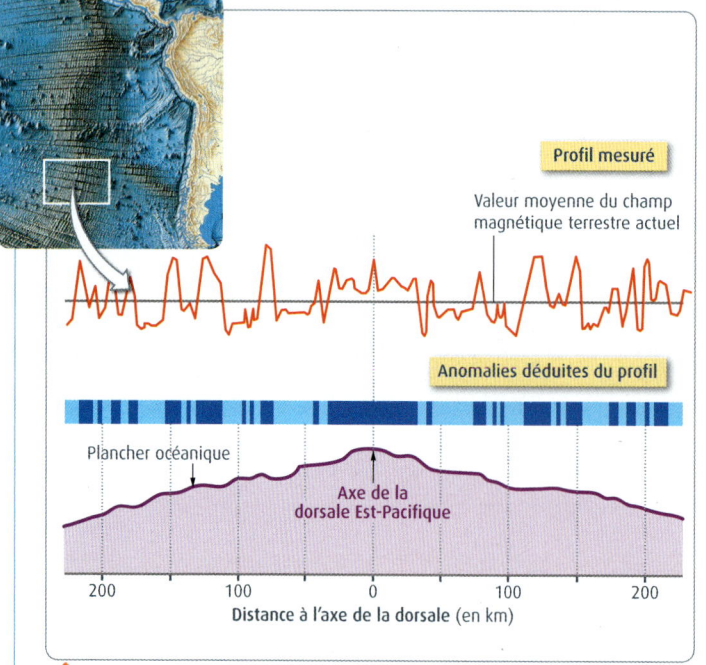

**2 Profil magnétique mesuré et représentation des anomalies magnétiques correspondantes en fonction de la distance à la dorsale Est-pacifique.** En bleu foncé : anomalies positives ; en bleu clair : anomalies négatives.

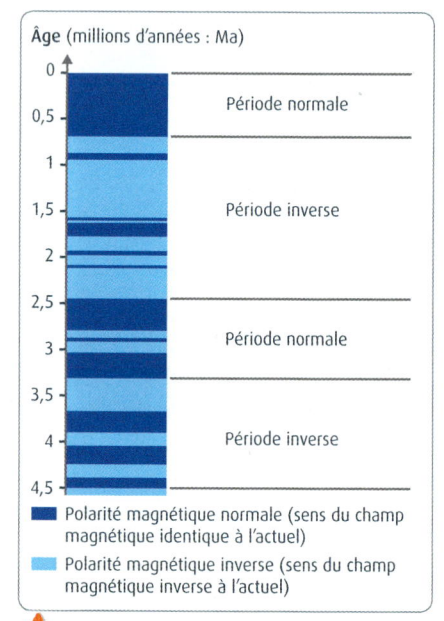

**3 Échelle des inversions du champ magnétique terrestre depuis 4,5 Ma.** En regroupant les données obtenues sur de nombreux échantillons de laves, les géologues ont pu dresser une chronologie précise des inversions du champ magnétique terrestre.

- Polarité magnétique normale (sens du champ magnétique identique à l'actuel)
- Polarité magnétique inverse (sens du champ magnétique inverse à l'actuel)

# Interpréter la répartition des anomalies magnétiques

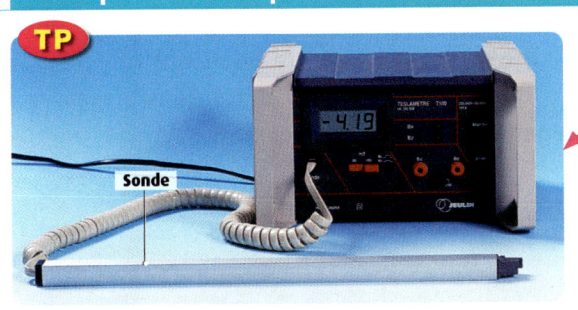

**TP**

### JE MANIPULE
- Modélisez un basalte océanique solidifié durant une période normale ou inverse par un aimant placé dans deux orientations opposées.
- Mesurez à l'aide d'un teslamètre le champ magnétique sans aimant, et avec l'aimant dans les deux orientations.

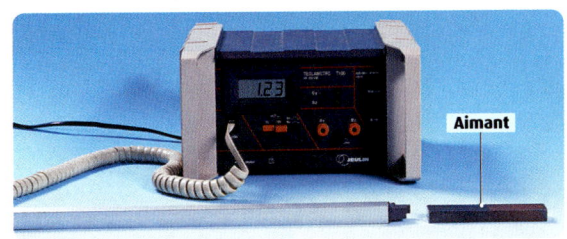

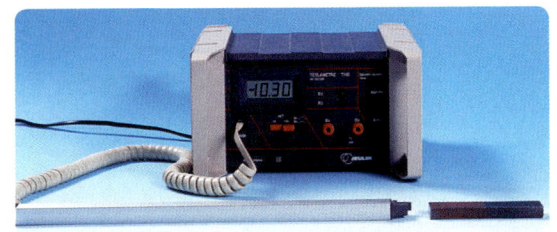

**4** Une modélisation des anomalies magnétiques.

En 1963, F. Vine, D. Matthews et L. Morley proposent une explication aux mystérieux profils magnétiques océaniques en peau de zèbre. Pour eux, chaque bande d'anomalie magnétique est due à l'aimantation acquise par les basaltes océaniques au moment de leur mise en place au niveau de la dorsale soit lors d'une période normale, soit lors d'une période inverse. Les basaltes s'écartent ensuite de la dorsale à l'origine d'une expansion océanique. Durant cette expansion, ils conservent cette aimantation.

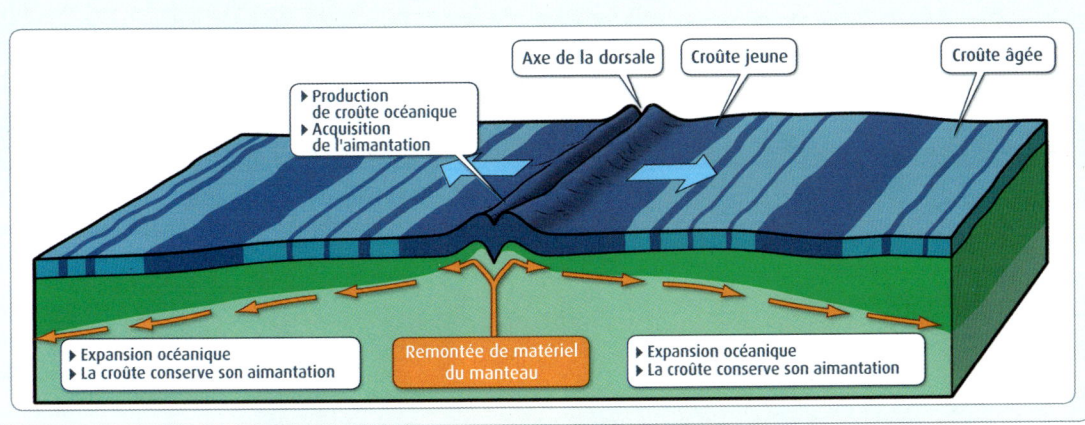

**5** L'interprétation des anomalies magnétiques par F. Vine, D. Matthews et L. Morley (1963).

## ACTIVITÉS

**1 DOC. 1 ET 4.** Expliquez à quoi correspond le champ magnétique mesuré au-dessus des océans.

**2 DOC. 2 ET 3.** Comparez la répartition des anomalies magnétiques de part et d'autre de la dorsale et l'échelle des inversions magnétiques. Concluez.

**3 DOC. 2 À 5.** Grâce à l'interprétation de Vine, Matthews et Morley, expliquez le profil magnétique du doc. 2.

**4 DOC. 2.** Calculez la vitesse d'expansion de l'océan Pacifique au cours des 4,5 derniers Ma (égale à la somme des vitesses de formation de la croûte de part et d'autre de la dorsale).

**5 EN CONCLUSION.** Expliquez comment l'étude des inversions magnétiques a permis de confirmer l'expansion océanique.

# UNITÉ 4 — L'étude des séismes au niveau des fosses océaniques

Dans le modèle de l'expansion océanique, la croûte océanique mise en place au niveau des dorsales retourne dans le manteau au niveau des fosses océaniques.

⇢ **Quels arguments ont suggéré un retour de la croûte océanique dans le manteau au niveau des fosses océaniques ?**

## L'activité sismique des fosses océaniques

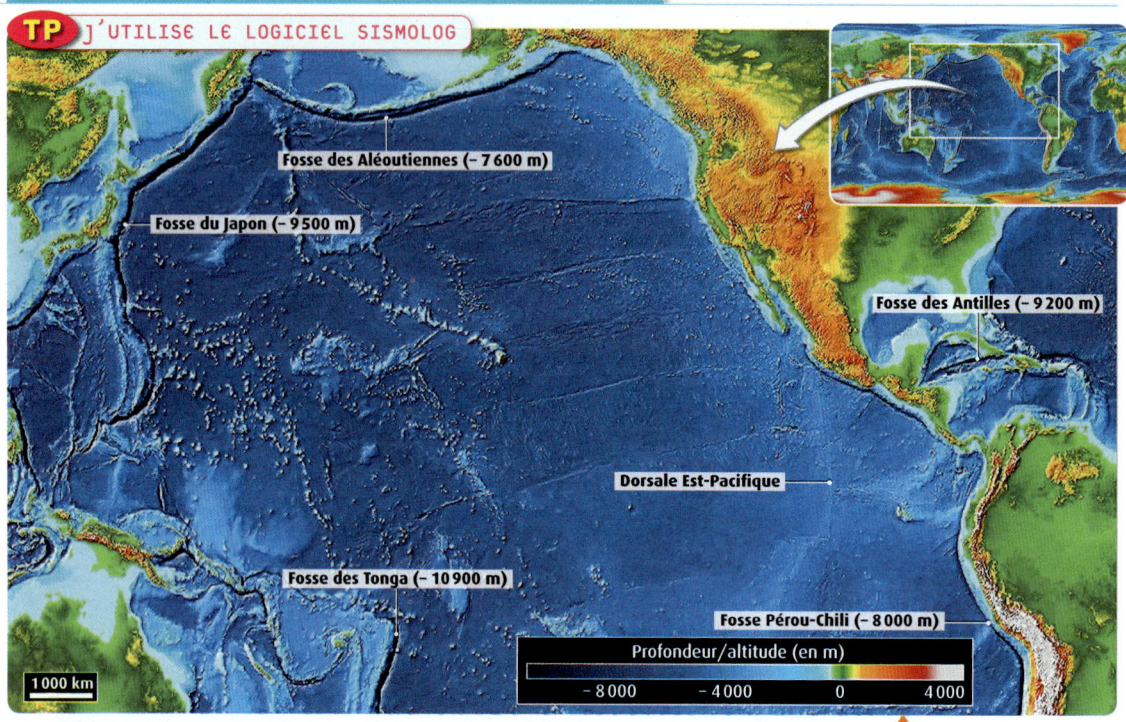

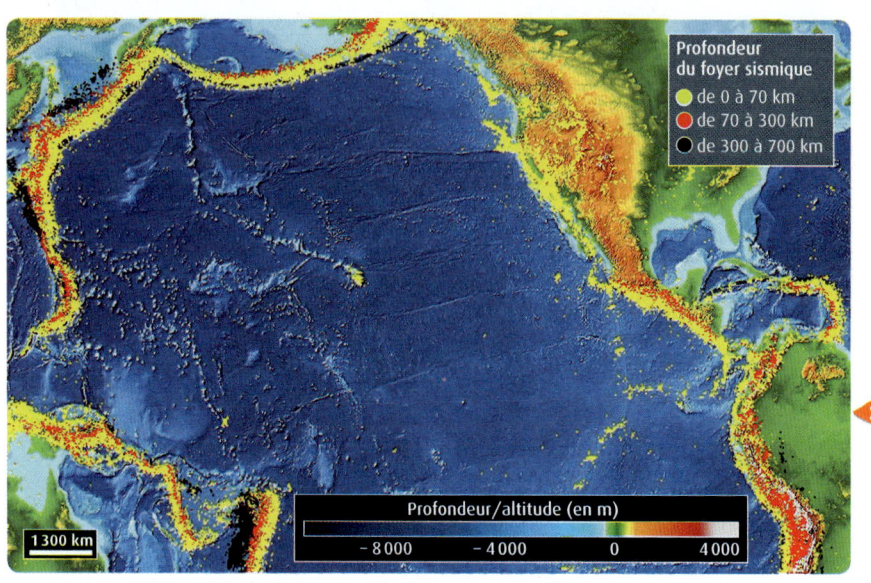

**TP — J'UTILISE LE LOGICIEL SISMOLOG**

- Fosse des Aléoutiennes (− 7 600 m)
- Fosse du Japon (− 9 500 m)
- Fosse des Antilles (− 9 200 m)
- Dorsale Est-Pacifique
- Fosse des Tonga (− 10 900 m)
- Fosse Pérou-Chili (− 8 000 m)

Profondeur/altitude (en m) : − 8 000 ; − 4 000 ; 0 ; 4 000

**1. La répartition des fosses océaniques.**
L'océan Pacifique est bordé de fosses océaniques. Ce sont les fonds marins les plus profonds au monde.

Profondeur du foyer sismique :
- de 0 à 70 km
- de 70 à 300 km
- de 300 à 700 km

**2. La répartition et la profondeur des foyers sismiques au niveau du Pacifique.**
Chaque point représente un foyer sismique.

# L'étude de la fosse du Japon

**TP J'UTILISE LE LOGICIEL SISMOLOG**

## HISTOIRE DES SCIENCES

K. Wadati — H. Benioff

En 1935, le sismologue japonais K. Wadati observe que les foyers des séismes profonds (jusqu'à − 700 km) au voisinage de la fosse du Japon se placent le long d'un plan incliné. En 1949, le sismologue américain H. Benioff généralise les observations de Wadati : il montre que les tremblements de terre profonds sont uniquement localisés en bordure des océans, au niveau des fosses océaniques, et confirme que leurs foyers sont localisés selon un plan qui plonge sous la croûte. À l'époque, cette observation pose problème car, à la profondeur de ces séismes (correspondant au manteau), la pression et la température devraient rendre les roches non cassantes.

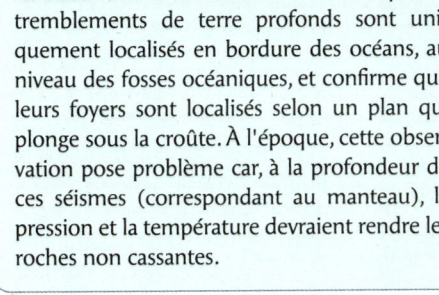

**3** Les travaux de K. Wadati et H. Benioff.

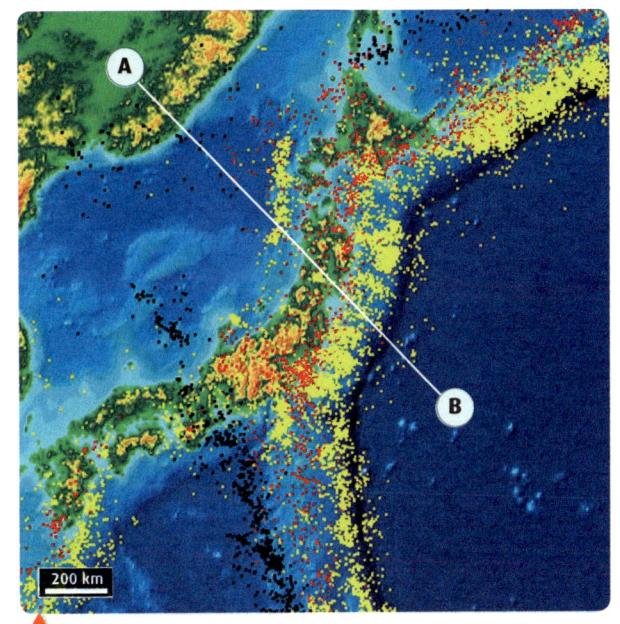

**4** Localisation des foyers des séismes au niveau de la fosse du Japon.

Profondeur du foyer sismique
- de 0 à 70 km
- de 70 à 300 km
- de 300 à 700 km

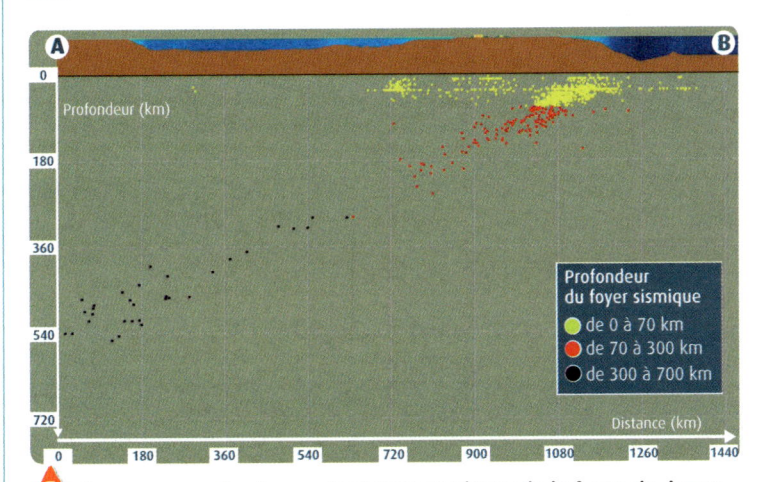

**5** Vue en coupe des foyers sismiques au niveau de la fosse du Japon. La coupe est effectuée selon l'axe AB du doc. 4. Le plan au niveau duquel sont situés les séismes est désormais appelé plan de Wadati-Bénioff.

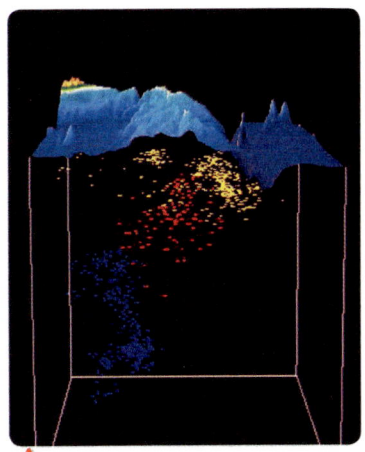

**6** Vue en 3D des foyers sismiques au niveau de la fosse du Japon.

## TÂCHE COMPLEXE

**ACTIVITÉS**

À partir des informations présentées, établissez les arguments qui pouvaient suggérer, au début des années 1960, un retour de la croûte océanique dans le manteau au niveau des fosses océaniques.

Pour cela, vous pouvez :
– Exprimer en une phrase la relation entre la profondeur des foyers des séismes et leur distance à la fosse.
– Reproduire la coupe présentée doc. 5, la légender et représenter par un trait la distribution globale des foyers des séismes.

THÈME 2 – CHAPITRE 2 DE LA DÉRIVE DES CONTINENTS À L'EXPANSION OCÉANIQUE

# UNITÉ 5 — Lithosphère et asthénosphère

Au niveau des fosses océaniques, la répartition des foyers sismiques suggère qu'un matériel rigide plonge dans le manteau. Entre 1964 et 1967, l'étude de la propagation des ondes sismiques va confirmer et préciser cette hypothèse.

⇢ **Quelles informations l'étude des ondes sismiques au niveau des fosses océaniques fournit-elle ?**

## Étudier la vitesse des ondes sismiques

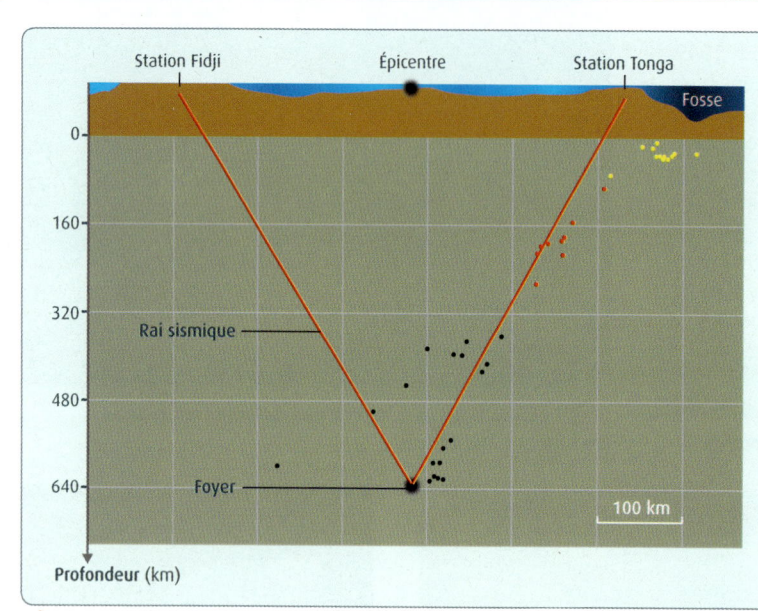

**TP — J'UTILISE SISMOLOG**

En 1964, trois sismologues américains, Jack Oliver, Bryan Isacks et Lynn Sykes, examinent l'activité sismique au niveau de la fosse des îles Tonga, dans le Pacifique sud (voir doc. 1 p. 102). Ils enregistrent les ondes sismiques produites par un séisme profond dont l'épicentre se trouve à égale distance des stations sismiques Fidji et Tonga (voir ci-contre). Ils observent que les ondes P parviennent deux secondes plus tôt à la station Tonga qu'à la station Fidji.

**1** Des variations de la vitesse de propagation des ondes sismiques au niveau de la fosse océanique des Tonga.

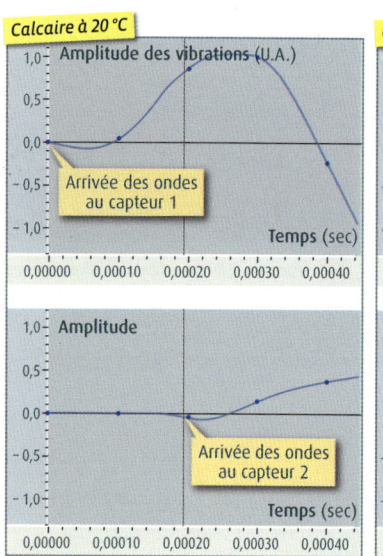

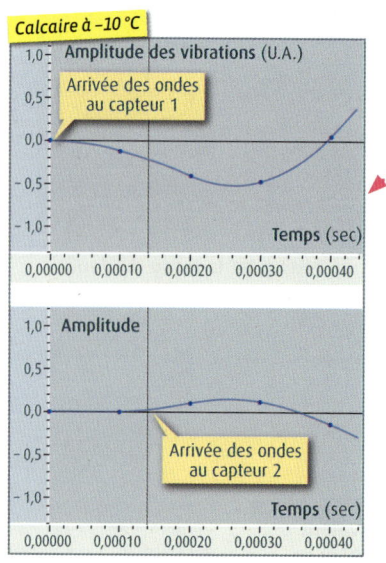

### JE MANIPULE

▶ Deux capteurs distants de 28 cm enregistrent les ondes de compression produites par l'impact d'un marteau sur une barre de calcaire à −10 °C et sur une barre de calcaire à température ambiante (dispositif décrit doc. 3 p. 81).

▶ Grâce au logiciel gratuit Audacity*, on mesure, pour les deux températures, la différence entre le temps d'arrivée des ondes au premier capteur et le temps d'arrivée des ondes au second capteur.

*http://audacity.sourceforge.net/?lang=fr

**2** Mesure de la vitesse de propagation d'ondes semblables aux ondes sismiques P dans une même roche à deux températures différentes.

## Caractériser la lithosphère et l'asthénosphère

En 1967, J. Oliver, B. Isacks, et L. Sykes proposent que le plan de Wadati-Benioff observé au niveau des fosses océaniques correspond à une plaque plongeante de matériel froid. Cette dernière est suffisamment rigide pour se casser durant le mouvement d'enfoncement, à l'origine de séismes. Grâce aux données sismiques, ils estiment l'épaisseur de la plaque plongeante : environ 100 km, soit bien plus que la seule croûte océanique. L'unité froide et rigide qui plonge est qualifiée de **lithosphère**. La partie du manteau dans laquelle plonge la lithosphère est nommée **asthénosphère**. L'asthénosphère est plus chaude et moins rigide que la lithosphère. Le phénomène d'enfoncement de la lithosphère dans l'asthénosphère est qualifié de **subduction**.

**3** Un modèle d'interprétation par J. Oliver, B. Isacks et L. Sykes (1967).

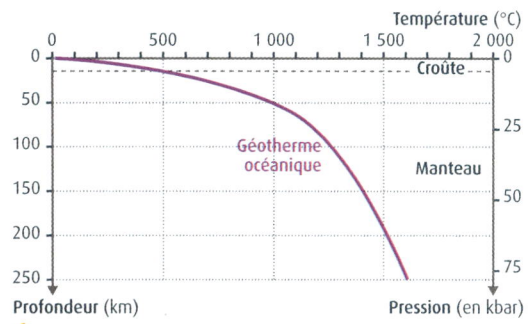

**4** **Le géotherme moyen océanique.** Cette courbe décrit l'évolution de la température en fonction de la profondeur (et donc de la pression) en milieu océanique. Vers 1300 °C, des études ont montré qu'une péridotite du manteau a un comportement ductile : cela signifie que, si elle est soumise à une contrainte, elle se déforme sans casser, telle de la pâte à modeler. Dans un matériau ductile, les ondes sismiques sont ralenties.

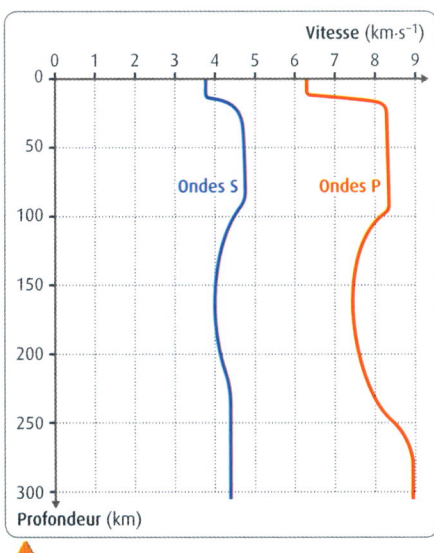

**5** Vitesse des ondes sismiques P et S en fonction de la profondeur en milieu océanique.

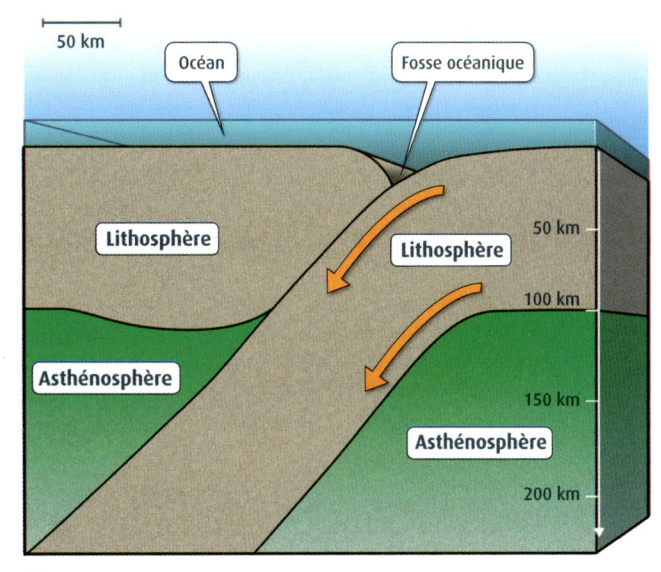

**6** Représentation schématique d'une zone de **subduction**.

### ACTIVITÉS

**1** **DOC. 1 ET 2.** Formulez une hypothèse pour expliquer le décalage temporel des ondes entre les deux stations. Éprouvez votre hypothèse grâce à la manipulation.

**2** **DOC. 3** Récapitulez tous les arguments ayant permis la mise en évidence du phénomène de subduction.

**3** **DOC. 3 À 5.** Déterminez la température au sommet de l'asthénosphère et expliquez le ralentissement des ondes sismiques observé doc. 5.

**4** **DOC. 6.** Complétez le schéma en indiquant la position du manteau, de la croûte, de l'isotherme 1300 °C et du plan de Wadati-Benioff (un isotherme est une ligne le long de laquelle la température est constante).

**5** **CONCLUSION.** Récapitulez les caractéristiques respectives de la lithosphère océanique et de l'asthénosphère (roches, température, rigidité).

# CHAPITRE 2 : De la dérive des continents à l'expansion océanique

## BILAN DES UNITÉS

### UNITÉ 1 — L'hypothèse de l'expansion océanique

- Au début des années 1960, les campagnes océanographiques révèlent que les **dorsales** forment un relief continu au fond des océans. Des basaltes et des gabbros récemment mis en place y sont prélevés. On observe aussi que l'océan Pacifique est bordé de profondes fosses.
- D'autres études montrent qu'une forte quantité d'énergie thermique est dissipée au niveau des dorsales.
- En 1962, un géologue fait la synthèse de ces observations. Il propose qu'une remontée de matériel chaud en provenance du manteau se produit à l'aplomb des dorsales. Ces mouvements ascendants de **convection** aboutissent à la mise en place du plancher océanique. Le plancher océanique s'écarte ensuite de part et d'autre de la dorsale, puis finit par plonger dans le manteau au niveau des fosses océaniques : c'est l'hypothèse de l'expansion océanique.
- Dans ce modèle, les continents s'écartent par suite de l'expansion du plancher océanique. L'hypothèse de la mobilité horizontale des continents est donc relancée.

### UNITÉ 2 — Le magnétisme des roches magmatiques

- Lors de leur refroidissement, les basaltes acquièrent une aimantation qui est à l'origine d'un champ magnétique propre de même direction et de même sens que le champ magnétique terrestre ambiant.
- Au début du XX$^e$ siècle, l'étude du champ magnétique enregistré dans des basaltes d'âges variés prouve que le sens du champ magnétique terrestre s'est régulièrement inversé au cours des temps géologiques. Une échelle temporelle de ces **inversions magnétiques** est établie.

### UNITÉ 3 — La confirmation de l'expansion océanique

- Dans les années 1950, on découvre l'existence d'**anomalies magnétiques** disposées en bandes parallèles et symétriques par rapport à l'axe des dorsales océaniques.
- En 1963, trois géologues montrent que les anomalies magnétiques sont une projection sur le fond des océans de l'échelle des inversions du champ magnétique terrestre. Ils expliquent ces anomalies en considérant que :
  – le champ magnétique mesuré au-dessus des océans est la somme du champ magnétique terrestre actuel et du champ magnétique soit normal, soit inverse, « mémorisé » par les basaltes au moment de leur refroidissement ;
  – les basaltes se mettent en place à l'axe de la dorsale puis s'en écartent ensuite.
- L'hypothèse de l'expansion océanique est ainsi validée et l'on peut, grâce à l'échelle temporelle des inversions du champ magnétique terrestre, calculer des vitesses d'expansion.

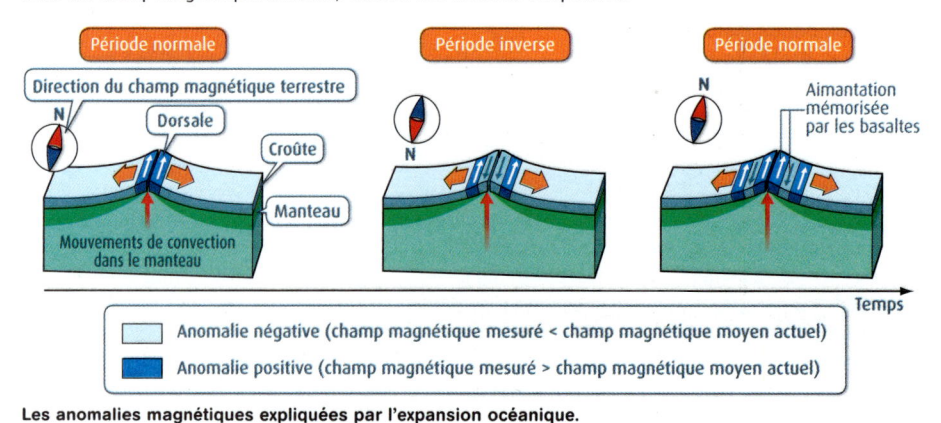

Les anomalies magnétiques expliquées par l'expansion océanique.

## BILAN DES UNITÉS

### UNITÉ 4 — L'étude des séismes au niveau des fosses océaniques

- Au début des années 1960, quand l'hypothèse de l'expansion océanique est formulée, plusieurs arguments suggèrent que la croûte océanique retourne dans le manteau au niveau des fosses océaniques :
– les fosses océaniques sont le siège d'une importante activité sismique ;
– les foyers de ces séismes sont localisés jusqu'à une profondeur de – 700 km. Ces tremblements de terre profonds ne sont pas observés en dehors des fosses océaniques ;
– la profondeur des foyers sismiques augmente avec la distance à la fosse océanique. Ces foyers sont répartis selon un plan incliné : le plan de Wadati-Benioff.
- La répartition des séismes au niveau des fosses océaniques suggère qu'un matériel rigide s'enfonce dans le manteau, suivant une trajectoire correspondant au plan de Wadati-Benioff.

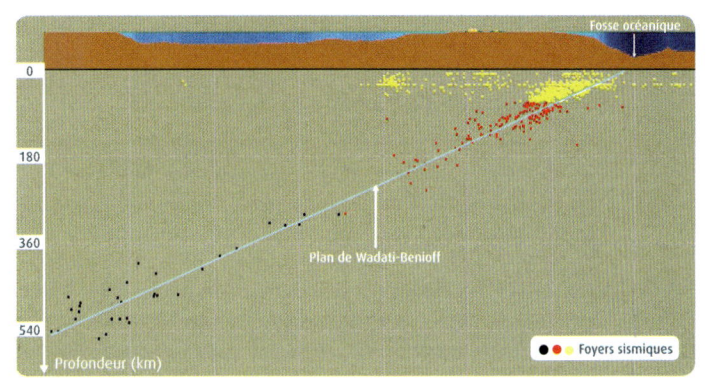

**La répartition des foyers sismiques au niveau d'une fosse océanique.**

### UNITÉ 5 — Lithosphère et asthénosphère

- Au milieu des années 1960, trois géologues américains montrent que les ondes sismiques se propagent plus rapidement le long du plan de Wadati-Benioff que dans le manteau environnant. Or la vitesse des ondes sismiques augmente quand la température du matériau traversé diminue.
- Ces données prouvent qu'un matériau rigide et froid plonge dans le manteau en suivant le plan de Wadati-Benioff. Le matériau qui plonge est la lithosphère océanique. Épaisse d'environ 100 km, elle comprend la croûte océanique et une partie du manteau. Le manteau environnant est l'asthénosphère. La plongée de la lithosphère océanique dans l'asthénosphère au niveau des fosses océaniques est le phénomène de subduction.
- La lithosphère est délimitée à sa base par l'isotherme 1 300 °C. Au-delà de cette température, les roches du manteau ont un comportement ductile : elles se déforment sans casser. L'asthénosphère est donc plus chaude et plus déformable que la lithosphère.

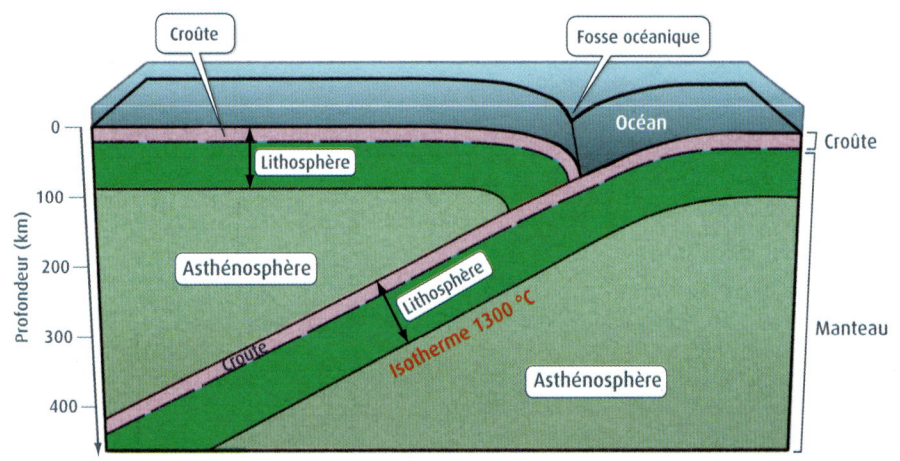

**Le phénomène de subduction.** L'épaisseur de la croûte océanique et de l'océan a été exagérée.

THÈME 2 – CHAPITRE 2 DE LA DÉRIVE DES CONTINENTS À L'EXPANSION OCÉANIQUE

# CHAPITRE 2 — De la dérive des continents à l'expansion océanique

## L'ESSENTIEL

### L'essentiel par le texte

Au tournant des années 1950-1960, plusieurs observations réactualisent l'hypothèse d'une mobilité horizontale des continents (idées « mobilistes »).

#### L'hypothèse de l'expansion océanique

- À la fin des années 1950, les scientifiques disposent de nombreuses données concernant les fonds océaniques :
  – les océans sont parcourus par de vastes reliefs : les **dorsales** ;
  – les océans sont, en de nombreuses régions, bordés par de profondes fosses océaniques ;
  – les dorsales sont le siège d'une importante dissipation du **flux géothermique**.
- Ces données conduisent à proposer, en 1962, que la croûte océanique est formée en permanence au niveau des dorsales suite à une remontée de matériel chaud à l'état solide provenant du manteau (mouvements de **convection**). Elle s'écarte ensuite de la dorsale, tel un double tapis roulant : c'est l'hypothèse de l'expansion océanique.
- En 1963, cette hypothèse est validée grâce à l'étude des bandes d'**anomalies magnétiques** de part et d'autre des dorsales. En corrélant ces anomalies avec la chronologie des inversions périodiques du champ magnétique terrestre au cours du temps, on peut en conclure que la croûte océanique est d'autant plus âgée qu'elle est éloignée de la dorsale. Les anomalies magnétiques permettent de calculer des vitesses d'expansion océanique.

#### La distinction entre lithosphère et asthénosphère

- Depuis les années 1940, les géologues savaient que les foyers sismiques au niveau des fosses océaniques étaient localisés selon un plan incliné (plan de Wadati-Benioff). En 1964, on constate que les ondes sismiques se propagent plus rapidement le long de ce plan que dans le manteau qui l'entoure.
- En 1967, ces données sont interprétées en considérant que le plan incliné correspond à un lambeau de matériel froid et rigide s'enfonçant dans le manteau. Ce matériel, constitué de la croûte océanique et de la partie superficielle du manteau, est la **lithosphère**. Au niveau des fosses océaniques, la lithosphère océanique s'enfonce dans l'**asthénosphère**, plus chaude et plus déformable. Ce phénomène est qualifié de **subduction**.

### Les capacités et attitudes

▸ Mettre en relation des données scientifiques pour argumenter et éprouver une hypothèse **(unités 1 et 3)**
▸ Utiliser un modèle analogique **(unités 1, 2 et 5)**
▸ Utiliser les fonctionnalités d'un logiciel pour mettre en évidence un phénomène géologique **(unités 4 et 5)**

### Mots clés
*Voir aussi Dico des SVT p. 332*

**Asthénosphère :** enveloppe du globe située sous la lithosphère. Sa limite supérieure est l'isotherme 1 300 °C.
**Anomalie magnétique :** écart entre la valeur du champ magnétique mesuré en un point et celle du champ magnétique terrestre moyen.
**Convection :** mode de propagation de la chaleur par déplacement de matière.
**Dorsale :** relief des fonds océaniques, siège de la production du plancher océanique.
**Flux géothermique :** quantité de chaleur dissipée par la Terre par unité de surface et de temps.
**Lithosphère :** enveloppe superficielle du globe épaisse d'environ 100 km, constituée de la croûte et de la partie superficielle du manteau.
**Subduction :** enfoncement de la lithosphère dans l'asthénosphère au niveau des fosses océaniques.

# L'ESSENTIEL

## L'essentiel par l'image

### La relance des idées mobilistes

#### De nouvelles données sur le plancher océanique

*Début des années 1960*

- **Topographie** — Dorsale
- **Répartition de flux géothermique** — Flux élevé, Dorsale
- **Cartographie des anomalies magnétiques** — Axe de la dorsale, Anomalie négative, Anomalie positive, Latitude, Longitude

#### Hypothèse de l'expansion océanique

*1963*

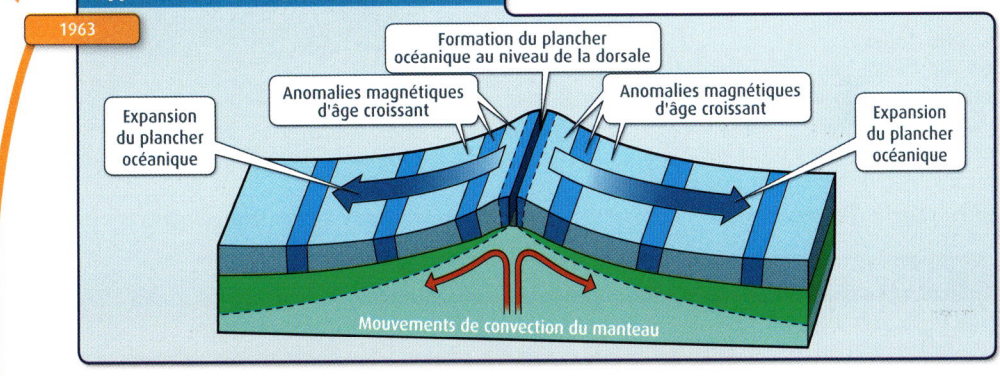

- Formation du plancher océanique au niveau de la dorsale
- Anomalies magnétiques d'âge croissant
- Expansion du plancher océanique
- Mouvements de convection du manteau

#### Analyse des séismes au niveau des fosses océaniques

*1949 – 1967*

▶ Répartition des foyers sismiques selon le plan de Wadati-Benioff
▶ Analyse de la vitesse de propagation des ondes sismiques

#### Le modèle de la subduction

*1967*

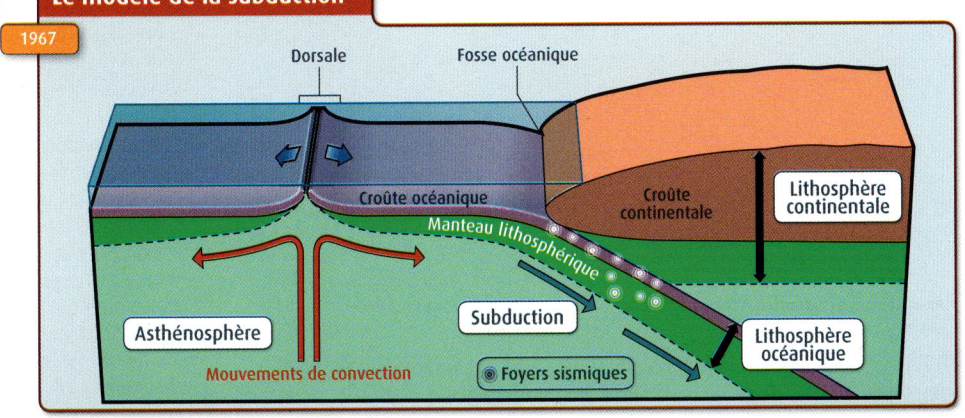

- Dorsale, Fosse océanique
- Croûte océanique, Croûte continentale
- Manteau lithosphérique
- Lithosphère continentale, Lithosphère océanique
- Asthénosphère
- Mouvements de convection
- Subduction
- Foyers sismiques

**THÈME 2 – CHAPITRE 2** DE LA DÉRIVE DES CONTINENTS À L'EXPANSION OCÉANIQUE

# EXERCICES

## évaluer ses connaissances

### 1 QCM
Pour chaque proposition, identifiez la (ou les) bonne(s) réponse(s) :

**1. La symétrie des anomalies magnétiques par rapport à l'axe de la dorsale :**
a. est un argument en faveur de l'expansion océanique.
b. est la conséquence du flux thermique élevé.
c. permet de calculer des vitesses d'expansion océanique.

**2. Au niveau des fosses océaniques :**
a. l'activité sismique est très réduite.
b. le phénomène de subduction se produit.
c. le foyer des séismes est toujours situé à la même profondeur.

**3. La lithosphère :**
a. est plus chaude que l'asthénosphère.
b. est distincte mécaniquement de l'asthénosphère.
c. est délimitée à sa base par le Moho.

### 2 Vrai ou faux ?
Identifiez les affirmations fausses et rectifiez-les :
a. L'hypothèse de l'expansion océanique est en contradiction avec la théorie de la dérive des continents.
b. La lithosphère est constituée de la croûte et du manteau asthénosphérique.
c. L'isotherme 1 300 °C définit la limite inférieure de l'asthénosphère.

### 3 Schéma à légender
Recopiez le schéma ci-contre et complétez ses légendes.

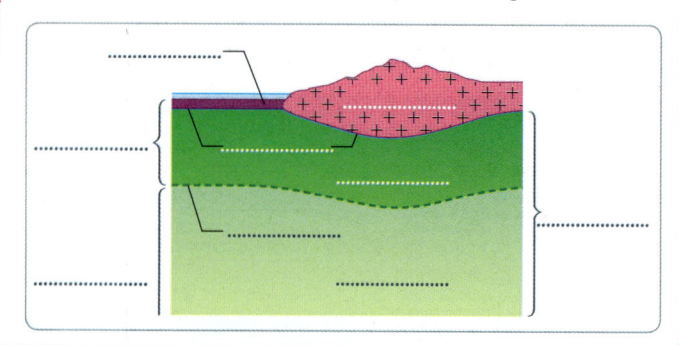

## s'entraîner avec un exercice guidé

### 4 L'activité sismique en Indonésie

L'Indonésie est un archipel de l'océan Indien régulièrement secoué par de violents séismes. L'un d'eux fut à l'origine d'un raz-de-marée qui, le 26 décembre 2004, tua plus de 200 000 personnes.

Fosse de la Sonde

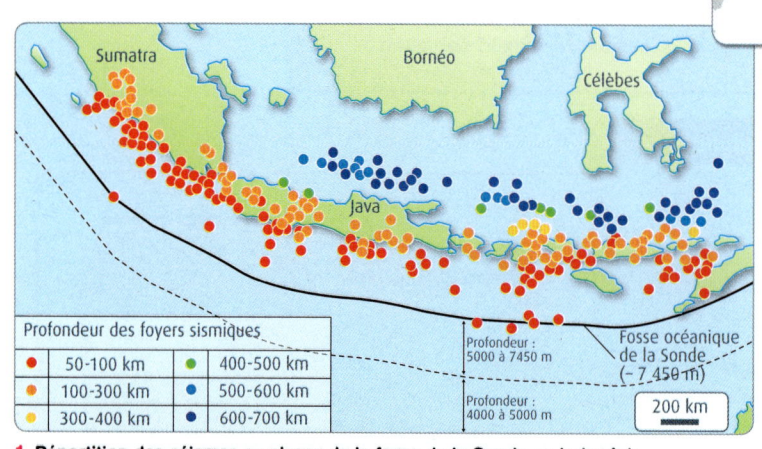

Profondeur des foyers sismiques
- 50-100 km
- 100-300 km
- 300-400 km
- 400-500 km
- 500-600 km
- 600-700 km

Profondeur : 5000 à 7450 m
Fosse océanique de la Sonde (− 7 450 m)
Profondeur : 4000 à 5000 m
200 km

**1. Répartition des séismes au niveau de la fosse de la Sonde en Indonésie.**

**QUESTION** Exploitez les informations fournies par le document pour montrer que la région des îles de la Sonde est une zone de subduction.

### Un peu d'aide

• **Saisir des informations**
− Décrivez la profondeur des fonds marins (bathymétrie) au voisinage des îles de la Sonde.
− Décrivez la répartition de la profondeur des foyers sismiques en fonction de la distance à la fosse océanique.

• **Mettre en relation les informations**
− Rappelez les phénomènes géologiques qui se produisent au niveau d'une zone de subduction.
− Mettez en relation les observations bathymétriques et sismiques. Concluez.

## Appliquer ses connaissances

### 5 La dorsale est-indienne
*Confronter des résultats à une hypothèse et effectuer un calcul*

Entre l'Australie et l'Antarctique, des relevés magnétiques ont été réalisés de part et d'autre de la dorsale est-indienne. Les résultats sont présentés **doc. 1**.

❶ Rappelez la définition des anomalies magnétiques positives et négatives.

❷ Exploitez les informations fournies par le document pour argumenter l'hypothèse de l'expansion océanique dans l'océan Indien.

❸ Sachant qu'un degré de latitude = 111,2 km, calculez la vitesse d'expansion océanique.

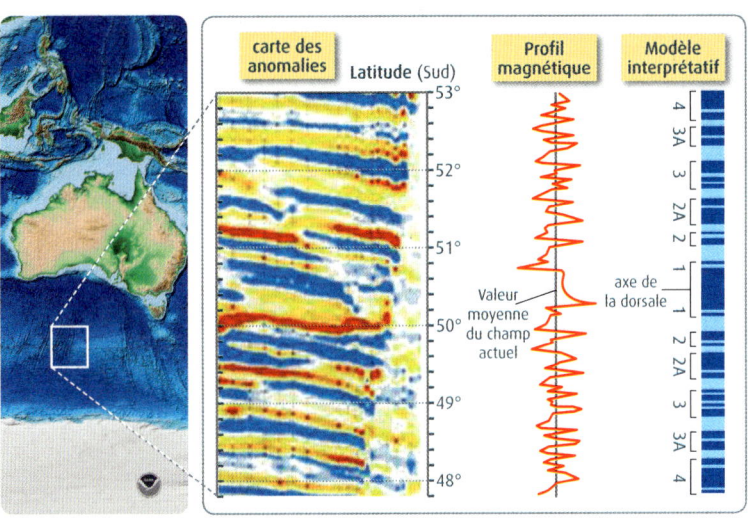

**1.** Les anomalies magnétiques au niveau de la dorsale et leur interprétation. Numéros des anomalies, voir le doc. 2. Bleu foncé : anomalie positive ; bleu clair : anomalie négative.

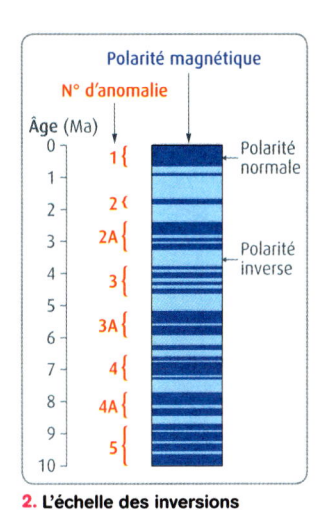

**2.** L'échelle des inversions magnétiques.
Durée de l'anomalie 1 : de 0 à 0,78 Ma.

### 6 La « dérive des pôles »
*Formuler et éprouver des hypothèses*

En 1954, les géologues K. Runcorn et T. Irving déterminent, à partir de roches continentales d'âge connu, la position apparente du pôle nord magnétique pour différentes périodes géologiques.

❶ Formulez deux hypothèses permettant d'expliquer les changements apparents de position du pôle magnétique constatés dans le doc. 1.

❷ À l'aide du doc. 2, éprouvez ces deux hypothèses.

❸ À l'aide du doc. 3, expliquez en quoi l'étude du magnétisme des roches continentales a fourni des arguments en faveur de la mobilité des continents.

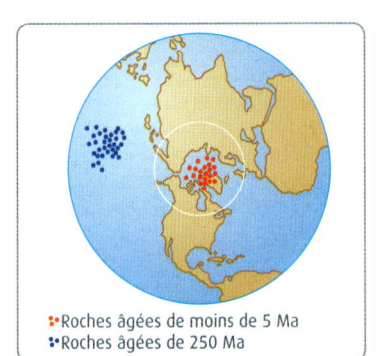

**1.** Position apparente du pôle Nord magnétique déterminée à partir de roches continentales européennes d'âge variable. Ma : millions d'années.
- Roches âgées de moins de 5 Ma
- Roches âgées de 250 Ma

**2.** Position apparente du pôle Nord magnétique déterminée à partir de roches de même âge (100 à 150 Ma) situées sur différents continents.
- Roches d'Amérique du Nord
- Roches d'Afrique
- Roches d'Australie

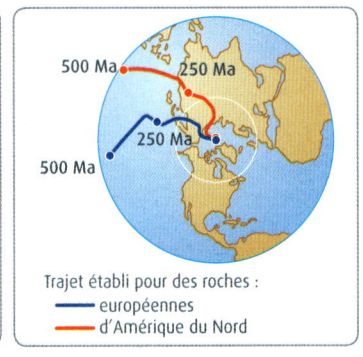

**3.** Trajet apparent du pôle Nord magnétique établi grâce à l'étude de roches d'âge variable en Europe et en Amérique.
Trajet établi pour des roches :
— européennes
— d'Amérique du Nord

# EXERCICES

## appliquer ses connaissances

### 7 Les travaux d'Hugo Benioff
*Traduire des informations sous forme d'un schéma*

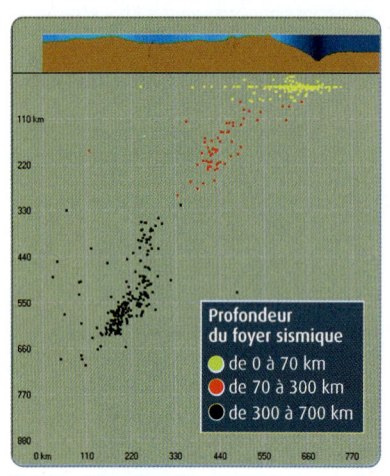

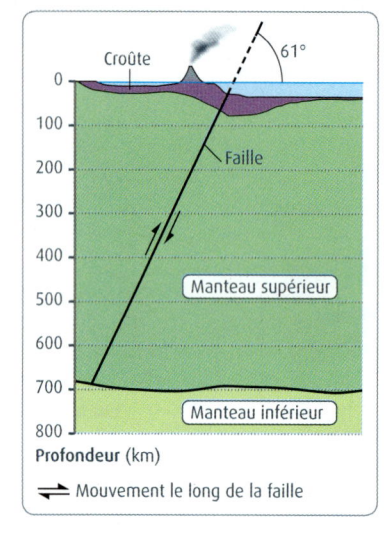

Dans les années 1945-1950, le géophysicien américain Hugo Benioff localise avec précision la répartition des foyers sismiques au niveau de la fosse océanique de Kermadec (océan Pacifique). Il propose une interprétation des données obtenues qui, à la lumière des connaissances actuelles, n'est pas exacte.

**1.** Répartition des séismes au niveau de la fosse de Kermadec. Données Sismolog.

Profondeur du foyer sismique :
- de 0 à 70 km
- de 70 à 300 km
- de 300 à 700 km

**2.** L'interprétation d'H. Benioff (1949). Elle est incorrecte à la lumière des connaissances actuelles.

⇌ Mouvement le long de la faille

❶ Précisez les arguments qui conduisent Hugo Benioff à construire son schéma.
❷ Grâce à vos connaissances, précisez le phénomène géologique à l'origine de la sismicité observée.
❸ Indiquez les éléments inexacts dans le schéma d'Hugo Benioff, puis réalisez un schéma de l'interprétation actuelle de la répartition des foyers sismiques au niveau de la fosse de Kermadec.
❹ Précisez les données géologiques qui, en 1949, manquaient à H. Benioff pour établir l'interprétation actuelle.

### 8 Distinguer lithosphère et asthénosphère
*Extraire des informations graphiques*

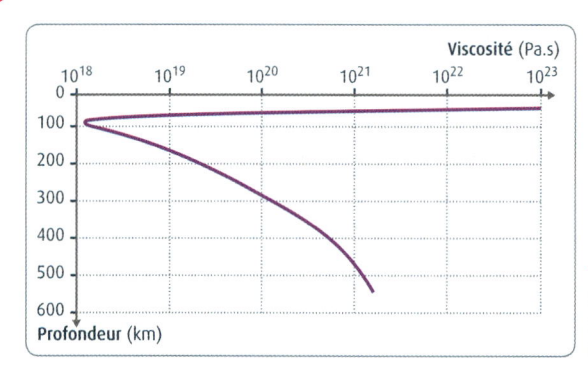

❶ Décrivez l'évolution de la viscosité dans le manteau jusqu'à 500 km de profondeur.
❷ Déterminez l'état (solide ou liquide) du manteau entre 50 et 500 km de profondeur.
❸ Interprétez les données obtenues.

**1.** Les variations de la viscosité dans le manteau supérieur. La viscosité d'un matériau (en poises, Pa.s) peut se définir comme sa résistance à l'écoulement. La viscosité de la glace est de $15.10^{12}$ Pa.s et celle de l'eau à 20 °C est de $1.10^{-3}$ Pa.s.

### 9 Les idées d'Arthur Holmes et de Harry Hess
*Rédiger une synthèse des connaissances*

Dès 1929, le géologue écossais Arthur Holmes avait développé l'idée que les dorsales océaniques étaient les témoignages en surface de mouvements de convection ascendants en profondeur. En 1962, le géologue américain Harry Hess a repris cette idée et proposé l'hypothèse de l'expansion océanique.

● Rédigez une synthèse présentant les arguments ayant conduit, dans les années 1960, à l'hypothèse de l'expansion océanique, puis ceux ayant permis, plus tard, de confirmer cette hypothèse.

CHAPITRE 3

# Le modèle actuel de la tectonique des plaques

Au début des années 1960, il est établi que la lithosphère océanique s'élabore au niveau des dorsales, à l'origine de l'expansion océanique, et plonge dans le manteau au niveau des zones de subduction. Dans les années 1970, ces données vont être intégrées dans un modèle global : le modèle de la tectonique des plaques.

Plongeur filmant la partie immergée du volcan Kilauea (archipel d'Hawaii, océan Pacifique).

Comment le modèle de la tectonique des plaques a-t-il été construit puis enrichi ?

# UNITÉ 1 — Le modèle de la tectonique des plaques

Dans les années 1965-1968, l'étude de la géométrie des dorsales a permis de construire un modèle où la lithosphère est découpée en plaques rigides en rotation : c'est le modèle de la tectonique des plaques.

⇢ **Comment le modèle de la tectonique des plaques a-t-il été construit ?**

## Observer la géométrie des dorsales

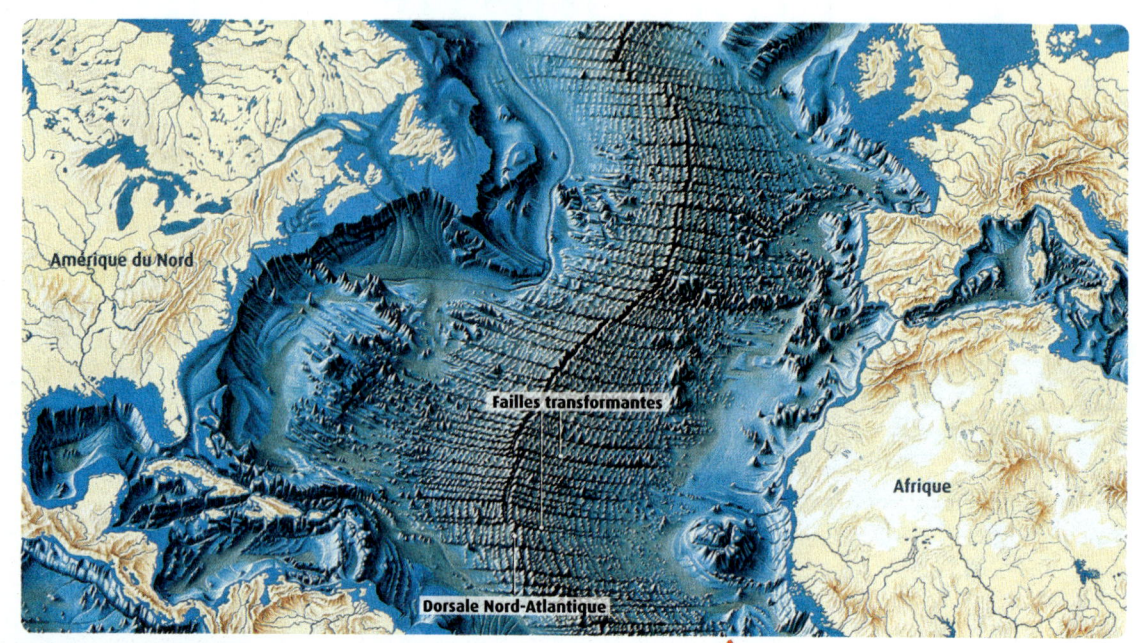

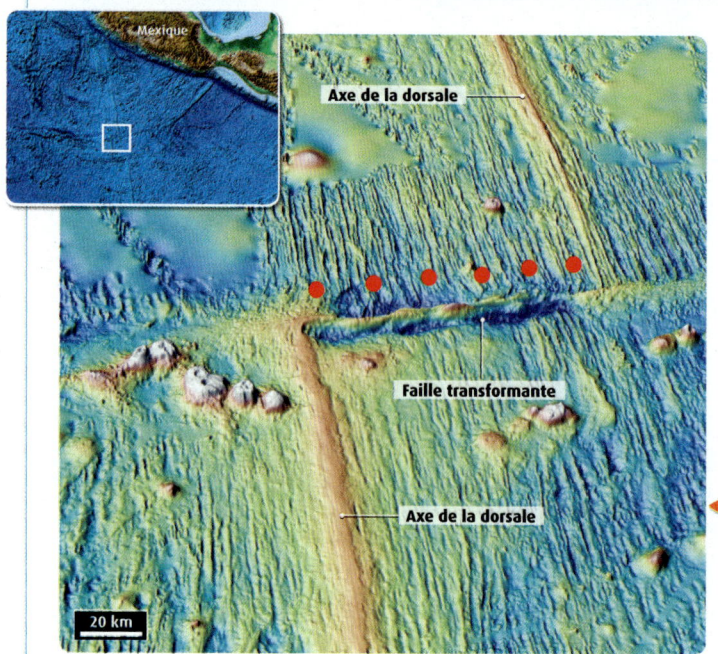

**1 Carte des fonds océaniques montrant la dorsale Nord-Atlantique.**
On observe que la dorsale est segmentée en de nombreux tronçons par des failles : ce sont les failles transformantes. Le géologue Jason Morgan proposa, en 1967, la première interprétation de la présence de ces failles.

**2 La faille transformante de Clipperton sur la dorsale Est-Pacifique.** L'image a été reconstituée par ordinateur à partir de données bathymétriques (profondeur du plancher océanique). Les points rouges correspondent à des zones sismiquement actives.

# Établir un modèle de plaques en rotation

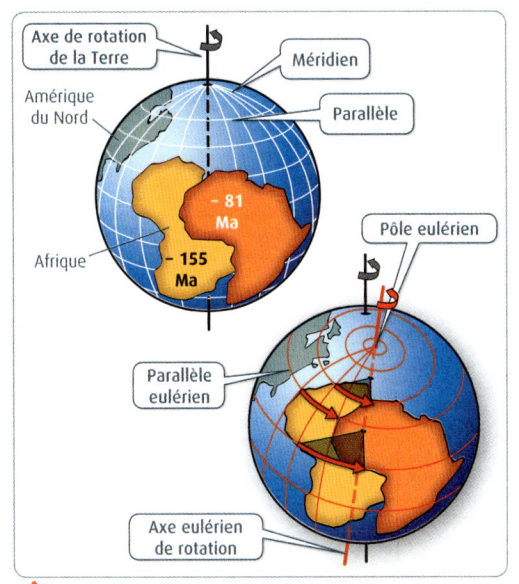

**3 Déplacement de l'Afrique par rapport à l'Amérique du Nord entre – 155 et – 81 Ma.** Ce déplacement peut être décrit comme une rotation autour d'un axe passant par le centre de la Terre (axe eulérien de rotation) qui perce le globe terrestre en deux points (pôles eulériens de rotation). Le déplacement d'un point situé en Afrique suit les parallèles eulériens.

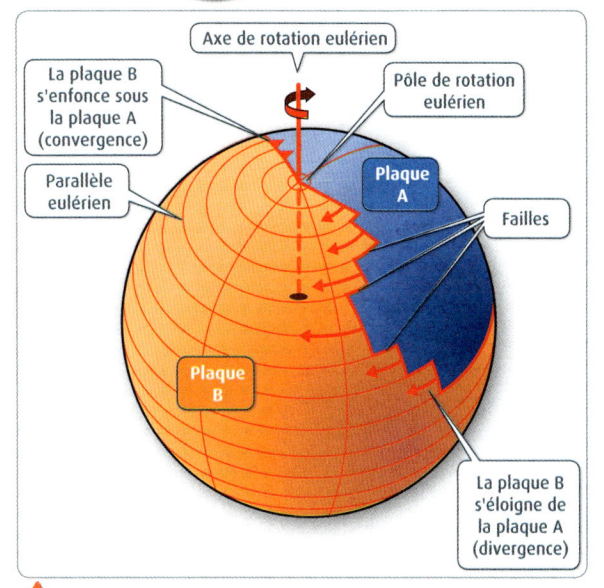

**4 Modèle de déplacement d'une plaque rigide sur une sphère de diamètre constant.** La plaque B est en rotation par rapport à la plaque A. La vitesse linéaire de déplacement d'un point de la plaque B est d'autant plus faible que ce point est proche du pôle eulérien. Dans un matériau rigide comme la lithosphère, ces variations de vitesse doivent induire des tensions à l'origine de failles transformantes parallèles entre elles et aux parallèles eulériens.

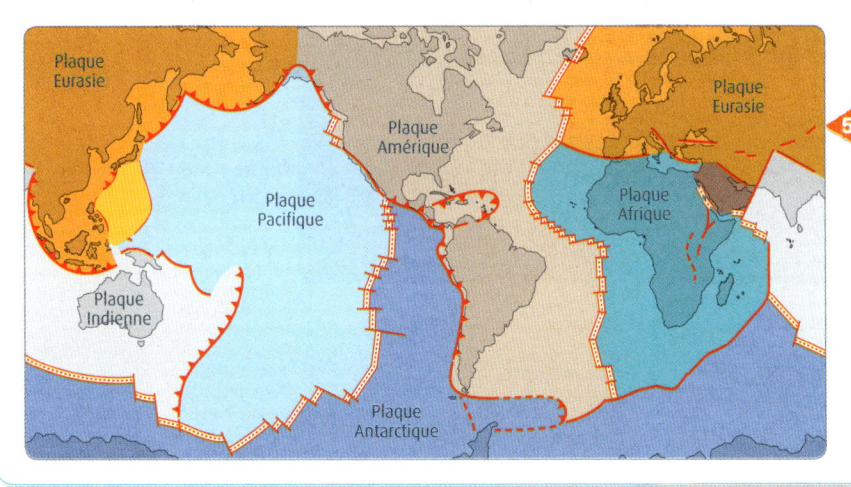

**5 Le premier modèle de plaques rigides proposé par Xavier Le Pichon en 1968.** À partir de la cartographie des failles transformantes, des anomalies magnétiques et des zones à forte activité sismique, ce géologue a subdivisé la lithosphère en six grandes plaques rigides en rotation. C'est le modèle de la tectonique des plaques.

## ACTIVITÉS

**1 DOC. 1 ET 2.** Relevez les caractéristiques des failles transformantes.

**2 DOC. 2.** Indiquez le sens de déplacement relatif des plaques dans le secteur sismiquement actif.

**3 DOC. 1, 3 ET 4.** Comparez l'orientation des failles transformantes dans le doc. 1 et celles des parallèles eulériens dans le doc. 3. Proposez alors une interprétation à la présence des failles transformantes.

**4 DOC. 5.** Repérez sur la carte les figurés correspondant à trois types de frontières entre plaques. Caractérisez les mouvements au niveau de ces frontières.

**5 CONCLUSION.** Montrez comment le modèle de la tectonique des plaques a été construit.

# UNITÉ 2 — Les plaques et leurs frontières

Dans le modèle de la tectonique des plaques, les dorsales, les zones de subduction et les portions sismiquement actives des failles transformantes sont des frontières au niveau desquelles les plaques sont animées de différents types de mouvements.

⇢ **Les observations de terrain confirment-elles les prévisions du modèle de la tectonique des plaques ?**

## Observer des structures sur le terrain

**1** **Le rift de Thingvellir en Islande.** Cette structure est une portion émergée de la **dorsale** de l'Atlantique Nord.

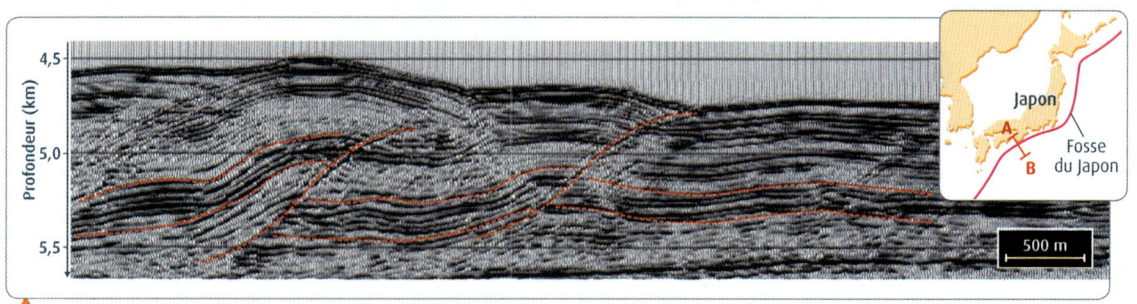

**2** **Profil de sismique réflexion dans la fosse de Nankaï au Japon.** Ce profil représente une portion d'une coupe de la croûte océanique effectuée à la verticale du segment AB. Les limites des couches de roches forment des surfaces sur lesquelles les ondes sismiques se réfléchissent. En étudiant le temps de parcours entre une source d'onde et un capteur, on peut localiser ces réflecteurs. Les lignes noires sur le profil sont des réflecteurs correspondant à des couches de sédiments de même âge, initialement déposées de façon horizontale. Certaines couches ont été individualisées par des pointillés rouges.

# Comprendre les mouvements des plaques

**Situation initiale**

**Dispositif étiré**

**Dispositif comprimé**

## JE MANIPULE

▶ Préparez deux récipients contenant respectivement du plâtre blanc et du plâtre coloré obtenu en mélangeant du plâtre avec un colorant en poudre.
▶ Disposez 5 couches horizontales (d'environ 1 cm d'épaisseur) de plâtre en alternant le plâtre blanc et le plâtre coloré.
▶ Mesurez la longueur et la hauteur initiales des dépôts ainsi réalisés.
▶ Utilisez le dispositif d'étirement pour produire un mouvement de divergence régulier (éviter les mouvements trop brusques).
▶ Observez le modèle après étirement et mesurez sa longueur et sa hauteur centrale.
▶ Renouvelez l'expérience en provoquant cette fois un mouvement de convergence.

**Mesures de déplacement**

|  | Longueur (en cm) | Hauteur au centre (en cm) |
|---|---|---|
| **Situation initiale** | 16 | 6 |
| **Dispositif étiré** | 17,5 | 4 |
| **Dispositif comprimé** | 14 | 7 |

**3** Modélisation des structures associées à des mouvements de divergence et à des mouvements de convergence.

## ACTIVITÉS

**1 DOC. 1 ET 2.** Justifiez pourquoi les deux régions étudiées correspondent à des frontières de plaques.
**2 DOC. 3.** Déterminez les conséquences des différents mouvements sur la hauteur et la longueur du modèle.
**3 DOC. 3.** Schématisez une faille produite par un mouvement de divergence (faille normale) et une faille produite par un mouvement de convergence (faille inverse).
**4 DOC. 1 À 3.** Mettez en relation les contextes géologiques et les structures observées doc.1 et 2 avec la nature des mouvements associés.
**5 EN CONCLUSION.** Montrez que les structures observées aux limites de plaques sont cohérentes avec les prévisions du modèle de la tectonique des plaques.

# UNITÉ 3 — Le renforcement du modèle de la tectonique des plaques

Dans les années 1970, des données volcaniques et sédimentaires ont permis de confirmer les mouvements des plaques lithosphériques tout en précisant leur direction et leur vitesse.

⇢ **En quoi le volcanisme et la sédimentation océaniques renseignent-ils sur le mouvement des plaques ?**

## L'étude d'un volcanisme particulier

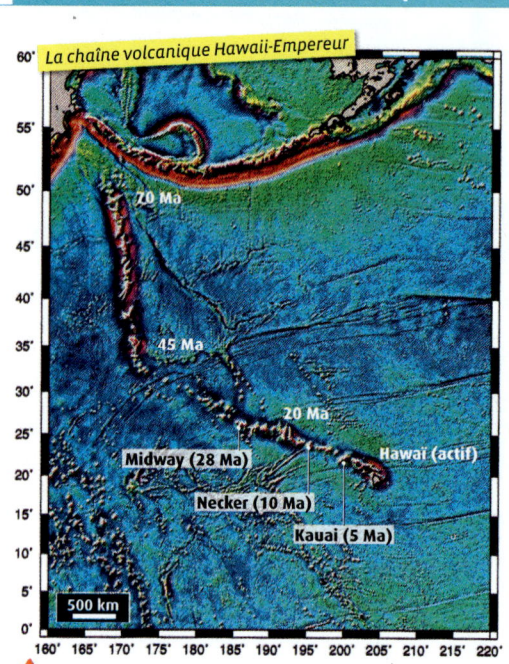

*La chaîne volcanique Hawaii-Empereur*

*L'éruption du volcan Kilauea (Hawaii)*

**1 La chaîne volcanique Hawaii-Empereur.** Située dans l'océan Pacifique, elle est composée d'un alignement d'édifices volcaniques sous-marins inactifs et de l'archipel des îles d'Hawaii. Ce dernier comprend des volcans actifs, comme le Kilauea. Ce volcanisme est original, car localisé non pas aux frontières, mais à l'intérieur d'une plaque. L'âge des volcans est indiqué entre parenthèses.

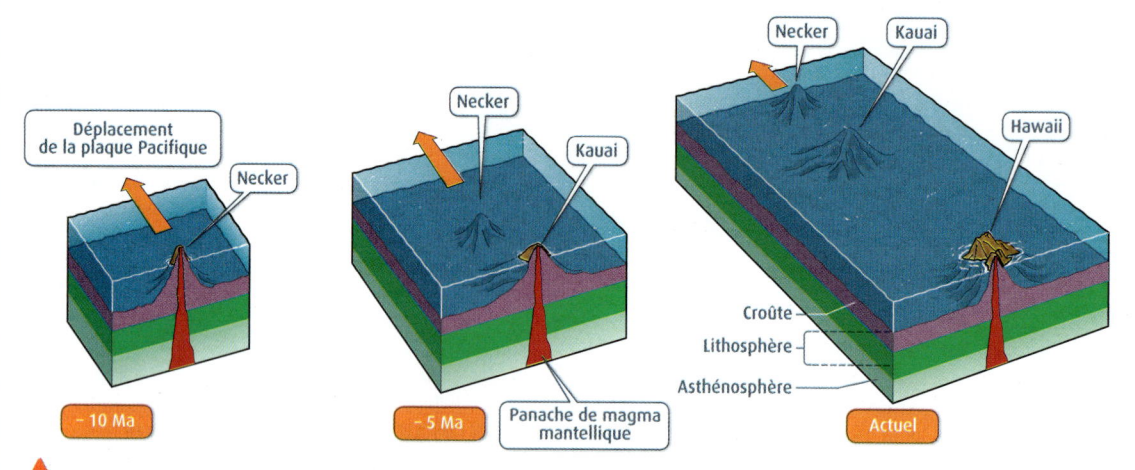

**2 Schéma d'interprétation de l'alignement volcanique Hawaii-Empereur.** En 1971, J. Morgan propose d'interpréter les alignements volcaniques à l'intérieur de la plaque Pacifique par le déplacement de cette plaque au-dessus d'une source intermittente de magma considérée comme fixe et positionnée actuellement sous le volcan actif : le **point chaud**.

# L'étude des sédiments du plancher océanique

« Le programme de forages profonds JOIDES (Joint Oceanographic Institutions Deep Earth Sampling) débuta en août 1968. Environ 150 km de roches ont été forés en 270 forages répartis dans tous les océans. [...] Le programme JOIDES a bénéficié, dès ses débuts, d'une hypothèse sur l'évolution du fond des océans. [...] Les anomalies magnétiques permettent d'effectuer des corrélations à la surface d'un même océan, et d'un océan à l'autre ; elles fournissent, avant tout forage, une carte de l'âge [supposé] du substratum océanique* [...]. »

G. Pautot et X. Le Pichon, *Résultats du programme JOIDES*, 1973.
\* substratum océanique = basaltes océaniques.

**3** Un ambitieux programme de forages sous-marins.

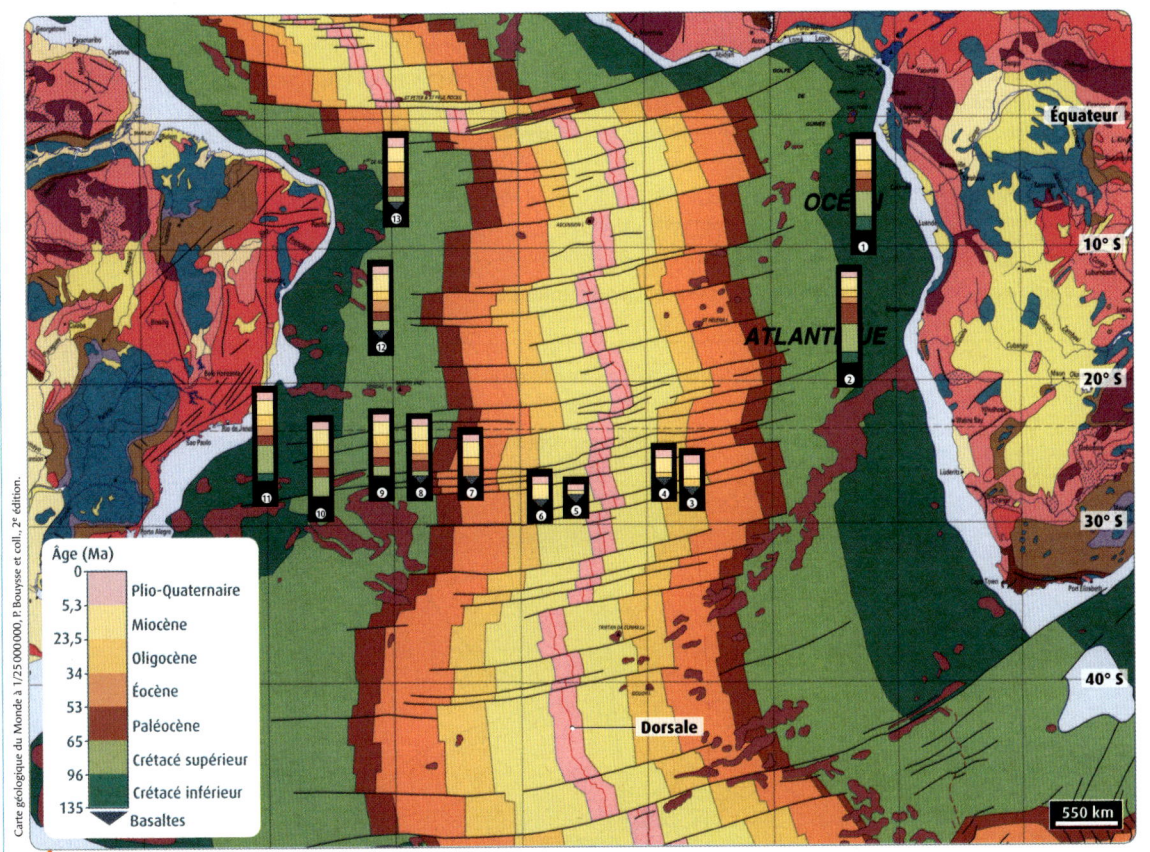

**Âge (Ma)**
- 0 – Plio-Quaternaire
- 5,3 – Miocène
- 23,5 – Oligocène
- 34 – Éocène
- 53 – Paléocène
- 65 – Crétacé supérieur
- 96 – Crétacé inférieur
- 135 – Basaltes

**4** **Les sédiments des fonds marins de l'Atlantique Sud.** L'âge des sédiments en contact avec les basaltes de la croûte océanique est représenté. Les carottes sédimentaires correspondent aux endroits où les forages ont été effectués. La corrélation entre l'âge des basaltes déduit des anomalies magnétiques (voir p. 100-101) et l'âge des sédiments à leur contact est excellente.

## ACTIVITÉS

**1 DOC. 1 ET 2.** Déterminez la trajectoire de la plaque Pacifique depuis 70 Ma.

**2 DOC. 1.** Calculez la vitesse de déplacement de la plaque Pacifique sur les 5 derniers Ma. Comparez avec l'ordre de grandeur de la vitesse calculée grâce au paléomagnétisme (voir p. 100-101).

**3 DOC. 3 ET 4.** En quoi l'âge des sédiments en contact avec les basaltes confirme-t-il l'expansion océanique ?

**4 DOC. 4.** Calculez la vitesse d'expansion de l'océan Atlantique à 30° S de latitude sur les 96 derniers Ma.

**5 EN CONCLUSION.** Expliquez en quoi l'étude du volcanisme de point chaud et des sédiments des fonds océaniques a renforcé le modèle de la tectonique des plaques.

# UNITÉ 4 — La confirmation du modèle par les données GPS

Le déplacement des plaques peut aujourd'hui être mesuré instantanément grâce aux techniques de positionnement par satellites (GPS).

⇢ **Les mesures par GPS confirment-elles les déplacements des plaques lithosphériques ?**

## Une technique très précise

« Les satellites émettent des ondes radio à un instant connu. Connaissant la vitesse de propagation des ondes électromagnétiques, la mesure du temps d'arrivée du signal d'un satellite donné permet de connaître la distance $d$ entre le récepteur et ce satellite. D'autre part, les satellites occupent des orbites définies avec une grande précision, ce qui permet de connaître à tout moment la position précise de chaque satellite. Au moment de la mesure, le récepteur se situe quelque part sur une sphère centrée sur le satellite et de rayon $r$. Pour localiser le récepteur avec précision, il faut donc mesurer sa distance à 4 satellites distincts (4 sphères n'ont qu'un seul point d'intersection en commun), ou mesurer la distance de trois satellites (ce qui définit 2 points d'intersection possibles) et utiliser la surface de la Terre comme 4ᵉ sphère. »

T. Herring, *Pour la Science*, avril 1996.

**1** Le principe de positionnement d'une station géodésique par GPS.

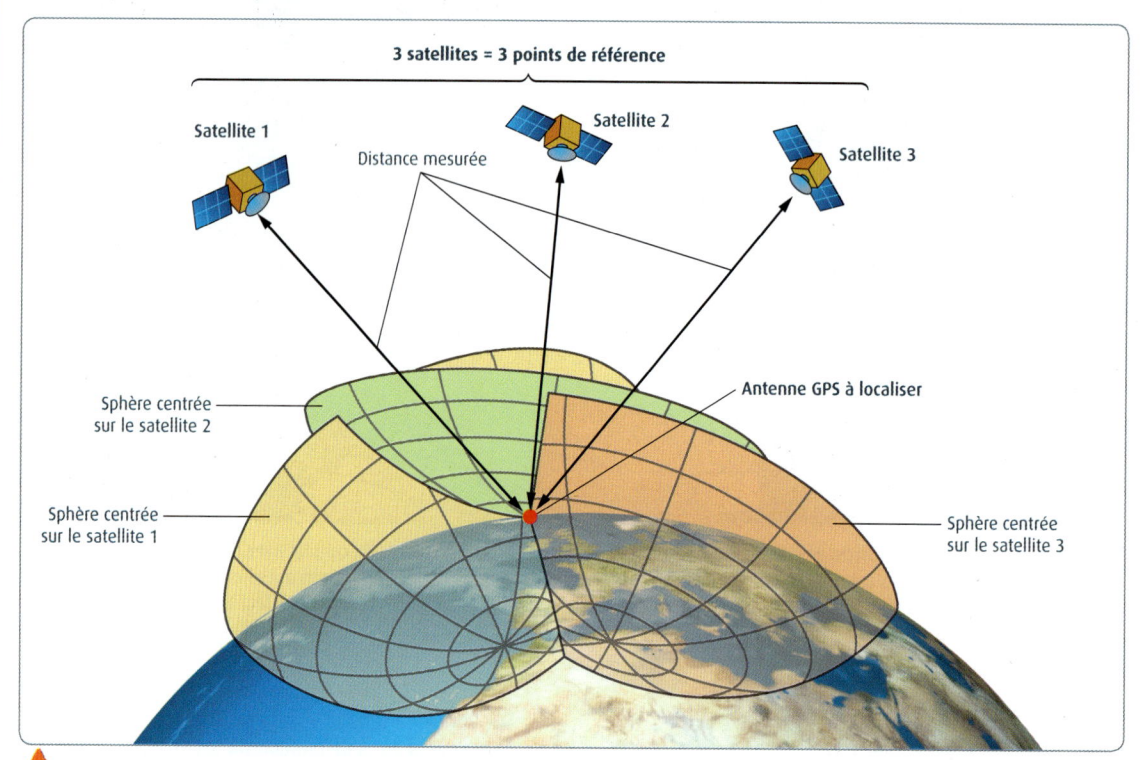

**2** La localisation d'un point à la surface de la Terre grâce à trois satellites.
Chaque satellite émet un premier signal qui permet à des stations terrestres de coordonnées connues de déterminer sa position orbitale précise et l'instant exact d'émission du signal. Le satellite sert ainsi de point de référence. Il émet un second signal capté par l'antenne GPS dont on cherche à déterminer la position. L'antenne mesure le temps de parcours du signal et en déduit la distance entre elle et le satellite. Trois mesures avec trois satellites permettent ainsi de positionner très précisément (au millimètre près) la position de l'antenne GPS en latitude, longitude et altitude.

## Des mesures de déplacement instantané

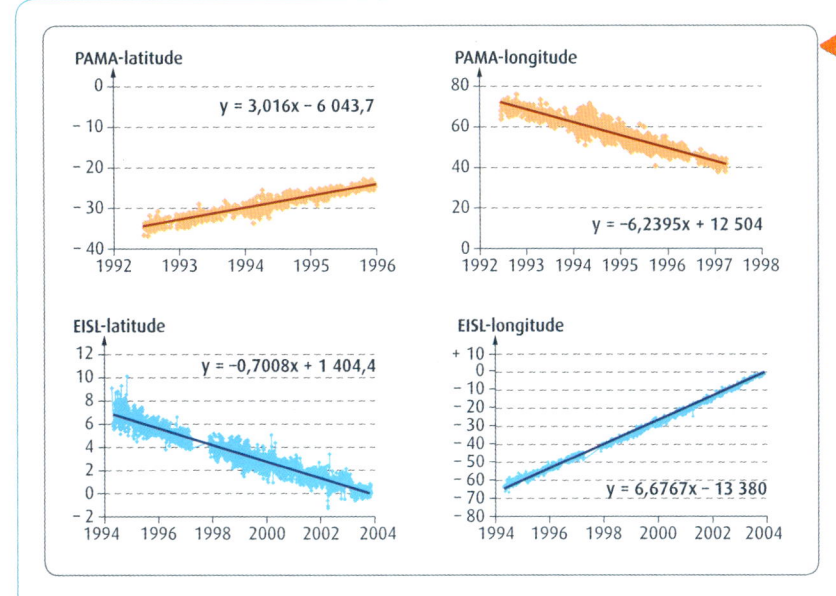

**3 Déplacements en latitude et en longitude de deux stations mesurés par GPS.** La station PAMA est située sur l'île de Papeete et la station EISL sur l'île de Pâques, dans le Pacifique. En ordonnée figure le déplacement de la station en cm par rapport à un point de référence sur un méridien (longitude) ou sur un parallèle (latitude). Chaque courbe est de type y = $a$x + b, où $a$ correspond à la vitesse linéaire de déplacement en cm.an$^{-1}$. Une valeur négative signifie un déplacement vers le Sud pour les latitudes et vers l'Ouest pour les longitudes. Le vecteur déplacement de la station est la somme des vecteurs déplacement en longitude et en latitude.

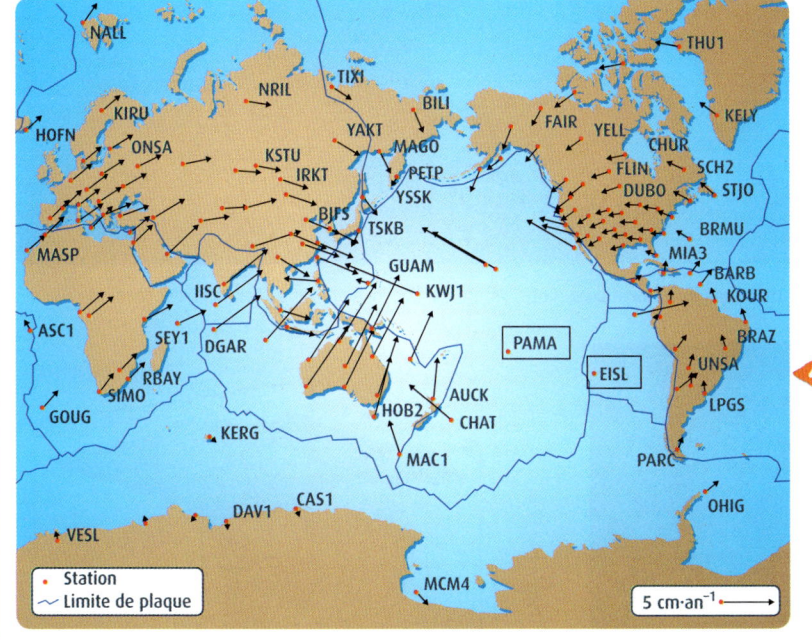

PAMA-latitude : y = 3,016x − 6 043,7
PAMA-longitude : y = −6,2395x + 12 504
EISL-latitude : y = −0,7008x + 1 404,4
EISL-longitude : y = 6,6767x − 13 380

**4 Carte des déplacements des stations géodésiques réparties à la surface de la Terre mesurés par GPS.** Pour chaque station, la mesure par GPS permet de définir un vecteur déplacement : sa direction est celle du déplacement et sa longueur est proportionnelle à la vitesse de déplacement.

## ACTIVITÉS

**1 DOC. 1 ET 2.** Récapitulez le principe du positionnement par GPS.

**2 DOC. 3.** Tracez sur un graphique les vecteurs déplacement des stations PAMA et EISL. Déduisez-en la vitesse d'expansion instantanée du Pacifique.

**3 DOC. 3 ET 4.** Décalquez le planisphère, puis représentez les vecteurs déplacement pour les stations PAMA et EISL.

**4 DOC. 4.** Placez sur votre calque des stations dont les vecteurs déplacement témoignent de mouvements soit de convergence, soit de divergence.

**5 EN CONCLUSION.** Montrez comment les mesures obtenues grâce aux techniques de positionnement par satellites renforcent le modèle de la tectonique des plaques.

THÈME 2 – CHAPITRE 3 LE MODÈLE ACTUEL DE LA TECTONIQUE DES PLAQUES

# UNITÉ 5 — Le fonctionnement des dorsales

Dans le cadre du modèle de la tectonique des plaques, les dorsales sont des frontières de plaques où, en permanence, de la lithosphère océanique est mise en place. Les connaissances actuelles permettent de comprendre ce processus.

⇢ **Comment la lithosphère océanique est-elle mise en place au niveau des dorsales ?**

## Analyser des faits d'observation

**1** **Une fissure sur la crête de la dorsale Est-Pacifique.** Cette fissure est la conséquence de l'expansion océanique.

**2** **Une coulée sous-marine de basaltes en coussins.** Les laves ont été émises depuis une fissure au niveau de la dorsale Pacifique et le cliché a été réalisé cinq ans après l'éruption à l'origine de la coulée. S'étendant sur plus de 60 000 km de long, les dorsales sont les plus grandes chaînes volcaniques actives de la Terre. Elles produisent chaque année 21 km³ de roches magmatiques.

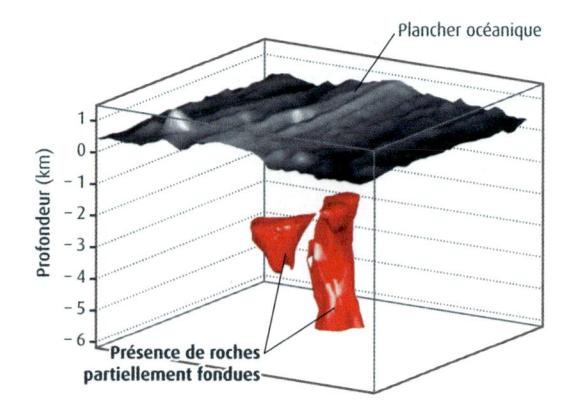

**3** **Des données sismiques.** Dans une roche partiellement fondue, les ondes sismiques sont retardées. Les techniques actuelles permettent de reconstituer en trois dimensions les zones où le ralentissement des ondes indique la présence de roches partiellement fondues. Ce diagramme a été obtenu à l'aplomb de la dorsale Est-Pacifique.

# Construire un modèle de fonctionnement d'une dorsale

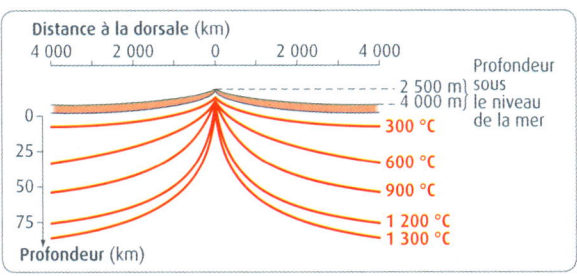

**4** La répartition des isothermes sous la croûte océanique.

**5 Diagramme de fusion d'une péridotite obtenu au laboratoire.** Une péridotite du manteau est soumise à des conditions de pression et de température variables. Dans le domaine de pressions et températures situé entre le solidus et le liquidus, la roche a partiellement fondu : elle forme un mélange solide + liquide, ce dernier n'ayant pas la même composition que la péridotite de départ. Sur le diagramme, on a également indiqué l'évolution de la température en fonction de la profondeur (et donc de la pression) au niveau d'une dorsale (géotherme de dorsale) et en moyenne au niveau des océans (géotherme océanique).

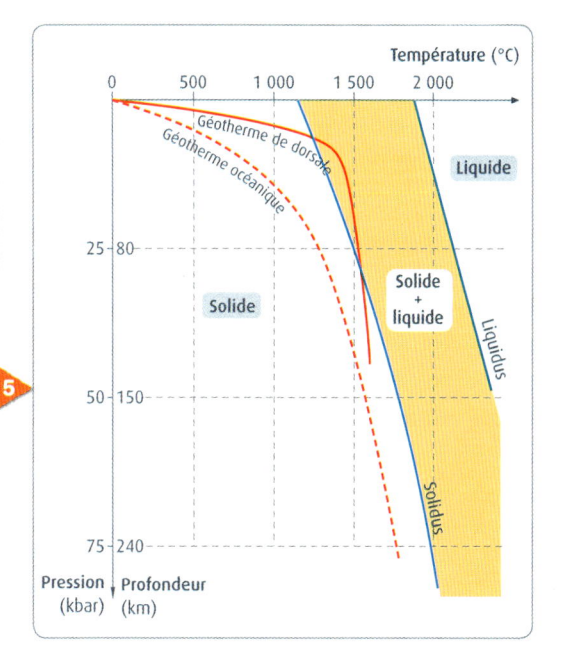

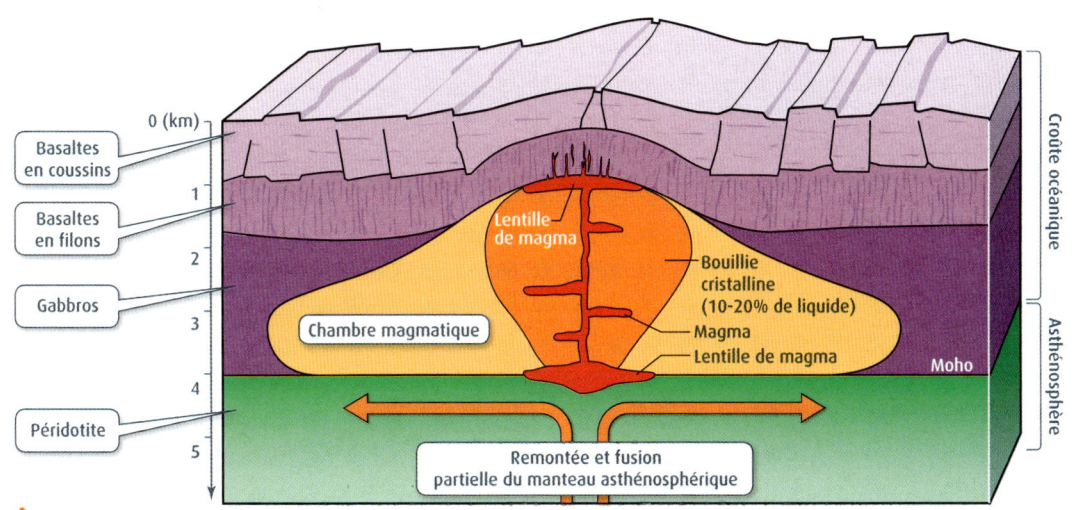

**6 Un modèle de fonctionnement d'une dorsale.** La chambre magmatique est une zone où environ 10 % des péridotites de l'asthénosphère sont fondues, formant une bouillie cristalline. Les liquides magmatiques injectés dans les fissures formeront, après refroidissement, les gabbros et les basaltes de la croûte océanique.

## ACTIVITÉS

**1 DOC. 1 À 3.** Exploitez les documents pour montrer l'existence d'une lithosphère océanique en formation au niveau des dorsales.

**2 DOC. 4.** Montrez qu'il y a une remontée de l'asthénosphère à l'aplomb des dorsales.

**3 DOC. 5 ET 6.** À l'aide du doc. 5, expliquez comment la remontée du manteau asthénosphérique au niveau de la dorsale contribue à sa fusion partielle et donc à la formation de la lithosphère océanique.

**4 CONCLUSION.** Résumez les mécanismes qui permettent la mise en place de la lithosphère océanique au niveau des dorsales.

THÈME 2 – CHAPITRE 3 LE MODÈLE ACTUEL DE LA TECTONIQUE DES PLAQUES

# UNITÉ 6 — Le fonctionnement des zones de subduction

Dans le cadre du modèle de la tectonique des plaques, les zones de subduction sont des frontières entre plaques où la lithosphère océanique s'enfonce dans le manteau.

**Les données actuelles confirment-elles le modèle de fonctionnement des zones de subduction ?**

## Des données océanographiques

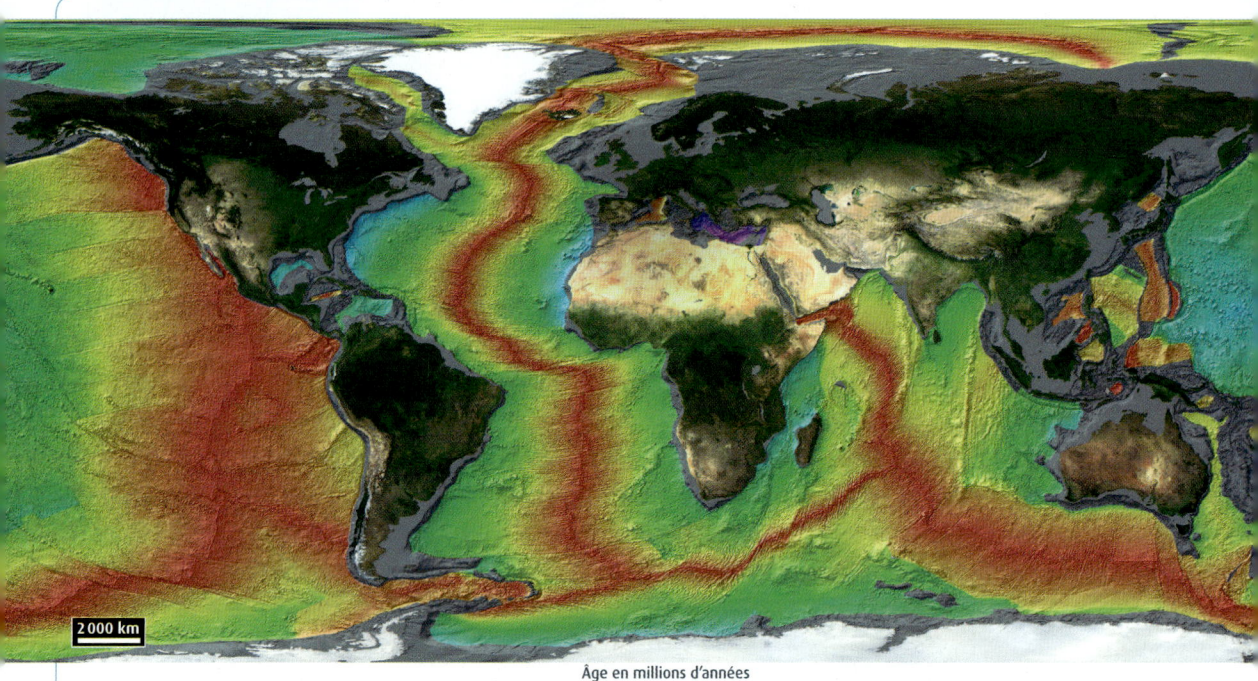

**1. La carte de l'âge des fonds océaniques.**
À titre de comparaison, les plus vieilles roches connues de la croûte continentale sont âgées de 4 milliards d'années.

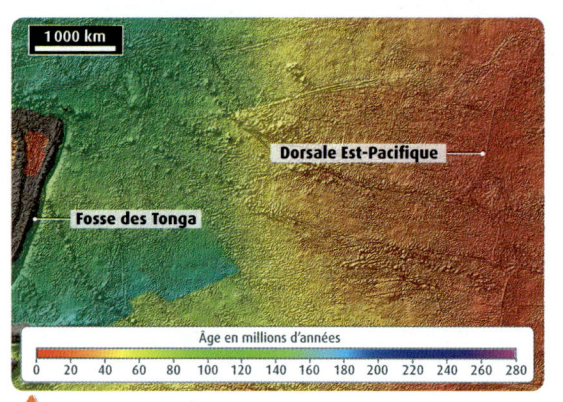

Âge en millions d'années : 0 — 20 — 40 — 60 — 80 — 100 — 120 — 140 — 160 — 180 — 200 — 220 — 240 — 260 — 280

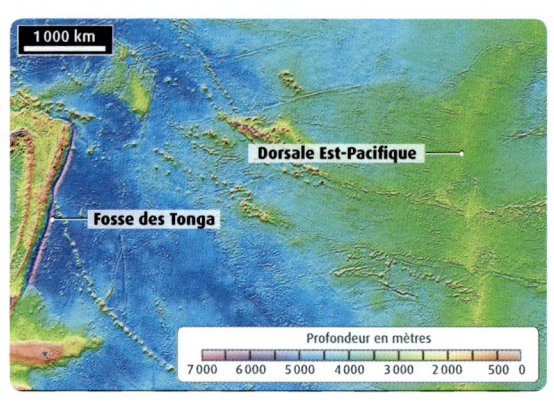

**2. L'âge des fonds océaniques et la bathymétrie dans la région de la fosse des Tonga.** Cette fosse (voir carte de localisation doc. 4 ci-contre) est l'une des plus profondes au monde (− 10 882 mètres). Plus de 7 cm de lithosphère océanique s'enfoncent chaque année dans le manteau au niveau de cette zone de subduction.

## Des données sismiques

Depuis plus d'un siècle, de nombreux séismes ont été étudiés par des sismographes répartis partout dans le monde. Grâce à ces études, les sismologues ont calculé un profil moyen de vitesse des ondes sismiques dans le manteau en fonction de la profondeur. Si une onde traverse un milieu à une vitesse différente de celle fournie par le modèle, elle arrive en retard ou en avance par rapport aux prédictions de ce modèle. L'analyse d'un grand nombre de temps de parcours permet de construire des cartes des écarts des vitesses sismiques par rapport au modèle : c'est le principe de la tomographie sismique. Ces écarts traduisent des variations de la température des matériaux traversés par les ondes.

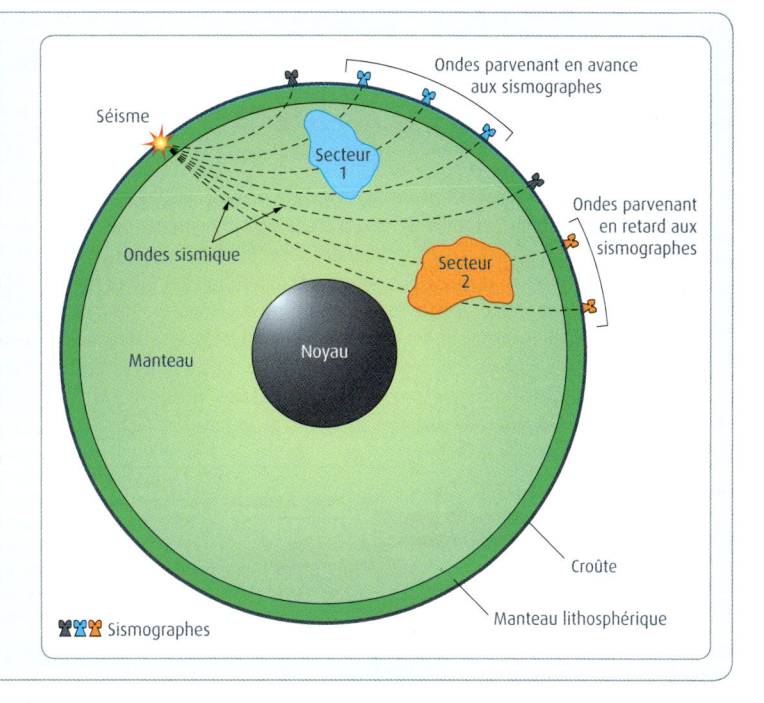

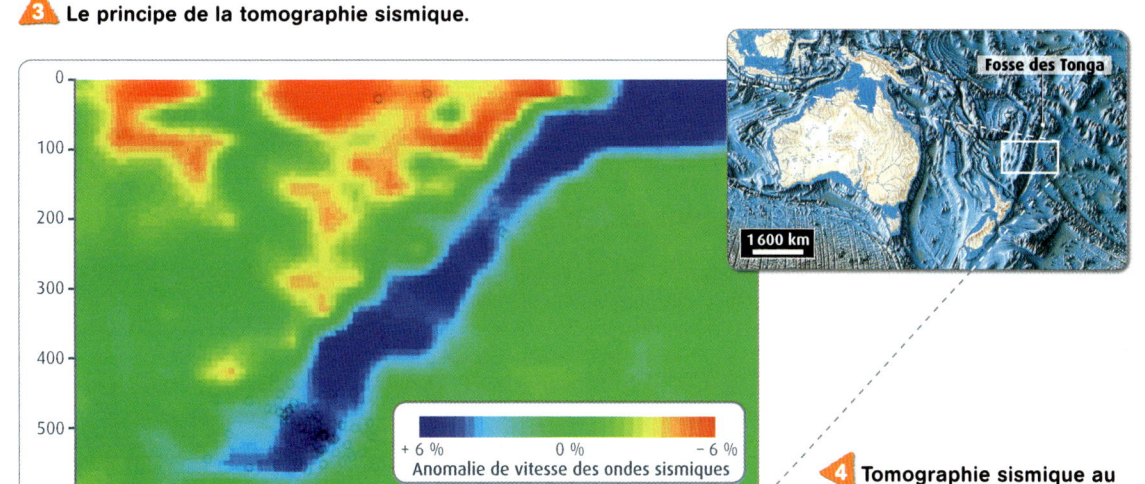

**3** Le principe de la tomographie sismique.

**4** Tomographie sismique au niveau de la fosse des Tonga.

### ACTIVITÉS

**1** **DOC. 1.** Déterminez l'âge de la plus ancienne lithosphère océanique connue.

**2** **DOC. 2.** Établissez une relation entre la profondeur des fonds océaniques de la plaque Pacifique et leur âge.

**3** **DOC. 3.** Rappelez comment varie la vitesse des ondes sismiques avec la température des matériaux traversés, puis concluez quant à la température des secteurs 1 et 2.

**4** **DOC. 4.** Indiquez en quoi ces données tomographiques témoignent de l'incorporation d'une lithosphère océanique âgée dans le manteau.

**5** **EN CONCLUSION.** Expliquez en quoi les données actuelles confirment l'existence du phénomène de subduction.

# CHAPITRE 3 — Le modèle actuel de la tectonique des plaques

## BILAN DES UNITÉS

### UNITÉ 1 — Le modèle de la tectonique des plaques

- Les **dorsales** médio-océaniques sont découpées en segments par de nombreuses failles parallèles entre elles et perpendiculaires à l'axe de la dorsale : les **failles transformantes**.
- À la fin des années 1960, l'étude de la géométrie des failles transformantes permet de comprendre que chaque dorsale est une frontière séparant deux plaques en rotation l'une par rapport à l'autre.
- En 1968, l'analyse conjointe de la répartition des failles transformantes, des anomalies magnétiques et des zones à forte activité sismique permet de proposer un modèle où la lithosphère est subdivisée en plusieurs plaques rigides en rotation : c'est le modèle de la tectonique des plaques.
- Les plaques sont séparées par trois types de frontières, caractérisées par des mouvements différents : mouvements divergents au niveau des dorsales, mouvements convergents au niveau des zones de **subduction**, mouvements décrochants au niveau de la zone des failles transformantes qui présente une activité sismique.

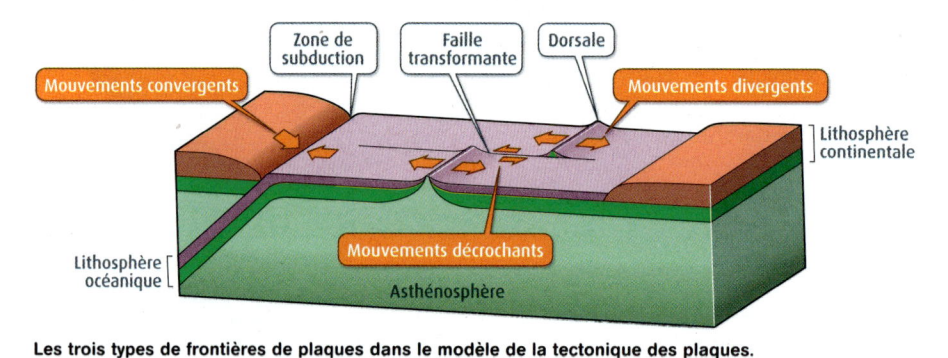

Les trois types de frontières de plaques dans le modèle de la tectonique des plaques.

### UNITÉ 2 — Les plaques et leurs frontières

- Au niveau des dorsales et des zones de subduction, l'observation des structures géologiques permet de confirmer les prévisions du modèle de la tectonique des plaques.
- Les dorsales présentent des failles normales. La modélisation de ces failles montre qu'elles accompagnent un allongement horizontal, en accord avec le mouvement divergent proposé par le modèle de la tectonique des plaques.
- Les zones de subduction présentent des failles inverses. La modélisation de ces failles montre qu'elles accompagnent un raccourcissement horizontal, en accord avec le mouvement convergent proposé par le modèle.

### UNITÉ 3 — Le renforcement du modèle de la tectonique des plaques

- Dans les années 1970, plusieurs données renforcent le modèle de la tectonique des plaques.
- Le modèle permet d'interpréter les alignements volcaniques à l'intérieur d'une plaque. Ils correspondent à la trace laissée sur la plaque en mouvement par une source de magma supposée fixe : le **point chaud**.
- Certaines prédictions du modèle de la tectonique des plaques sont confirmées lors de campagnes de forages sous-marins : on observe que l'âge des sédiments au contact des basaltes du plancher océanique augmente au fur et à mesure que l'on s'éloigne de la dorsale, en accord avec les données du paléomagnétisme.
- Les vitesses de déplacement des plaques peuvent donc être déterminées à partir de l'âge des sédiments, des alignements volcaniques ou des anomalies magnétiques. Les ordres de grandeur obtenus (quelques centimètres par an) sont cohérents entre eux.

# BILAN DES UNITÉS

## UNITÉ 4 — La confirmation du modèle par les données GPS

- Depuis la fin du xxe siècle, on peut quantifier le déplacement des plaques lithosphériques grâce au GPS.
- Cette technique utilise des satellites pour positionner au millimètre près des stations réparties sur l'ensemble de la planète. On peut ainsi mesurer les vitesses de déplacement des plaques lithosphériques sur quelques années. On détermine par exemple que la vitesse d'expansion de l'océan Pacifique est d'environ 15 cm.an$^{-1}$.
- Les déplacements déterminés grâce au GPS sont cohérents avec ceux déduits des anomalies magnétiques, des alignements volcaniques et des données sédimentaires.

## UNITÉ 5 — Le fonctionnement des dorsales

- Les submersibles permettent aujourd'hui d'observer, au niveau des dorsales, des phénomènes volcaniques aboutissant à la mise en place des basaltes de la croûte océanique.
- Les données sismiques montrent également la présence de roches partiellement fondues à l'aplomb des dorsales. À ce niveau, l'isotherme 1 300 °C est très proche de la surface, ce qui traduit un amincissement de la lithosphère et une remontée de l'asthénosphère. Cette remontée provoque une décompression des péridotites du manteau et leur fusion partielle.
- Le magma ainsi produit a une composition différente de la péridotite dont il est issu. Une partie du magma refroidit en profondeur et forme les gabbros de la croûte océanique. Le magma arrivant en surface refroidit rapidement, à l'origine des basaltes de la croûte océanique.
- Ces données récentes confirment qu'une lithosphère océanique nouvelle est produite en permanence au niveau des dorsales.

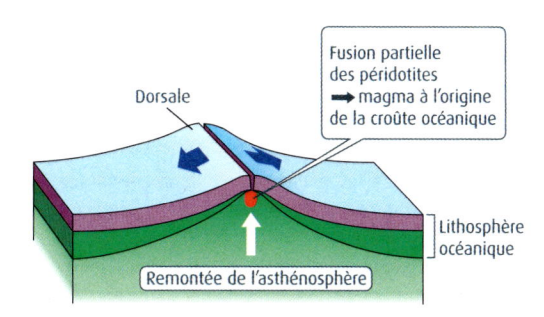

La production de la croûte océanique au niveau d'une dorsale.

## UNITÉ 6 — Le fonctionnement des zones de subduction

- Les données océanographiques montrent que la profondeur du plancher océanique augmente avec son éloignement à la dorsale et donc avec son âge. Cela suggère un enfoncement progressif de la lithosphère océanique dans l'asthénosphère sous-jacente.
- Aucune lithosphère océanique n'est âgée de plus de 200 millions d'années environ, ce qui est en accord avec les prévisions du modèle de la tectonique des plaques, dans lequel la lithosphère âgée s'incorpore dans le manteau au niveau des zones de subduction. Cette incorporation peut désormais être visualisée directement grâce à la tomographie sismique, qui montre qu'une plaque de matériel froid plonge dans le manteau asthénosphérique au niveau des fosses océaniques.
- Les données récentes confirment donc que les zones de subduction sont des lieux de destruction de la lithosphère océanique et qu'elles participent, comme les dorsales, au renouvellement de cette lithosphère.

# CHAPITRE 3 — Le modèle actuel de la tectonique des plaques

## L'ESSENTIEL

### L'essentiel par le texte

#### Un premier modèle

- À la fin des années 1960, les géologues intègrent les différents types de mouvements horizontaux de la lithosphère dans un modèle global : celui de la tectonique des plaques.
- Dans le modèle de la tectonique des plaques, la lithosphère est découpée en **plaques** rigides qui sont en rotation à la surface du globe.
- Les frontières entre ces plaques sont de trois types :
– frontières divergentes au niveau des dorsales ;
– frontières convergentes au niveau des zones de subduction ;
– frontières décrochantes au niveau des **failles transformantes**.

#### Le renforcement du modèle

- Dans les années 1970, des campagnes de forages sous-marins montrent que l'âge des sédiments augmente avec la distance à la dorsale, en accord avec les prévisions du modèle de la tectonique des plaques.
- À la même époque, le modèle fournit une explication aux alignements de volcans observés au sein des plaques. Ils sont dus au passage d'une plaque au-dessus d'une source de magma supposée fixe : le **point chaud**.
- Toutes ces données renforcent le modèle de la tectonique des plaques.

#### La confirmation et l'évolution du modèle

- À partir des années 1990, le développement des techniques de positionnement par satellites (**GPS**) permet de mesurer les vitesses de déplacement instantané des **plaques lithosphériques**. Les mouvements des plaques prévus par le modèle se trouvent ainsi directement observés et confirmés.
- Des données acquises récemment, notamment par tomographie sismique, permettent de mieux comprendre la dynamique lithosphérique associée au modèle de la tectonique des plaques :
– la lithosphère océanique est formée au niveau des dorsales par la fusion partielle des roches du manteau asthénosphérique (les péridotites) ;
– la lithosphère océanique âgée disparaît au niveau des zones de subduction, où elle est incorporée dans le manteau.
- Aujourd'hui, le modèle de la tectonique des plaques fait consensus dans la communauté scientifique grâce à sa puissance explicative et à l'accumulation de preuves en sa faveur.

### Les capacités et attitudes

▶ Saisir des données et les intégrer dans un modèle explicatif **(unité 1)**
▶ Modéliser des mouvements de divergence et de convergence à l'aide d'un modèle analogique **(unité 2)**
▶ Calculer des vitesses de déplacement des plaques lithosphériques **(unités 3 et 4)**
▶ Saisir des informations scientifiques, les mettre en relation pour expliquer un phénomène géologique **(unité 5 et 6)**

### Mots clés
*Voir aussi Dico des SVT p. 332*

**Faille transformante :** fracture qui décale l'axe des dorsales. Un secteur de la faille est marqué par une activité sismique liée à des mouvements décrochants.
**GPS (Global Positioning System) :** technique fondée sur l'utilisation de satellites qui permet de positionner au millimètre près un point à la surface de la Terre.
**Plaque lithosphérique :** plaque constituée de lithosphère océanique et/ou continentale, qui est animée d'un mouvement de rotation à la surface du globe.
**Point chaud :** zone volcanique localisée à l'origine des alignements de volcans observés à l'intérieur des plaques.

# L'ESSENTIEL

## L'essentiel par l'image

### L'élaboration d'un modèle global

#### Un premier modèle global

**1968** — Étude de la géométrie des failles transformantes

- Lithosphère découpée en plaques rigides en rotation à la surface de la Terre = modèle de la tectonique des plaques
- 3 types de frontières :
  - dorsale
  - zone de subduction
  - faille transformante

#### Le renforcement du modèle

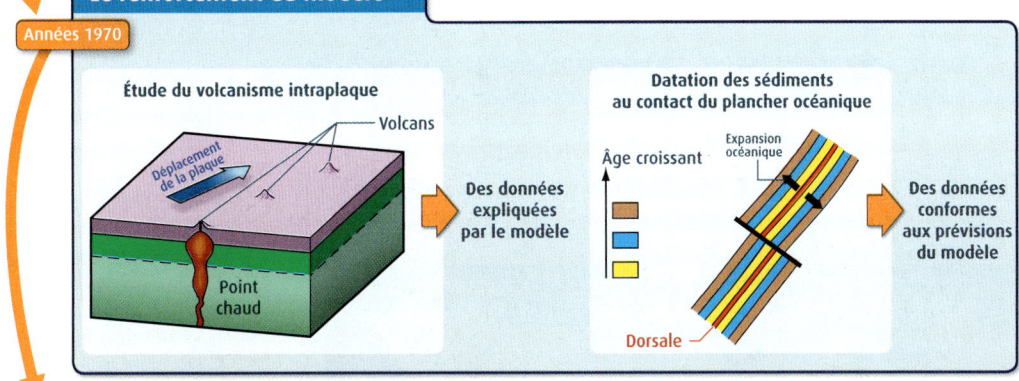

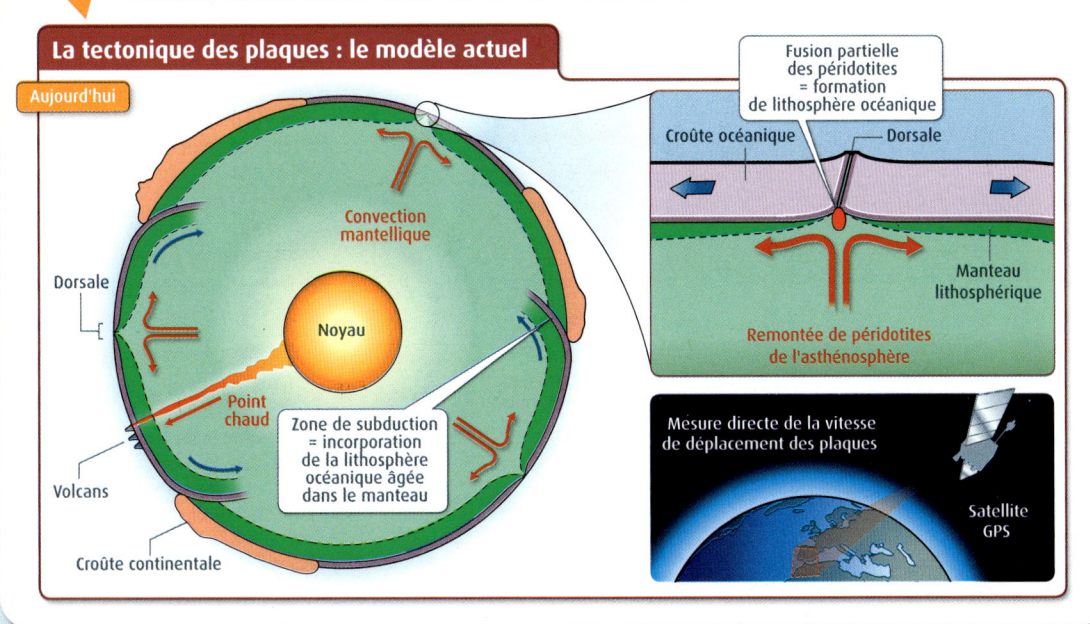

**Années 1970**

Étude du volcanisme intraplaque → Des données expliquées par le modèle

Datation des sédiments au contact du plancher océanique → Des données conformes aux prévisions du modèle

#### La tectonique des plaques : le modèle actuel

**Aujourd'hui**

- Convection mantellique
- Noyau
- Point chaud
- Zone de subduction = incorporation de la lithosphère océanique âgée dans le manteau
- Dorsale
- Volcans
- Croûte continentale

- Fusion partielle des péridotites = formation de lithosphère océanique
- Croûte océanique
- Dorsale
- Manteau lithosphérique
- Remontée de péridotites de l'asthénosphère

Mesure directe de la vitesse de déplacement des plaques — Satellite GPS

THÈME 2 – CHAPITRE 3 LE MODÈLE ACTUEL DE LA TECTONIQUE DES PLAQUES

# EXERCICES

## évaluer ses connaissances

### 1 QCM
**Pour chaque proposition, identifiez la (ou les) bonne(s) réponse(s) :**
**1. Les failles transformantes sont :**
a. le siège de mouvements de type convergent.
b. cohérentes avec le modèle de plaques rigides en rotation sur une sphère.
c. également appelées failles normales.
**2. Les sédiments en contact avec le plancher océanique basaltique :**
a. sont de plus en plus jeunes au fur et à mesure que l'on s'éloigne de la dorsale.
b. ont tous le même âge pour un océan donné.
c. ont permis de confirmer les vitesses d'expansion des océans prévues par le modèle.
**3. La lithosphère océanique :**
a. provient du manteau, mais n'y retourne pas.
b. est amincie au niveau des zones de subduction.
c. est recyclée à l'échelle des temps géologiques.

### 2 Vrai ou faux ?
**Identifiez les affirmations fausses et rectifiez-les :**
a. Les plaques lithosphériques sont animées de mouvements soit divergents au niveau des zones de subduction, soit convergents au niveau des dorsales.
b. La géométrie des failles transformantes permet de retrouver la direction de déplacement des plaques.
c. Certains alignements volcaniques au sein d'une plaque s'expliquent par le déplacement d'un point chaud en dessous de cette plaque.
d. Au niveau des dorsales, de la lithosphère âgée est incorporée au manteau.

## s'entraîner avec un exercice guidé

### 3 Le pôle de rotation de la plaque africaine

Le document ci-dessous est une projection de la surface du globe centrée sur le pôle Nord. On y a représenté les dorsales et les failles transformantes.

**Un peu d'aide**
• **Saisir les informations**
Retrouvez sur le document la position de la plaque africaine ainsi que celle de la dorsale Atlantique et de ses failles transformantes.
• **Mobiliser les connaissances**
– Les parallèles eulériens sont des cercles concentriques qui décrivent le déplacement d'un point à la surface d'une plaque en rotation. Ils permettent de localiser l'axe eulérien de rotation et les pôles eulériens de rotation d'une plaque.
– Les failles transformantes ont la même orientation que les parallèles eulériens.
• **Raisonner**
Comparez l'orientation des failles transformantes au niveau de la dorsale Atlantique et celle des parallèles terrestres.

**1. Projection de la surface du globe centrée sur le pôle Nord.** Il faut imaginer que la surface terrestre a été découpée telle la peau d'une orange, puis étalée.

**QUESTION** En analysant la géométrie des failles transformantes, montrez que les pôles eulériens de rotation de la plaque africaine sont proches des pôles de rotation de la Terre sur elle-même.

# Appliquer ses connaissances

## 4 Interpréter et quantifier un déplacement dans des roches déformées
*Traduire des informations par un schéma*

❶ Décalquez le doc. 1 et indiquez l'emplacement des principales failles.

❷ Schématisez la position des différentes couches de cendres avant le mouvement à l'origine des failles.

❸ Identifiez la nature de ces failles et évaluez la longueur de la déformation subie par les roches. Aidez-vous de l'échelle de la photo.

❹ Donnez un exemple de contexte géologique dans lequel ce type de déformation est observé.

**1.** Des cendres volcaniques blanches intercalées dans des sédiments continentaux (région du lac de Van, en Turquie).

## 5 Interpréter des tomographies sismiques
*Réaliser un schéma et mettre en relation des informations*

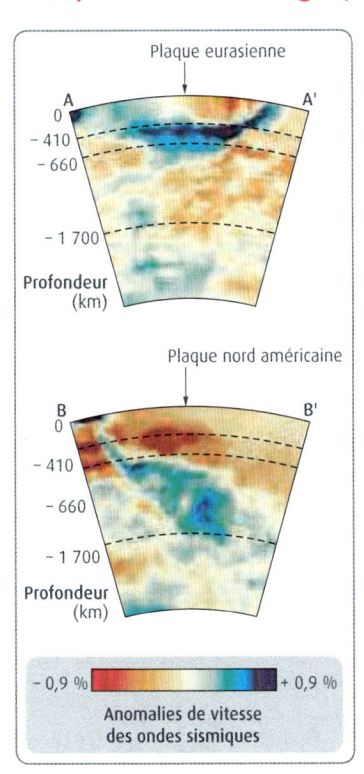

Les deux tomographies du **doc. 1** ont été réalisées l'une sur la bordure est, l'autre sur la bordure ouest de l'océan Pacifique (**doc. 2**). Elles représentent chacune une vue en coupe des 2 900 premiers kilomètres sous la surface du globe.

❶ Décalquez les coupes tomographiques du doc. 1, puis interprétez les phénomènes observés entre 0 et –1 700 km.

❷ En vous aidant des informations fournies par le doc. 2, indiquez une localisation possible de la zone à l'aplomb de laquelle chacune des tomographies a été réalisée.

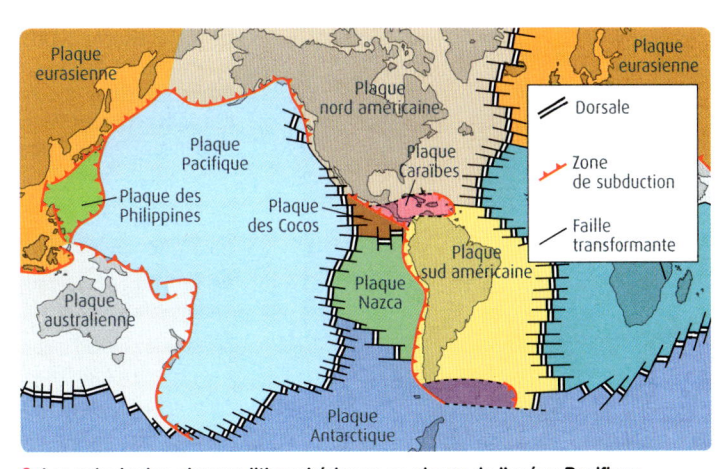

**1.** Deux tomographies sismiques réalisées en bordure de l'océan Pacifique.

**2.** Les principales plaques lithosphériques au niveau de l'océan Pacifique et de ses bordures.

## 6 La renouvellement de la lithosphère océanique
*Rédiger une synthèse des connaissances*

En permanence, de la lithosphère océanique est détruite dans les zones de subduction et produite au niveau des dorsales.

● Présentez les données sismiques et thermiques permettant de justifier cette affirmation et expliquez comment le manteau participe au renouvellement de la lithosphère océanique.

# EXERCICES

## appliquer ses connaissances

### 7 L'ouverture océanique dans le golfe d'Aden
*Saisir des informations et calculer une vitesse*

Des campagnes océanographiques dans le golfe d'Aden (situé entre le continent africain et la péninsule arabique) ont permis d'y déterminer l'âge de la croûte océanique.

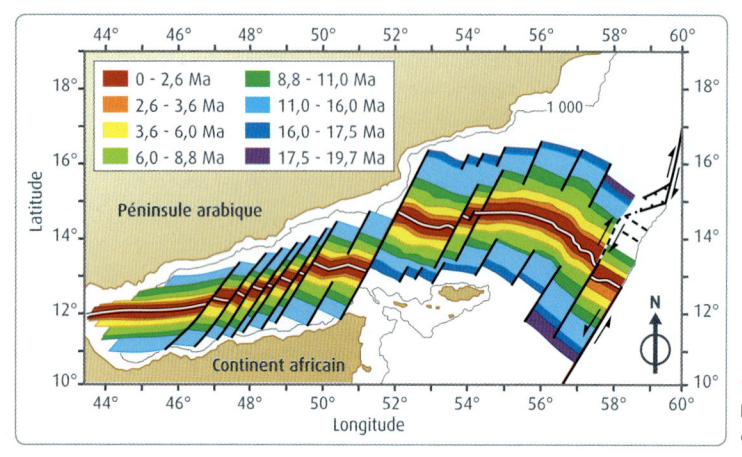

❶ Utilisez les données présentées pour montrer que le golfe d'Aden est le siège de l'ouverture d'un océan.

❷ Indiquez à quoi correspondent les traits noirs sur le document.

❸ Pourquoi peut-on dire que cette ouverture se propage d'Est en Ouest ?

❹ Estimez la vitesse d'ouverture océanique vers la longitude 45°.

**1. L'âge des fonds océaniques dans le golfe d'Aden.** Un degré de latitude correspond à 111 km.

### 8 Le principe de la tomographie sismique
*Effectuer des mesures et mettre en relation des informations*

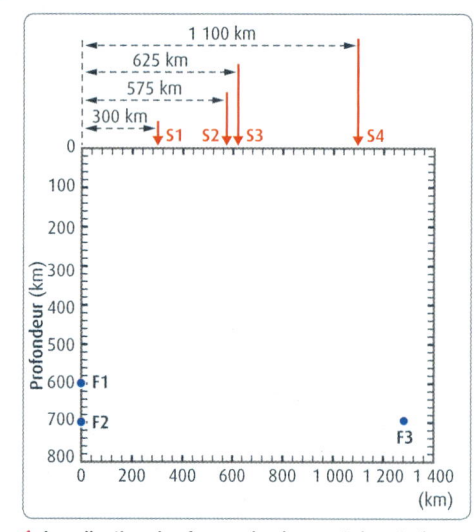

Trois séismes de foyers $F_1$ à $F_3$ ont émis des ondes P, qui ont été enregistrées dans les stations sismologiques $S_1$ à $S_4$ (**doc. 1**). On considère la vitesse des ondes P constante quelle que soit la profondeur, sauf dans une zone rectangulaire de largeur inconnue qui s'étend de la surface jusqu'à une profondeur également inconnue (zone « anormale »). On considère que ces ondes se déplacent en ligne droite et on néglige leur réfraction aux interfaces entre milieux différents. Le **doc. 2** donne les temps de parcours (t, en secondes) des ondes P directes arrivant aux stations sismologiques. Les temps théoriques sont ceux attendus s'il n'y avait pas de zone anormale.

❶ Reproduisez le doc. 1 sur du papier millimétré et tracez les trajets des ondes sismiques (échelle : 1 cm = 50 km par exemple).

❷ Surlignez les rais sismiques qui ont traversé la zone « anormale ».

❸ Estimez alors l'extension horizontale et verticale de la zone « anormale » (plusieurs solutions sont acceptées).

❹ Précisez si cette zone est plus chaude ou plus froide que son environnement.

**1. Localisation des foyers sismiques et des stations sismologiques.**

| Station sismologique | Séisme F1 | | Séisme F2 | | Séisme F3 | |
|---|---|---|---|---|---|---|
| | t théorique | t observé | t théorique | t observé | t théorique | t observé |
| S1 | 83,8 | 83,8 | 95,2 | 95,2 | 152,6 | 152,6 |
| S2 | 103,9 | 103,9 | 113,2 | 113,2 | 126,0 | 130,0 |
| S3 | 108,3 | 109,3 | 117,3 | 118,1 | 121,5 | 126,0 |
| S4 | 156,6 | 157,8 | 163,0 | 163,0 | 91,0 | 91,0 |

**2. Temps de parcours (t) des ondes P.**

# EXERCICE objectif BAC

**Thème 2 : La tectonique des plaques : l'histoire d'un modèle**

## Les mouvements relatifs de trois plaques lithosphériques

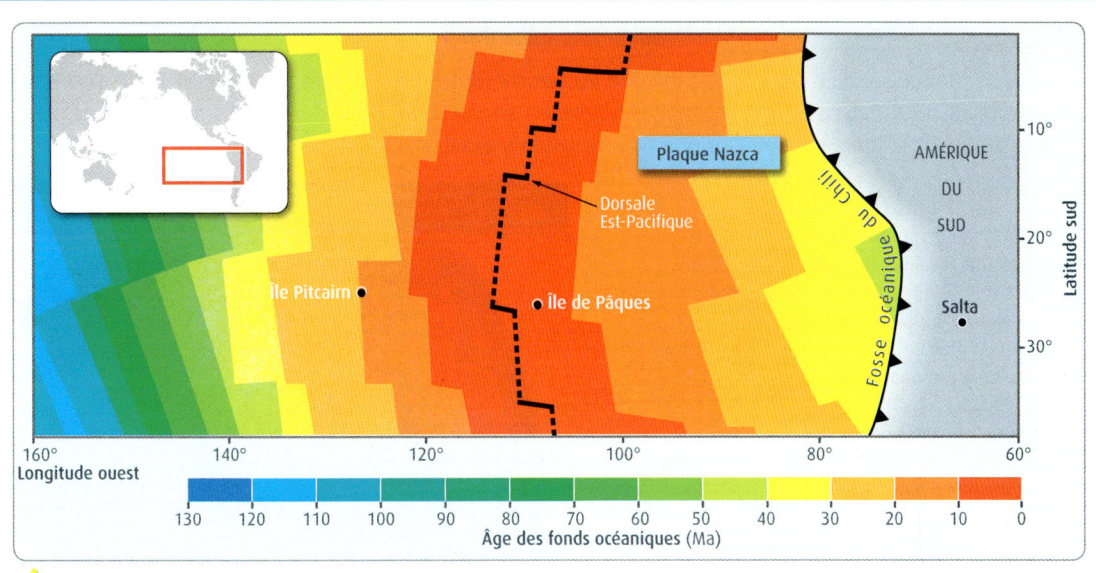

**1** Extrait de la carte de l'âge des fonds océaniques de l'océan Pacifique sud.

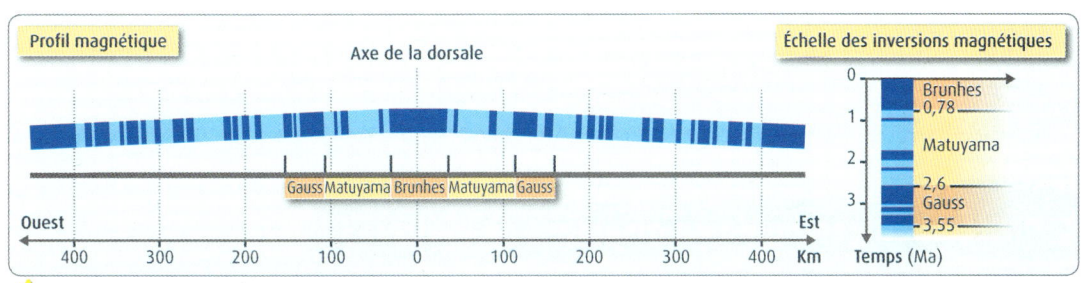

**2** Profil magnétique de la dorsale Est-Pacifique et échelle des inversions magnétiques pour les 5 derniers Ma.
La vitesse d'expansion océanique est la somme des vitesses de formation de la croûte océanique de part et d'autre de la dorsale. Les anomalies magnétiques positives et négatives sont respectivement représentées en bleu foncé et bleu clair.

| Station | Déplacement en latitude | Déplacement en longitude |
|---|---|---|
| Île de Pâques | 0,7 cm.an$^{-1}$ vers le sud | 6,7 cm.an$^{-1}$ vers l'est |
| Île de Pitcairn | 3,4 cm.an$^{-1}$ vers le nord | 6,6 cm.an$^{-1}$ vers l'ouest |
| Salta | 1,8 cm.an$^{-1}$ vers le nord | 1,7 cm.an$^{-1}$ vers l'est |

**3** Déplacement de 3 stations en latitude et en longitude mesuré par **GPS**. Le vecteur déplacement de chaque station est égal à la somme du vecteur déplacement en latitude et du vecteur déplacement en longitude.

## QUESTION

Mettez en relation les informations fournies par les documents pour déterminer les mouvements relatifs des plaques Pacifique, Nazca et sud-américaine. Vous établirez par plusieurs méthodes les vitesses et les directions de ces mouvements relatifs et comparerez les résultats obtenus.

### Exploiter les documents

**DOC. 1.** Repérez les trois plaques et recherchez des informations permettant d'argumenter leurs mouvements relatifs.

**DOC. 2.** Calculez la vitesse d'expansion océanique à l'aide des données magnétiques.

**DOC. 3.** Tracez sur un repère orthonormé le vecteurs déplacements des trois stations GPS. Déduisez-en la direction et la vitesse du déplacement de chaque station.

# ATELIERS D'EXPLORATION

## PLUS LOIN AVEC INTERNET — Étudier les séismes en direct

www.iris.edu/seismon

Environ 100 000 séismes sont enregistrés tous les ans sur notre planète, dont la grande majorité n'est pas perceptible par l'Homme. Sur ce site, qui collecte les données de l'ensemble des stations sismiques réparties à la surface de la Terre, vous pourrez observer l'activité sismique dans le monde en temps réel.

### ACTIVITÉS

① À l'aide de la carte générale proposée sur le site, localisez les principales plaques de la zone Pacifique et caractérisez leurs frontières.

② Cliquez sur plusieurs séismes dans la région du Japon pour accéder aux données sismiques. Trouvez la profondeur de différents foyers sismiques.

③ Que constatez-vous ? À l'aide de Google earth (voir ci-dessous), visualisez le phénomène tectonique en jeu dans la région du Japon.

### ET ENCORE

Sur earth.google.com, observez les reliefs résultant de phénomènes tectoniques.

**La carte du Pacifique Nord du Seismic monitor, le 11 mars 2011.** À 5h46 GMT, un violent séisme frappe le Nord Est du Japon, au large de la côte, provoquant un tsunami responsable d'un bilan humain et de dégâts très lourds.

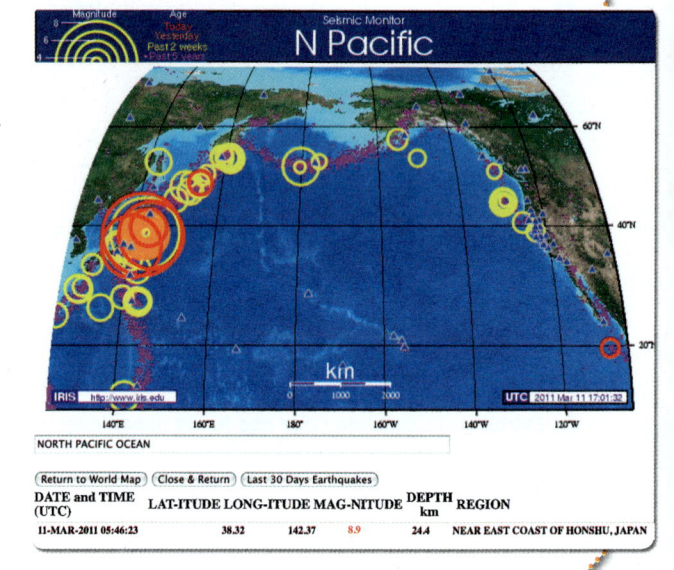

## MÉTIER — La géologie : un gisement de métiers !

**Pierre Thomas** est enseignant-chercheur en géologie à l'École normale supérieure de Lyon.

**En quoi consiste votre métier de chercheur ?**

En géologie, l'objectif de la recherche « fondamentale » est de comprendre la Terre. Certes, ces recherches ne visent pas la rentabilité à court terme. Mais aucun des métiers dans le domaine de la géologie appliquée n'existeraient sans ce travail académique en amont !

**Quel est votre domaine de recherche ?**

Je travaille sur la géologie des planètes : avec les données transmises par les sondes spatiales autour de Mars ou de Saturne, et en appliquant les méthodes de la géologie, de la physique et de la chimie, on essaye de reconstituer leur histoire et leur fonctionnement.

**Existe-t-il d'autres métiers pour les géologues ?**

Oui, et ils sont nombreux ! Les métiers de l'environnement, au sens large, concernent par exemple la ressource en eau, les sols, les risques géologiques... Les métiers liés à l'exploitation ou à la prospection de ressources s'exercent sur des sites miniers, des carrières ou des gisements de pétrole. Et, enfin, les métiers de l'industrie : un minéralogiste peut aisément apporter son concours dans l'industrie de la céramique !

### ACTIVITÉS

① Recherchez des métiers dans les domaines de la géologie appliquée, requerrant des formations courtes ou des formations longues.

② Pour le ou les métiers de votre choix, décrivez les parcours de formation possibles et les qualités requises.

### POUR VOUS GUIDER
- www.libtheque.fr
- www.onisep.fr — onisep
- www.ufg.asso.fr/front/metier.asp (site de l'Union française des géologues)

## ENQUÊTE — Passé, présent et futur de la tectonique des plaques

**PALEOMAP Project**
Christopher R. Scotese

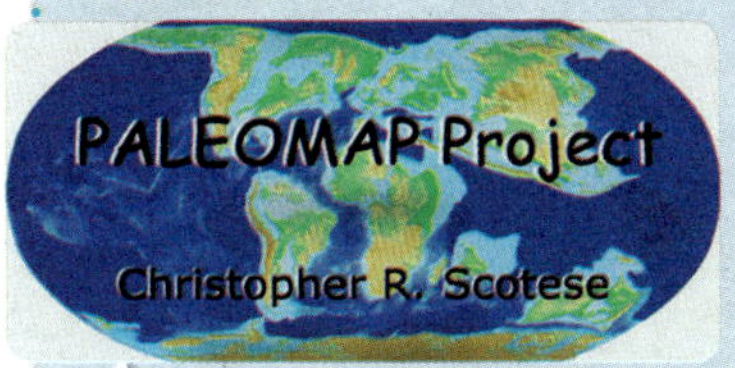

www.scotese.com/earth.htm

Le site américain Paleomap présente des reconstitutions de la cartographie terrestre depuis plus d'un milliard d'années. Il est ainsi possible de découvrir, à travers l'histoire de la tectonique des plaques, les « visages » passés de la Terre et, même, d'en reconstituer l'évolution à venir.

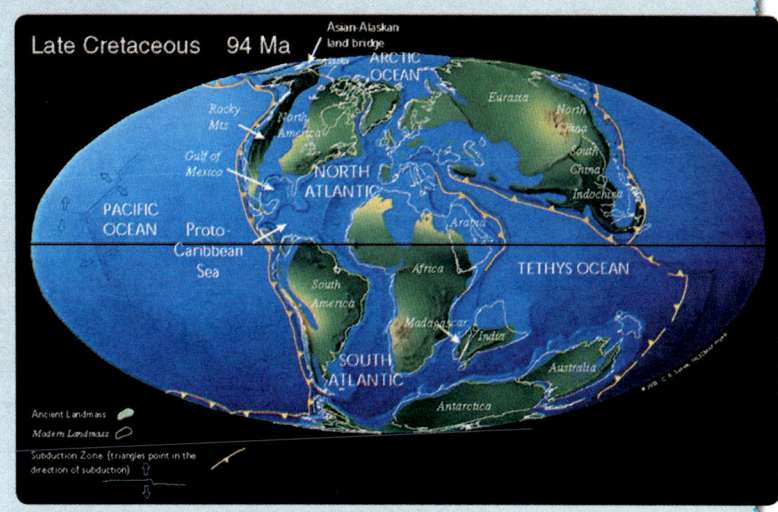

**Une paléoreconstitution proposée par le site Paleomap.**

### À L'AIDE DES CARTES CONSULTABLES :

❶ Identifiez l'époque à laquelle les continents étaient réunis en un unique supercontinent appelé Pangée.
❷ Montrez que la Pangée n'est pas le premier supercontinent à avoir existé à la surface de la Terre.
❸ Repérez les positions successives du sous-continent indien entre le Crétacé et le Miocène. Expliquez la conséquence de cette migration sur le relief de l'Asie.
❹ Décrivez le devenir de l'océan Atlantique actuel tel que les géologues le prévoient.

## LE COIN DU LABO — Observer des roches au microscope

Le microscope polarisant permet d'identifier les minéraux d'une roche. Pour pouvoir être observées, les roches sont coupées puis polies jusqu'à une épaisseur d'environ 0,03 mm. La plupart de leurs minéraux sont alors transparents.

Lorsque l'on observe une lame mince au microscope polarisant, les minéraux dévient la lumière et prennent des teintes colorées. En faisant tourner la platine (donc la lame mince), les couleurs changent car la lumière est déviée de façon différente. Ces changements permettent d'identifier les minéraux.

**Une lame mince de granodiorite, observée au microscope en lumière polarisée.** La granodiorite est l'une des roches de la croûte continentale.

### ACTIVITÉS

● À l'aide de la clé de détermination suivante, identifiez les minéraux observables sur cette lame mince : www.ac-grenoble.fr/svt/SITE/prof/outils/mineralo/menuprincipal.htm

### POUR ALLER PLUS LOIN

● www.ac-grenoble.fr/svt/SITE/prof/outils/mineralo/microscop.htm (pour comprendre le principe du microscope polarisant).
● www.lames-minces.uhp-nancy.fr (pour observer la préparation des lames minces et l'utilisation du microscope).

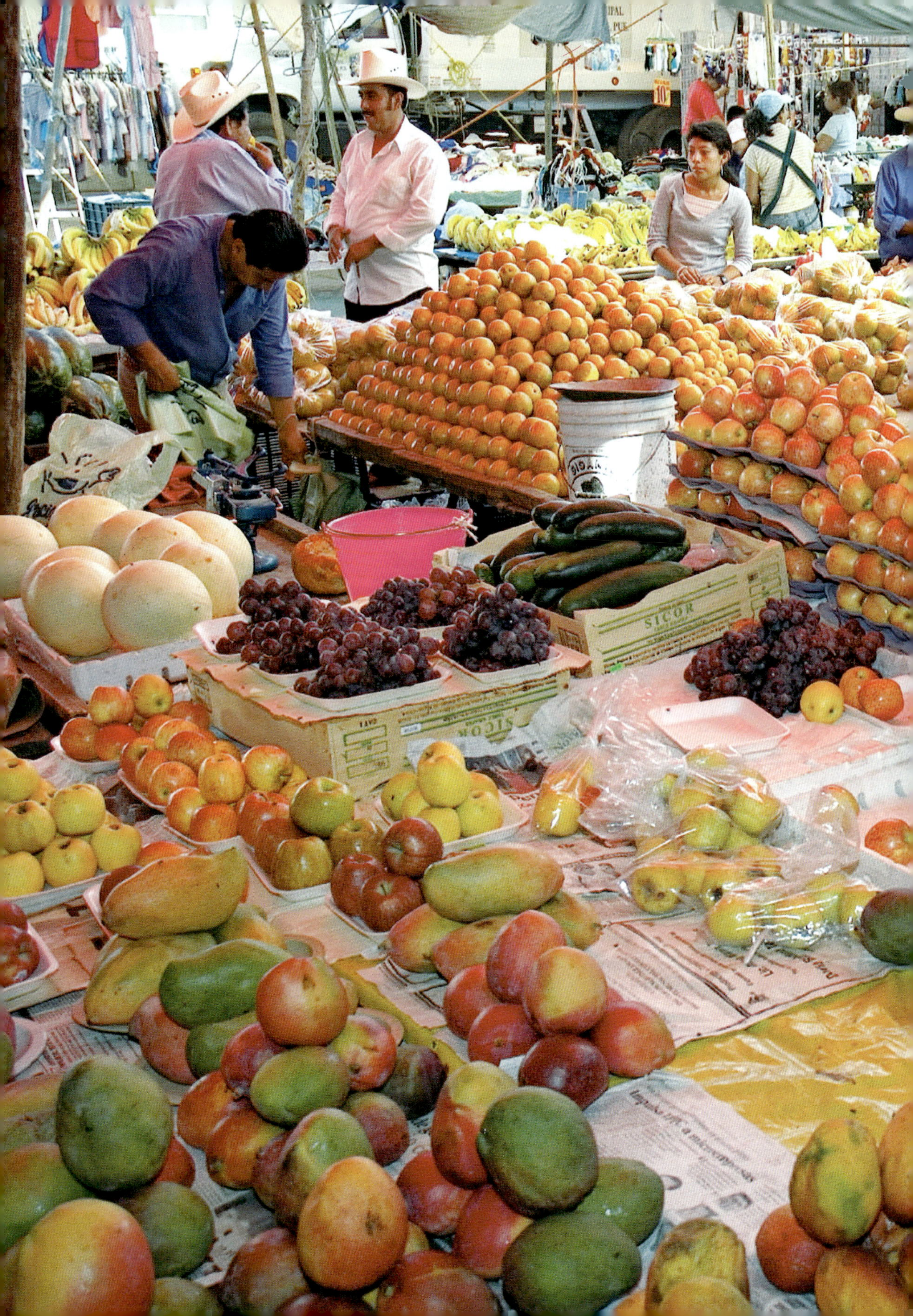
SICOR

# THÈME 3

# Enjeux planétaires contemporains

**MOBILISER SES ACQUIS** p. 138
1. Tectonique des plaques et géologie appliquée p. 141
2. La production agricole végétale et animale p. 159
3. Les impacts des pratiques alimentaires collectives p. 179

Un marché à Piaxtla au Mexique.

# MOBILISER SES ACQUIS

## 1. Comment se forment les gisements de combustibles fossiles ?

*Roche mère du pétrole* — matière organique

*La formation de la roche mère* : Phytoplancton mort → Sédiments riches en matière organique → Enfouissement au cours du temps → Roche mère → Pétrole = combustible fossile

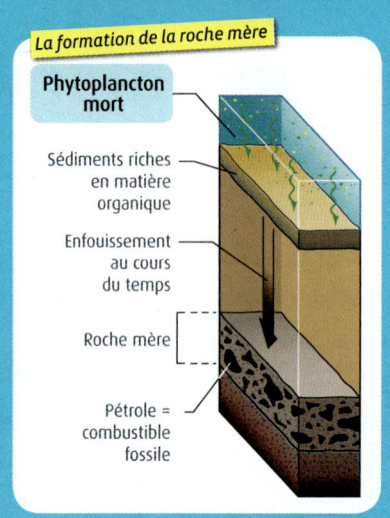

*Structure d'un piège pétrolier* : Puits de forage, Roche imperméable, Roche réservoir, Hydrocarbures piégés dans la roche réservoir, Roche mère

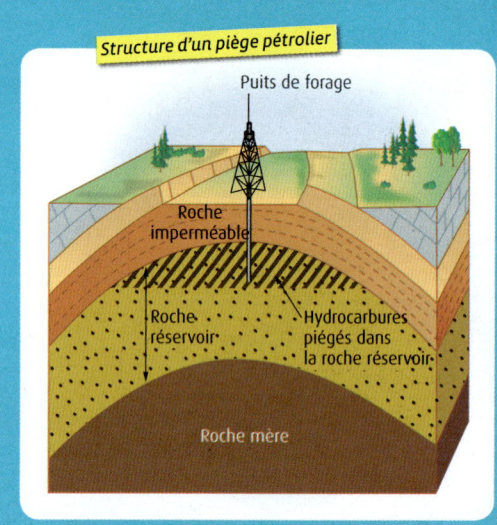

① D'où provient la matière organique contenue dans la roche mère de pétrole ?

② Quelles sont les conditions nécessaires à la transformation en pétrole de la matière organique des sédiments ?

③ Identifiez les couches géologiques d'un piège pétrolier et définissez leur rôle.

**mots clés**

**Pétrole :** mélange d'hydrocarbures sous forme liquide, gazeuse et solide.
**Roche mère du pétrole :** roche riche en matière organique dont l'enfouissement a permis la formation de pétrole.

## 2. Comment l'Homme produit-il de la biomasse pour satisfaire ses besoins ?

*La production de biomasse par l'Homme* : Soleil, $CO_2$, Eau, Organismes chlorophylliens, Production de biomasse par photosynthèse, Utilisation de biomasse par l'Homme, Restitution réduite de biomasse au sol, Éléments minéraux, Sol cultivable

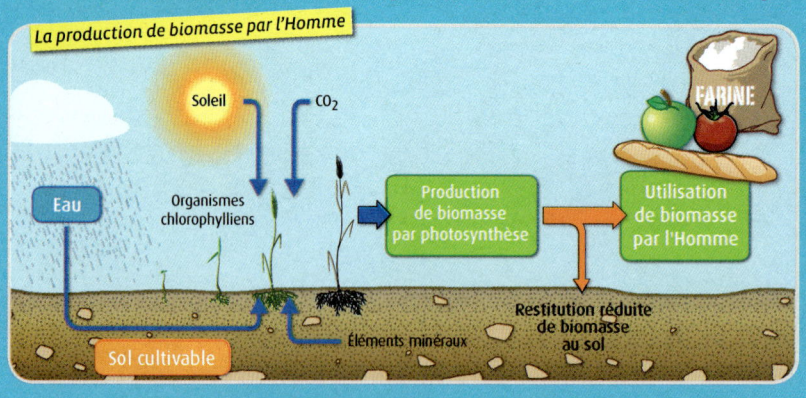

**Biomasse :** masse de matière organique constitutive d'un être vivant. La biomasse s'exprime en masse de carbone.
**Photosynthèse :** processus par lequel les végétaux chlorophylliens produisent de la matière organique à partir d'eau et de $CO_2$ et d'énergie lumineuse.
**Productivité primaire :** biomasse produite par les organismes chlorophylliens par unité de temps et de surface.

① Quelles sont les sources de matière et d'énergie nécessaires à la production de matière organique par les organismes chlorophylliens ?

② Quelles sont les utilisations possibles de la biomasse végétale produite par l'Homme ?

③ Citez deux ressources naturelles limitant le développement de l'agriculture dans certaines régions.

## 3. Comment se forme et se dégrade un sol, nécessaire à la production de biomasse ?

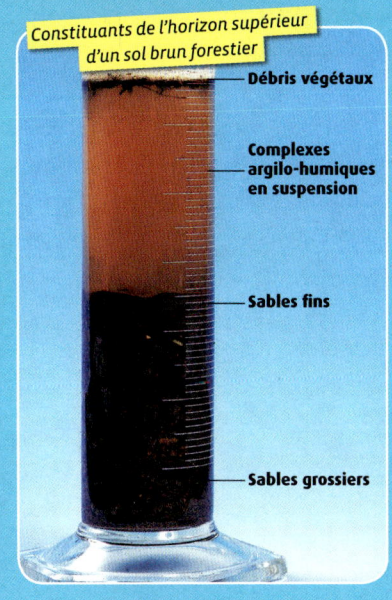

*Coupe d'un sol brun forestier sur un massif granitique*

*Constituants de l'horizon supérieur d'un sol brun forestier*
- Débris végétaux
- Complexes argilo-humiques en suspension
- Sables fins
- Sables grossiers

*Terres cultivées en Turquie*

❶ Distinguez les constituants organiques et les constituants minéraux d'un sol.
❷ D'où proviennent ces constituants organiques ? Ces constituants minéraux ?
❸ Comment nomme-t-on la dégradation subie par ce sol en Turquie ?
❹ Quelles en sont les causes ? Quelles en sont les conséquences pour l'agriculture ?

**Horizon :** couche d'un sol définie par sa structure et sa composition. Un ensemble d'horizons caractérise un sol.
**Humus :** matière organique du sol, issue de la dégradation d'êtres vivants par des décomposeurs.

## CE QU'IL FAUT SAVOIR POUR ABORDER LE THÈME 3

▷ Dans les environnements marins ou lacustres à forte **productivité primaire**, la biomasse végétale est naturellement abondante. Une partie de cette matière organique peut échapper à l'action des décomposeurs et s'accumule au fond de l'eau. Au cours de son enfouissement, cette matière organique peut être transformée en **pétrole**. La couche géologique au sein de laquelle cette transformation a lieu est appelée **roche mère du pétrole**.

▷ La formation d'un gisement de pétrole nécessite la présence d'une roche mère, depuis laquelle migre le pétrole, d'une **roche réservoir** susceptible d'emmagasiner ce dernier et d'une **roche imperméable**, bloquant la migration du pétrole.

▷ L'Homme a développé l'agriculture pour satisfaire ses besoins principalement alimentaires. Ainsi, l'agriculture exploite la capacité des végétaux à produire, grâce à la lumière, leur propre matière organique à partir d'eau, de sels minéraux et du $CO_2$ de l'atmosphère. Ce processus est appelé **photosynthèse**.

▷ La production de cette **biomasse** agricole dépend de deux ressources présentes en quantité limitée sur Terre : l'eau douce et les sols cultivables.

▷ Un sol est constitué d'**horizons**. Il contient de la matière minérale (sables, argiles provenant de la dégradation de la roche mère) et de l'**humus** provenant de la dégradation de la matière organique. Il présente des propriétés importantes de rétention d'eau et abrite une faune diversifiée. Un sol est lent à se former et sa mauvaise exploitation provoque son érosion rapide par l'eau.

THÈME 3 ENJEUX PLANÉTAIRES CONTEMPORAINS

# THÈME 3 — Enjeux planétaires contemporains

## SOMMAIRE

### CHAPITRE 1 — Tectonique des plaques et géologie appliquée — 141

- UNITÉ 1 — Les bassins d'hydrocarbures pré-salifères — 142
- UNITÉ 2 — Un exemple de gisement pré-salifère — 144
- UNITÉ 3 — L'histoire d'un gisement pré-salifère — 146
- UNITÉ 4 — La potasse d'Alsace, un exemple de ressource locale — 148
- UNITÉ 5 — L'histoire du gisement de potasse d'Alsace — 150
- Bilan des unités — 152
- L'essentiel — 154
- Exercices — 156

### CHAPITRE 2 — La production agricole végétale et animale — 159

- UNITÉ 1 — Le fonctionnement des écosystèmes naturels — 160
- UNITÉ 2 — La producton agricole végétale — 162
- UNITÉ 3 — Les conséquences de l'usage des intrants — 164
- UNITÉ 4 — Des pistes pour réduire l'impact des intrants — 166
- UNITÉ 5 — Production végétale et gestion durable de l'environnement — 168
- UNITÉ 6 — La production agricole animale — 170
- Bilan des unités — 172
- L'essentiel — 174
- Exercices — 176

### CHAPITRE 3 — Les impacts des pratiques alimentaires collectives — 179

- UNITÉ 1 — Le défi alimentaire — 180
- UNITÉ 2 — Les limites de la planète cultivable — 182
- UNITÉ 3 — Pratiques alimentaires et agricoles futures : pistes pour l'avenir — 184
- Bilan des unités — 186
- L'essentiel — 188
- Exercices — 190
- **OBJECTIF BAC** Agriculture et gestion de la ressource en eau — 193
- **ATELIERS D'EXPLORATION** B2I – DÉBAT – LE COIN DU LABO – MÉTIER — 194

**CHAPITRE 1**

# Tectonique des plaques et géologie appliquée

*Depuis plusieurs décennies, la consommation d'hydrocarbures et d'autres ressources extraites de notre planète n'a cessé d'augmenter. Or ces ressources géologiques sont naturellement limitées. Leur recherche est donc un enjeu majeur. Le modèle de la tectonique des plaques peut guider les géologues dans ce travail.*

Une plate-forme pétrolière dans la mer du Nord.

**En quoi le modèle de la tectonique des plaques est-il utile à la prospection de ressources géologiques exploitables ?**

# UNITÉ 1 — Les bassins d'hydrocarbures pré-salifères

De vastes gisements d'hydrocarbures ont récemment été découverts au large des côtes africaines et américaines de l'Atlantique Sud. Ils forment des bassins qualifiés de pré-salifères.

⇢ **Quelles sont les caractéristiques des gisements pré-salifères de l'Atlantique Sud ?**

## L'importance des gisements pré-salifères

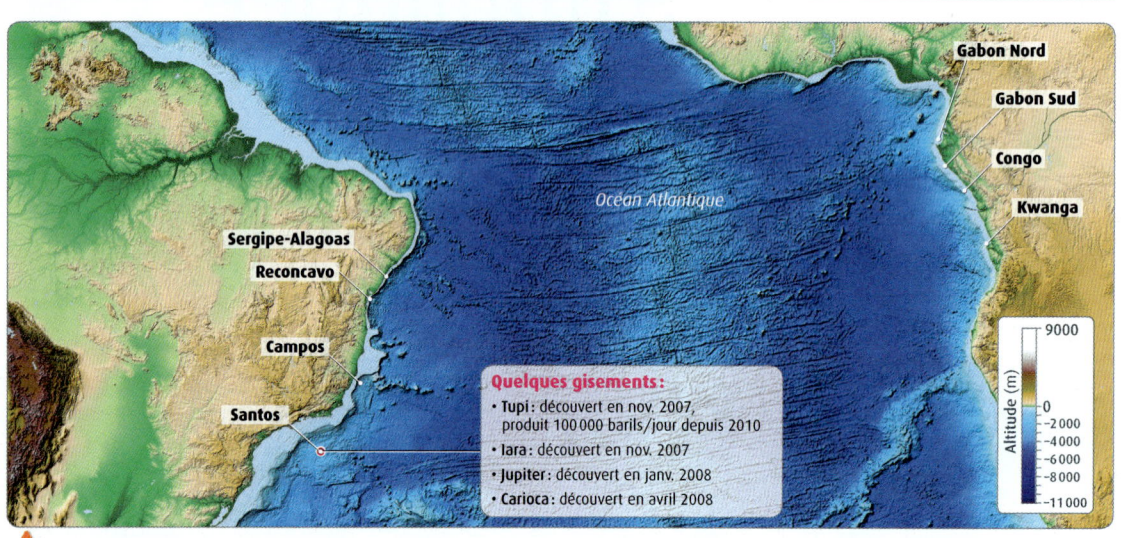

**Quelques gisements :**
- **Tupi** : découvert en nov. 2007, produit 100 000 barils/jour depuis 2010
- **Iara** : découvert en nov. 2007
- **Jupiter** : découvert en janv. 2008
- **Carioca** : découvert en avril 2008

**1** **Principaux bassins d'hydrocarbures pré-salifères de l'Atlantique Sud.** Seul un petit nombre d'entre eux est actuellement exploité. Dans ces bassins, les hydrocarbures sont issus de roches mères âgées d'environ 120 à 130 millions d'années.

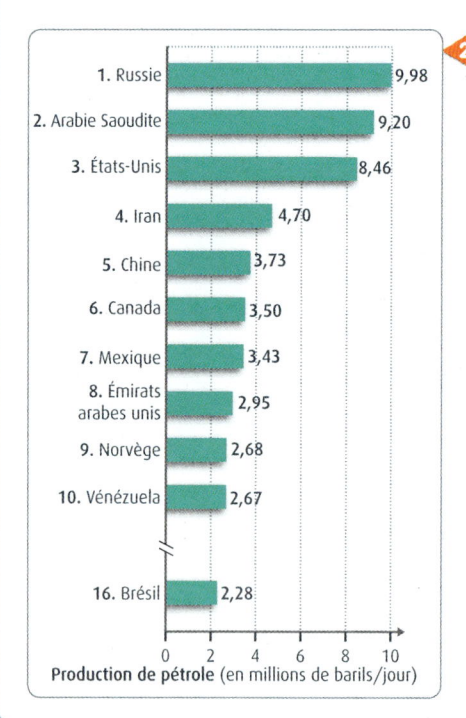

**2** **Les dix premiers pays producteurs de pétrole en 2009.** Les gisements du bassin de Santos (voir ci-dessus) contiennent des réserves totales estimées entre 15 et 20 milliards de barils de pétrole (1 baril = 159 litres). La principale compagnie pétrolière brésilienne prévoit que sa production de pétrole pourrait atteindre 5,1 millions de barils par jour en 2020, l'exploitation des bassins pré-salifères contribuant pour 36 % à cette production.

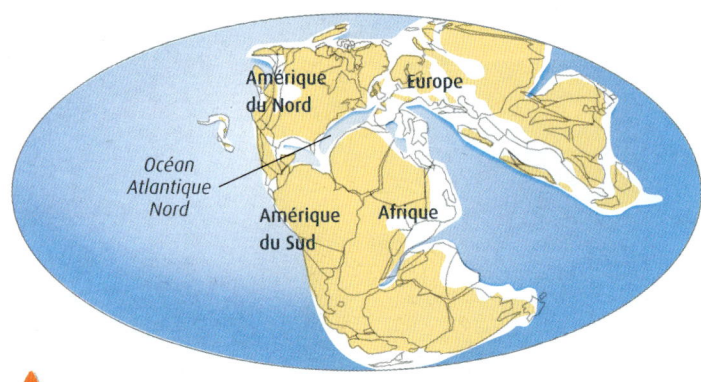

Production de pétrole (en millions de barils/jour) :
1. Russie — 9,98
2. Arabie Saoudite — 9,20
3. États-Unis — 8,46
4. Iran — 4,70
5. Chine — 3,73
6. Canada — 3,50
7. Mexique — 3,43
8. Émirats arabes unis — 2,95
9. Norvège — 2,68
10. Vénézuela — 2,67
16. Brésil — 2,28

**3** **Reconstitution de la position des continents au Jurassique moyen (– 160 millions d'années).** L'ouverture de l'océan Atlantique Sud a débuté il y a environ 140 millions d'années.

## La localisation des gisements pré-salifères

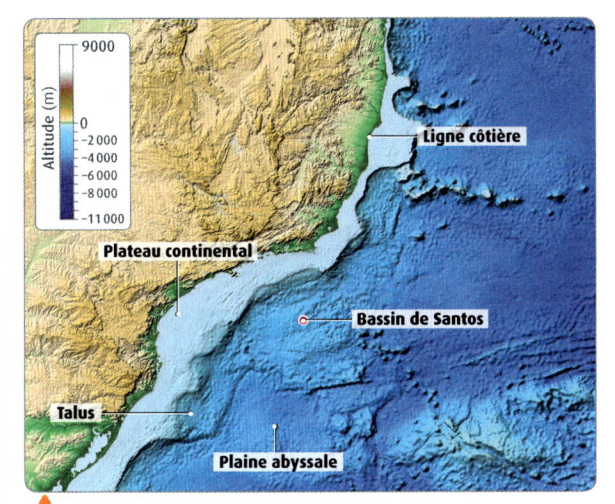

**4 Image bathymétrique des côtes brésiliennes.**
La croûte continentale ne s'arrête pas au littoral : elle se prolonge sous la surface de l'eau. La partie submergée du continent est le plateau continental. Lui succède le talus continental, zone plus inclinée qui conduit à la plaine abyssale (plancher océanique basaltique). L'ensemble plateau + talus continental constitue une marge passive.

- Les roches sédimentaires détritiques sont formées par accumulation de débris minéraux solides issus de l'érosion d'autres roches. Parmi elles, citons : les argiles, minéraux en feuillets dont les grains sont de taille inférieure à 2 µm ; les limons, dont les grains ont une taille comprise entre 2 et 50 µm ; les sables, dont les grains ont une taille comprise entre 50 µm et 2 mm.
Les grès sont issus de la cimentation d'un sable.
- Les roches sédimentaires biochimiques sont issues d'une précipitation d'ions réalisée par des êtres vivants. C'est le cas de nombreux calcaires bioconstruits, composés de carbonates de calcium $CaCO_3$ issus de coquilles et tests. Les marnes sont un mélange d'argiles et de calcaires.
- Les évaporites sont des roches sédimentaires chimiques. Elles sont formées par précipitation d'ions en solution suite à une évaporation intense (voir doc. 2 et 3 p. 150). La halite (sel au sens commun, NaCl) est une évaporite.

**5 Quelques roches sédimentaires.**

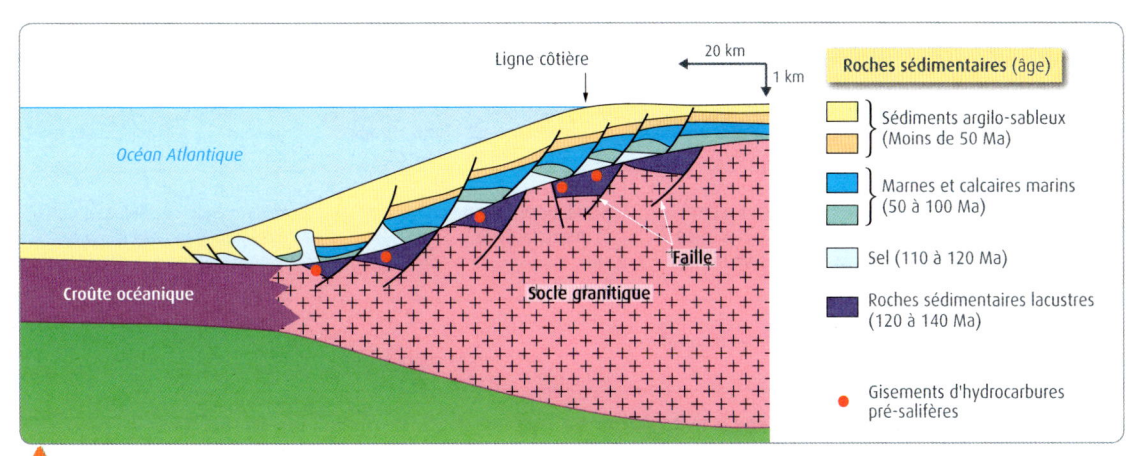

**6 Coupe schématique et simplifiée d'une marge passive de l'Atlantique Sud.** Elle a été construite à partir de données recueillies par sismique réflexion (voir p. 116) au large du Gabon, de l'Angola et du Congo. Sur les côtes brésiliennes, la structure d'ensemble de la marge passive est comparable. Les couches de sédiments argilo-sableux sont toutefois moins épaisses.

### ACTIVITÉS

**1 DOC. 1 ET 2.** Discutez de l'importance économique et énergétique des gisements d'hydrocarbures pré-salifères.

**2 DOC. 1 ET 3.** Formulez une hypothèse pour expliquer la répartition de ces gisements d'hydrocarbures.

**3 DOC. 4 À 6.** Décrivez les caractéristiques principales d'une marge passive (structure, type de failles présentes, nature et épaisseur des roches). Déterminez le contexte tectonique de sa formation.

**4 DOC. 5 ET 6.** Déduisez des caractéristiques structurales de la marge passive le phénomène géologique responsable de l'épaisseur des dépôts sédimentaires.

**5 CONCLUSION.** Résumez les caractéristiques des bassins pétroliers pré-salifères de l'Atlantique Sud.

# UNITÉ 2 — Un exemple de gisement pré-salifère

D'importants gisements d'hydrocarbures sont situés sous la couche de sel présente au niveau des marges passives du Brésil et de l'Afrique de l'Ouest.

⇢ **Dans quels pièges les hydrocarbures des gisements pré-salifères se sont-ils accumulés ?**

## Étudier les roches sédimentaires du gisement

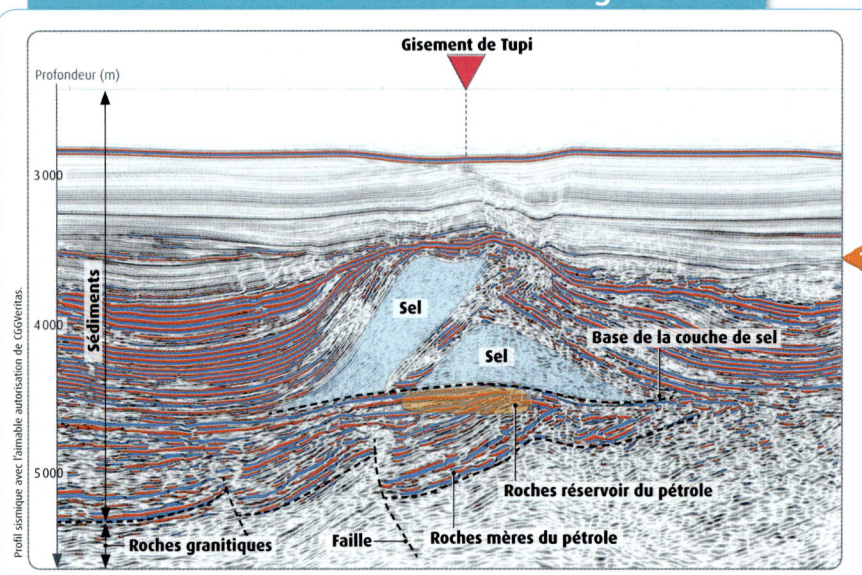

**1** Profil de sismique-réflexion d'un gisement d'hydrocarbures du bassin pré-salifère de Santos sur la marge passive du Brésil (gisement de Tupi, voir doc. 1 p. 142). Ce profil montre les limites des couches sur lesquelles les ondes sismiques se sont réfléchies (voir p. 116).

Légendes : Gisement de Tupi ; Profondeur (m) ; Sédiments ; Sel ; Base de la couche de sel ; Roches réservoir du pétrole ; Roches mères du pétrole ; Roches granitiques ; Faille.

|  | Roche mère | Roche réservoir | Roche couverture |
|---|---|---|---|
| **Nom** | Schistes sombres et marnes noires | Grès et calcaires bioconstruits | Halite (sel au sens commun) |
| **Origine** | Accumulation de sédiments détritiques et de restes d'êtres vivants (algues, bactéries, etc.) au fond de lacs dans un milieu peu oxygéné | Accumulation de coquilles et sédiments détritiques en milieu lacustre | Précipitation de chlorure de sodium (NaCl) en solution suite à l'évaporation intense d'une eau riche en sels dissous |
| **Quelques propriétés** | Forte teneur en matière organique (jusqu'à 9 % de carbone organique) | Porosité importante (de 12 à 35 %) | Totalement imperméable aux hydrocarbures |
| **Âge** | 125 à 130 Ma | 120 à 125 Ma | 110 à 120 Ma |

**2** Les roches sédimentaires du **piège d'hydrocarbures**. Pour la définition des roches, voir doc. 5 p. 142.

**3** Lame mince d'une **roche mère** d'hydrocarbures (schiste bitumineux). Les hydrocarbures sont issus de la transformation de la matière organique sous l'effet de l'augmentation de pression et de température liée à l'enfouissement des sédiments.

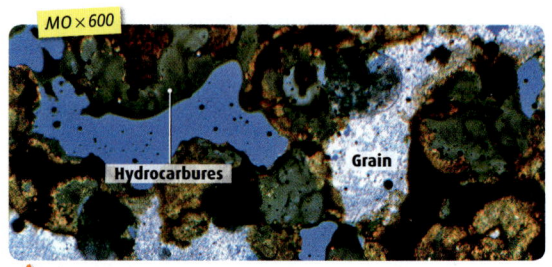

**4** Lame mince d'une **roche réservoir** d'hydrocarbures (calcaire asphaltique bitumineux). Les hydrocarbures remplissent les pores de la roche et forment des gouttelettes sombres.

# Modéliser la migration des hydrocarbures dans un piège

**TP**

**1** — Huile de courge / Couche imperméable

**2** — Remontée d'huile / Eau colorée

**3** — Huile à la surface (non piégée) / Huile piégée

**4**

### JE MANIPULE

- Remplissez le piège de graviers.
- Injectez avec une seringue 30 mL d'huile de courge au fond du dispositif (photo 1).
- Injectez de même de l'eau colorée sous la couche d'huile. (photo 2).
- Quand l'huile est piégée sous la couche imperméable (photo 3), injectez, à l'aide d'une seringue, de l'eau sous cette couche. (photo 4).

**5 Une modélisation de la migration des hydrocarbures dans un piège.**
Sur le terrain, les hydrocarbures sont expulsés de la roche mère sous l'effet de la compaction liée à la pression exercée par les roches qui la surmontent. Ensuite, dans les interstices où les fluides circulent au sein des sédiments, les hydrocarbures sont moins denses que l'eau et ne sont pas miscibles avec elle. Aussi, sous l'effet de la poussée d'Archimède, ils migrent vers la surface. Pour extraire les « dernières gouttes » de pétrole d'un gisement, on injecte de l'eau ou du gaz carbonique sous pression.

## ACTIVITÉS

**1 DOC. 1 À 4.** Mettez en relation les propriétés des différentes roches du piège d'hydrocarbures et leur rôle dans la formation, le piégeage ou le stockage des hydrocarbures.

**2 DOC. 2 ET 3.** Récapitulez les différentes conditions qui ont permis la formation des hydrocarbures.

**3 DOC. 4 ET 5.** Expliquez le devenir des hydrocarbures qui ont ainsi été formés.

**4 EN CONCLUSION.** Récapitulez les conditions qui ont été nécessaires à la formation et au piégeage des hydrocarbures dans un gisement pré-salifère.

# UNITÉ 3 — L'histoire d'un gisement pré-salifère

Les gisements d'hydrocarbures pré-salifères sont contemporains de l'ouverture de l'océan Atlantique Sud. L'ouverture de cet océan s'inscrit dans le cadre du modèle de la tectonique des plaques.

⇢ **Comment le modèle de la tectonique des plaques permet-il de comprendre la formation des gisements pré-salifères ?**

## Reconstituer la chronologie d'ouverture d'un océan

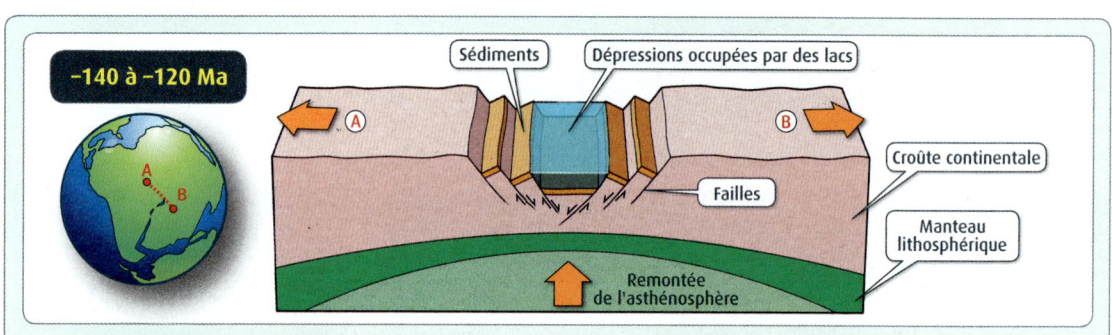

**−140 à −120 Ma**

Légendes : Sédiments — Dépressions occupées par des lacs — Croûte continentale — Failles — Manteau lithosphérique — Remontée de l'asthénosphère — A, B

Une remontée de l'asthénosphère entraîne une extension de la croûte continentale. Celle-ci se fracture par le jeu de failles normales délimitant de grands blocs basculés (qui s'affaissent) : c'est la **subsidence**. Il se forme un couloir où se succèdent de vastes dépressions occupées par des lacs : c'est un **rift continental**. Le climat est de type équatorial.

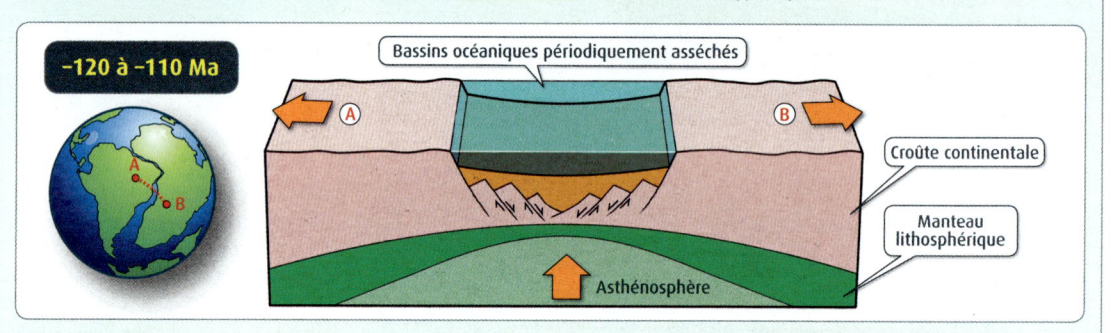

**−120 à −110 Ma**

Légendes : Bassins océaniques périodiquement asséchés — Croûte continentale — Manteau lithosphérique — Asthénosphère — A, B

L'éloignement de l'Amérique du Sud et de l'Afrique permet aux eaux océaniques de pénétrer périodiquement dans les dépressions associées au rift. Les jeunes bassins océaniques sont régulièrement isolés des autres océans. Les eaux ne sont alors plus renouvelées et, sous un climat équatorial, l'évaporation est intense.

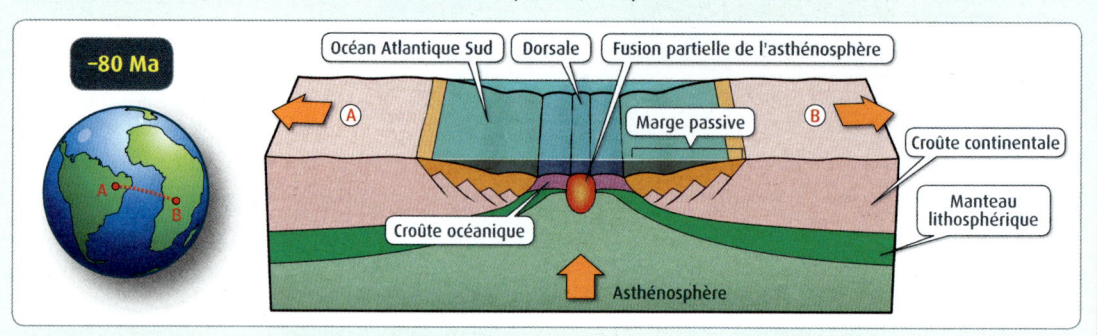

**−80 Ma**

Légendes : Océan Atlantique Sud — Dorsale — Fusion partielle de l'asthénosphère — Marge passive — Croûte continentale — Manteau lithosphérique — Croûte océanique — Asthénosphère — A, B

Une dorsale s'est mise en place, au niveau de laquelle de la croûte océanique est formée par fusion partielle de l'asthénosphère. Les bordures immergées de l'Amérique du Sud et de l'Afrique de l'Ouest sont des marges passives. L'éloignement des deux continents se poursuit sous l'effet de l'expansion océanique. L'océan Atlantique Sud est en communication permanente avec les autres océans.

**1** Quelques étapes de la naissance de l'océan Atlantique Sud.

# Observer la Terre actuelle

*Vue aérienne du rift est-africain*

**Faille normale**

**2** **Le rift est-africain.** Dans cette région, le processus de formation d'un rift continental est actuellement à l'œuvre.

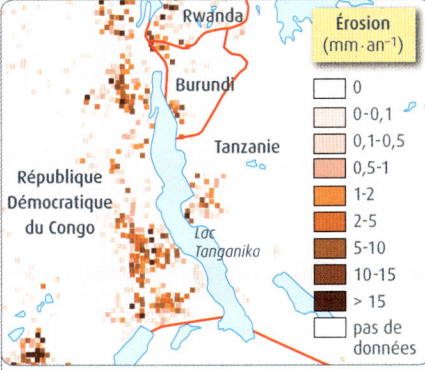

Érosion (mm·an⁻¹) : 0 ; 0-0,1 ; 0,1-0,5 ; 0,5-1 ; 1-2 ; 2-5 ; 5-10 ; 10-15 ; > 15 ; pas de données

*Vue satellitaire du lac Tanganika*

Les sédiments du fond du lac Tanganika, situé dans le rift est-africain, ont une teneur en matière organique de 3 %, ce qui correspond à une production de 20 à 160 tonnes de matière organique à l'hectare. Cette intense activité biologique (liée au climat équatorial), la faible circulation des eaux ainsi que l'important apport détritique (lié à l'érosion) induisent une faible teneur en dioxygène dans les sédiments profonds.

**3** **Érosion et sédimentation au niveau du lac Tanganika.**

## ACTIVITÉS

**1** **DOC. 1 À 3.** À partir des données observées dans le rift est-Africain, expliquez l'origine des roches mères des hydrocarbures dans les gisements pré-salifères.

**2** **DOC. 1.** Identifiez le phénomène lié à l'ouverture de l'Atlantique Sud qui a permis l'accumulation d'une grande quantité de ces roches mères puis la transformation de la matière organique en hydrocarbures.

**3** **DOC. 1.** Identifiez un événement qui a permis le piégeage du pétrole dans les gisements pré-salifères.

**4** **EN CONCLUSION.** Résumez les différentes conditions qui ont permis la formation des gisements pré-salifères puis, en vous fondant sur cet exemple, expliquez la rareté dans le temps et dans l'espace des gisements d'hydrocarbures.

THÈME 3 – CHAPITRE 1 TECTONIQUE DES PLAQUES ET GÉOLOGIE APPLIQUÉE

# UNITÉ 4 — La potasse d'Alsace, un exemple de ressource locale

Outre les hydrocarbures, de nombreuses ressources naturelles sont exploitées par l'Homme. Certains gisements sont localisés en France. C'est le cas du gisement de potasse d'Alsace.

▸ **Quelles sont les caractéristiques du gisement de potasse d'Alsace ?**

## L'importance de la potasse

La demande de potasse, comme celle des autres engrais, ne peut qu'augmenter, entraînée par la croissance démographique. La population mondiale a plus que doublé depuis 1950 et devrait passer de 6,7 à 9,2 milliards d'ici à 2050. De plus, l'amélioration des revenus dans les pays émergents a soutenu une explosion de la consommation de viande, et, comme aiment le rappeler les producteurs d'engrais, pour produire un kilo de viande, il faut 7 kilos de céréales.

D'après *Usine nouvelle*, 25 août 2010.

Après avoir chuté sur un an de 40 % en 2009 [en raison de la crise financière mondiale], la demande de potasse aura rebondi de 41,5 % en 2010 et reviendra au-dessus des 32 millions de tonnes (Mt) en 2011, son niveau de 2008. Continuant sur sa lancée, elle devrait dépasser les 40 Mt dès 2015 [...].

D'après *Usine nouvelle*, 8 septembre 2010.

**1 L'importance économique de la potasse.** Le terme « potasse » désigne surtout les sels de potassium, comme le chlorure de potassium KCl, composant des engrais agricoles.

**2 La sylvinite.** Il s'agit du minerai tel qu'on l'extrait du gisement. Il montre une répétition de veines potassiques formées chacunes, de bas en haut, d'une couche blanchâtre d'anhydrite ($CaSO_4$) et de marnes, d'une couche grise de sel au sens commun (halite, NaCl) et d'une couche rose de potasse (sylvine, KCl).

**3 Les mines de potasse d'Alsace.** Entre 1904 et 2002, deux couches de potasse ont été exploitées jusqu'à 1 150 m de profondeur. Elles contenaient respectivement une vingtaine et une cinquantaine de veines potassiques. Les conditions d'exploitation étaient rendues difficiles par une température élevée (55 °C à 1 000 m sous terre).

# La localisation du gisement

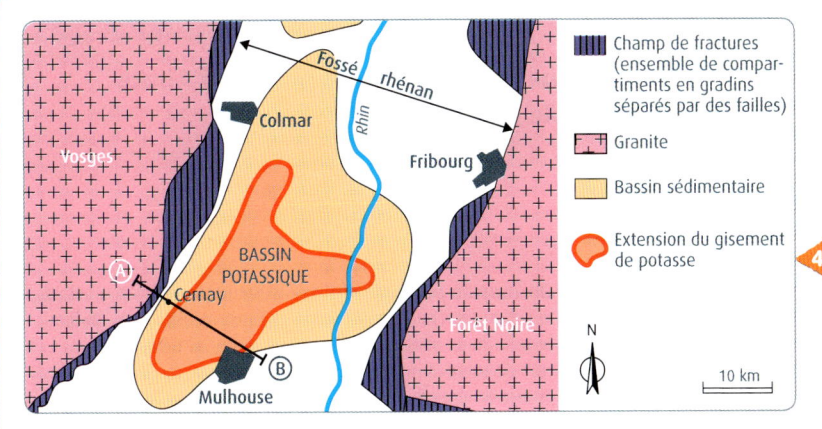

**4** **Carte géologique simplifiée montrant la localisation du gisement de potasse de l'Alsace (bassin potassique).** La coupe selon le tracé A-B est présentée ci-dessous.

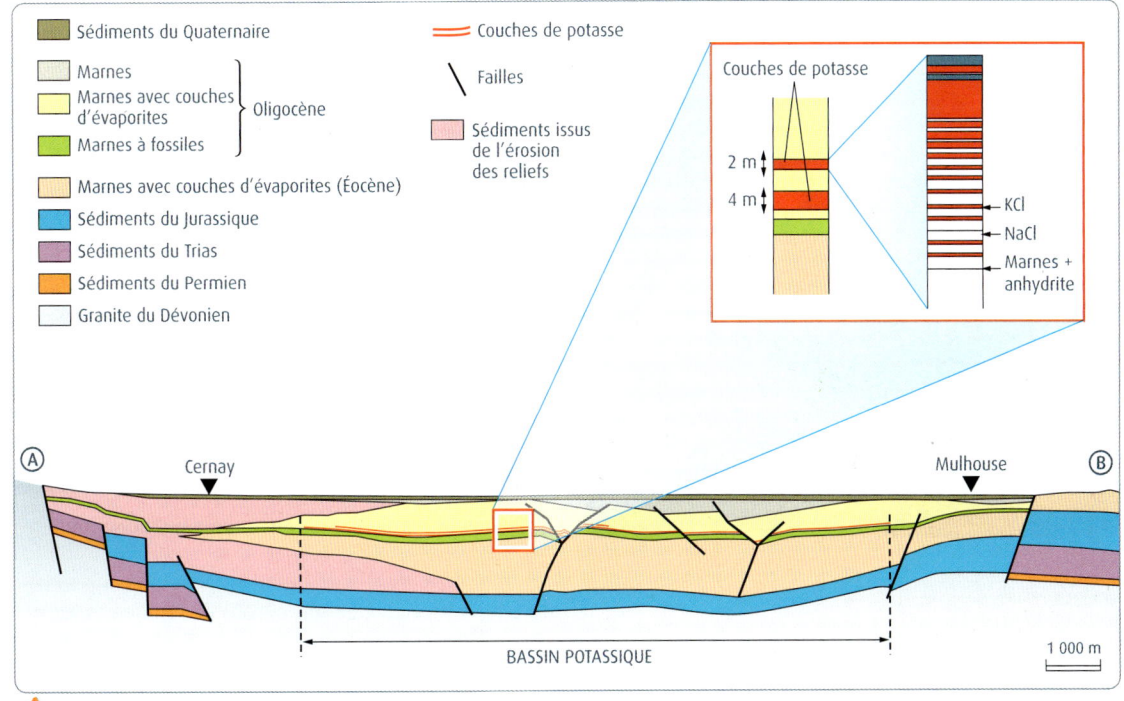

**5** **Coupe géologique du fossé rhénan et gros plan sur les couches de potasse.**
Le gisement de potasse est localisé dans le fossé d'effondrement qui sépare les massifs des Vosges et de la Forêt Noire (fossé rhénan). Datées d'environ −35 Ma, les deux couches de potasse sont incluses dans un ensemble sédimentaire d'environ 1500 m d'épaisseur.

## ACTIVITÉS

❶ **DOC. 1.** Expliquez en quoi l'exploitation de la potasse constitue un enjeu économique important.

❷ **DOC. 2 ET 5.** Montrez que la structure de la sylvinite traduit un mécanisme de formation cyclique.

❸ **DOC. 3 À 5.** En analysant la localisation du gisement alsacien de potasse, trouvez des indices suggérant que des phénomènes liés à la tectonique des plaques sont impliqués dans sa formation.

❹ **CONCLUSION.** Résumez les caractéristiques du gisement de potasse d'Alsace.

# UNITÉ 5 — L'histoire du gisement de potasse d'Alsace

Le gisement de potasse d'Alsace est localisé au sein d'un ensemble sédimentaire épais et dans une région où l'on observe une fracturation de la croûte par de nombreuses failles. Cela suggère une mise en place liée à la tectonique des plaques.

**Dans quelles conditions la potasse d'Alsace s'est-elle formée ?**

## La précipitation des sels dissous

**1 Un marais salant à Noirmoutier.** Dans les marais salants, le sel au sens commun (halite NaCl) est récolté après un long et minutieux processus d'évaporation de l'eau de mer. Lors de marées importantes, l'eau de mer alimente les bassins intermédiaires du marais salant. Sous l'effet de l'évaporation, la salinité de l'eau augmente progressivement. En saison chaude, le paludier dirige l'eau vers des bassins de récolte, où il extraira le sel cristallisé.

**2 Des cristaux de halite (sel au sens commun).**

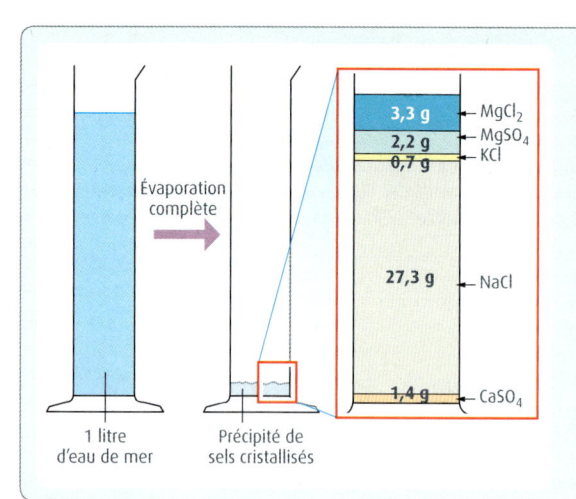

La teneur moyenne en sels dissous de l'eau des océans est de 35 g.$L^{-1}$. Si une couche peu profonde d'eau salée subit une évaporation poussée, ces sels se concentrent et précipitent. La précipitation a lieu dans un ordre précis. Le sulfate de calcium (anhydrite $CaSO_4$) se dépose lorsque 74 % de l'eau se sont évaporés. Puis vient le chlorure de sodium (halite NaCl) à 91 % d'évaporation. Enfin, le chlorure de potassium (sylvinite KCl) et le chlorure de magnésium ($MgCl_2$) précipitent lorsque 98 % de l'eau se sont évaporés. Ces différents sels précipités forment des roches qualifiées d'évaporites. Les évaporites sont des roches sédimentaires chimiques, c'est-à-dire qu'elles sont issues de processus de précipitation sans intervention d'êtres vivants (par opposition aux roches sédimentaires biochimiques comme les calcaires).

**3 Le précipité obtenu après évaporation d'un litre d'eau de mer.**

- 3,3 g — $MgCl_2$
- 2,2 g — $MgSO_4$
- 0,7 g — KCl
- 27,3 g — NaCl
- 1,4 g — $CaSO_4$

1 litre d'eau de mer → Évaporation complète → Précipité de sels cristallisés

# L'histoire du fossé rhénan

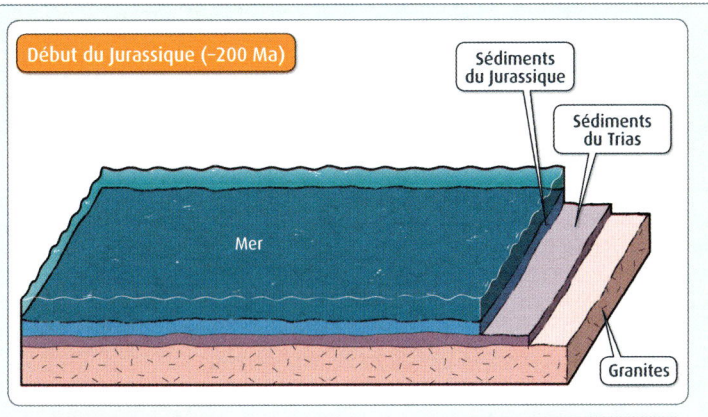

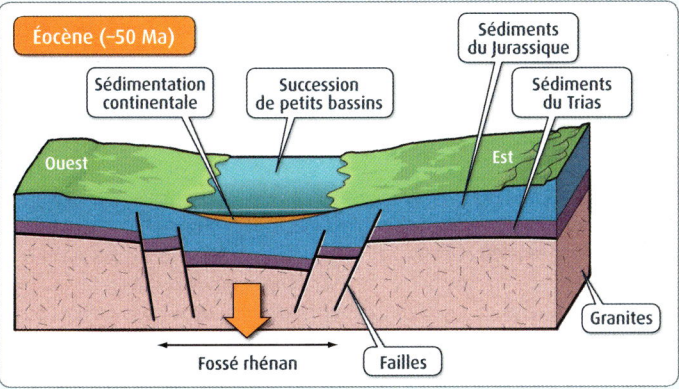

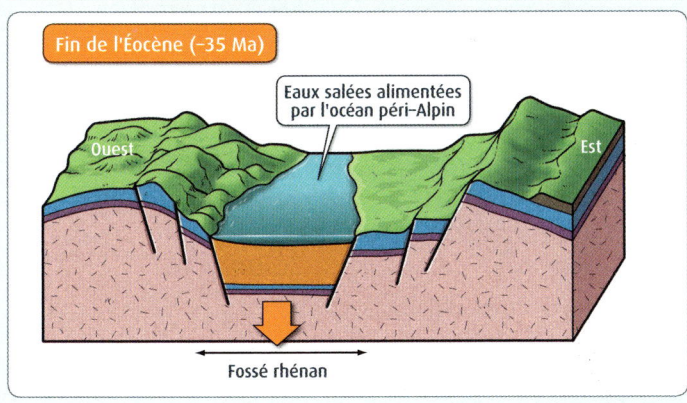

**Début du Jurassique (-200 Ma)** — Mer ; Sédiments du Jurassique ; Sédiments du Trias ; Granites.

**Éocène (-50 Ma)** — Sédimentation continentale ; Succession de petits bassins ; Sédiments du Jurassique ; Sédiments du Trias ; Ouest ; Est ; Granites ; Fossé rhénan ; Failles.

**Fin de l'Éocène (-35 Ma)** — Eaux salées alimentées par l'océan péri-Alpin ; Ouest ; Est ; Fossé rhénan.

1. Au Trias et au Jurassique (entre −230 et −165 Ma), des sédiments marins variés s'accumulent sur le socle de roches granitiques.

2. Entre −165 et −50 Ma, la région est émergée et érodée. La sédimentation est quasi-inexistante.

3. Vers −50 Ma (Éocène), la collision de la plaque africaine et de la plaque eurasienne provoque le soulèvement de la chaîne des Alpes et la fracturation du socle granitique rhénan. Cette fracturation est associée à des mouvements de distension est-ouest. Il y se forme ainsi un rift, avec affaissement (subsidence) d'un compartiment central (fossé rhénan). La dépression centrale est une succession de petits bassins qui sont alimentés grâce aux cours d'eau provenant des reliefs voisins. Ces eaux sont chargées en minéraux et sédiments détritiques issus de l'érosion des reliefs, à l'origine d'une sédimentation continentale (marnes contenant des couches d'évaporites).

4. Vers −35 Ma, le sud du fossé rhénan s'ouvre à l'océan qui borde les Alpes (océan péri-Alpin). Il y a ainsi arrivée de masses d'eau salées. Pendant la saison chaude, ces eaux subissent un processus d'évaporation poussée. Pendant la saison humide, les rivières alimentent le fossé en sédiments détritiques.

5. Peu de temps après (à l'échelle des temps géologiques), le soulèvement du Jura isole le fossé rhénan de l'océan péri-alpin. Le sédimentation redevient continentale.

**4** Quelques éléments de l'histoire géologique du fossé rhénan.

---

## ACTIVITÉS

**1 DOC. 1 À 3.** Montrez que la sylvinite d'Alsace a pu se former à partir d'une eau chargée en sels. Aidez-vous du doc. 2 p. 148.

**2 DOC. 4.** Retracez le scénario du dépôt des veines potassiques caractéristiques que l'on trouve dans les mines de potasse d'Alsace.

**3 DOC. 4.** Indiquez en quoi la tectonique des plaques a été un facteur essentiel à la mise en place du gisement de potasse d'Alsace.

**4 EN CONCLUSION.** Résumez les conditions de mise en place du gisement de potasse d'Alsace.

# CHAPITRE 1 — Tectonique des plaques et géologie appliquée

## BILAN DES UNITÉS

### UNITÉ 1 — Les bassins d'hydrocarbures pré-salifères

- Les bassins pré-salifères, récemment découverts, abritent de nombreux gisements qui recèlent d'importantes réserves d'**hydrocarbures**. Ils sont localisés au niveau des marges passives qui bordent l'océan Atlantique Sud, au large des côtes sud-américaines et ouest-africaines.
- Une **marge passive** correspond à la bordure immergée d'un continent. Constituée par de la croûte continentale amincie, elle comprend le plateau continental et le talus. On y observe la présence de nombreuses failles normales, caractéristiques d'une tectonique en extension, et d'une forte épaisseur de **roches sédimentaires** (de nature et d'âge variés) qui témoigne d'un phénomène de **subsidence** (affaissement).
- Au sein de la marge passive, les gisements pré-salifères sont situés sous une épaisse couche de sel. Les hydrocarbures qu'ils contiennent se sont formés de façon contemporaine à l'ouverture de l'océan Atlantique Sud.

### UNITÉ 2 — Un exemple de gisement d'hydrocarbures pré-salifère

- Les hydrocarbures des gisements pré-salifères sont issus de sédiments riches en matière organique. Sous l'effet de l'augmentation de pression et de température liée à l'enfouissement, ces sédiments se sont transformés, en plusieurs millions d'années, en **roche mère** des hydrocarbures et la matière organique qu'ils contenaient, préservée de la dégradation dans un milieu pauvre en dioxygène, s'est transformée en hydrocarbures.
- Les hydrocarbures ont été expulsés de la roche mère sous l'effet de la compaction. Dans les interstices où les fluides circulent au sein des sédiments, les hydrocarbures sont moins denses que l'eau et ne sont pas miscibles avec elle. Sous l'effet de la poussée d'Archimède, ils ont ainsi migré vers la surface.
- Cette migration a été bloquée quand les hydrocarbures ont rencontré la couche de sel imperméable (**roche couverture**). Ils sont alors alors accumulés dans une roche à forte porosité, située sous la couche de sel : la **roche réservoir**.

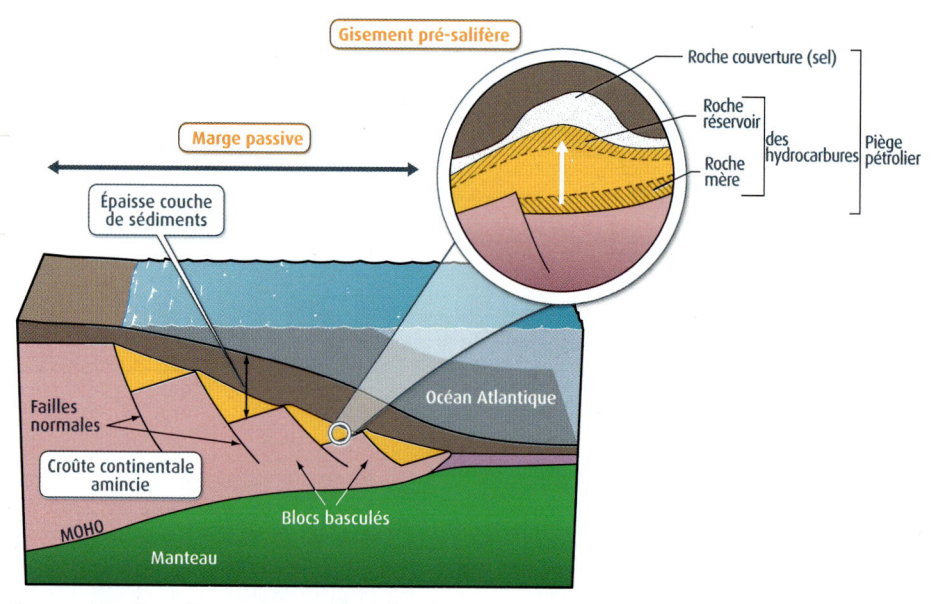

**Coupe schématique d'une marge passive et d'un gisement d'hydrocarbures pré-salifère.**

## BILAN DES UNITÉS

### UNITÉ 3 — L'histoire d'un gisement d'hydrocarbures pré-salifère

- L'histoire des gisements pétroliers pré-salifères est liée à l'ouverture de l'océan Atlantique Sud.
- Celle-ci débute il y a 140 millions d'années par un affaissement de la croûte continentale sous l'effet de forces d'extension. Ces mouvements de **subsidence** conduisent à la formation d'une dépression occupée par des lacs. Dans ces derniers, une forte productivité primaire est à l'origine de la formation de sédiments riches en matière organique. Dans un milieu pauvre en dioxygène, cette matière organique est conservée.
- La subsidence permet l'accumulation d'une grande quantité de ces sédiments puis leur enfouissement. Sous l'effet de l'augmentation de la température et de la pression, la matière organique se transforme en hydrocarbures.
- Un jeune océan se forme. Il est toutefois périodiquement isolé des autres océans. Sous un climat tropical, l'évaporation provoque alors le dépôt des couches de sel qui joueront le rôle de roche couverture.
- La formation des gisements pétroliers pré-salifères résulte donc d'une rare coïncidence de nombreuses conditions.

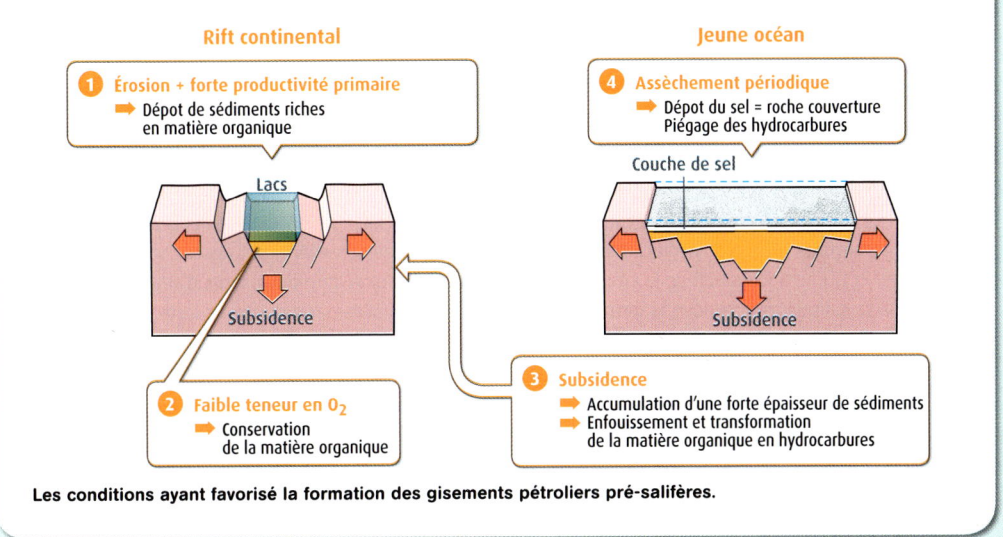

**Rift continental**

① Érosion + forte productivité primaire
➡ Dépôt de sédiments riches en matière organique

Lacs
Subsidence

② Faible teneur en $O_2$
➡ Conservation de la matière organique

**Jeune océan**

④ Assèchement périodique
➡ Dépôt du sel = roche couverture
Piégeage des hydrocarbures

Couche de sel
Subsidence

③ Subsidence
➡ Accumulation d'une forte épaisseur de sédiments
➡ Enfouissement et transformation de la matière organique en hydrocarbures

**Les conditions ayant favorisé la formation des gisements pétroliers pré-salifères.**

### UNITÉ 4 — La potasse d'Alsace, un exemple de ressource locale

- Jusqu'à un passé récent, la potasse a été extraite d'un gisement localisé en Alsace.
- Ce gisement comprend deux couches de potasse incluses dans une forte épaisseur de sédiments.
- Ces sédiments se sont accumulés dans une zone fracturée par des failles délimitant un vaste fossé d'effondrement : le fossé rhénan. Cela suggère que des phénomènes liés à la tectonique des plaques sont impliqués dans la formation du gisement.

### UNITÉ 5 — L'histoire du gisement de potasse d'Alsace

- La potasse est un des sels contenus dans l'eau de mer qui a rempli la cuvette du fossé rhénan il y a 35 millions d'années. Lorsque l'eau de mer s'évapore, les sels qui y sont dissous précipitent dans un ordre bien précis. Ainsi, la potasse (KCl) ne précipite qu'en fin d'évaporation, après l'anhydrite ($CaSO_4$) et la halite (NaCl). La succession de veines potassiques (formées d'anhydrite, de halite et de potasse) que l'on observe dans le minerai extrait du gisement alsacien est donc la conséquence de cycles successifs d'évaporation d'eau de mer.
- La formation du fossé rhénan, puis les cycles successifs d'évaporation de l'eau de mer à l'origine des veines potassiques sont expliqués par la collision de la plaque africaine et de la plaque eurasienne, qui a débuté il y a 50 millions d'années.

# CHAPITRE 1 : Tectonique des plaques et géologie appliquée

## L'essentiel par le texte

Le modèle de la tectonique des plaques permet de comprendre les conditions de formation de certaines ressources exploitables comme, par exemple, les hydrocarbures.

### Un environnement riche en gisements : les marges passives

- De nombreux gisements d'hydrocarbures sont localisés sur la bordure immergée des continents, ou **marge passive**. À ce niveau, la croûte continentale est amincie et fracturée par des failles. Ces failles délimitent des blocs basculés recouverts par une épaisse couche de sédiments au sein de laquelle se trouvent les gisements.
- Les hydrocarbures sont issus de sédiments riches en matière organique. Sous l'effet de la pression et de la température, cette matière organique s'est transformée, en plusieurs millions d'années, en hydrocarbures au sein de la **roche mère**. Les hydrocarbures ont ensuite migré vers la surface et se sont accumulés dans une roche poreuse (**roche réservoir**), bloqués dans leur ascension par une roche imperméable (**roche couverture**).

### L'histoire d'un gisement expliquée par la tectonique des plaques

- Certains gisements localisés sur les marges passives de l'Atlantique Sud (gisements pré-salifères) recèlent d'importantes réserves d'hydrocarbures. Leur histoire est liée aux premières phases de l'ouverture de cet océan :
– (1) une fracturation de la croûte continentale est à l'origine de mouvements d'affaissement, ou **subsidence**. La subsidence provoque la formation de dépressions occupées par des lacs. La forte productivité primaire est à l'origine du dépôt au fond de ces lacs de sédiments riches en matière organique, dans un environnement apuvre ne dioxygène, propice à la conservation de cette dernière. D'autres sédiments, qui évolueront en roche réservoir, se déposent également ;
– (2) la subsidence permet l'enfouissement des sédiments, à l'origine de la transformation de la matière organique en hydrocarbures ;
– (3) les dépressions sont envahies par les eaux océaniques. Des périodes d'assèchement sont à l'origine du dépôt de couches de sel qui joueront le rôle de roche couverture.
- La formation d'un gisement d'hydrocarbures résulte donc d'une conjonction de nombreuses conditions. Cela explique la rareté dans le temps et dans l'espace de ces gisements.

## Les capacités et attitudes

▸ Pratiquer une démarche scientifique : observer, formuler une hypothèse et raisonner avec rigueur (**unités 1, 2, 3 et 5**).
▸ Manipuler et expérimenter (**unité 2**)
▸ Recenser, extraire et organiser des informations (**unités 1 à 4**).

## Mots clés

*Voir aussi Dico des SVT p. 332*

**Marge passive :** bordure immergée d'un continent formée de croûte continentale et comprenant le plateau continental et le talus.
**Roche couverture :** roche imperméable qui forme le sommet d'un piège d'hydrocarbures.
**Roche mère :** roche sédimentaire au sein de laquelle se forment, en plusieurs millions d'années, les hydrocarbures.
**Roche réservoir :** roche sédimentaire poreuse pouvant stocker des hydrocarbures.
**Subsidence :** enfoncement de structures géologiques lié aux mouvements des plaques lithosphériques à la surface du globe et impliquant le jeu de failles normales.

# L'ESSENTIEL

## L'essentiel par l'image

### Une conjonction de nombreuses conditions explique la formation d'un gisement d'hydrocarbures

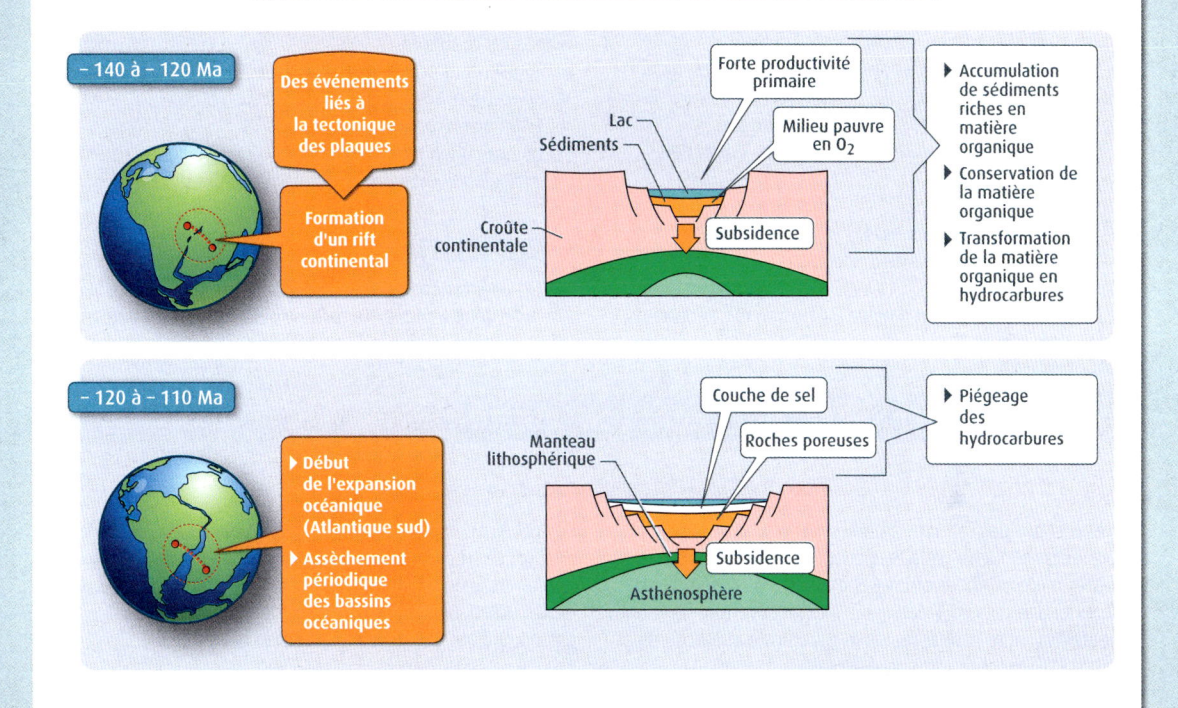

**− 140 à − 120 Ma**

- Des événements liés à la tectonique des plaques
- Formation d'un rift continental

Lac, Sédiments, Croûte continentale, Forte productivité primaire, Milieu pauvre en O₂, Subsidence

- Accumulation de sédiments riches en matière organique
- Conservation de la matière organique
- Transformation de la matière organique en hydrocarbures

**− 120 à − 110 Ma**

- Début de l'expansion océanique (Atlantique sud)
- Assèchement périodique des bassins océaniques

Manteau lithosphérique, Couche de sel, Roches poreuses, Subsidence, Asthénosphère

- Piégeage des hydrocarbures

### Les gisements d'hydrocarbures aujourd'hui : rares et précisément localisés

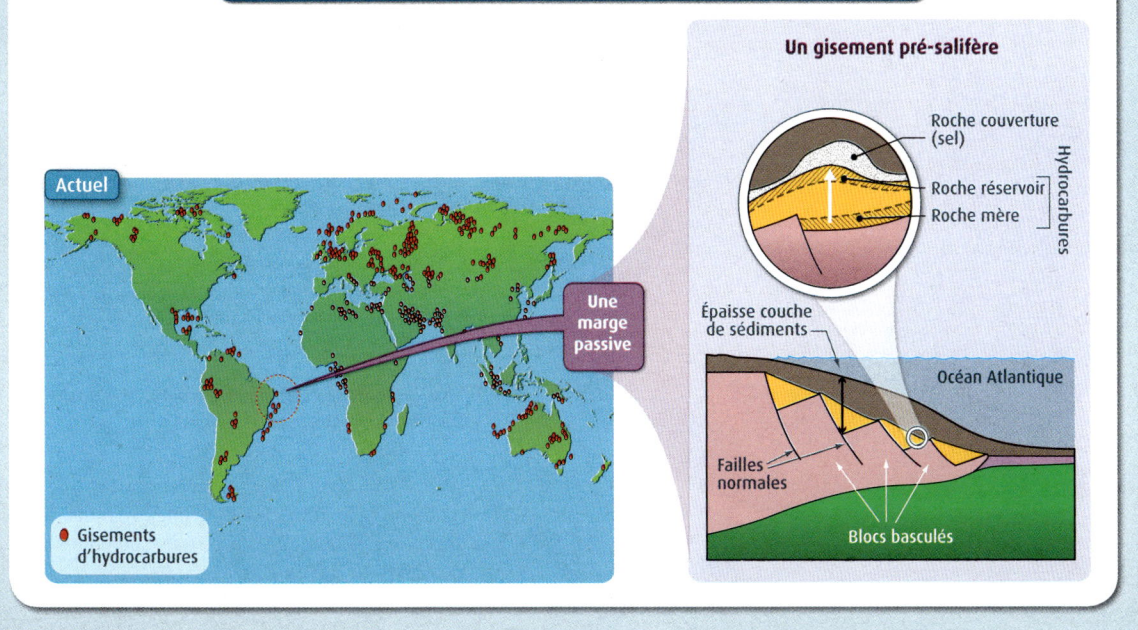

**Actuel**
- Gisements d'hydrocarbures

Une marge passive

**Un gisement pré-salifère**
- Roche couverture (sel)
- Roche réservoir
- Roche mère
- Hydrocarbures
- Épaisse couche de sédiments
- Océan Atlantique
- Failles normales
- Blocs basculés

THÈME 3 – CHAPITRE 1 TECTONIQUE DES PLAQUES ET GÉOLOGIE APPLIQUÉE

# EXERCICES

## évaluer ses connaissances

### 1 QCM

Pour chaque proposition, identifiez la (ou les) bonne(s) réponse(s) :

**1. Les hydrocarbures :**
a. peuvent se trouver dans des gisements localisés sur des marges passives.
b. s'accumulent dans des roches mères poreuses.
c. se forment à partir de sédiments pauvres en matière organique.

**2. Une marge passive :**
a. présente des failles inverses.
b. se forme dans un contexte d'extension de la croûte terrestre.
c. est un environnement propice à l'érosion des sédiments.

### 2 Vrai ou faux ?

Identifiez les affirmations fausses et rectifiez-les :
a. Les bassins pétroliers se rencontrent en bordure de tous les continents.
b. Un gisement pétrolier est constitué par la superposition d'une roche couverture puis d'une roche réservoir et enfin d'une roche mère.
c. La localisation précise des ressources géologiques actuelles s'explique uniquement par la tectonique des plaques.

### 3 Qui suis-je ?

Un phénomène indispensable à l'accumulation puis à l'enfouissement des roches mères d'hydrocarbures.

## s'entraîner avec un exercice guidé

### 4 Les roches mères du pétrole du Moyen-Orient

Près de 60 % des réserves pétrolières mondiales sont localisées autour du golfe Persique. Elles sont issues de roches mères formées entre −200 Ma et −65 Ma. À cette période, une dorsale océanique a induit l'ouverture de l'océan Néotéthys, situé dans la région intertropicale et parcouru par des courants océaniques chauds, donc pauvres en dioxygène dissous. Les mouvements des plaques ont ensuite provoqué la fermeture de la Néotéthys et la collision des deux marges de cet océan. La soudure entre ces deux marges est aujourd'hui émergée au niveau du golfe Persique.

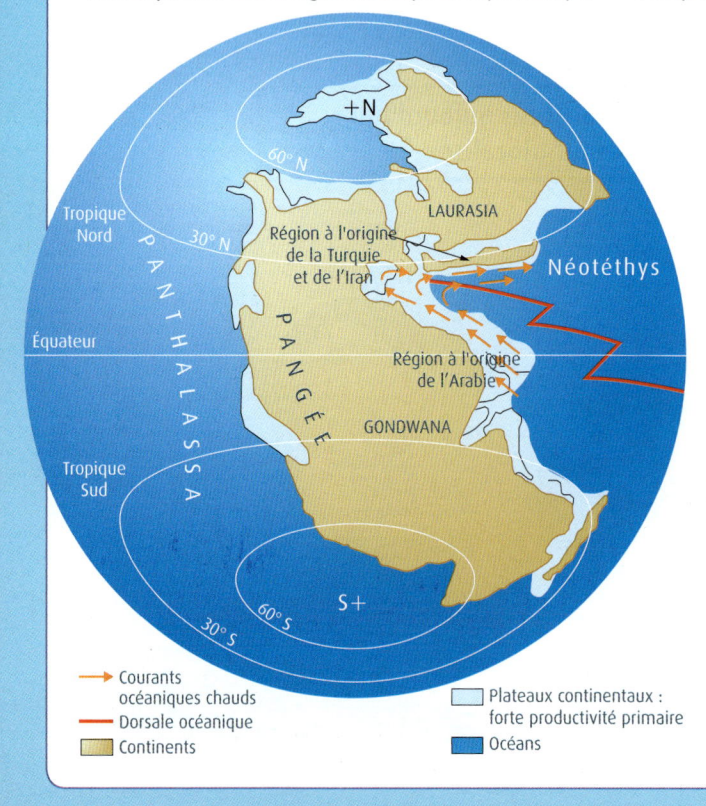

**Un peu d'aide**

• **Saisir des informations**
Repérez la position géographique des plateaux continentaux et des régions correspondant aujourd'hui à l'Arabie et à l'Iran. Identifiez les conditions favorables à la formation de sédiments riches en matière organique sur les marges de la Néotéthys.

• **Mobiliser les connaissances**
Précisez comment la tectonique détermine la position passée des continents et des océans, et l'accumulation de fortes épaisseurs de sédiments au niveau des marges passives.

• **Raisonner et conclure**
Organisez votre argumentation pour expliquer la présence actuelle de grands volumes de roches mères d'hydrocarbures au Moyen-Orient.

**1.** La position des continents il y a 200 millions d'années (Jurassique).

**QUESTION** Identifiez les facteurs qui ont conditionné la formation de grands volumes de roches mères des hydrocarbures aujourd'hui localisées au Moyen-Orient.

## appliquer ses connaissances

### 5. Le pétrole de l'Iran
*Saisir des informations et raisonner*

Près de 99 % des réserves de pétrole et 92 % des réserves de gaz au Moyen-Orient se trouvent le long de la marge nord-est de la péninsule arabique. Comptant environ 8 % des réserves mondiales de pétrole, la province iranienne de Dezful est la région pétrolifère la plus riche de ce bassin. L'expulsion des hydrocarbures des roches mères s'est réalisée sur de très courtes distances, limitant les pertes, et vers des pièges pétroliers très hermétiques.

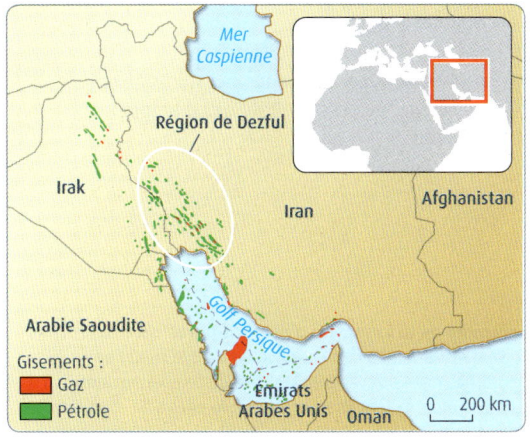

**1.** Carte des gisements pétroliers de la province de Dezful (Iran).

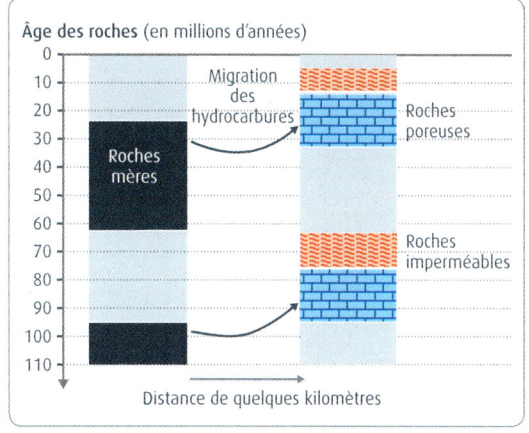

**2.** Colonne stratigraphique montrant quelques roches d'une zone pétrolifère de la province de Dezful (Iran).

❶ Rappelez les types de roches qui composent un piège pétrolier et précisez comment circulent les hydrocarbures dans de telles structures.

❷ Sur le doc. 2, datez plusieurs ensembles de roches pouvant constituer des pièges pétroliers exploitables.

❸ Indiquez la durée de la période géologique pendant laquelle les roches mères des hydrocarbures se sont formées dans cette région.

❹ Résumez les facteurs qui expliquent la richesse pétrolière de la province de Dezful.

### 6. La marge passive ouest-européenne
*Mobiliser les connaissances et raisonner*

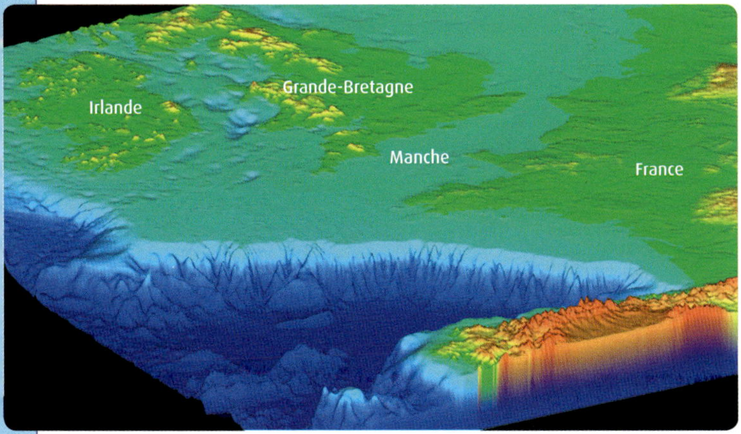

La marge passive ouest-européenne est située à la frontière entre le continent européen et l'océan Atlantique Nord. Elle ne recèle aucun gisement d'hydrocarbures exploitables.

**1.** Profil bathymétrique en trois dimensions de la marge atlantique au large de l'Europe. Les zones figurées en vert sont émergées, ou situées à moins de 200 m de profondeur. Les zones figurées en bleu foncé sont situées à plus de 1 000 m de profondeur.

❶ Rappelez les caractéristiques et les conditions de formation d'une marge passive.

❷ Sur le document, localisez la croûte océanique.

❸ Formulez plusieurs hypothèses susceptibles d'expliquer l'absence de gisements d'hydrocarbures sur la marge passive ouest-européenne.

# EXERCICES

## Appliquer ses connaissances

### 7. La transformation de la matière organique en hydrocarbures
*Extraire des informations d'un graphique*

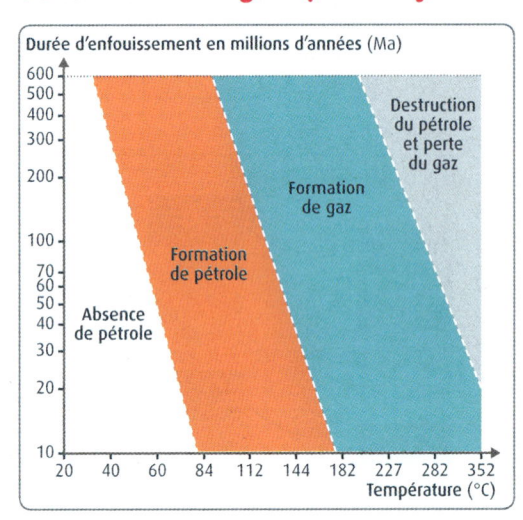

En Indonésie, on trouve de nombreux gisements de pétrole et de gaz dont les roches mères sont âgées d'environ 45 millions d'années (Ma) pour les plus âgées et d'environ 10 Ma pour les plus récentes.

● Déterminez l'intervalle de températures auxquelles les roches mères du pétrole et du gaz d'Indonésie ont été soumises.

**1. Diagramme de la formation d'hydrocarbures dans les roches mères.** La transformation de la matière organique contenue dans les roches mères dépend de la durée de l'enfouissement de ces roches et de la température à laquelle elles sont soumises.

### 8. La potasse de la mer Morte
*Pratiquer une démarche scientifique*

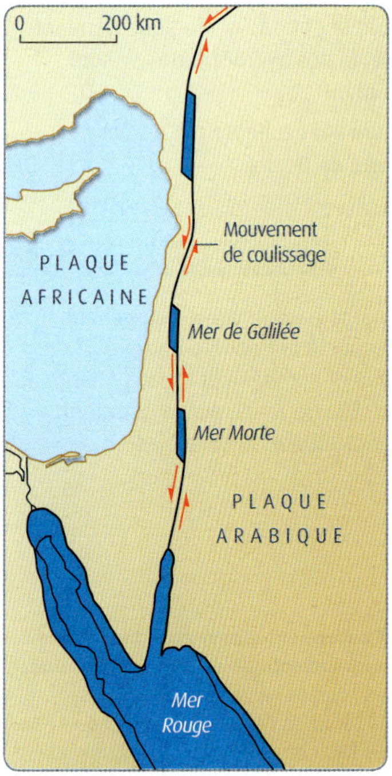

La mer Morte est une petite mer fermée du Proche-Orient. Elle est alimentée seulement par quelques cours d'eau et soumise à un climat chaud et très sec : les précipitations sont rares (de 50 à 65 mm.m$^{-2}$.an$^{-1}$) et l'évaporation est intense (1 400 mm.m$^{-2}$.an$^{-1}$). Sa salinité exceptionnelle, de l'ordre de 330 g.L$^{-1}$, atteint près de 9 fois la salinité moyenne des océans. La région de la mer Morte est une importante zone de production de potasse.

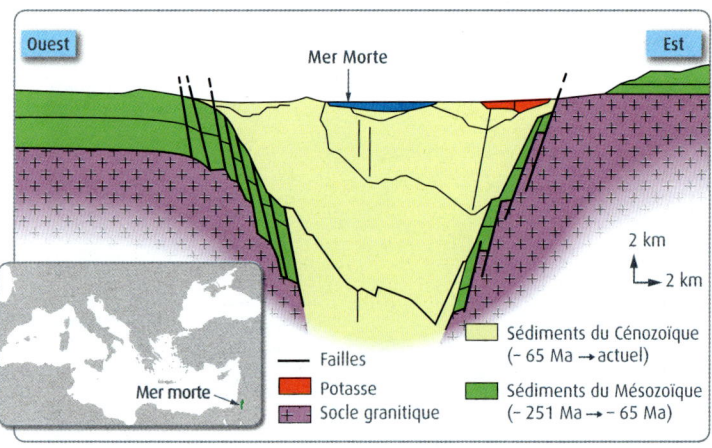

**1. Les mouvements des plaques lithosphériques dans la région de la mer Morte.** Cette mer est située dans un fossé d'effondrement créé par des mouvements de coulissage de la plaque arabique et de la plaque africaine.

**2. Coupe géologique de la mer Morte.** Il y a 2,5 millions d'années, des rivières à fort débit déversaient des eaux chargées de minéraux dans le bassin de la mer Morte. Cette alimentation a cessé il y a 10 000 ans.

● Expliquez en quoi la situation géographique et l'histoire tectonique de la région permettent de comprendre la formation de potasse dans la région de la mer Morte.

**CHAPITRE 2**

# La production agricole végétale et animale

La production agricole doit fournir les aliments nécessaires à un nombre croissant d'êtres humains. Depuis les années 1950, la modernisation de l'agriculture a permis d'accroître la production alimentaire, mais cela n'est pas sans conséquences sur l'environnement et la santé.

Le semis du colza (en Seine-Maritime).

Par quelles méthodes l'Homme augmente-t-il la production agricole et avec quelles conséquences sur l'environnement et la santé ?

# UNITÉ 1 — Le fonctionnement des écosystèmes naturels

L'étude des caractéristiques des écosystèmes permet de mieux évaluer l'impact sur l'environnement des activités humaines comme, par exemple, les activités agricoles.

⇝ **Qu'est-ce qu'un écosystème et comment fonctionne-t-il ?**

## Les différents éléments d'un écosystème

**Météorologie**
Précipitations annuelles : 640 mm
Température moyenne annuelle : 12°C
Nombre annuel de jours de neige ou de gel : 45

**Ensoleillement**
Énergie lumineuse reçue : $38.10^3$ GJ.ha$^{-1}$.an$^{-1}$
Durée moyenne du jour : 12 h 16 mn

**SOL**
PH : 6,5
Teneur en eau : 20 à 60%

Feuilles 4
Branches 90
Troncs 210
Insectes 60
Oiseaux 0,6
Oiseaux 0,8
Araignées 1
Autres carnivores 1
Autres herbivores 1
Cerf, chevreuils, sangliers 2
Autres décomposeurs 100
Lombrics 900

Biomasse végétale en t.ha$^{-1}$
Biomasse herbivores en kg.ha$^{-1}$
Biomasse carnivores et insectivores en kg.ha$^{-1}$
Biomasse Décomposeurs en kg.ha$^{-1}$

**⚠ 1 Un exemple d'écosystème : une forêt tempérée de feuillus.** Un écosystème est constitué d'un *biotope* (le milieu et ses caractéristiques physico-chimiques) et d'une *biocénose* (ensemble des êtres vivants peuplant le milieu). On y définit des réseaux trophiques, où la matière organique synthétisée par les producteurs primaires grâce à la photosynthèse est consommée par les producteurs secondaires, qui ont besoin d'une source de matière organique pour s'alimenter. 1 ha = 1 hectare = 10 000 m$^2$.

## ACTIVITÉS

**❶ DOC. 1.** Distinguez les données qui se rapportent au biotope de celles qui se rapportent à la biocénose.

**❷ DOC. 2.** Calculez la quantité d'énergie solaire nécessaire pour produire, sur un hectare pendant un an, une tonne de matière organique de producteur primaire, une tonne d'herbivore et une tonne de carnivore. Comparez et concluez.

**❸ DOC. 2.** Expliquez pourquoi la présence des décomposeurs est essentielle au fonctionnement de l'écosystème.

**❹ EN CONCLUSION.** Récapitulez les principes de fonctionnement d'un écosystème.

## Le fonctionnement d'un écosystème

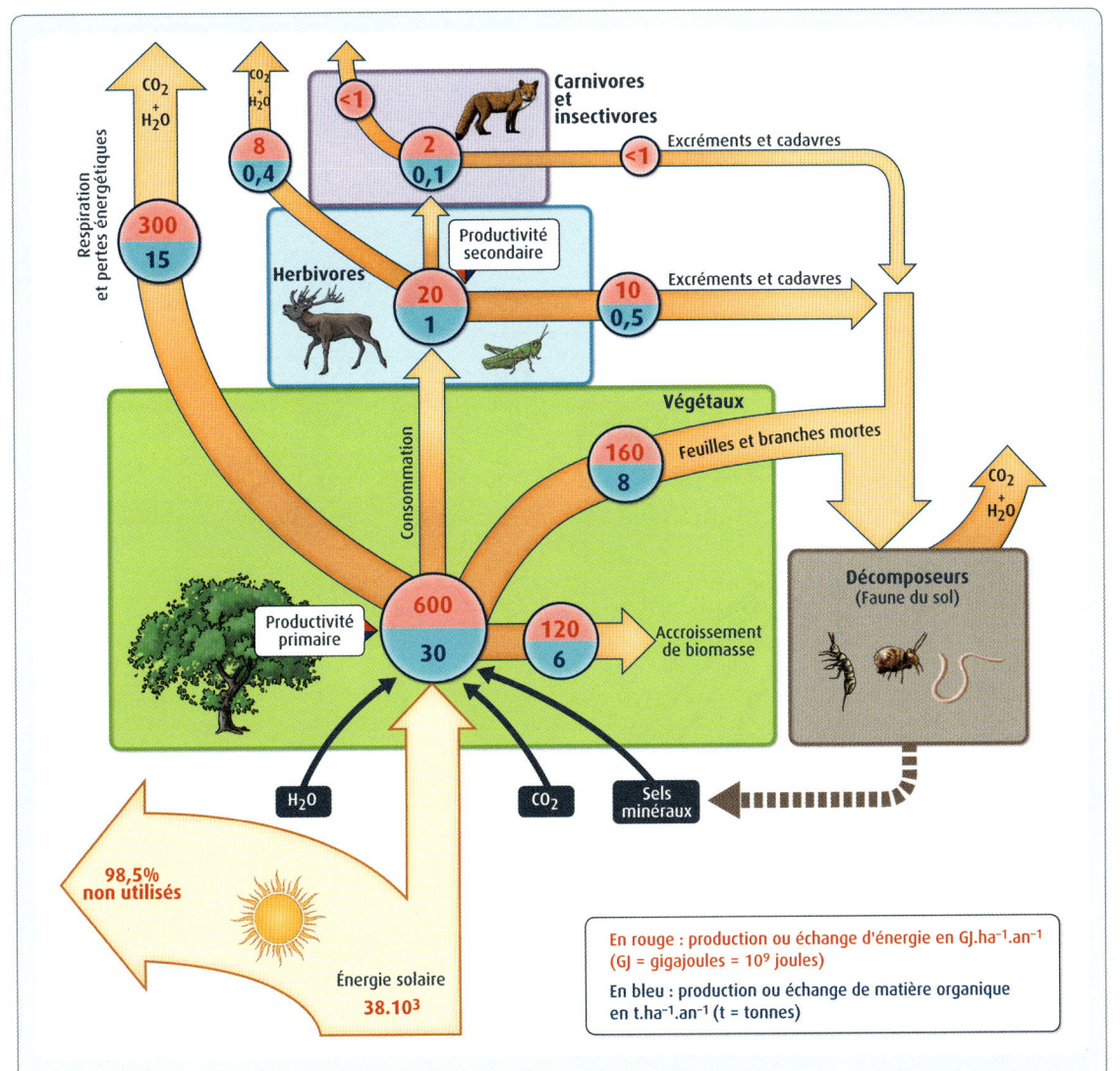

**Carnivores et insectivores**: <1 ; 2 / 0,1 ; 8 / 0,4 ; 300 / 15 (Respiration et pertes énergétiques ; $CO_2 + H_2O$)

**Herbivores**: 20 / 1 ; 10 / 0,5 (Excréments et cadavres) ; Productivité secondaire

**Végétaux**: 600 / 30 (Productivité primaire) ; 160 / 8 (Feuilles et branches mortes) ; 120 / 6 (Accroissement de biomasse)

Consommation

Décomposeurs (Faune du sol) — $CO_2 + H_2O$

Entrées : $H_2O$, $CO_2$, Sels minéraux

Énergie solaire : $38.10^3$ — 98,5 % non utilisés

En rouge : production ou échange d'énergie en $GJ.ha^{-1}.an^{-1}$ (GJ = gigajoules = $10^9$ joules)
En bleu : production ou échange de matière organique en $t.ha^{-1}.an^{-1}$ (t = tonnes)

---

Pour chaque niveau de l'écosystème (producteurs primaires, herbivores, carnivores), on détermine la **biomasse** (c'est-à-dire la masse de tous les individus présents à un instant donné) et la **productivité** (c'est-à-dire la masse de matière organique qu'ils ont synthétisée en une année). Ces masses peuvent être converties en énergie : l'énergie « contenue » dans une tonne de matière organique est en moyenne de 20 GJ.

La matière organique synthétisée par les organismes d'un niveau de la pyramide a quatre destinées possibles : une partie sert au fonctionnement des organismes et est au final perdue sous forme de $CO_2 + H_2O$ lors de la respiration. Une partie retourne vers le sol (excréments, branches et feuilles mortes, cadavres des organismes), où elle est dégradée par les décomposeurs et recyclée. Une partie est consommée par les organismes du niveau trophique supérieur et permet la construction de leur propre matière organique. Enfin, une dernière partie permet la croissance de la biomasse des organismes. Dans l'écosystème « forêt », on constate que, globalement et sur une année, seule la biomasse des producteurs primaires augmente. Pour les autres producteurs, la biomasse issue de la croissance est compensée par le retour au sol de la matière organique des organismes morts.

La pyramide de productivité de l'écosystème décrit tous ces échanges de matière et d'énergie.

**2** **La pyramide de productivité** de l'écosystème « forêt tempérée ». Les échanges de dioxygène ne sont pas représentés.

THÈME 3 – CHAPITRE 2 LA PRODUCTION AGRICOLE VÉGÉTALE ET ANIMALE

# UNITÉ 2 — La production agricole végétale

Les agrosystèmes sont les systèmes agricoles : cultures végétales et élevages animaux. Ce sont des écosystèmes particuliers, créés et gérés par l'Homme pour subvenir à ses besoins.

▸ **Quelles sont les caractéristiques d'une culture végétale ? Quels facteurs conditionnent sa productivité ?**

## Comparer un écosystème et un agrosystème

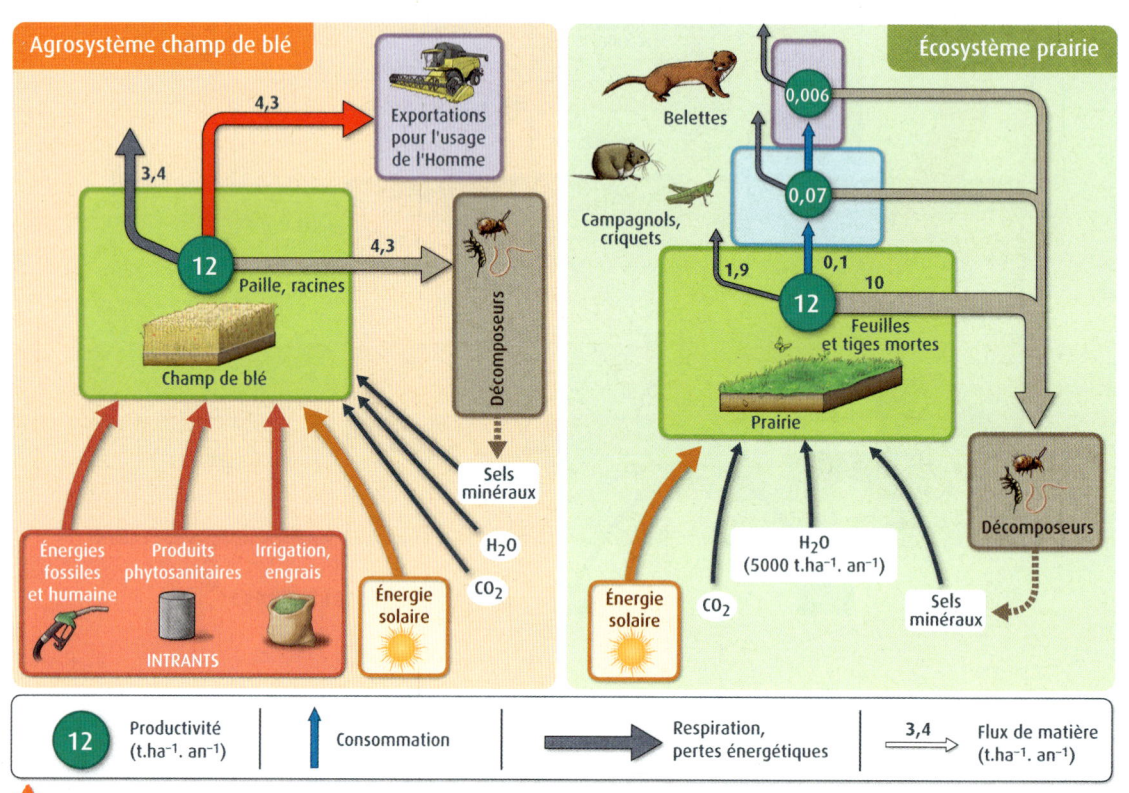

**Agrosystème champ de blé**

- 4,3 → Exportations pour l'usage de l'Homme
- 3,4
- 12 → 4,3 Paille, racines → Décomposeurs
- Champ de blé
- Sels minéraux, $H_2O$, $CO_2$
- INTRANTS : Énergies fossiles et humaine ; Produits phytosanitaires ; Irrigation, engrais
- Énergie solaire

**Écosystème prairie**

- Belettes 0,006
- Campagnols, criquets 0,07
- 1,9 ; 0,1 ; 10
- 12 Feuilles et tiges mortes
- Prairie
- $H_2O$ (5000 t.ha⁻¹.an⁻¹), $CO_2$, Sels minéraux
- Énergie solaire
- Décomposeurs

Légende :
- **12** Productivité (t.ha⁻¹.an⁻¹)
- ↑ Consommation
- ⇒ Respiration, pertes énergétiques
- 3,4 → Flux de matière (t.ha⁻¹.an⁻¹)

**1** Pyramides de productivité d'un champ de blé (**agrosystème**) et d'une prairie (**écosystème**).

Les **intrants** correspondent à l'ensemble de la matière et de l'énergie injectées par l'Homme dans l'agrosystème. Les besoins en eau d'une culture de blé sont d'environ 5 000 t.ha⁻¹.an⁻¹.

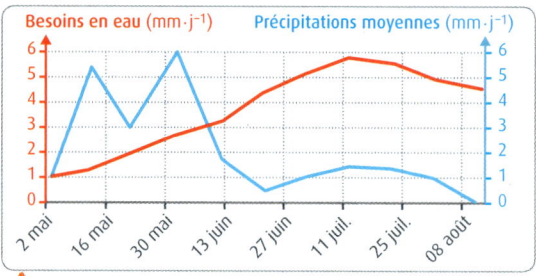

Graphique : Besoins en eau (mm·j⁻¹) et Précipitations moyennes (mm·j⁻¹) du 2 mai au 08 août.

**2** **La culture du maïs en Eure-et-Loir : besoins en eau comparés aux précipitations.** La culture du maïs, contrairement à celle du blé, demande une quantité d'eau importante, notamment pendant la croissance des épis à partir du printemps.

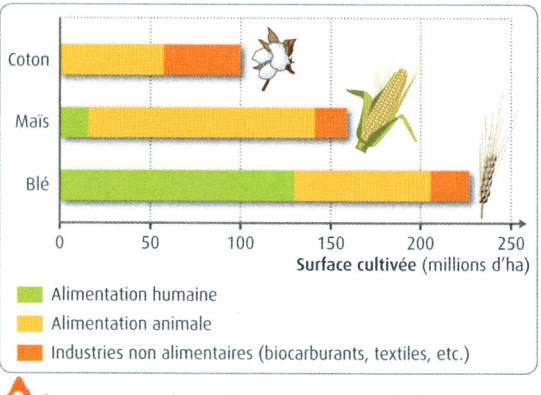

Graphique : Surface cultivée (millions d'ha) pour Coton, Maïs, Blé.
- Alimentation humaine
- Alimentation animale
- Industries non alimentaires (biocarburants, textiles, etc.)

**3** Les usages de quelques cultures végétales.

# Comprendre le rôle des intrants

**TP**

### J'UTILISE LE LOGICIEL MODSIM CULTURE

- Allez dans l'onglet «Simulation/Paramètres».
- Choisissez une espèce et cochez la case «Engrais».
- Dans l'onglet «Mesure/Données», lancez la simulation.
- Analysez les données en choisissant les tableaux dans la rubrique «Végétal».

| Mois | Octobre | Nov. | Déc. | Janvier | Février | Mars | Avril | Mai | Juin | Juillet | Août |
|---|---|---|---|---|---|---|---|---|---|---|---|

**Parcelle témoin : blé**

| Végétal masse du végétal | 0 | 511 | 738 | 772 | 980 | 2009 | 3518 | 3558 | 1200 | 1021 | – |
| masse de sa matière organique | 0 | 108 | 156 | 163 | 207 | 425 | 745 | 822 | 826 | 827 | – |

**Parcelle expérience : blé, engrais**

| Végétal masse du végétal | 0 | 1378 | 1989 | 2080 | 2617 | 4895 | 6710 | 6304 | 2117 | 1799 | – |
| masse de sa matière organique | 0 | 292 | 421 | 440 | 554 | 1036 | 1422 | 1456 | 1457 | 1457 | – |

**4** **Production de matière organique dans une culture de blé avec ou sans apport d'engrais chimique.**
La productivité d'une culture est égale à la masse de matière organique récoltée chaque année sur un hectare (10 000 m²). Données en g.m$^{-2}$.

*Situation normale* — *Manque d'eau*

*Épi infecté par l'ergot du blé (champignon)* — *Coquelicot*

- 60 % Fongicides
- 5 % Insecticides
- 35 % Herbicides

*Puceron des céréales (insecte)*

**5** L'effet du manque d'eau sur les épis de maïs.

**6** **Les produits phytosanitaires utilisés pour la culture du blé.** Ils comprennent trois catégories de produits dits pesticides : les fongicides (lutte contre les champignons pathogènes), les herbicides (lutte contre les adventices, vulgairement appelées «mauvaises herbes») et les insecticides (lutte contre les insectes ravageurs).

## ACTIVITÉS

**1 DOC. 1 ET 3.** Identifiez trois différences essentielles entre un écosystème et un agrosystème.

**2 DOC. 1 ET 2.** Indiquez comment sont couverts les besoins en eau d'une culture de blé et d'une culture de maïs.

**3 DOC. 4.** Calculez la productivité des deux cultures de blé.

**4 DOC. 4 À 6.** Montrez comment différents intrants permettent une augmentation de la productivité des cultures.

**5 EN CONCLUSION.** Récapitulez les caractéristiques d'une culture végétale et les actions qui conditionnent sa productivité.

# UNITÉ 3 — Les conséquences de l'usage des intrants

Les intrants (engrais, produits phytosanitaires, eau d'irrigation, etc.) accroissent la productivité des cultures végétales. Leur usage a toutefois des conséquences sur l'environnement et un coût énergétique.

⇢ **Quelles sont les conséquences des intrants sur l'environnement et quel est leur coût énergétique ?**

## Des conséquences sur l'environnement

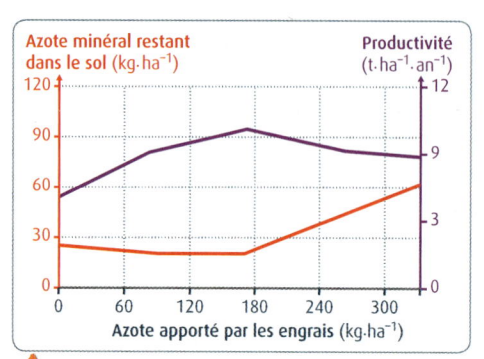

**1 Effet de l'apport d'azote sur la productivité d'une culture de blé.** Au-delà d'un certain seuil, l'azote minéral apporté par les engrais chimiques n'est pas utilisé par la plante. Il reste alors sous forme de nitrates dans le sol. Très solubles, ces derniers sont transportés par le ruissellement des eaux de surface ou dans les nappes phréatiques.

« La France est le troisième utilisateur mondial de produits phytosanitaires et le premier utilisateur européen. [...] Selon les analyses réalisées en 2002, [...] des substances actives [issues des produits phytosanitaires] ont été détectées dans 80 % des stations échantillonnées dans les eaux superficielles et 57 % dans les eaux souterraines. [...] Bien que les conséquences écologiques de ces pollutions diffuses soient mal connues, on a remarqué sur plusieurs sites la disparition d'herbiers dans les rivières au moment du traitement des cultures par les herbicides ou des anomalies dans la reproduction des amphibiens et poissons. En terme de santé humaine, l'exposition à certains produits phytosanitaires est associée à des risques cancérigènes, reprotoxiques* ou neurotoxiques. »

Mélanie Tauber, *INSEE - Agriculture, nouveau défis*, 2007.

\* Reprotoxique = risque de diminution de la fertilité

**3 Les produits phytosanitaires en France.**

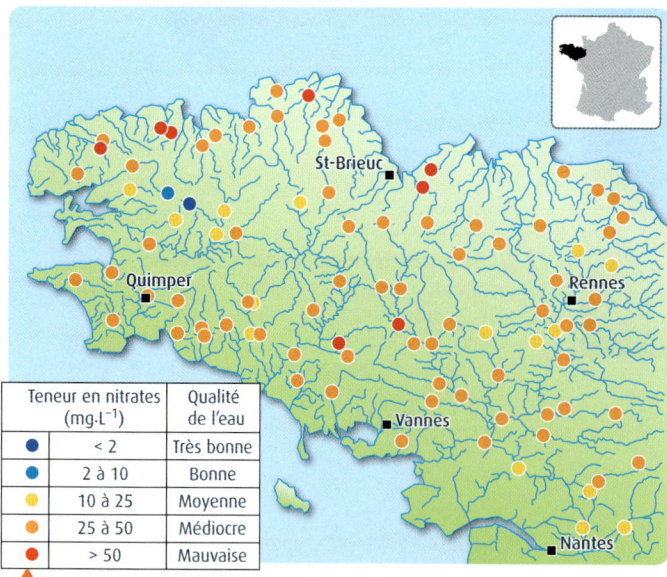

| Teneur en nitrates ($mg \cdot L^{-1}$) | Qualité de l'eau |
|---|---|
| < 2 | Très bonne |
| 2 à 10 | Bonne |
| 10 à 25 | Moyenne |
| 25 à 50 | Médiocre |
| > 50 | Mauvaise |

**2 Teneur en nitrates des cours d'eaux en Bretagne.** Dans l'organisme, les nitrates sont transformés en nitrites et en nitrosamines. Les nitrites empêchent l'hémoglobine de transporter le dioxygène, avec un risque accru chez le nourrisson. Les nitrosamines sont connues pour être cancérigènes. La teneur maximale admise en nitrates pour l'eau du robinet est de 50 $mg \cdot L^{-1}$.

**4 Une marée verte dans la baie du Mont Saint-Michel (Manche).** Les nitrates peuvent être à l'origine de proliférations massives d'algues. Leur décomposition appauvrit le milieu en dioxygène, perturbant ainsi la productivité primaire des écosystèmes et le cycle de vie de certaines espèces.

## Un coût en énergie

**5** **Irrigation intensive d'une parcelle de maïs.** En France, le maïs représente 50 % des cultures irriguées.

|  | Culture non irriguée | Culture irriguée |
|---|---|---|
| Carburant | 4 | 4 |
| Fabrication des engrais | 12,8 | 20,3 |
| Irrigation | 0 | 13,2 |
| Séchage des grains après récolte | 10,8 | 16,2 |
| Autres (entretien du matériel, des hangars, etc.) | 9,6 | 9,6 |
| **TOTAL** | **37,2** | **63,3** |

**6** L'énergie consommée pour cultiver un hectare de maïs avec ou sans irrigation (en GJ.ha$^{-1}$.an$^{-1}$).
La productivité des cultures avec et sans irrigation est respectivement de 9 et de 6 t.ha$^{-1}$.an$^{-1}$.

|  | 1950 | 2010 |
|---|---|---|
| Intrants chimiques | Fumier (1 fois par an) | Engrais (3 fois par an), produits phytosanitaires (4 fois par an) |
| Tâches mécanisées | Très peu (battage) | Toutes |
| Volume de carburant (récolte) | 2 L.ha$^{-1}$.an$^{-1}$ | 100 L. ha$^{-1}$.an$^{-1}$ |
| Nombre d'heures de travail (récolte) | 100 h.ha$^{-1}$.an$^{-1}$ | 3,5 h.ha$^{-1}$.an$^{-1}$ |
| Productivité en grains | 2 t.ha$^{-1}$.an$^{-1}$ | 10 t.ha$^{-1}$.an$^{-1}$ |

**7** L'usage d'**intrants** et les dépenses énergétiques pour une culture de blé en 1950 et en 2010.

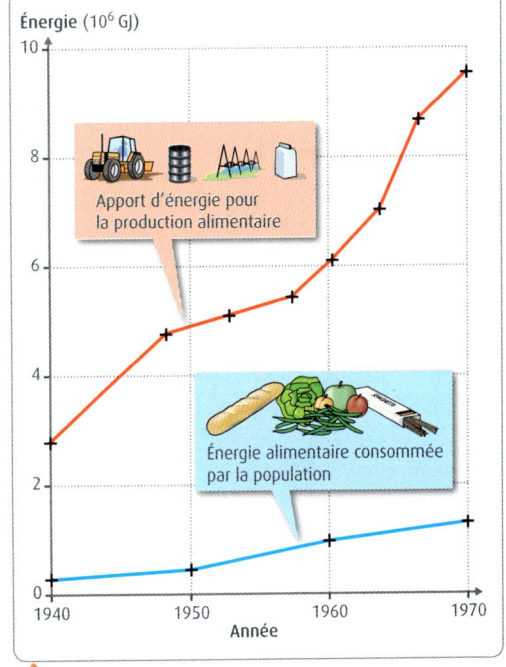

**8** Évolution de la consommation d'énergie par l'ensemble de l'agriculture et de l'énergie alimentaire consommée par la population entre 1940 et 1970.

### ACTIVITÉS

**1** **DOC. 1, 2 ET 4.** Résumez les conséquences d'une utilisation trop importante d'engrais sur les cultures, l'environnement et la santé.
**2** **DOC. 3.** Outre l'eau, quels éléments d'un écosystème peuvent être perturbés par les produits phytosanitaires ?
**3** **DOC. 5 ET 6.** Calculez la quantité d'énergie dépensée pour produire une tonne de maïs avec ou sans irrigation.
**4** **DOC. 7.** Calculez le volume de carburant utilisé pour produire une tonne de blé en 1950 et en 2010.
**5** **DOC. 8.** Décrivez l'évolution du coût en énergie de la production d'une calorie alimentaire depuis 1940.
**6** **EN CONCLUSION.** Récapitulez les conséquences sur l'environnement de l'usage des intrants et leur coût énergétique.

# UNITÉ 4 — Des pistes pour réduire l'impact des intrants

Les intrants permettent une augmentation des rendements des cultures. Toutefois, leur usage intensif augmente le coût en énergie des aliments produits et pose de graves problèmes de pollution de l'environnement.

⇢ **Quelles solutions permettent de réduire l'impact des intrants sur l'environnement ?**

## Modifier certaines pratiques agricoles

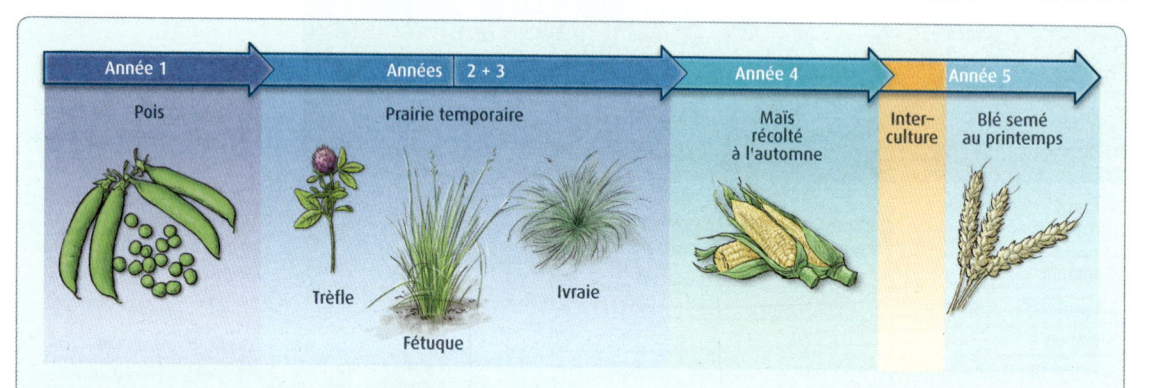

| Année 1 | Années 2 + 3 | Année 4 | Année 5 |
|---|---|---|---|
| Pois | Prairie temporaire (Trèfle, Ivraie, Fétuque) | Maïs récolté à l'automne | Inter-culture / Blé semé au printemps |

La rotation des cultures est la succession des cultures que l'on pratique dans un même champ année après année. Dans l'exemple ci-dessus, le pois est une plante qui fixe l'azote atmosphérique et enrichit ainsi le sol en azote. La prairie temporaire est issue d'un semis de trèfle et de deux graminées (ivraie et fétuque). Elle favorise l'activité biologique du sol (animaux, champignons) et donc sa fertilité. L'interculture (par exemple de la moutarde), semée à l'automne et détruite au printemps, utilise l'azote soluble restant dans le sol après la culture de maïs. Par sa croissance à l'automne, elle entre en compétition avec les adventices et les empêche de se développer. Enfin, les cultures changeant chaque année, les ravageurs et les maladies spécialisés ne peuvent pas s'installer durablement dans la parcelle.

**1** La rotation des cultures.

**2** **L'agriculture de précision.** L'agriculteur souscrit un abonnement pour recevoir des images produites par un satellite qui, en analysant la couleur d'une parcelle, détermine si elle a reçu assez d'azote. Les parcelles qui ont besoin d'azote apparaissent en rouge.

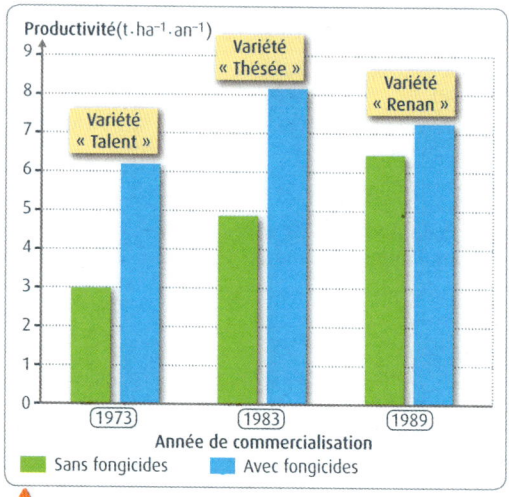

**3** Différentes variétés de blé et leur productivité en présence ou en absence de fongicides.

## Tirer parti de la biodiversité naturelle

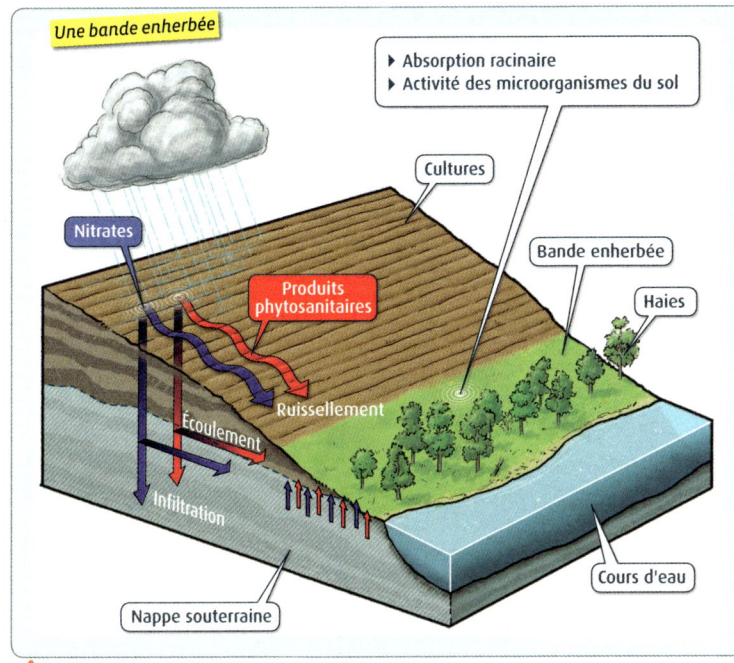

Les agriculteurs sont encouragés à créer des bandes enherbées (sans utilisation d'engrais ni de produits phytosanitaires) ou à replanter des haies en bordure des parcelles cultivées, notamment près des cours d'eau.

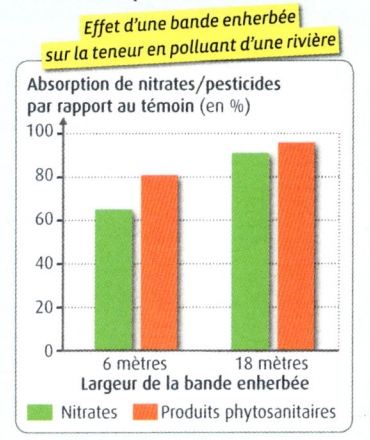

**Une bande enherbée**

Légendes du schéma : Nitrates – Produits phytosanitaires – Écoulement – Ruissellement – Infiltration – Nappe souterraine – Cultures – Absorption racinaire – Activité des microorganismes du sol – Bande enherbée – Haies – Cours d'eau.

**Effet d'une bande enherbée sur la teneur en polluant d'une rivière**

Absorption de nitrates/pesticides par rapport au témoin (en %)

| Largeur de la bande enherbée | Nitrates | Produits phytosanitaires |
|---|---|---|
| 6 mètres | ~65 | ~80 |
| 18 mètres | ~90 | ~95 |

**4** Les effets d'une bande enherbée et des haies sur les cours d'eau.

| Espèce auxiliaire | Sensibilité aux produits phytosanitaires | Sensibilité au labour | Action | Mode de vie |
|---|---|---|---|---|
| Coccinelles | +++ | Non évaluée | Larves et adultes se nourrissent de pucerons du blé ou du colza | Passent l'hiver dans les haies |
| Syrphes | + | ++ | Les larves se nourrissent de pucerons du blé ou du colza | Les adultes apprécient les fleurs, les bandes herbeuses et sont des pollinisateurs |
| Araignées | 0 | +++ | Prédateurs généralistes des insectes | Se réfugient dans les bandes herbeuses |

**5** Quelques espèces naturellement présentes parmi les haies et les bandes herbeuses. Ces espèces sont dites auxiliaires.

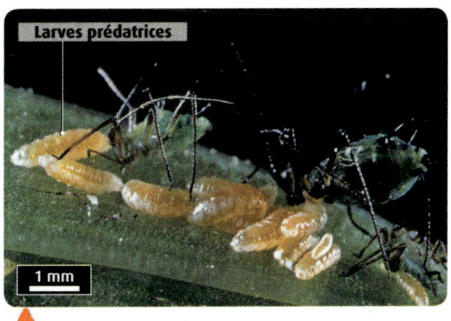

**6** Des larves d'*Aphidoletes aphidimyza* attaquent des pucerons verts. Pour lutter contre certains ravageurs, on peut introduire dans l'agrosystème des espèces prédatrices qui limiteront leur prolifération. Cette technique, appelée lutte biologique, est très utilisée dans les serres. *A. aphidimyza* est un insecte.

## ACTIVITÉS

**1 DOC. 1.** Listez les différents effets de la rotation des cultures sur l'utilisation des intrants.

**2 DOC. 2.** Indiquez pourquoi l'utilisation d'images satellitales présente des avantages économiques et écologiques pour l'agriculteur.

**3 DOC. 3.** Montrez que le choix des variétés cultivées impose certaines pratiques agricoles.

**4 DOC. 4 À 6.** Expliquez comment les différentes techniques présentées permettent de réduire l'impact et/ou l'usage des intrants chimiques.

**5 EN CONCLUSION.** Donnez quelques solutions permettant de réduire l'impact des intrants sur l'environnement.

THÈME 3 – CHAPITRE 2 LA PRODUCTION AGRICOLE VÉGÉTALE ET ANIMALE

# UNITÉ 5 — Production végétale et gestion durable de l'environnement

La limitation de l'usage des intrants s'intègre au sein de nouvelles pratiques agricoles. Ces dernières doivent permettre à la fois de nourrir l'humanité, d'assurer aux agriculteurs des revenus satisfaisants et de gérer durablement l'environnement.

⇢ **Comment concilier production végétale et gestion durable de l'environnement ?**

## Quelques solutions envisageables — Piste

**Pas d'intrants chimiques**

- Lutte contre les adventices par :
  - désherbage mécanique
  - rotation des cultures
  - mise en place d'intercultures

- Fertilité maintenue par :
  - apport d'engrais vert ou de fumier (voir doc. 3)
  - amélioration de l'activité biologique des sols à long terme (voir doc. 4)

- Lutte contre les ravageurs et les maladies en utilisant :
  - des variétés résistantes
  - la lutte biologique
  - les espèces auxiliaires

Baisse de productivité possible compensée par :
- une baisse des achats d'intrants
- un prix de vente plus élevé

**AB AGRICULTURE BIOLOGIQUE**

Ces logos certifient qu'un produit respecte les normes officielles de l'agriculture biologique.

**1 Le principe de l'agriculture biologique.**
En 2009, l'agriculture biologique représente 2,5 % de la surface cultivée totale en France (soit environ 525 000 hectares et 17 000 exploitations).

**2 L'agroforesterie.** Il s'agit de cultiver ensemble des arbres et des cultures annuelles comme les céréales. L'arbre peut abriter des espèces auxiliaires et fournir de la matière organique au sol. Les céréales favorisent par compétition le développement des racines profondes de l'arbre, renforçant sa résistance.

**3 Un exemple d'engrais vert : une culture de phacélie sur une parcelle dédiée à la culture de céréales.**
Les éléments minéraux restant dans le sol après une culture sont solubles et lessivés par la pluie. Les engrais verts comme la phacélie sont des plantes à croissance rapide semées après la récolte. Elles absorbent les éléments minéraux restants et empêchent leur lessivage. Coupées ou enfouies, elles se décomposent ensuite doucement, libérant progressivement les sels minéraux nécessaires aux cultures suivantes. Par ailleurs, les engrais verts favorisent l'activité biologique du sol.

# Quelques résultats obtenus

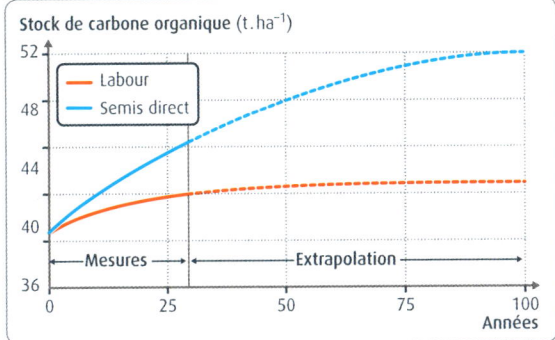

**Stock de carbone organique (t.ha⁻¹)**

Courbes : Labour / Semis direct — Mesures puis Extrapolation, de 0 à 100 années, stock allant de 40 à ~52 t.ha⁻¹ pour le semis direct et ~43 pour le labour.

**4** **Évolution de la quantité de matière organique dans le sol dans deux conditions de culture.**
Le semis direct est effectué sans travail du sol sur les résidus de la culture de l'année précédente. Le labour, lui, a lieu avant le semis. L'un de ses rôles est d'enfouir les tiges et feuilles restant de la culture précédente. Le labour systématique, aujourd'hui remis en cause par les agronomes, perturbe fortement l'activité biologique du sol. Cette activité permet la décomposition de la matière organique en éléments minéraux.

Depuis 1991, la municipalité de Munich encourage financièrement l'agriculture biologique sur les terres proches de ses captages d'eau potable. Plus de 80 % de ces surfaces sont aujourd'hui cultivées en « bio ». Les agriculteurs vendent majoritairement leurs produits à la ville. En 2005, dans l'eau de la ville, les teneurs en nitrates et en produits phytosanitaires avaient baissé respectivement de 43 % et de 54 % par rapport aux valeurs de 1991. Conséquence : le coût des traitements de l'eau a été divisé par 27 !

**5** **Une expérience concluante à Munich (Allemagne).**

|  | Intensif | Intégré | Biologique |
|---|---|---|---|
| **Rendements** (t.ha⁻¹) | 9,8 | 8,9 | 5,0 |
| **Revenu net** (€.ha⁻¹) | 778 | 847 | 1045 |
| **Temps de travail** (h.ha⁻¹) | 7 h 06 | 6 h 18 | 6 h 13 |
| **Indice d'utilisation des produits phytosanitaires** (UA) | 75 | 38 | 0 |
| **Consommation d'énergie** (MJ.ha⁻¹) | 15,9 | 13,5 | 8,0 |

**6** **Résultats d'essais de trois moyens de production du blé réalisés à l'INRA de Versailles.** Intensif : on essaie de maximiser la productivité ; intégré : on limite les intrants. MJ : millions de joules. UA : unités arbitraires.

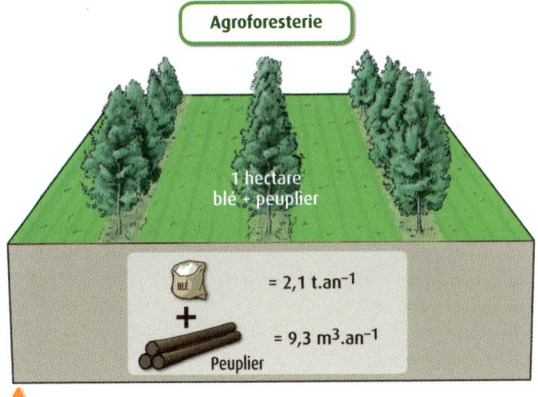

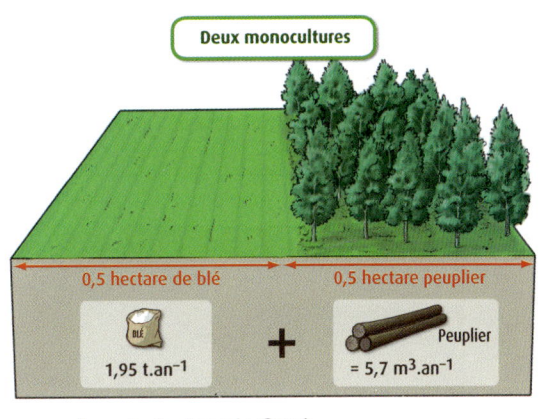

**Agroforesterie** — 1 hectare blé + peuplier
= 2,1 t.an⁻¹ (blé) + 9,3 m³.an⁻¹ (Peuplier)

**Deux monocultures** — 0,5 hectare de blé : 1,95 t.an⁻¹ + 0,5 hectare peuplier : 5,7 m³.an⁻¹

**7** **Comparaison de la productivité en monoculture et en agroforesterie dans le Gard.**
La surface nécessaire pour produire en monoculture les mêmes quantités qu'en agroforesterie est 1,34 fois plus importante.

## ACTIVITÉS

**1 DOC. 1, 5 ET 6.** Listez les avantages et les inconvénients de l'agriculture biologique du point de vue de l'agriculteur, de l'environnement et du consommateur.

**2 DOC. 3 ET 4.** Discutez des avantages des engrais verts et du semis direct.

**3 DOC. 2 ET 7.** Listez les avantages et les inconvénients de l'agroforesterie du point de vue de l'agriculteur et de l'environnement.

**4 EN CONCLUSION.** Récapitulez les points forts et les points faibles de chacune des solutions envisagées pour concilier production végétale et gestion durable de l'environnement.

# UNITÉ 6 — La production agricole animale

À côté de la production végétale, l'élevage est un autre aspect de de l'activité agricole. L'élevage permet la production de viande et de divers produits d'origine animale (lait, beurre, œuf, etc.).

⇢ **Quel est l'impact écologique de l'élevage ?**

## Évaluer le coût de la consommation de viande

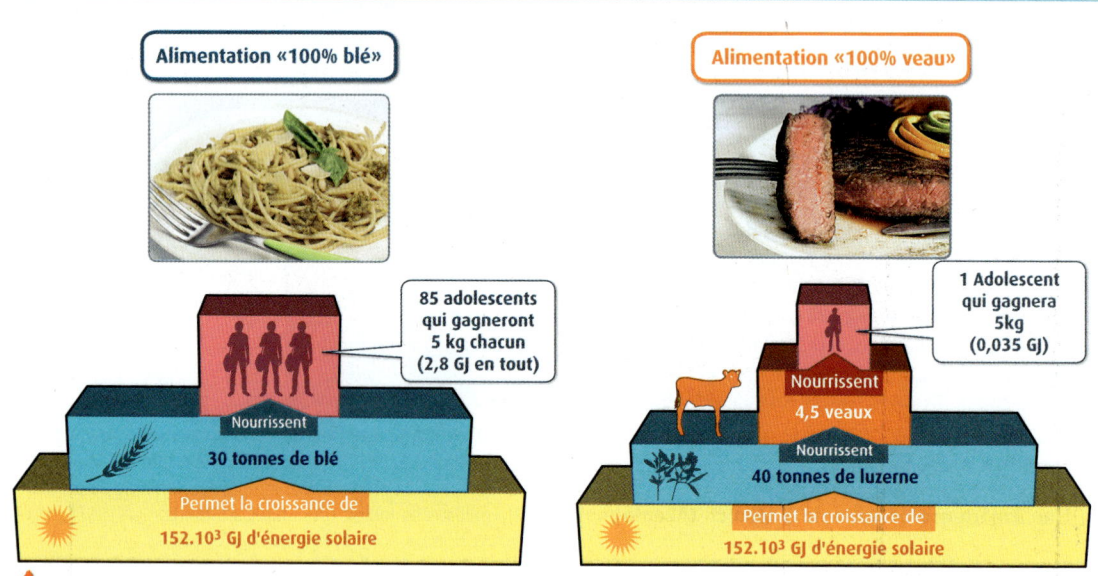

**Alimentation « 100% blé »**

85 adolescents qui gagneront 5 kg chacun (2,8 GJ en tout)
Nourrissent
30 tonnes de blé
Permet la croissance de
152.10$^3$ GJ d'énergie solaire

**Alimentation « 100% veau »**

1 Adolescent qui gagnera 5 kg (0,035 GJ)
Nourrissent
4,5 veaux
Nourrissent
40 tonnes de luzerne
Permet la croissance de
152.10$^3$ GJ d'énergie solaire

**1** Comparaison de deux **pyramides de productivité**.
La chaîne alimentaire blé → adolescents correspond au cas théorique d'adolescents qui, pendant un an, se nourriraient uniquement d'aliments à base de blé (semoule, pâtes, etc.). La chaîne alimentaire luzerne → veau → adolescent correspond au cas théorique d'adolescents qui, pendant un an, se nourriraient uniquement de veau. En une année, la masse d'un adolescent augmente de 5 kg.

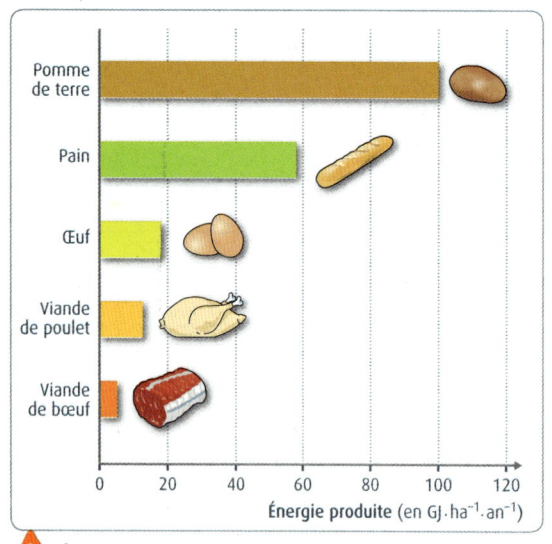

**2** Énergie alimentaire produite sur un hectare pendant un an pour différents aliments.
(Graphique : Pomme de terre, Pain, Œuf, Viande de poulet, Viande de bœuf — Énergie produite en GJ·ha⁻¹·an⁻¹, échelle 0 à 120)

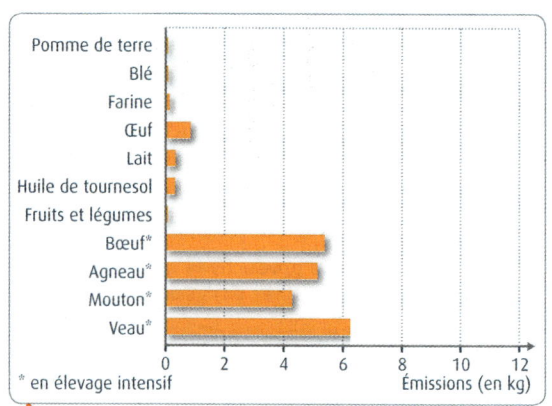

**3** Émissions de gaz à effet de serre liées à la production d'un kg de différents aliments.
(Graphique : Pomme de terre, Blé, Farine, Œuf, Lait, Huile de tournesol, Fruits et légumes, Bœuf*, Agneau*, Mouton*, Veau* — Émissions en kg, échelle 0 à 12)
* en élevage intensif

La transformation des aliments et leur transport ne sont pas pris en compte. Les émissions spécifiquement associées à la production de viande sont liées au fonctionnement du local d'élevage, à la production de la nourriture des animaux et, pour les ruminants, aux émissions de méthane associées aux processus digestifs.

# Évaluer l'impact des pratiques d'élevage

## Élevage intensif
- ➕ Augmente la production de viande par unité de surface
- ➕ Permet de proposer de la viande à bas prix
- ➖ Coûte cher en infrastructure, en logistique, en produits vétérinaires
- ➖ Augmente les risques sanitaires
- ➖ Augmente les risques écologiques (culture de céréales à forte productivité nécessaire pour alimenter le bétail, fortes concentrations des déjections, etc.)

## Élevage extensif
- ➕ Économique en argent, en temps et en énergie
- ➕ Source de revenus importante dans les zones incultes
- ➕ Permet d'entretenir des milieux naturels
- ➖ Nécessite des races résistantes aux conditions extérieures (souvent moins productives)
- ➖ Faible production à l'hectare

**4** Comparaison de l'élevage intensif et de l'élevage extensif de bovins.

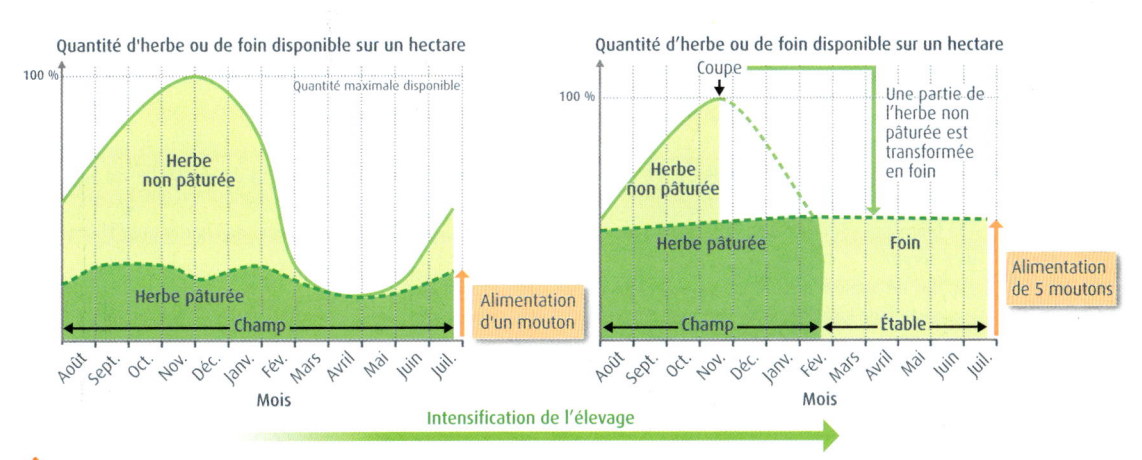

**5** Une conséquence de l'intensification d'un élevage.
On considère le cas théorique d'un élevage qui passe de un à cinq moutons. L'herbe pâturée est celle qui est consommée par les animaux.

## ACTIVITÉS

**❶ DOC. 1.** Calculez, pour les deux types d'alimentation, le rendement énergétique (rapport entre l'énergie utilisée par un adolescent pour sa croissance et l'énergie solaire reçue par les producteurs primaires). Expliquez le résultat en vous aidant du doc. 2 p. 161.

**❷ DOC. 2 À 4.** Quels problèmes poserait une augmentation mondiale de la consommation de viande ?

**❸ DOC. 5.** Indiquez en quoi l'herbe non pâturée est utile au fonctionnement des milieux naturels.

**❹ EN CONCLUSION.** Récapitulez quelques exemples d'impacts écologiques de l'élevage.

THÈME 3 – CHAPITRE 2 LA PRODUCTION AGRICOLE VÉGÉTALE ET ANIMALE

# CHAPITRE 2 — La production agricole végétale et animale

## BILAN DES UNITÉS

### UNITÉ 1 — Le fonctionnement des écosystèmes naturels

- Un **écosystème** est l'association d'un milieu (**biotope**) et des êtres vivants qui le peuplent (**biocénose**). Les interactions entre les êtres vivants de l'écosystème sont décrites par une pyramide de productivité.
- Dans un écosystème, la fabrication de **biomasse** est majoritairement assurée par les végétaux verts grâce à la photosynthèse (c'est la **productivité primaire**).
- Une faible partie de la biomasse fabriquée à chaque niveau de la pyramide est consommée par les êtres vivants du niveau supérieur. Une autre partie sert au fonctionnement des organismes ; elle est au final perdue sous forme de pertes respiratoires ($CO_2$ + $H_2O$). Enfin, la matière organique des cadavres, feuilles et branches mortes est recyclée dans l'écosystème en matière minérale par l'action de la faune du sol (décomposeurs).
- Le coût en énergie de la production de la matière organique d'un être vivant dépend de sa place dans la pyramide de productivité.

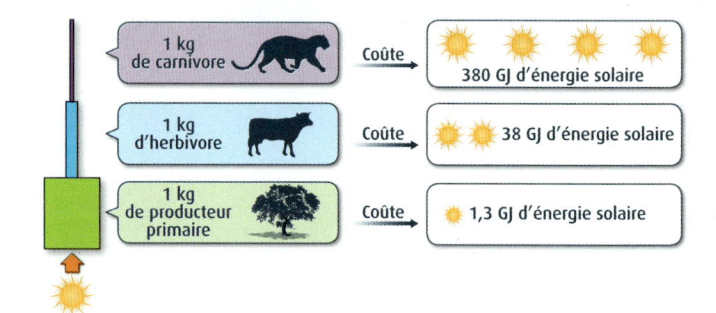

**Coût en énergie solaire de la production d'un kilogramme de matière organique de trois types d'êtres vivants** (sur un hectare et pendant un an).
GJ = gigajoule = $10^9$ joules.

- 1 kg de carnivore → Coûte → 380 GJ d'énergie solaire
- 1 kg d'herbivore → Coûte → 38 GJ d'énergie solaire
- 1 kg de producteur primaire → Coûte → 1,3 GJ d'énergie solaire

### UNITÉ 2 — La production agricole végétale

- La production agricole végétale est assurée par des agrosystèmes, qui se différencient des écosystèmes naturels par trois points :
  – la biomasse végétale d'un agrosystème est majoritairement exportée (récoltée) hors du champ pour l'usage de l'Homme ;
  – le flux de matière organique recyclée dans un agrosystème est très réduit ;
  – la gestion de l'agrosystème implique l'utilisation plus ou moins importante d'**intrants** : énergie fossile, engrais, eau d'irrigation, **produits phytosanitaires**.
- Les intrants conditionnent la productivité d'un agrosystème. Les engrais stimulent la productivité primaire par des apports minéraux. Ces apports compensent en outre les pertes d'éléments minéraux liées à l'exportation de biomasse. Les produits phytosanitaires (herbicides, insecticides, fongicides) limitent l'action des adventices (« mauvaises herbes »), des animaux ravageurs et la survenue de maladies (dues notamment à des champignons).

### UNITÉ 3 — Les conséquences de l'usage des intrants

- Les **intrants** ne sont pas utilisés en totalité par les plantes en croissance. Les produits phytosanitaires ainsi que les nitrates issus des engrais polluent l'eau des nappes souterraines et des rivières, avec un impact fort sur l'environnement et la santé humaine.
- La plupart des techniques modernes de l'agriculture sont coûteuses en énergie fossile. Depuis les années 1950, l'utilisation croissante d'énergie fossile a permis une nette augmentation de la production de nourriture. Toutefois, la quantité d'énergie fossile nécessaire pour produire un joule d'énergie alimentaire a augmenté.

# BILAN DES UNITÉS

## UNITÉ 4 — Des pistes pour réduire l'impact des intrants

- Plusieurs solutions permettent de réduire l'impact des intrants sur l'environnement et la santé.
- Pratiquer une rotation des cultures contribue à la lutte contre les adventices (moindre besoin d'herbicides), à la fixation de l'azote atmosphérique et à l'amélioration de l'activité biologique du sol (moindre besoin d'engrais), et à la limitation du développement des ravageurs et des maladies (moindres besoins d'insecticides et fongicides).
- D'autres solutions se fondent :
— sur des techniques modernes comme la lutte biologique (utilisation de prédateurs naturels des ravageurs), l'agriculture de précision (apport d'azote « à la demande ») ou la recherche de variétés plus résistantes aux ravageurs ;
— sur la biodiversité naturelle (utilisation de haies et de bandes enherbées qui abritent des prédateurs naturels des ravageurs tout en filtrant les nitrates et les produits phytosanitaires).

## UNITÉ 5 — Production végétale et gestion durable de l'environnement

- La limitation de l'usage des intrants s'intègre dans de nouvelles pratiques agricoles visant à gérer durablement l'environnement sans renoncer à une forte productivité.
- L'agriculture biologique met en œuvre de nombreuses techniques pour éviter le recours aux intrants chimiques. Les inconvénients sont une baisse de la productivité, entraînant une hausse des prix pour le consommateur.
- La suppression du labour et l'utilisation d'engrais verts permettent d'améliorer, certes à long terme, la fertilité des sols (augmentation de leur teneur en matière organique et de leur activité biologique).
- L'agroforesterie consiste à cultiver ensemble des arbres et des plantes annuelles comme les céréales. La productivité globale est souvent supérieure à celle d'une monoculture et l'usage d'intrants chimiques est limité.

## UNITÉ 6 — La production agricole animale

- La production de viande par l'élevage nécessite la production de végétaux pour nourrir les animaux. Cela a deux conséquences :
— le rendement énergétique de l'élevage est réduit ;
— l'élevage consomme une surface agricole très supérieure à celle de la production végétale.
- La production de viande par élevage intensif a des impacts environnementaux qui se surajoutent à ceux de la production végétale : émissions de gaz à effet de serre (liées notamment au fonctionnement du local d'élevage et à la fourniture de nourriture pour les animaux), problème de gestion des déjections, etc.
- L'élevage reste néanmoins la seule production agricole possible dans de nombreuses régions du monde (déserts, montagnes, etc.). Dans ce cas, l'élevage est extensif, moins rentable, mais moins dommageable pour l'environnement.

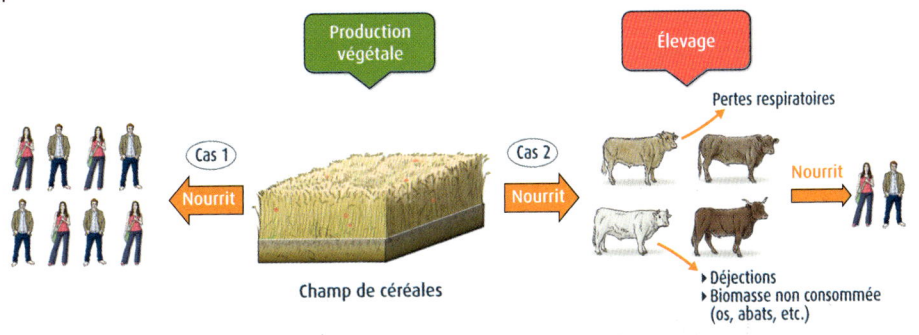

Comparaison de la rentabilité énergétique de l'élevage et de la production animale.

# CHAPITRE 2 — La production agricole végétale et animale

## L'ESSENTIEL

### L'essentiel par le texte

#### Écosystème et agrosystème

- Les écosystèmes naturels sont constitués d'un **biotope** et d'une **biocénose**. La **productivité primaire**, assurée par les végétaux verts grâce à l'énergie solaire, permet leur fonctionnement d'ensemble. La biomasse y est le plus souvent recyclée en sels minéraux par la faune du sol.
- Les agrosystèmes sont gérés par l'Homme. La productivité primaire conditionne leur productivité. Une grande partie de cette productivité est exportée pour fournir des produits, notamment alimentaires à l'humanité.
- Écosystèmes et agrosystèmes sont caractérisés par des échanges de matière (dont l'eau) et d'énergie, qui sont décrits par les pyramides de productivité.

#### Les intrants : utilité et conséquences écologiques

- Pour optimiser la productivité des agrosystèmes, l'agriculteur peut utiliser des **intrants** :
  – **engrais** pour doper la productivité primaire grâce à un apport d'éléments minéraux et pour compenser les pertes d'éléments minéraux liées à l'exportation de biomasse ;
  – **produits phytosanitaires** pour lutter contre les espèces indésirables.
- L'augmentation de la productivité des productions agricoles depuis les années 1950 résulte notamment d'une utilisation accrue d'intrants. Elle s'est accompagnée d'une forte augmentation de la consommation d'énergie fossile.
- L'usage excessif des intrants entraîne de graves dommages environnementaux et sanitaires. Les pratiques culturales à venir devront donc davantage concilier productivité et gestion durable de l'environnement, en privilégiant les pratiques qui préservent la productivité tout en modérant l'usage des intrants.

#### La production animale : un rendement réduit

- Les pyramides de productivité montrent que le rendement global de la production animale (l'élevage) est beaucoup plus faible que celui de la production végétale. Cela signifie que pour obtenir une même quantité d'énergie alimentaire, la production de viande nécessite plus d'énergie solaire et plus de surface cultivable que la production de végétaux.
- Consommer de la viande ou un produit végétal n'a donc pas le même impact écologique.

### Les capacités et attitudes

▶ Comprendre les points communs et les différences entre le fonctionnement d'un agrosystème et d'un écosystème **(unités 1 et 2)**
▶ Recenser, extraire et organiser des informations pour expliquer les liens entre la gestion d'un agrosystème, sa productivité et ses impacts environnementaux **(unités 3 à 5)**
▶ Manifester de l'intérêt pour un grand enjeu de société : les conséquences de la croissance démographique sur l'alimentation et l'environnement **(unités 3 à 6)**

### Mots clés

*Voir aussi Dico des SVT p. 332*

**Biocénose :** ensemble des êtres vivants peuplant un milieu
**Biomasse :** masse de tous les individus présents à un instant donné dans un écosystème.
**Biotope :** le milieu et ses caractéristiques physico-chimiques.
**Engrais :** produit ajouté à une culture végétale et contenant des substances minérales importantes pour sa croissance.
**Intrants :** ensemble de l'énergie et des substances (engrais, produits phytosanitaires, etc.) utilisées par l'Homme dans un agrosystème.
**Productivité primaire :** masse de matière organique synthétisée par hectare et par an par les végétaux chlorophylliens.
**Produits phytosanitaires :** produits permettant de lutter contre les espèces nuisant à la production végétale.

## L'essentiel par l'image

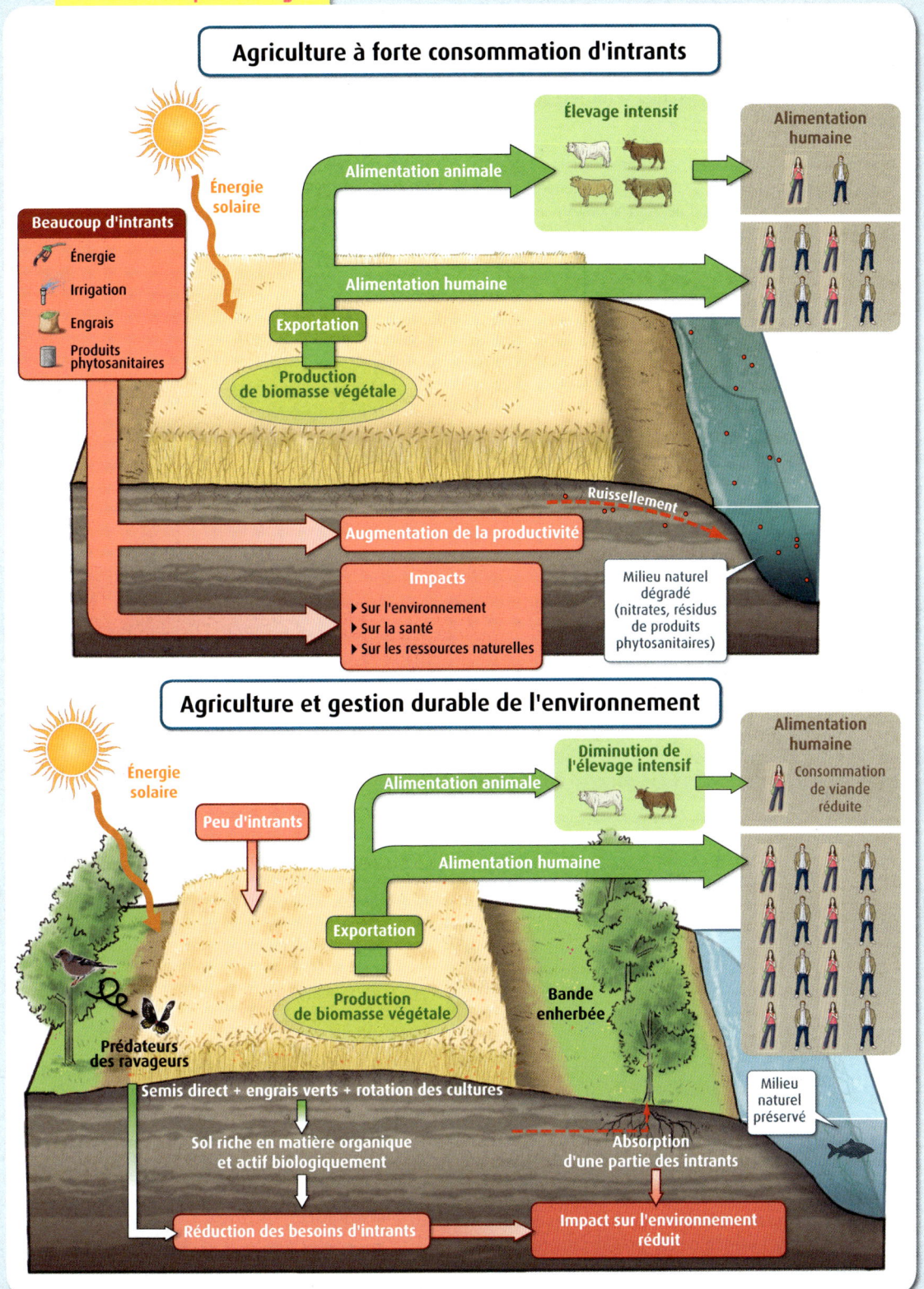

### Agriculture à forte consommation d'intrants

**Beaucoup d'intrants :**
- Énergie
- Irrigation
- Engrais
- Produits phytosanitaires

Énergie solaire → Production de biomasse végétale

- Alimentation animale → Élevage intensif → Alimentation humaine
- Alimentation humaine (Exportation)

Augmentation de la productivité

**Impacts :**
- Sur l'environnement
- Sur la santé
- Sur les ressources naturelles

Ruissellement → Milieu naturel dégradé (nitrates, résidus de produits phytosanitaires)

### Agriculture et gestion durable de l'environnement

Énergie solaire

Peu d'intrants → Production de biomasse végétale

- Alimentation animale → Diminution de l'élevage intensif → Alimentation humaine (Consommation de viande réduite)
- Alimentation humaine (Exportation)

Prédateurs des ravageurs

Bande enherbée

Semis direct + engrais verts + rotation des cultures → Sol riche en matière organique et actif biologiquement → Réduction des besoins d'intrants → Impact sur l'environnement réduit

Absorption d'une partie des intrants

Milieu naturel préservé

**THÈME 3 – CHAPITRE 2** LA PRODUCTION AGRICOLE VÉGÉTALE ET ANIMALE

# EXERCICES

## évaluer ses connaissances

### 1 QCM
**Pour chaque proposition, identifiez la (ou les) bonne(s) réponse(s) :**

**1. Un écosystème naturel :**
a. est constitué uniquement d'organismes vivants.
b. est parcouru par des flux de matière et d'énergie.
c. doit faire l'objet d'un apport de sels minéraux par l'Homme.
d. utilise essentiellement l'énergie solaire pour son fonctionnement.

**2. Pour protéger ses cultures des insectes ravageurs, un agriculteur peut utiliser :**
a. des engrais azotés.
b. des intrants.
c. la lutte biologique.
d. des lombrics (vers de terre).

**3. La production de viande :**
a. est énergétiquement plus rentable que la production végétale.
b. peut être associée à un entretien des milieux naturels.
c. est indirectement dépendante de l'énergie solaire.
d. est non polluante car elle ne recourt pas à des produits phytosanitaires.

### 2 Vrai ou faux ?
**Identifiez les affirmations fausses et rectifiez-les :**
a. Dans un écosystème, la productivité secondaire est plus importante que la productivité primaire.
b. À la différence d'un agrosystème, un écosystème naturel voit une grande partie de sa matière organique exportée par l'Homme chaque année.
c. Les intrants chimiques augmentent la productivité agricole, mais aussi les risques de pollution.
d. L'exploitation d'un agrosystème ne requiert pas d'apport d'énergie important par l'Homme.

### 3 Qui suis-je ?
a. L'ensemble des conditions physico-chimiques d'un écosystème.
b. Des produits utilisés pour éliminer les adventices, les champignons ou les insectes et qui peuvent polluer l'eau.
c. Des produits utilisés pour apporter des sels minéraux à un sol cultivé.

## s'entraîner avec un exercice guidé

### 4 L'efficacité alimentaire de l'élevage

Après la fin de l'allaitement (ou sevrage), un bœuf est nourri avec des aliments végétaux : de l'herbe fraîche (en pâturage), du foin et des aliments concentrés à base de blé. Un bœuf ainsi élevé produira environ 250 kg de viande.

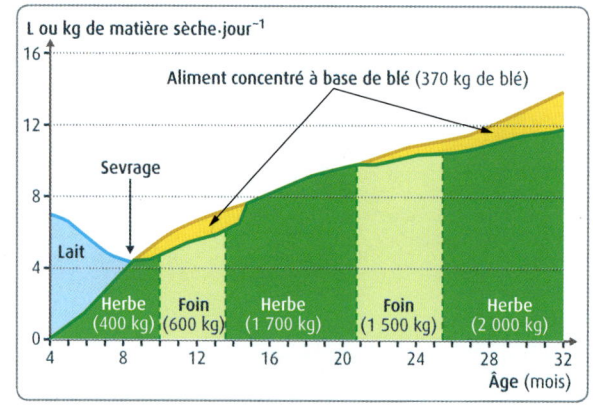

**1.** Alimentation d'un bœuf de sa naissance à son abattage (à l'âge de 32 mois).

**QUESTION** Comparez la quantité de viande produite par un bœuf et la quantité de blé qui pourrait être produite par les surfaces agricoles utilisées pour son alimentation.

**Un peu d'aide**
• **Raisonner et calculer**
– À l'aide du doc. 1, calculez la masse totale d'herbe fraîche pâturée par un bœuf.
– À l'aide du doc. 2, calculez la surface agricole nécessaire pour alimenter un bœuf en herbe fraîche.
– De la même façon, caculez les surfaces nécessaires pour nourrir un bœuf en foin et en aliment concentré à base de blé. Déduisez-en la surface agricole totale nécessaire à l'élevage d'un bœuf.
– À l'aide du doc. 2, calculez la quantité de blé pouvant être produite sur cette surface.
• **Conclure**
Comparez la quantité de viande et la quantité de blé que peut produire cette même surface agricole.

| Production végétale | Productivité (t.ha$^{-1}$.an$^{-1}$) |
|---|---|
| Blé | 7 |
| Herbe pour le foin | 5 |
| Herbe pâturée | 3 |

**2.** Productivité à l'hectare des trois productions végétales utilisées pour l'alimentation du bétail.

## appliquer ses connaissances

### 5 L'effet de l'irrigation sur une nappe phréatique
*Analyser des données et faire des hypothèses*

En Eure-et-Loir, on compte 20 000 hectares de maïs cultivés par irrigation. Pour satisfaire ces besoins en eau, les agriculteurs peuvent puiser dans la nappe phréatique (souterraine) de la Beauce. Le niveau de la nappe est évalué en mesurant le débit de la Conie, un cours d'eau issu d'une résurgence (un affleurement en surface) de la nappe. Les agriculteurs céréaliers sont tenus d'arrêter l'irrigation si le débit de crise de la Conie est atteint. Chaque année, la recharge de la nappe est assurée par les précipitations automnales et hivernales.

**1.** Débit de la Conie à Conie-Molitard (Eure-et-Loir) de septembre 2005 à août 2007. La remontée du niveau de la nappe est le signe d'une recharge par des précipitations.

① Analysez et interprétez l'évolution du débit de la Conie au cours du printemps et de l'été 2006.
② Comparez l'efficacité de la recharge de la nappe durant l'année 2005-2006 et durant l'année 2006-2007.
③ Indiquez alors comment expliquer la différence de débit observée entre mars 2006 et mars 2007.
④ L'irrigation a cessé en avril 2007. Indiquez les conséquences sur le niveau de la nappe phréatique et sur les cultures de maïs.

### 6 Qualité des eaux et produits phytosanitaires
*S'informer et raisonner*

Dans de nombreuses régions françaises, la pollution des cours d'eau par les produits phytosanitaires fait l'objet d'une étroite surveillance. Ainsi, dans le département de la Marne, des analyses fournissent un diagnostic régulier de la qualité des eaux.

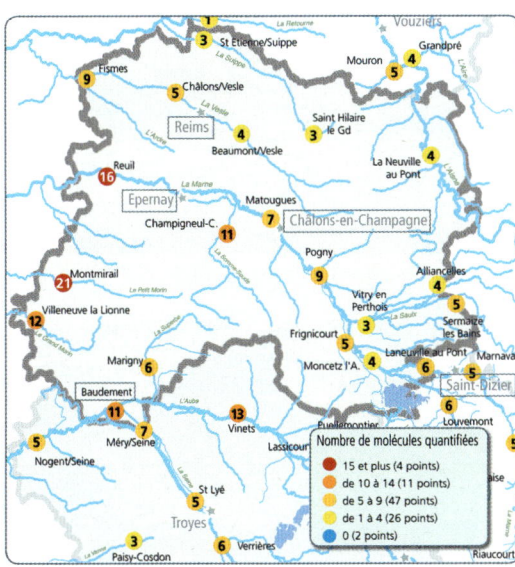

**1.** Nombre de molécules différentes provenant de produits phytosanitaires dans les rivières du département de la Marne (2000).

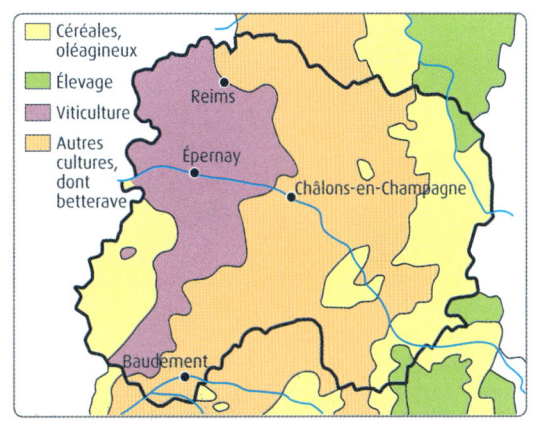

**2.** Carte des activités agricoles dans le département de la Marne (2000).

● À l'aide des informations apportées par les documents, montrez que les activités agricoles peuvent avoir un impact sur les écosystèmes.

# EXERCICES

## Appliquer ses connaissances

### 7 L'utilisation réglementée des engrais
*S'informer et raisonner*

Dans l'Union européenne, l'épandage d'engrais azotés fait l'objet d'une réglementation stricte. Les périodes où cet épandage est autorisé sont fixées par un calendrier qui tient compte de la croissance de chaque culture au cours de l'année. En outre, pour que l'azote soit utilisable par la plante, il doit être apporté au sol plusieurs mois avant le début de sa croissance.

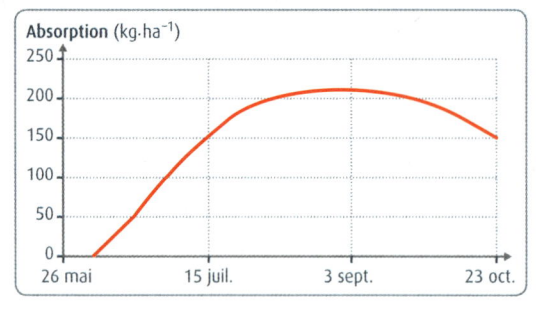

**1.** Absorption de l'azote du sol par le maïs au cours de sa croissance.

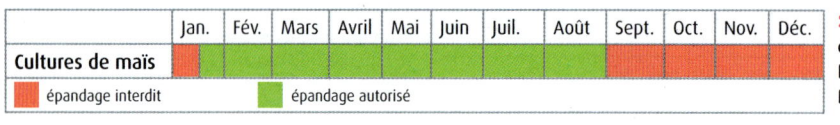

**2.** Calendrier d'épandage d'engrais azotés pour la culture du maïs en France.

❶ Rappelez le devenir de l'azote minéral du sol qui n'a pas été utilisé par une plante.
❷ Expliquez pourquoi il est alors nécessaire de limiter l'apport d'engrais azoté aux sols cultivés.
❸ À partir des documents, justifiez la réglementation en vigueur concernant les dates d'épandage d'engrais azotés.

### 8 Une conséquence du remembrement agricole
*S'informer et raisonner*

Le remembrement est un mode d'aménagement des territoires agricoles visant à optimiser l'exploitation des cultures. Il consiste à regrouper de nombreuses petites parcelles pour composer de grandes surfaces cultivées d'un seul tenant. Le remembrement s'accompagne notamment de l'arrachage de haies et de leur déplacement. Ces pratiques ont un impact important sur la biodiversité.

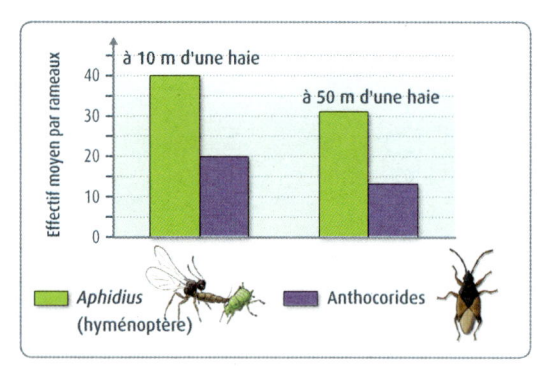

**1.** Abondance de deux groupes d'insectes sur des poiriers en verger, selon la distance des arbres à une haie. *Aphidius* et anthocorides sont des prédateurs d'insectes ravageurs.

**2.** Des parcelles cultivées avant et après remembrement.

❶ Déterminez une conséquence du remembrement sur les insectes ravageurs.
❷ Connaissant le rôle des haies dans la réduction des pollutions de l'eau, expliquez en quoi le remembrement a un double effet négatif sur la teneur en polluants des cours d'eau.

**CHAPITRE 3**

# Les impacts des pratiques alimentaires collectives

*La croissance de la population mondiale dans les décennies à venir nécessitera une importante augmentation de la production alimentaire. Or les ressources de la planète en sols et en eau sont limitées, et il est nécessaire de préserver l'environnement et la santé.*

**Des poussins** dans un élevage industriel de volailles (en Belgique).

**Comment nourrir la planète tout en conciliant les pratiques alimentaires avec le respect de l'environnement et de la santé ?**

# UNITÉ 1 — Le défi alimentaire

Aujourd'hui, l'agriculture doit satisfaire aux besoins alimentaires de 7 milliards d'êtres humains. En 2050, elle devra nourrir 2 milliards de bouches supplémentaires.

⇢ **Quelle est la situation alimentaire actuelle ? Comment pourrait-elle évoluer dans les prochaines décennies ?**

## Analyser la situation actuelle

*8 130 kJ/jour/personne*

**1** **Lavage du manioc en République démocratique du Congo (RDC, Afrique).** Ce tubercule est l'aliment dominant. L'afflux de nombreux réfugiés depuis 2009 accentue la pression sur les ressources alimentaires. La famine touche 12 % de la population.

*14 964 kJ/jour/personne*

**2** **Élevage bovin industriel (100 000 têtes) en Californie (États-Unis).** En 2005, 30,6 % des Américains étaient obèses et 65,7 % en surpoids.

*8 055 kJ/jour/personne*

**3** **Culture du riz au Bangladesh (Asie du Sud-Est).** Le riz (céréale) est l'aliment dominant. Dans ce pays, les catastrophes climatiques sont à l'origine de fortes variations de récolte. Près de 30 % de la population souffre de famine.

|  | RDC | Bangladesh | États-Unis |
|---|---|---|---|
| Viande, produits animaux | 2,2 | 3,1 | 24,5 |
| Fruits, légumes, tubercules | 59,9 | 3,4 | 7,8 |
| Céréales, pain | 20,2 | 79,9 | 21,7 |

**4** Part de quelques aliments dans l'apport calorique alimentaire (en %).

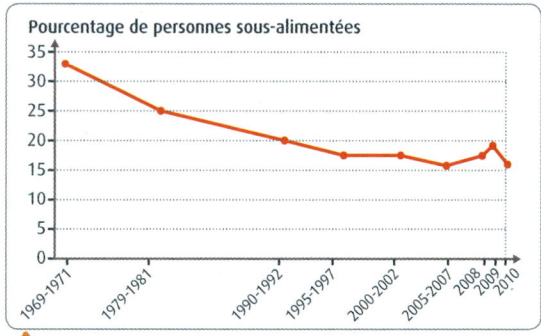

**5** **Évolution de la proportion de personnes sous-alimentées dans les pays en développement.** La sous-alimentation a touché 925 millions de personnes dans le monde en 2010. L'apport alimentaire recommandé est de 11 280 kJ/jour/personne.

## Prévoir des tendances pour les décennies à venir

**3 milliards d'hommes et de femmes** — 1960 — $1,35.10^9$ ha cultivés

**6 milliards d'hommes et de femmes** — 2000 — $1,35.10^9$ ha cultivés

**9 milliards d'hommes et de femmes** — 2050 — $1,35.10^9$ ha cultivés

Selon le géologue Daniel Nahon, près de 80 % des terres émergées dans le monde sont non cultivables, soit parce qu'elles sont situées dans des zones montagneuses, ou bien trop sèches ou encore trop humides ou trop froides, soit que les sols y sont trop pauvres ou trop minces. Sur les 2,7 milliards d'hectares (ha) de terres cultivables, seule la moitié est actuellement cultivée. L'autre moitié est occupée par des espaces naturels.

**6** **Les terres cultivées disponibles par habitant : évolution entre 1960 et 2000, projection en 2050.**
La projection en 2050 suppose que la surface cultivée reste constante.

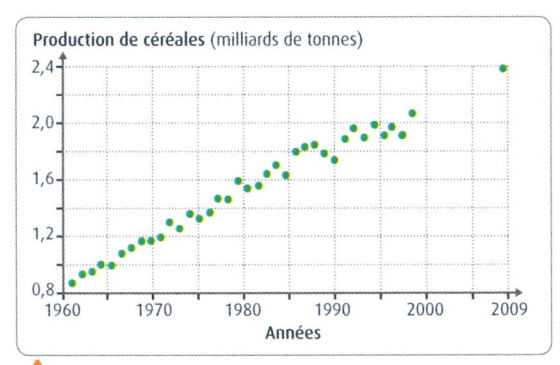

Production de céréales (milliards de tonnes) — 1960 à 2009

| Région | Augmentation de la surface cultivée | Augmentation des rendements |
|---|---|---|
| Asie du Sud-Est | 20 % | 80 % |
| Afrique du Nord | 29 % | 71 % |
| Afrique subsaharienne | 60 % | 40 % |

**7** **Évolution de la production mondiale de céréales entre 1960 et 2009.** Les réserves mondiales de céréales correspondent seulement à 3 mois de consommation de l'humanité.

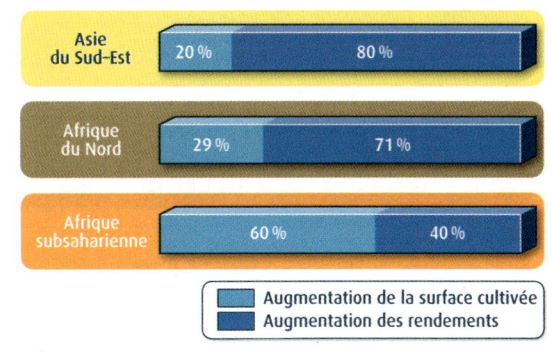

**8** **L'origine de l'augmentation de la production agricole dans différentes régions du monde entre 1961 et 2000.**

## ACTIVITÉS

**1** **DOC. 1 À 4.** Comparez la situation alimentaire des trois pays, d'un point de vue qualitatif et quantitatif.

**2** **DOC. 1 À 5.** Décrivez l'évolution de la sous-alimentation dans le monde. Indiquez si le manque de production alimentaire est la seule cause de la sous-alimentation.

**3** **DOC. 6.** Calculez la surface cultivée par habitant en 1960, 2000 et 2050.

**4** **DOC. 6 ET 7.** Que peut-on prédire quant à la demande à venir en céréales ?

**5** **DOC. 6 ET 8.** Donnez deux solutions qui permettraient en théorie de satisfaire cette demande à venir.

**6** **EN CONCLUSION.** Donnez quelques grandes caractéristiques de la situation alimentaire actuelle et de son évolution prévisible.

# UNITÉ 2 — Les limites de la planète cultivable

Pour nourrir 9 milliards d'humains en 2050, la production agricole devra augmenter. Il va donc falloir gagner des terres cultivables et/ou augmenter le rendement des terres cultivées tout en respectant l'environnement.

⇢ **Quels problèmes peuvent poser l'augmentation des rendements agricoles et celle de la surface cultivée ?**

## Des ressources limitées

*Brûlis sur des zones forestières défrichées*

*Rendement du maïs sur les sols défrichés*
Rendement en grain du maïs (kg·ha$^{-1}$)
Années après défrichement

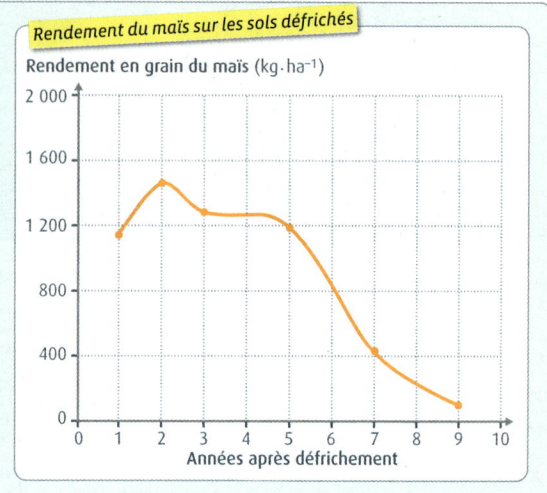

La famine touche 25 % de la population malgache. Aussi, certains agriculteurs défrichent et brûlent des parcelles boisées, souvent pour produire des aliments pour le bétail, comme le maïs. Ces forêts apportaient à la population de grandes quantités de tubercules, de gibiers et de bois. En moyenne, l'érosion de ces anciens sols forestiers est de 14 t.ha$^{-1}$.an$^{-1}$.

**1** La culture du maïs sur d'anciens sols défrichés à Madagascar.

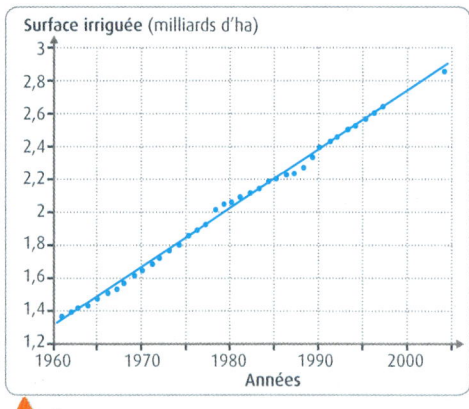

Surface irriguée (milliards d'ha) — Années

Prélèvement d'eau en pourcentage du taux de recharge annuel moyen
- Données non disponibles
- 0-2 %
- 2-20 %
- 20-50 %
- 50-100 %
- \> 100 %

**2** Évolution des surfaces irriguées dans le monde entre 1960 et 2009.

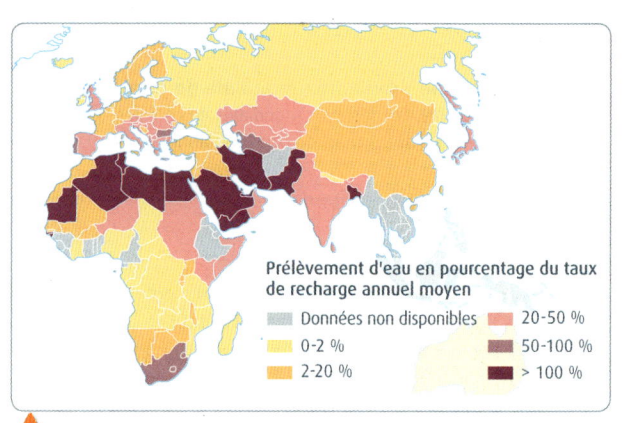

**3** Prélèvements annuels d'eau en pourcentage du taux de recharge naturel des réserves en Afrique et en Eurasie.

## Un environnement fragile

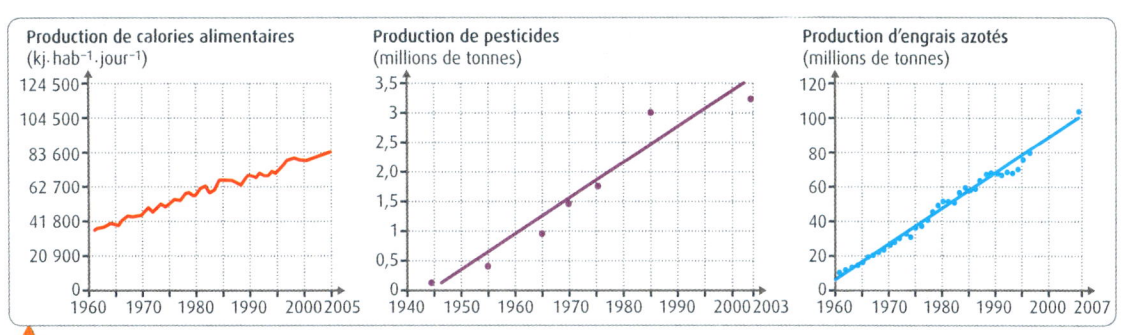

**4** Évolution comparée des rendements agricoles, de la production de **pesticides** et de l'utilisation d'**engrais** chimiques azotés entre 1960 et les années 2000.

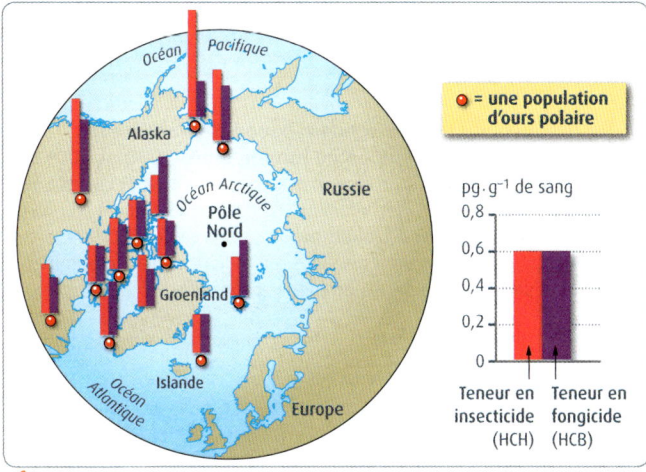

Production de calories alimentaires (kj·hab⁻¹·jour⁻¹)

Production de pesticides (millions de tonnes)

Production d'engrais azotés (millions de tonnes)

**5** Contamination des populations d'ours polaires par des **produits phytosanitaires**. Les zones de culture les plus proches de ces populations d'ours sont souvent situées à plusieurs milliers de km.

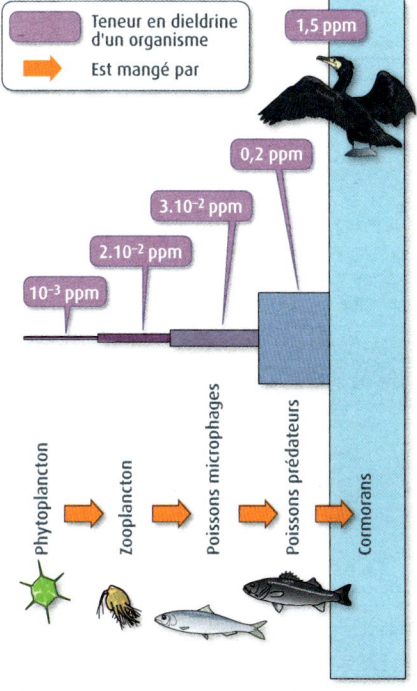

**6** La concentration d'un insecticide (la dieldrine) dans une chaîne alimentaire marine. Ppm : partie par million (1 ppm = 1 µg par gramme de tissu des organismes étudiés).

Teneur en dieldrine d'un organisme — Est mangé par

Phytoplancton $10^{-3}$ ppm → Zooplancton $2.10^{-2}$ ppm → Poissons microphages $3.10^{-2}$ ppm → Poissons prédateurs 0,2 ppm → Cormorans 1,5 ppm

## ACTIVITÉS

❶ **DOC. 1.** Déterminez les différents problèmes posés par le défrichage dans cet exemple.

❷ **DOC. 2 ET 3.** Indiquez si l'augmentation de la surface cultivable par augmentation de l'irrigation est une solution généralisable à toutes les régions du monde.

❸ **DOC. 4 À 6.** Montrez que l'augmentation des rendements depuis 1960 a eu un coût environnemental global (à l'échelle de la planète entière).

❹ **EN CONCLUSION.** Récapitulez quelques problèmes posés par l'augmentation des rendements agricoles et celle de la surface cultivée, puis indiquez en quoi on peut parler de « limite de la planète cultivable ».

THÈME 3 – CHAPITRE 3 LES IMPACTS DES PRATIQUES ALIMENTAIRES COLLECTIVES

# UNITÉ 3 — Pratiques alimentaires et agricoles futures : pistes pour l'avenir

Le développement d'une production alimentaire à la fois écologique et intensive nécessite la collaboration de nombreux acteurs : agriculteurs, agronomes, écologues, économistes, hommes politiques et consommateurs.

⇢ **Quelles pistes permettent d'envisager de nourrir la planète tout en préservant l'environnement ?**

## Modifier des pratiques alimentaires : quelques exemples

| | |
|---|---|
| Pomme de terre de Pologne — Coût : 28 g de $CO_2$ | Pomme de terre de Picardie — Coût : 3 g de $CO_2$ |
| Huile de palme d'Indonésie — Coût : 3 g de $CO_2$ | Huile de tournesol d'Aquitaine — Coût : 1 g de $CO_2$ |
| Salade de Californie — Coût : 64 g de $CO_2$ | Salade d'Île-de-France — Coût : 0,1 g de $CO_2$ |
| Bœuf d'Argentine — Coût : 21 g de $CO_2$ | Bœuf de Normandie — Coût : 4 g de $CO_2$ |
| **Total : 116 g de $CO_2$** | **Total : 9,1 g de $CO_2$** |

**1** Production de $CO_2$ liée au transport des aliments selon leur origine (assiette consommée en Île-de-France).
Pour des raisons financières (moindre coût) ou de non-disponibilité locale, les aliments peuvent être importés de régions lointaines. Un aliment a ainsi parcouru en moyenne 4 000 km avant de parvenir dans l'assiette d'un Américain. La production de gaz à effet de serre varie également selon le type d'aliment produit : voir doc. 3 p. 170.

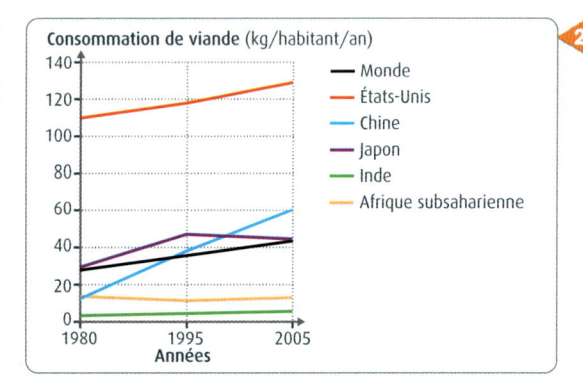

Consommation de viande (kg/habitant/an) — Monde, États-Unis, Chine, Japon, Inde, Afrique subsaharienne — 1980 / 1995 / 2005

**2** Évolution de la consommation de viande dans différentes régions du monde entre 1980 et 2005.
La viande est riche en acides aminés essentiels et en certains oligoéléments (fer, vitamine B12). Mais consommée en excès, elle peut avoir des effets négatifs sur la santé. Le Centre d'information sur les viandes conseille de ne pas consommer plus de 500 g de viande cuite par semaine.

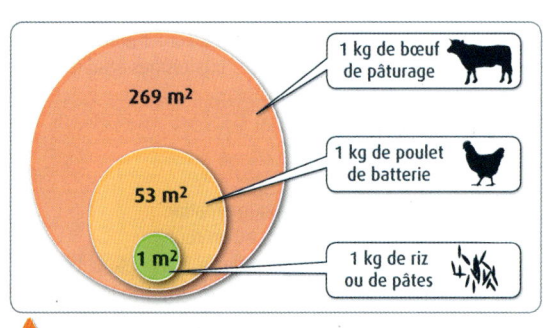

Millions de tonnes utilisées — 1974-1976 / 1984-1986 / 1997-2000 / 2015 / 2030 (Prévisions)
- Industrie non alimentaire (textile, chimie-pharmacie, papeterie, biocarburants, etc.)
- Alimentation du bétail
- Alimentation humaine

- 269 m² : 1 kg de bœuf de pâturage
- 53 m² : 1 kg de poulet de batterie
- 1 m² : 1 kg de riz ou de pâtes

**3** Surface de sol nécessaire pour produire un kilogramme de quelques aliments.

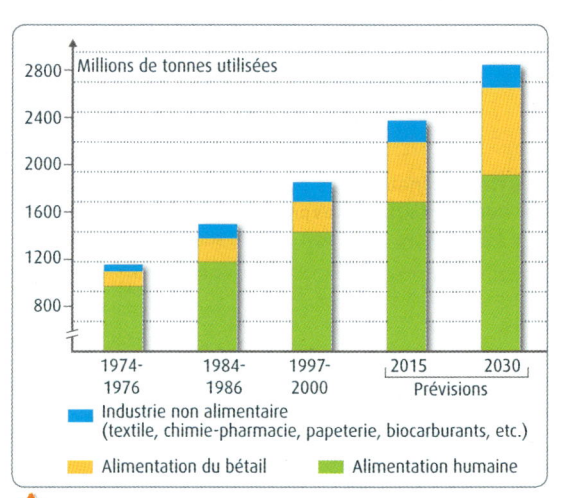

**4** L'utilisation des céréales : évolution entre 1974 et 2000, prévisions pour 2030.

## Modifier des pratiques agricoles : un exemple

Le semis sous couverture végétale permanente (SCV) est l'une des pratiques agricoles qui permet à la fois une forte productivité et un respect de l'environnement. Son principe : laisser le sol en permanence recouvert de débris végétaux et effectuer le semis sous cette couche de végétaux morts. Cette pratique présente de nombreux avantages, qui peuvent varier en fonction de la région et des espèces choisies : limitation des adventices (« mauvaises herbes »), diminution de l'érosion des sols, limitation de l'évaporation de l'eau du sol, augmentation de l'activité biologique et de la teneur en matière organique du sol.

*Semis de coton sous couverture végétale (Brésil)*

**5** Le semis sous couvert végétal (SCV).

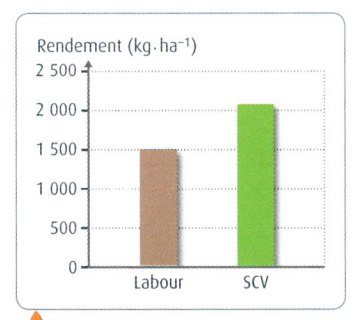

**6** Rendement de cultures de sorgho (céréale) au Cameroun selon le type de gestion du sol.

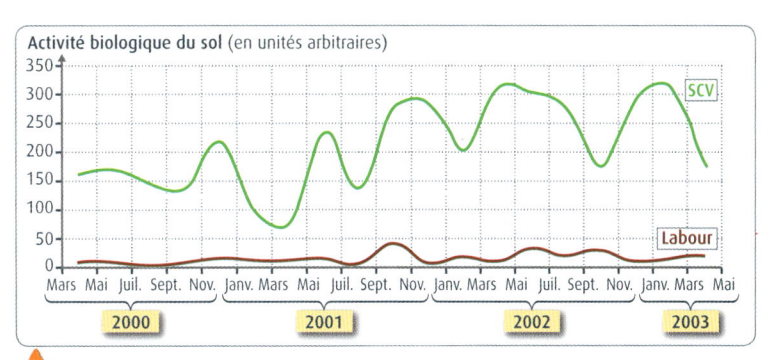

**7** Évolution de l'activité du sol dans une exploitation de Touraine (France) selon le type de gestion du sol.

|  | 2001 | | 2008 | | 2030 | | 2050 | |
|---|---|---|---|---|---|---|---|---|
|  | Consommation | Production | Consommation | Production | Consommation | Production | Consommation | Production |
| Pays en développement | 1150 | 1026 | 1300 | 1205 | 1800 | 1567 | 2096 | 1799 |
| Pays industrialisés | 750 | 861 | 829 | 942 | 877 | 1112 | 914 | 1112 |

**8** **Prévisions de la consommation et de la production de céréales par la FAO (2009).** La FAO est l'Organisation des Nations unies pour l'agriculture et l'alimentation. Si les prévisions montrent qu'il sera peut être possible de produire assez de nourriture pour l'humanité en 2050, la question de la répartition mondiale de cette nourriture et des conditions écologiques de la production reste posée. Données en millions de tonnes.

### ACTIVITÉS

**1** **DOC. 1 À 4.** Expliquez comment des pratiques alimentaires individuelles peuvent avoir des répercussions globales, tant du point de vue environnemental que de celui de l'avenir alimentaire de l'humanité.

**2** **DOC. 5 À 7.** Expliquez en quoi la technique du semis sous couvert végétal peut être considérée comme un mode d'agriculture écologique et intensif.

**3** **DOC. 8.** En vous aidant du doc. 5 p. 180, formulez une hypothèse quant à l'évolution possible de la faim dans le monde.

**4** **EN CONCLUSION.** Récapitulez quelques pistes permettant d'envisager de nourrir la planète tout en préservant l'environnement.

# BILAN DES UNITÉS

## CHAPITRE 3 — Les impacts des pratiques alimentaires collectives

### UNITÉ 1 — Le défi alimentaire

- Aujourd'hui, les situations alimentaires dans le monde sont très variées.
- Dans de nombreux pays, la ration énergétique moyenne par habitant est inférieure à la ration recommandée et près d'un milliard de personnes souffrent de sous-alimentation. Outre le manque de production alimentaire, les catastrophes climatiques, les guerres, etc., sont des causes de la faim dans le monde.
- Quelques pays d'Europe et d'Amérique du Nord sont « suralimentés » et une proportion importante de leur population souffre d'obésité.
- Pour des raisons agricoles et culturelles, la diversité alimentaire est aussi qualitative : la nutrition repose essentiellement sur des végétaux (céréales, tubercules) dans les pays en voie de développement, alors que la viande représente une part importante du régime alimentaire des pays développés.
- L'augmentation considérable de la population mondiale depuis les années 1900 a imposé une forte augmentation de la production alimentaire. La croissance de la population devant se poursuivre dans les décennies à venir, il devra en être de même pour la production alimentaire.
- En théorie, deux voies principales peuvent permettre une croissance de la production alimentaire : augmenter les rendements par unité de surface ou augmenter les surfaces cultivées.

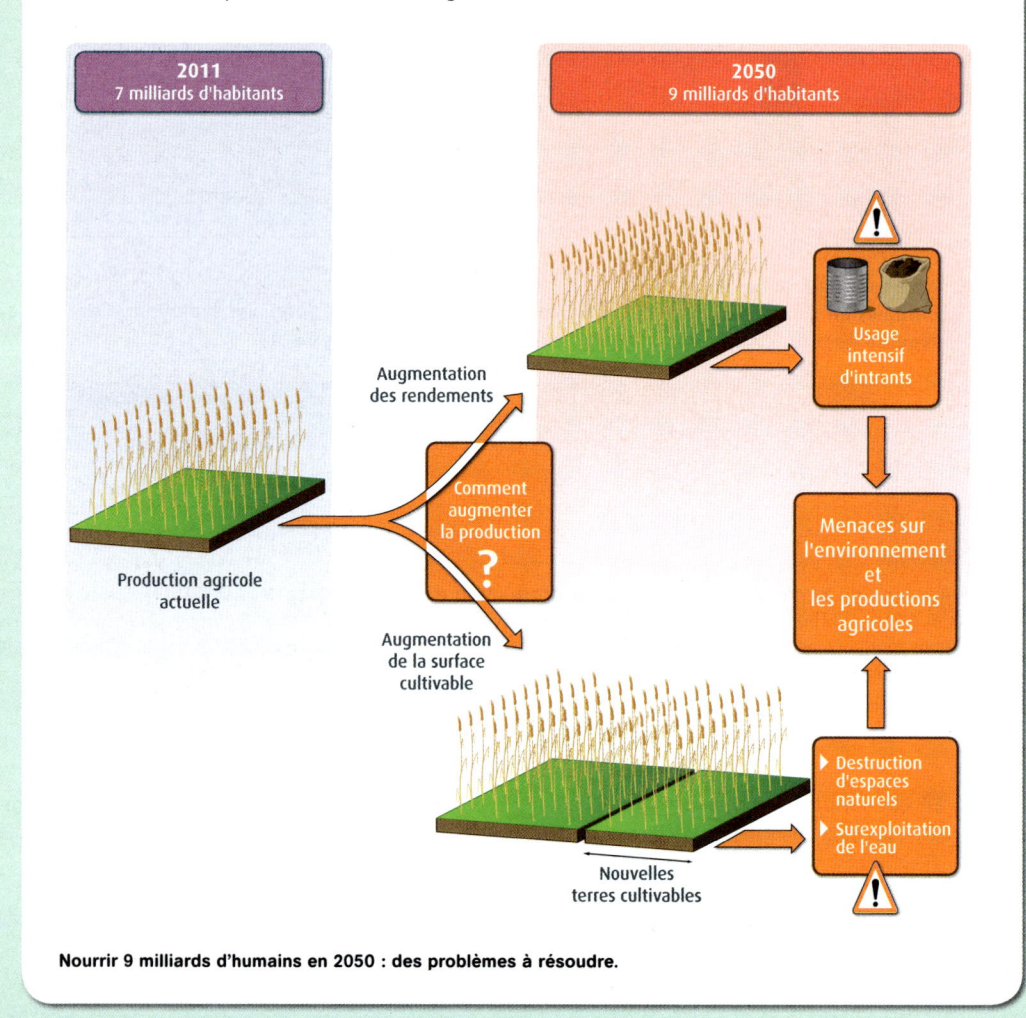

**Nourrir 9 milliards d'humains en 2050 : des problèmes à résoudre.**

# BILAN DES UNITÉS

## UNITÉ 2 — Les limites de la planète cultivable

- L'augmentation des surfaces cultivées pose le grave problème de la destruction des espaces naturels, notamment en zone tropicale. En outre, dans ces régions, les terres ainsi obtenues ont une fertilité limitée et temporaire, et elles subissent une forte érosion.
- Une autre solution consiste à irriguer des surfaces désertiques pour les rendre fertiles. Mais dans les régions concernées, les prélèvements d'eau dépassent déjà les capacités de recharge des réserves et des pénuries sont à prévoir si les méthodes d'irrigation ne sont pas modifiées.
- Jusqu'à présent, la forte augmentation du rendement des productions agricoles a été obtenue grâce à l'utilisation intensive de ==produits phytosanitaires== et d'==engrais==. Mais l'usage massif de ces ==intrants== a des conséquences importantes à l'échelle mondiale. À des milliers de kilomètres de leur point d'émission, certains produits se retrouvent concentrés dans des animaux sauvages, dont certains sont susceptibles d'être consommés par l'Homme. Augmenter encore l'utilisation d'intrants n'est donc pas compatible avec une gestion durable de l'environnement.
- Pour toutes ces raisons, on peut dire que les limites de la planète cultivable seront bientôt atteintes.

## UNITÉ 3 — Pratiques alimentaires et agricoles futures : pistes pour l'avenir

- La répétition de choix alimentaires individuels à l'échelle d'une population peut avoir des conséquences environnementales globales. Ainsi :
— consommer des aliments cultivés localement limite la consommation d'énergie fossile et la production de $CO_2$ liées au transport ;
— une réduction de la consommation de viande permet de diminuer la surface des cultures végétales consacrées à l'alimentation animale et d'augmenter ainsi la production végétale destinée à l'Homme.
- Pour faire face à l'accroissement de la population mondiale, la production agricole devra augmenter ses rendements tout en protégeant l'environnement, afin de construire une ==agriculture « écologique et intensive »== (ou ==agro-écologie==). L'une des pratiques agricoles pouvant satisfaire cet objectif est le semis sous couverture végétale, qui limite l'utilisation d'intrants tout en augmentant les rendements et la fertilité des sols à long terme. Des choix collectifs (notamment à l'échelle internationale) seront nécessaires pour encourager ce type de pratiques agricoles.
- Les prévisions indiquent qu'il semble possible de nourrir 9 milliards d'humains en 2050. Cependant, l'inégale répartition géographique de la production alimentaire et les conséquences de la dégradation de l'environnement resteront des problèmes à résoudre.

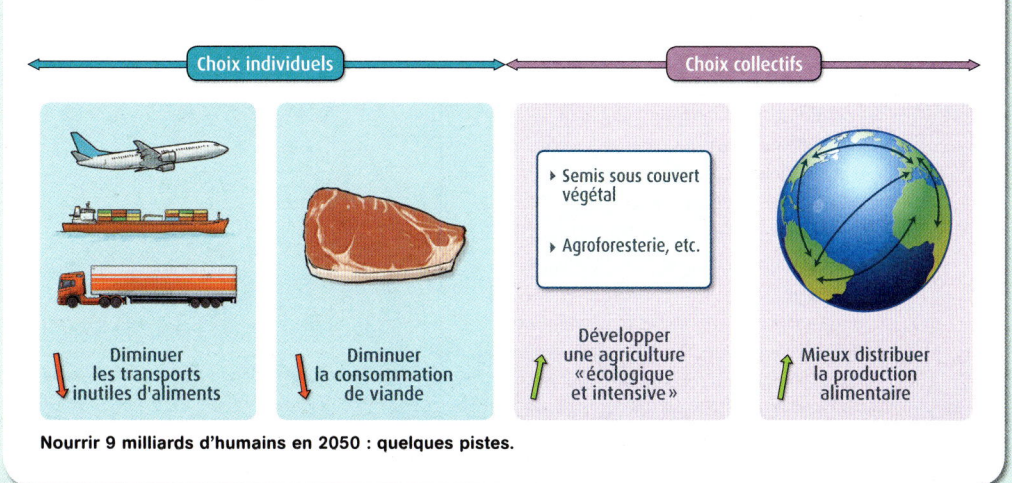

**Choix individuels** | **Choix collectifs**

- Diminuer les transports inutiles d'aliments
- Diminuer la consommation de viande
- Semis sous couvert végétal
- Agroforesterie, etc.
- Développer une agriculture « écologique et intensive »
- Mieux distribuer la production alimentaire

Nourrir 9 milliards d'humains en 2050 : quelques pistes.

# CHAPITRE 3 — Les impacts des pratiques alimentaires collectives

## L'ESSENTIEL

### L'essentiel par le texte

#### La situation alimentaire mondiale

- Il existe de fortes disparités dans l'alimentation des populations humaines. Au plan quantitatif, un milliard de personnes souffrent de la faim, tandis qu'une part croissante de la population des pays développés a un régime alimentaire hypercalorique. Au plan qualitatif, l'importance de la viande dans le régime alimentaire augmente le plus souvent avec le niveau de développement d'un pays.
- La forte croissance à venir de la population mondiale impose une augmentation de la production agricole. Cette augmentation peut être obtenue par augmentation des rendements et/ou par augmentation des surfaces cultivées.

#### La limitation des ressources

- Les ressources agricoles, notamment les surfaces cultivables et l'eau, ne sont pas illimitées.
- L'usage intensif d'intrants et d'énergie fossile pour l'augmentation de la production agricole peut avoir des conséquences négatives durables pour l'environnement et pour l'agriculture elle-même. Cela impose de développer une **agriculture écologique et intensive**, afin d'accroître la production agricole sans recourir à un usage massif d'intrants. Le problème est complexe, mais de nombreuses pistes peuvent être envisagées.

#### L'importance des pratiques alimentaires individuelles et des choix collectifs

- La production des aliments n'a pas toujours le même impact environnemental, selon qu'il s'agit de viande ou de végétaux, selon que les aliments ont été produits localement ou dans un pays lointain, selon qu'ils proviennent d'une agriculture respectueuse de l'environnement ou non, etc.
- Les choix alimentaires individuels, lorsqu'ils sont répétés à l'échelle d'une population, peuvent donc avoir des conséquences importantes sur l'environnement et l'avenir alimentaire de l'humanité.
- Des choix collectifs (à l'échelle internationale en particulier) sont également nécessaires pour encourager les pratiques agricoles écologiques et intensives.

### Les capacités et attitudes

▶ Recenser et extraire des informations illustrant les différences qualitatives et quantitatives de l'alimentation dans les différentes régions du monde **(unité 1)**
▶ Comprendre les différentes contraintes alimentaires et environnementales liées à l'augmentation de la population mondiale **(unités 1 et 2)**
▶ Comprendre l'importance des comportements individuels dans la responsabilité collective **(unité 3)**
▶ Manifester de l'intérêt pour un grand enjeu de société : l'avenir alimentaire de l'humanité **(unités 1 à 3)**

### Mots clés
*Voir aussi Dico des SVT p. 332*

**Agriculture écologique et intensive (ou agro-écologie) :** cette expression désigne les pratiques agricoles permettant à la fois l'augmentation de la production agricole et la diminution de son impact écologique.

# L'ESSENTIEL

## L'essentiel par l'image

### Le défi alimentaire

Réserves mondiales

- Eau : 1960 / 2010
- Pétrole : 1960 / 2010
  - Mécanisation agricole
  - Transport des aliments
  - Fabrication d'intrants chimiques

Population humaine mondiale
- 3 milliards d'individus en 1960
- 7 milliards d'individus en 2011

Espaces naturels cultivables mais non cultivés

Surface cultivée

**Utilisation massive**
- des sols
- d'eau
- d'énergie
- d'intrants chimiques

↗ Production agricole
↘ Ressources naturelles
↗ Impact sur l'environnement

### Choix individuels, choix collectifs

**Choix individuels**

- Consommation réduite de viande
- Choix de productions locales et/ou issues de cultures écologiques

- Forte consommation de viande
- Choix de productions agricoles lointaines et/ou issues de cultures intensives

**Choix collectifs**

**Développement de nouvelles pratiques agricoles**
- Utilisation réduite d'intrants
- Coût en eau et en énergie réduit
- Amélioration de la distribution de la production alimentaire

**Maintien des pratiques agricoles intensives**
- Coût élevé en eau et énergie
- Utilisation massive d'intrants

- Réduction possible de la sous-nutrition
- Préservation des ressources naturelles et de l'environnement

- Risque d'accroissement de la faim dans le monde
- Dégradation de l'environnement et épuisement des ressources naturelles

THÈME 3 – CHAPITRE 3 LES IMPACTS DES PRATIQUES ALIMENTAIRES COLLECTIVES

# EXERCICES

## évaluer ses connaissances

### 1 QCM
Pour chaque proposition, identifiez la (ou les) bonne(s) réponse(s) :
**1. Au niveau mondial, les apports alimentaires :**
a. sont majoritairement fournis par la viande et les produits animaux.
b. sont très variables d'un pays à l'autre.
c. ne sont jamais supérieurs aux besoins des populations.
**2. Théoriquement, la production alimentaire peut être accrue par :**
a. une augmentation de la surface cultivée.
b. une augmentation de la production de viande.
c. une augmentation des rendements agricoles.
**3. L'augmentation des rendements agricoles depuis 1950 :**
a. est liée à l'utilisation massive d'engrais chimiques.
b. peut se poursuivre de la même façon au XXI$^e$ siècle sans risques pour l'environnement.
c. a permis de vaincre le problème de la faim dans le monde.
**4. Le choix raisonné de ses aliments peut avoir des conséquences sur :**
a. les rejets de $CO_2$ dans l'atmosphère.
b. l'utilisation des surfaces agricoles cultivées.
c. le rendement des productions agricoles végétales.

### 2 Vrai ou faux ?
Identifiez les affirmations fausses et rectifiez-les :
a. L'évolution de la démographie mondiale se traduit par une augmentation de la surface cultivée disponible par habitant.
b. Les stocks mondiaux de céréales permettent de lutter efficacement contre les famines.
c. La consommation de viande dans le monde n'augmente pas de façon significative.
d. La limitation des ressources nécessaires à l'agriculture (eau, sol, énergie) impose une modification des modes de production agricole.

### 3 Une phrase appropriée
Rédigez une phrase scientifiquement correcte en utilisant les termes suivants :
a. Céréales – viande – surface cultivée – supérieure.
b. Famine – production alimentaire – répartition mondiale – 2050 – risque.

## s'entraîner avec un exercice guidé

### 4 L'efficacité des engrais

Utilisés depuis les années 1960, les engrais chimiques azotés ont permis d'accroître les rendements agricoles, notamment ceux des grandes cultures céréalières. Seule une fraction de l'azote apporté au sol par ces engrais est utilisée par les plants cultivés.

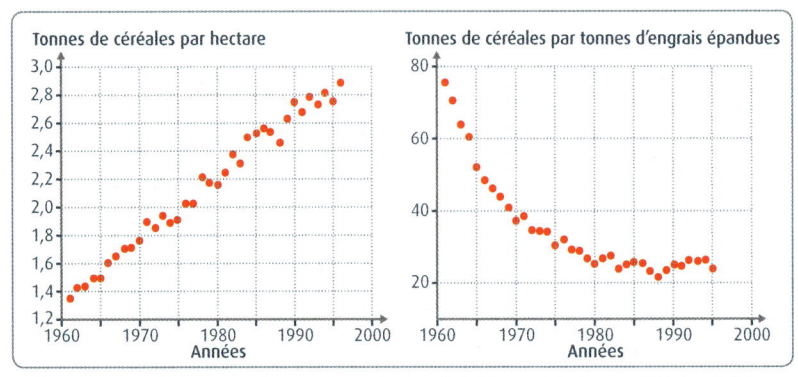

**1.** Évolution mondiale du rendement des cultures céréalières et de la quantité de céréales produite par tonne d'engrais épandue entre 1960 et 1995.

**Un peu d'aide**
• **Saisir des informations**
– Déterminez la masse d'engrais nécessaire pour produire une tonne de céréales en 1960 et 1995.
– Déterminez combien de tonnes de céréales sont en moyenne produites sur un hectare en 1960 et en 1995.
• **Raisonner et conclure**
– Rappelez le devenir de la fraction d'engrais azoté non utilisée par les cultures.
– Comparez l'augmentation du rendement céréalier et celle de la masse d'engrais utilisée par hectare de parcelle céréalière entre 1960 et 1995.

**QUESTIONS** ❶ Calculez combien de tonnes d'engrais sont épandues en moyenne sur un hectare de culture céréalière en 1960 et en 1995.
❷ Montrez que le coût environnemental de l'utilisation des engrais a augmenté entre 1960 et 1995.

## Appliquer ses connaissances

### 5 Les cultures associées au Cameroun
*S'informer et raisonner*

Au Cameroun, la culture associée de maïs et de crotalaire est expérimentée dans le but d'augmenter le rendement alimentaire des parcelles. La crotalaire est une légumineuse courante dans certains pays africains, peu sensible aux maladies et aux ravageurs. Sur le plan nutritif, elle est complémentaire des céréales, car riche en protéines.

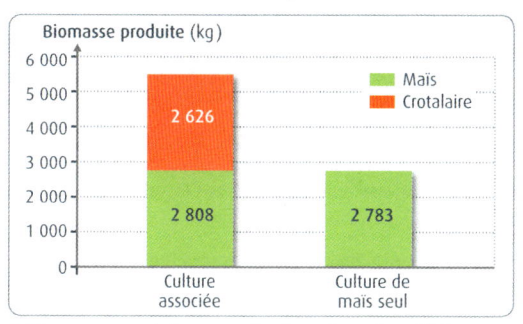

**1. Biomasse produite sur un hectare de maïs cultivé seul ou en association avec la crotalaire.**

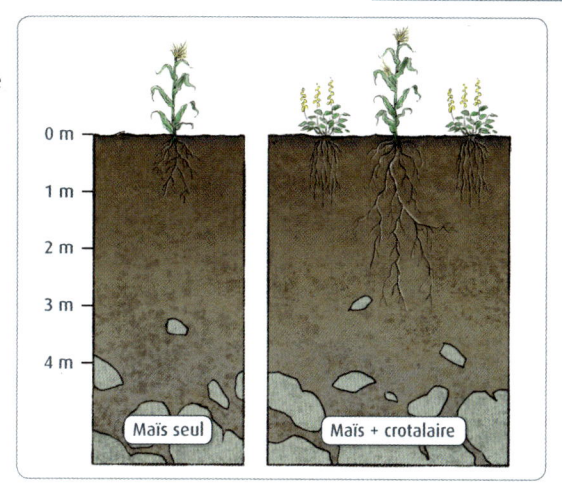

Culture associée : Maïs 2 808 kg, Crotalaire 2 626 kg
Culture de maïs seul : 2 783 kg

**2. Systèmes racinaires d'une culture de maïs seul et d'une culture de maïs associée à la crotalaire.** L'association des deux espèces entraîne une compétition entre leurs systèmes racinaires.

❶ Calculez le rendement de la production de maïs et le rendement total dans les deux conditions de culture.
❷ Proposez une explication au résultat obtenu.
❸ Expliquez pourquoi de telles associations d'espèces peuvent représenter des solutions d'avenir pour l'alimentation mondiale.

### 6 Le semis sous couvert végétal
*Communiquer dans un langage scientifiquement approprié*

Le labour est une pratique répandue consistant à ouvrir et retourner la terre arable sur une faible profondeur. Son but est, entre autre, de préparer le sol pour le semis, notamment en éliminant les adventices (« mauvaises herbes »). Le labour a toutefois des impacts importants sur le sol. Des techniques de semis alternatives sont donc développées, comme le semis direct sous couvert végétal : après que les graines sont enfouies dans le sol, on recouvre celui-ci d'un paillage végétal, qui empêche le développement des adventices.

**1. Paillage végétal apposé sur le sol après le semis.**

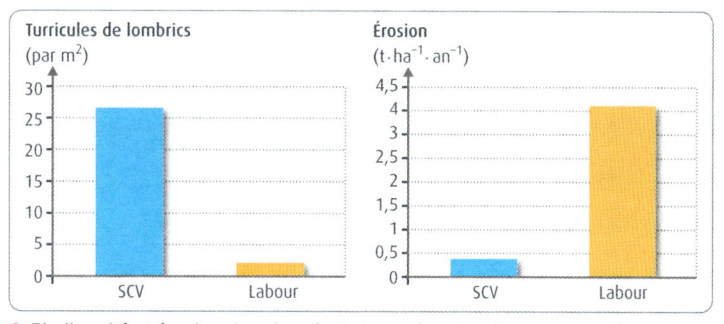

Turricules de lombrics (par m²) : SCV ≈ 26, Labour ≈ 2
Érosion (t·ha⁻¹·an⁻¹) : SCV ≈ 0,3, Labour ≈ 4

**2. Biodiversité et érosion du sol après trois années de culture avec pratique du labour ou du semis sous couvert végétal (SCV).** Les turricules sont des excréments produits par les lombrics (vers de terre).

❶ Décrivez l'impact du labour sur le sol et ses conséquences.
❷ Expliquez en quoi le semis sous couvert végétal constitue une alternative au labour pour le développement d'une agriculture durable.

# EXERCICES

## Appliquer ses connaissances

### 7 La mondialisation de la pêche
*Manifester de l'intérêt pour les enjeux de société*

La consommation de poisson au Japon a beaucoup augmenté depuis la fin du XXe siècle.

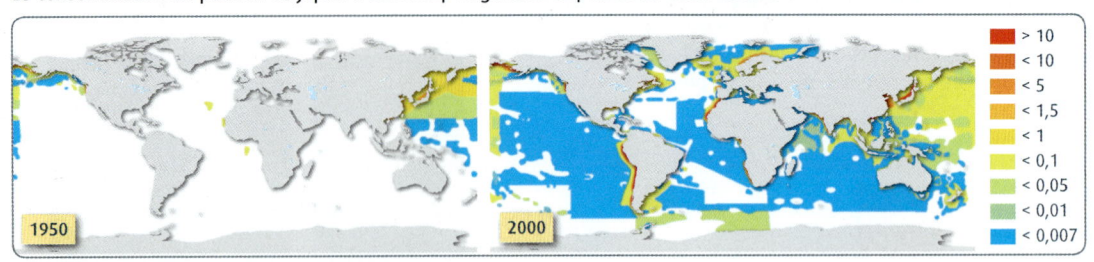

**1. Origine géographique du poisson consommé au Japon.** Chaque couleur indique la contribution (en %) d'une zone de pêche à l'alimentation des Japonais. La proportion des zones de pêche mondiales épuisées ou surexploitées s'élevait à 10 % en 1970 et à plus de 30 % en 2010.

● À l'aide des informations du document, montrez que des pratiques alimentaires individuelles répétées collectivement peuvent avoir des conséquences à l'échelle de la planète.

### 8 L'évolution de la consommation mondiale de viande
*Extraire et organiser des informations*

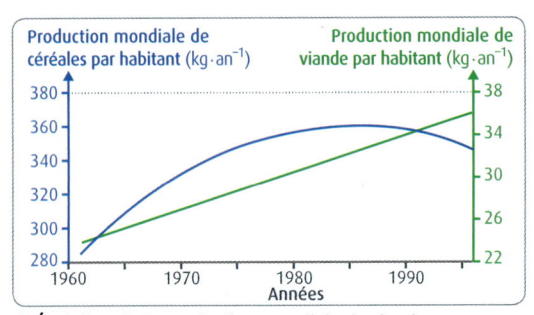

**1.** Évolution de la production mondiale de viande et de céréales destinées à l'alimentation humaine entre 1960 et 1995.

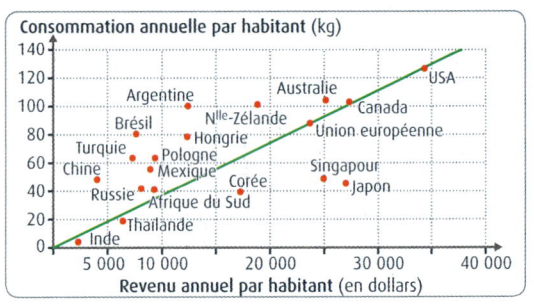

**2.** Consommation de viande en fonction du revenu moyen dans différents pays.

❶ Décrivez l'évolution de la production mondiale de céréales et de viande entre 1960 et 1995.

❷ Identifiez une cause qui peut expliquer, au moins en partie, l'évolution de la production de viande.

❸ D'après vos connaissances, identifiez une cause qui peut expliquer, au moins en partie, l'évolution de la production de céréales pour l'alimentation humaine.

### 9 Les perspectives agricoles en 2050
*S'informer et raisonner*

Le tableau ci-contre est le résultat d'une modélisation se fondant sur l'hypothèse suivante : les techniques de production agricole et les pratiques alimentaires collectives demeureront inchangées d'ici à 2050.

| | |
|---|---|
| Surface de terres cultivées | + 20 % |
| Surface de terres irriguées | + 80 % |
| Quantité de pesticides utilisés | + 160 % |
| Quantité d'engrais utilisés | + 150 % |

**1.** Un exemple de prévision d'évolution de quelques paramètres agricoles à l'échelle mondiale entre 2001 et 2050.

● Utilisez les informations du document pour justifier la nécessité d'une évolution des techniques de production agricole et des pratiques alimentaires collectives d'ici à 2050.

# EXERCICE objectif BAC

**Thème 3 : Enjeux planétaires contemporains**

## Agriculture et gestion de la ressource en eau

Le lac Koronia était l'une des zones humides les plus importantes du nord de la Grèce. Bien que placé sous le régime des conventions internationales de protection de l'environnement, depuis trente ans, il a pourtant perdu plus d'un tiers de sa superficie et sa profondeur a baissé en moyenne de 80 %, à tel point qu'on peut presque désormais le traverser à pied.

« Situé dans une région agricole, le lac a souffert dans les années 1980 de l'intensification de l'agriculture mais aussi de l'industrialisation. Les entreprises rejetaient leurs eaux usées dans le lac, notamment des usines textiles très polluantes. À la fin des années 1970, les agriculteurs ont troqué leurs cultures maraîchères pour celle du maïs, plus gourmande en eau. Ils ont continué à faire comme leur parents : puiser l'eau dans le sol mais avec des puits électriques – souvent illégaux – allant jusqu'à cinquante mètres de profondeur. C'est ainsi que les eaux du lac ont baissé. Tous les poissons sont morts à la fin des années 1990. "Ce n'est plus un lac" explique Maria Moustaka, biologiste à l'université de Thessalonique. »

*Le Monde*, 16 février 2011.

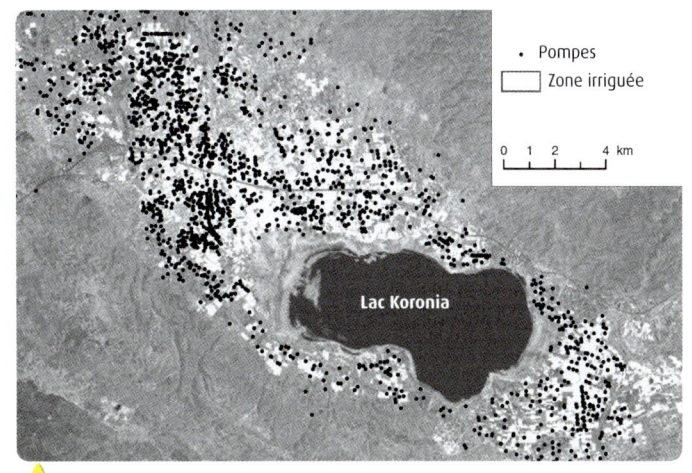

**1** L'assèchement du lac Koronia.

**2** Localisation des champs irrigués et des pompes d'irrigation autour du lac Koronia en 2007.

| Apports d'eau | |
|---|---|
| Par les rivières | 25,3 |
| Par les pluies | 147,6 |
| Par les eaux souterraines | 22,0 |
| **Pertes d'eau** | |
| Par évaporation | 137,1 |
| Par les eaux souterraines vers le lac voisin | 5,1 |
| Pour les usages domestiques de la population | 2,1 |
| Pour l'irrigation des cultures et l'élevage | 70,2 |
| Pour les besoins industriels | 4 |

**3** Apports et pertes d'eau annuels du lac Koronia (en millions de m$^3$).

### Exploiter les documents

**DOC 1 ET 2.** Identifiez les changements intervenus à proximité du lac depuis les années 1980. Discutez leurs conséquences pour le lac Koronia.

**DOC 3.** Réalisez le bilan des apports et des pertes d'eau annuels du lac. Identifiez les pertes d'eau d'origine humaine. Calculez le prélèvement maximal d'eau par irrigation pour que ce bilan soit équilibré.

### QUESTION

À partir des documents et de vos connaissances, expliquez comment des changements de pratiques agricoles ont contribué à dégrader l'environnement du lac Koronia et à compromettre l'avenir de l'agriculture dans cette région.

# ATELIERS D'EXPLORATION

## INFORMATIQUE — Calculer la porosité d'une roche réservoir du pétrole

La porosité d'une roche représente, en volume, le taux d'interstices vides rapporté à son volume total. À l'aide du logiciel de traitement d'images Mesurim, il est possible d'évaluer la porosité d'une roche réservoir du pétrole à partir d'une photo de lame mince réalisée sur un microscope.

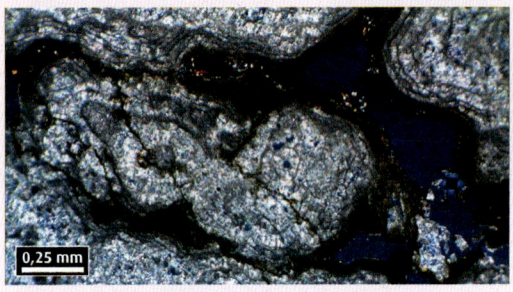

Lame mince d'une roche réservoir de pétrole (calcaire asphaltique), observée en lumière polarisée (voir p. 144).

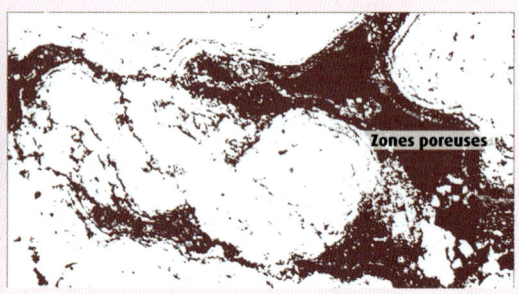

La même image après traitement numérique avec le logiciel Mesurim.

### ACTIVITÉS

❶ Démarrez le logiciel **Mesurim** et importez la photo de la lame mince (téléchargeable sur le site du manuel).

❷ Utilisez la fonction « **Délimiter les zones** » pour sélectionner les pores (pour obtenir de bons résultats, cochez l'option « **Étendre la classification à tous les pixels** »).

❸ Relevez la surface de cette zone. Calculez, en surface, le taux de porosité de cette roche réservoir du pétrole.

→ Téléchargez la photographie numérique de la lame mince sur : www.libtheque.fr/complements.php

## DÉBAT — Réduire notre consommation de viande ?

La consommation de viande augmente régulièrement dans le monde depuis le XIX$^e$ siècle. Mais la viande est une production coûteuse, dont l'impact environnemental est important, sans oublier les problèmes de santé engendrés par une consommation trop élevée.

| Vous êtes... | Votre mission consiste à... |
|---|---|
| Nutritionniste | exposer les effets positifs et négatifs de la consommation de viande sur la santé. |
| Agronome | quantifier les ressources agricoles nécessaires pour la production de viande et proposer des méthodes d'élevage plus économes. |
| Écologue | montrer les problèmes environnementaux liés à la production animale et leurs solutions. |
| Citoyen | écouter les arguments des experts, leur poser des questions, exprimer votre opinion. |

**Faut-il ou non réduire notre consommation de viande ?**
Organisez et participez à un débat en classe en répartissant les rôles par binôme.

**Avant le débat :** les experts préparent leurs arguments, les citoyens se renseignent sur le sujet pour être capables de prendre part au débat.

**Le jour du débat :** le professeur anime le débat, les experts présentent leurs travaux et en discutent de façon argumentée avec le public.

**POUR VOUS GUIDER**
- www.civ-viande.org
- www.ademe.fr (taper « viande » dans le moteur de recherche)
- www.coachcarbone.org
- http://ecocitoyens.ademe.fr/mes-achats/bien-acheter/alimentation
- www.inra.fr/presse/ (taper « viande » dans le moteur de recherche)

## LE COIN DU LABO — Modéliser une culture de blé

Pour établir l'effet des sels minéraux et des engrais sur la productivité primaire d'une culture de blé, on réalise quatre cultures expérimentales. Chacune est cultivée avec un apport en sels minéraux différent.

### 1. Préparation des cultures

Préparez quatre pots étiquetés, au fond desquels vous placerez de la vermiculite (ou de la ouate). Déposez dans chacun une dizaine de grains de blé. Durant 3 semaines, arrosez chacune de ces cultures avec les solutions suivantes :
– **Pot n° 1 :** eau distillée.
– **Pot n° 2 :** eau minérale (proche de l'eau du robinet).
– **Pot n° 3 :** eau distillée + cendres de bois (1 volume de cendre pour 25 volumes d'eau, filtrer après mélange).
– **Pot n° 4 :** solution aqueuse à base d'engrais chimique du commerce. Sa concentration finale doit être de :
– 0,3 g.$L^{-1}$ de nitrates (apport d'azote).
– 0,9 g.$L^{-1}$ d'oxyde de potassium (apport de potassium).
– 0,025 g.$L^{-1}$ d'anhydride phosphorique (apport de phosphore).

### 2. Relevé et interprétation des résultats

Au bout de 21 jours, observez l'aspect des quatre cultures. Pour chacune, prélevez 10 plantules et pesez-les pour évaluer leur biomasse.

Les quatre cultures de blé, après 21 jours.

|  | Masse de 10 plantules (g) |
|---|---|
| Pot n° 1 | 1,12 |
| Pot n° 2 | 1,91 |
| Pot n° 3 | 2,05 |
| Pot n° 4 | 3,17 |

Biomasse produite par les 10 plantules de blé pour chaque culture, après 21 jours.

### ACTIVITÉS

1. Classez l'apport en sels minéraux des quatre solutions utilisées, du plus faible au plus élevé.
2. Relevez et interprétez les résultats des quatre cultures.
3. Justifiez l'utilisation massive d'engrais chimiques par l'agriculture céréalière. Rappelez le revers de la médaille.
4. Expliquez le recours à la culture sur brûlis dans certains pays (voir p. 182) ?

---

## MÉTIER — Les métiers du conseil agricole

Employé par les chambres d'agriculture ou les coopératives, le conseiller agricole est chargé d'aider les agriculteurs dans la gestion de leur exploitation. Il effectue ainsi de nombreux déplacements sur le terrain. Alliant sens de l'écoute et expertise, il peut résoudre des problèmes individuels ou définir des projets de développement agricole à l'échelle d'un territoire. Il veille également au respect des normes environnementales en aidant les exploitants à réduire, par exemple, leur consommation d'engrais chimiques.

Un agriculteur et un conseiller (à gauche), travaillant à la préparation des sols.

### ACTIVITÉS

1. Recherchez un type de projet pouvant être mis en place par un conseiller agricole.
2. Recensez les parcours de formation débouchant sur ce métier.
3. Identifiez les spécialisations possibles du conseiller agricole.

**POUR VOUS GUIDER**
- www.libtheque.fr
- www.onisep.fr
- www.apecita.com (association pour l'emploi des cadres, ingénieurs et techniciens agricoles).

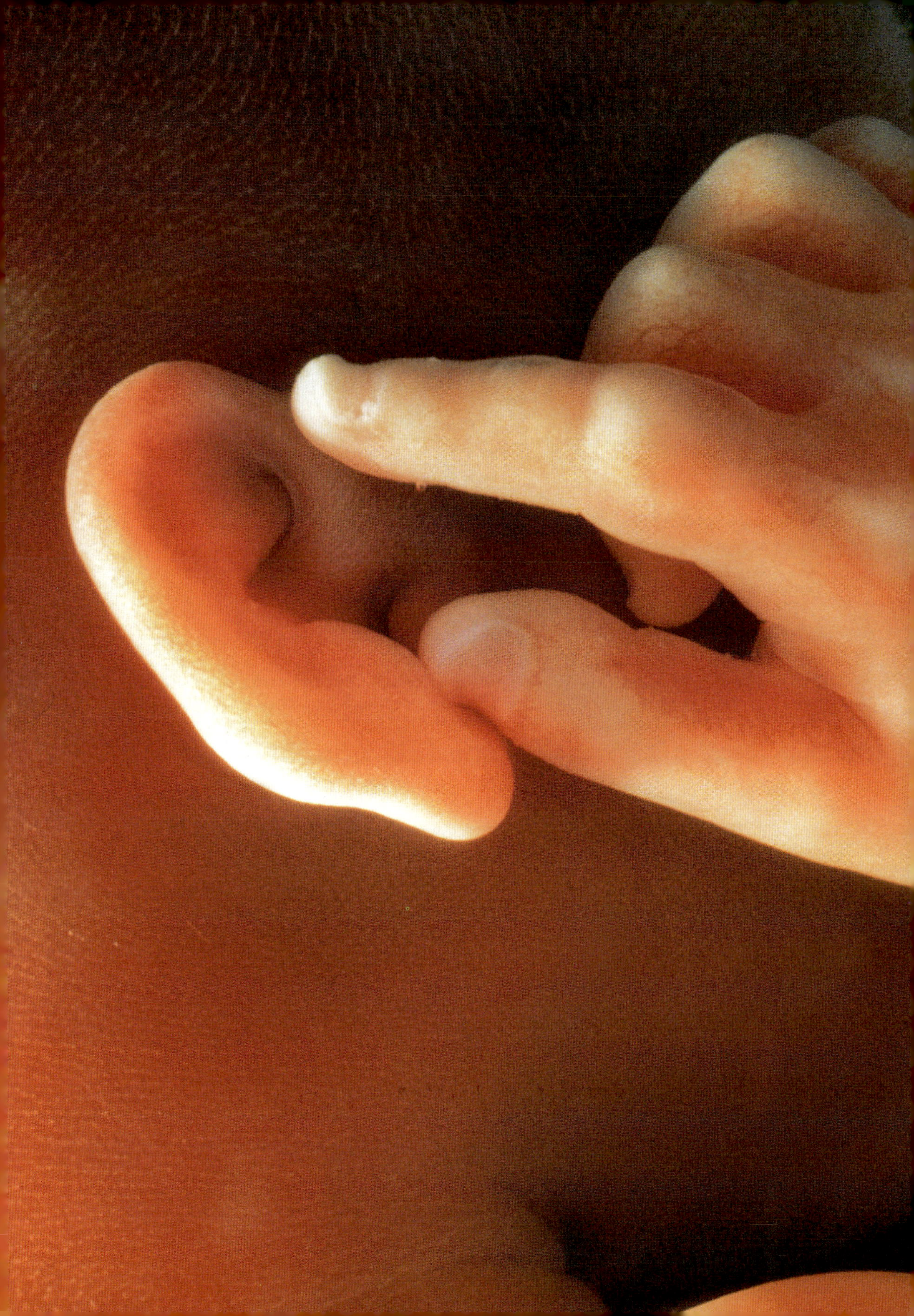

# THÈME 4
# Féminin, masculin

**MOBILISER SES ACQUIS** p. 198
**1.** Devenir femme ou homme p. 201
**2.** Sexualité et procréation p. 219

Un fœtus à 5 mois de gestation.

# MOBILISER SES ACQUIS

## 1. Comment fonctionne l'appareil reproducteur de la femme ?

*L'appareil reproducteur féminin* : ovaire, couche superficielle de la paroi de l'utérus, cavité de l'utérus, couche musculaire de la paroi de l'utérus, vagin.

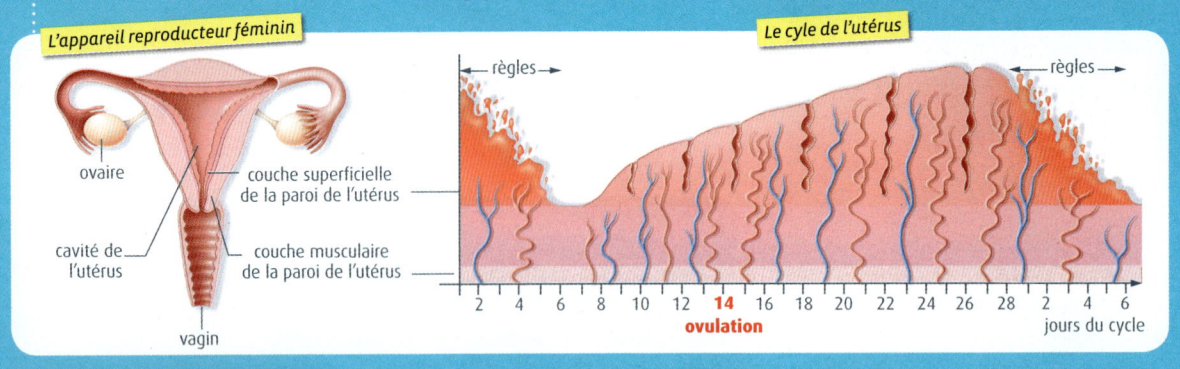

*Le cyle de l'utérus* : règles — ovulation (jour 14) — règles ; jours du cycle 2 à 6.

*Une ovulation (vue au MEB)* : Ovule, Ovaire — 40 μm

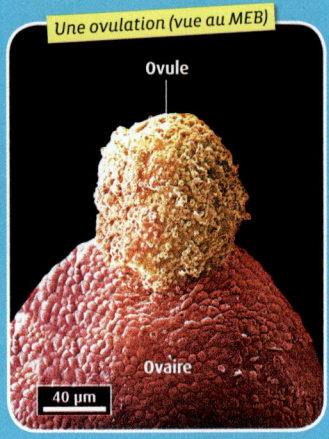

❶ Quels sont les deux cycles de l'appareil reproducteur féminin ?
❷ Rappelez l'évolution de la couche superficielle de l'utérus au cours de son cycle.
❸ Quel événement marque le début de chaque nouveau cycle utérin ?
❹ D'où provient le sang émis à cette période du cycle ?
❺ Quel est l'organe qui produit les cellules reproductrices chez la femme ?

### mot clé
**Ovulation :** émission d'un seul ovule par l'un des deux ovaires. Elle a lieu au milieu du cycle ovarien.

## 2. Comment se forme un nouvel être humain ?

*Un ovule, sur le point d'être fécondé* : Ovule, Spermatozoïdes — 30 μm

*De la cellule-œuf à la nidation* : cellule-œuf, embryon au stade 2 cellules, embryon au stade 8 cellules, embryon implanté (6 jours), IMPLANTATION, trajet de l'embryon.

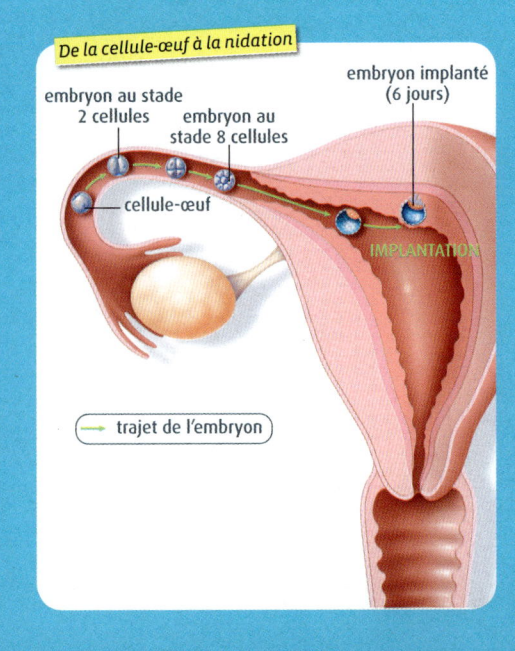

**Fécondation :** union des noyaux de l'ovule et du spermatozoïde. Elle aboutit à la formation d'une cellule-œuf.
**Nidation :** implantation de l'embryon dans la paroi utérine. Elle survient 6 jours après la fécondation.

❶ Quelle est la première étape de la formation d'un nouvel être humain ?
❷ Quels sont les événements qui surviennent dans les premières heures après la fécondation ?

## 3. Qu'est-ce qui déclenche l'apparition des caractères sexuels secondaires ?

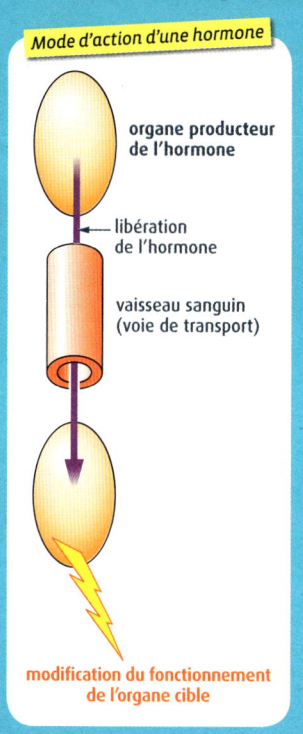

*Mode d'action d'une hormone*

- organe producteur de l'hormone
- libération de l'hormone
- vaisseau sanguin (voie de transport)
- modification du fonctionnement de l'organe cible

*Un chapon (coq castré)*

**Hormone :** Substance libérée dans le sang par un organe et agissant sur un organe cible.
**Caractères sexuels secondaires :** caractères apparaissant à la puberté propres à chacun des deux sexes.

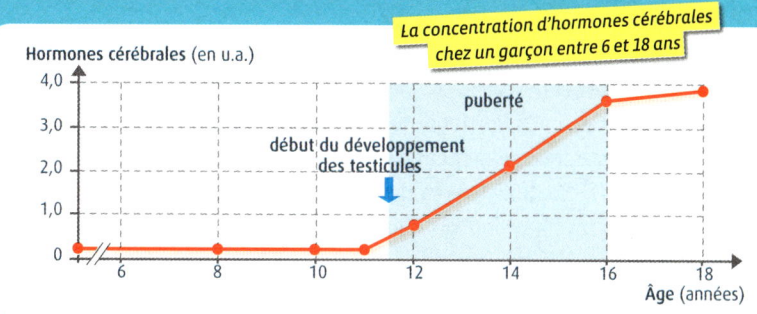

*La concentration d'hormones cérébrales chez un garçon entre 6 et 18 ans*

Hormones cérébrales (en u.a.) — puberté — début du développement des testicules — Âge (années)

❶ Comment agit une hormone ?
❷ Le développement d'une crête est un caractère sexuel secondaire chez le coq : que peut-on en déduire sur le rôle des testicules à la puberté ?
❸ Formulez une hypothèse quant à la cause du déclenchement de la puberté.

## CE QU'IL FAUT SAVOIR POUR ABORDER LE THÈME 4

▶ L'apparition des caractères sexuels secondaires à la puberté est déclenchée par des **hormones**. Elles sont libérées dans le sang et agissent sur des organes cibles. Le fonctionnement des testicules et des ovaires est déclenché par d'autres hormones produites par le cerveau.

▶ Chez la femme, le fonctionnement des organes reproducteurs est cyclique : les **règles** surviennent les cinq premiers jours de chaque cycle de 28 jours en moyenne. De plus, un des deux ovaires libère un ovule dans une trompe. Cela se produit vers le milieu de chaque cycle : c'est l'**ovulation**.

▶ Suite à un rapport sexuel, la **fécondation** peut se produire durant les deux jours suivant l'ovulation. Elle aboutit à la formation d'une cellule-œuf qui, par des multiplications cellulaires successives, est à l'origine d'un **embryon**. La **nidation** de l'embryon bloque l'élimination de la couche superficielle de la paroi de l'utérus : les règles ne surviennent plus. C'est l'un des premiers signes de la grossesse. Pendant la grossesse, l'embryon se développe jusqu'à devenir un fœtus. Les 7 derniers mois de la grossesse achèvent le développement de l'enfant à naître.

# THÈME 4 — Féminin, masculin

## SOMMAIRE

### CHAPITRE 1 — Devenir femme ou homme — 201
- UNITÉ 1 Les phénotypes sexuels — 202
- UNITÉ 2 Du sexe chromosomique au sexe gonadique — 204
- UNITÉ 3 Du sexe gonadique au sexe phénotypique — 206
- UNITÉ 4 La puberté — 208
- UNITÉ 5 Les bases biologiques du plaisir sexuel — 210
- Bilan des unités — 212
- L'essentiel — 214
- Exercices — 216

### CHAPITRE 2 — Sexualité et procréation — 219
- UNITÉ 1 Le fonctionnement du testicule et son contrôle — 220
- UNITÉ 2 Le fonctionnement cyclique de l'appareil génital chez la femme — 222
- UNITÉ 3 Le contrôle hypothalamo-hypophysaire chez la femme — 224
- UNITÉ 4 Les rétrocontrôles exercés par les hormones sexuelles — 226
- UNITÉ 5 La maîtrise de la reproduction par contraception — 228
- UNITÉ 6 Infertilité du couple et procréation médicalement assistée — 230
- Bilan des unités — 232
- L'essentiel — 234
- Exercices — 236
- **OBJECTIF BAC** Le rôle de la testostérone dans la spermatogenèse — 239
- **ATELIERS D'EXPLORATION** ART ET SCIENCE – ENQUÊTE – DÉBAT – MÉTIER — 240

### CHAPITRE 1

# Devenir femme ou homme

*La formation d'un nouvel être humain débute par la fécondation et se poursuit durant les neuf mois de la grossesse. À la naissance, l'appareil génital du nouveau-né, fille ou garçon, est différencié. Il deviendra fonctionnel à la puberté.*

| Deux nouveau-nés.

Comment l'appareil génital se met-il en place au cours du développement embryonnaire ? Comment devient-il fonctionnel ?

# UNITÉ 1 — Les phénotypes sexuels

Dans l'espèce humaine comme chez de nombreux animaux, le mâle et la femelle sont différents. Les caractéristiques spécifiques à chaque sexe constituent le phénotype sexuel.

⇢ **Quelles sont les principales caractéristiques qui distinguent les mâles et les femelles ?**

## Des observations anatomiques — TP

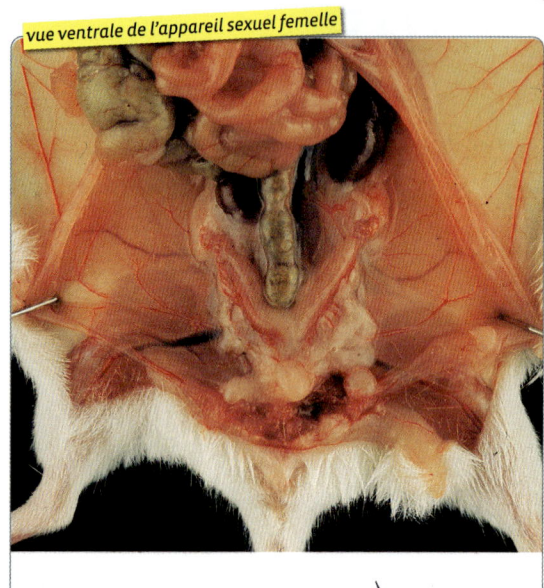

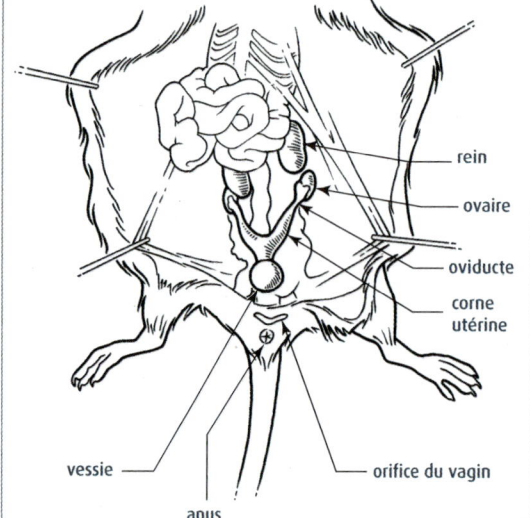

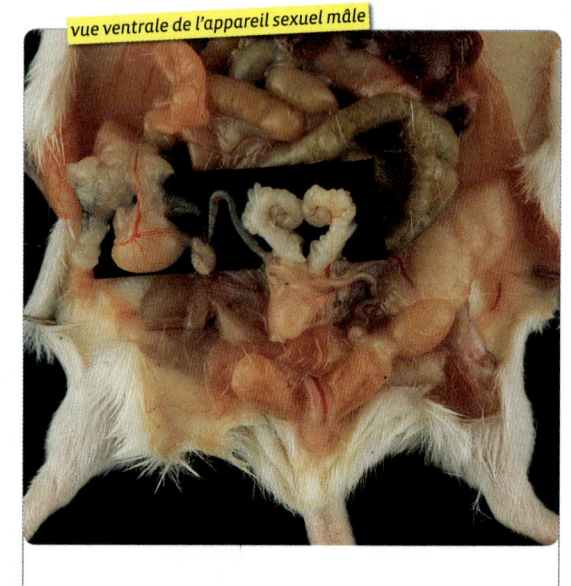

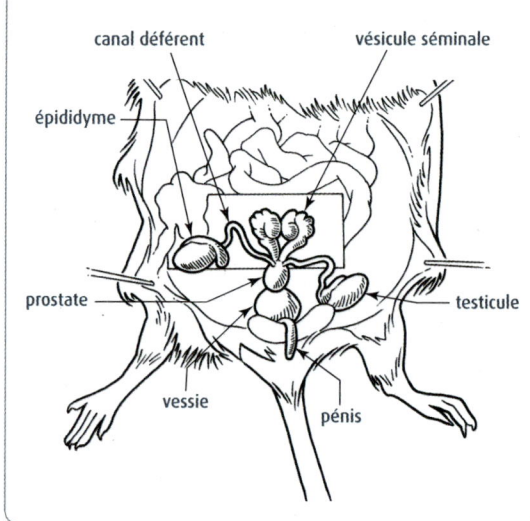

*vue ventrale de l'appareil sexuel femelle*

*vue ventrale de l'appareil sexuel mâle*

Légendes femelle : rein, ovaire, oviducte, corne utérine, vessie, orifice du vagin, anus.

Légendes mâle : canal déférent, vésicule séminale, épididyme, prostate, testicule, vessie, pénis.

**1 Dissection de l'appareil génital d'une souris femelle et d'une souris mâle.**
L'appareil génital est constitué des organes génitaux externes, des voies génitales internes et des gonades. Chez la femelle, les voies génitales internes permettent le transport des gamètes lors de l'ovulation et de l'accouplement, et le développement de l'embryon après la fécondation. Chez le mâle, les voies génitales internes permettent le transport des spermatozoïdes depuis les gonades jusqu'à l'extérieur du corps. Prostate et vésicule séminale sont des glandes annexes qui participent à la fabrication du sperme. Les testicules de la souris mâle ont été délogés des bourses dans lesquelles ils se trouvaient (bourses situées dans le bas de l'abdomen, voir doc. 3 unité 2).

## Des données physiologiques et chromosomiques

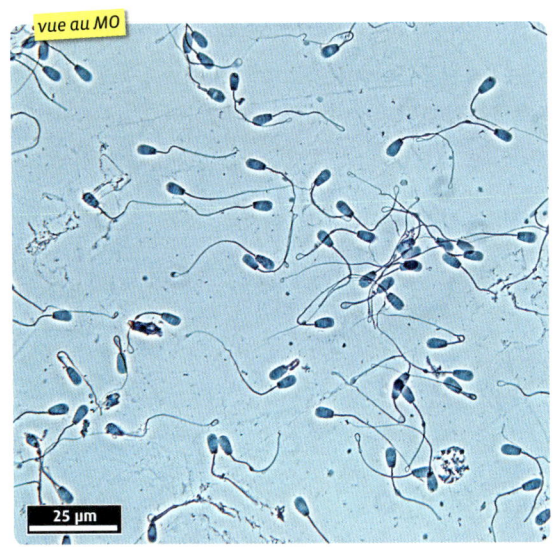

*vue au MO*

*un ovocyte humain (vue au MO)*

75 μm

Fin du cycle 1 — Début du cycle 2

Début du cycle 1

■ Période des règles
Ovulation

### 2 Des spermatozoïdes humains.
Les spermatozoïdes sont les cellules reproductrices (gamètes) de l'homme. De la puberté jusqu'à la mort, 100 à 200 millions de spermatozoïdes sont fabriqués chaque jour dans les testicules.

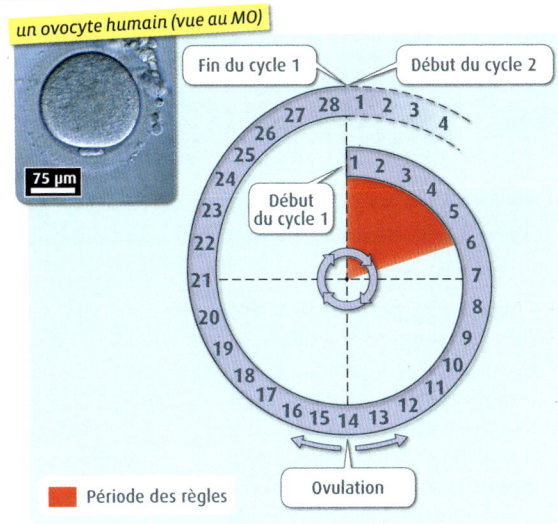

25 μm

### 3 Le cycle sexuel de la femme.
Il se déroule sur une période d'environ 28 jours. Les règles ont lieu lors des 3 à 6 premiers jours. Le gamète femelle (ovocyte ou ovule) est émis par les ovaires aux environs du 14$^e$ jour du cycle. Les ovocytes sont ainsi produits de manière cyclique de la puberté jusqu'à la ménopause (vers 50 ans).

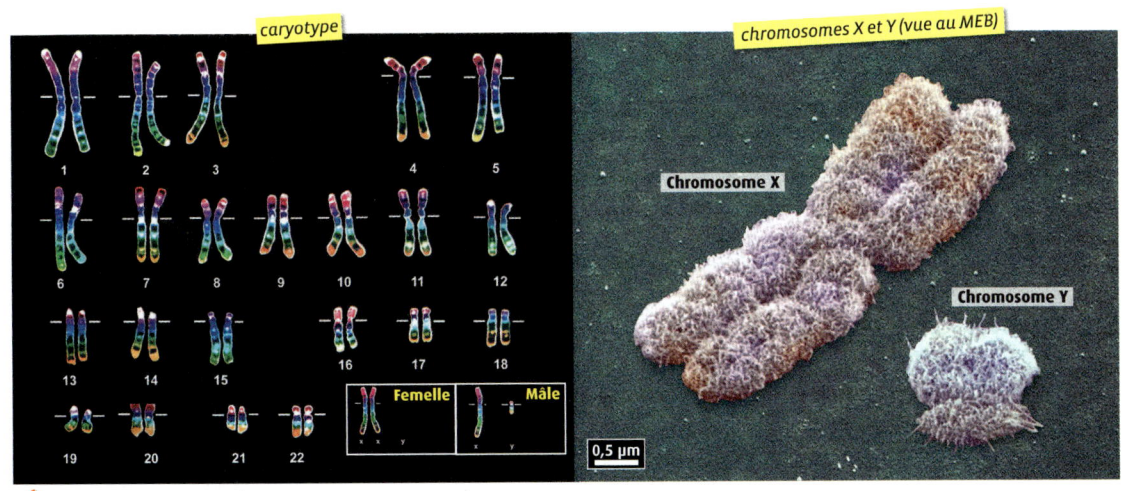

*caryotype*

*chromosomes X et Y (vue au MEB)*

Chromosome X

Chromosome Y

Femelle | Mâle

0,5 μm

### 4 Comparaison du caryotype mâle et du caryotype femelle chez l'être humain.
Le caryotype comprend 22 paires de chromosomes non sexuels (les autosomes) et une paire de chromosomes sexuels (les gonosomes). Il est noté « 46, XX » ou « 46, XY ».

## ACTIVITÉS

**① DOC. 1.** Comparez l'appareil génital d'un mâle et d'une femelle chez la souris. À l'aide des doc. 1 et 4 de l'unité 4, réalisez la même comparaison chez l'être humain.

**② DOC. 2 ET 3.** Identifiez les différences entre la physiologie des gonades chez l'homme et chez la femme.

**③ DOC. 4.** Indiquez les différences entre le caryotype de l'homme et celui de la femme.

**④ EN CONCLUSION.** Récapitulez les caractéristiques du phénotype sexuel mâle et du phénotype sexuel femelle.

**THÈME 4 – CHAPITRE 1** DEVENIR FEMME OU HOMME

# UNITÉ 2 — Du sexe chromosomique au sexe gonadique

Dès la fécondation, le sexe chromosomique de l'embryon est déterminé : XX chez les femelles, XY chez les mâles. La mise en place du sexe gonadique, c'est-à-dire la différenciation des gonades, se déroule lors du développement de l'embryon.

⇢ **Quels sont les mécanismes impliqués dans la différenciation des testicules et des ovaires ?**

## Étudier le rôle du chromosome Y

Chez l'être humain, de même que chez les autres mammifères, la gonade est d'abord identique que l'embryon soit de caryotype XX ou XY. Elle est dite bipotentielle. Chez l'embryon XX, la différenciation de la gonade en ovaire débute à la 8e semaine de développement et elle est achevée à la 18e semaine. Les follicules ovariens qui sont mis en place produiront les ovules. Chez l'embryon XY, la différenciation de la gonade en testicule débute à la 7e semaine de développement et elle est achevée à la 16e semaine. Les tubes séminifères qui sont mis en place produiront les spermatozoïdes.

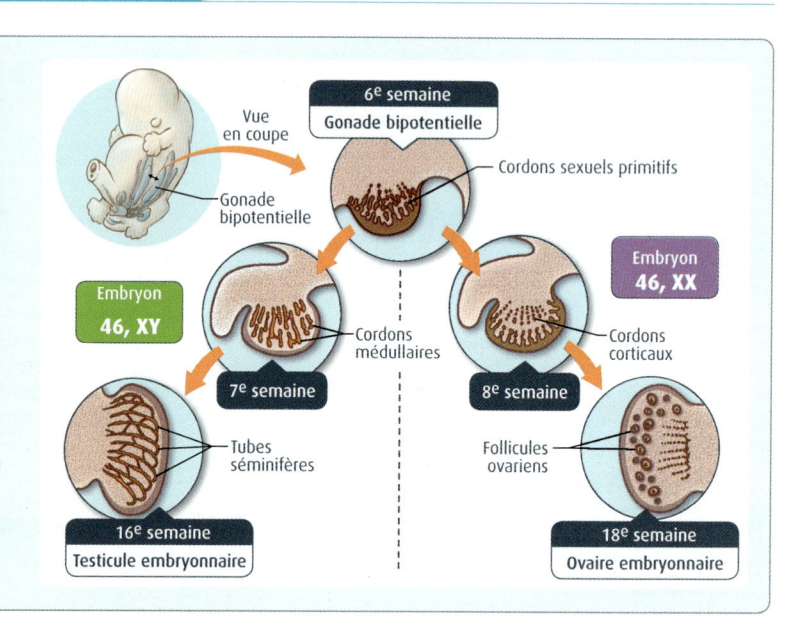

**1** La différenciation des **gonades** chez l'embryon humain.

|  | Situation normale |  | Anomalies chromosomiques |  |  |  |
|---|---|---|---|---|---|---|
| Caryotype | 46, XY | 46, XX | 47, XXY | 45, X0 | 46, XX | 46, XY |
| Structure des chromosomes sexuels | X Y | X X | X X Y | X | X X | X Y |
| Gonade | Testicules | Ovaires | Testicules de taille réduite. | Ovaires et utérus atrophiés. | Testicules | Gonade présentant à la fois un aspect d'ovaire et de testicule |
| Organes génitaux externes | Mâles | Femelles | Mâles | Femelles | Mâles | Femelles |

**2** L'étude d'anomalies chromosomiques dans l'espèce humaine.
Elles sont liées à la perte ou au gain d'un chromosome, ou bien à des déplacements de fragments chromosomiques d'un chromosome à l'autre (translocations). Il y a réversion sexuelle quand le phénotype sexuel d'un individu ne correspond pas à son sexe chromosomique.

# Découvrir des gènes de différenciation gonadique

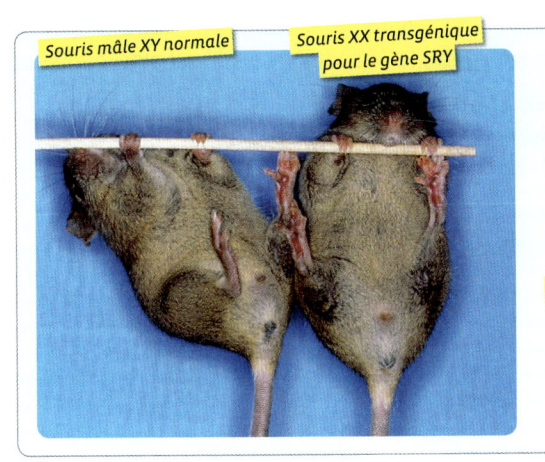

*Souris mâle XY normale*  
*Souris XX transgénique pour le gène SRY*

En 1991, des chercheurs ont isolé un petit fragment de la partie 1 du chromosome Y comprenant un gène nommé *SRY*. Ce gène a été inséré artificiellement dans l'ADN d'un embryon de souris de caryotype XX grâce aux techniques de la transgenèse. Le phénotype des souris transgéniques obtenues a ensuite été analysé.

*Phénotype des souris transgéniques*

| Organes génitaux externes | Gonades | Voies génitales internes | Comportement sexuel |
|---|---|---|---|
| Bourses Pénis | Testicules | Identiques à celles d'une souris mâle XY | Accouplement avec des souris femelles |

**3** Le résultat d'une expérience de transgenèse.

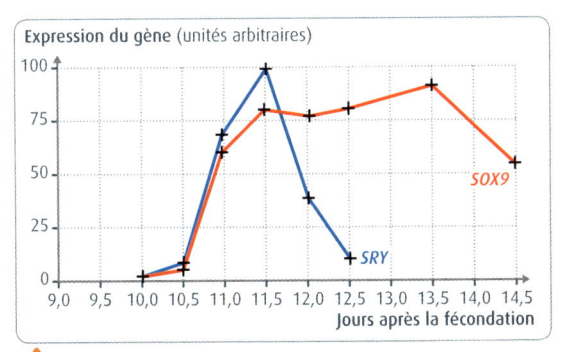

**4** **Évolution de l'expression des gènes *SRY* et *SOX9* chez un embryon de souris mâle.** Chez la souris, le testicule se différencie entre 11,5 et 14 jours après la fécondation.

En 2006, des chercheurs étudient le cas de 4 frères stériles présentant des organes génitaux externes mâles normaux. Leur caryotype est de type XX, mais l'étonnant est qu'ils ne portent pas de gène *SRY* transloqué sur l'un de leurs chromosomes X. Des analyses poussées ont révélé la présence d'une mutation sur un gène localisé sur le chromosome 1, appelé *RSPO1*.

**5** Des cas de réversions sexuelles étonnants.

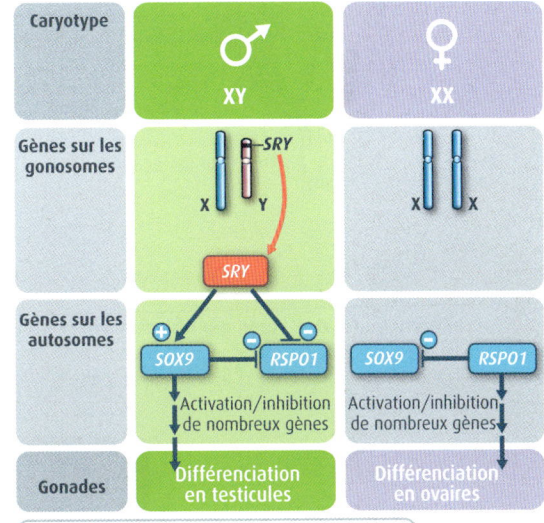

⊖ : inhibition de l'expression d'un gène  
⊕ : activation de l'expression d'un gène

**6** **Un modèle très simplifié des gènes impliqués dans la différenciation des gonades.** Chaque gène peut inhiber ou activer la transcription d'autres gènes. On parle de «cascade génétique».

## ACTIVITÉS

**1 DOC. 1 ET 2.** Identifiez la zone chromosomique dont la présence induit la différenciation de la gonade de l'embryon en testicule.

**2 DOC. 3 ET 4.** Montrez que la présence du gène *SRY* induit la différenciation de la gonade en testicule.

**3 DOC. 2 À 6.** Sur un schéma fonctionnel analogue au doc.6, décrivez la cascade d'événements qui conduit aux réversions sexuelles mentionnées doc. 2, 3 et 5.

**4 DOC. 5 ET 6.** Discutez l'affirmation suivante: «le gène *SRY* est nécessaire et suffisant pour la différenciation de la gonade en testicule.»

**5 EN CONCLUSION.** Expliquez comment le sexe chromosomique détermine la différenciation des gonades.

**THÈME 4 – CHAPITRE 1** DEVENIR FEMME OU HOMME

# UNITÉ 3 — Du sexe gonadique au sexe phénotypique

Les gonades de l'embryon se différencient sous le contrôle du génome et en particulier du chromosome Y.
La différenciation du reste de l'appareil génital s'effectue ensuite. À la naissance, le phénotype sexuel est ainsi en place.

▸ **Comment l'appareil génital de l'embryon se différencie-t-il ?**

## Observer la différenciation des appareils génitaux mâles

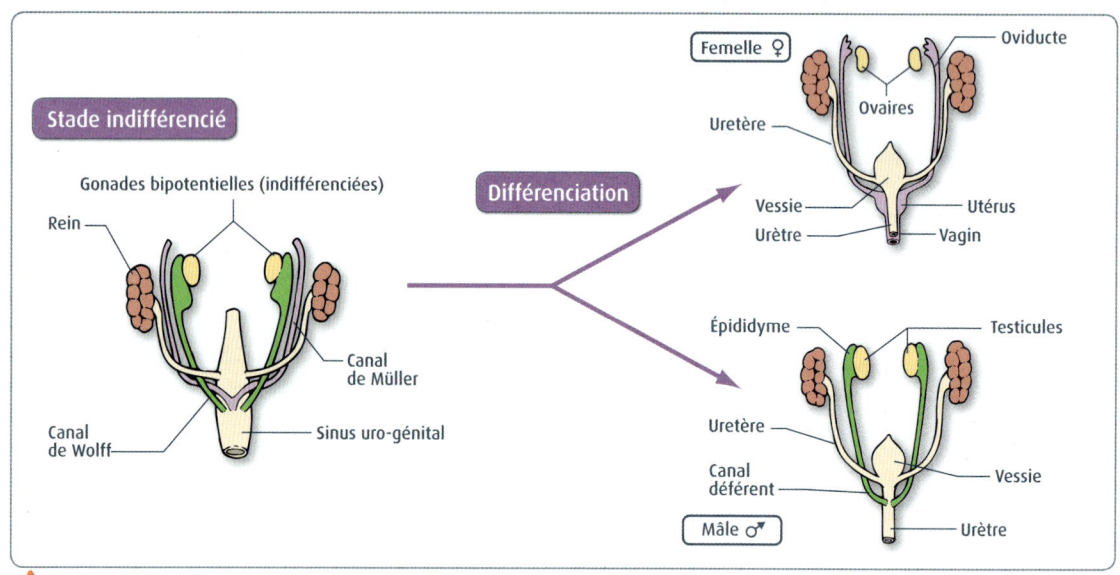

**Stade indifférencié**
- Gonades bipotentielles (indifférenciées)
- Rein
- Canal de Müller
- Canal de Wolff
- Sinus uro-génital

**Différenciation**

**Femelle ♀**
- Oviducte
- Ovaires
- Uretère
- Vessie
- Urètre
- Utérus
- Vagin

**Mâle ♂**
- Épididyme
- Testicules
- Uretère
- Canal déférent
- Vessie
- Urètre

**1** La différenciation des voies génitales internes au cours du développement embryonnaire chez l'être humain.
Chez le mâle, les canaux de Müller disparaissent entre la 8e et la 10e semaine de gestation et les canaux de Wolff se différencient entre la 8e et la 12e semaine. Chez la femelle, les canaux de Wolff régressent à partir de la 10e semaine de gestation.

**8e semaine de gestation (stade indifférencié)**
- Tubercule génital
- Bourrelets génitaux
- Replis génitaux
- Fente urogénitale

♀ → **12e semaine de gestation** → **Peu avant la naissance**
- Clitoris
- Grandes lèvres
- Orifice du vagin

♂ **Testostérone (hormone sexuelle)** →
- Gland
- Pénis
- Bourses

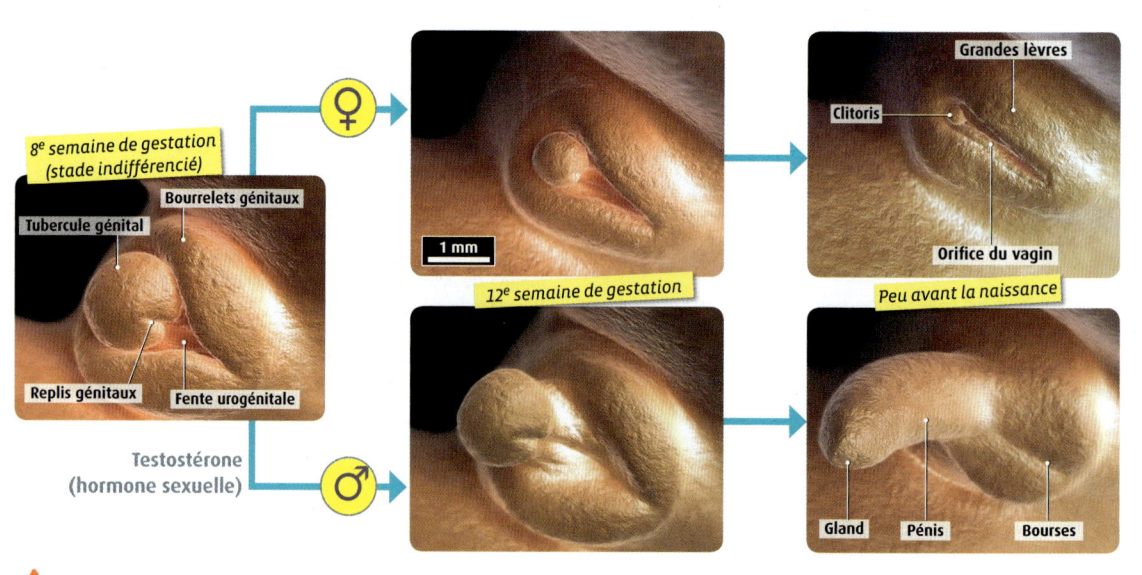

**2** La différenciation des organes génitaux externes au cours du développement embryonnaire chez l'être humain.

# Comprendre les mécanismes impliqués dans la différenciation

## HISTOIRE DES SCIENCES

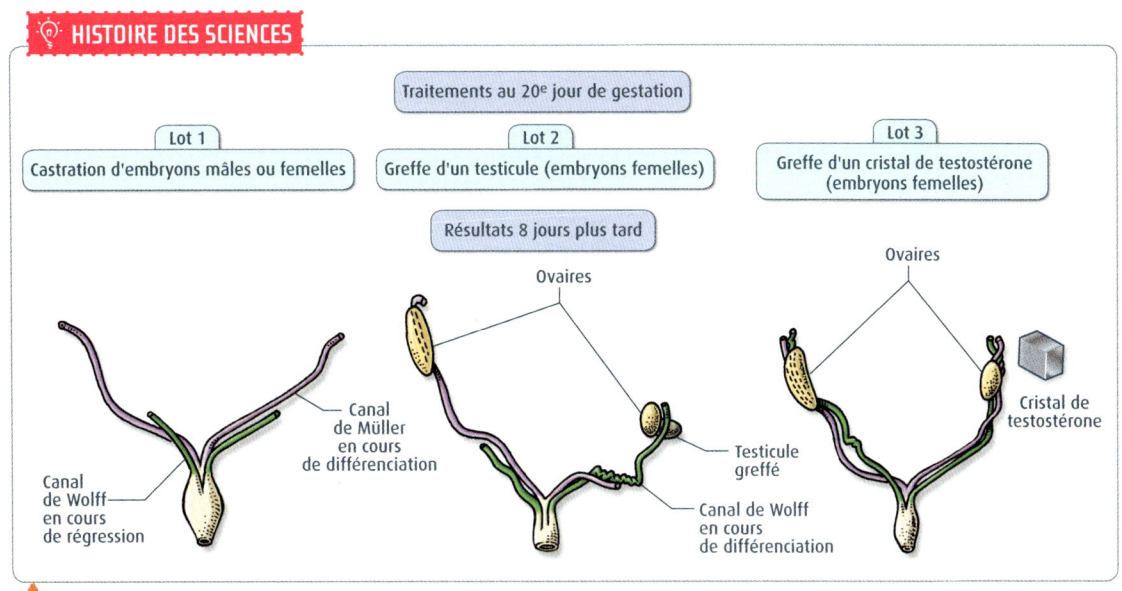

**Traitements au 20ᵉ jour de gestation**

- **Lot 1** : Castration d'embryons mâles ou femelles
- **Lot 2** : Greffe d'un testicule (embryons femelles)
- **Lot 3** : Greffe d'un cristal de testostérone (embryons femelles)

*Résultats 8 jours plus tard*

Lot 1 : Canal de Müller en cours de différenciation ; Canal de Wolff en cours de régression.
Lot 2 : Ovaires ; Testicule greffé ; Canal de Wolff en cours de différenciation.
Lot 3 : Ovaires ; Cristal de testostérone.

**3. Les expériences d'Alfred Jost sur la différenciation des voies génitales (1947).**
A. Jost réalise des interventions chirurgicales sur trois lots d'embryons de lapin au 20ᵉ jour de gestation : castration d'embryons mâles ou femelles au stade gonade indifférenciée (lot 1) ; greffe d'un testicule près de l'ovaire gauche d'embryons femelles (lot 2) ; greffe d'un cristal de testostérone près de l'ovaire gauche d'embryons femelles (lots 3). La testostérone est la principale hormone produite par le testicule. Le cristal permet une libération prolongée d'une grande quantité de cette hormone.

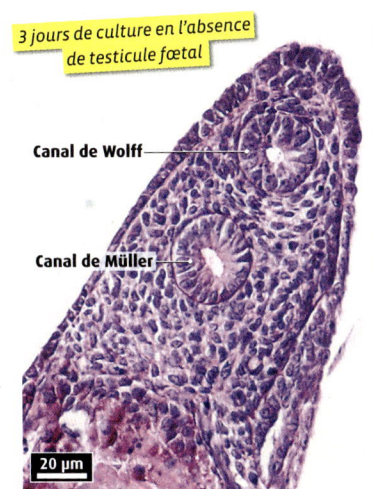

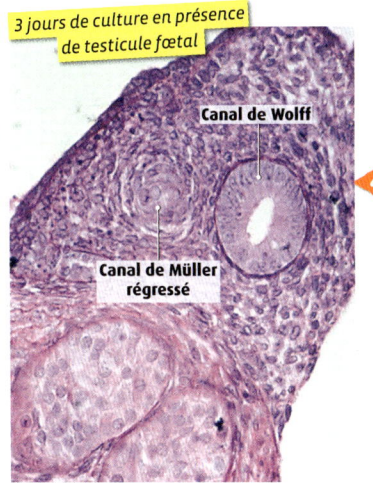

*3 jours de culture en l'absence de testicule fœtal* : Canal de Wolff ; Canal de Müller.

*3 jours de culture en présence de testicule fœtal* : Canal de Wolff ; Canal de Müller régressé.

**4. Une expérience de culture de tissu in vitro.**
On a montré que certaines cellules du testicule fœtal sécrètent une hormone : l'AMH (hormone antimüllérienne). L'appareil génital d'embryons de rats à 14,5 jours de gestation (stade indifférencié), renfermant les canaux de Wolff et les canaux de Müller, est cultivé en présence ou en l'absence d'un testicule fœtal. Des fragments sont observés au MO après 3 jours de culture.

## ACTIVITÉS

**1 DOC. 1.** Précisez le devenir des canaux de Wolff et de Müller lors de la différenciation des voies génitales internes chez le mâle et chez la femelle.

**2 DOC. 2.** Comparez le devenir de chaque partie des organes génitaux externes indifférenciés chez le mâle et la femelle.

**3 DOC. 3 ET 4.** Montrez que la différenciation des voies génitales internes mâles est sous le contrôle de deux hormones testiculaires distinctes. Précisez comment se différencient les voies génitales internes femelles.

**4 EN CONCLUSION.** Rédigez un texte expliquant comment l'appareil génital se différencie au cours du développement embryonnaire.

# UNITÉ 4 — La puberté

À la naissance, l'appareil reproducteur est bien différencié, mais n'est pas encore fonctionnel. Pour les filles comme pour les garçons, acquérir la capacité à se reproduire demande une dernière transformation. Elle a lieu plus tard, lors de la puberté.

⇢ **Comment la capacité à se reproduire est-elle acquise au cours de la puberté ?**

## Des transformations anatomiques et morphologiques

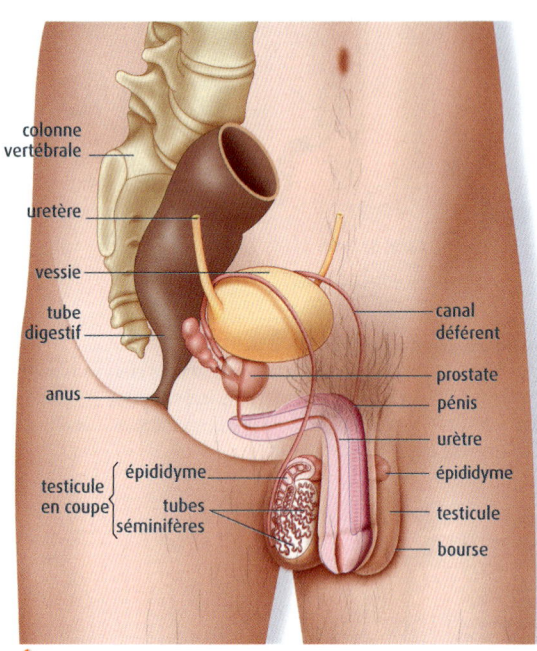

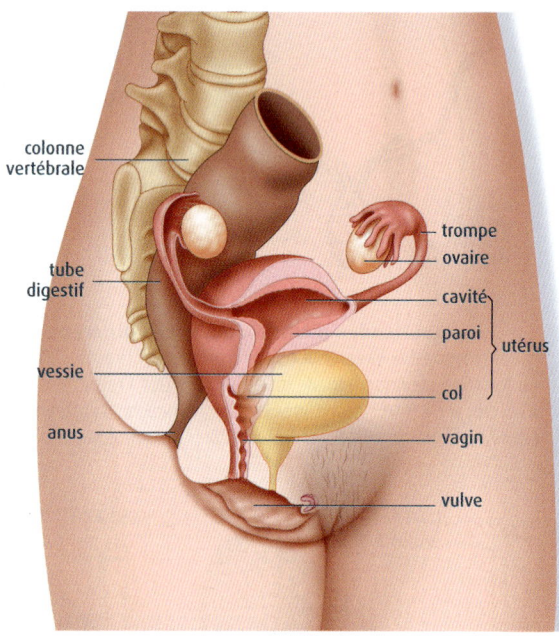

Schéma homme : colonne vertébrale, uretère, vessie, tube digestif, anus, testicule en coupe, épididyme, tubes séminifères, canal déférent, prostate, pénis, urètre, épididyme, testicule, bourse.

Schéma femme : colonne vertébrale, tube digestif, vessie, anus, trompe, ovaire, cavité, paroi, utérus, col, vagin, vulve.

**1. Les caractères sexuels primaires de l'homme et de la femme.**
Chez l'homme comme chez la femme, les caractéristiques anatomiques de l'appareil génital constituent les caractères sexuels primaires. À la puberté, ces caractères subissent des modifications : chez les garçons, testicules, pénis et glandes annexes prennent leur taille adulte ; chez les filles, les ovaires et l'utérus augmentent de volume.

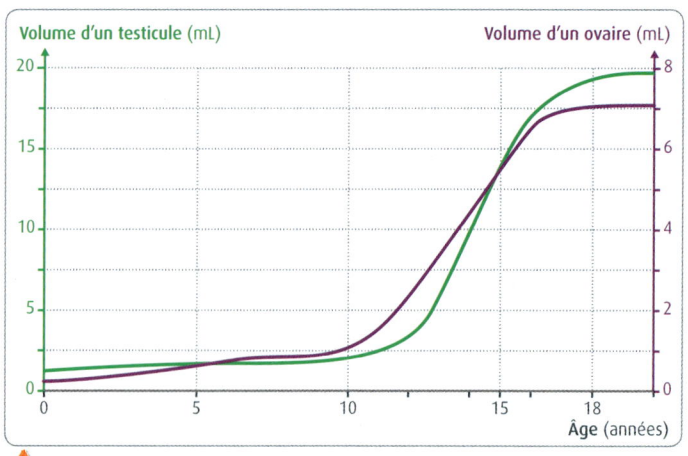

**2. Évolution de la masse des gonades de la naissance à l'âge adulte.**
Courbes : Volume d'un testicule (mL) et Volume d'un ovaire (mL) en fonction de l'Âge (années).

À la **puberté**, surviennent des modifications morphologiques importantes. Chez le garçon, la voix mue, la pilosité faciale et corporelle ainsi que la musculature se développent. Chez la fille, les seins ainsi que la pilosité axillaire et pubienne apparaissent progressivement tandis que le bassin s'élargit. Ces caractères morphologiques sont appelés caractères sexuels secondaires : ils sont propres à chaque sexe et leur développement accompagne celui des caractères sexuels primaires pendant la puberté.

**3. L'apparition des caractères sexuels secondaires à la puberté.**

# Des modifications fonctionnelles

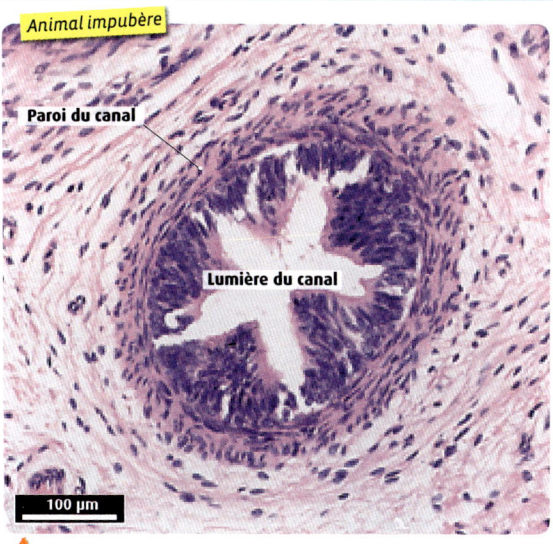

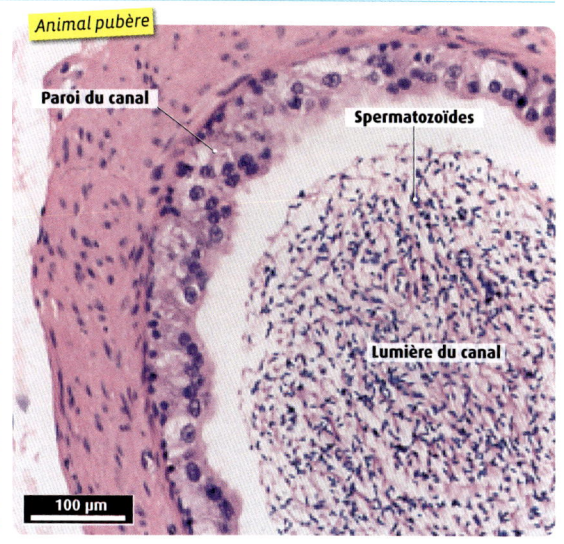

*Animal impubère*

Paroi du canal
Lumière du canal
100 µm

*Animal pubère*

Paroi du canal
Spermatozoïdes
Lumière du canal
100 µm

**4** **Coupe du canal déférent chez un wallaby mâle impubère et chez un wallaby mâle pubère (vue au MO).**
Au sein des testicules, la production des spermatozoïdes se déroule dans les tubes séminifères. Les spermatozoïdes peuvent gagner ensuite le milieu extérieur en empruntant l'épididyme, le canal déférent puis l'urètre. Ils sont émis au sein du sperme lors des éjaculations. La prostate et la vésicule séminale sont impliquées dans l'élaboration du sperme. Les premières éjaculations apparaissent à la puberté.

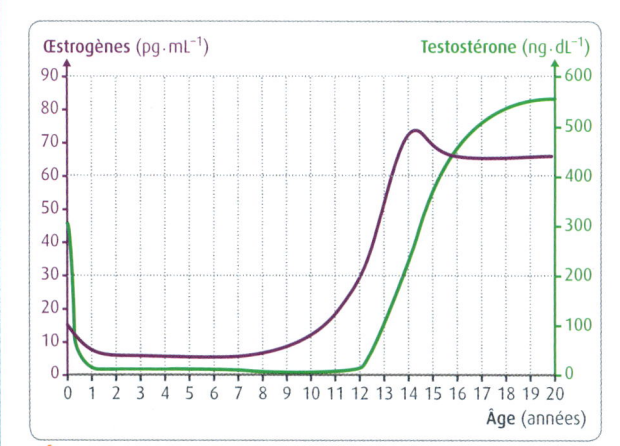

Œstrogènes (pg·mL$^{-1}$)   Testostérone (ng·dL$^{-1}$)

**5** **Évolution de la concentration sanguine en œstrogènes chez la femme et en testostérone chez l'homme de la naissance à l'âge adulte.** Les œstrogènes sont les principales hormones produites par l'ovaire. La testostérone est la principale hormone produite par le testicule.

« Des seins qui poussent plus tôt. Des règles qui surviennent chez des filles de plus en plus jeunes [dès 8 ans parfois]. Avis de puberté précoce ? Depuis quelques années déjà, sur les forums médicaux sur le Net, des mères "postent" leur désarroi de voir leur fille devenir prématurément une "grande". »

*Libération*, 13 septembre 2010.

Les agriculteurs sont fortement exposés aux produits pesticides. Certains d'entre eux ont une activité œstrogéno-mimétique : ils sont capables de mimer l'action des œstrogènes. Chez les filles de viticulteurs, de riziculteurs ou d'arboriculteurs par exemple, on observe une recrudescence des cas de précocité pubertaire.

**6** **Des données médicales.** Chez les filles, les premières règles sont l'une des manifestations de la puberté.

## ACTIVITÉS

### TÂCHE COMPLEXE

À partir de l'exploitation des documents (le doc. 1 est un document de référence), montrez au travers d'un texte quels sont les changements qui s'opèrent au moment de la puberté et permettent à chaque adolescent de devenir apte à se reproduire.

Pour cela, vous pouvez :
– résumer les modifications anatomiques, morphologiques et fonctionnelles qui marquent la puberté chez le garçon et chez la fille **(DOC. 1 À 4)**.
– présenter les arguments suggérant que les sécrétions hormonales des gonades sont déterminantes dans le déclenchement de la puberté **(DOC. 5 ET 6)**

# UNITÉ 5 — Les bases biologiques du plaisir sexuel

L'activité sexuelle procure une sensation de plaisir et de satisfaction ayant des bases biologiques. Elle se traduit notamment par l'activation de certaines régions cérébrales.

➤ **Quels sont les phénomènes cérébraux impliqués dans le plaisir sexuel ?**

## La découverte du système de récompense

Dans le monde animal, la satisfaction rencontrée lors d'une expérience accroît la motivation à renouveler cette expérience. Certains comportements sont ainsi renforcés par chaque expérience agréable vécue.

Afin d'étudier ce type de comportement, on réalise l'expérience suivante : des rats sont régulièrement nourris avec des aliments normaux et sans saveur. Des biscuits sucrés sont ensuite disposés dans chaque cage une première fois, puis deux heures plus tard. Pour les deux prises de nourriture, on mesure le temps avant que les rats ne les consomment (temps de latence) et la quantité qu'ils ingèrent.

|  | 1re prise | 2e prise |
|---|---|---|
| Temps de latence (s) | 8'21'' | 4'00'' |
| Quantité de biscuit consommée | 2 g | 4 g |

**1** La notion de comportement renforcé.

### HISTOIRE DES SCIENCES

Pour expliquer le renforcement de certains comportements, J. Olds et P. Milner supposent l'existence d'un système cérébral de récompense : l'activation de certaines régions du cerveau serait impliquée dans la sensation de satisfaction. Pour les localiser, ils mettent au point le dispositif ci-contre. Lorsque l'animal appuie sur la pédale, un faible courant électrique est délivrée par une électrode dans une région précise du cerveau. Plusieurs régions cérébrales sont ainsi testées.

Chez les rats, la fréquence des appuis sur la pédale s'avère particulièrement élevée lorsque l'électrode est implantée dans l'aire tegmentale ventrale (ATV) ou dans l'hypothalamus (voir doc. 3).

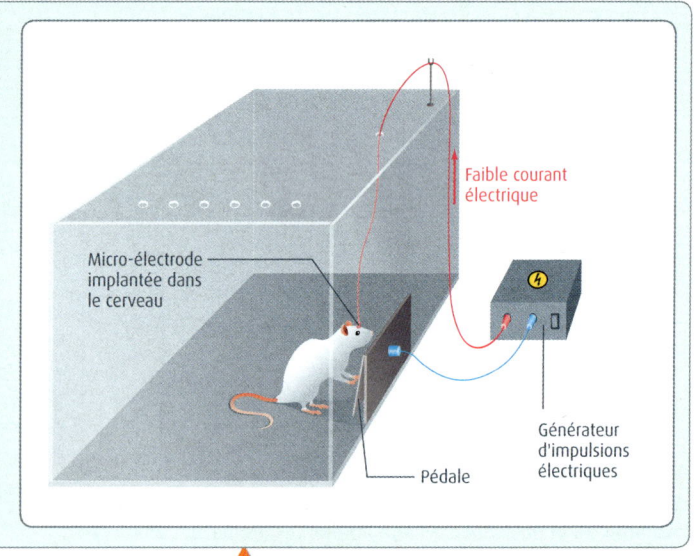

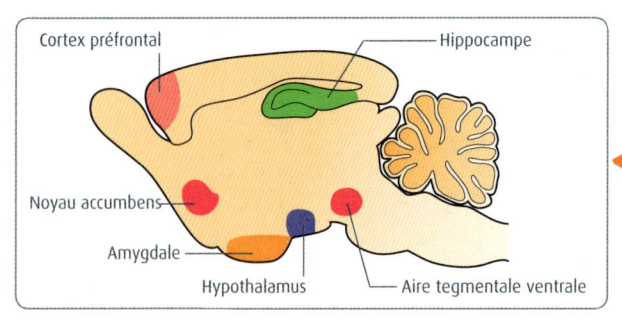

**2** La mise en évidence d'un **système cérébral dit de récompense** chez le rat (ou circuit de récompense), par James Olds et Peter Milner (1954).

**3** Les principales zones cérébrales impliquées dans le circuit de récompense chez le rat. L'hippocampe et l'amygdale sont respectivement impliqués dans la mémoire et les émotions, tandis que l'hypothalamus commande de nombreuses fonctions hormonales.

# Les bases cérébrales du plaisir sexuel humain

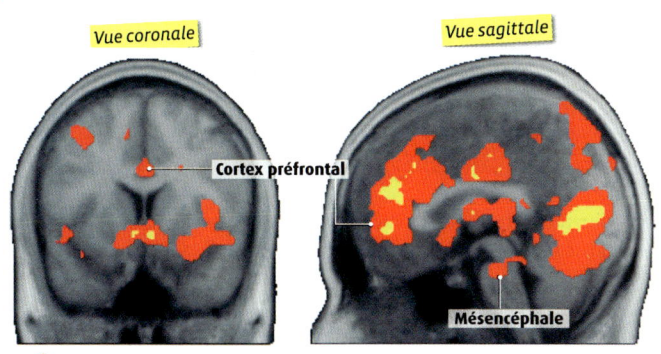

*Vue coronale* — Cortex préfrontal
*Vue sagittale* — Mésencéphale

**4** **Les régions cérébrales activées par le désir sexuel.** En récompense à une tâche qu'ils viennent de réussir, on présente des photos modérément érotiques à des sujets. L'activité cérébrale est mesurée par IRMf (voir p. 310). Les zones en rouge et jaune sont activées. Le mésencéphale contient des zones impliquées dans le système de récompense (dont l'ATV).

**6** **Le comportement sexuel humain.** Bien plus que chez les autres espèces, il est déclenché par une variété importante de stimulations sensorielles, essentiellement visuelles, auditives ou tactiles. Le langage, les baisers ou caresses accompagnent le rapport sexuel dont le but recherché est une jouissance intense, ou orgasme.

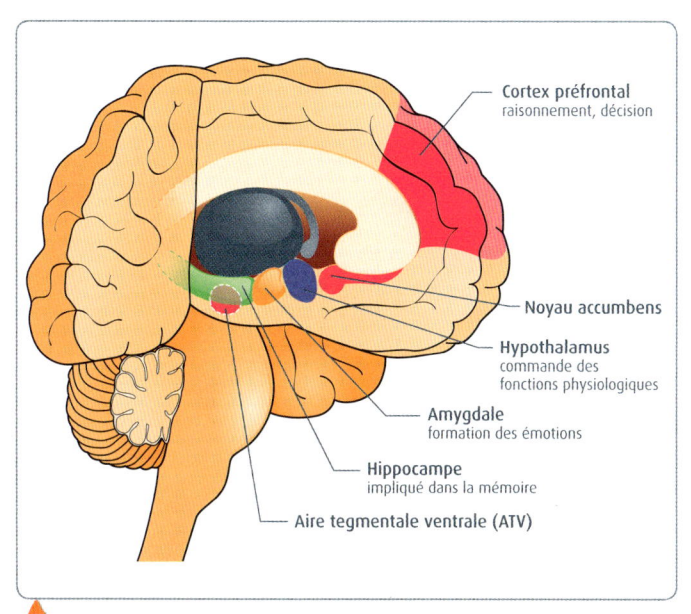

Légendes du schéma cérébral :
- Cortex préfrontal : raisonnement, décision
- Noyau accumbens
- Hypothalamus : commande des fonctions physiologiques
- Amygdale : formation des émotions
- Hippocampe : impliqué dans la mémoire
- Aire tegmentale ventrale (ATV)

**5** **Les structures impliquées dans le circuit de récompense chez l'humain.** Beaucoup sont mises en jeu dans des fonctions supérieures (émotions, mémoire, réflexion). Le cortex préfrontal est spécifiquement développé chez l'espèce humaine.

**Interview de Catherine Vidal**, chercheuse en neurosciences

**L'être humain possède un cerveau unique en son genre.** Par l'étendue de ses capacités, il confère à la sexualité humaine une dimension particulière : elle implique la pensée, la mémoire, les émotions, le langage et l'imagination ! Le plaisir sexuel humain ne dépend donc pas seulement du circuit cérébral de récompense. Il résulte surtout d'une expérience personnelle qui s'exprime différemment selon les individus. La biologie n'explique pas, par exemple, pourquoi certains sont sexuellement attirés par des personnes du sexe opposé, d'autres par des personnes du même sexe, et certains par les deux. Et ces préférences peuvent même changer au cours de la vie !

**7** **La sexualité élaborée de l'espèce humaine.**

---

## ACTIVITÉS

### TÂCHE COMPLEXE

À l'aide des documents, montrez que le plaisir sexuel chez l'être humain induit, dans le cerveau, la mise en jeu du système de récompense, mais qu'il ne repose pas que sur lui.

Pour cela, vous pouvez :
– Montrer que le renforcement d'un comportement implique l'activation, dans le cerveau, du système de récompense (**DOC. 1, 2 ET 3**).
– Montrer que les régions cérébrales du système de récompense sont activées par le désir sexuel chez l'être humain (**DOC. 4, 5 ET 6**).
– Expliquer pourquoi la sexualité humaine est particulièrement élaborée (**DOC. 5, 6 ET 7**).

**THÈME 4 – CHAPITRE 1** DEVENIR FEMME OU HOMME

# CHAPITRE 1 — Devenir femme ou homme

## BILAN DES UNITÉS

### UNITÉ 1 — Les phénotypes sexuels

- L'**appareil génital** est constitué des organes génitaux externes, des voies génitales internes et des **gonades**.
- Chez le mâle, les testicules fabriquent de très nombreux **gamètes** : les spermatozoïdes. Ce processus se déroule de façon continue de la puberté jusqu'à la mort.
- À partir de la puberté et jusqu'à la ménopause, l'appareil génital femelle fonctionne de façon cyclique. Chez la femme, un **cycle sexuel** dure en moyenne 28 jours. Il débute par les règles et il est marqué, aux environs du 14$^e$ jour, par l'émission d'un seul gamète : l'ovule.
- Le caryotype du mâle et celui de la femelle se différencient par une paire de chromosomes sexuels : les gonosomes (XX chez les femmes, XY chez les hommes), qui déterminent le sexe chromosomique de l'embryon.

|  | FEMELLE | MÂLE |
|---|---|---|
| Organes génitaux externes | Clitoris, vulve (grandes et petites lèvres) | Pénis |
| Gonades | Ovaires | Testicules |
| Voies génitales internes | Oviductes, utérus et vagin | Épididyme, canal déférent et urètre |

Comparaison des appareils génitaux mâle et femelle dans l'espèce humaine.

### UNITÉ 2 — Du sexe chromosomique au sexe gonadique

- La gonade de l'embryon des mammifères est d'abord indifférenciée. Cette gonade bipotentielle se différencie ensuite en testicule chez les embryons de caryotype XY et en ovaire chez les embryons de caryotype XX.
- La présence d'une des extrémités du chromosome Y suffit à induire la différenciation de la gonade en testicule chez des individus de caryotype XX. Ce fragment chromosomique contient le **gène SRY**. Si l'on intègre par transgenèse ce gène à des souris XX, elles développent des gonades et des organes génitaux masculins. SRY est donc le gène de la masculinisation, à l'origine de la différenciation de la gonade bipotentielle en testicule. Il agit en activant ou en inhibant en cascade l'expression de nombreux autres gènes.
- En l'absence de SRY, les gènes induisant la différenciation de la gonade en ovaire peuvent s'exprimer, tandis que l'expression des gènes impliqués dans la masculinisation de la gonade est inhibée.

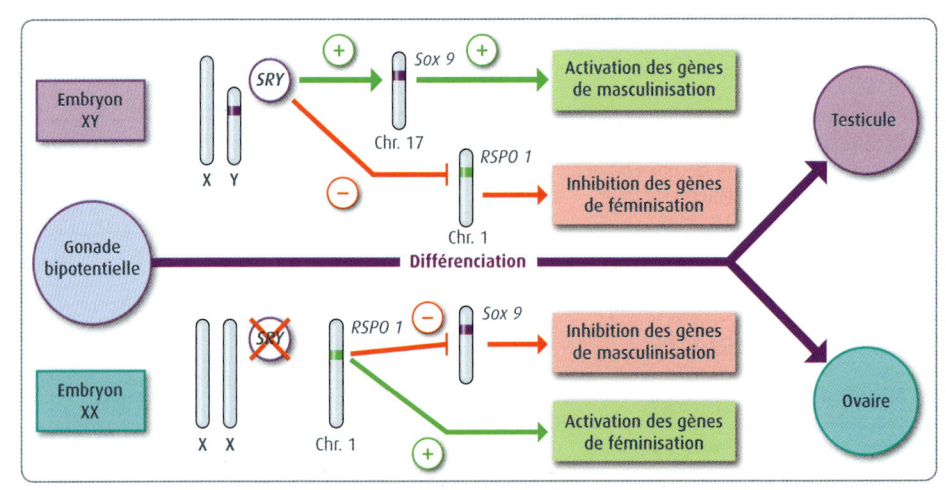

Représentation très simplifiée des gènes impliqués dans la différenciation de la gonade.

**BILAN DES UNITÉS**

## UNITÉ 3 — Du sexe gonadique au sexe phénotypique

- Chez un embryon mâle, les canaux de Müller dégénèrent et les canaux de Wolff sont à l'origine de l'épididyme, du canal déférent et des vésicules séminales. Chez un embryon femelle, les canaux de Wolff dégénèrent et les canaux de Müller sont à l'origine des oviductes et de l'utérus.
- La greffe d'un testicule au niveau d'un ovaire embryonnaire induit la régression des canaux de Müller et le maintien des canaux de Wolff. Une ou plusieurs hormones sécrétées par le testicule sont donc à l'origine de la différenciation des voies génitales mâles.
- La greffe d'un cristal de testostérone au niveau d'un ovaire embryonnaire induit uniquement le maintien des canaux de Wolff. Cette **hormone** fabriquée par le testicule est donc à l'origine du maintien des canaux de Wolff. La culture in vitro de fragments de testicule fœtal montre que ce dernier sécrète une autre hormone, l'AMH, qui induit la régression des canaux de Müller. La différenciation des voies génitales femelles s'effectue en l'absence de testostérone et d'AMH.
- La testostérone est également impliquée dans la différenciation des organes génitaux externes mâles.

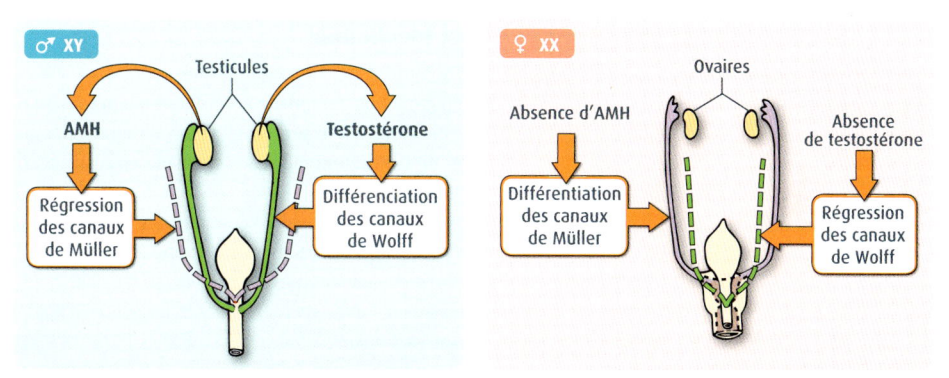

Le contrôle de la différenciation des voies génitales internes par les hormones.

## UNITÉ 4 — La puberté

- La **puberté** se manifeste par un ensemble de transformations morphologiques, anatomiques, physiologiques et psychologiques. Ces transformations marquent l'acquisition de l'aptitude à procréer.
- Les organes génitaux deviennent fonctionnels : ils commencent à produire des gamètes. Les caractères sexuels secondaires se mettent en place : développement de la pilosité, développement des seins, élargissement du bassin chez la fille ; mue de la voix, développement de la musculature, de la pilosité faciale et corporelle, chez le garçon.
- Le début de la puberté est marqué par une augmentation de la concentration sanguine en testostérone chez le garçon et en œstrogènes chez la fille. Ces **hormones sexuelles** contrôlent le déclenchement de la puberté.

## UNITÉ 5 — Les bases biologiques du plaisir sexuel

- Chez le rat, la satisfaction procurée par certains comportements induit une plus grande motivation à les réaliser à nouveau. Un tel comportement effectué de manière répétée est dit « renforcé ».
- La stimulation expérimentale de zones précises du cerveau induit le renforcement d'un comportement. Ces régions cérébrales appartiennent au « **système de récompense** », dont l'activation est responsable du renforcement d'un comportement.
- Chez l'Homme, par IRMf (voir p. 310), on observe que les stimulations d'ordre sexuel activent les régions cérébrales du système de récompense. Le plaisir sexuel humain implique toutefois des processus cérébraux bien plus élaborés (la mémoire, le langage, l'imagination, etc.).

# CHAPITRE 1 — Devenir femme ou homme

## L'ESSENTIEL

### L'essentiel par le texte

#### Phénotype mâle, phénotype femelle

- Le phénotype mâle et le phénotype femelle se distinguent par :
– l'anatomie : les organes qui produisent les **gamètes**, ou **gonades**, sont les testicules chez le mâle et les ovaires chez la femelle ;
– la physiologie : à partir de la puberté, les testicules produisent en continu et durant toute la vie de nombreux spermatozoïdes, tandis que les ovaires et l'utérus fonctionnent selon un cycle qui cesse à la ménopause. Chez la femme, un ovule est émis à chaque cycle ;
– les chromosomes sexuels (gonosomes) : XX chez la femme, XY chez l'homme.

#### La mise en place d'un appareil sexuel fonctionnel

- Dès la fécondation, le sexe de l'embryon est déterminé par ses chromosomes sexuels.
- Lors du développement embryonnaire des mammifères, la gonade est d'abord indifférenciée. Cette gonade, dite bipotentielle, se différencie ensuite en testicule ou en ovaire sous l'action de nombreux gènes. Le **gène SRY**, porté par le chromosome Y, est à l'origine de la différenciation de la gonade en testicule. D'autres gènes interviennent dans la différenciation de la gonade en ovaire.
- Chez l'embryon des mammifères, la différenciation des voies génitales et des organes génitaux suit celle des gonades. Le processus se déroule sous le contrôle d'**hormones sexuelles** : testostérone et hormone anti-müllérienne (AMH). Ces hormones sont fabriquées par le testicule et sont absentes chez l'embryon femelle.
- La **puberté** est la dernière étape de la mise en place des caractères sexuels, sous le contrôle d'hormones sexuelles (testostérone et œstrogènes). La production des spermatozoïdes débute chez le mâle et les cycles sexuels se mettent en route chez la femelle : la puberté est marquée par l'acquisition de la capacité à se reproduire.

#### Sexualité et bases biologiques du plaisir

- L'activité sexuelle est associée au plaisir.
- Le plaisir repose, entre autres, sur des phénomènes biologiques. Il s'agit en particulier de l'activation dans le cerveau des **systèmes de récompense**. Ces systèmes sont à l'origine du renforcement de certains comportements : la satisfaction rencontrée lors de ces comportements accroît la motivation à les réaliser de nouveau. Bien évidemment, la sexualité humaine ne se réduit pas à ces seuls phénomènes biologiques.

### Les capacités et attitudes

▶ Manipuler, réaliser une dissection **(unité 1)**
▶ Pratiquer une démarche scientifique, observer, raisonner avec rigueur **(unités 2 et 3)**
▶ Extraire des informations, comprendre la nature provisoire du savoir scientifique **(unités 2 et 3)**
▶ Recenser et extraire des informations **(unités 4 et 5)**

### Mots clés

*Voir aussi Dico des SVT p. 332*

**Gamète :** cellule reproductrice. Le gamète mâle est le spermatozoïde, le gamète femelle est l'ovule.
**Gonade :** la gonade mâle est le testicule, qui produit les spermatozoïdes ; la gonade femelle est l'ovaire, qui produit les ovules.
**Gène SRY :** gène porté par le chromosome Y à l'origine de la masculinisation de la gonade.
**Hormones sexuelles :** hormones sécrétées par les gonades (testostérone et AMH produites par le testicule ; œstrogènes produites par l'ovaire).
**Puberté :** période de transformation de l'organisme qui permet l'acquisition de la capacité à se reproduire.
**Système de récompense :** ensemble d'aires cérébrales activées lors d'expériences procurant de la satisfaction.

# L'ESSENTIEL

**L'essentiel par l'image**

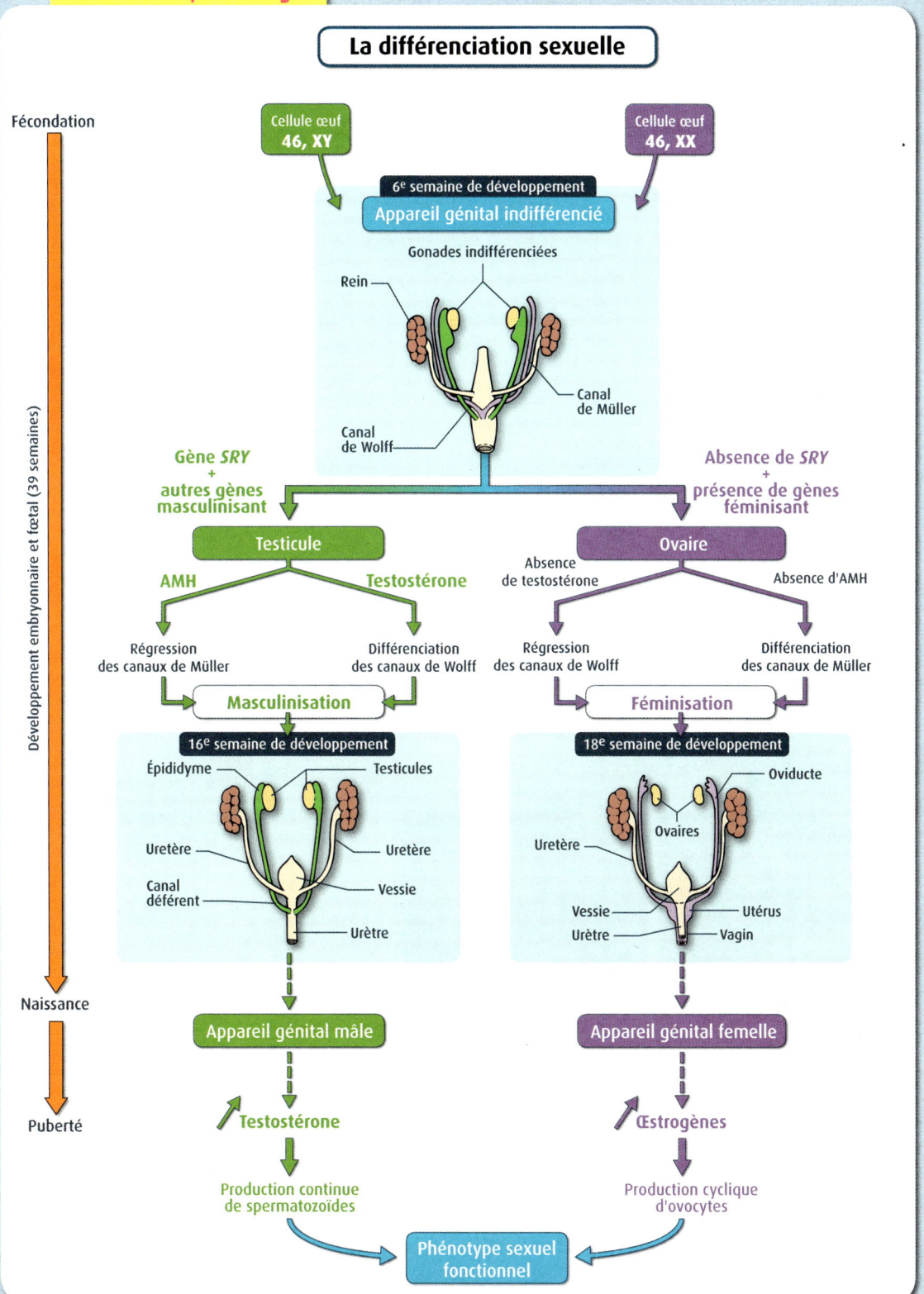

## La différenciation sexuelle

**Fécondation**

**Développement embryonnaire et fœtal (39 semaines)**

Cellule œuf **46, XY** → 6ᵉ semaine de développement : **Appareil génital indifférencié**
- Rein
- Gonades indifférenciées
- Canal de Müller
- Canal de Wolff

← Cellule œuf **46, XX**

**Gène SRY + autres gènes masculinisant** → **Testicule**
- AMH → Régression des canaux de Müller
- Testostérone → Différenciation des canaux de Wolff
- **Masculinisation**
- 16ᵉ semaine de développement
  - Épididyme
  - Testicules
  - Uretère
  - Canal déférent
  - Vessie
  - Urètre

**Absence de SRY + présence de gènes féminisant** → **Ovaire**
- Absence de testostérone → Régression des canaux de Wolff
- Absence d'AMH → Différenciation des canaux de Müller
- **Féminisation**
- 18ᵉ semaine de développement
  - Oviducte
  - Ovaires
  - Uretère
  - Vessie
  - Urètre
  - Utérus
  - Vagin

**Naissance**

**Appareil génital mâle**

**Appareil génital femelle**

**Puberté**

Testostérone → Production continue de spermatozoïdes

Œstrogènes → Production cyclique d'ovocytes

→ **Phénotype sexuel fonctionnel** ←

THÈME 4 – CHAPITRE 1 DEVENIR FEMME OU HOMME

# EXERCICES

## évaluer ses connaissances

### 1 QCM

Pour chaque proposition, identifiez la (ou les) bonne(s) réponse(s).

**1. Chez la jeune fille, la puberté se manifeste par :**
a. le développement de l'utérus.
b. la chute du taux d'œstrogènes.
c. l'apparition des règles.
d. l'apparition des caractères sexuels primaires.

**2. Dans le testicule embryonnaire :**
a. le gène *SRY* est exprimé.
b. certaines cellules sécrètent de la testostérone.
c. les premiers spermatozoïdes apparaissent.

### 2 Vrai ou faux ?

Identifiez les affirmations fausses et rectifiez-les
a. Les gamètes mâles sont fabriqués en continu à partir de la naissance.
b. Le sexe de l'embryon n'est déterminé qu'après la différenciation de la gonade bipotentielle.
c. La différenciation de la gonade bipotentielle en ovaire est uniquement liée à l'absence du gène *SRY*.
d. L'AMH est une hormone qui permet le maintien des canaux de Wolff.

### 3 Une phrase appropriée

Rédigez une phrase scientifiquement correcte avec les termes suivants :
a. Gène *SRY* – mâle – chromosome sexuel Y – sexe gonadique.
b. Canaux de Wolff – canaux de Müller – testostérone – AMH.
c. Ovaires – ovule – puberté – cycle – ménopause.

## s'entraîner avec un exercice guidé

### 4 Les alligators du lac Apopka

Au début des années 1990, des alligators ont disparu rapidement du lac Apopka, en Floride. Il avait déjà été observé que le pénis des mâles était de trop petite taille pour permettre leur reproduction. L'analyse des sédiments du lac a révélé une contamination accidentelle par un insecticide utilisé dans la démoustication : le DDT. On cherche à comprendre si cette pollution est à l'origine de la disparition des alligators.

**Sécrétion de testostérone** (pg par testicule et par heure)

50
40
30
20
10
0

■ Souris témoins
■ Souris mutées sans récepteur testiculaire aux œstrogènes

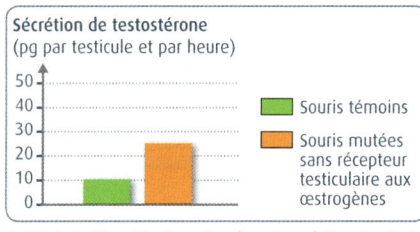

**1. Effet de l'inactivation du récepteur à l'œstradiol sur la sécrétion de testostérone par le testicule fœtal de souris.** Chez la souris comme chez l'alligator, le testicule fœtal présente naturellement des récepteurs à l'œstradiol. L'œstradiol est une hormone sécrétée en faible quantité chez l'embryon mâle.

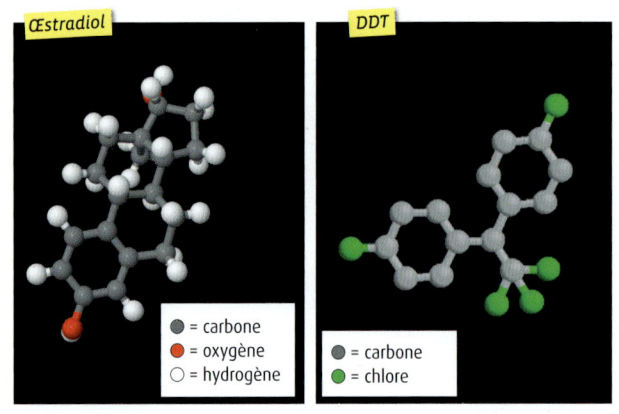

**Œstradiol**
● = carbone
● = oxygène
○ = hydrogène

**DDT**
● = carbone
● = chlore

**2. Structure moléculaire de l'œstradiol et du DDT.** Dans le testicule fœtal, l'œstradiol se fixe sur des récepteurs spécifiques exprimés par ses cellules cibles. Ces récepteurs reconnaissent la structure spatiale de l'œstradiol.

**QUESTION** Montrez que le DDT est susceptible d'expliquer la disparition des alligators du lac Apopka.

### Un peu d'aide

• **Saisir des informations**
Déterminez l'effet de la liaison de l'œstradiol à son récepteur sur la sécrétion de testostérone par les gonades mâles embryonnaires.
• **Mobiliser ses connaissances**
Rappelez le rôle de la testostérone pendant le développement embryonnaire chez les mâles.
• **Raisonner et conclure**
– Comparez la structure spatiale de la molécule de DDT et de celle de l'œstradiol.
– Formulez une hypothèse quant à l'effet du DDT sur le développement de la gonade mâle des alligators.

## appliquer ses connaissances

### 5 Les observations historiques de Franck Lillie
*S'informer et mobiliser des connaissances*

Chez les bovins, dans les portées de jumeaux de sexe différent, les éleveurs ont constaté que la femelle est stérile et présente parfois, à l'âge adulte, un poitrail de type mâle et une partie postérieure de type femelle. Ses organes génitaux externes sont normaux, mais ses ovaires sont petits et ses trompes utérines sont absentes. Ces femelles sont appelées «free-martin». En 1917, Franck Lillie montre que le jumeau femelle présente ces particularités seulement lorsque des liaisons sanguines placentaires connectent les deux embryons.

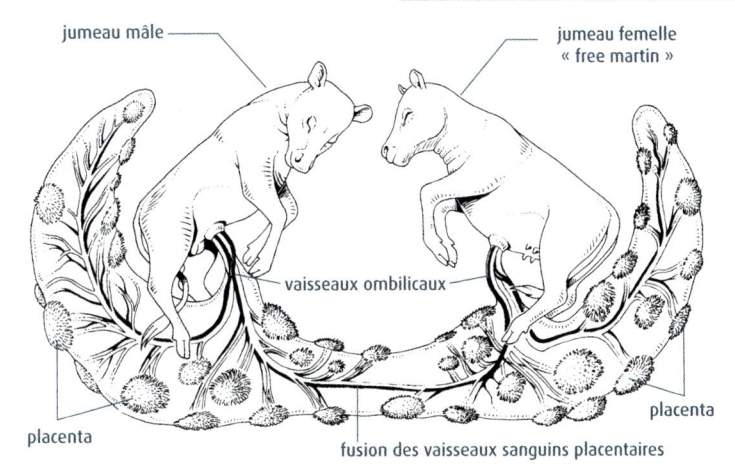

**1.** Deux jumeaux bovins reliés par leur placenta.

● À l'aide de vos connaissances, proposez une explication au phénotype sexuel de la femelle «free-martin».

### 6 Le rôle du gène *SOX9*
*Saisir des informations dans un but explicatif*

Le gène *SOX9* participe à la différenciation de la gonade bipotentielle. Normalement, il n'est pas exprimé chez un embryon femelle. Pour étudier le rôle de ce gène, des chercheurs ont produit des souris transgéniques de caryotype XX qui expriment le gène *SOX9*. La différenciation de l'appareil génital embryonnaire a été analysée chez les souris transgéniques de caryotype XX.

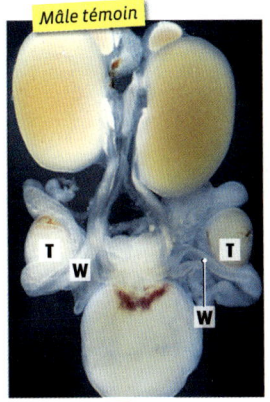

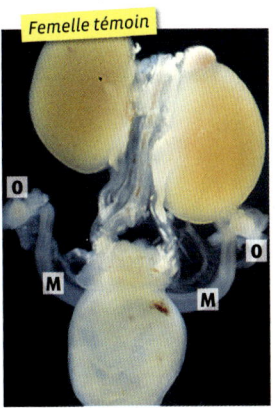

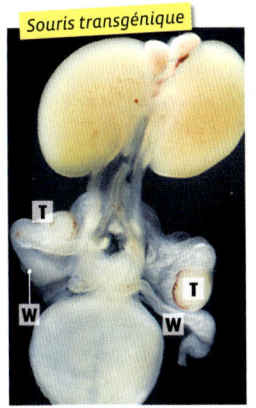

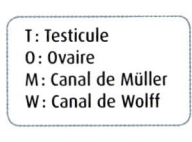

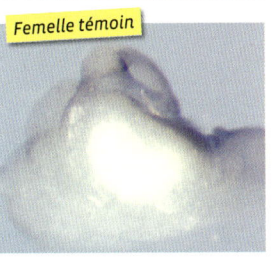

T : Testicule
O : Ovaire
M : Canal de Müller
W : Canal de Wolff

**1.** Morphologie de l'appareil génital de deux souris témoins et d'une souris transgénique de caryotype XX. Photos prises à la naissance.

**2.** Expression du gène codant l'AMH dans les gonades embryonnaires de deux souris témoins et d'une souris transgénique de caryotype XX. La coloration brune révèle l'expression de l'AMH.

● Mettez en relation les documents pour expliquer le rôle du gène *SOX9* dans l'établissement du phénotype sexuel.

# EXERCICES

## Appliquer ses connaissances

### 7 La voix des castrats

*Mettre en relation des informations avec ses connaissances*

Jusqu'à la fin du XVIIIe siècle, on castrait certains garçonnets afin d'en faire des chanteurs à la voix particulièrement aiguë.

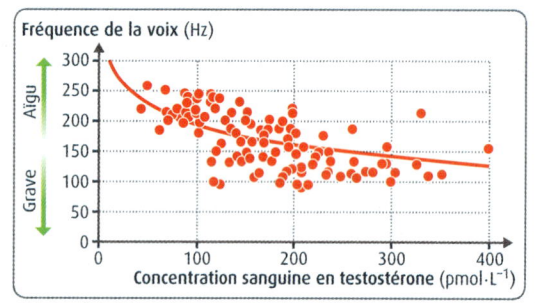

Des garçons de 7 à 10 ans étaient castrés (on leur enlevait les testicules). Ces enfants ne connaissaient alors plus la mue : leur voix ne baissait plus d'une octave. Elle restait haute, à mi-chemin entre celle de l'enfant et de la femme.

D'après Patrick Barbier, *Histoire des castrats*, Grasset, 1989

**1.** Les castrats : des hommes voués au chant.

**2.** Hauteur moyenne de la voix en fonction de la concentration sanguine en testostérone pendant l'adolescence. Ces données ont été collectées chez 26 adolescents, chacun à des stades d'avancement différents de la puberté.

❶ À l'aide de vos connaissances et des documents, expliquez le maintien d'une voix d'enfant à l'âge adulte chez les castrats.

❷ Précisez les autres modifications physiologiques et/ou morphologiques qui ont pu affecter les castrats après la puberté.

### 8 Le rôle du gène *Wnt4*

*Saisir des informations et raisonner*

Dans l'espèce humaine, chez certains individus de caryotype XY présentant des organes génitaux externes féminins, on a observé une duplication anormale du gène *Wnt4* sur le chromosome 1. Pour comprendre le rôle de ce gène, des souris génétiquement modifiées chez lesquelles ce gène est surexprimé (davantage exprimé que chez des souris témoins) ont été produites.

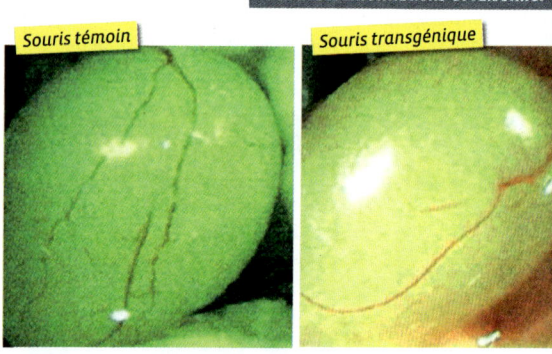

**1.** Vascularisation du testicule chez une souris de caryotype XY témoin et une souris transgénique de caryotype XY surexprimant le gène *Wnt4*.

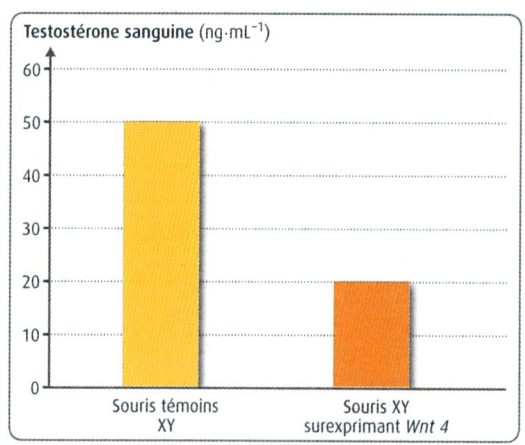

**2.** Concentration sanguine de testostérone chez des souris de caryotype XY témoins ou surexprimant le gène *Wnt4*.

❶ Identifiez l'effet d'une surexpression du gène *Wnt4* sur la gonade mâle et sur la sécrétion de testostérone.

❷ À l'aide de vos connaissances, expliquez les conséquences de cette surexpression sur le développement de l'appareil génital mâle.

❸ Proposez une explication aux phénotype sexuel observé chez des individus de caryotype XY présentant une duplication anormale du gène *Wnt4*.

# CHAPITRE 2

# Sexualité et procréation

*La femme produit chaque mois un seul ovule et l'homme produit de façon continue de nombreux spermatozoïdes. Lors de la fécondation, la rencontre de ces gamètes est le point de départ de la formation d'un nouvel être humain.*

**La rencontre d'un ovule** (en rouge) **et de spermatozoïdes** (en bleu) (vue au MEB en fausses couleurs).

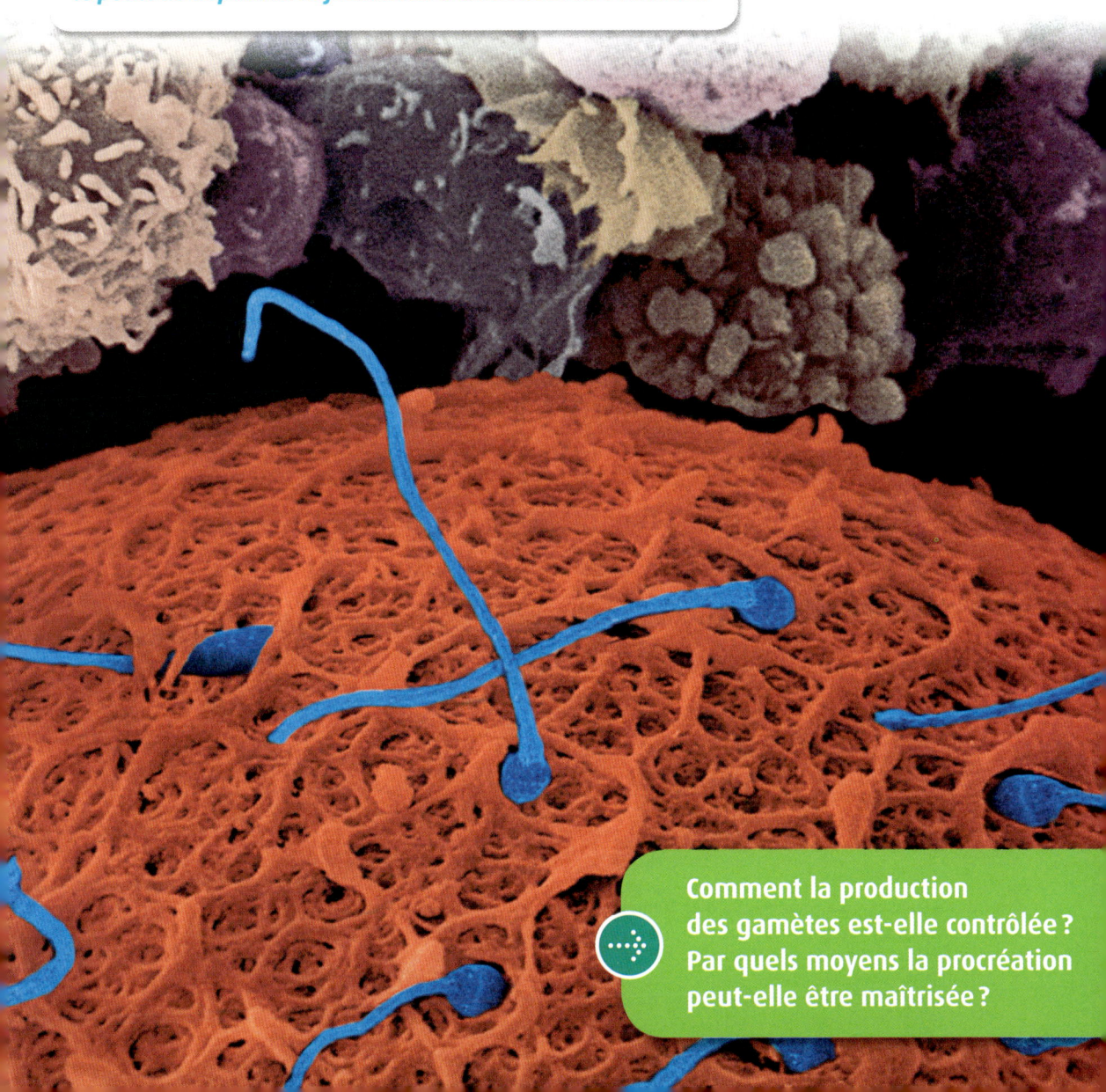

**Comment la production des gamètes est-elle contrôlée ? Par quels moyens la procréation peut-elle être maîtrisée ?**

# UNITÉ 1 — Le fonctionnement du testicule et son contrôle

Les testicules sont responsables de la production des spermatozoïdes. Ils sécrètent également la principale hormone sexuelle mâle : la testostérone.

⇢ **Comment la production des spermatozoïdes et la sécrétion de testostérone sont-elles contrôlées ?**

## La production des spermatozoïdes

**TP**

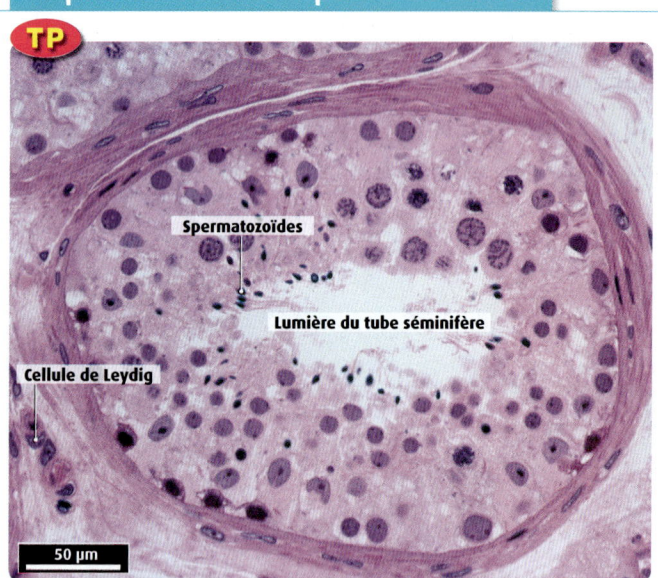

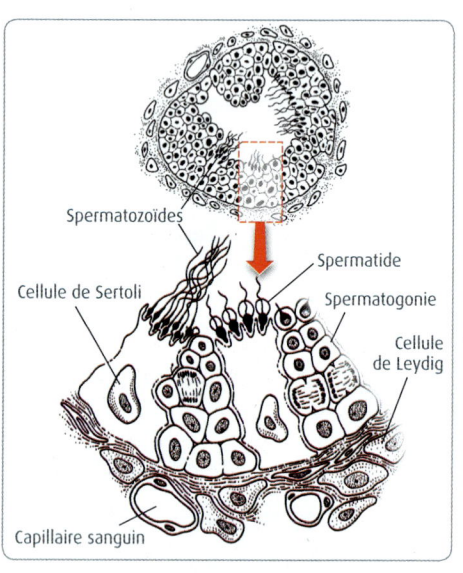

**1** Coupe transversale d'un tube séminifère d'homme adulte : vue au MO et schéma d'interprétation.
Les spermatozoïdes sont issus de la division et de la maturation des spermatogonies. Ce processus, nommé spermatogenèse, est sous le contrôle des cellules de Sertoli. Les spermatides sont une étape de la transformation des spermatogonies en spermatozoïdes.

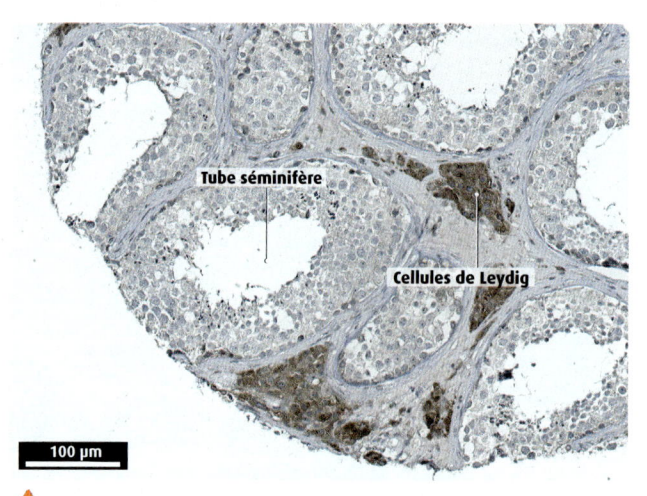

Légendes : Spermatozoïdes — Lumière du tube séminifère — Cellule de Leydig — Cellule de Sertoli — Spermatide — Spermatogonie — Capillaire sanguin. Échelle : 50 µm.

**2** Coupe transversale de testicule d'un homme adulte après un marquage spécifique. Les cellules exprimant une enzyme impliquée dans la synthèse de la testostérone apparaissent colorées en brun sombre.

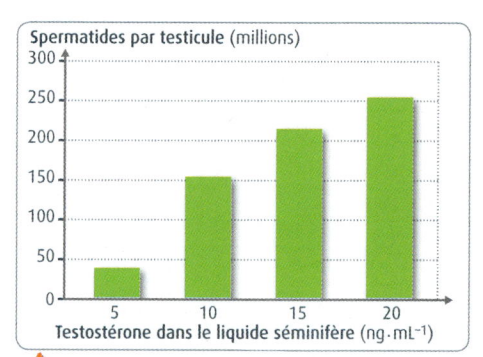

Légendes : Tube séminifère — Cellules de Leydig. Échelle : 100 µm.

**3** Une étude du rôle de la testostérone.
On administre différentes doses de testostérone à des rats incapables de synthétiser cette hormone. Après deux mois, on dénombre les spermatides et on mesure le taux de testostérone dans le liquide séminifère. Comme toutes les hormones, la testostérone agit sur ses cellules cibles en se fixant sur un récepteur exprimé par ces dernières. Les cellules de Sertoli expriment le récepteur à la testostérone.

Graphique : Spermatides par testicule (millions) en fonction de Testostérone dans le liquide séminifère (ng·mL⁻¹) :
- 5 → ~40
- 10 → ~155
- 15 → ~215
- 20 → ~255

# Le rôle du complexe hypothalamo-hypophysaire

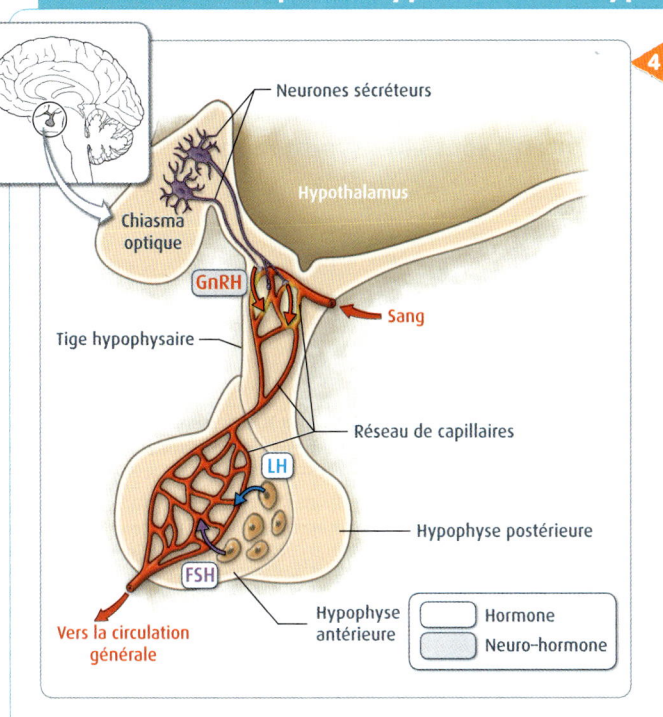

**4** **Le complexe hypothalamo-hypophysaire.** Cette structure richement vascularisée (voir doc. 3 p. 225) est constituée par l'association d'un centre nerveux, l'hypothalamus, et d'une glande, l'hypophyse. Certains neurones hypothalamiques sécrètent une hormone : la GnRH (qualifiée de « neuro-hormone »). Les cellules de l'hypophyse antérieure sécrètent, entre autres, deux hormones : LH et FSH.

|  | Tubes séminifères cultivés sans LH | Tubes séminifères cultivés avec LH |
|---|---|---|
| Concentration du milieu en testostérone | Faible | Élevée |
| Nombre de cellules de Leydig | Forte diminution | Maintien à une valeur normale |

**5** **L'effet de la LH sur des tubes séminifères en culture.** Les cellules de Leydig (voir doc. 1) expriment des récepteurs à la LH.

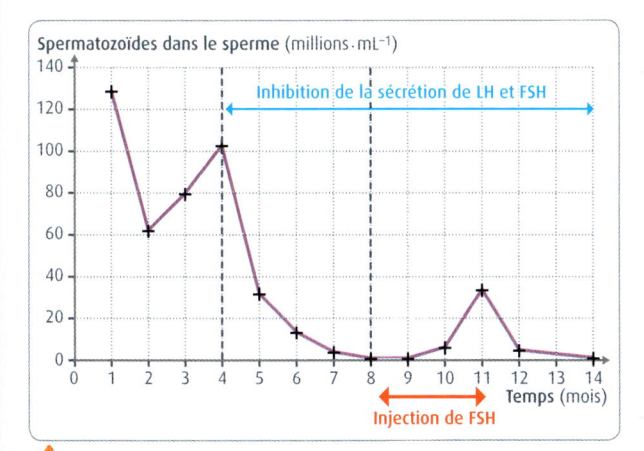

**6** Effet sur la spermatogenèse chez l'homme de l'inhibition de la sécrétion de LH et de FSH, puis de l'injection de FSH.

Les hommes atteints du syndrome de Kallmann De Morsier présentent un déficit de maturité et de fonctionnement des gonades. Dans les cas les plus sévères, ce syndrome se caractérise par une immaturité complète des testicules associée à un défaut total de production des gamètes. Son origine est connue : les neurones de l'hypothalamus sécrétant la GnRH ne sont pas physiquement connectés aux capillaires de la tige hypophysaire et ne peuvent donc y sécréter la GnRH. Les bilans hormonaux de ces patients révèlent des taux sanguins presque indétectables de LH et FSH, ainsi que des taux très bas de testostérone.

**7** Le syndrome de Kallmann De Morsier.

## ACTIVITÉS

**1** **DOC. 1 À 3.** Indiquez le lieu de synthèse de la testostérone et son rôle dans la production des spermatozoïdes.

**2** **DOC. 4 À 6.** Montrez que la LH et la FSH stimulent la spermatogenèse, mais selon des modalités différentes.

**3** **DOC. 4 ET 7.** Montrez que la sécrétion de LH et de FSH est contrôlée par la GnRH. Expliquez le non-fonctionnement des gonades associé au syndrome de Kallmann de Morsier.

**4** **EN CONCLUSION.** Résumez par un schéma fonctionnel le contrôle de l'activité du testicule par le complexe hypothalamo-hypophysaire.

THÈME 4 – CHAPITRE 2 SEXUALITÉ ET PROCRÉATION

# UNITÉ 2 — Le fonctionnement cyclique de l'appareil génital de la femme

De la puberté et à la ménopause, le fonctionnement de l'appareil génital féminin suit un cycle de 28 jours en moyenne. Au cours de ce cycle, l'utérus subit des modifications et les ovaires produisent un ovule, prêt à être fécondé.

⇨ **Comment les activités cycliques de l'ovaire et de l'utérus sont-elles synchronisées ?**

## Le cycle utérin et le cycle ovarien

**TP**

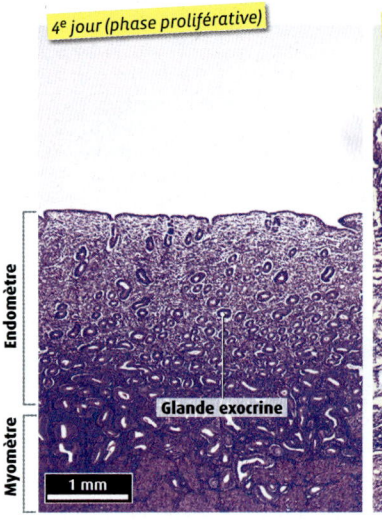

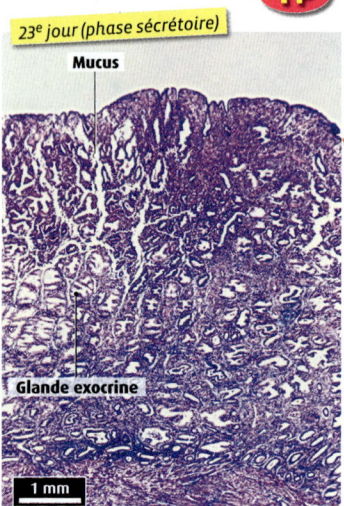

*4ᵉ jour (phase proliférative)* — *23ᵉ jour (phase sécrétoire)*
Mucus — Glande exocrine — Endomètre — Myomètre — Glande exocrine — 1 mm

**1** **Coupe de la paroi d'un utérus à deux moments du cycle utérin (ou cycle menstruel).** Entre la fin des règles et le 14ᵉ jour du cycle, l'épaisseur et la vascularisation de la paroi utérine externe (endomètre) augmentent tandis que des glandes sécrétrices se développent : c'est la phase proliférative. Entre le 14ᵉ jour du cycle et le début des règles, l'épaisseur de l'endomètre est maximale et les glandes sécrètent un mucus riche en sucres. C'est la phase sécrétoire, qui prépare l'éventuelle nidation d'un embryon. Si cette dernière ne se produit pas, l'endomètre se détruit, à l'origine des règles (ou menstruations).

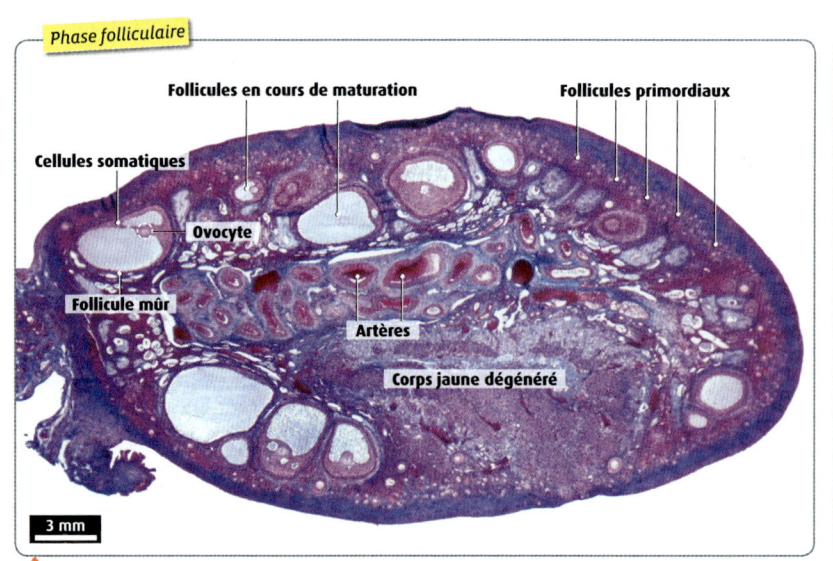

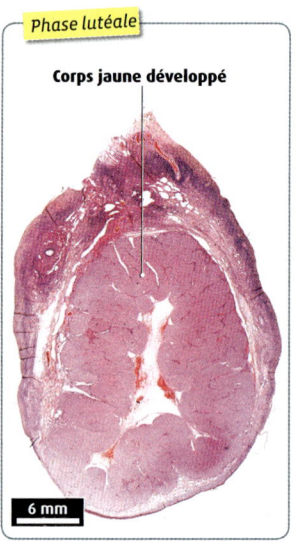

*Phase folliculaire* — Follicules en cours de maturation — Follicules primordiaux — Cellules somatiques — Ovocyte — Follicule mûr — Artères — Corps jaune dégénéré — 3 mm

*Phase lutéale* — Corps jaune développé — 6 mm

**2** **Coupes transversales d'ovaire de guenon à deux moments du cycle ovarien (vues au MO).** À la naissance, les ovaires contiennent environ 200 000 à 300 000 ovocytes. Chacun est entouré de cellules somatiques, formant un **follicule** immature. À partir de la puberté, à intervalles réguliers, plusieurs follicules entament une maturation. Les dernières étapes de cette maturation ont lieu pendant les 14 premiers jours du cycle : c'est la phase folliculaire. À chaque cycle, un seul follicule parvient à maturité complète, formant un follicule mûr. Aux environs du 14ᵉ jour du cycle, l'ovocyte contenu dans le follicule mûr est expulsé vers la trompe : c'est l'ovulation. Le reste du follicule se transforme en corps jaune : c'est la phase lutéale. À la fin du cycle, s'il n'y a pas eu fécondation, le corps jaune dégénère.

# Le contrôle du cycle utérin

| Lots de rate | Rates témoin | Rates ayant subi une ablation des ovaires | Rates ayant subi une ablation des ovaires, puis la greffe d'un ovaire sous la peau. |
|---|---|---|---|
| Observation de l'endomètre | Développement cyclique normal | Aucun développement cyclique | Développement cyclique |

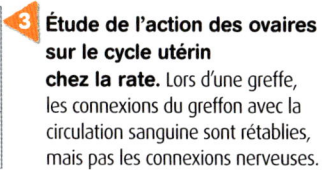

**3** **Étude de l'action des ovaires sur le cycle utérin chez la rate.** Lors d'une greffe, les connexions du greffon avec la circulation sanguine sont rétablies, mais pas les connexions nerveuses.

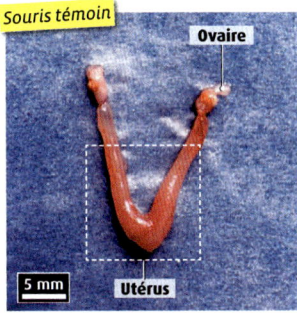

*Souris témoin* — Ovaire — Utérus — 5 mm

*Souris transgénique pour le récepteur aux œstrogènes*

**4** **Une expérience de transgenèse sur la souris.** Les cellules de la paroi utérine présentent des **récepteurs** aux hormones œstrogènes. Des chercheurs ont produit par transgenèse des souris génétiquement modifiées chez lesquelles ces récepteurs sont inactifs.

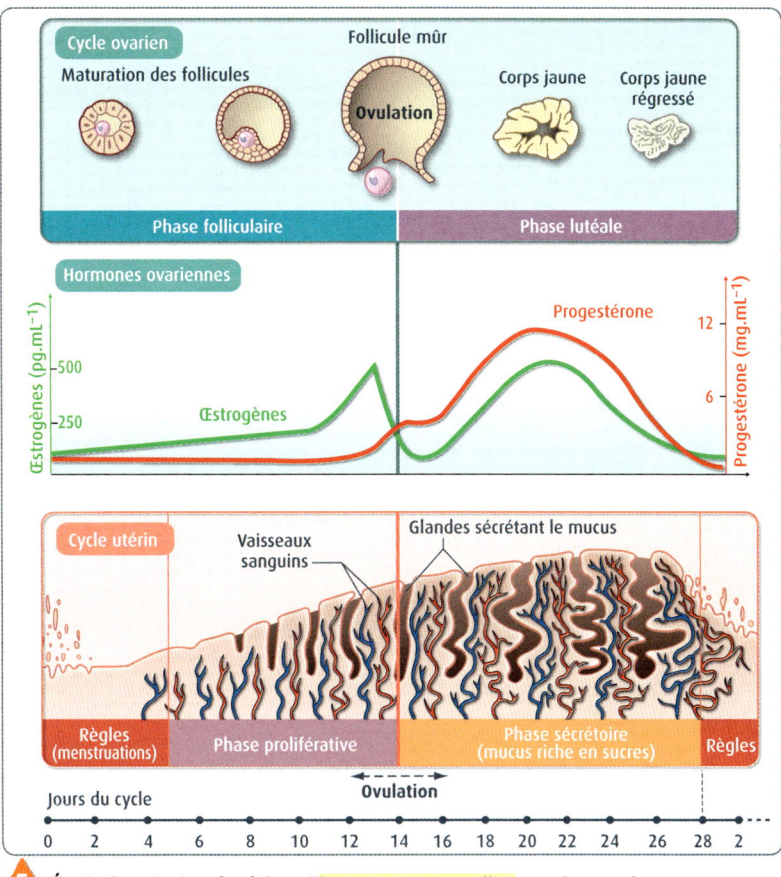

**Cycle ovarien :** Maturation des follicules — Follicule mûr — Ovulation — Corps jaune — Corps jaune régressé
Phase folliculaire | Phase lutéale

**Hormones ovariennes :** Œstrogènes (pg.mL⁻¹) — 250, 500 ; Progestérone (mg.mL⁻¹) — 6, 12

**Cycle utérin :** Vaisseaux sanguins — Glandes sécrétant le mucus
Règles (menstruations) | Phase proliférative | Phase sécrétoire (mucus riche en sucres) | Règles
Ovulation
Jours du cycle : 0, 2, 4, 6, 8, 10, 12, 14, 16, 18, 20, 22, 24, 26, 28, 2

**5** **Évolution de la sécrétion d'hormones sexuelles par les ovaires au cours des cycles ovarien et utérin.** Les œstrogènes sont sécrétés par les cellules somatiques des follicules ovariens et les cellules du corps jaune. La progestérone est produite par les cellules du corps jaune. La progestérone stimule la sécrétion de mucus par les glandes de l'endomètre.

## ACTIVITÉS

**1** **DOC. 1 ET 2.** Montrez que la synchronisation du cycle ovarien et du cycle utérin prépare la fécondation puis l'implantation d'un embryon.

**2** **DOC. 3.** Montrez que les ovaires contrôlent le fonctionnement cyclique de l'utérus. Émettez une hypothèse quant aux modalités de ce contrôle.

**3** **DOC. 4 ET 5.** Éprouvez votre hypothèse et précisez le rôle des deux hormones produites par les ovaires.

**4** **DOC. 5.** Formulez une hypothèse sur la cause du déclenchement des règles.

**5** **EN CONCLUSION.** Résumez par un schéma fonctionnel la régulation du cycle utérin par les hormones ovariennes.

THÈME 4 – CHAPITRE 2 SEXUALITÉ ET PROCRÉATION

# UNITÉ 3 — Le contrôle hypothalamo-hypophysaire chez la femme

Au cours du cycle ovarien, les ovaires sécrètent des hormones, les œstrogènes et la progestérone, qui induisent des modifications cycliques de l'utérus. Le cycle utérin est donc contrôlé par le cycle ovarien.

**Par quels mécanismes l'activité cyclique des ovaires est-elle contrôlée ?**

## Le rôle de l'hypophyse

| Traitement subi par chaque lot de rates | Résultats |
|---|---|
| Ablation de l'hypophyse | • Atrophie des ovaires et de l'utérus<br>• Disparition des cycles ovarien et utérin |
| Ablation de l'hypophyse puis greffe de l'hypophyse à son emplacement d'origine | • Développement normal des ovaires et de l'utérus<br>• Restauration de l'activité cyclique des ovaires et de l'utérus |
| Ablation de l'hypophyse puis injection périodique d'extrait hypophysaire | • Restauration de l'activité cyclique des ovaires et de l'utérus |
| Ablation de l'hypophyse puis greffe ectopique de l'hypophyse | • Atrophie des ovaires et de l'utérus<br>• Disparition des cycles ovarien et utérin |

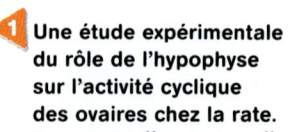

**1** Une étude expérimentale du rôle de l'hypophyse sur l'activité cyclique des ovaires chez la rate.
Dans une greffe ectopique, l'organe est greffé à un emplacement qui n'est normalement pas le sien dans l'organisme (un ovaire est par exemple greffé sous la peau).

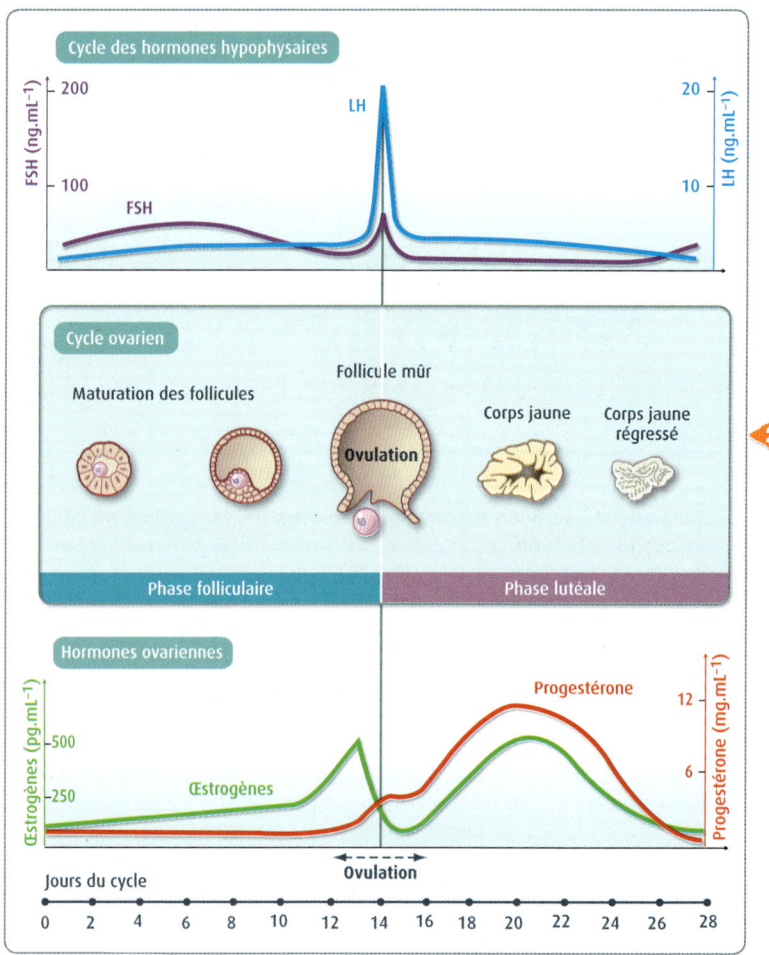

**2** Évolution de la concentration sanguine des hormones hypophysaires et des hormones ovariennes au cours du cycle sexuel chez la femme.
Deux hormones sécrétées par l'hypophyse, la LH et la FSH, stimulent le fonctionnement des gonades femelles. La FSH est sécrétée par l'hypophyse pendant la phase folliculaire. Elle stimule la croissance des cellules du follicule et la sécrétion d'œstrogènes par celles-ci. C'est l'hormone folliculo-stimulante. La LH stimule la sécrétion des œstrogènes par les cellules folliculaires, ainsi que la sécrétion de progestérone et d'œstrogènes par le corps jaune. C'est l'hormone lutéinisante.

# Le rôle de l'hypothalamus

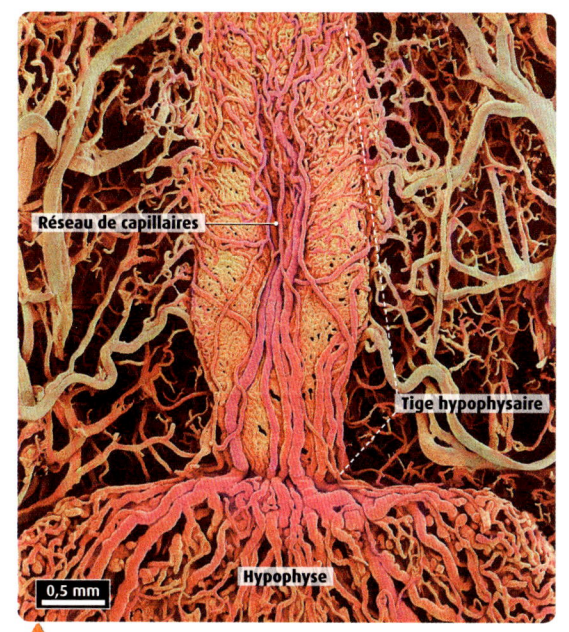

**3** Les connexions vasculaires entre l'hypothalamus et l'hypophyse chez le singe. Voir aussi doc. 4 p. 221.

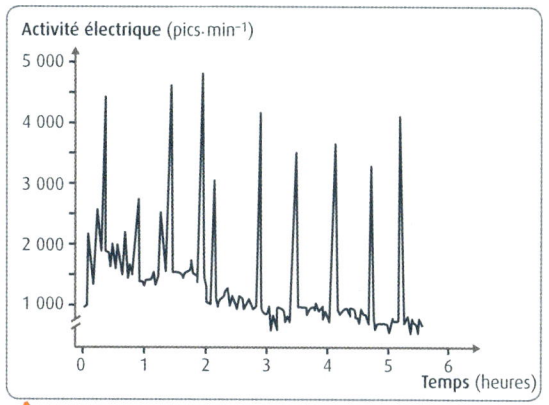

Légendes de l'image : Réseau de capillaires ; Tige hypophysaire ; Hypophyse ; 0,5 mm

**4** L'activité électrique des neurones hypothalamiques sécréteurs de GnRH chez une rate ayant subi une ablation des ovaires (ovariectomie). Ces neurones émettent régulièrement des signaux électriques sous forme de pics. Une augmentation de la fréquence de ces pics est associée à une augmentation de la sécrétion de GnRH dans les capillaires de la tige hypophysaire (voir doc. 4 p. 221).

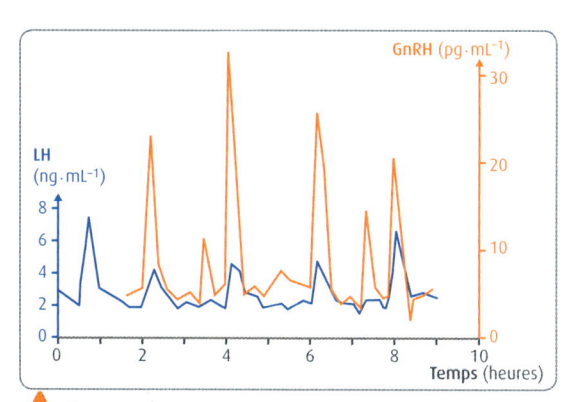

**5** Évolution de la concentration sanguine de GnRH et de LH au cours du temps chez une brebis ovariectomisée. La sécrétion de GnRH est dite pulsatile.

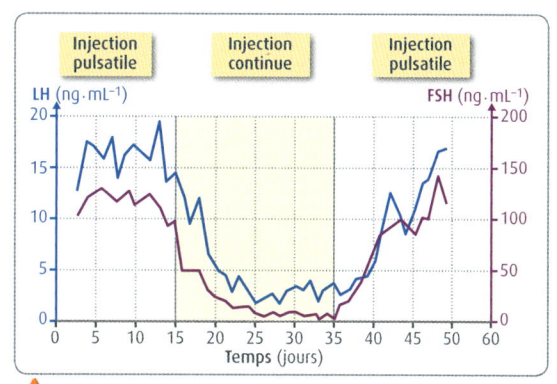

**6** Évolution de la concentration sanguine de LH et FSH chez un singe rhésus, après lésion des neurones hypothalamiques sécréteurs de GnRH. Le singe est soumis à des injections de GnRH réalisées selon un mode pulsatile ou continu.

## ACTIVITÉS

**❶ DOC. 1.** Montrez que l'hypophyse contrôle le fonctionnement cyclique des ovaires. Émettez une hypothèse quant aux modalités de ce contrôle.

**❷ DOC. 2.** Éprouvez votre hypothèse. Décrivez l'évolution des sécrétions hormonales hypophysaires au moment de l'ovulation.

**❸ DOC. 1, 3 ET 4.** Formulez une hypothèse pour expliquer l'absence d'effet d'une greffe ectopique de l'hypophyse.

**❹ DOC. 5 ET 6.** Éprouvez votre hypothèse et précisez les modalités du contrôle de la sécrétion des hormones hypophysaires par l'hypothalamus.

**❺ EN CONCLUSION.** Complétez le schéma fonctionnel construit dans l'unité 2 en y intégrant le contrôle exercé par le complexe hypothalamo-hypophysaire sur le fonctionnement des ovaires.

# UNITÉ 4 — Les rétrocontrôles exercés par les hormones sexuelles

Les hormones produites par le complexe hypothalamo-hypophysaire stimulent la sécrétion des hormones sexuelles par les gonades aussi bien chez l'homme que chez la femme.

⇢ **Les hormones sexuelles peuvent-elles agir en retour sur le complexe hypothalamo-hypophysaire ?**

## Un rétrocontrôle chez l'homme

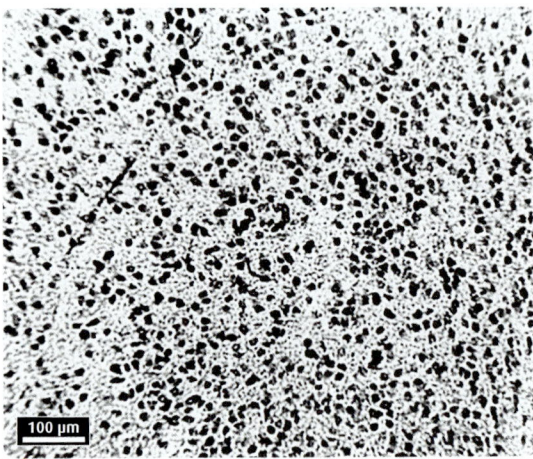

**1** Coupe d'hypothalamus de rat après marquage des **récepteurs** à la testostérone (vue au MO).
Les récepteurs sont marqués par des anticorps qui se fixent spécifiquement sur eux. Ces anticorps sont révélés par une coloration noire. Une coupe d'hypophyse traitée avec les mêmes anticorps présente également une coloration noire.

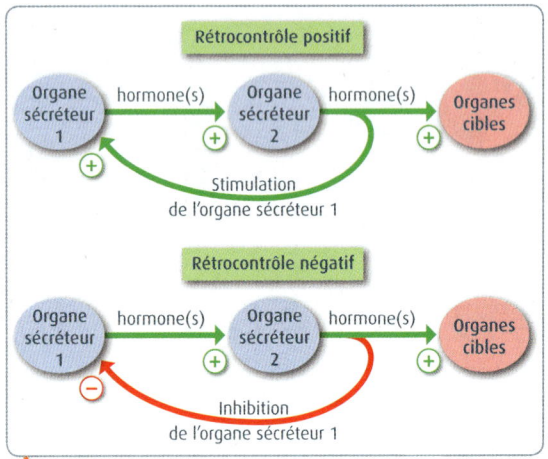

**2** Les **rétrocontrôles**.
Les rétrocontrôles (ou contrôles en retour) sont des mécanismes de régulation jouant un rôle très important dans la physiologie de l'organisme. On distingue les rétrocontrôles positifs et les rétrocontrôles négatifs.

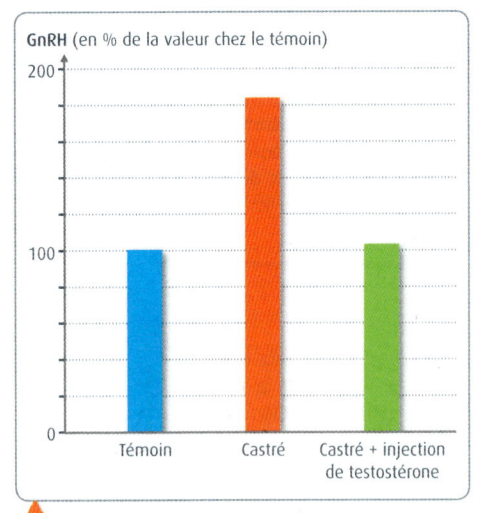

**Rétrocontrôle positif**: Organe sécréteur 1 → hormone(s) → Organe sécréteur 2 → hormone(s) → Organes cibles ; Stimulation de l'organe sécréteur 1 (+).

**Rétrocontrôle négatif**: Organe sécréteur 1 → hormone(s) → Organe sécréteur 2 → hormone(s) → Organes cibles ; Inhibition de l'organe sécréteur 1 (−).

**3** L'effet d'une castration puis d'une injection de testostérone sur la concentration sanguine de GnRH chez un taureau.

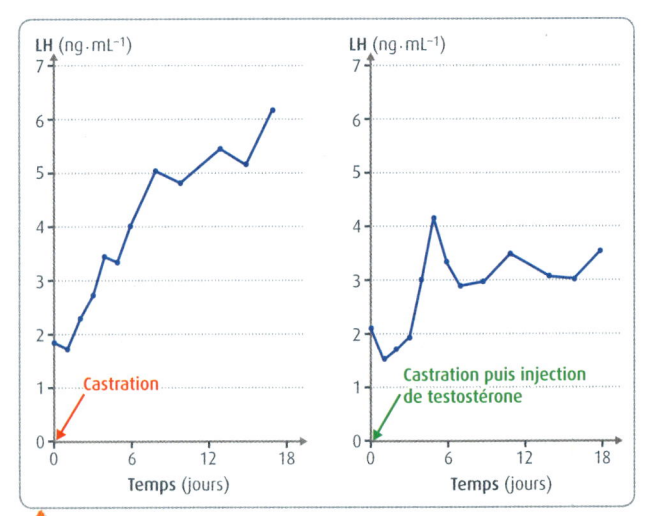

(GnRH en % de la valeur chez le témoin : Témoin ≈ 100 ; Castré ≈ 190 ; Castré + injection de testostérone ≈ 105)

**4** Évolution de la concentration sanguine de LH chez un taureau après une castration suivie ou non d'une injection de testostérone.

# Un rétrocontrôle chez la femme

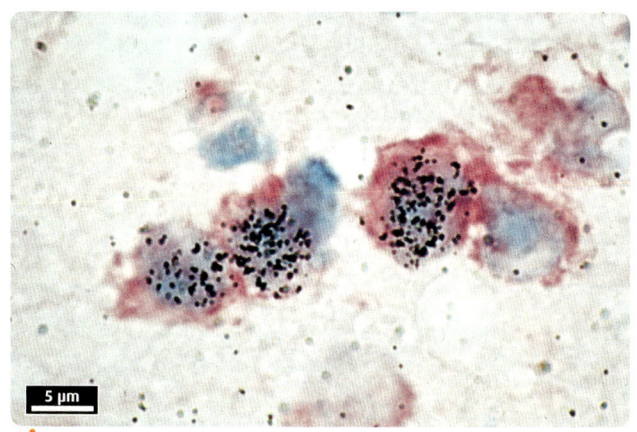

**5** **Coupe d'hypothalamus de souris après marquage des récepteurs à l'œstradiol (vue au MO).** Les points sombres traduisent la présence de ces récepteurs. De tels récepteurs ont été mis en évidence dans l'hypophyse. Des récepteurs à la progestérone sont également présents dans l'hypothalamus et l'hypophyse.

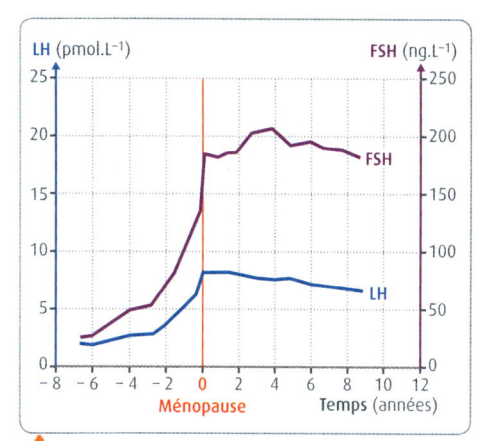

**6** **Concentration sanguine moyenne de LH et de FSH chez un échantillon de femmes avant et après la ménopause.** Survenant autour de 50 ans, la ménopause traduit l'épuisement du stock d'ovocytes et l'arrêt du fonctionnement des ovaires.

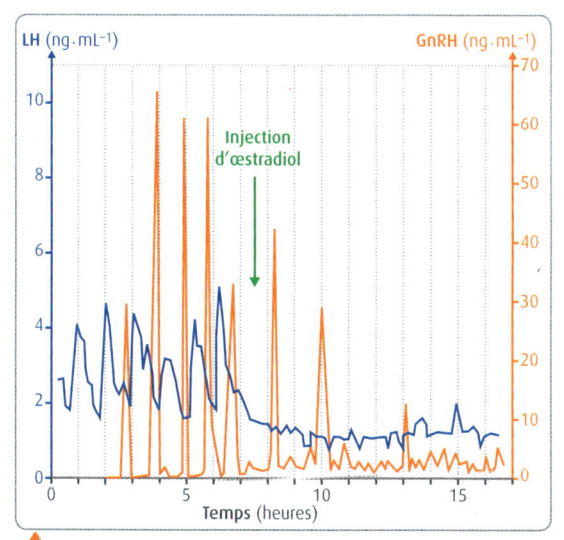

**7** **Évolution de la concentration sanguine de LH et GnRH chez une femelle avant et après injection d'œstradiol.**

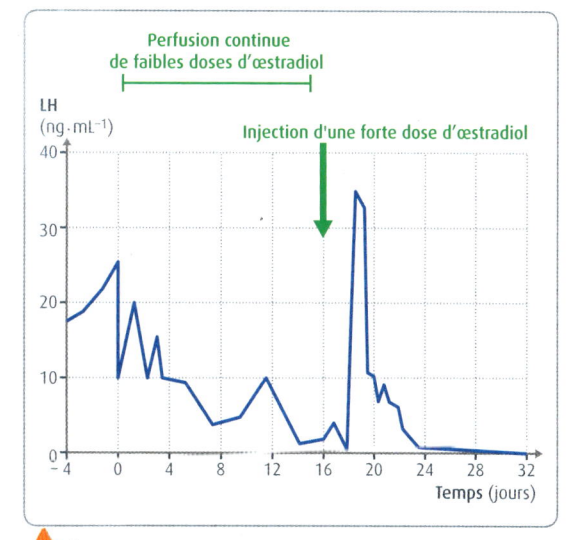

**8** **Évolution de la concentration sanguine de LH et GnRH après perfusion puis injection d'œstradiol chez une guenon ovariectomisée.**

## ACTIVITÉS

**1** **DOC. 1 ET 5.** Montrez que le complexe hypothalamo-hypophysaire est un organe cible des hormones sexuelles.

**2** **DOC. 2 À 4.** Montrez que la testostérone exerce un rétrocontrôle, dont vous préciserez la nature, sur la sécrétion des hormones hypophysaires.

**3** **DOC. 6.** Formulez une hypothèse concernant l'action des hormones ovariennes sur l'activité du complexe hypothalamo-hypophysaire.

**4** **DOC. 7 ET 8.** Éprouvez votre hypothèse en montrant que l'œstradiol exerce sur le complexe hypothalamo-hypophysaire un rétrocontrôle de nature différente selon sa concentration. Expliquez alors les pics de LH et de FSH associés à l'ovulation.

**5** **EN CONCLUSION.** Complétez les schémas réalisés unité 1 et unité 3 en intégrant les rétrocontrôles qui s'exercent sur le complexe hypothalamo-hypophysaire.

THÈME 4 – CHAPITRE 2 SEXUALITÉ ET PROCRÉATION

# UNITÉ 5 — La maîtrise de la reproduction par contraception

La connaissance des mécanismes de la reproduction a permis, depuis les années 1950, le développement de la contraception. Il s'agit d'un ensemble de moyens permettant à un couple de choisir le moment où ils auront un enfant.

➔ **Quelles sont les différentes méthodes contraceptives et quel est leur mode d'action ?**

## La pilule contraceptive

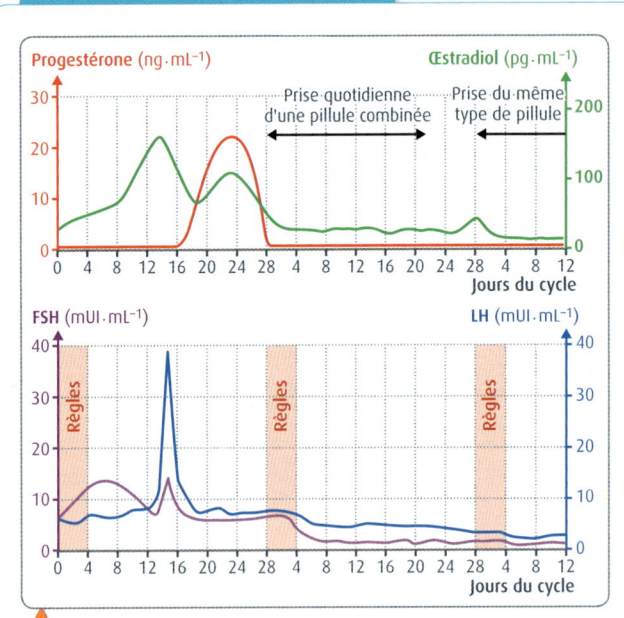

**1** Concentration sanguine des **hormones** ovariennes et hypophysaires chez une femme prenant ou non une pilule combinée. Ce **contraceptif** contient un progestatif et un œstrogène de synthèse (éthinylestradiol). Il est efficace à 97 %. Seul le dosage des hormones ovariennes naturelles est ici figuré (voir doc. 2).

**Interview de Pascale This**, gynécologue à l'Institut Curie (Paris)

Dans les années 1950, les premières **pilules combinées** comportaient une forte dose d'éthinylestradiol. Ces doses ont pu être réduites grâce au développement de nouveaux progestatifs de synthèse qui, de concert avec l'éthinylestradiol, agissent de façon plus puissante sur le complexe hypothalamo-hypophysaire. L'œstrogène et la progestérone de synthèse restituent en outre à la femme les hormones nécessaires à son équilibre physiologique et à son bien-être.
Certains facteurs de coagulation du sang sont stimulés par les œstrogènes de synthèse de la pilule combinée. La **micropilule progestative**, plus récente, contient seulement des progestatifs qui modifient la glaire cervicale (voir doc. 3), mais n'affectent pas le complexe hypothalamo-hypophysaire. Ce contraceptif, un peu moins efficace, est utilisé par les femmes ayant des problèmes de coagulation sanguine.

**2** Pilule combinée et micropilule.

La glaire cervicale est une sécrétion muqueuse du col de l'utérus qui contrôle le passage des spermatozoïdes dans la cavité utérine. Ce mucus est normalement très lâche pendant la période de l'ovulation et épais pendant le reste du cycle utérin.

|  | Sans prise de pilule | Sous pilule |
|---|---|---|
| État de l'endomètre au 21ᵉ jour du cycle | épais et richement vascularisé | atrophié |
| Vitesse de progression des spermatozoïdes dans la glaire cervicale | 160 mm.h⁻¹ | 12 mm.h⁻¹ |

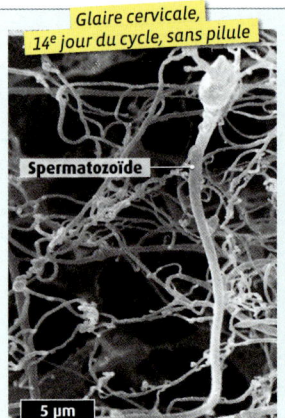

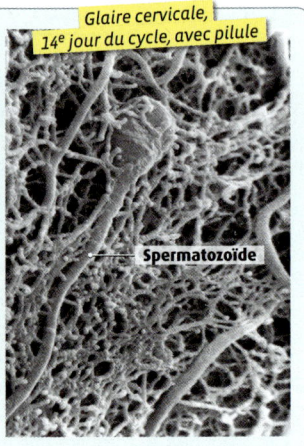

**3** L'action de la pilule combinée et de la micropilule progestative sur l'utérus et la glaire cervicale.

# D'autres méthodes contraceptives

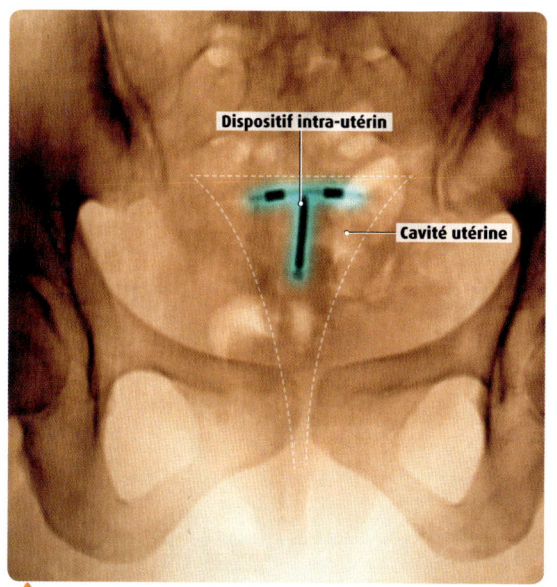

**4** **Un dispositif intra-utérin.** Placé dans l'utérus par un médecin, il empêche l'implantation de la cellule œuf. Il contient en outre soit un progestatif, soit du cuivre, qui « inactivent » les spermatozoïdes. Il est efficace à 97-99 %.

**6** **Un autocollant pour inciter à l'utilisation du préservatif.** Lorsqu'il est correctement utilisé, le préservatif est un contraceptif très efficace. Il s'agit en outre du seul contraceptif qui protège des infections sexuellement transmissibles (IST), dont le SIDA.

Près de 30 % des interruptions volontaires de grossesses pratiquées en France concernent des femmes de moins de 25 ans. Il existe pourtant une contraception hormonale d'urgence, gratuite pour les mineures, délivrée par les pharmacies sans ordonnance, par les infirmières scolaires ou par le planning familial. Cette pilule unique est à prendre dans les 72 heures suivant le rapport sexuel. Elle contient un progestatif qui, aux doses utilisées, bloque l'ovulation ou la nidation de l'œuf avec une efficacité de 85 %. Cette pilule ne peut en aucun cas se substituer à une contraception régulière.

**5** La « **pilule du lendemain** ».

Après plus de 30 ans de recherches, aucun contraceptif hormonal masculin n'est encore au point. L'objectif des chercheurs est d'inhiber la production de LH et de FSH. L'une des difficultés est de maintenir un taux de testostérone tel que la spermatogenèse est inhibée, mais pas la fonction sexuelle, ni les caractères sexuels secondaires. Les recherches portent actuellement sur des contraceptifs combinant progestatifs et testostérone. Une étude a ainsi été réalisée chez une cinquantaine de couples australiens. Les hommes ont reçu tous les quatre mois un implant de testostérone et, chaque trimestre, une injection d'un progestatif. Après un an de traitement, aucune grossesse n'a été observée.

**7** **Vers une contraception hormonale pour les hommes ?**

## ACTIVITÉS

**1** **DOC. 1 ET 2.** Expliquez l'action de la pilule sur la sécrétion de LH et de FSH. Quelles sont les conséquences de ces modifications hormonales ?

**2** **DOC. 1 À 3.** Justifiez que l'on parle de « triple action contraceptive » de la pilule combinée.

**3** **DOC. 2 À 6.** Comparez l'action physiologique, les contraintes et les avantages d'utilisation des différentes méthodes contraceptives.

**4** **DOC. 6.** Expliquez pourquoi les médecins parlent d'une « double protection » apportée par le préservatif.

**5** **DOC. 7.** Expliquez les difficultés que pose la mise au point d'un contraceptif hormonal masculin.

**6** **EN CONCLUSION.** Expliquez en quoi la connaissance des mécanismes de la reproduction a permis la mise au point de méthodes contraceptives.

## UNITÉ 6 — Infertilité du couple et procréation médicalement assistée

Grâce à la connaissance de la physiologie de la reproduction, des techniques de procréation médicalement assistée (PMA) peuvent être proposées aux couples qui rencontrent des difficultés pour avoir des enfants.

⇢ **Quelles sont les causes d'infertilité et quelles solutions médicales peut-on leur apporter ?**

### Des causes d'infertilité

Infertilité masculine : 20 %
Infertilité masculine et féminine : 38 %
Infertilité féminine : 34 %
Infertilité inexpliquée : 8 %

**Causes d'infertilité féminine :**
- Troubles ovulatoires : 35 %
- Obstruction des trompes : 35 %
- Anomalies de la paroi de l'utérus : 20 %
- Autres causes d'infertilité : 10 %

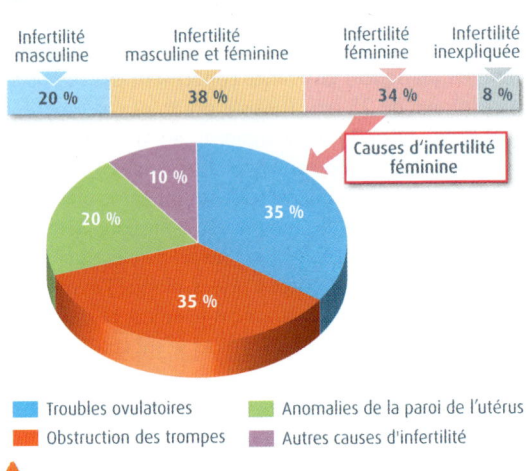

**1** **Répartition des causes d'infertilité en France.** Près de 12 % de couples en âge de procréer rencontrent des difficultés pour avoir des enfants.

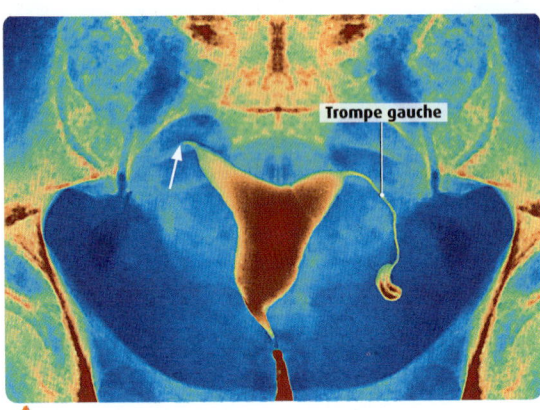

**2** **Hystérographie d'une obstruction de la trompe droite.** Cet examen consiste en l'injection dans l'utérus d'un liquide iodé opaque aux rayons X, suivie d'une radiographie. Le liquide est ici stoppé dès l'entrée de la trompe droite (flèche) alors qu'il peut pénétrer dans la trompe gauche.

|  | Valeurs standard | Valeurs indiquant une infertilité |
|---|---|---|
| Volume d'éjaculat (mL) | 2 à 5 | 1 |
| Nombre total de sp. par éjaculat | 100 à 700.10$^6$ | < 50.10$^6$ |
| Viscosité | Faible | Élevée |
| Concentration spermatique (par mL) | 50 à 150.10$^6$ sp. | < 20.10$^6$ sp. (oligospermie) |
| Taux de sp. en mouvement rectiligne | > 60% | < 40% (asthénozoospermie) |
| Taux de sp. non fonctionnels | < 30% | > 60% (tératozoospermie) |

**3** **Les principaux critères de fertilité du sperme** (sp. : spermatozoïde). L'infertilité masculine est détectée par un examen qualitatif et quantitatif du sperme : le spermogramme.

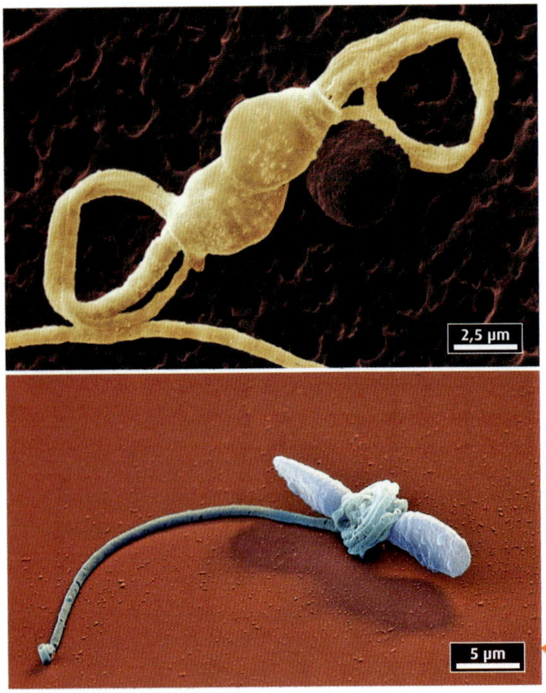

**4** Quelques spécimens de spermatozoïdes non fonctionnels (vues au MEB).

## Des solutions médicales envisageables

| Diagnostic d'infertilité | Technique possible préconisée | Nombre d'actes |
|---|---|---|
| Altération de la glaire cervicale ou du sperme | Insémination intra-utérine (IA, injection de spermatozoïdes dans la cavité utérine) | 54 618 |
| Anomalie des trompes | FIVETE → voir doc. 6 | 20 387 (FIVETE) |
| Troubles de l'ovulation | Stimulation ovarienne puis FIVETE si échec | |
| Infertilité masculine modérée | IA puis FIVETE si échec | |
| Anomalie sévère du sperme | FIVETE avec injection de spermatozoïde intra-cytoplasmique (ICSI) → voir doc. 7 | 31 947 |

**5** **Quelques diagnostics d'infertilité et les techniques de PMA appropriées.** En France en 2007, 20 657 enfants sont nés grâce à une PMA, soit 2,5 % des naissances. Dans 6 % des cas, ils impliquaient un ovocyte ou des spermatozoïdes issus d'un donneur.

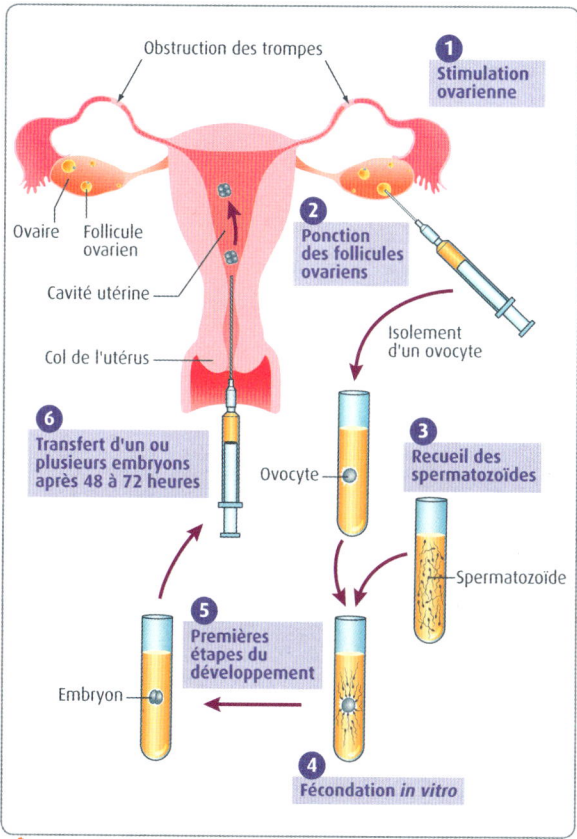

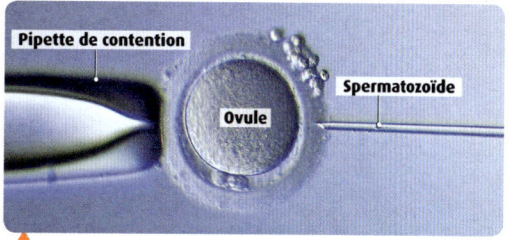

**7** **Injection de spermatozoïde intra-cytoplasmique (ICSI).** La fécondation est réalisée en injectant un spermatozoïde dans le cytoplasme de l'ovocyte.

**6** **Les étapes de la fécondation *in vitro* et transfert d'embryon (FIVETE).** Taux de réussite : 20 à 25 % jusqu'à 30 ans ; moins de 5 % au-delà de 38 ans.

**Interview de Séverine Mathieu**, sociologue à l'École pratique des hautes études (Paris)

La procréation médicalement assistée (PMA) est rigoureusement encadrée par la loi de bioéthique de 1994. Cette loi a été révisée en 2004, puis en 2011. L'un des enjeux majeurs de la dernière révision était la question de la levée de l'anonymat des dons de gamètes en cas d'insémination artificielle avec donneur, demandée notamment par certains enfants issus de dons, aujourd'hui adultes. La question est particulièrement débattue : le 15 février 2011 l'Assemblée nationale s'est prononcée en première lecture contre la levée de l'anonymat, mais le 30 mars 2011, le Sénat a adopté une position inverse.

**8** **La révision de la loi de bioéthique.**

## ACTIVITÉS

**1 DOC. 1 À 4.** Justifiez le fait qu'en cas d'infertilité, les deux partenaires d'un couple soient toujours examinés.

**2 DOC. 1 À 4.** Présentez chacune des causes d'infertilité et indiquez l'étape qui se trouve bloquée dans le processus de procréation.

**3 DOC. 1, 5 ET 6.** Donnez des exemples de causes d'infertilité pour lesquelles les techniques de PMA n'apportent pas de solutions.

**4 DOC. 6 ET 7.** Expliquez en quoi la FIVETE avec ICSI est une technique innovante par rapport à la FIVETE simple.

**5 DOC. 8.** Indiquez quelques questions éthiques soulevées par la procréation assistée.

**6 EN CONCLUSION.** Dans un court texte, présentez les différentes causes d'infertilité et les techniques de procréation médicalement assistée permettant éventuellement d'y remédier.

THÈME 4 – CHAPITRE 2 SEXUALITÉ ET PROCRÉATION

# CHAPITRE 2 — Sexualité et procréation

## BILAN DES UNITÉS

### UNITÉ 1 — Le fonctionnement du testicule et son contrôle

- Dans le testicule, la production des spermatozoïdes (spermatogenèse) se déroule dans les tubes séminifères et au contact des cellules de Sertoli, tandis que les cellules de Leydig sécrètent une hormone : la testostérone.
- La testostérone stimule la production de spermatozoïdes. Elle agit sur les cellules de Sertoli.
- Deux hormones sécrétées par l'hypophyse antérieure contrôlent l'activité du testicule : la LH stimule la sécrétion de testostérone par les cellules de Leydig et la FSH stimule la spermatogenèse de façon directe.
- La GnRH sécrétée par certains neurones de l'hypothalamus stimule la sécrétion de LH et de FSH par l'hypophyse antérieure. La GnRH est une neuro-hormone, c'est-à-dire une hormone sécrétée par un neurone.

### UNITÉ 2 — Le fonctionnement cyclique de l'appareil génital de la femme

- L'utérus et l'ovaire subissent des modifications cycliques et synchrones.
- Des expériences d'ablation-greffe des ovaires montrent l'existence d'une communication hormonale entre les ovaires et l'utérus. Les ovaires produisent des œstrogènes et de la progestérone. Ces hormones induisent des modifications de la structure et du fonctionnement de la paroi utérine externe (endomètre).
- Le fonctionnement cyclique des ovaires induit une production cyclique d'œstrogènes et de progestérone, d'où la synchronisation des modifications ovariennes et utérines. Après l'ovulation, l'utérus est ainsi prêt à accueillir l'embryon s'il y a eu fécondation.

| Jours du cycle sexuel | J5 à J14 environ | J14 environ | J14 environ à J28 | J0 à J5 |
|---|---|---|---|---|
| Ovaire | • Maturation de plusieurs follicules<br>• Production d'œstrogènes<br>→ phase folliculaire | • Un seul follicule parvient à maturité<br>• Sa rupture entraîne la libération d'un ovule<br>→ ovulation | • Formation du corps jaune<br>• Production d'œstrogènes et de progestérone<br>→ phase lutéale | Début de la phase folliculaire |
| Paroi utérine externe (endomètre) | Développement<br>→ phase proliférative | | Sécrétion de mucus riche en sucres<br>→ phase sécrétoire | Destruction s'il n'y a pas eu fécondation<br>→ règles |

**Les modifications cycliques de l'utérus et de l'ovaire.** En l'absence de fécondation, le corps jaune dégénère en fin de phase lutéale, entraînant une chute de la production d'œstrogènes et de progestérone à l'origine des règles.

### UNITÉ 3 — Le contrôle hypothalamo-hypophysaire chez la femme

- Des expériences d'ablation-greffe de l'hypophyse prouvent que le fonctionnement cyclique des ovaires est contrôlé par l'activité de l'hypophyse antérieure. Il s'agit d'une communication hormonale. L'activité de l'hypophyse est elle-même contrôlée par l'hypothalamus par voie hormonale.
- La sécrétion pulsatile de GnRH par certains neurones hypothalamiques stimule la sécrétion pulsatile de LH et de FSH par l'hypophyse antérieure. Ces deux hormones agissent sur les ovaires.
- Durant la phase folliculaire, la FSH stimule la croissance des cellules du follicule et la sécrétion d'œstrogènes par celles-ci. La LH stimule la sécrétion des œstrogènes par les cellules folliculaires, ainsi que la sécrétion de progestérone et d'œstrogènes par le corps jaune en phase lutéale.

# BILAN DES UNITÉS

## UNITÉ 4 — Les rétrocontrôles exercés par les hormones sexuelles

- Le complexe hypothalamo-hypophysaire contrôle la production des hormones sexuelles. Or les cellules de ce complexe possèdent des récepteurs à ces hormones. L'activité du complexe hypothalamo-hypophysaire est donc contrôlée en retour par les hormones sexuelles : c'est un rétrocontrôle.
- Chez l'homme, la testostérone induit une diminution des sécrétions de GnRH, LH et FSH. Il s'agit d'un rétrocontrôle négatif, qui permet de maintenir une concentration sanguine en testostérone relativement stable.
- Chez la femme, les faibles concentrations d'œstrogènes en début de phase folliculaire induisent un rétrocontrôle négatif sur la sécrétion de GnRH, LH et FSH. Suite au développement du follicule, la concentration d'œstrogènes augmente et le rétrocontrôle devient positif : les œstrogènes induisent une augmentation de la sécrétion de LH et FSH, si bien qu'il y a un pic de sécrétion de ces hormones vers le 14$^e$ jour du cycle. Ce pic déclenche l'ovulation. En phase lutéale, progestérone et œstrogènes induisent un rétrocontrôle négatif.

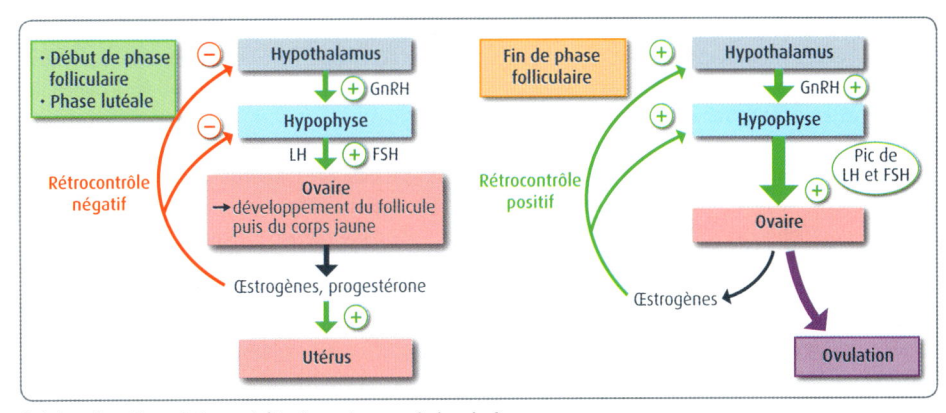

*Schéma fonctionnel du contrôle du cycle sexuel chez la femme.*

## UNITÉ 5 — La maîtrise de la reproduction par la contraception

- La pilule combinée est constituée d'hormones de synthèse de composition proche de celle des œstrogènes et de la progestérone. Ces hormones de synthèse inhibent les sécrétions de LH et FSH par le biais du rétrocontrôle hypothalamo-hypophysaire. Le développement folliculaire et l'ovulation sont ainsi bloqués. En outre, cette pilule rend la glaire cervicale infranchissable par les spermatozoïdes et inhibe le développement de l'endomètre.
- D'autres méthodes contraceptives existent, comme le dispositif intra-utérin et le préservatif. Ce dernier assure en plus une protection contre les maladies sexuellement transmissibles.
- La « pilule du lendemain » est une contraception « de secours » qui bloque l'ovulation et induit la dégradation de la muqueuse utérine après un rapport sexuel non protégé.

## UNITÉ 6 — Infertilité du couple et procréation médicalement assistée

- L'infertilité peut trouver sa cause chez l'homme, chez la femme ou chez les deux partenaires. En fonction du diagnostic, une méthode de procréation médicalement assistée peut être proposée.
- Dans la fécondation in vitro et transfert d'embryon (FIVETE), spermatozoïdes et ovocyte sont prélevés, puis la fécondation a lieu dans un milieu adapté et l'embryon est ensuite transféré dans l'utérus. Une variante de cette technique (FIVETE avec ICSI) consiste à micro-injecter un spermatozoïde isolé directement dans l'ovocyte.

# CHAPITRE 2 — Sexualité et procréation

## L'essentiel par le texte

### Le fonctionnement de l'appareil reproducteur et son contrôle

- À partir de la puberté, les gonades produisent à la fois des gamètes et des **hormones** sexuelles : testostérone pour le testicule, œstrogènes et progestérone pour l'ovaire.
- La production de spermatozoïdes par le testicule est stimulée de façon continue par la testostérone.
- Chez la femelle, on observe des modifications cycliques de l'appareil génital :
  - le cycle ovarien comprend le développement d'un follicule contenant un ovule (phase folliculaire), la libération de l'ovule (ovulation) et le développement d'un corps jaune (phase lutéale) ;
  - le cycle utérin, ou cycle menstruel, est lié à la production cyclique d'œstrogènes et de progestérone par les ovaires. Avant l'ovulation, la paroi utérine externe se développe. Après l'ovulation, elle subit des modifications qui la rendent apte à accueillir un embryon s'il y a eu fécondation. S'il n'y a pas eu fécondation, la paroi utérine externe est détruite, à l'origine des règles (menstruations).
- Le fonctionnement des gonades est contrôlé par le **complexe hypothalamo-hypophysaire**. L'hypothalamus produit une neuro-hormone, la GnRH, qui induit la libération par l'hypophyse antérieure de FSH et LH. Ces hormones stimulent la production de gamètes et d'hormones sexuelles par les gonades.
- Les hormones sexuelles contrôlent en retour l'activité du complexe hypothalamo-hypophysaire :
  - chez l'homme, la testostérone exerce en permanence un rétrocontrôle négatif ;
  - chez la femme, œstrogènes et progestérone exercent un rétrocontrôle négatif au début de la phase folliculaire et pendant la phase lutéale, tandis que les œstrogènes exercent un rétrocontrôle positif en fin de phase folliculaire. Ce rétrocontrôle positif entraîne un pic de sécrétion de LH et de FSH qui déclenche l'ovulation.

### Contraception et procréation médicalement assistée

- La pilule est un **contraceptif** féminin qui freine l'activité du complexe hypothalamo-hypophysaire. La pilule « du lendemain » est une contraception d'urgence utilisable après un rapport sexuel non protégé.
- Le préservatif exerce à la fois une action contraceptive et une protection contre les infections sexuellement transmissibles.
- L'**infertilité** peut avoir des causes variées soit chez l'homme, soit chez la femme, soit chez les deux partenaires. Dans de nombreux cas, des techniques de procréation médicalement assistée peuvent aider les couples à satisfaire leur désir d'enfant.

## Les capacités et attitudes

- Observer des coupes histologiques de testicule et d'ovaire **(unités 1 et 2)**
- Analyser des résultats expérimentaux afin de comprendre le contrôle du fonctionnement des gonades **(unités 1 à 3)**
- Traduire des relations entre organes par des schémas fonctionnels **(unités 1 à 4)**
- Mettre en relation des informations pour en déduire le mode d'action de la contraception hormonale **(unité 5)**
- Percevoir le lien entre science et technique **(unité 6)**

## Mots clés

*Voir aussi Dico des SVT p. 332*

**Hormone :** molécule sécrétée dans le sang par un organe producteur et modifiant le fonctionnement d'un ou de plusieurs organes cibles.

**Complexe hypothalamo-hypophysaire :** structure située à la base du cerveau comprenant l'association de l'hypothalamus, qui sécrète une neuro-hormone (GnRH), et de l'hypophyse, qui sécrète des hormones (LH et FSH en particulier).

**Contraceptif :** molécule ou dispositif permettant d'empêcher de façon réversible une grossesse non désirée.

**Infertilité :** absence de grossesse chez un couple après deux ans de rapports sexuels réguliers.

# L'ESSENTIEL

## L'essentiel par l'image

### Le fonctionnement de l'appareil reproducteur

**Hypothalamus** — GnRH → **Hypophyse** → Circulation sanguine → FSH, LH

Rétrocontrôle négatif en début de phase folliculaire et en phase lutéale

Rétrocontrôle positif en fin de phase folliculaire

Rétrocontrôle négatif

**Ovaires (chez la femme)**
- Maturation des follicules
- Sécrétion d'œstrogènes
- Sécrétion de progestérone

**Testicules (chez l'homme)**
- Sécrétion de testostérone
- Production de spermatozoïdes

**Hormones hypophysaires** : FSH, LH — Pic de LH et de FSH

Maturation du follicule = phase folliculaire — Ovulation — Formation puis dégénérescence du corps jaune = phase lutéale

**Hormones ovariennes** : Œstrogènes, Progestérone

**Utérus** : Règles — Épaississement de la muqueuse — Muqueuse prête pour la nidation

0 — 5$^e$ jour — 14$^e$ jour environ — 28$^e$ jour

Un cycle menstruel

### La contraception

- Contraception d'urgence
- Préservatif
- Passage des spermatozoïdes
- Nidation
- Ovulation
- Pilule combinée

### La procréation médicalement assistée

Homme — Femme → Des causes d'infertilité variées → **Des solutions possibles**
- Insémination artificielle
- FIVETE
- FIVETE avec ISCI

THÈME 4 – CHAPITRE 2 SEXUALITÉ ET PROCRÉATION

# EXERCICES

## évaluer ses connaissances

### 1 QCM
Pour chaque proposition, identifiez la (ou les) bonne(s) réponse(s).
**1. Les testicules produisent :**
a. des spermatozoïdes.
b. les hormones LH et FSH.
c. de la testostérone.
d. de la GnRH.
**2. Les œstrogènes :**
a. exercent un rétrocontrôle sur l'axe hypothalamo-hypophysaire.
b. stimulent la synthèse de testostérone.
c. sont sécrétés uniquement pendant la phase lutéale.
**3. La GnRH :**
a. est sécrétée de manière pulsatile.
b. stimule la sécrétion de FSH et LH.
c. est produite par les ovaires ou les testicules.
d. est une enzyme.

### 2 Vrai ou faux ?
En vous référant à la photo de follicule ovarien ci-contre, identifiez les affirmations fausses et rectifiez-les.

a. Cette photo a été prise pendant la phase lutéale du cycle ovarien.
b. La structure (a) correspond à une cellule somatique.
c. L'ovulation va bientôt avoir lieu.

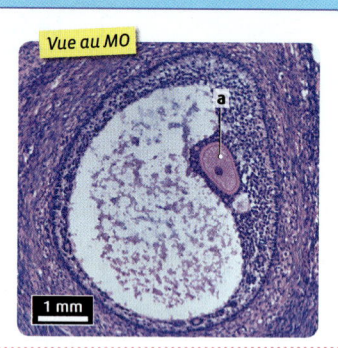

*Vue au MO*

### 3 Une phrase appropriée
Rédigez une phrase scientifiquement correcte avec les termes suivants :
a. Préservatif – IST – contraception – prévention.
b. Femmes – contraceptif – hommes – pilule – hormonal – disponible.
c. Testostérone – axe hypothalamo-hypophysaire – rétrocontrôle – hormones LH et FSH.
d. FIVETE – ICSI – infertilité – procréation médicalement assistée – solutions.

## s'entraîner avec un exercice guidé

### 4 Diagnostiquer une infertilité chez l'homme

À la suite de difficultés à concevoir un enfant, deux hommes issus de deux couples passent un spermogramme. La concentration de leur sperme en gamètes s'avère très inférieure aux valeurs normales. Un dosage hormonal de la testostérone, de la LH et de la FSH donne les résultats présentés doc. 1. À leur lecture, des examens complémentaires sont demandés par le médecin.

|  | Patient A | Patient B | Individu fertile |
|---|---|---|---|
| Concentration sanguine en testostérone | 1,3 ng.mL$^{-1}$ | 1 ng.mL$^{-1}$ | 2,5 à 7,5 ng.mL$^{-1}$ |
| Concentration sanguine en LH | 14 UI.L$^{-1}$ | Indétectable | 2 à 7 UI.L$^{-1}$ |
| Concentration sanguine en FSH | 15 UI.L$^{-1}$ | Indétectable | 2 à 7 UI.L$^{-1}$ |

|  | Patient A | Patient B |
|---|---|---|
| Examens complémentaires | Biopsie testiculaire révélant des lésions importantes | IRM de la région hypothalamo-hypophysaire révélant une tumeur hypophysaire |

UI : unités internationales

**1. Résultats des examens demandés par le médecin.** Une biopsie est l'analyse d'un tissu après prélèvement. L'imagerie à résonance magnétique (IRM) permet d'observer les tissus mous de l'organisme avec précision.

### Un peu d'aide
• **Saisir des informations**
Comparez la concentration sanguine en testostérone, LH et FSH chez les deux patients et chez un individu fertile.
• **Mobiliser ses connaissances**
Rappelez le rôle de ces trois hormones dans la régulation de la spermatogenèse ainsi que les organes qui les sécrètent.
• **Raisonner et conclure**
– Formulez des hypothèses quant à l'organe déficient chez chaque patient puis justifiez les examens complémentaires.
– Expliquez les causes de l'anomalie du sperme chez les deux patients au vu des résultats des examens.

**QUESTION** Justifiez les examens complémentaires demandés puis expliquez l'infertilité chez les deux patients.

## Appliquer ses connaissances

### 5 Une modalité du retrocontrôle ovarien
*Analyser un graphique et mobiliser ses connaissances*

Pour étudier l'un des effets des œstrogènes sur le fonctionnement de l'axe hypothalamo-hypophysaire, on injecte en continu des quantités importantes d'œstrogènes à des rates ayant subi une ablation des ovaires. On mesure ensuite l'évolution de la concentration plasmatique en GnRH et en LH.

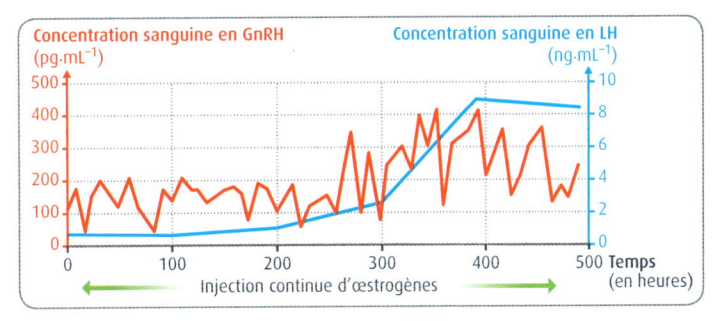

**1. Évolution de la concentration sanguine en LH et GnRH chez les rates étudiées.**

❶ Rappelez les organes sécréteurs des œstrogènes, de la GnRH et de la LH.

❷ Caractérisez le rétrocontrôle exercé par les œstrogènes sur la sécrétion de GnRH et de LH mis en évidence par cette expérience.

❸ À l'aide de vos connaissances, indiquez le moment du cycle ovarien où l'on observe un tel rétrocontrôle. Précisez l'événement qui en est la conséquence.

### 6 Le RU 486 : une molécule contragestive
*S'informer et raisonner*

Le RU 486 est une molécule prescrite et administrée dans le but d'interrompre une grossesse à son début : c'est une molécule contragestive. Son effet a été découvert lors de tests sur des animaux femelles en début de gestation, chez lesquels l'administration de RU 486 provoquait la survenue des règles ainsi que l'expulsion de l'embryon.
Pour comprendre ce phénomène, des expériences sont réalisées chez des lapines impubères.

|  | Lot 1 | Lot 2 | Lot 3 |  |  |
|---|---|---|---|---|---|
| **Injection intraveineuse** | Œstradiol | Œstradiol puis progestérone | Œstradiol puis progestérone |  |  |
| **Absorption orale de RU 486** | Non | Non | 1 mg.kg$^{-1}$ | 5 mg.kg$^{-1}$ | 20 mg.kg$^{-1}$ |
| **Aspect de l'utérus à la fin du traitement** (vues en coupe au même grossissement) |  |  |  |  |  |

**1. Protocoles et résultats des expériences réalisées chez des lapines impubères.** L'injection préalable d'œstradiol dans les lots 2 et 3 sert à sensibiliser l'utérus à l'injection de progestérone.

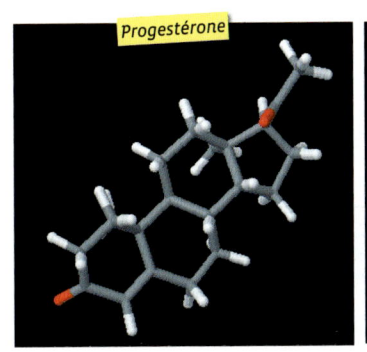

**2. Les molécules de progestérone et de RU 486 (vues sous Rastop).** Certaines molécules peuvent se fixer aux récepteurs spécifiques d'une hormone exprimée par ses cellules cibles sans pour autant déclencher d'effet biologique dans ces dernières.

❶ Rappelez l'effet de la progestérone sur la paroi de l'utérus et les conséquences de la chute de la concentration de cette hormone en fin de cycle menstruel.

❷ Décrivez l'effet du RU 486 sur la paroi de l'utérus.

❸ Justifiez l'action contragestive du RU 486.

❹ À l'aide du doc. 2, proposez une explication aux effets du RU 486.

# EXERCICES

## appliquer ses connaissances

### 7 Les solutions à l'infertilité masculine — Analyser des données et raisonner

Monsieur et madame A. tentent sans succès d'avoir un enfant depuis 4 ans. L'examen de madame A. ne révèle aucun trouble de la fertilité. Les résultats du spermogramme pratiqué sur monsieur A. sont présentés dans le document 1.

**Volume d'un éjaculat :** 0,8 mL
**Numération :** $10.10^6$ spermatozoïdes/mL

| Mobilité (en % des spermatozoïdes) | après 1 heure | après 4 heures |
|---|---|---|
| Normale | 2 | 0 |
| Diminuée | 6 | 0 |
| Nulle | 92 | 100 |

**Vitalité :** 55 % de formes vivantes après 1 heure

**Formes typiques :** 65 %
**Formes atypiques :** 35 %

**1.** Résultats du spermogramme de monsieur A.

❶ En comparant les docs. 1 et 2, indiquez les causes vraisemblables de l'infertilité du couple.

❷ Présentez la (ou les) méthode(s) de procréation médicalement assistée pouvant être envisagée(s) pour ce couple.

| Volume d'éjaculat (mL) | Nombre de spermatozoïdes (par mL) | Spermatozoïdes vivants après 1 h | Spermatozoïdes mobiles après 1 h | Spermatozoïdes atypiques |
|---|---|---|---|---|
| 1,5 à 7 | 20 à $200.10^6$ | > 70 % | > 60 % | < 50 % |

**2.** Quelques caractéristiques du sperme chez un homme fertile.

### 8 La fin de la période lutéale — Mettre en relation des informations et formuler une hypothèse

Chez les mammifères femelles, la dégénérescence du corps jaune dans les ovaires, ou lutéolyse, provoque l'apparition des règles et le début d'un nouveau cycle menstruel. La prostaglandine $F_{2\alpha}$ ($PGF_{2\alpha}$) est une hormone sécrétée par certaines cellules de l'utérus. L'implantation d'un embryon dans la muqueuse utérine bloque sa sécrétion. On cherche à comprendre le rôle de cette hormone lors de la fin de la phase lutéale.

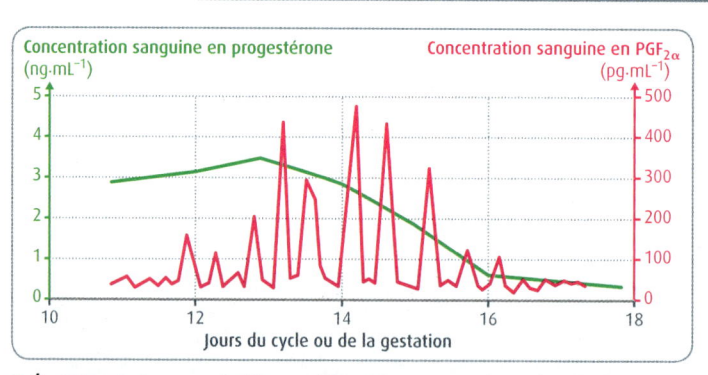

**1.** Évolution de la concentration en $PGF_{2\alpha}$ et en progestérone à la fin d'une phase lutéale chez une brebis. Le cycle menstruel dure 17 jours chez la brebis.

❶ Décrivez l'évolution de la concentration sanguine en $PGF_{2\alpha}$ et en progestérone pendant la phase lutéale (doc. 1).

❷ Décrivez l'effet du $PGF_{2\alpha}$ sur la durée de la phase lutéale (doc. 2). Formulez une hypothèse pour expliquer le résultat observé.

| Protocole | Effet observé sur la durée de la phase lutéale |
|---|---|
| Injection de sérum physiologique au milieu de la phase lutéale | Aucun |
| Injection de $PGF_{2\alpha}$ au milieu de la phase lutéale | Raccourcissement |
| Injection d'un inhibiteur de la synthèse de $PGF_{2\alpha}$ au milieu de la phase lutéale | Allongement |

**2.** Effet de l'injection de $PGF_{2\alpha}$ sur la durée de la phase lutéale chez la vache.

# EXERCICE objectif BAC

**Thème 4: Féminin, masculin**

## Le rôle de la testostérone dans la spermatogenèse

Le testicule est composé de différentes populations cellulaires assurant des fonctions spécifiques. Parmi elles, les cellules de Leydig sécrètent la testostérone alors que les cellules de Sertoli sont impliquées dans la spermatogenèse. Comme toutes les hormones, la testostérone agit sur ses cellules cibles en se liant à des récepteurs spécifiques. En laboratoire, il est possible d'obtenir par transgenèse des animaux ne possédant pas de récepteur à la testostérone au niveau des cellules de Sertoli : c'est le cas des souris SCARKO.

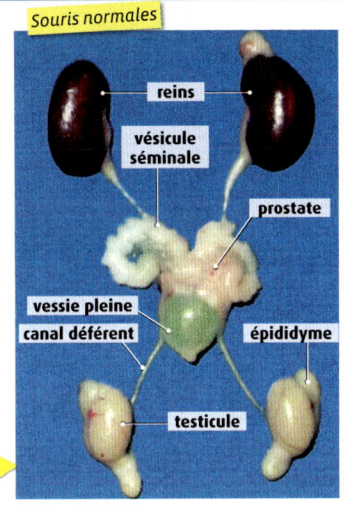

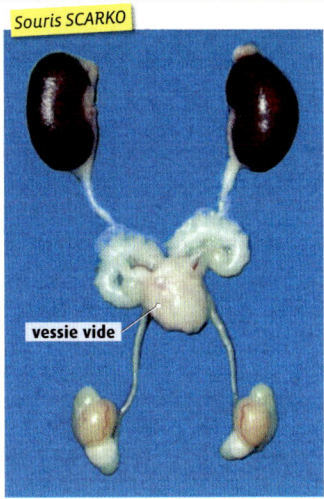

**1** L'appareil uro-génital d'une souris mâle normale et d'une souris mâle SCARKO.

|  | Volume de cellules de Sertoli (µL) | Volume de spermatogonies (µL) | Volume de spermatocytes (µL) | Volume de spermatides (µL) |
|---|---|---|---|---|
| Souris normales | 1,29 | 0,81 | 8,66 | 10,40 |
| Souris SCARKO | 1,13 | 0,74 | 5,51 | 0,19 |

Le volume de chaque type cellulaire est évalué pour un testicule.

**2** Volume de cellules de la lignée germinale chez des souris normales et des souris SCARKO.
Les spermatozoïdes sont issus de la division et de la maturation de cellules germinales : les spermatogonies. Les spermatocytes puis les spermatides (spermatozoïdes immatures) sont des cellules formées au cours de ce processus de maturation.

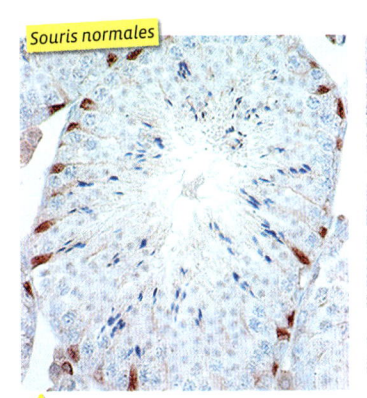

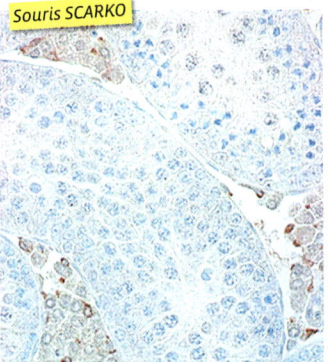

**3** Détection de la protéine Rhox5 sur des coupes de tubes séminifères. La protéine Rhox5, produite par les cellules de Sertoli, est révélée par une coloration brune. Son absence provoque une forte augmentation de la mortalité des cellules germinales en cours de maturation.

### Exploiter les documents

**DOC. 1.** Comparez la taille de chaque organe de l'appareil génital mâle chez les deux types de souris.

**DOC. 2.** Montrez que la production de spermatozoïdes est bloquée chez les souris SCARKO.

**DOC. 3.** Comparez l'abondance de la protéine Rhox5 dans les cellules de Sertoli chez les deux lignées de souris. Déduisez-en les conséquences de l'absence de récepteur à la testostérone sur la production de spermatozoïdes. Vous pouvez réaliser un schéma fonctionnel.

### QUESTION

À partir de l'exploitation des documents présentés, montrez que la stimulation des cellules de Sertoli par la testostérone est indispensable à la production de spermatozoïdes par le testicule.

# ATELIERS D'EXPLORATION

## ART ET SCIENCE — L'hermaphrodisme

L'hermaphrodisme est un trouble du phénotype sexuel. Il est, depuis l'Antiquité, un sujet d'inspiration pour les artistes, comme en témoigne cette œuvre romaine conservée aujourd'hui au musée du Louvre. Dans la réalité, les cas d'hermaphrodisme vrais sont très rares.

*L'hermaphrodite endormi, sculpture anonyme (Rome, II$^e$ siècle avant Jésus-Christ).*

### ACTIVITÉS

1. Décrivez le phénotype sexuel hermaphrodite montré par cette sculpture.
2. Sur Internet, cherchez l'interprétation mythologique de l'hermaphrodisme, telle que les Grecs la concevaient. Expliquez l'origine du mot « hermaphrodite ».
3. Recherchez d'autres représentations artistiques d'hermaphrodites.
4. Expliquez les causes scientifiques possibles de l'hermaphrodisme.

### POUR VOUS GUIDER

- www.louvre.fr (rechercher « hermaphrodite endormi »)
- www.insecula.com (rechercher : « hermaphrodite »)
- www.embryology.ch/francais/ugenital/patholgenital01.html
- www.vulgaris-medical.com/encyclopedie/hermaphrodisme-6551.html

## ENQUÊTE — Contraception : halte aux idées reçues !

www.contraceptions.org
http://g-oubliemapilule.com

La seule contraception hormonale disponible aujourd'hui est destinée aux femmes. Pilule, patchs ou implants, elle existe sous de nombreuses formes, toutes prescrites par un médecin et dont la plupart sont remboursées par la Sécurité sociale. La pilule reste la plus utilisée. Il en existe plusieurs types, qui varient selon la combinaison ou le dosage des hormones. Une pilule doit être prise avec régularité : un oubli peut abolir l'effet contraceptif. Il est nécessaire de connaître alors la conduite à tenir.

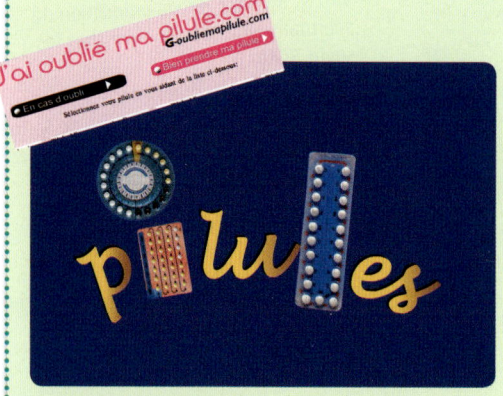

*Capture d'écran des sites contraceptions.org et g-oubliemapilule.com.*

### ACTIVITÉS

1. Sur le site www.contraceptions.org, comparez les avantages et les inconvénients de tous les dispositifs hormonaux disponibles.
2. À l'aide de la page qui leur est consacrée, expliquez pourquoi les méthodes « naturelles » de contraception sont à éviter.
3. Sur le site http://g-oubliemapilule.com, retrouvez la conduite à tenir lorsque l'on oublie de prendre sa pilule (informations précises données pour tous les types de pilule).
4. Faites des recherches pour savoir où en est la contraception hormonale masculine.

### POUR EN SAVOIR PLUS

- www.planning-familial.org
- www.futura-sciences.com (rechercher « contraception masculine »)

## DÉBAT — Question d'éthique : le diagnostic pré-implantatoire

Le diagnostic pré-implantatoire, ou DPI, peut être utilisé dans le cadre de l'assistance médicale à la procréation. En France, il est autorisé pour des couples ayant « une forte probabilité de donner naissance à un enfant atteint d'une maladie génétique d'une particulière gravité ».

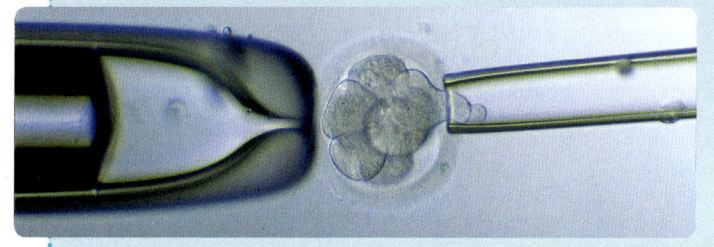

**1.** Le prélèvement d'une cellule d'un embryon humain, en vue d'un DPI.
Le DPI demande la réalisation d'une fécondation *in vitro*, qui produit plusieurs embryons. On prélève ensuite une cellule de chaque embryon, dont le génome est analysé. Seul un embryon ne portant pas l'anomalie génétique recherchée est implanté dans l'utérus de la future mère.

**2.** Un dessin humoristique paru dans la presse après la naissance du premier « bébé-médicament » français, issu d'un DPI.

| Vous êtes... | Votre mission consiste à... |
|---|---|
| Médecin | expliquer la technique du DPI et les quelques maladies graves qu'il permet d'éviter. |
| Journaliste | enquêter sur les utilisations dites de « convenance » (non médicales) du DPI dans le monde. |
| Philosophe | présenter les dérives possibles de l'utilisation généralisée du DPI dans la société. |
| Juriste | comparer le statut du DPI aux États-Unis et en France sur le plan législatif et en discuter. |
| Citoyens | vous informer préalablement pour pouvoir intervenir dans le débat, écouter les experts et exprimer votre opinion. |

**L'accès au DPI doit-il ou non être encadré ?**

Pour répondre à cette question, organisez un débat en classe en répartissant les rôles (pour chaque rôle, regroupez-vous à plusieurs).

**POUR VOUS GUIDER**
- www.etatsgenerauxdelabioethique.fr
- www.lemonde.fr/idees/article/2011/02/22/bebe-medicament-l-equilibre-perilleux-d-une-solution-extreme_1480863_3232.html
- www.lexpress.fr/actualite/sciences/bebes-sains-a-la-carte_773306.html?xtor=RSS-184
- www.lemonde.fr/societe/article/2010/07/31/la-clinique-des-bebes-sur-mesure_1393699_3224.html
- www.ethique-cancer.fr/phoenixws/bulletin/topic-2,15/article-57/entretien-il-ne-faut-pas-changer-la-loi.html

## MÉTIER — Sage-femme : aussi un métier d'homme !

Voilà un métier qui, contrairement aux idées reçues, n'est pas réservé... aux femmes ! Et pourtant, en France, on ne compte que 2 % de sage-femme hommes ! Un(e) sage-femme doit bien sûr mener l'accouchement à bien, mais également suivre toute la grossesse au plan médical et accompagner psychologiquement les femmes pendant cette période particulière.

Un grand savoir faire technique et de très bonnes qualités relationnelles sont donc indispensables.

### ACTIVITÉS

**1** Identifiez les structures professionnelles où un(e) sage-femme peut exercer son métier.

**2** Recherchez le niveau d'étude requis, les formations qui débouchent sur ce métier et les qualités qu'il exige.

**POUR VOUS GUIDER**
- www.onisep.fr
- www.libtheque.fr

THÈME 4 – FÉMININ, MASCULIN

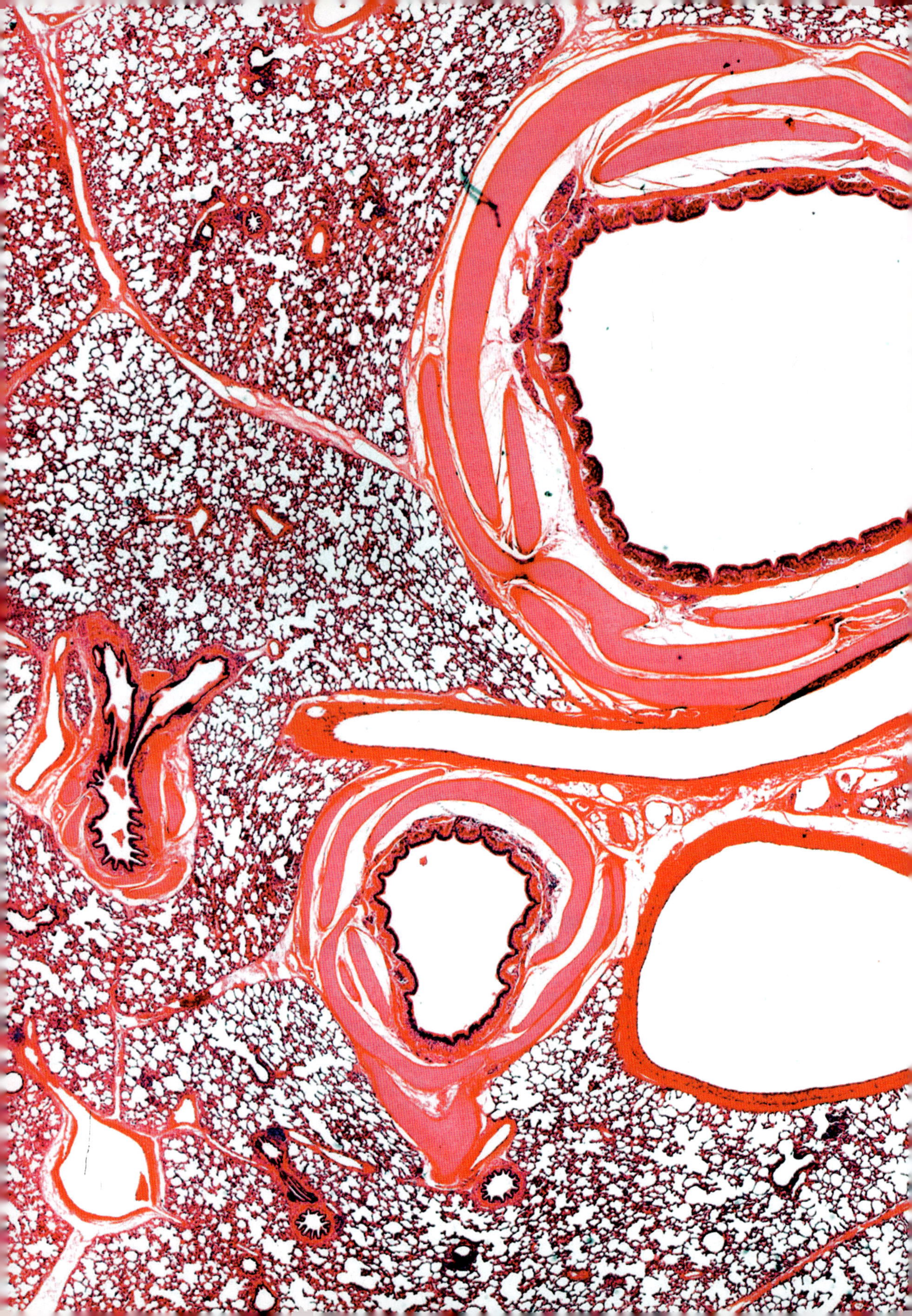

# THÈME 5

# Variation génétique et santé

**MOBILISER SES ACQUIS** p. 244
**1.** Patrimoine génétique et maladie p. 247
**2.** Variations du génome et maladie p. 263

Coupe transversale de tissu pulmonaire d'un mammifère. (Vue au MO).

# MOBILISER SES ACQUIS

## 1. Comment la reproduction sexuée assure-t-elle la diversité génétique?

**Présentation simplifiée de la formation des spermatozoïdes**

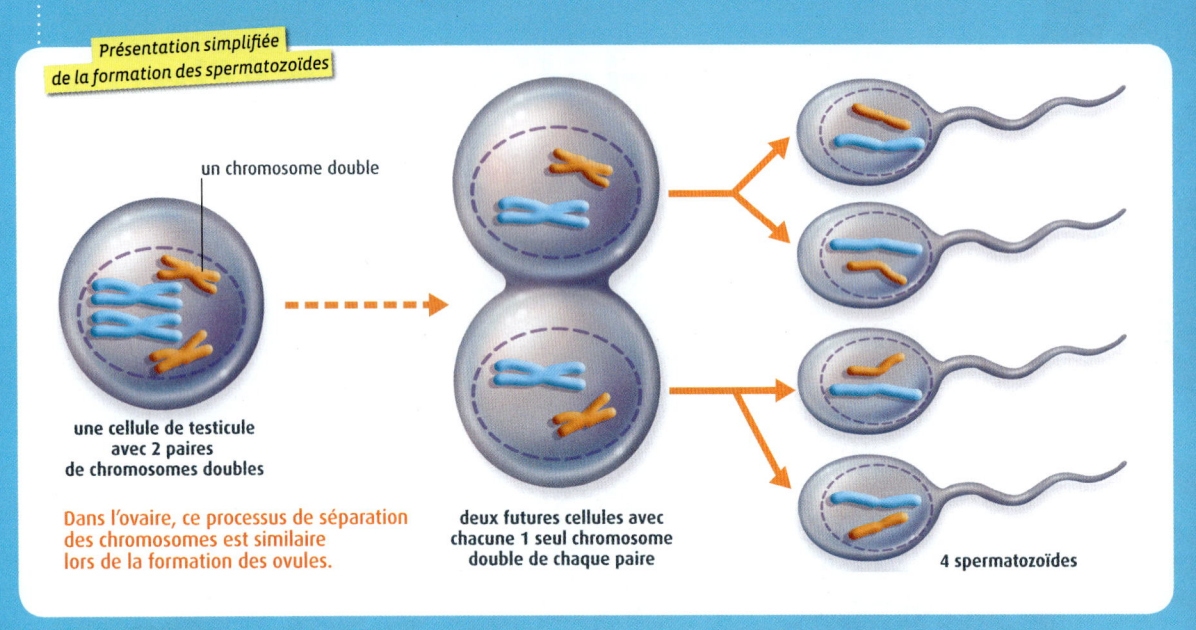

un chromosome double

une cellule de testicule avec 2 paires de chromosomes doubles

Dans l'ovaire, ce processus de séparation des chromosomes est similaire lors de la formation des ovules.

deux futures cellules avec chacune 1 seul chromosome double de chaque paire

4 spermatozoïdes

**La fécondation**

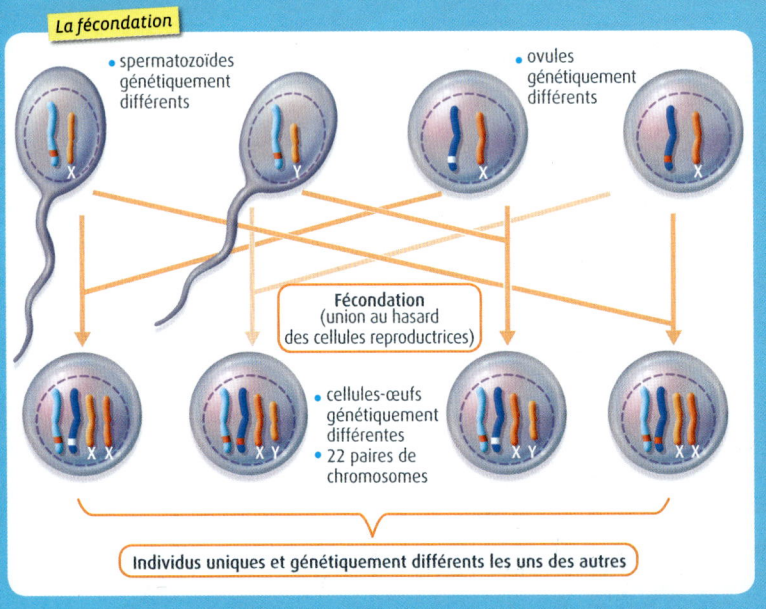

- spermatozoïdes génétiquement différents
- ovules génétiquement différents

Fécondation (union au hasard des cellules reproductrices)

- cellules-œufs génétiquement différentes
- 22 paires de chromosomes

Individus uniques et génétiquement différents les uns des autres

### mots clés

**Chromosome double :** chromosome constitué de deux molécules d'ADN identiques. Les chromosomes se trouvent dans cet état avant que la cellule ne se multiplie.

**Fécondation :** fusion des noyaux d'un spermatozoïde et d'un ovule. Elle aboutit à la mise en commun des chromosomes des deux cellules reproductrices.

① Quelle est l'évolution du nombre de chromosomes lors de la formation des cellules reproductrices, puis lors de la fécondation ?

② Comment se répartissent les chromosomes d'une même paire lors de la formation des cellules reproductrices ? Comment s'unissent deux cellules reproductrices ?

③ Pour deux paires de chromosomes, combien peuvent se former de cellules-œufs génétiquement différentes à partir d'une même cellule ?

## 2. Comment expliquer la variabilité d'un caractère héréditaire ?

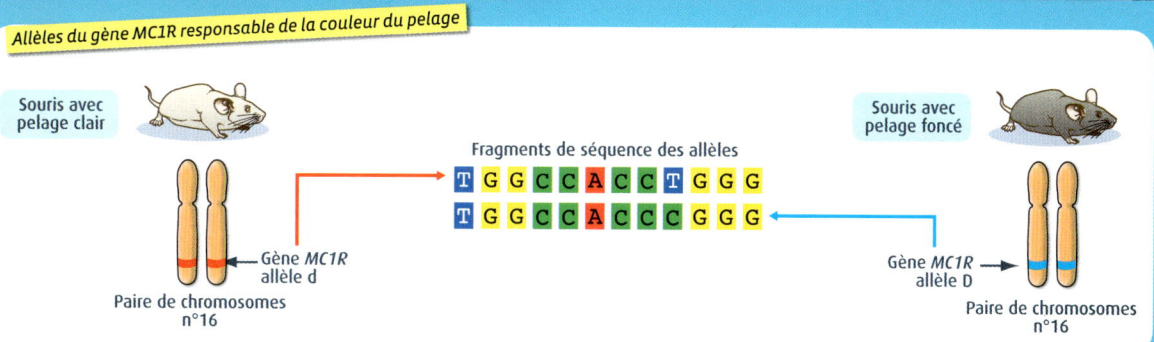

*Deux individus de la même espèce (souris à abajoues)*

*Allèles du gène MC1R responsable de la couleur du pelage*

Souris avec pelage clair

Fragments de séquence des allèles

T G G C C A C C T G G G
T G G C C A C C C G G G

Gène *MC1R* allèle d
Paire de chromosomes n°16

Souris avec pelage foncé

Gène *MC1R* allèle D
Paire de chromosomes n°16

❶ Peut-on dire que la couleur de pelage des souris est un caractère héréditaire ? Pourquoi ?
❷ En quoi l'allèle du gène *MC1R* d'une souris à pelage clair diffère-t-il de celui d'une souris à pelage foncé ?
❸ Rappelez le phénomène à l'origine des différences observées entre ces deux allèles.

**Allèles :** versions d'un gène. Deux allèles d'un même gène peuvent entraîner la réalisation d'un caractère héréditaire dans des versions différentes.
**Mutation génétique :** modification de la séquence nucléotidique d'un gène entraînant l'apparition d'un nouvel allèle.

## CE QU'IL FAUT SAVOIR POUR ABORDER LE THÈME 5

▶ Au cours de la première étape de la formation des cellules reproductrices, les **chromosomes doubles** d'une même paire se séparent et migrent **au hasard** dans chacune des deux cellules filles. Le nombre de chromosomes des cellules filles est réduit de moitié par rapport à la cellule mère. Toutes les cellules filles présentent en outre un contenu chromosomique différent.

▶ Ces cellules subissent une deuxième division, au cours de laquelle les deux molécules d'ADN identiques de chaque chromosome double se répartissent dans chacune des cellules filles. Les cellules reproductrices ainsi formées contiennent alors des **chromosomes simples**.

▶ Le mécanisme de formation des cellules reproductrices génère aléatoirement une multitude de spermatozoïdes et d'ovules génétiquement différents. **La fécondation** est l'union **au hasard** de l'un de ces spermatozoïdes et de l'un de ces ovules. Elle rétablit le nombre de chromosomes normal de l'espèce dans la cellule-œuf. Ce **double hasard** est à l'origine de la formation d'**individus génétiquement uniques**.

▶ La variabilité d'un caractère héréditaire résulte de l'existence de plusieurs **allèles** d'un gène. Un même individu, pour un même gène, peut posséder des allèles différents. Ces allèles présentent de légères différences au niveau de leur séquence en nucléotides. Des **mutations**, rares et spontanées, génèrent ces différences génétiques. Pour un même gène, un enfant possède toujours un allèle transmis par son père et un allèle transmis par sa mère.

# THÈME 5 — Variation génétique et santé

## SOMMAIRE

### CHAPITRE 1 — Patrimoine génétique et maladie — 247

- **UNITÉ 1** Une maladie génétique : la mucoviscidose — 248
- **UNITÉ 2** Prévenir et soigner la mucoviscidose — 250
- **UNITÉ 3** Une maladie métabolique : le diabète de type 2 — 252
- **UNITÉ 4** Les causes du diabète de type 2 — 254
- Bilan des unités — 256
- L'essentiel — 258
- Exercices — 260

### CHAPITRE 2 — Variations du génome et maladie — 263

- **UNITÉ 1** Les caractéristiques d'un cancer — 264
- **UNITÉ 2** Les bases génétiques des cancers — 266
- **UNITÉ 3** Cancers et agents mutagènes — 268
- **UNITÉ 4** Cancers et virus — 270
- **UNITÉ 5** Le mode d'action des antibiotiques et leurs limites — 272
- **UNITÉ 6** Le développement de la résistance aux antibiotiques — 274
- Bilan des unités — 276
- L'essentiel — 278
- Exercices — 280
- **OBJECTIF BAC** Les causes d'une maladie cardiovasculaire : l'athérosclérose — 283
- **ATELIERS D'EXPLORATION** SCIENCES ACTUALITÉ – MÉTIER – ENQUÊTE – HISTOIRE DES SCIENCES — 284

**CHAPITRE 1**

# Patrimoine génétique et maladie

*Le phénotype d'un individu dépend de son patrimoine génétique et de facteurs de l'environnement. La mucoviscidose ainsi que d'autres maladies apparaissent avec une fréquence plus élevée dans certaines familles que dans la population générale. Cela suggère qu'elles ont une origine génétique.*

**Du mucus** (en marron) sécrété par une cellule de la paroi des bronches (vue au MET). Une anomalie de la sécrétion de mucus est à l'origine de la mucoviscidose.

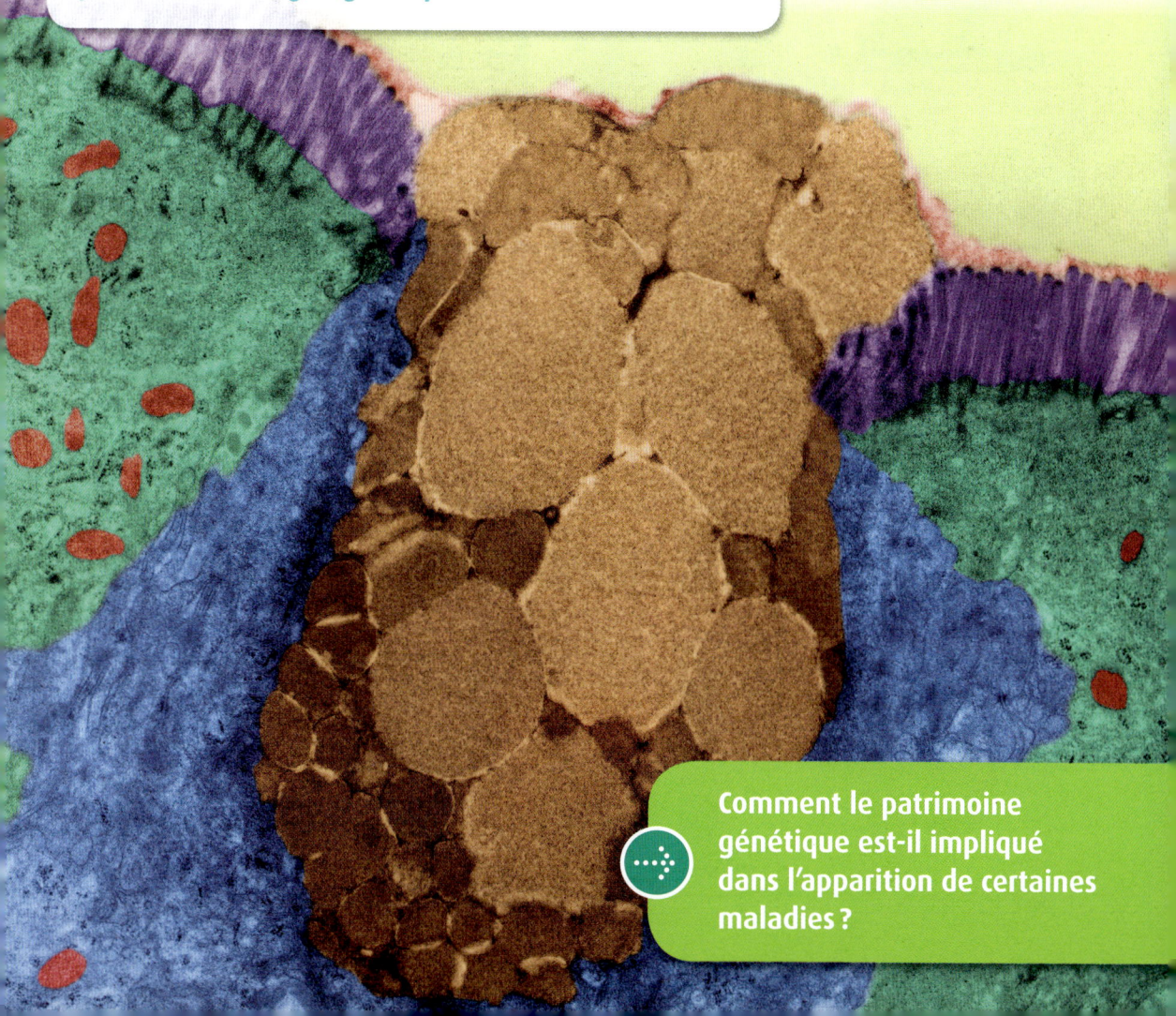

**Comment le patrimoine génétique est-il impliqué dans l'apparition de certaines maladies ?**

# 1 UNITÉ — Une maladie génétique : la mucoviscidose

La mucoviscidose est une maladie génétique humaine grave qui affecte principalement les poumons. L'espérance de vie des patients ne dépasse pas 46 ans et 85 % d'entre eux décèdent d'insuffisance respiratoire.

⇢ **En quoi la mucoviscidose est-elle une maladie génétique ?**

## Observer les manifestations de la mucoviscidose

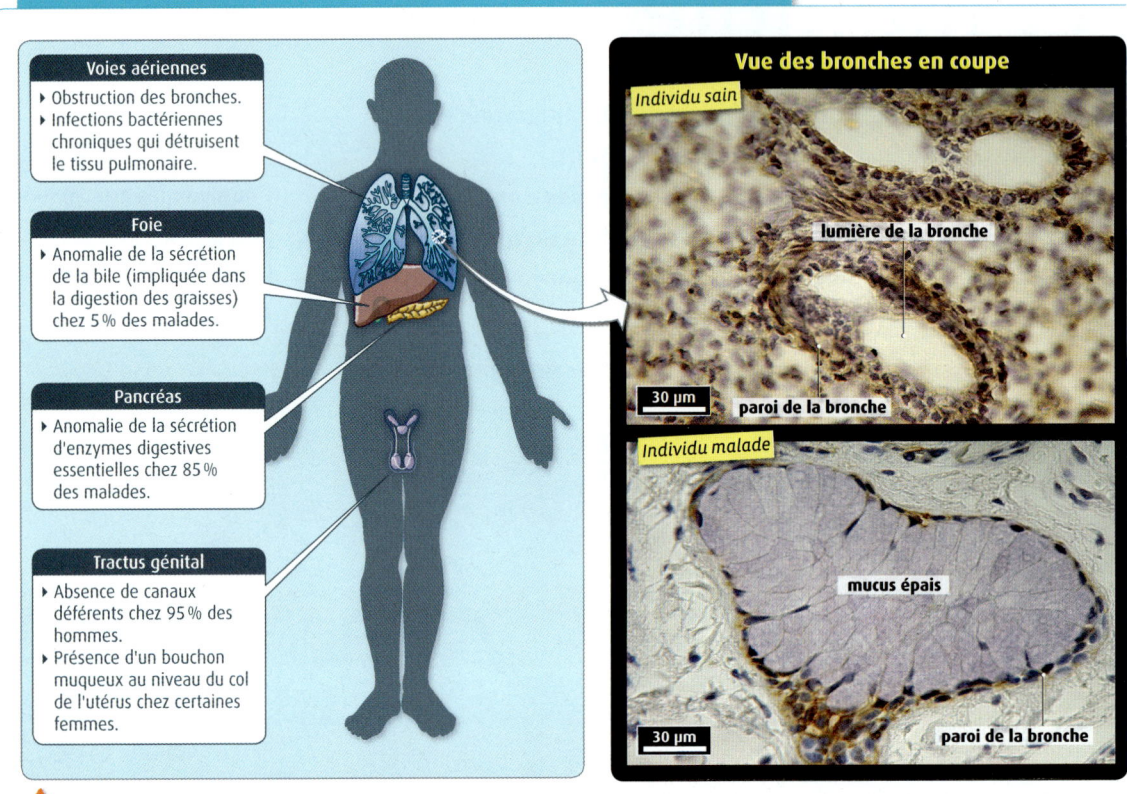

**Voies aériennes**
- Obstruction des bronches.
- Infections bactériennes chroniques qui détruisent le tissu pulmonaire.

**Foie**
- Anomalie de la sécrétion de la bile (impliquée dans la digestion des graisses) chez 5 % des malades.

**Pancréas**
- Anomalie de la sécrétion d'enzymes digestives essentielles chez 85 % des malades.

**Tractus génital**
- Absence de canaux déférents chez 95 % des hommes.
- Présence d'un bouchon muqueux au niveau du col de l'utérus chez certaines femmes.

**Vue des bronches en coupe**

*Individu sain* — lumière de la bronche, paroi de la bronche (30 µm)

*Individu malade* — mucus épais, paroi de la bronche (30 µm)

**1 Les principaux organes touchés par la mucoviscidose.** Les troubles liés à la mucoviscidose ont pour origine la sécrétion d'un mucus trop épais qui obstrue progressivement les canaux de certains organes.

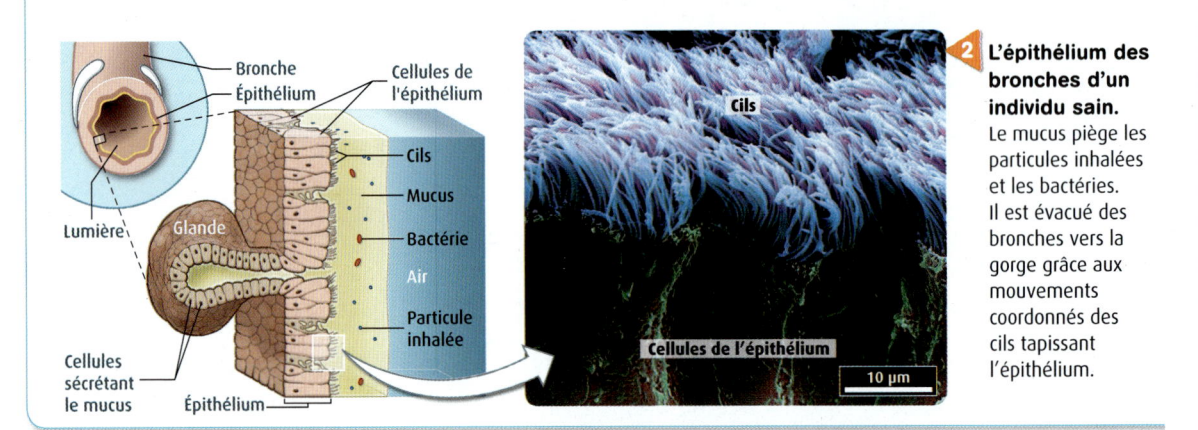

Schéma : Bronche, Épithélium, Cellules de l'épithélium, Cils, Mucus, Bactérie, Air, Particule inhalée, Lumière, Glande, Cellules sécrétant le mucus, Épithélium.

Cellules de l'épithélium, Cils (10 µm)

**2 L'épithélium des bronches d'un individu sain.** Le mucus piège les particules inhalées et les bactéries. Il est évacué des bronches vers la gorge grâce aux mouvements coordonnés des cils tapissant l'épithélium.

# Rechercher l'origine de la mucoviscidose

| Position | 504 | 505 | 506 | 507 | 508 | 509 | 510 | 511 |
|---|---|---|---|---|---|---|---|---|
| **Sauvage** | | | | | | | | |
| ADN | ...GAA | AAT | ATC | ATC | TTT | GGT | GTT | TCC... |
| protéine | Glu | Asn | Ile | Ile | Phe | Gly | Val | Ser |
| **ΔF508** | | | | | | | | |
| ADN | ...GAA | AAT | ATC | AT- | --T | GGT | GTT | TCC... |
| protéine | Glu | Asn | Ile | Ile | | Gly | Val | Ser |

**3** Portion de l'allèle sauvage et de l'allèle ΔF508 du gène *CFTR*. Ce gène situé sur le chromosome 7 code la protéine CFTR. Chez 80 % des malades atteints de mucoviscidose, les deux allèles de ce gène portent la mutation ΔF508. Ces malades sont dits homozygotes pour l'allèle muté ΔF508.

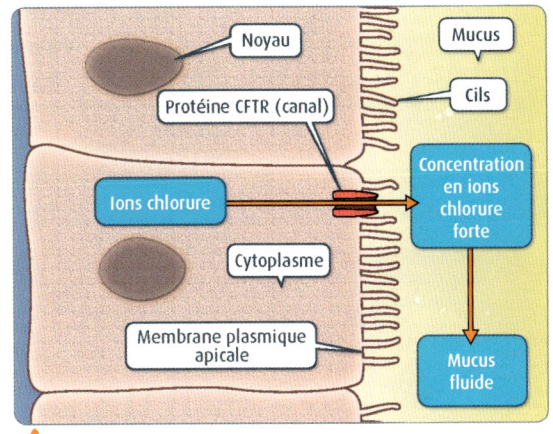

**4** Les échanges d'ions dans une cellule de l'épithélium des bronches d'un individu sain.
La protéine CFTR forme un canal qui permet l'expulsion des ions chlorure (Cl⁻) hors du cytoplasme. Elle doit pour cela s'insérer dans la membrane plasmique apicale des cellules épithéliales.

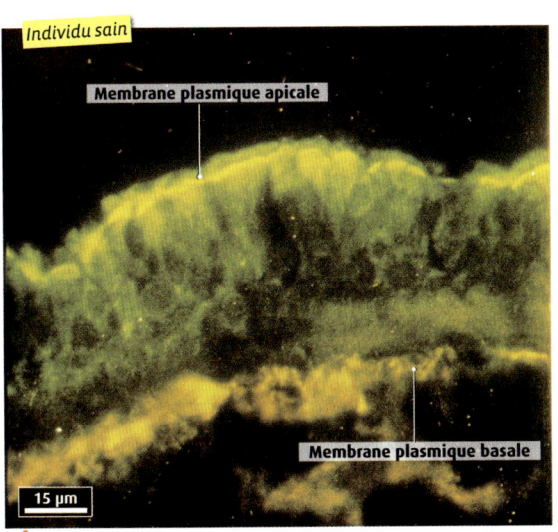

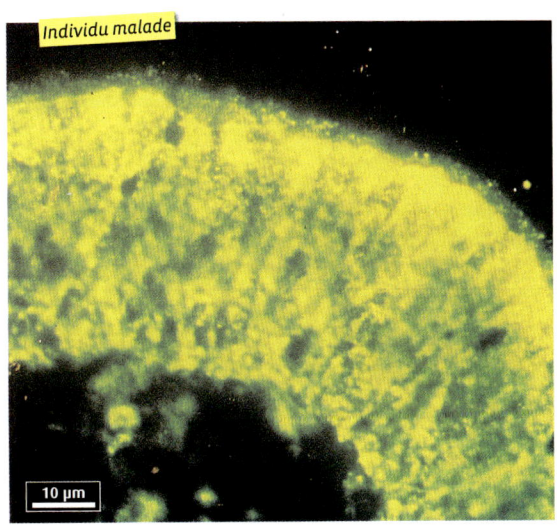

*Individu sain* — Membrane plasmique apicale / Membrane plasmique basale — 15 μm

*Individu malade* — 10 μm

**5** Localisation de la protéine CFTR dans un épithélium des bronches d'un individu sain et d'un individu homozygote pour la mutation ΔF508. La protéine est visualisée par une fluorescence jaune. Chez le malade, 1 % seulement des protéines CFTR se retrouvent dans la membrane plasmique apicale. Les 99 % restants sont bloqués dans le cytoplasme puis dégradés.

## ACTIVITÉS

**1** **DOC. 1 ET 2.** Déterminez les symptômes associés à la mucoviscidose. Mettez en relation les caractéristiques du mucus et les anomalies des voies respiratoires.

**2** **DOC. 3.** Identifiez la mutation ΔF508 puis indiquez ses conséquences sur la séquence de la protéine CFTR.

**3** **DOC. 4 ET 5.** À l'aide d'un schéma représentant les échanges d'ions chlorure dans une cellule de l'épithélium des bronches d'un malade, montrez comment la modification de la protéine CFTR conduit à la maladie chez les individus homozygotes pour la mutation ΔF508.

**4** **EN CONCLUSION.** Montrez que le phénotype de la mucoviscidose s'exprime à différentes échelles liées les unes aux autres. Votre réponse peut prendre la forme d'un schéma.

# UNITÉ 2

## Prévenir et soigner la mucoviscidose

La mucoviscidose est une maladie due à la déficience d'un seul gène (*CFTR*). Seuls les individus homozygotes ayant hérité de deux allèles mutés de ce gène sont atteints.

⇢ **Comment évaluer le risque de transmission de la mucoviscidose ? Comment soigner la maladie ?**

### Évaluer un risque de transmission

**1** Une campagne en faveur de la recherche contre la mucoviscidose.

La mucoviscidose est la maladie génétique la plus fréquente en Europe (1 nouveau-né sur 4 600). Depuis 2002, on effectue en France son dépistage systématique chez le nouveau-né. Dès qu'il y a suspicion, on recherche des **mutations** du gène *CFTR* par une analyse moléculaire.

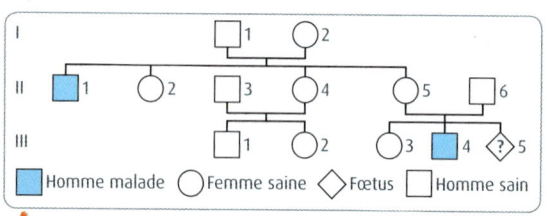

**2** Un arbre généalogique d'une famille touchée par la mucoviscidose.

| Couple | Risque que le père soit hétérozygote | Risque que la mère soit hétérozygote |
|---|---|---|
| Aucun cas de mucoviscidose dans la famille | 1/34 | 1/34 |
| Le père a un frère atteint de mucoviscidose | 1/2 | 1/34 |
| Père et mère ont tous deux une sœur atteinte de mucoviscidose | 1/2 | 1/2 |

**3** Calcul du risque de transmission de la mucoviscidose pour trois couples en France.

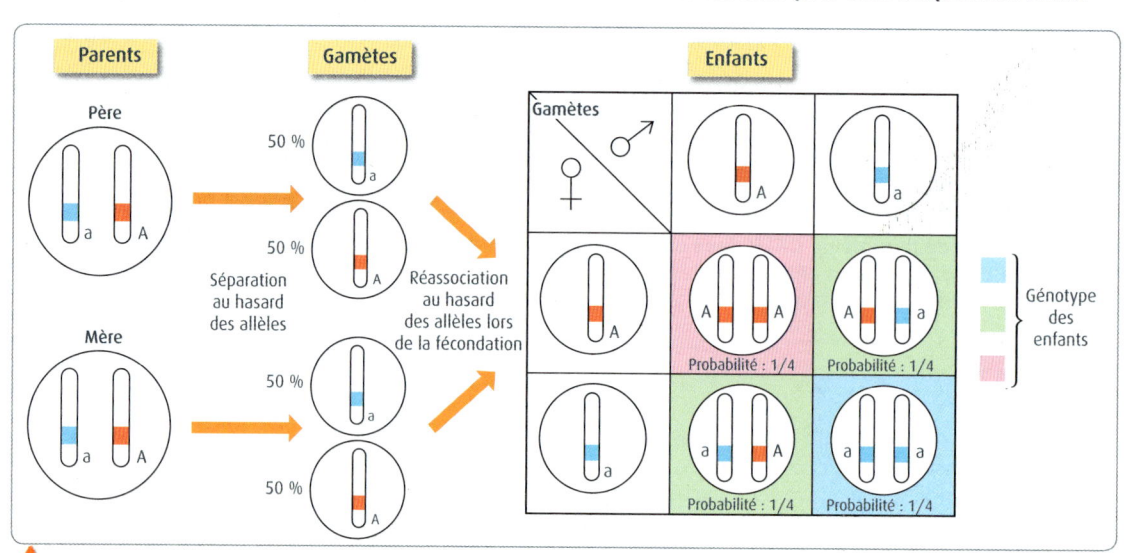

**4** Transmission d'un couple d'**allèles** (A, a) d'un gène porté par un autosome (chromosome non sexuel) lors de la reproduction sexuée. Lors de la formation des gamètes, il y a séparation au hasard des chromosomes homologues. Lors de la fécondation, la réassociation des allèles d'origine maternelle avec les allèles d'origine paternelle se fait également au hasard.

## Élaborer des stratégies pour soigner

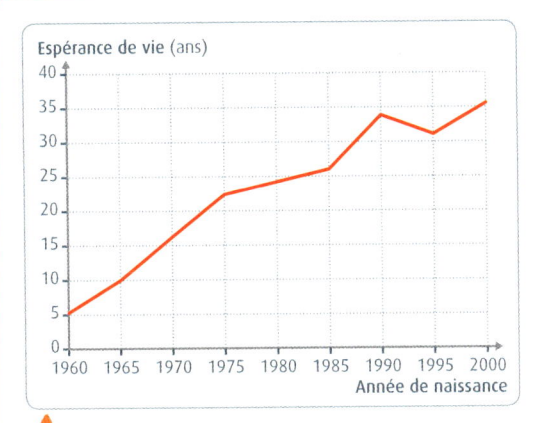

**5. L'évolution de l'espérance de vie des malades.** Avant l'arrivée des antibiotiques (vers 1950), l'espérance de vie des malades ne dépassait pas 3 ans.

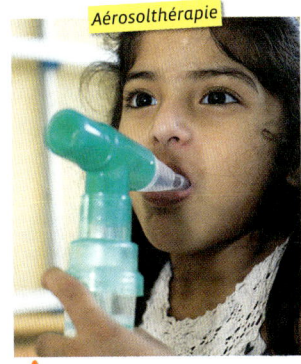

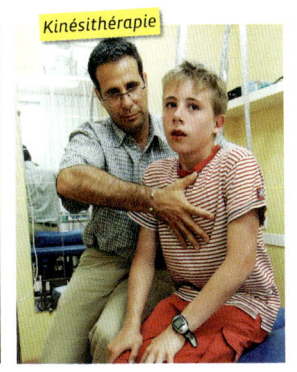

**6. Des soins pour les enfants atteints de mucoviscidose.**
L'aérosolthérapie consiste à apporter le traitement (antibiotique, etc.) sous la forme d'une suspension de fines gouttelettes.
L'insuffisance respiratoire grave est traitée par oxygénothérapie.
La kinésithérapie permet le drainage du mucus.

*Aérosolthérapie* — *Kinésithérapie*

**Interview du Pr Isabelle Durieu**, responsable du centre de référence mucoviscidose (CHU de Lyon)

L'identification du gène *CFTR* a ouvert la voie à la possibilité de traiter la mucoviscidose par la thérapie génique. Les premiers vecteurs utilisés étaient des virus responsables d'infections bénignes des voies respiratoires et dont une partie du génome s'incorpore dans les cellules infectées : les adénovirus. Des essais chez l'Homme ont confirmé l'intégration de l'allèle *CFTR* normal dans un pourcentage significatif de cellules épithéliales. Cependant, l'épithélium respiratoire étant régulièrement renouvelé, des administrations répétées d'adénovirus sont nécessaires, d'où une réaction immunitaire du patient et une baisse d'efficacité du traitement. Les vecteurs synthétiques comme les liposomes (vésicules lipidiques) sont moins immunogènes et sans risque infectieux, mais beaucoup moins efficaces. Les recherches actuelles s'orientent vers l'utilisation d'autres types de vecteurs : des cellules du malade (cellules souches*) dans lesquelles aurait été inséré l'allèle sauvage du gène *CFTR*.

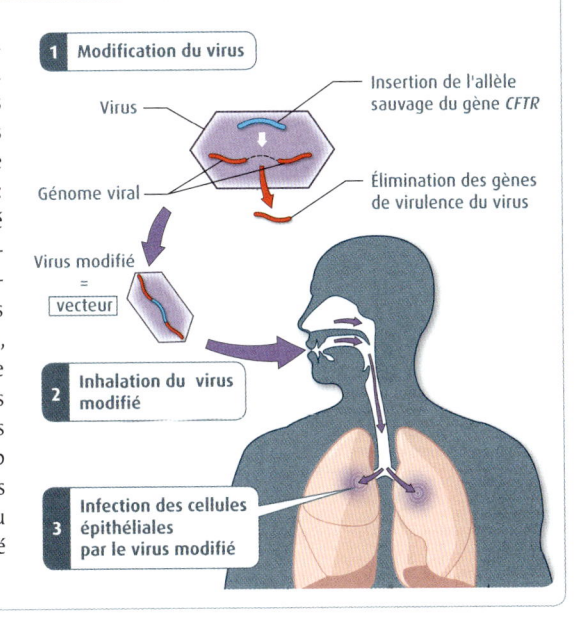

1. Modification du virus — Virus — Insertion de l'allèle sauvage du gène *CFTR* — Génome viral — Élimination des gènes de virulence du virus — Virus modifié = vecteur
2. Inhalation du virus modifié
3. Infection des cellules épithéliales par le virus modifié

**7. La thérapie génique, un espoir de correction de la mucoviscidose.** * : voir l'atelier p. 68 sur les cellules souches.

### ACTIVITÉS

1. **DOC. 1, 5 ET 6.** Expliquez l'augmentation de l'espérance de vie des malades depuis 1960.
2. **DOC. 2 ET 4.** Calculez le risque que le fœtus III-5 soit atteint par la maladie.
3. **DOC. 3 ET 4.** Calculez, pour chaque couple du doc. 3, le risque d'avoir un enfant malade.
4. **DOC. 7.** Expliquez comment, dans son principe, la thérapie génique offre un espoir de corriger la maladie. Indiquez quelques-uns de ses avantages et de ses limites.
5. **EN CONCLUSION.** Expliquez comment évaluer le risque de transmission de la mucoviscidose et comment soigner les personnes affectées.

THÈME 5 – CHAPITRE 1 PATRIMOINE GÉNÉTIQUE ET MALADIE

# UNITÉ 3 — Une maladie métabolique : le diabète de type 2

Les diabètes sont des maladies qui se manifestent par une concentration sanguine excessive de glucose, ou hyperglycémie. Les diabètes touchent de plus en plus de personnes dans le monde : c'est une véritable épidémie.

⇢ **Quelles sont les caractéristiques de l'épidémie actuelle de diabète ?**

## Caractériser deux types de diabète

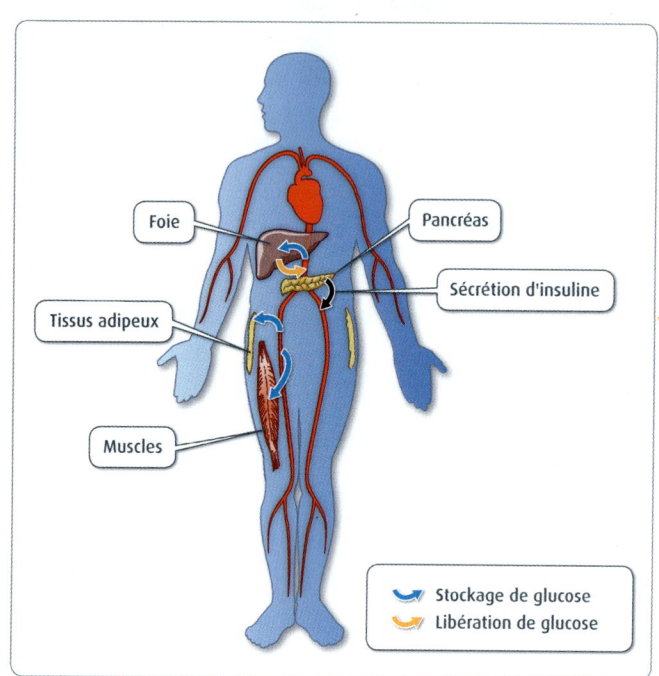

**Nombre de diabétiques en France**
- 2007 : 2,2 millions
- 2009 : 2,9 millions

Organes annotés : Foie, Pancréas, Sécrétion d'insuline, Tissus adipeux, Muscles.
Légende : Stockage de glucose / Libération de glucose

**1 Les organes clés de la régulation de la glycémie.** Chez le sujet sain, la glycémie (concentration sanguine en glucose) oscille autour de 1 g.L⁻¹. Lors de la digestion, l'apport de glucose provoque une augmentation de la glycémie. Le pancréas sécrète alors une hormone, l'insuline, qui augmente l'assimilation de glucose par les cellules des muscles, du foie et du tissu adipeux. L'insuline agit sur les cellules en se fixant à un récepteur présent sur leur membrane plasmique. Cette fixation est à l'origine d'un message qui modifie le fonctionnement cellulaire. La transmission de ce message implique de nombreuses protéines.

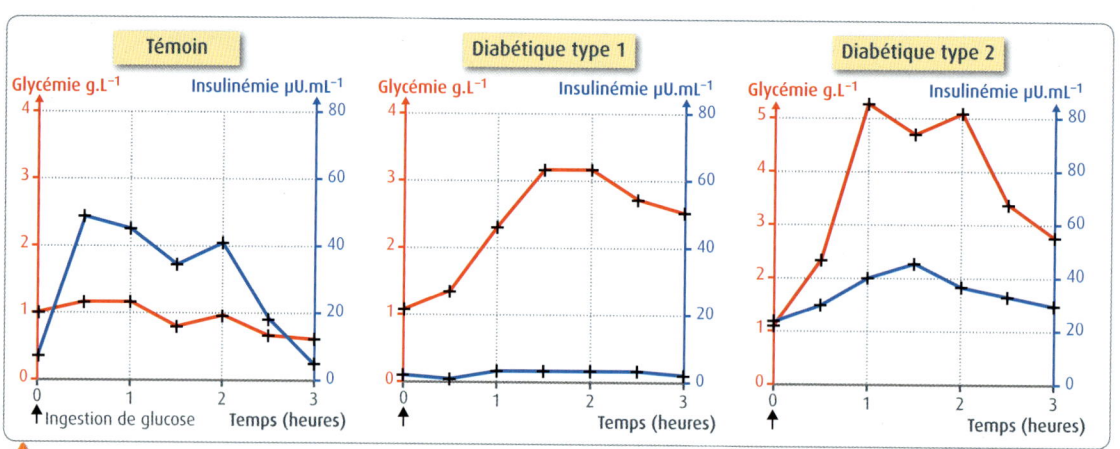

Graphiques : Témoin / Diabétique type 1 / Diabétique type 2 — Glycémie g.L⁻¹ et Insulinémie µU.mL⁻¹ en fonction du Temps (heures).

**2 L'évolution des concentrations sanguines en glucose et en insuline après un test d'hyperglycémie provoquée.** Ce test consiste à ingérer 75 g de glucose dissout dans 300 mL d'eau en moins de 5 minutes (temps 0). Il permet de distinguer deux types bien distincts de diabète : le diabète de type 1 et le diabète de type 2. Dans le diabète de type 2, on observe que plus la maladie progresse, plus la sécrétion d'insuline diminue.

# Caractériser l'épidémie de diabète

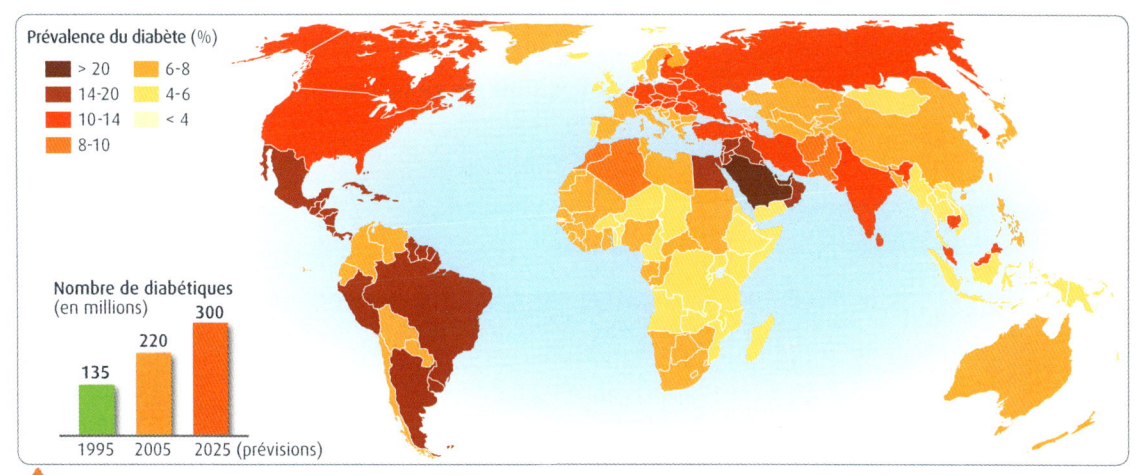

**3** **Prévalence** du diabète dans le monde (type 1 et type 2 confondus). En plus des disparités géographiques, on relève une inégalité socioéconomique face à la maladie : les populations les plus pauvres ont une fréquence plus élevée de diabète.

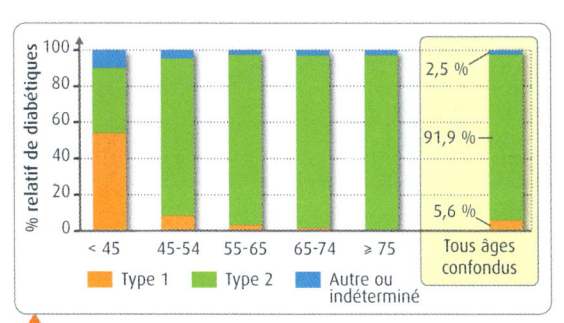

**4** Répartition des deux types de diabète par classe d'âge en France (2007).

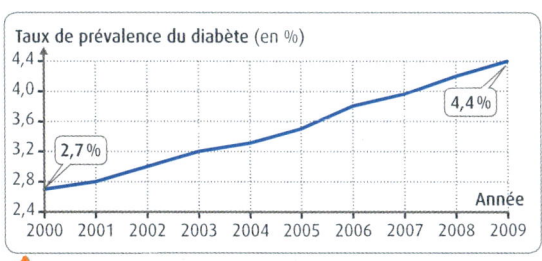

**5** Évolution de la **prévalence** du diabète de type 2 en France entre 2000 et 2009.

**Interview** du **Docteur Beauclair**, chef de service au centre hospitalier de Saint-Marcellin

**Les complications du diabète peuvent être graves.** En effet, la maladie endommage les vaisseaux sanguins, notamment ceux de petits diamètres. Les organes particulièrement vulnérables sont l'œil (risque de cécité impliquant un suivi ophtalmologique annuel), le cœur (risque d'infarctus élevé) et le rein (insuffisance rénale progressive pouvant obliger à la dialyse ou une greffe). Les diabètes ont tué 1,1 million de personnes dans le monde en 2005. Le diabète de type 1 est traité par l'insuline. Le diabète de type 2 est traité par un régime alimentaire, la pratique d'une activité physique ainsi que par des médicaments diminuant l'insulino-résistance ou stimulant l'insulino-sécrétion par le pancréas. Les effets de ces médicaments s'épuisent à long terme. Aussi, le recours à l'insuline est finalement nécessaire, même pour les diabétiques de type 2.

**6** Quelles sont les complications liées au diabète ?

## ACTIVITÉS

**1** **DOC. 1.** Montrez que la glycémie est contrôlée par une boucle de régulation.

**2** **DOC. 1, 2 ET 6.** Déterminez, dans les deux types de diabète, les causes de l'hyperglycémie.

**3** **DOC. 3 À 5.** Pourquoi peut-on parler d'une épidémie de diabète de type 2 ?

**4** **DOC. 5 ET 6.** Expliquez pourquoi la prise en charge du diabète est une priorité de santé publique.

**5** **EN CONCLUSION.** Résumez les caractéristiques de l'épidémie actuelle de diabète.

# 4 UNITÉ — Les causes du diabète de type 2

La déficience des deux allèles d'un unique gène est à l'origine de la mucoviscidose. Dans le cas du diabète de type 2, les causes de la maladie sont multiples. Pour les rechercher, on met en œuvre les méthodes de l'épidémiologie.

⇢ **Quelles sont les causes du diabète de type 2 ?**

## Comprendre la démarche de l'épidémiologie

**Interview** de **Nabila Bouatia-Naji**, chercheuse à l'Inserm (Lille)

**La déficience d'un seul gène ne suffit pas au déclenchement d'un diabète de type 2.** On connaît en fait plusieurs dizaines de gènes dont certains allèles rendent le développement du diabète plus probable, en combinaison avec de nombreux autres facteurs (voir doc. 5 à 7). Ce sont des gènes de prédisposition. La recherche de ces gènes est l'objet de la génétique épidémiologique.

Le séquençage du génome humain a permis de repérer plusieurs millions d'emplacements où la nature d'un nucléotide varie fréquemment d'un individu à l'autre : ce sont les SNP (*Single Nucleotid Polymorphisms*), qui présentent au moins deux allèles. Grâce à aux puces à ADN (voir doc. 2), on peut comparer la séquence de nombreux SNP chez des diabétiques et chez des sujets témoins. Plusieurs études de ce type permettent, après analyse statistique, d'identifier des SNP dont un allèle est trouvé à une plus grande fréquence chez les malades que chez les témoins. Le ou les gènes à proximité de ces SNP sont des gènes de prédisposition au diabète de type 2. Les chercheurs analysent ensuite leur fonction et la nature des allèles « à risque » de ces gènes présents chez les malades.

**1** Comment recherche-t-on des gènes de prédisposition au diabète de type 2 ?

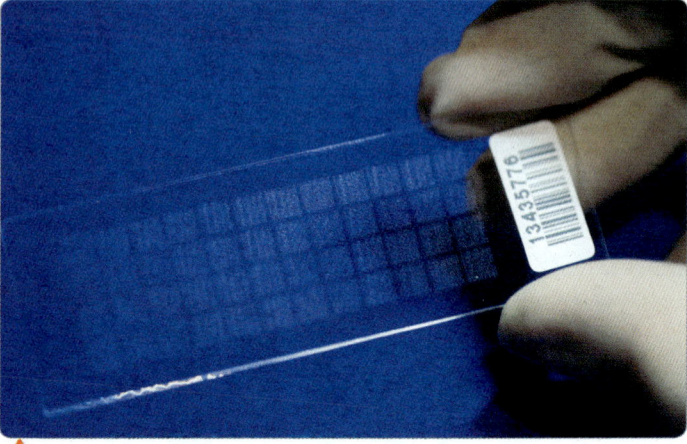

**2** Une puce à ADN.
Elle permet de déterminer la séquence d'un million de SNP chez un individu. De courts fragments d'ADN dont la séquence nucléotidique correspond à chacun de ces SNP sont fixés sur la puce. On ajoute ensuite sur la puce l'ADN génomique d'un individu marqué par une substance fluorescente. Pour chaque SNP, suivant l'allèle présent dans l'ADN génomique, la fluorescence émise est différente.

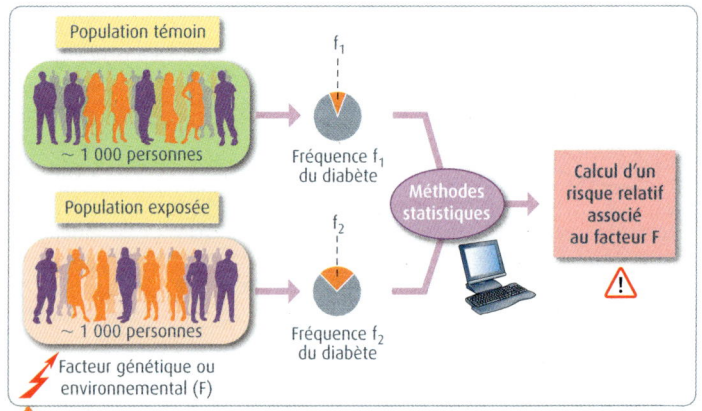

**3** La notion de **risque relatif**.
En **épidémiologie**, on peut, grâce à des méthodes statistiques, calculer le risque relatif associé à un facteur (qu'il soit génétique, environnemental ou lié au mode de vie) dont on cherche à savoir s'il est impliqué dans l'apparition d'une maladie. En simplifiant, un risque relatif égal, par exemple, à 2 signifie que le développement de la maladie est environ 2 fois plus probable chez un individu exposé au facteur que chez un individu non exposé.

## Découvrir quelques causes du diabète de type 2

| Gène | Fonction de la protéine codée | Risque relatif |
|------|-------------------------------|----------------|
| TCF7L2 | Contrôle de la transcription de certains gènes | 1,35 |
| SLC30A8 | Impliquée dans la sécrétion de l'insuline | 1,18 |
| THADA | Mal connue | 1,15 |

Fonctionnement des cellules sécrétrices d'insuline portant un allèle à risque : TCF7L2, SLC30A8, THADA ; Normal → Fonctionnement diminué ; Indice de fonctionnement 0 / −0,01 / −0,02 / −0,03

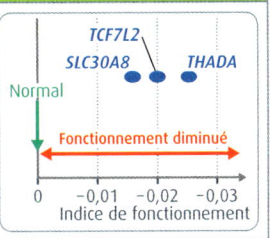

**4 Quelques gènes de prédisposition au diabète de type 2.** On a identifié une quarantaine de gènes de prédisposition au diabète de type 2. Souvent, le lien entre la fonction de la protéine qu'ils codent et la maladie est mal compris. Les études épidémiologiques montrent que le développement de la maladie implique la présence d'allèles à risque de plusieurs gènes qui, pris individuellement, ont un effet faible.

« Le diabète n'est plus seulement la maladie des riches citadins [...]. La maladie suit le chemin du développement. Voilà pourquoi l'État du Tamil Nadu, l'un des plus développés du pays, est aussi l'un des plus touchés par le diabète. Depuis la construction de routes goudronnées et la hausse du pouvoir d'achat, les agriculteurs ne roulent plus à bicyclette, mais à moto. L'arrivée des tracteurs a réduit l'activité physique dans les champs. Enfin, les barres chocolatées et autres friandises remplissent les cabanons des épiciers dans quasiment tous les villages. Le marché des grandes métropoles est presque saturé et les géants de l'industrie agroalimentaire s'attaquent aux zones rurales. "Ce changement de mode de vie est particulièrement dévastateur, car la population a une prédisposition génétique au diabète", souligne le docteur Mohan [spécialiste du diabète en Inde]. [...] En Inde, dans certaines zones rurales, 10 % des habitants sont diabétiques, contre seulement 1 % au début des années 1970. »

*Le Monde du 12 février 2011*

**5 Une recrudescence du diabète en Inde.**

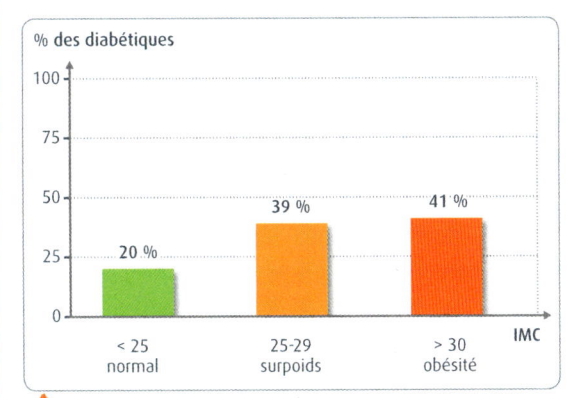

% des diabétiques selon IMC : < 25 normal : 20 % ; 25-29 surpoids : 39 % ; > 30 obésité : 41 %

Risque relatif selon IMC : < 25 normal : 1 ; 25-29 surpoids : 3,4 ; > 30 obésité : 9,9

**6 Indice de masse corporelle (IMC) des diabétiques de type 2 en France.** IMC = rapport entre la masse de l'individu (en kg) et sa taille au carré (en m²).

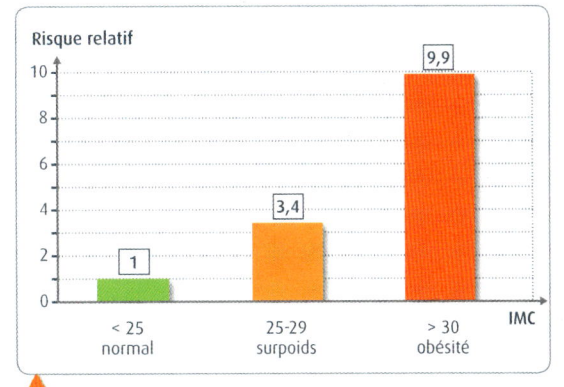

**7 Relation entre l'obésité et le risque relatif de diabète de type 2.** Cette étude épidémiologique a été réalisée dans une ville italienne où, pendant 10 ans, 837 personnes ont été suivies.

## ACTIVITÉS

❶ **DOC. 1 À 3.** Résumez les méthodes mises en œuvre pour étudier les causes du diabète de type 2.

❷ **DOC. 1 ET 4.** Comparez la façon dont le génome est impliqué dans l'apparition d'un diabète de type 2 et dans celle de la mucoviscidose.

❸ **DOC. 4 ET 5.** Montrez que l'apparition d'un diabète de type 2 implique des interactions entre facteurs génétiques et facteurs liés au mode de vie.

❹ **DOC. 5 À 7.** Proposez une explication au lien entre obésité et diabète de type 2.

❺ **EN CONCLUSION.** Résumez les causes du diabète de type 2 et les méthodes d'étude mises en œuvre.

# CHAPITRE 1 — Patrimoine génétique et maladie

## BILAN DES UNITÉS

### UNITÉ 1 — Une maladie génétique : la mucoviscidose

- La mucoviscidose se manifeste par une grave insuffisance respiratoire.
- L'insuffisance respiratoire est liée à la production d'un **mucus** trop épais pour être évacué par les cils qui tapissent l'épithélium des bronches. Celles-ci s'obstruent et l'accumulation des bactéries piégées dans le mucus provoque des infections chroniques qui détruisent progressivement les poumons.
- La mucoviscidose a pour origine une **mutation** des deux **allèles** du gène *CFTR*, localisé sur le chromosome n° 7. Celui-ci code un canal protéique qui expulse les ions chlorure vers la lumière des bronches, permettant ainsi la fluidification du mucus.
- La mutation la plus répandue provoque la perte d'un acide aminé dans la protéine CFTR. La protéine mutante est piégée dans le cytoplasme puis dégradée. Les ions chlorure ne sont alors plus expulsés vers la lumière bronchique, d'où l'épaississement du mucus et le déclenchement de la maladie.

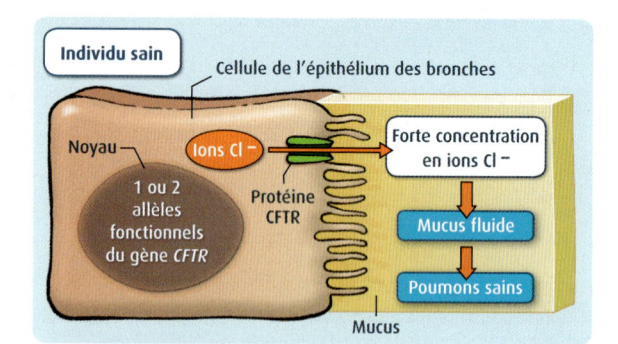

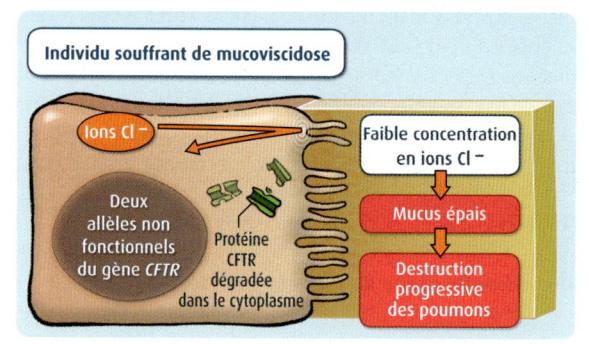

Cellule de l'épithélium des bronches d'un individu sain et d'un individu souffrant de mucoviscidose.

### UNITÉ 2 — Prévenir et soigner la mucoviscidose

- Seuls les individus ayant hérité de deux allèles du gène *CFTR* inactivés par une mutation développent la mucoviscidose. Ces individus sont **homozygotes** pour l'allèle muté.
- Un individu dont la famille ne présente pas de cas de mucoviscidose a une probabilité de 1/34 d'être porteur sain d'un seul allèle muté du gène *CFTR*, c'est-à-dire d'être hétérozygote pour cet allèle. Lors de la reproduction, les enfants de deux porteurs sains ont une probabilité de 1/2 d'être hétérozygotes pour l'allèle muté et de 1/4 d'être homozygotes pour cet allèle. On peut ainsi calculer un risque de transmission de la mucoviscidose.
- Les enfants malades sont traités par antibiothérapie, kinésithérapie et oxygénothérapie. La thérapie génique, elle, en est encore au stade des essais. Elle consiste à introduire un allèle non muté du gène *CFTR* dans les cellules épithéliales bronchiques. En restaurant ainsi l'activité du canal CFTR, on peut espérer supprimer les symptômes respiratoires de la maladie.

|  | Couple sans antécédents familiaux | L'un des parents a un frère/une sœur malade | Les deux parents ont un frère/une sœur malade |
|---|---|---|---|
| **Probabilité des parents d'être porteurs sains** | 1/34 | Parent n° 1 : 1/2<br>Parent n° 2 : 1/34 | 1/2 |
| **Probabilité des enfants d'être malades** | 1/34 × 1/34 × 1/4 =<br>**1/4624** | 1/2 × 1/34 × 1/4 =<br>**1/272** | 1/2 × 1/2 × 1/4 =<br>**1/16** |

Risque de transmission de la mucoviscidose en France.

# BILAN DES UNITÉS

## UNITÉ 3 — Une maladie métabolique : le diabète de type 2

- Chez les individus en bonne santé, la glycémie est maintenue à une valeur constante grâce à une boucle de régulation impliquant une hormone sécrétée par le pancréas : l'insuline. Cette boucle est inefficace chez les diabétiques.
- Dans le diabète de type 1, la sécrétion d'insuline est quasi nulle. Dans le diabète de type 2, l'insuline est sécrétée, mais cela n'a pas d'effet sur la glycémie : les cellules cibles de l'insuline sont insulino-résistantes.
- Le diabète de type 2 touche surtout les personnes âgées de plus de 45 ans. En France, il représente plus de 90 % des cas de diabète et le nombre de malades a augmenté de 81 % entre 2000 et 2009. Dans le monde, on prévoit que le nombre de diabétiques de type 2 aura plus que doublé entre 1995 et 2025. On peut donc parler d'une véritable épidémie de diabète de type 2.
- Lorsqu'il n'est pas traité, le diabète est à l'origine de complications graves.

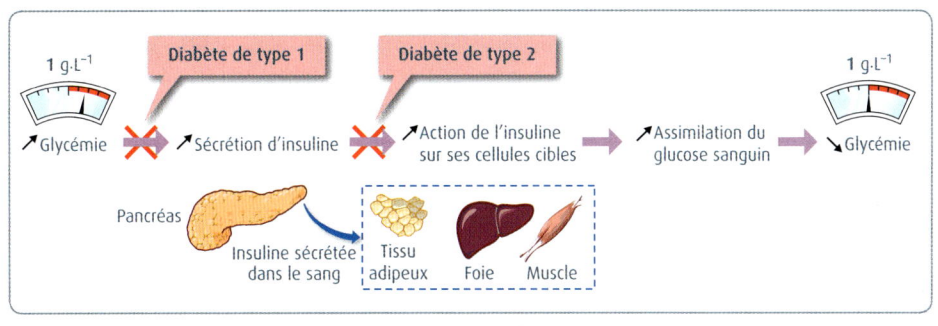

**La régulation de la glycémie et ses anomalies chez les diabétiques.**

## UNITÉ 4 — Les causes du diabète de type 2

- Les méthodes statistiques de l'épidémiologie permettent de rechercher les multiples facteurs à l'origine du diabète de type 2 et d'estimer le risque relatif de développer la maladie qui leur est associée.
- On a mis en évidence de nombreux gènes dont certains allèles sont plus fréquents chez les diabétiques de type 2 : ce sont des gènes de prédisposition. Le risque relatif associé à chacun d'eux est faible. Le développement de la maladie implique donc des facteurs génétiques multiples qui, pris isolément, ont un effet modeste.
- Dans des populations ayant une prédisposition génétique au diabète de type 2, une diminution de l'activité physique et une alimentation riche en graisses et en sucres provoquent une forte augmentation de la fréquence de la maladie. L'interaction de ces facteurs liés au mode de vie avec les facteurs génétiques est donc déterminante dans le déclenchement du diabète de type 2.
- Ces facteurs liés au mode de vie sont également impliqués dans le développement de l'obésité. L'obésité est ainsi associée à une forte augmentation du risque de survenue du diabète de type 2.

**Comparaison des causes du diabète de type 2 et de la mucoviscidose.**

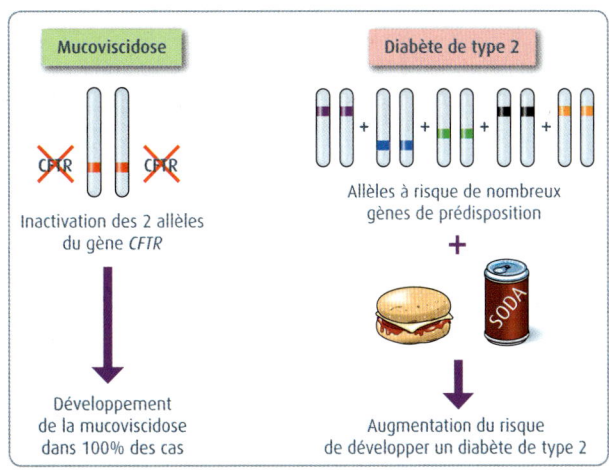

THÈME 5 – CHAPITRE 1 PATRIMOINE GÉNÉTIQUE ET MALADIE

# CHAPITRE 1 — Patrimoine génétique et maladie

## L'ESSENTIEL

### L'essentiel par le texte

#### Une maladie génétique : la mucoviscidose

- La mucoviscidose est une maladie fréquente (un nouveau-né sur 4 600) qui est caractérisée par une grave insuffisance respiratoire.
- La maladie est provoquée par la mutation d'un seul gène. Chez les individus **homozygotes** pour un allèle muté du gène *CFTR*, une protéine indispensable à la fluidification du mucus sécrété par certaines cellules des bronches est absente. Trop visqueux pour être évacué, le **mucus** et les bactéries qu'il a piégées s'accumulent, à l'origine d'infections bactériennes qui détruisent les poumons.
- En Europe, une personne sur 34 porte un allèle muté du gène *CFTR*. L'étude d'un arbre généalogique permet de prévoir le risque de transmission de la mucoviscidose. En cas d'antécédents familiaux, ce risque augmente.
- Plusieurs traitements (antibiothérapie, kinésithérapie, oxygénothérapie) limitent la progression de la mucoviscidose. La **thérapie génique** offre un espoir de corriger la maladie grâce à l'introduction d'un allèle non muté du gène *CFTR* dans les cellules pulmonaires atteintes. Elle n'en est encore qu'au stade des essais.

#### Une maladie aux causes complexes : le diabète de type 2

- Le diabète de type 2 est une maladie dont la fréquence augmente actuellement de façon inquiétante. Elle est caractérisée par une mauvaise régulation de la concentration sanguine en glucose.
- Il existe de nombreux gènes dont certains allèles augmentent le **risque relatif** d'apparition de la maladie, sans pour autant la rendre certaine : ce sont des **gènes de prédisposition**.
- Le risque de développer la maladie dépend non seulement de la présence de ces facteurs génétiques, mais aussi de facteurs liés au mode de vie (nature du régime alimentaire, etc.) et/ou à l'environnement.
- Le diabète de type 2 est donc causé par des interactions complexes entre des facteurs génétiques et des facteurs liés à l'environnement et/ou au mode de vie. Il en est de même pour de nombreuses autres maladies.
- Pour identifier ces différents facteurs, il est nécessaire de comparer un grand nombre de personnes malades et de personnes témoins, puis de procéder à des analyses statistiques : c'est l'approche de l'**épidémiologie**.

### Les capacités et attitudes

- Mettre en relation des informations pour caractériser le phénotype de la mucoviscidose aux différentes échelles **(unité 1)**
- Montrer de l'intérêt pour les progrès scientifiques **(unité 2 et 4)**
- Recenser, extraire et organiser des informations pour caractériser le diabète de type 2 **(unité 3)**
- Comprendre qu'un effet peut avoir plusieurs causes ; être conscient de sa responsabilité face à la santé **(unité 4)**

### Mots clés

*Voir aussi Dico des SVT p. 332*

**Épidémiologie :** approche statistique de l'étude des causes d'une maladie. Elle permet d'identifier des facteurs augmentant le risque de développer une maladie.
**Gène de prédisposition :** gène dont certains allèles augmentent la probabilité de développer une maladie.
**Homozygote :** se dit d'un individu possédant deux allèles identiques d'un gène donné.
**Mucus :** sécrétion bronchique qui enrobe les bactéries et les particules inhalées puis est évacuée vers la gorge.
**Risque relatif :** en épidémiologie, augmentation de la probabilité d'apparition d'une maladie liée à la présence d'un facteur génétique ou environnemental.
**Thérapie génique :** stratégie visant à introduire un ou plusieurs gènes dans les cellules d'un malade afin de corriger la maladie.

# L'ESSENTIEL

## L'essentiel par l'image

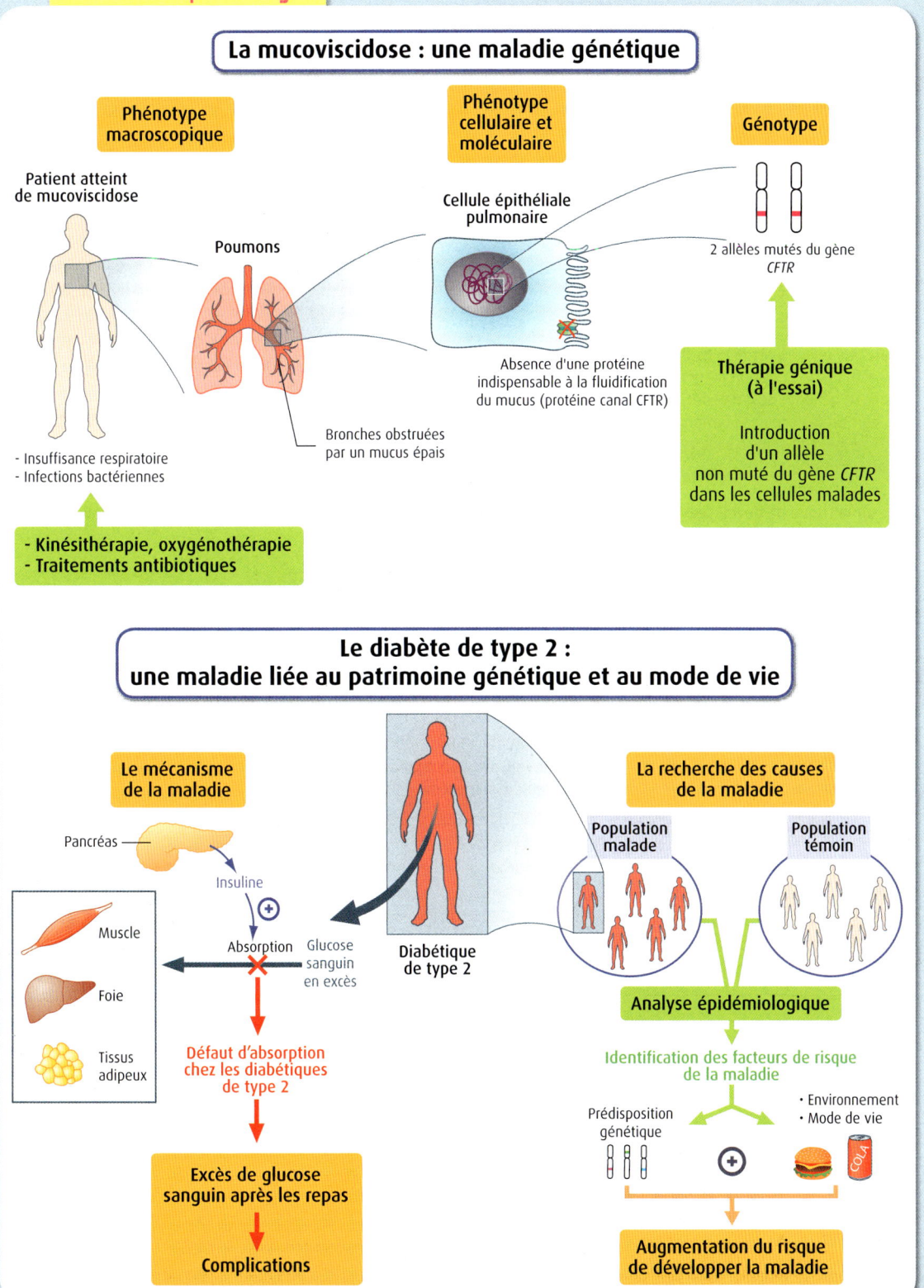

### La mucoviscidose : une maladie génétique

**Phénotype macroscopique**

Patient atteint de mucoviscidose

Poumons

- Insuffisance respiratoire
- Infections bactériennes

- Kinésithérapie, oxygénothérapie
- Traitements antibiotiques

Bronches obstruées par un mucus épais

**Phénotype cellulaire et moléculaire**

Cellule épithéliale pulmonaire

Absence d'une protéine indispensable à la fluidification du mucus (protéine canal CFTR)

**Génotype**

2 allèles mutés du gène *CFTR*

**Thérapie génique (à l'essai)**

Introduction d'un allèle non muté du gène *CFTR* dans les cellules malades

### Le diabète de type 2 : une maladie liée au patrimoine génétique et au mode de vie

**Le mécanisme de la maladie**

Pancréas → Insuline

Muscle, Foie, Tissus adipeux

Absorption ✗ ← Glucose sanguin en excès

Diabétique de type 2

Défaut d'absorption chez les diabétiques de type 2

↓

**Excès de glucose sanguin après les repas**

↓

**Complications**

**La recherche des causes de la maladie**

Population malade | Population témoin

↓

**Analyse épidémiologique**

Identification des facteurs de risque de la maladie

Prédisposition génétique ⊕ • Environnement • Mode de vie

↓

**Augmentation du risque de développer la maladie**

THÈME 5 – CHAPITRE 1 PATRIMOINE GÉNÉTIQUE ET MALADIE

# EXERCICES

## évaluer ses connaissances

### 1 QCM

Pour chaque proposition, identifiez la (ou les) bonne(s) réponse(s) :

**1. Un gène de prédisposition au diabète de type 2 :**
a. a un effet fort sur le risque de développer la maladie.
b. possède certains allèles qui augmentent le risque de développer la maladie.
c. induira le même risque de développer la maladie chez deux personnes au mode de vie différent.

**2. La thérapie génique appliquée à la mucoviscidose consiste à :**
a. introduire un allèle normal du gène *CFTR* dans les cellules germinales des malades.
b. éliminer la mutation du gène *CFTR* directement dans le génome des malades.
c. agir sur les cellules pulmonaires des malades.

**3. L'activité physique et le régime alimentaire ont une influence :**
a. sur la glycémie.
b. sur le risque de développer le diabète de type 2.
c. sur le risque de développer la mucoviscidose.

### 2 Vrai ou faux ?

Identifiez les affirmations fausses et rectifiez-les :

a. Si un enfant est atteint par la mucoviscidose, on peut prévoir exactement le risque d'apparition de la maladie chez ses frères et sœurs.
b. On peut prévoir exactement le risque d'apparition de la maladie chez une personne dont l'un des parents est diabétique.
c. La mucoviscidose est une maladie génétique qui s'exprime lorsqu'une personne porte au moins un allèle muté du gène *CFTR*.
d. Les diabètes se caractérisent toujours par une sécrétion insuffisante d'insuline.
e. Le diabète de type 2 est causé par une mutation dans le gène codant l'insuline empêchant sa sécrétion en quantité suffisante.
f. Le fait de posséder un gène de prédisposition au diabète de type 2 implique que l'on va développer la maladie.

## s'entraîner avec un exercice guidé

### 3 Transmission de la mucoviscidose et consanguinité

L'arbre généalogique ci-dessous présente une famille où sévit la mucoviscidose. Les deux enfants atteints de la maladie sont issus d'un mariage consanguin. Des analyses génétiques ont révélé que tous deux sont porteurs d'une mutation qui inactive le gène *CFTR*, localisé sur le chromosome 7.

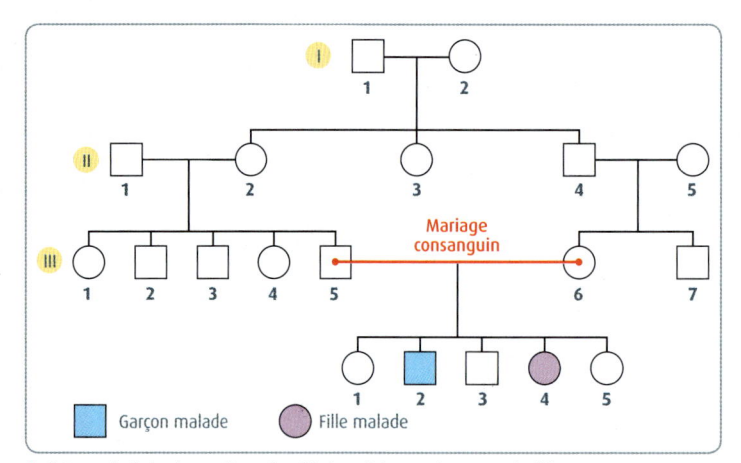

**Un peu d'aide**

• **Mobiliser les connaissances**
Rappelez à quelle condition l'allèle muté conduira au développement de la maladie.

• **Raisonner**
– Sachant que, dans la population générale, la fréquence de l'allèle muté du gène *CFTR* est de 1/34, calculez, pour un couple sans antécédents familiaux de mucoviscidose, le risque d'avoir un enfant malade.
– Sachant que les individus II-1 et II-5 ne sont pas porteurs de la mutation, calculez le risque pour un couple de cousins germains de la génération III (exemple III-4 et III-7) d'avoir un enfant malade.

**1.** Arbre généalogique d'une famille touchée par la mucoviscidose.

**QUESTIONS** ❶ Déterminez le génotype des individus malades et de leurs parents pour le gène *CFTR*.
❷ Expliquez pourquoi le mariage entre cousins accroît le risque de naissance d'un enfant atteint de mucoviscidose.

## Appliquer ses connaissances

### 4. Les effets de l'activité physique sur l'obésité et le diabète de type 2

*Mettre en relation des informations et raisonner*

L'obésité est définie par un indice de masse corporelle (IMC) supérieur à 25. On connaît actuellement plusieurs dizaines de gènes de prédisposition à l'obésité. Le **doc. 1** est le résultat d'une étude épidémiologique visant à déterminer l'effet de l'activité physique sur la masse corporelle de personnes souffrant d'obésité. Cette étude a porté sur 20 430 hommes et femmes qui ont été séparés en deux groupes selon qu'ils étaient sédentaires ou qu'ils pratiquaient une activité physique régulière. Dans chaque groupe et pour chaque individu, les chercheurs ont mis en relation l'IMC et le nombre d'allèles à risque de gènes de prédisposition à l'obésité présents chez lui. D'autres études épidémiologiques ont permis d'étudier le lien entre l'obésité et le risque de développer un diabète de type 2 (**doc. 2**).

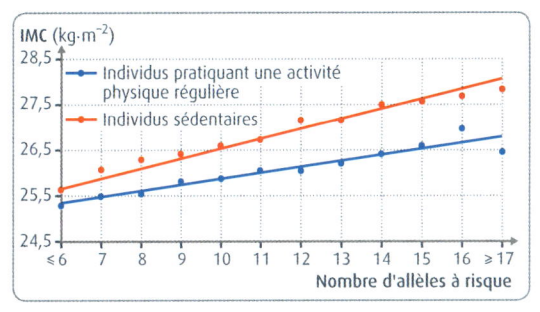

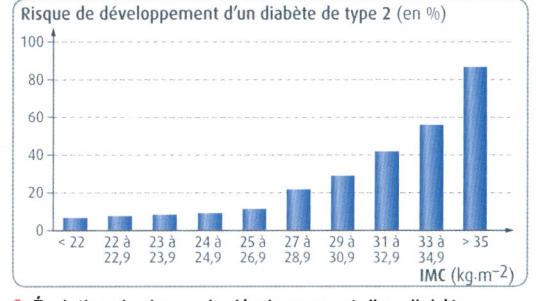

**1.** Valeur de l'IMC en fonction du nombre d'allèles à risque de gènes de prédisposition à l'obésité chez des personnes obèses pratiquant ou non une activité physique.

**2.** Évolution du risque de développement d'un diabète de type 2 en fonction de l'IMC.

① Rappelez la définition d'un gène de prédisposition et d'un allèle à risque.
② Caractérisez l'influence des facteurs génétiques et de l'activité physique sur le risque d'obésité.
③ En mettant en relation les doc. 1 et 2, montrez que le risque de développement d'un diabète de type 2 dépend d'interactions entre de multiples facteurs génétiques et des facteurs liés au mode de vie.

### 5. La recherche d'un médicament contre la mucoviscidose

*S'informer et raisonner*

Environ 10 % des malades atteints de mucoviscidose portent, sur au moins l'un des allèles du gène *CFTR*, une mutation qui introduit un codon stop au début de la séquence du gène (codon stop prématuré). Il en résulte la production d'une protéine CFTR tronquée inactive. Les chercheurs sont parvenus à isoler une molécule, le PTC 124, qui, dans des cellules en culture, permet aux ribosomes de franchir les codons stop prématurés. Par transgenèse, les chercheurs ont introduit un gène *CFTR* humain portant un codon stop prématuré dans le génome de souris. Ces souris transgéniques ont ensuite reçu des injections régulières de doses variables de PTC 124. La présence de la protéine CFTR humaine complète a alors été recherchée sur des coupes de glandes à mucus de l'intestin.

① Décrivez les résultats de l'expérience de transgenèse et mettez-les en relation avec les propriétés de la molécule testée (PTC 124).
② En justifiant votre réponse, montrez alors que la molécule PTC 124 est candidate pour servir de médicament contre la mucoviscidose.
③ Quelle serait la limite d'un tel médicament ?

**1. Les résultats de l'expérience.** Les coupes de glandes à mucus de souris transgéniques témoins et traitées par le PTC 124 ont été incubées avec un anticorps se fixant à la protéine CFTR humaine complète et émettant une fluorescence rouge.

# EXERCICES

## appliquer ses connaissances

### 6 Le résultat d'un essai de thérapie génique
*Analyser des données et formuler une hypothèse*

Près d'une trentaine d'essais de thérapie génique ont été mis en œuvre chez des malades atteints de mucoviscidose. Le principe est d'introduire, grâce à un vecteur, un allèle non muté du gène *CFTR* dans les cellules de l'épithélium bronchique des malades. Dans l'un des essais réalisés, les chercheurs ont utilisé comme vecteur un virus qui infecte les cellules des voies respiratoires (adénovirus). Ils ont éliminé les gènes de virulence de ce virus (le rendant inoffensif) puis ont intégré dans son génome l'allèle non muté du gène *CFTR* humain. Les malades participant à l'étude ont inhalé un aérosol contenant un nombre variable de virus. L'expression de l'ARN messager du gène *CFTR* non muté a ensuite été mesurée dans les cellules épithéliales 3 jours et 30 jours après l'inhalation.

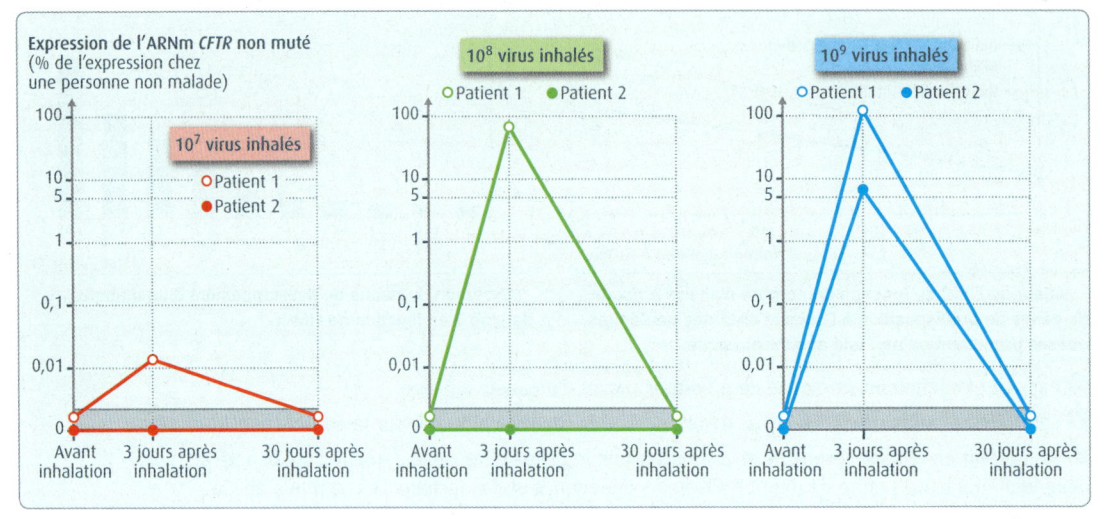

**1.** Expression de l'ARN messager du gène *CFTR* non muté chez six patients souffrant de mucoviscidose traités par thérapie génique. Chaque dose de virus vecteur du gène *CFTR* non muté a été testée chez deux patients différents.

❶ Expliquez en quoi, dans son principe, la thérapie génique permet d'espérer une guérison des malades.

❷ Sachant qu'une expression de l'ARNm *CFTR* égale à 5 % de la normale suffit à restaurer un fonctionnement normal des poumons, indiquez combien de patients ont vu leur santé s'améliorer au jour 3 de l'expérience.

❸ Quels sont les problèmes soulevés par cet essai ? Sachant que les cellules de l'épithélium bronchique se renouvellent rapidement, proposez une hypothèse expliquant l'origine de l'un de ces problèmes.

### 7 L'influence de l'hérédité dans le cas de la mucoviscidose et du diabète de type 2
*S'informer et raisonner*

|  | 1. Un parent malade* | 2. Les deux parents malades* | 3. Frère ou sœur malade* | 4. Jumeau vrai malade* |
|---|---|---|---|---|
| Risque de développer un diabète de type 2* | 14 % en moyenne | 25 % en moyenne | 14 % en moyenne | 67 % en moyenne |

*avant l'âge de 50 ans.

**1.** Risque d'un individu de développer un diabète de type 2 selon son contexte familial.

❶ Indiquez en quoi ces données montrent que des facteurs génétiques sont impliqués dans le développement du diabète de type 2.

❷ Calculez, dans le cas de la mucoviscidose, les pourcentages de risque équivalents dans les situations 3 et 4.

❸ Expliquez pourquoi l'expression « le gène du diabète de type 2 » est scientifiquement inexacte.

# CHAPITRE 2

# Variations du génome et maladie

*Des mutations germinales sont à l'origine de la transmission héréditaire de certaines maladies. Des perturbations du génome peuvent également, au cours de la vie d'un individu, survenir dans des cellules somatiques et déclencher des maladies. Les variations du génome des bactéries ont aussi un impact sur notre santé.*

**Des cellules cancéreuses** (vues au MO). En rouge : expression d'un gène impliqué dans le développement du cancer.

> Comment des perturbations du génome peuvent-elles favoriser le développement de maladies ? Quel est l'impact des variations du génome bactérien sur notre santé ?

# UNITÉ 1 — Les caractéristiques d'un cancer

En 2008, 320 000 cas de cancer ont été diagnostiqués en France, surtout chez des personnes âgées de plus de 50 ans. Les cancers se caractérisent le plus souvent par le développement d'amas de cellules, ou tumeurs, qui perturbent le fonctionnement de l'organisme.

⇢ **Quels événements conduisent au développement d'un cancer ?**

## Observer les étapes de l'apparition d'un cancer

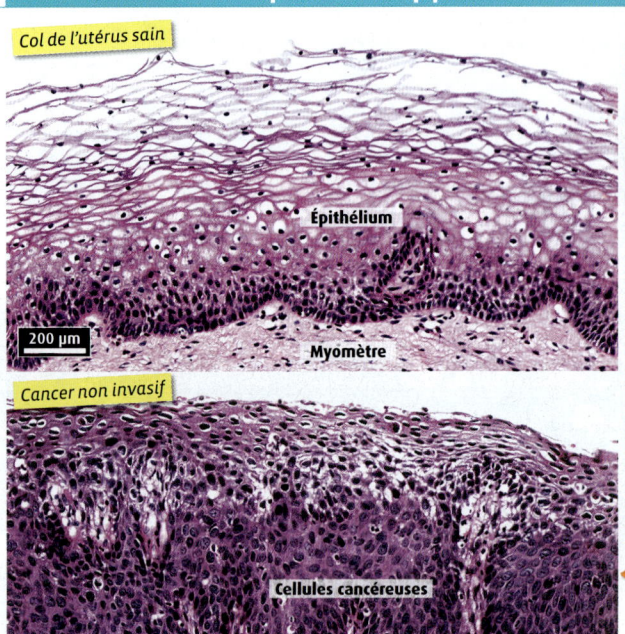

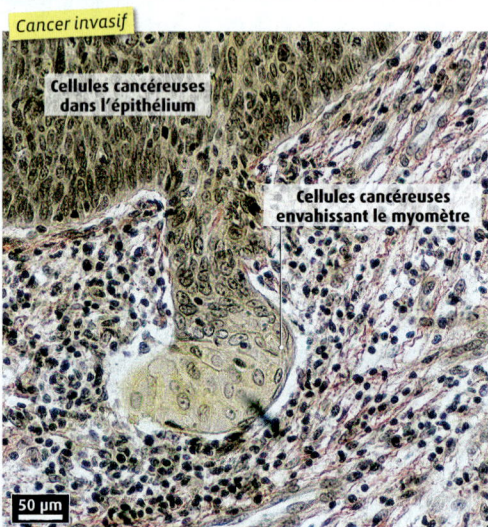

*Col de l'utérus sain* — Épithélium — Myomètre — 200 µm

*Cancer non invasif* — Cellules cancéreuses — 200 µm

*Cancer invasif* — Cellules cancéreuses dans l'épithélium — Cellules cancéreuses envahissant le myomètre — 50 µm

**1** Coupes du col de l'utérus d'une femme témoin et de femmes souffrant d'un **cancer** du col de l'utérus (vues au MO). À un stade précoce du cancer, les cellules cancéreuses restent cantonnées dans l'épithélium du col de l'utérus. À un stade plus avancé, certaines cellules cancéreuses commencent à quitter l'épithélium : le cancer devient invasif.

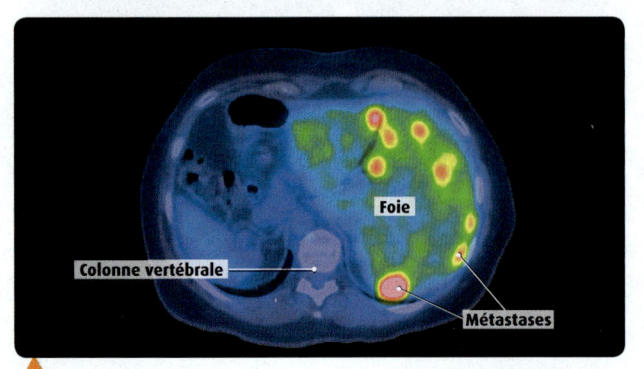

Colonne vertébrale — Foie — Métastases

**2** Vue en coupe du tronc d'un patient atteint d'un cancer à un stade très avancé. À ce stade, certaines cellules cancéreuses sont devenues capables de gagner la circulation sanguine. Elles seront souvent stoppées au niveau de fins capillaires (du foie ou des os par exemple), où elles formeront de nouvelles tumeurs appelées métastases (en rouge sur le cliché).

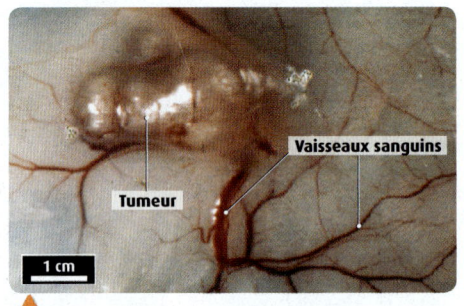

Tumeur — Vaisseaux sanguins — 1 cm

**3** Une **tumeur** chez une souris. Les cellules tumorales sont capables de stimuler la formation de nouveaux vaisseaux sanguins. Cette irrigation sanguine est indispensable à la croissance de la tumeur. Ainsi, une tumeur contient $10^8$ cellules quand elle devient visible sur une radiographie, $10^9$ cellules quand elle devient palpable au toucher et $10^{12}$ cellules à un stade très avancé du cancer.

## Analyser des données médicales et de laboratoire

En l'absence de traitement, la majorité des cancers évoluent en suivant les mêmes étapes, qui se déroulent le plus souvent sur plusieurs années, voire dizaines d'années. La maladie débute par une lésion pré-cancéreuse, qui contient des cellules en cours de transformation : leur métabolisme est modifié, mais elles ne prolifèrent pas de façon incontrôlée. Une cellule cancéreuse apparaît et commence à se multiplier de façon incontrôlée. Dans un premier temps, la tumeur, de petite taille, reste localisée dans le tissu d'origine. Dans un second temps, la tumeur grossit et commence à envahir les tissus voisins : elle est devenue maligne. Enfin, à un stade avancé, des métastases se forment.

Différents moyens permettent d'interrompre cet enchaînement d'étapes. La prévention consiste à ne pas s'exposer aux facteurs cancérigènes. Le dépistage permet d'éliminer des lésions pré-cancéreuses ou des petites tumeurs. La détection des signes d'alerte d'un cancer permet d'entamer les traitements visant à éliminer les cellules cancéreuses.

D'après l'Institut national du cancer (http://www.e-cancer.fr)

**4** Le cancer : ses étapes et ses traitements.

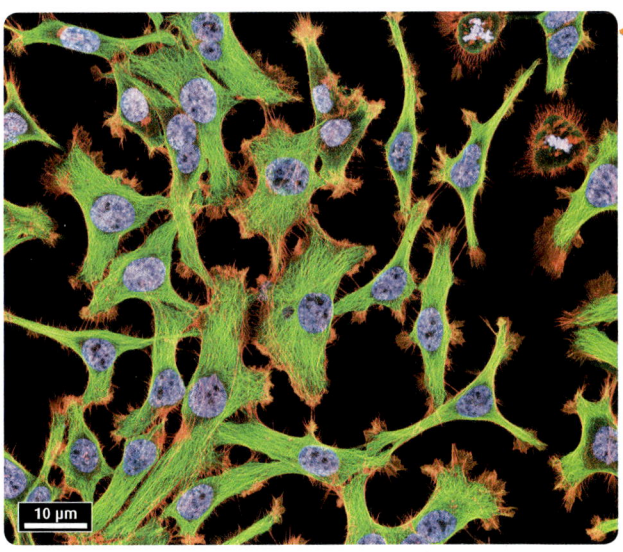

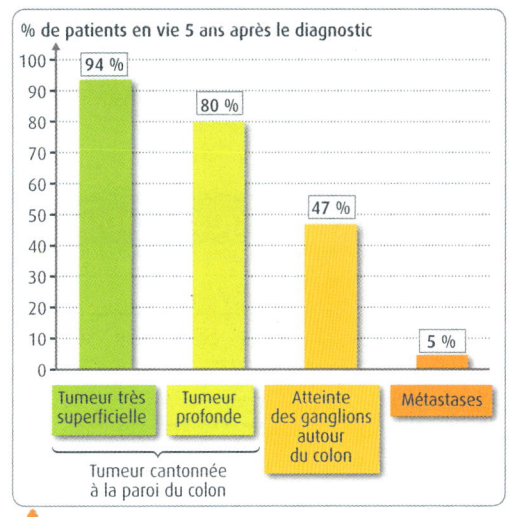

**5** Taux de survie des personnes atteintes d'un cancer du colon en fonction du stade d'évolution du cancer lors de son diagnostic. Aujourd'hui, grâce aux progrès de la médecine, nombre de malades souffrant d'un cancer peuvent être guéris.

(% de patients en vie 5 ans après le diagnostic : Tumeur très superficielle 94 %, Tumeur profonde 80 %, Atteinte des ganglions autour du colon 47 %, Métastases 5 %)

**6** Des cellules cancéreuses en culture (vues au MO). Le noyau est marqué en bleu et le cytoplasme en vert.

| Propriété | Cellules normales | Cellules cancéreuses métastatiques |
|---|---|---|
| Division indéfinie dans une boîte de culture | Non | Oui |
| Inhibition de la division au contact des cellules voisines | Oui | Non |
| Capacité à migrer dans les tissus après injection à une souris | Non | Oui |

**7** Quelques propriétés comparées de cellules normales et de cellules cancéreuses métastatiques en culture.

### ACTIVITÉS

**1** DOC. 1 À 3. À partir de l'analyse des documents, résumez les principales propriétés des cellules cancéreuses et les principales étapes de la maladie.

**2** DOC. 4 ET 5. Justifiez la nécessité des politiques de dépistage précoce du cancer.

**3** DOC. 6 ET 7. Mettez en relation les propriétés des cellules cancéreuses en culture et certaines propriétés des cellules cancéreuses dans l'organisme.

**4** EN CONCLUSION. Résumez les événements qui conduisent au développement d'un cancer.

# UNITÉ 2 — Les bases génétiques des cancers

Un cancer se développe en plusieurs étapes et pendant de nombreuses années. Au terme de ce processus, les cellules cancéreuses ont acquis des propriétés spécifiques. Ces propriétés sont liées à des modifications génétiques.

⇢ **Quelles sont les modifications génétiques associées aux cancers ?**

## Un exemple de gène impliqué dans les cancers

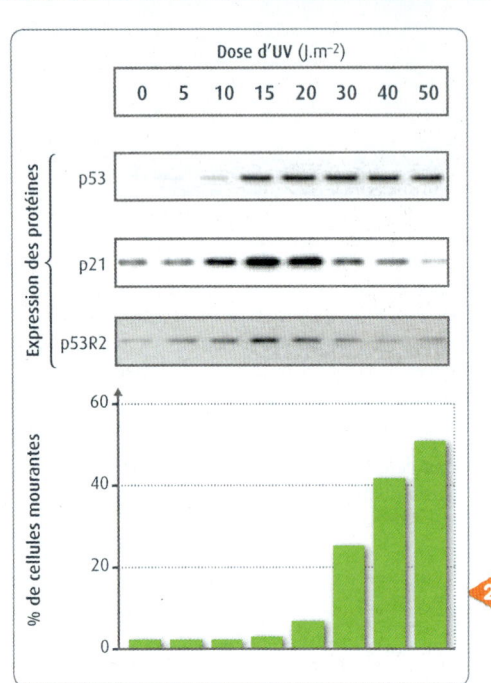

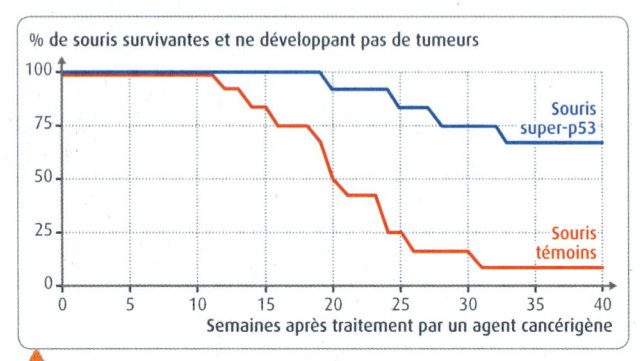

**1 Les résultats d'une expérience de transgenèse.**
Dans 50 % des cancers humains, les deux allèles du gène p53 sont inactivés par une **mutation**. Des chercheurs ont introduit dans le génome de souris une copie supplémentaire du gène p53. Ils ont ensuite étudié la sensibilité de ces souris « super-p53 » à un agent cancérigène (agent connu pour augmenter la fréquence de survenue des cancers).

**2 Les effets de l'exposition de cellules en culture à des doses croissantes d'UV.** L'expression des protéines a été mesurée 12 h après l'exposition. Elle est d'autant plus forte que la bande noire est intense. Le pourcentage de cellules sur le point de mourir a également été déterminé.

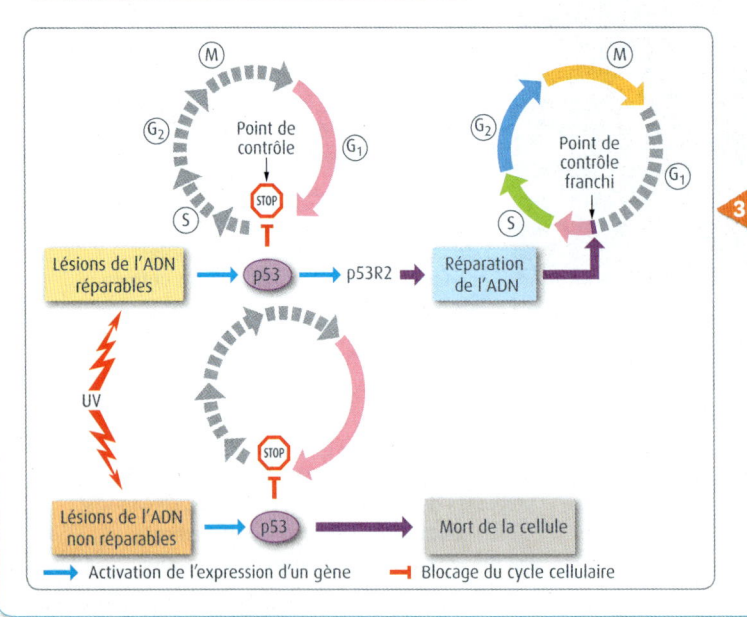

**3 Le contrôle de la progression dans le cycle cellulaire.** Il existe, en fin de phase $G_1$, un point de contrôle du cycle cellulaire : si la cellule le franchit, elle poursuit le cycle et s'engage vers une division. Sinon, elle reste en phase $G_1$. Quand le génome est endommagé par des lésions, la protéine p53 induit la transcription du gène p21 (non représenté sur le schéma), qui empêche la cellule de franchir le point de contrôle, et celle du gène p53R2, qui code une protéine de réparation de l'ADN. Si les lésions ne sont pas réparées, p53 déclenche la mort de la cellule.

## De nombreuses modifications génétiques

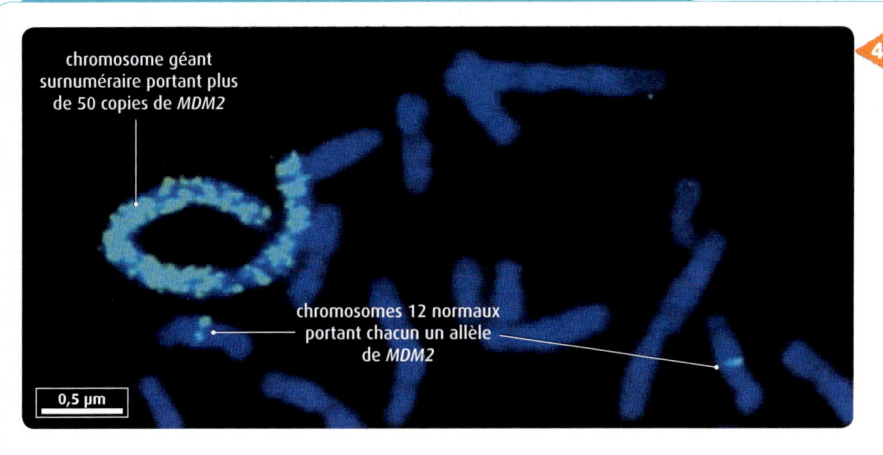

**4. Une portion de caryotype de cellule cancéreuse.**
Les chromosomes d'une cellule prélevée dans une tumeur ont été hybridés avec une séquence d'ADN fluorescente se fixant sur le gène *MDM2* (en bleu clair). Ce gène code une protéine qui induit la dégradation de la protéine p53 (voir doc. 3).

Légendes de l'image : chromosome géant surnuméraire portant plus de 50 copies de *MDM2* ; chromosomes 12 normaux portant chacun un allèle de *MDM2* ; 0,5 µm.

| Gènes | Anomalies liées à la mutation | Fréquence (%) |
|---|---|---|
| RAS | Protéine activée même en l'absence de facteur de croissance (voir doc. 6) | 30 % |
| Récepteur du facteur de croissance EGF | Expression augmentée (voir doc. 6) | 40 à 80 % |
| p53 | Inactivation de la protéine | 50 % |

**5. Fréquence de quelques anomalies génétiques observées dans l'une des formes de cancer du poumon.**

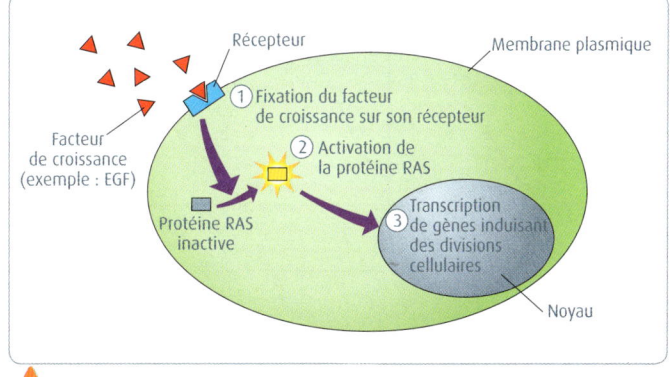

**6. Le mode d'action d'un facteur de croissance.**

Légendes du schéma : Récepteur ; Membrane plasmique ; Facteur de croissance (exemple : EGF) ; Protéine RAS inactive ; Noyau ; ① Fixation du facteur de croissance sur son récepteur ; ② Activation de la protéine RAS ; ③ Transcription de gènes induisant des divisions cellulaires.

---

**Interview d'Alain Jacquemin-Sablon**, ancien directeur de recherche en cancérologie au CNRS

**Le point de départ d'un cancer est une modification du génome** qui survient dans une cellule somatique. Une seule mutation ne transforme pas une cellule normale en une cellule cancéreuse. Tout d'abord, de nombreux gènes doivent être altérés avant qu'une cellule n'acquière la capacité de proliférer de façon indéfinie et incontrôlable. En outre, dans un organisme sain, un ensemble complexe de systèmes de régulation provoque l'élimination des cellules qui prolifèrent de façon anormale. Pour qu'une cellule devienne cancéreuse, il faut donc également qu'elle ait acquis, suite à une accumulation de mutations, la capacité de contourner ces différents systèmes de régulation. Alors seulement, au sein d'un tissu, cette cellule aura un avantage sur ses voisines, permettant la croissance d'un clone qui constituera la tumeur.

**7. Comment un cancer se développe-t-il ?**

---

### ACTIVITÉS

❶ **DOC. 1.** Montrez que le gène *p53* protège les cellules de la cancérisation.

❷ **DOC. 2 ET 3.** Expliquez en quoi le gène *p53* empêche l'accumulation de mutations dans les cellules exposées aux UV.

❸ **DOC. 2 ET 7.** Expliquez alors en quoi la protéine p53 protège l'organisme de la cancérisation.

❹ **DOC. 4 À 7.** Montrez que les mutations impliquées dans le développement d'un cancer peuvent se traduire soit par l'inactivation, soit par la suractivation d'une protéine.

❺ **EN CONCLUSION.** Résumez quelques caractéristiques des modifications génétiques associées aux cancers.

# UNITÉ 3 — Cancers et agents mutagènes

Les cancers sont la conséquence d'une accumulation de mutations dans certaines cellules somatiques de l'organisme. Or les agents mutagènes augmentent la fréquence des mutations.

⇢ **Quel est l'effet des agents mutagènes sur la survenue des cancers ?**

## L'épidémiologie du cancer du poumon

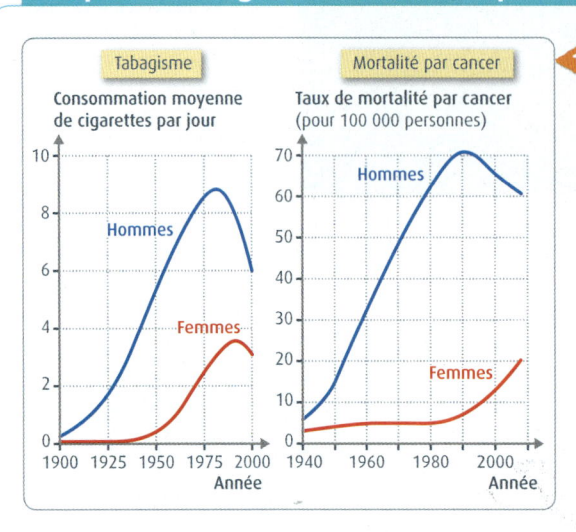

**1** **Évolution de la consommation journalière de cigarettes et de la mortalité par cancer du poumon chez les hommes et les femmes en France.** En 2005, 30 651 cancers du poumon ont été diagnostiqués et 26 624 personnes sont décédées des suites de cette maladie. L'**incidence** de ce cancer est en net recul chez les hommes, mais augmente de 5,1 % par an chez les femmes.

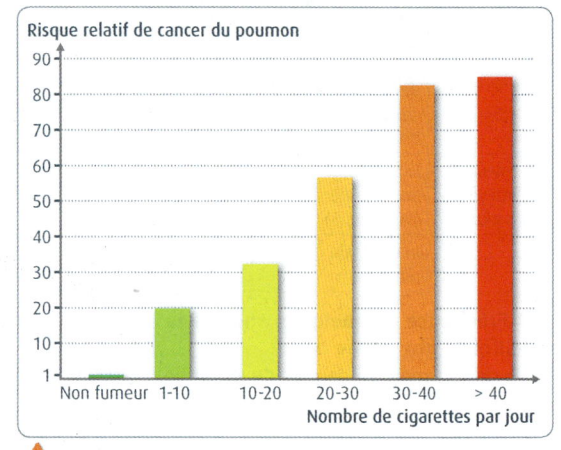

*Tabagisme* — Consommation moyenne de cigarettes par jour (Hommes, Femmes, 1900-2000)

*Mortalité par cancer* — Taux de mortalité par cancer (pour 100 000 personnes) (Hommes, Femmes, 1940-2000)

Risque relatif de cancer du poumon selon le nombre de cigarettes par jour :
- Non fumeur : 1
- 1-10 : ~20
- 10-20 : ~32
- 20-30 : ~56
- 30-40 : ~82
- > 40 : ~85

**2** Relation entre le nombre de cigarettes fumées quotidiennement et le **risque relatif** de développer un cancer du poumon.

**3** **De jeunes fumeurs à la sortie du lycée.** Chaque année, le tabac tue plus de 60 000 personnes en France.

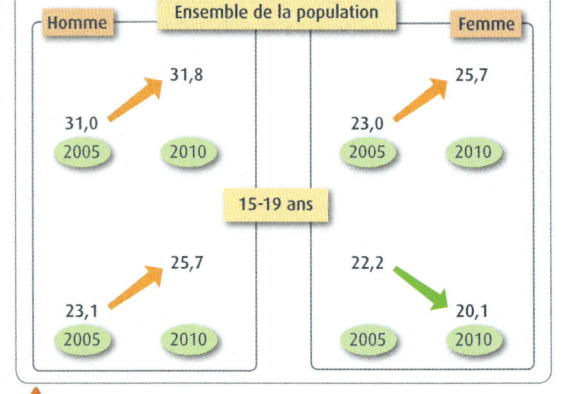

Ensemble de la population :
- Homme : 31,0 (2005) → 31,8 (2010)
- Femme : 23,0 (2005) → 25,7 (2010)

15-19 ans :
- Homme : 23,1 (2005) → 25,7 (2010)
- Femme : 22,2 (2005) → 20,1 (2010)

**4** **Évolution du pourcentage de fumeurs quotidiens en France entre 2005 et 2010.** Le tabagisme est responsable de 70 à 80 % des cas de cancer du poumon.

# L'effet de la fumée du tabac

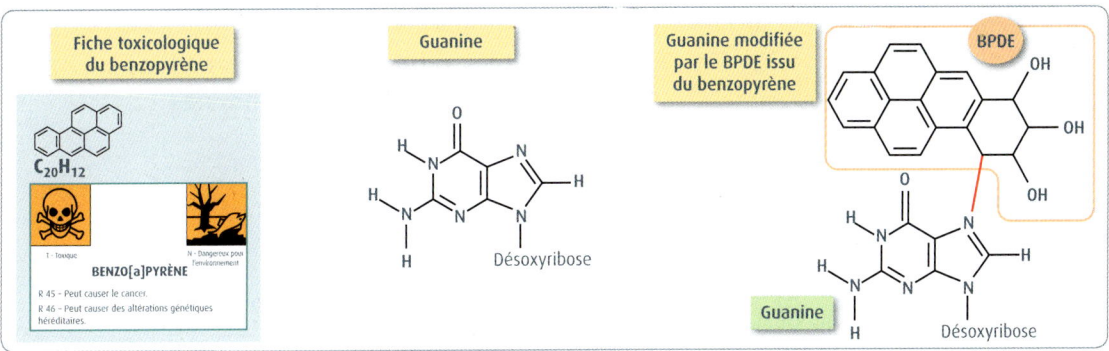

**Fiche toxicologique du benzopyrène**

$C_{20}H_{12}$

BENZO[a]PYRÈNE
T - Toxique
N - Dangereux pour l'environnement
R 45 - Peut causer le cancer.
R 46 - Peut causer des altérations génétiques héréditaires.

**Guanine** — Désoxyribose

**Guanine modifiée par le BPDE issu du benzopyrène** — BPDE — Guanine — Désoxyribose

**5. Un composé de la fumée du tabac : le benzopyrène.**
Dans les cellules, il est transformé en un composé très réactif, le BPDE, qui peut réagir avec la guanine de l'ADN.
La guanine ainsi modifiée s'apparie non plus avec une cytosine, mais avec une adénine.

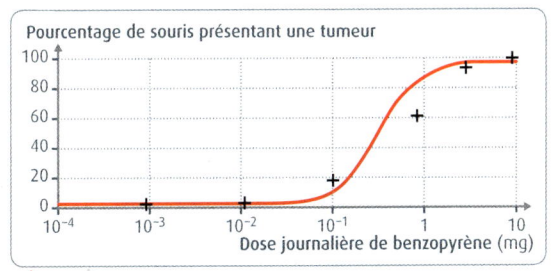

**6.** Pourcentage de souris présentant une tumeur après 4 mois d'exposition à des doses croissantes de benzopyrène.

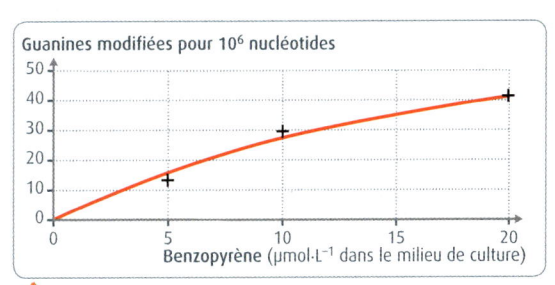

**7.** Proportion de guanines modifiées par le BPDE dans des cellules en culture après 24 heures d'exposition à des doses croissantes de benzopyrène.

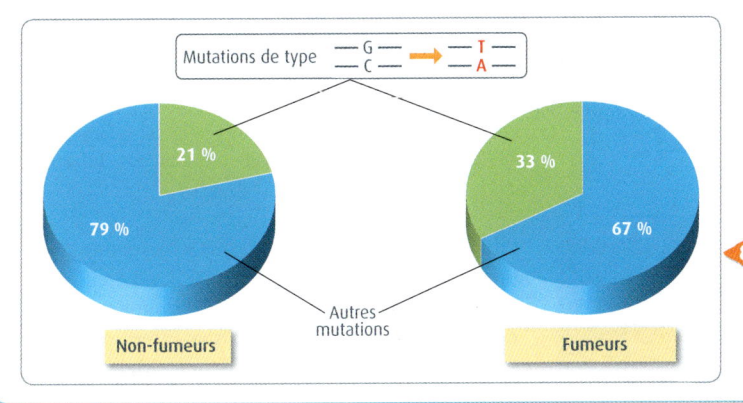

Mutations de type G/C → T/A

Non-fumeurs : 21 % / 79 %
Fumeurs : 33 % / 67 %
Autres mutations

**8.** Comparaison de la fréquence de certaines mutations du gène *p53* dans des cellules issues d'un cancer du poumon soit chez des fumeurs, soit chez les non-fumeurs.

## ACTIVITÉS

**1 DOC. 1 ET 2.** Analysez puis expliquez l'évolution du tabagisme et de la mortalité par cancer du poumon chez les hommes et chez les femmes.

**2 DOC. 3 ET 4.** Expliquez l'importance de la prévention du tabagisme en terme de santé publique.

**3 DOC. 5.** En schématisant le devenir d'une paire de base GC modifiée pendant deux réplications de l'ADN, montrez que le BPDE est un agent mutagène.

**4 DOC. 5 À 7.** Montrez que le benzopyrène est un agent cancérigène et précisez son mode d'action.

**5 DOC. 8.** Expliquez en quoi ces données confirment que le benzopyrène est bien impliqué dans le cancer du poumon chez les fumeurs.

**6 EN CONCLUSION.** Résumez l'effet des agents mutagènes sur la survenue du cancer du poumon.

# UNITÉ 4 — Cancers et virus

L'exposition à des agents mutagènes augmente considérablement le risque de survenue d'un cancer. On connaît également des virus qui sont souvent associés au développement de certains cancers.

⇢ **Comment les virus sont-ils associés à l'apparition des cancers ? Quelles sont les mesures de prévention envisageables ?**

## Étudier des données médicales

**DÉPISTAGE DU CANCER DU COL DE L'UTÉRUS**

DE 25 À 65 ANS, VACCINÉE OU NON, LE FROTTIS DE DÉPISTAGE, C'EST TOUS LES 3 ANS

PARLEZ-EN AVEC VOTRE MÉDECIN
CANCERINFO 0810 810 821

**1** **Une campagne de prévention du cancer du col de l'utérus.** En France et en 2005, 3 068 femmes ont développé un cancer du col de l'utérus et 1 067 en sont mortes. Dans le monde, le cancer du col de l'utérus est le deuxième cancer féminin : il tue chaque année 275 000 femmes.

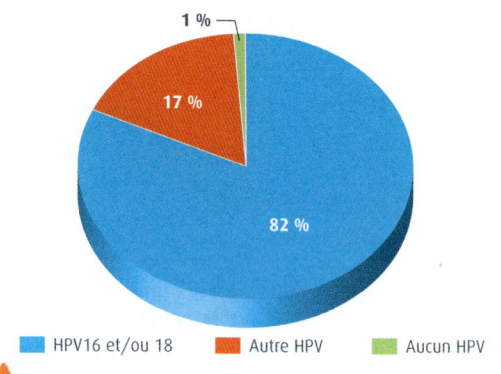

Diagramme circulaire : HPV16 et/ou 18 : 82 % — Autre HPV : 17 % — Aucun HPV : 1 %

**2** **Pourcentage de cancers du col de l'utérus associés à des infections par un papillomavirus (HPV).** Il existe de nombreux virus HPV identifiés chacun par un numéro. Le génome des virus HPV16 et 18 présente la particularité de coder deux protéines virales qui favorisent la dégradation de la protéine cellulaire p53 (voir doc. 3 p. 266).

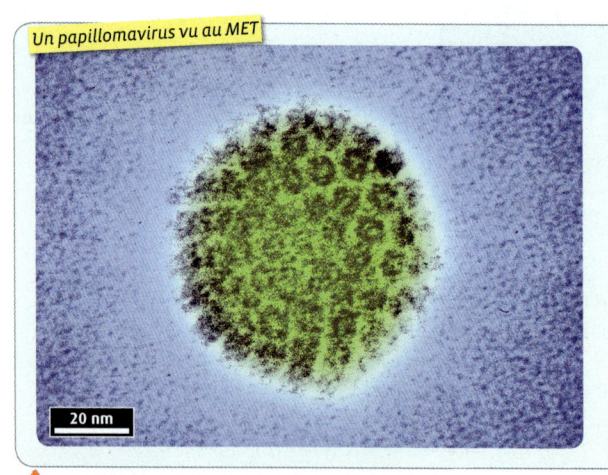

*Un papillomavirus vu au MET* — 20 nm

L'infection à HPV est l'une des plus fréquentes des infections sexuellement transmissibles. La plupart des contaminations ont lieu lors des premières relations sexuelles. Les infections disparaissent souvent spontanément et sans signe clinique. Mais dans 3 à 10 % des cas, le virus persiste : son génome s'intègre de façon permanente dans les chromosomes des cellules infectées. Dix ans après la contamination, 20 % de ces femmes infectées de façon chronique développent des lésions pré-cancéreuses du col de l'utérus. Sans traitement, environ 20 % des femmes portant ces lésions développent un cancer du col de l'utérus, en moyenne 15-20 ans après la contamination.

**3** L'infection à papillomavirus (HPV).

## Comprendre les moyens de prévention

*Femme témoin*

*Femme présentant des lésions pré-cancéreuses*

Deux vaccins prévenant les infections contre les papillomavirus HPV16 et 18 ont été mis sur le marché fin 2006 et fin 2007. Pour être efficace, la vaccination doit être effectuée avant le risque de contact avec l'agent infectieux. En France, la moitié des femmes a ses premiers rapports sexuels avant l'âge de 17 ans et seulement 5 % des jeunes filles ont leur premier rapport sexuel avant l'âge de 15 ans. C'est pourquoi la vaccination contre le papillomavirus est recommandée : chez les jeunes filles de 14 ans avant l'exposition au risque de l'infection HPV ; en rattrapage chez les jeunes filles et jeunes femmes de 15 à 23 ans qui n'auraient pas eu de rapports sexuels ou, au plus tard, dans l'année suivant le début de la vie sexuelle.

D'après l'Institut national de prévention et d'éducation pour la santé (www.inpes.fr).

**4 Des recommandations officielles.**

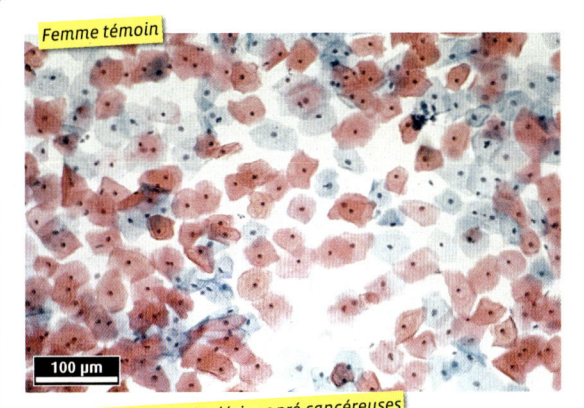

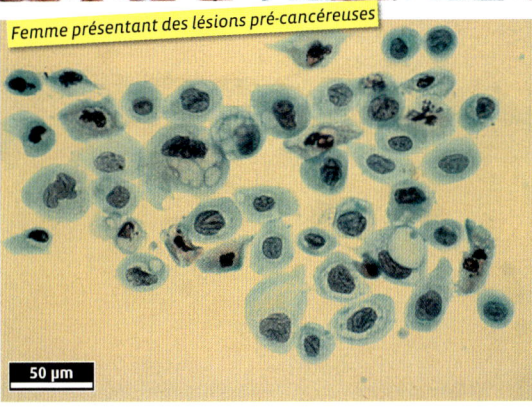

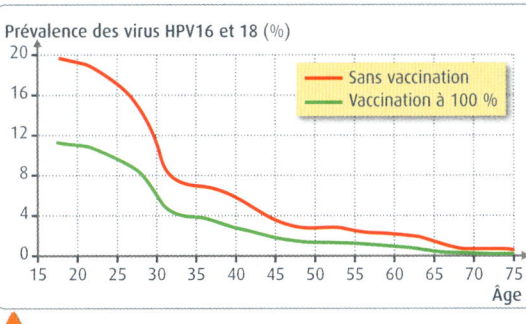

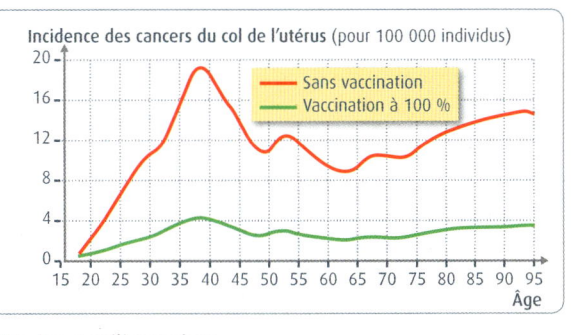

**5 L'observation de frottis cervicaux.** Le frottis est réalisé chez le gynécologue tous les trois ans. Quelques cellules du col de l'utérus sont prélevées puis observées. Les cellules pré-cancéreuses se distinguent par leur forme arrondie et leur noyau anormalement développé.

Prévalence des virus HPV16 et 18 (%)

Incidence des cancers du col de l'utérus (pour 100 000 individus)

**6 Une modélisation des effets de la vaccination contre les papillomavirus.**
La mise en œuvre de la vaccination contre les papillomavirus est trop récente pour que ses effets puissent être mesurés. Ces données sont le résultat d'une modélisation sous deux hypothèses : soit une absence totale de vaccination contre les papillomavirus, soit une vaccination de 100 % des jeunes filles avant l'âge de 15 ans.

### ACTIVITÉS

**1 DOC. 1 À 3.** Montrez l'importance du cancer du col de l'utérus et des infections à HPV en terme de santé publique.

**2 DOC. 2 ET 3.** Montrez que les cancers de l'utérus sont presque toujours dus à une infection par certains HPV. Expliquez comment un virus HPV 16 ou 18 peut contribuer au développement d'un cancer.

**3 DOC. 3 ET 4.** Justifiez le calendrier de vaccination recommandé.

**4 DOC. 1, 5 ET 6.** Montrez que la vaccination et le frottis cervical sont complémentaires et indissociables.

**5 CONCLUSION.** Résumez l'implication des virus HPV dans l'apparition du cancer du col de l'utérus et les mesures de prévention envisageables.

# UNITÉ 5 — Le mode d'action des antibiotiques et leurs limites

Les bactéries sont des microorganismes qui peuvent provoquer des infections dangereuses. Le traitement médical des infections bactériennes repose sur l'utilisation d'antibiotiques.

❖ **Quel est le mode d'action des antibiotiques et quelles sont leurs limites ?**

## Le mode d'action des antibiotiques

**TP**

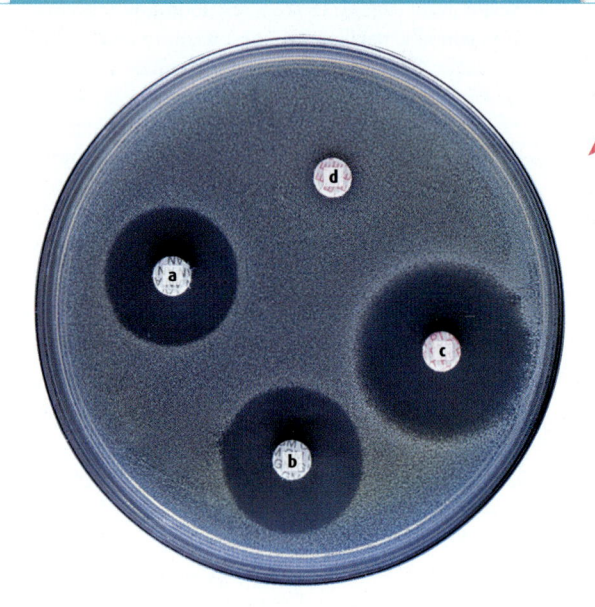

### JE MANIPULE

- Sur une boîte de Pétri contenant un milieu de culture gélosé, étalez 1 mL d'une culture bactérienne concentrée liquide.
- Disposez 4 disques, chacun imbibé d'un antibiotique différent, à la surface de la gélose ensemencée.
- Incubez la boîte de Pétri à l'envers à 37 °C pendant 24 h et observez : si les bactéries ensemencées à forte densité se sont multipliées, elles forment un tapis bactérien visible à l'œil nu ; sinon, on observe une zone d'inhibition circulaire.

**a :** amikacine     **c :** pristinamycine
**b :** gentamicine     **d :** érythromycine

**1** Un **antibiogramme** réalisé sur une souche de la bactérie *Escherichia coli*. On teste ici 4 **antibiotiques** différents.

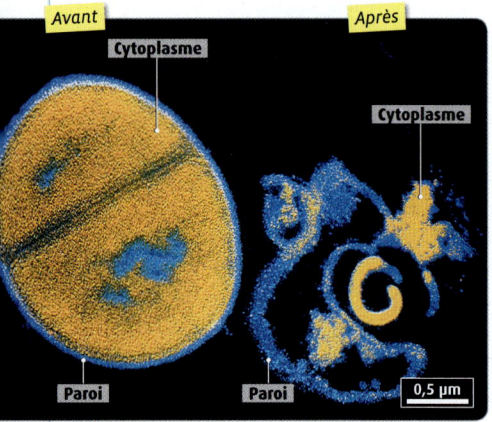

**2** **Une bactérie avant et après traitement à la pénicilline.** La pénicilline est un **antibiotique** de la famille des β-lactamines. Il s'agit du premier antibiotique ayant été découvert (par Alexander Fleming, en 1928).

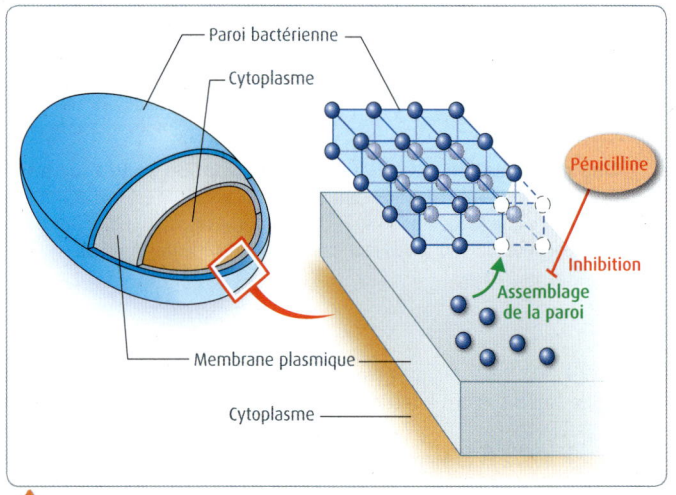

**3** **Le mode d'action de la pénicilline.** La paroi bactérienne rigide résiste à la pression exercée par le cytoplasme sur la membrane plasmique.

# Les limites de l'efficacité des antibiotiques

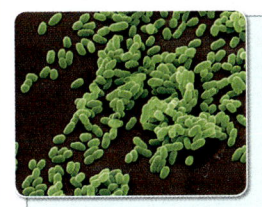

Un jeune garçon de 2 ans est admis à l'hôpital avec les symptômes d'une méningite sévère. L'analyse du liquide qui baigne le cerveau, ou liquide cérébro-spinal, montre une infection par la bactérie *Haemophilus influenzae* (photo ci-dessus au MEB). L'enfant est traité par un antibiotique courant, la streptomycine. L'infection régresse dès le lendemain mais, au bout de 3 jours de traitement, des symptômes graves réapparaissent. Un test est réalisé sur les bactéries issues du prélèvement initial de liquide cérébro-spinal : certaines sont capables de se multiplier en présence de streptomycine. Un nouveau traitement est aussitôt mis en place avec un autre antibiotique, avec succès cette fois.

**4** En 1947, un cas de méningite résistante à la streptomycine.

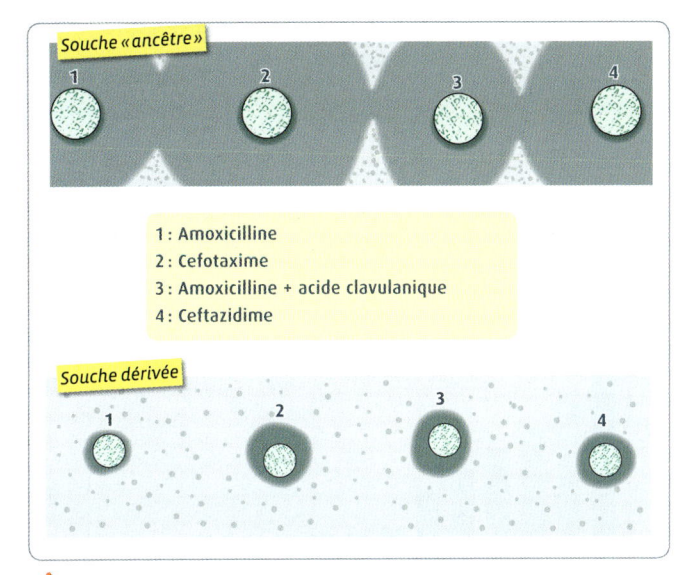

Souche «ancêtre»

1 : Amoxicilline
2 : Cefotaxime
3 : Amoxicilline + acide clavulanique
4 : Ceftazidime

Souche dérivée

**5** **Antibiogramme d'une souche bactérienne «ancêtre» et de l'une de ses souches dérivées.** Une souche bactérienne a été divisée en 2 lots. Dans le premier, les bactéries ont été congelées (souche «ancêtre»). Dans le second, les bactéries ont été mises en culture en milieu liquide. Dans ces conditions, leur nombre double en 30 minutes environ. La souche dérivée est un clone issu des divisions d'une bactérie prélevée dans cette culture.

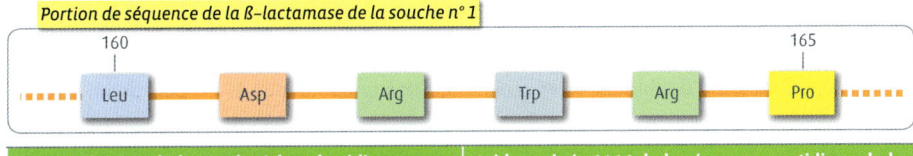

Portion de séquence de la ß-lactamase de la souche n°1

160 — Leu — Asp — Arg — Trp — Arg — Pro — 165

| | Réaction de la souche à la ceftazidime | Acide aminé n°164 de la séquence peptidique de la ß-lactamase |
|---|---|---|
| Souche d'*E. coli* n° 1 | Sensible | Arginine (Arg) |
| Souche d'*E. coli* dérivée de la souche n° 1 | Résistante | Sérine (Ser) |

**6** **Séquences peptidiques de la β-lactamase et sensibilité aux antibiotiques chez deux souches d'*Escherichia coli*.** Les β-lactamases sont des enzymes naturellement présentes dans les bactéries. Elles ont la capacité de dégrader certains antibiotiques de la famille des β-lactamines. La sensibilité à l'un de ces antibiotiques (la ceftazidime), ainsi que la séquence de leur β-lactamase, sont déterminées pour une souche d'*E.coli* ancêtre (souche n° 1) et pour une souche dérivée de cette dernière.

## ACTIVITÉS

**1** **DOC. 1.** Classez les antibiotiques testés selon leur efficacité à empêcher le développement des bactéries.
**2** **DOC. 2 ET 3.** Expliquez le résultat obtenu pour la pénicilline sur l'antibiogramme du doc. 1.
**3** **DOC. 4.** Formulez une hypothèse pour expliquer les résultats cliniques observés.
**4** **DOC. 5.** Éprouvez votre hypothèse.
**5** **DOC. 6.** Montrez que l'apparition d'une résistance à un antibiotique peut être causée par une mutation spontanée du génome bactérien.
**6** **EN CONCLUSION.** Exposez l'action des antibiotiques sur les bactéries et montrez qu'elle peut être limitée par l'acquisition d'une résistance.

THÈME 5 – CHAPITRE 2 VARIATIONS DU GÉNOME ET MALADIE

# UNITÉ 6 — Le développement de la résistance aux antibiotiques

Certaines bactéries initialement sensibles à un antibiotique peuvent acquérir une résistance à celui-ci suite à mutation. On observe une recrudescence d'infections causées par des bactéries résistantes aux antibiotiques.

⇢ **Quelles sont les causes de l'augmentation de la résistance bactérienne aux antibiotiques ?**

## L'effet d'une consommation excessive d'antibiotiques

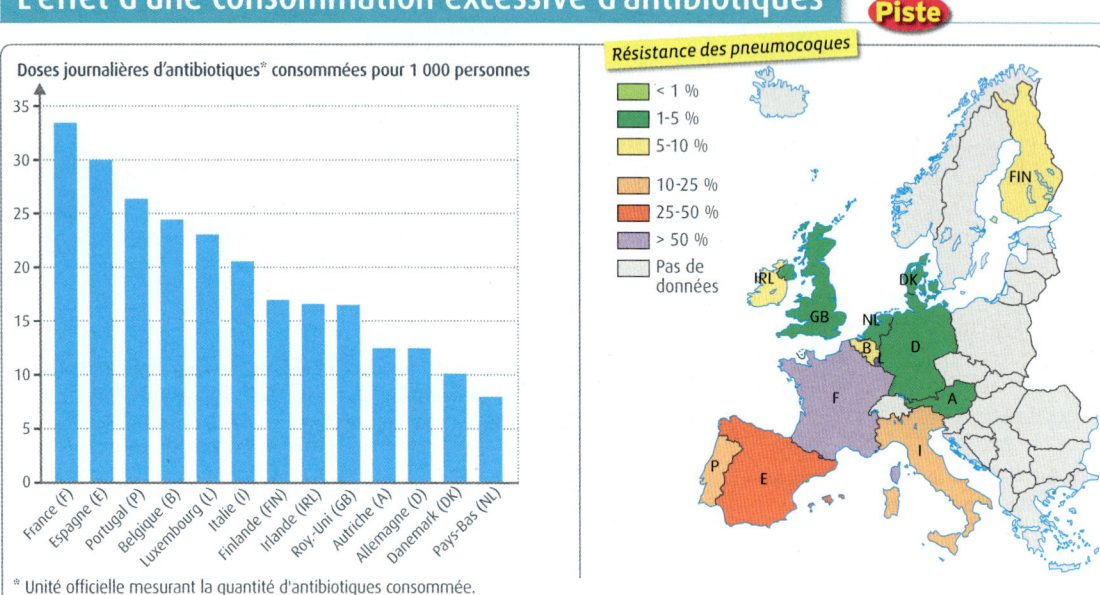

**Doses journalières d'antibiotiques* consommées pour 1 000 personnes**

(Graphique en barres, par pays : France (F) ~33,5 ; Espagne (E) ~30 ; Portugal (P) ~26 ; Belgique (B) ~24,5 ; Luxembourg (L) ~23 ; Italie (I) ~20,5 ; Finlande (FIN) ~17 ; Irlande (IRL) ~16,5 ; Roy.-Uni (GB) ~16,5 ; Autriche (A) ~12,5 ; Allemagne (D) ~10 ; Danemark (DK) ~10 ; Pays-Bas (NL) ~8)

**Résistance des pneumocoques** (carte d'Europe) :
- < 1 %
- 1-5 %
- 5-10 %
- 10-25 %
- 25-50 %
- > 50 %
- Pas de données

*\* Unité officielle mesurant la quantité d'antibiotiques consommée.*

**1** Consommation d'antibiotiques et résistance des pneumocoques en Europe en 2005.

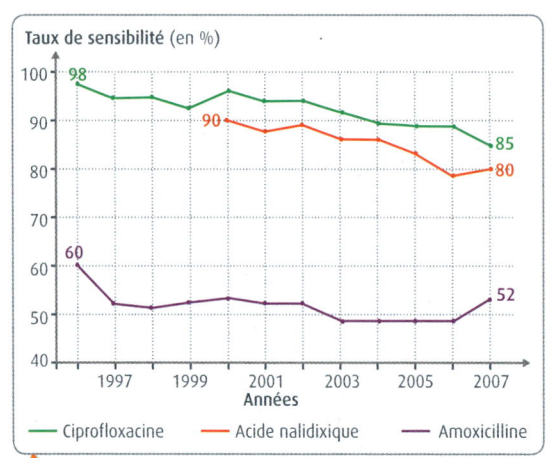

**Taux de sensibilité (en %)** — évolution de 1997 à 2007 :
- Ciprofloxacine : 98 → 85
- Acide nalidixique : 90 → 80
- Amoxicilline : 60 → 52

**2** Évolution sur 12 ans de la sensibilité d'*E. coli* à trois antibiotiques en France. Les antibiotiques indiqués sont couramment utilisés par la population, parfois sans prescription médicale et sans que leur utilisation soit toujours nécessaire. Depuis la découverte de la pénicilline en 1928, la détection de bactéries résistantes à un antibiotique suit toujours de quelques années sa mise en service.

### CONSEILS/ÉDUCATION SANITAIRE

**QUE SAVOIR SUR LES ANTIBIOTIQUES ?**

Les antibiotiques sont efficaces pour combattre les infections dues aux bactéries. Ils ne sont pas efficaces contre les infections dues aux virus. Aussi, votre médecin a choisi de vous prescrire cet antibiotique parce qu'il convient précisément à votre cas et à votre maladie actuelle.

La résistance s'accroît par l'usage abusif ou inapproprié des antibiotiques.
Vous risquez de favoriser l'apparition de bactéries résistantes et donc de retarder votre guérison ou même de rendre inactif ce médicament, si vous ne respectez pas :
- la dose à prendre,
- les moments de prise,
- et la durée du traitement.

En conséquence, pour préserver l'efficacité de ce médicament :
1. N'utilisez un antibiotique que lorsque votre médecin vous l'a prescrit.
2. Respectez strictement votre ordonnance.
3. Ne réutilisez pas un antibiotique sans prescription médicale même si vous pensez combattre une maladie apparemment semblable.
4. Ne donnez jamais votre antibiotique à une autre personne, il n'est peut-être pas adapté à sa maladie.
5. Une fois votre traitement terminé, rapportez à votre pharmacien toutes les boîtes entamées pour une destruction correcte et appropriée de ce médicament.

**3** Un extrait d'une notice d'utilisation d'un antibiotique. Les autorités médicales incitent désormais le public à n'utiliser les antibiotiques que sous prescription médicale, lorsqu'ils sont absolument nécessaires.

# Un modèle des mécanismes de l'évolution

**HISTOIRE DES SCIENCES**

**Interview** de **Laurent Loison**, historien des sciences

**Dans les années 1940, la question du rôle de l'environnement** dans l'apparition de caractères biologiques nouveaux chez les êtres vivants unicellulaires est débattue. Deux hypothèses s'affrontent :
– l'hypothèse lamarckienne (tirée de l'œuvre du biologiste J-B. Lamarck [1744 – 1829]) selon laquelle les caractéristiques de l'environnement induisent ou « dirigent » les mutations et les caractères nouveaux qui en découlent. Ces caractères se transmettent et s'accentuent au fur et à mesure des générations par hérédité des caractères acquis.
– l'hypothèse darwinienne (tirée de l'œuvre du biologiste C. Darwin [1809 – 1882]) des « mutations au hasard », selon laquelle les mutations surviennent de manière aléatoire au sein d'une population. L'environnement ne joue ensuite qu'un rôle de **sélection** : les individus ayant subi une mutation qui leur confère un avantage augmentent leur chance de survie et de reproduction.

**4** Le rôle de l'environnement dans l'évolution des populations.

Miloslav Demerec teste la sensibilité aux antibiotiques de plusieurs cultures bactériennes indépendantes.
Il éprouve deux hypothèses :
- hypothèse A : si les mutations sont induites par l'antibiotique, elles apparaissent uniquement à son contact. On devrait donc observer le même nombre de colonies de bactéries résistantes dans les différentes cultures.
- hypothèse B : si les mutations sont aléatoires, elles peuvent apparaître à tout moment entre la mise en culture et le contact avec l'antibiotique. Il est alors statistiquement impossible d'observer le même nombre de colonies de bactéries résistantes dans les différentes cultures.

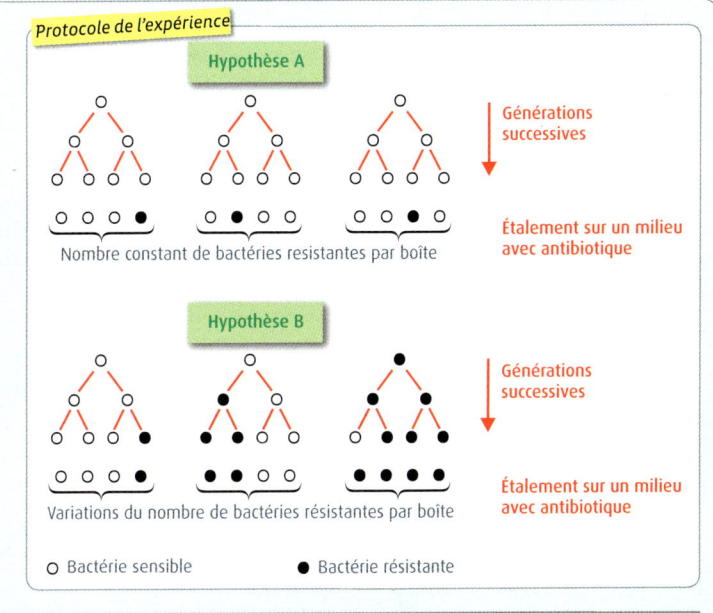

**Protocole de l'expérience**

**Hypothèse A** — Nombre constant de bactéries résistantes par boîte — Générations successives — Étalement sur un milieu avec antibiotique

**Hypothèse B** — Variations du nombre de bactéries résistantes par boîte — Générations successives — Étalement sur un milieu avec antibiotique

○ Bactérie sensible    ● Bactérie résistante

**Résultats**

| | Culture 1 | Culture 2 | Culture 3 | Culture 4 | Culture 5 |
|---|---|---|---|---|---|
| Nombre de colonies résistantes par boîte | 33 | 839 | 9 | 126 | 18 |

**5** L'expérience de Miloslav Demerec (1946).

## ACTIVITÉS

**❶ DOC. 1.** Comparez la consommation d'antibiotiques et la résistance des pneumocoques en Europe.
**❷ DOC 1 À 3.** Montrez qu'il existe un lien entre la consommation d'antibiotiques d'une population et l'apparition de bactéries résistantes.
**❸ DOC. 3.** Justifiez les indications figurant sur les notices d'utilisation d'un antibiotique.
**❹ DOC. 4 ET 5.** Expliquez comment l'utilisation des antibiotiques peut induire une augmentation de la fréquence de bactéries résistantes.
**❺ EN CONCLUSION.** Récapitulez les causes de l'augmentation de la fréquence de la résistance des bactéries aux antibiotiques et expliquez comment il est possible d'y remédier.

# CHAPITRE 2 — Variations du génome et maladie

## BILAN DES UNITÉS

### UNITÉ 1 — Les caractéristiques d'un cancer

- Le développement de nombreux cancers implique plusieurs étapes :
– au sein d'un tissu, certaines cellules acquièrent progressivement la capacité de proliférer de façon indéfinie et incontrôlée. Les cellules qui ont acquis cette propriété sont devenues cancéreuses. Leur multiplication conduit à la formation d'un amas de cellules cancéreuses appelé tumeur. Les cellules cancéreuses stimulent la formation de nouveaux vaisseaux sanguins, ce qui permet la croissance de la tumeur ;
– certaines cellules cancéreuses envahissent les tissus voisins. Le cancer devient invasif ;
– certaines cellules gagnent la circulation sanguine et migrent dans tout l'organisme. Elles forment alors de nouvelles tumeurs (métastases).
- Plus un cancer est avancé, plus les chances de survie diminuent. Il est donc essentiel de pouvoir dépister et traiter un cancer le plus tôt possible.

### UNITÉ 2 — Les bases génétiques des cancers

- Une cellule devient cancéreuse suite à une accumulation de mutations qui augmentent à la fois ses capacités de prolifération, l'instabilité de son génome et son aptitude à échapper aux systèmes qui éliminent les cellules proliférant de façon anormale. Les cellules mutées transmettent leurs mutations à leurs descendantes, qui forment un clone cellulaire.
- Ces mutations sont nombreuses et variées. Par exemple :
– certaines mutations augmentent la sensibilité des cellules aux facteurs qui stimulent la prolifération cellulaire ;
– l'un des gènes les plus fréquemment mutés dans les cancers humains (*p53*) code une protéine qui bloque la cellule en phase $G_1$ ou induit sa mort si son ADN est endommagé. La réplication d'un ADN endommagé entraînant l'introduction de mutations, *p53* exerce donc un effet anti-mutagène. Si les deux allèles de *p53* sont mutés, la cellule et ses descendantes accumuleront plus rapidement des mutations, d'où une probabilité accrue de cancer.

**Les perturbations du génome et la cancérisation.**

### UNITÉ 3 — Cancers et agents mutagènes

- Le tabagisme est le principal agent responsable des cancers du poumon. L'effet est proportionnel à la quantité de cigarettes fumées quotidiennement. Dans une population, la mortalité par cancer du poumon s'accroît 30 à 40 ans après l'augmentation de la consommation de tabac.
- Ces données s'expliquent par la présence d'agents mutagènes dans la fumée du tabac. C'est le cas du benzopyrène, qui se fixe sur l'ADN et entraîne la transformation d'une paire de bases G/C en une paire T/A. Ce type de mutation est plus fréquent dans les cellules cancéreuses issues de fumeurs. Par cet effet mutagène, le benzopyrène favorise le développement des tumeurs : c'est un agent cancérigène.

# BILAN DES UNITÉS

## UNITÉ 4 — Cancers et virus

- Les cancers du col de l'utérus sont presque toujours associés à des infections par les papillomavirus HPV16 et HPV18.
- L'infection a généralement lieu dès le début de la vie sexuelle. La plupart des individus éliminent spontanément le virus, mais, dans 3 à 10 % des cas, une infection chronique s'installe. Le génome du virus s'intègre dans les cellules infectées et perturbe leur expression génétique. En l'absence de traitement, ces perturbations du génome peuvent conduire au développement d'un cancer du col de l'utérus.
- La réalisation régulière de frottis du col de l'utérus permet de dépister des lésions pré-cancéreuses et de les éliminer (dépistage).
- Un vaccin protège contre l'infection par les papillomavirus HPV16 et HPV18. On pense qu'une vaccination massive des jeunes filles n'ayant pas eu de rapports sexuels et avant l'âge de 17 ans réduira fortement la mortalité par cancer du col de l'utérus prévention).

## UNITÉ 5 — Le mode d'action des antibiotiques et leurs limites

- Les bactéries sont généralement sensibles aux antibiotiques, des molécules utilisées par l'Homme pour éliminer les bactéries pathogènes. La technique de l'antibiogramme permet d'identifier précisément le spectre de sensibilité d'une souche bactérienne aux différents antibiotiques.
- Un antibiotique comme la penicilline agit en détruisant les bactéries.
- Des bactéries résistantes à un antibiotique peuvent apparaître dans une population de bactéries initialement sensibles. La résistance à un antibiotique est le résultat d'une mutation.
- Comme les populations bactériennes contiennent un très grand nombre d'individus et que ceux-ci se multiplient très rapidement, la probabilité d'apparition de mutants résistants aux antibiotiques n'est pas négligeable.

## UNITÉ 6 — Le développement de la résistance aux antibiotiques

- On observe que l'apparition de bactéries résistantes à un antibiotique survient systématiquement dans la décennie qui suit sa commercialisation. En outre, les données épidémiologiques montrent une corrélation marquée entre l'usage d'antibiotiques dans un pays et la fréquence des bactéries résistantes.
- Ces observations s'expliquent par la sélection naturelle. En l'absence d'antibiotiques, certaines mutations à l'origine de la résistance à un antibiotique surviennent spontanément dans une population bactérienne. En présence d'antibiotique, seules les bactéries portant ces mutations survivront et se multiplieront. Autrement dit, la présence d'un antibiotique conduit à une sélection des mutants résistants.
- Ainsi, plus on utilise d'antibiotiques, plus on sélectionne les bactéries résistantes aux antibiotiques et plus leur fréquence augmente. Il s'agit là d'un exemple d'évolution visible « à l'œil nu » à échelle humaine.

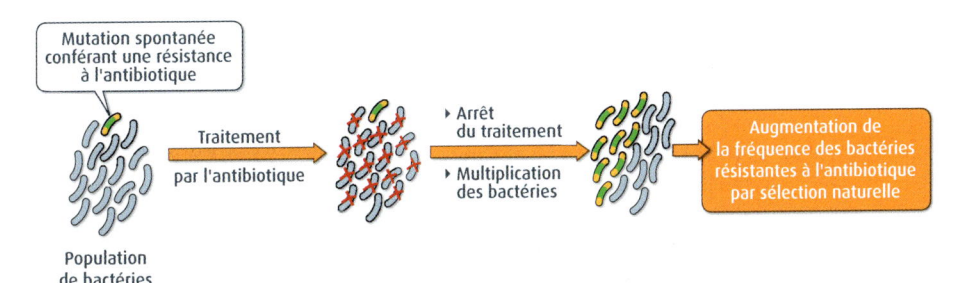

**L'évolution de la résistance à un antibiotique dans une population de bactéries.**

THÈME 5 – CHAPITRE 2 VARIATIONS DU GÉNOME ET MALADIE

# CHAPITRE 2 — Variations du génome et maladie

## L'ESSENTIEL

### L'essentiel par le texte

#### Le processus de cancérisation

- Les cancers sont des maladies causées le plus souvent par l'apparition d'un amas de cellules appelé **tumeur**. Les cellules de la tumeur ont acquis la capacité de proliférer de façon indéfinie et incontrôlée : elles sont devenues cancéreuses. Plus le cancer progresse, plus les cellules cancéreuses sont nombreuses et envahissent l'organisme, ce qui réduit l'espérance de vie du malade.
- Le point de départ d'un cancer est le plus souvent une **mutation** qui survient dans une cellule somatique. À partir du clone issu des divisions de cette cellule, une accumulation de nombreuses mutations conduit à l'apparition d'une cellule capable de proliférer de façon indéfinie et incontrôlée. Cette cellule et ses descendantes formeront la tumeur.
- Les mutations impliquées dans le développement d'un cancer touchent des gènes très divers. Il s'agit de mutations spontanées ou provoquées par des **agents mutagènes** (comme ceux de la fumée du tabac, responsables de la majorité des cancers pulmonaires).
- Certains virus peuvent modifier, dans les cellules somatiques, l'expression de gènes qui contrôlent la prolifération cellulaire. Ils contribuent au développement de certains cancers (comme le cancer du col de l'utérus).
- Diminuer le risque de développement d'un cancer implique :
  – l'évitement des agents mutagènes et la vaccination contre les virus associés à certains cancers (prévention) ;
  – une surveillance permettant de dépister puis de traiter les tumeurs le plus tôt possible.

#### La résistance bactérienne aux antibiotiques

- Comme tous les êtres vivants, les bactéries présentent des variations génétiques dues à des mutations spontanées. Certaines de ces mutations font apparaître de nouveaux allèles associés à une résistance aux **antibiotiques**.
- Lorsqu'un antibiotique est appliqué sur une population bactérienne, seules les **bactéries résistantes** survivent et se multiplient. Par les traitements antibiotiques, l'Homme exerce donc une **sélection** qui favorise la multiplication des bactéries résistantes.
- L'augmentation de la fréquence des bactéries résistantes aux antibiotiques observée depuis plusieurs années en lien avec l'utilisation accrue des antibiotiques est donc une conséquence visible de la **sélection naturelle**.

### Les capacités et attitudes

▸ Observer des coupes de tissus et des images médicales pour déterminer les caractéristiques d'une cellule cancéreuse **(unité 1)**
▸ Pratiquer une démarche scientifique pour découvrir l'implication de quelques gènes dans le processus de cancérisation **(unité 2)**
▸ Être conscient de sa responsabilité face à sa santé **(unités 3, 4 et 6)**
▸ Extraire et organiser des informations pour relier variation génétique et résistance aux antibiotiques **(unité 5)**
▸ Manifester de l'intérêt pour un grand enjeu de société : l'utilisation raisonnée des antibiotiques **(unité 6)**

### Mots clés

Voir aussi Dico des SVT p. 332

**Agent mutagène :** agent physique ou chimique de l'environnement qui augmente la fréquence de mutation.
**Antibiotique :** molécule, d'origine naturelle ou fabriquée par l'Homme, qui empêche la multiplication des bactéries.
**Bactérie résistante :** bactérie chez laquelle un antibiotique n'a pas d'effet.
**Mutation :** modification de la séquence nucléotidique de l'ADN d'un gène.
**Sélection (naturelle) :** effet de l'environnement sur une population dont les individus présentent des caractères différents ; seuls les individus les mieux adaptés survivent et se reproduisent.
**Tumeur :** amas de cellules issu de la prolifération indéfinie et incontrôlée de cellules cancéreuses.

# L'ESSENTIEL

## L'essentiel par l'image

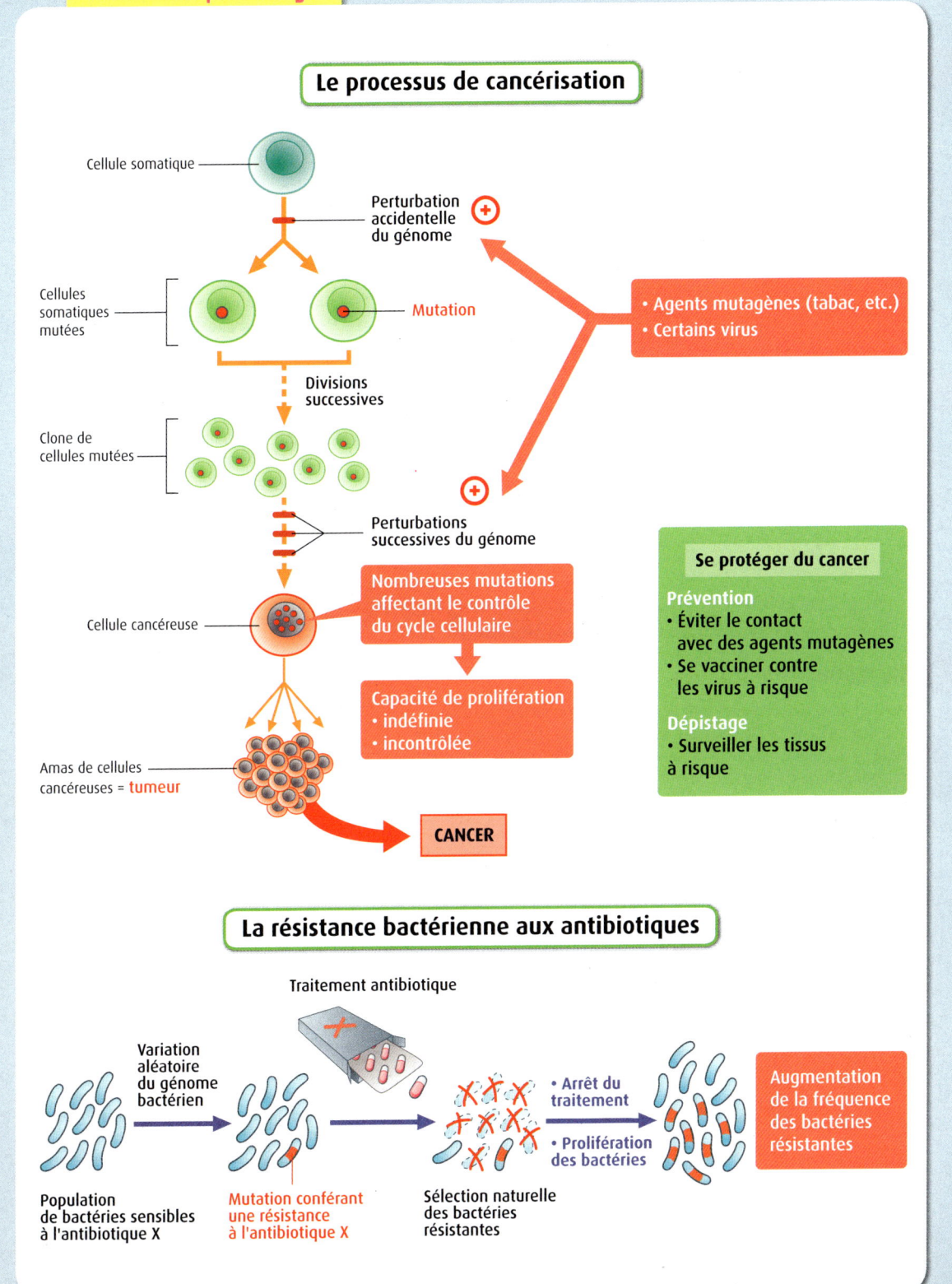

### Le processus de cancérisation

- Cellule somatique
- Cellules somatiques mutées
- Mutation
- Perturbation accidentelle du génome
- Divisions successives
- Clone de cellules mutées
- Perturbations successives du génome
- Nombreuses mutations affectant le contrôle du cycle cellulaire
- Capacité de prolifération
  - indéfinie
  - incontrôlée
- Cellule cancéreuse
- Amas de cellules cancéreuses = **tumeur**
- **CANCER**

- Agents mutagènes (tabac, etc.)
- Certains virus

**Se protéger du cancer**

**Prévention**
- Éviter le contact avec des agents mutagènes
- Se vacciner contre les virus à risque

**Dépistage**
- Surveiller les tissus à risque

### La résistance bactérienne aux antibiotiques

- Population de bactéries sensibles à l'antibiotique X
- Variation aléatoire du génome bactérien
- Mutation conférant une résistance à l'antibiotique X
- Traitement antibiotique
- Sélection naturelle des bactéries résistantes
- Arrêt du traitement
- Prolifération des bactéries
- Augmentation de la fréquence des bactéries résistantes

THÈME 5 – CHAPITRE 2 VARIATIONS DU GÉNOME ET MALADIE

# EXERCICES

## évaluer ses connaissances

### 1 Vrai ou faux ?
**Identifiez les affirmations fausses et rectifiez-les :**
a. La majorité des bactéries sont naturellement résistantes aux antibiotiques.
b. Le cancer est une maladie à composante génétique.
c. Les mutations conférant une résistance aux antibiotiques sont induites par les antibiotiques.
d. Le vaccin contre le cancer du col de l'utérus agit en détruisant les cellules cancéreuses.
e. L'utilisation d'antibiotiques sélectionne les formes sensibles et favorise leur multiplication.
f. La cancérisation implique l'accumulation de mutations germinales.

### 2 Qui suis-je ?
a. Un phénomène qui explique l'apparition aléatoire de bactéries ayant un nouveau caractère.
b. Un agent non vivant favorisant le développement des cancers.
c. Le phénomène expliquant l'augmentation de la fréquence des bactéries résistantes en présence d'un antibiotique.

### 3 QCM
**Pour chaque proposition, identifiez la (ou les) bonne(s) réponse(s) :**

1. L'action des agents cancérigènes de la fumée de cigarette s'explique car :
   a. ils sont responsables d'altérations génétiques.
   b. ils augmentent directement l'expression de gènes qui freinent la prolifération cellulaire.
   c. stimulent directement la prolifération des cellules.

2. Les mutations qui surviennent dans le génome des bactéries :
   a. sont toujours à l'origine de formes résistantes aux antibiotiques.
   b. sont spontanées et aléatoires.
   c. se produisent principalement en présence d'antibiotique.

## s'entraîner avec un exercice guidé

### 4 Bactéries résistantes et infections nosocomiales

Les infections nosocomiales sont des infections contractées dans un établissement de santé. Elles sont souvent dues au staphylocoque doré. Cette bactérie naturellement présente sur la peau et dans les voies nasales est la principale responsable des infections nosocomiales urinaires, pulmonaires ou post-opératoires.

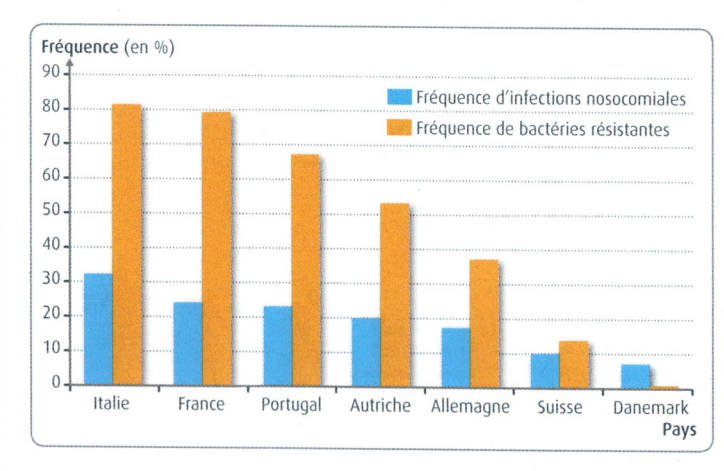

**Un peu d'aide**
- **Saisir des informations**
Recherchez une corrélation entre la fréquence des infections nosocomiales et celle des bactéries résistantes.
- **Mobiliser les connaissances et raisonner**
– Indiquez en quoi le traitement des infections favorise l'apparition de bactéries résistantes.
– Expliquez en quoi le milieu de vie naturel du staphylocoque doré peut favoriser une infection lors d'un acte de soin.
– Recherchez les facteurs qui peuvent favoriser la transmission des bactéries résistantes dans un établissement de santé.

**1.** Pourcentage de patients victimes d'une infection nosocomiale et pourcentage de staphylocoques dorés résistants à la méticilline parmi les staphylocoques isolés. Données collectées en 1992 dans des unités de soins intensifs.

**QUESTIONS** ❶ Proposez une explication au lien entre la fréquence des maladies nosocomiales et celle des bactéries résistantes. ❷ Expliquez pourquoi les établissements de santé sont un site majeur de multiplication des bactéries résistantes comme le staphylocoque doré.

## appliquer ses connaissances

### 5 Exposition au benzène et risque de cancer — Piste
*S'informer et formuler une hypothèse*

Le benzène est une molécule produite lors du raffinage du pétrole (**doc. 1**). Elle est utilisée dans l'industrie pour la synthèse de nombreux produits (résines, colorants, pesticides, détergents, etc.). Les carburants peuvent également en contenir jusqu'à 1 %. Les salariés de l'industrie pétrolière sont donc potentiellement exposés au benzène. En Australie, une étude épidémiologique a été menée sur près de 16 000 employés de l'industrie pétrolière afin d'étudier les effets d'une exposition chronique à de très faibles doses de benzène sur la survenue de cancer des cellules sanguines (leucémies) (**doc. 2**).

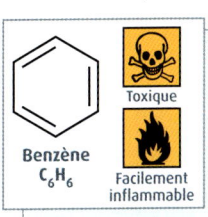

Dans l'organisme, le benzène est oxydé en composés très réactifs qui se fixent sur un grand nombre de molécules, dont l'ADN. Plusieurs études chez la souris indiquent que le benzène peut induire des modifications chromosomiques et des mutations.

Benzène $C_6H_6$ — Toxique — Facilement inflammable

**1.** Extrait de la fiche toxicologique du benzène.

| Dose annuelle d'exposition au benzène (en ppm.an⁻¹) | Risque relatif de cancer des cellules sanguines |
|---|---|
| < 1 (population de référence) | 1,00 |
| 1 à 2 | 1,64 |
| 2 à 4 | 1,83 |
| 4 à 8 | 1,44 |
| 8 à 16 | 1,59 |
| 16 à 55 | 4,51 |

**2.** Risque relatif de développer un cancer des cellules sanguines en fonction des doses annuelles d'exposition au benzène. Un risque relatif égal à X signifie que la population exposée a X fois plus de chance de développer un cancer que la population de référence. Ppm = partie par million.

❶ Tracez la courbe montrant l'évolution du risque relatif de cancer en fonction de l'exposition annuelle cumulée au benzène. Concluez.

❷ Formulez une hypothèse pour expliquer le résultat précédent.

### 6 Un modèle pour étudier le cancer de l'œsophage
*Pratiquer une démarche scientifique*

Des chercheurs ont reconstitué *in vitro* le tissu qui tapisse la paroi interne de l'œsophage (épithélium). Grâce à ce modèle expérimental, ils ont étudié l'effet de trois mutations fréquemment observées dans les cellules cancéreuses. Ces mutations (n° 1, 2 et 3) portent sur trois gènes différents. Par transgenèse, les chercheurs ont introduit dans des cellules épithéliales saines soit la mutation n° 1 seule, soit les trois mutations ensemble. Ces cellules génétiquement modifiées ont été déposées séparément sur des épithéliums œsophagiens reconstitués *in vitro*. Les chercheurs ont également déposé des cellules cancéreuses provenant d'un patient atteint d'un cancer de l'œsophage. Après plusieurs jours de culture, des coupes d'épithélium ont été observées.

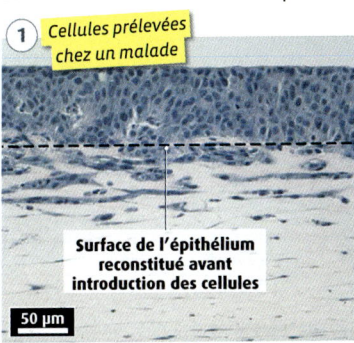

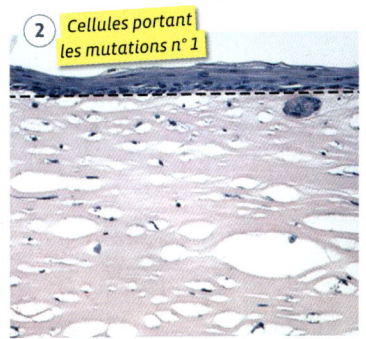

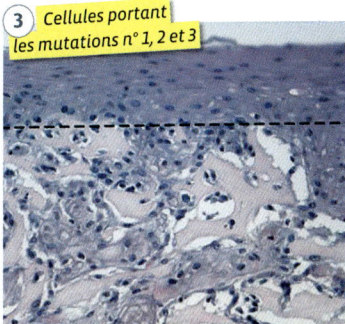

1. Cellules prélevées chez un malade — Surface de l'épithélium reconstitué avant introduction des cellules — 50 µm

2. Cellules portant les mutations n° 1

3. Cellules portant les mutations n° 1, 2 et 3

**1.** Les résultats de l'expérience. Les cellules introduites sur l'épithélium reconstitué apparaissent en violet sombre. La mutation n° 2 inactive le gène p53 (voir p. 266) et la mutation n° 3 augmente l'expression du gène EGFR (voir p. 267).

❶ Quelles propriétés des cellules cancéreuses le cliché n° 1 permet-il de mettre en évidence ?

❷ Comparez la distribution des différentes cellules génétiquement modifiées avec celle des cellules issues du malade.

❸ Indiquez si une unique mutation peut être à l'origine d'un cancer.

# EXERCICES

## Appliquer ses connaissances

### 7 La recherche d'un traitement du cancer du col de l'utérus

*Pratiquer une démarche scientifique*

Le papillomavirus HPV16 est responsable de nombreux cas de cancer du col de l'utérus. L'infection par ce virus provoque, entre autres, l'augmentation de la synthèse de la protéine cellulaire c-fos2. Des chercheurs ont infecté des cellules en culture avec le virus HPV16 puis ils ont suivi l'évolution de la quantité de cellules au cours du temps (**doc. 1**). Ils ont ensuite étudié l'effet d'ARN anti-sens : il s'agit de courtes séquences d'ARN qui présentent la propriété d'empêcher la traduction de l'ARN messager (ARNm) d'un gène spécifique. Dans des cellules infectées par HPV16, les chercheurs ont introduit des ARN anti-sens empêchant la traduction soit de l'ARNm d'une protéine codée par le génome du virus, soit de l'ARNm de la protéine c-fos2. Puis ils ont étudié la prolifération des cellules (**doc. 2**).

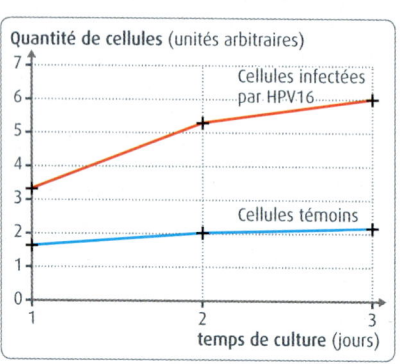

**1.** Effet de l'infection par le virus HPV16 sur la prolifération de cellules en culture.

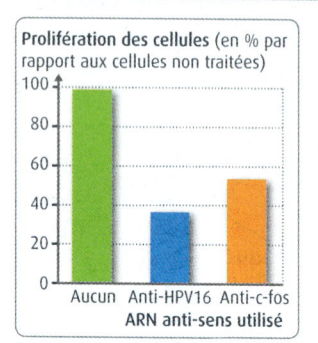

**2.** Effet de deux ARN antisens sur la prolifération de cellules en culture infectées par HPV16.

❶ Comparez la prolifération des cellules témoins et celle des cellules infectées par le virus HPV16 avant (doc. 1) et après (doc. 2) traitement par un ARN anti-sens.

❷ Exploitez les résultats précédents pour montrer comment une infection par HPV16 peut favoriser le développement d'un cancer du col de l'utérus.

❸ Discutez la pertinence d'utiliser les ARN anti-sens étudiés comme traitement contre le cancer du col de l'utérus.

### 8 Un problème de santé publique : les bactéries multirésistantes

*Piste*

*S'informer et raisonner*

Chez un patient atteint d'une infection urinaire ne répondant pas aux traitements antibiotiques habituels, les médecins ont isolé une souche de bactéries *Klebsiella pneumoniae*, numérotée 05-560. Une souche de bactéries *Escherichia coli* a été incubée pendant 18 heures soit seule, soit en présence de *K. pneumoniae* 05-560. On a ensuite mesuré, pour les différentes bactéries, la concentration minimale inhibitrice de différents antibiotiques. Plus cette concentration est élevée, plus la souche bactérienne est résistante à l'antibiotique.

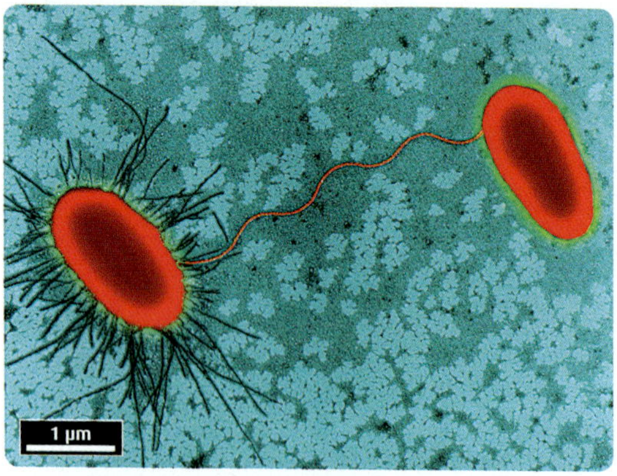

**1.** Deux bactéries en cours de conjugaison. Lors de ce processus, deux bactéries, qu'elles soient ou non de la même espèce, peuvent échanger des fragments d'ADN contenant des gènes.

| Antibiotique | *K. pneumoniae* 05-560 | *E. coli* incubée seule | *E. coli* incubée avec *K. pneumoniae* 05-560 |
|---|---|---|---|
| Ampicilline | > 256 | 4 | > 256 |
| Piperacilline | > 256 | 1 | > 256 |
| Cefotaxime | > 256 | 0,064 | > 256 |
| Colistine | 0,75 | 0,25 | 0,25 |

**2.** Concentration minimale inhibitrice des différentes bactéries analysées (en µg.mL$^{-1}$).

❶ La souche 05-560 de *K. pneumoniae* est qualifiée de « multi-résistante ». Expliquez pourquoi.

❷ Décrivez les modifications provoquées chez *E. coli* par le contact avec *K. pneumoniae* 05-560. Proposez une explication aux résultats observés.

# EXERCICE BAC

**Thème 5 : Variation génétique et santé**

## Les causes d'une maladie cardiovasculaire : l'athérosclérose

Les maladies cardiovasculaires sont une des premières causes de mortalité dans les pays industrialisés. Parmi elles, l'athérosclérose affecte certaines artères, dans lesquelles un dépôt de cholestérol entraîne la formation de plaques d'athérome constituées de lipides et de cellules agglomérés. Ces plaques épaississent la paroi et altèrent la circulation sanguine. Quand une artère irrigant le cœur est atteinte, les cellules cardiaques ne sont plus correctement oxygénées : c'est l'infarctus du myocarde.

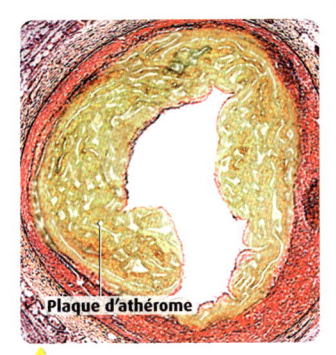

**1** Une plaque d'athérome dans une artère (vue en coupe au MO).

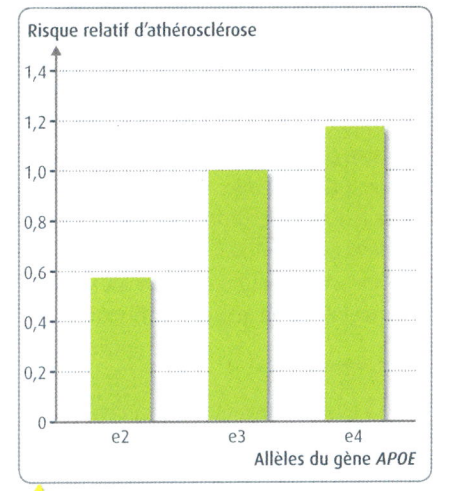

**2** Fréquence de l'athérosclérose selon la teneur en acides gras saturés de l'alimentation. Les acides gras saturés sont des lipides fournis notamment par les graisses animales et les graisses végétales hydrogénées comme l'huile de palme.

**3** Influence d'un facteur génétique sur le risque d'athérosclérose. Le gène *APOE* code l'apolipoprotéine E, qui participe au transport du cholestérol dans le sang (notamment vers le foie, où le cholestérol en excès est éliminé). Une étude épidémiologique a permis de calculer le risque relatif de développer une maladie coronaire associé à 2 allèles du gène *APOE* : e2 et e4. Le risque a été calculé par rapport à l'allèle e3, pour lequel le risque est donc, par définition, de 1.

| Allèles du gène *APOE* | Régime alimentaire pauvre en graisses | Régime alimentaire riche en graisses |
|---|---|---|
| e2 | 0,38 | 0,82 |
| e3 (référence) | 1 | 1 |
| e4 | 1,11 | 1,28 |

**4** Risque relatif de développer l'athérosclérose selon le génotype et le régime alimentaire suivi. Dans l'étude présentée doc. 3, la part des graisses dans le régime alimentaire a été analysée : deux groupes de personnes ont été formés selon ce critère, l'un à l'alimentation pauvre en graisses, l'autre à l'alimentation riche en graisses.

### Exploiter les documents

**DOC. 1 ET 2.** Exposez la relation entre le régime alimentaire et la mortalité due à l'athérosclérose.

**DOC. 3.** Comparez le risque relatif associé à chacun des allèles. Montrez alors que des facteurs génétiques influencent la survenue de la maladie.

**DOC. 4.** Pour chaque génotype, repérez si le régime alimentaire influence le risque relatif. Montrez alors que le développement de la maladie dépend d'interactions entre génotype et mode de vie.

## QUESTION

À partir de l'exploitation des documents, montrez que le développement de la maladie coronaire dépend à la fois de facteurs génétiques et de facteurs liés au mode de vie.

# ATELIERS D'EXPLORATION

## SCIENCES ACTUALITÉ — Un essai de thérapie génique réussi ?

Depuis ses débuts, la thérapie génique a fait l'objet de nombreux essais cliniques, sans réels succès jusqu'à présent. Récemment, une tentative de thérapie génique a été entreprise sur un patient atteint de ß-thalassémie. Chaque année, 100 000 enfants naissent avec cette maladie du sang. Porteurs de deux allèles mutés du gène codant pour la bêta-globine, ces individus ne peuvent pas synthétiser d'hémoglobine en quantité suffisante.

### ACTIVITÉS

❶ Expliquez pourquoi on peut envisager de guérir la ß-thalassémie par thérapie génique.
❷ À l'aide du texte, réalisez un schéma détaillant le protocole expérimental de thérapie génique mis en œuvre dans ce cas.
❸ Justifiez que cet essai soit considéré comme un succès thérapeutique.
❹ Expliquez et justifiez le risque encouru par ce patient.

**POUR VOUS GUIDER**
- www.pourlascience.fr (chercher « Bêta-thalassémie »)
- www.orpha.net (chercher « Bêta-thalassémie »)
- www.inserm.fr (voir le dossier « Immunologie, hematologie, pneumologie » puis « Dossiers d'information », et « Thérapie génique »)

« En 2007, un essai clinique a commencé sur un jeune homme de 18 ans atteint d'une forme grave de bêta-thalassémie. Des cellules de sa moelle osseuse ont été prélevées puis traitées par un vecteur viral porteur du gène correcteur. On a ensuite injecté au patient ces cellules génétiquement modifiées.
Quelque 30 mois plus tard, plus de 10 % des cellules de la moelle contenaient le gène correcteur, dont 3 % des érythroblastes, la lignée cellulaire donnant naissance aux globules rouges. La concentration globale d'hémoglobine avait atteint 9 g.dL$^{-1}$, valeur que permettent d'obtenir les transfusions. Le patient n'a plus besoin de traitement.
Toutefois, dans la moitié des cellules modifiées, le vecteur viral s'est inséré dans le gène qui code la protéine HMGA2, connue pour participer à la régulation de la prolifération cellulaire. Il y a donc un risque d'apparition d'une tumeur. L'essai clinique devrait se poursuivre chez trois autres malades en 2011. »

« Bêta-thalassémie : une première thérapie génique à confirmer »,
d'après *Pour la Science*, 15 septembre 2010.

**Un article de presse, relatant l'essai clinique.**

## MÉTIER — Médecin endocrinologue

Interview de Claire Blanchard-Delaunay, médecin à l'hôpital de Niort.

**En quoi consiste l'endocrinologie ?**
C'est un domaine de la médecine assez vaste, qui traite les pathologies causées par une anomalie hormonale. Pour ma part, dans ce domaine, je m'occupe essentiellement de patients atteints de diabète.

**Des compétences en nutrition sont-elles requises ?**
Pour traiter des maladies du métabolisme, elles sont indispensables ! La mise en place d'un régime alimentaire au cas par cas est une partie très importante du traitement médical.

**Pouvez-vous nous citer une qualité nécessaire à l'exercice de ce métier ?**
Il faut avoir un grand sens de l'écoute et du dialogue. Une maladie métabolique a un effet très important sur la vie quotidienne d'un patient. Chaque cas demande donc un accompagnement personnel très proche.

### ACTIVITÉS

❶ Recherchez d'autres exemples de maladies endocrinologiques.
❷ Recherchez sur Internet la formation requise pour devenir médecin endocrinologue.

**POUR VOUS GUIDER**
- www.libtheque.fr
- http://www.onisep.fr/Ressources/Univers-Metier/Metiers/medecin-specialiste ⦿ onisep
- www.doctissimo.fr/html/dossiers/maladies-hormonales/maladies-hormonales-endocrinologie.htm

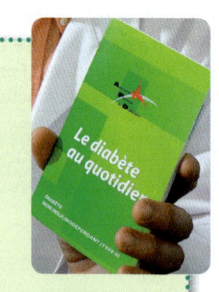

## ENQUÊTE — Le dépistage : une arme efficace contre le cancer

Réduire l'exposition aux facteurs de risque, comme les agents mutagènes, diminue l'incidence de certains cancers. De même, un dépistage précoce vise à en limiter la gravité et à en faire baisser la mortalité. Aussi, dans de nombreux pays développés, un dépistage régulier est-il désormais proposé pour un certain nombre de cancers pour lesquels un diagnostic précoce est possible (peau, sein, prostate notamment).

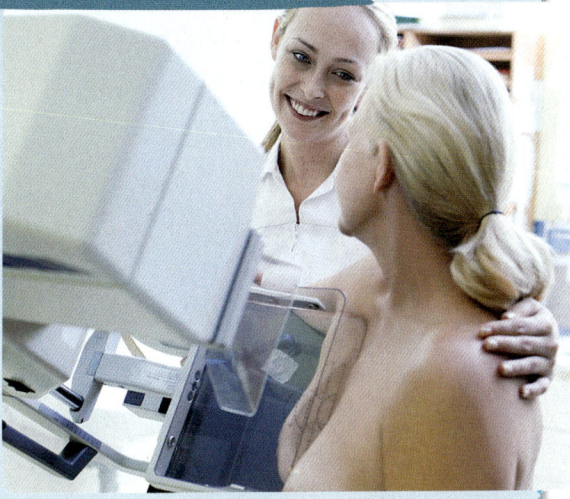

### ACTIVITÉS

**1** Recherchez sur Internet quelques facteurs de risques du cancer du sein et de celui de la peau et les méthodes de dépistage actuelles.

**2** Cherchez des données chiffrées qui tendent à montrer l'intérêt thérapeutique d'un dépistage précoce de ces cancers.

**3** À l'aide de vos connaissances sur l'évolution d'une tumeur, proposez une hypothèse pour expliquer ces données.

**4** Justifiez l'intérêt de campagnes d'information sur le dépistage de certains types de cancers.

*Une patiente passant un examen mammographique.*

### PLUS LOIN AVEC INTERNET
- www.e-cancer.fr
- www.igr.fr
- www.mesgrainsdebeaute.fr
- www.cancerdusein.org

---

## HISTOIRE DES SCIENCES — La première enquête épidémiologique

En 1854 à Londres, une épidémie de choléra se propage, causant la mort de centaines de Londoniens. John Snow, médecin anesthésiste, émet l'hypothèse d'une transmission du choléra par l'eau et décide de dresser méthodiquement des cartes de Londres en y localisant l'ensemble des décès par le choléra (dont on sait aujourd'hui qu'il est dû à une bactérie). Il parvient ainsi à identifier l'origine de l'épidémie dans le quartier de Soho : une pompe à eau publique sur Broad Street. Le travail de Snow est aujourd'hui considéré comme la première enquête épidémiologique de l'histoire.

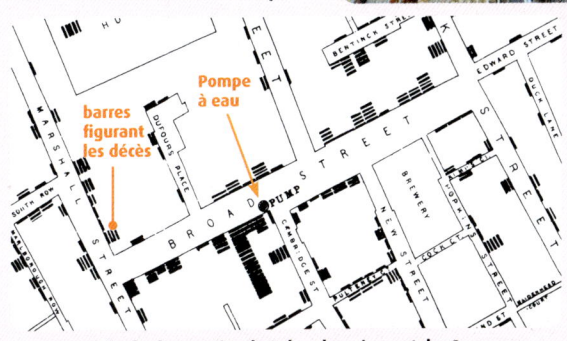

### ACTIVITÉS

**1** Expliquez comment John Snow identifie Broad Street comme foyer potentiel de l'épidémie de choléra.

**2** Justifiez la conclusion de Snow quant à l'origine précise de l'épidémie.

**3** À l'aide de vos connaissances, expliquez pourquoi l'enquête de ce médecin relève de l'épidémiologie.

*La carte originale du quartier de Soho, dressée par John Snow en 1854. Pour chaque immeuble, Snow trace de petites barres noires figurant tous les décès causés par le choléra. À l'emplacement de l'ancienne pompe à eau, se situe aujourd'hui un pub qui porte le nom du médecin (photo).*

### POUR ALLER PLUS LOIN
- www.johnsnowsociety.org/johnsnow/facts.html
- http://blogs.univ-paris5.fr/berchep/weblog/4990.html

THÈME 5 – VARIATION GÉNÉTIQUE ET SANTÉ

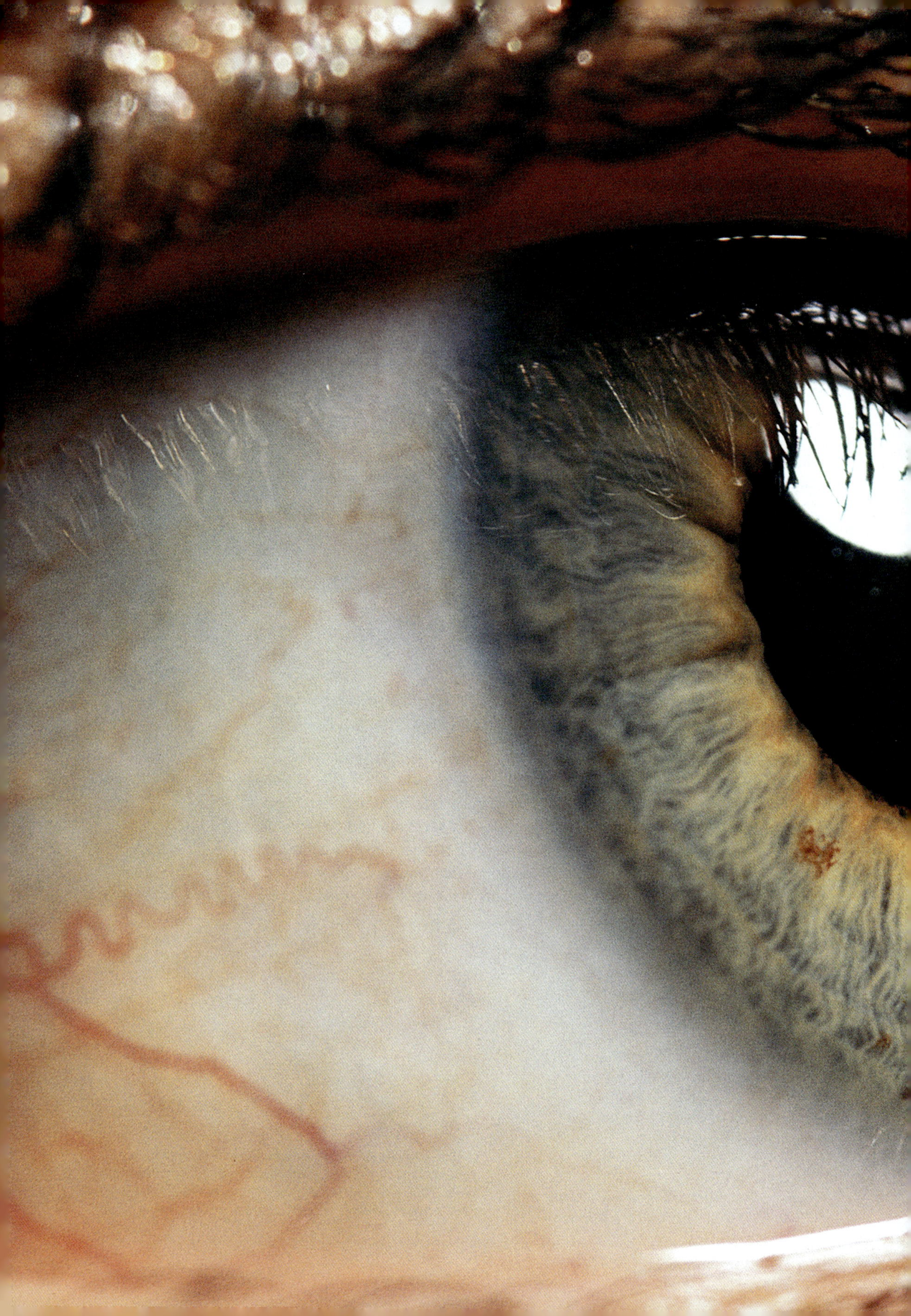

# THÈME 6

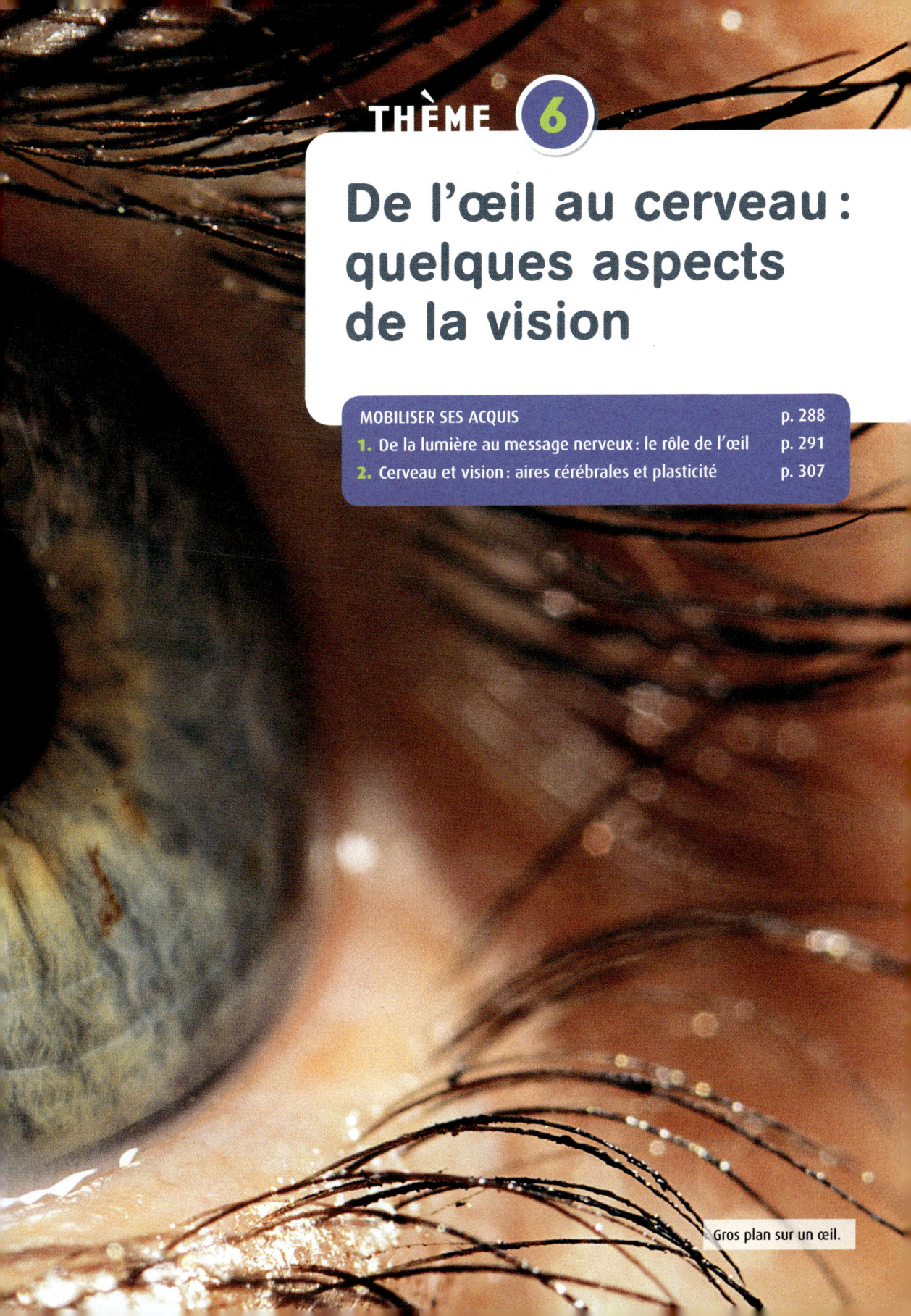

## De l'œil au cerveau : quelques aspects de la vision

**MOBILISER SES ACQUIS** p. 288
1. De la lumière au message nerveux : le rôle de l'œil p. 291
2. Cerveau et vision : aires cérébrales et plasticité p. 307

Gros plan sur un œil.

# MOBILISER SES ACQUIS

## 1. Quels sont les acteurs de la communication nerveuse ?

*Dissection du système nerveux du merlan*
- Moelle épinière
- Cerveau
- Œil
- Nerf optique

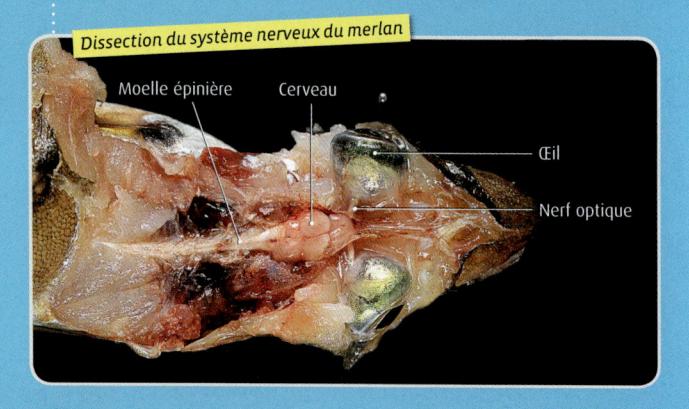

*Le système nerveux et la communication nerveuse*
- Stimulus visuel
- Départ du nerf optique
- Cerveau
- Nerf
- Moelle épinière
- Muscle (organe effecteur)
- → message ............1
- — nerf ............2
- — nerf ............3

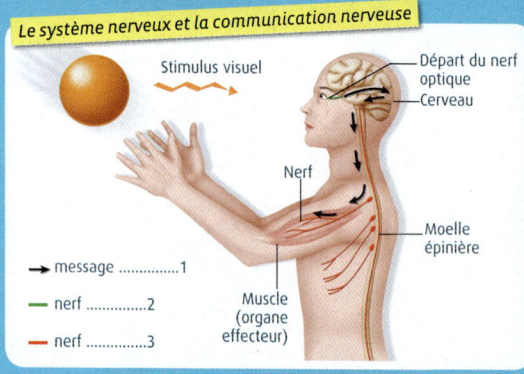

❶ Identifiez un organe sensoriel et un centre nerveux.
❷ Identifiez une voie nerveuse par laquelle un message nerveux sensoriel est transmis au centre nerveux.
❸ Expliquer succinctement le rôle du centre nerveux.
❹ Retrouvez les légendes correspondant aux numéros.

### mots clés

**Organe sensoriel :** organe produisant un message nerveux en réponse à une stimulation de l'environnement.
**Centre nerveux :** organe du système nerveux où parviennent les voies nerveuses sensorielles et d'où sont issues les voies nerveuses effectrices.

## 2. Comment le message nerveux est-il propagé ?

*Neurones dans un centre nerveux (MEB)* — 20 µm

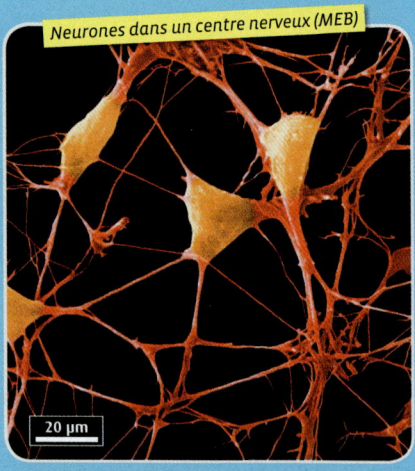

*Deux neurones en contact*
- neurone 1
- fibre nerveuse du neurone 1
- message nerveux 1
- neurone 2
- fibre nerveuse du neurone 2
- message nerveux 2

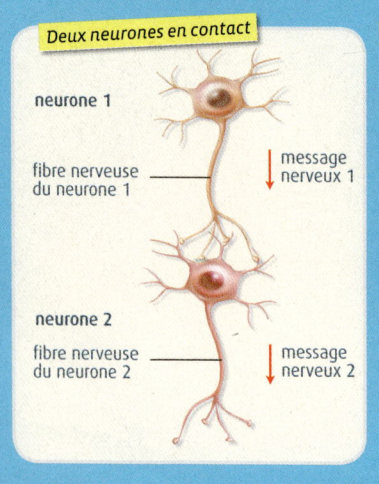

*Détail d'une zone de contact entre deux neurones (MET, fausses couleurs)* — 150 nm
- neurone 1
- zone de contact
- neurone 2

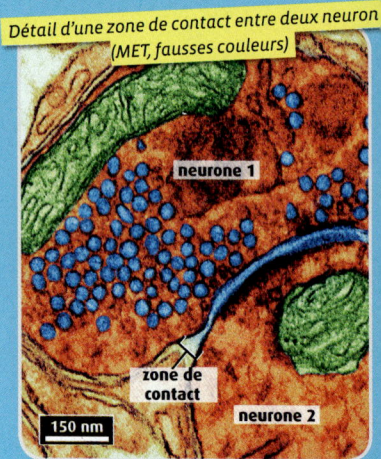

❶ Comment les neurones sont-ils organisés dans le cerveau ?
❷ Quelles sont les caractéristiques cellulaires d'un neurone ?
❸ Comment la propagation du message nerveux d'un neurone à un autre est-elle assurée ?

**Neurone :** cellule spécialisée du système nerveux.

# 3. Comment le fonctionnement du système nerveux peut-il être perturbé ?

*Cellules sensorielles de l'oreille interne*

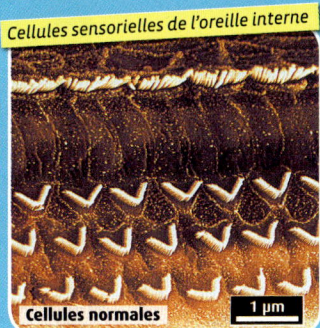

Cellules normales — 1 µm

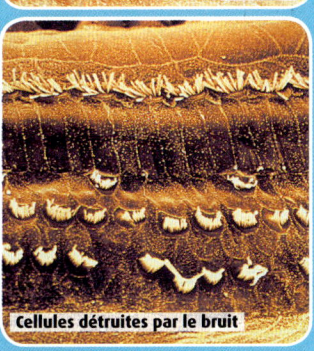

Cellules détruites par le bruit

*Une affiche de prévention sur les dangers de l'alcool*

L'abus d'alcool rend violent et agressif.
Et vous, avec l'alcool vous en êtes où ?

*L'effet de l'alcool sur le système nerveux*

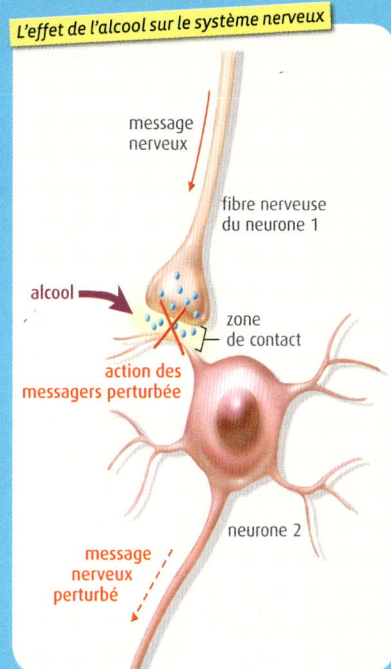

message nerveux
fibre nerveuse du neurone 1
alcool
zone de contact
action des messagers perturbée
neurone 2
message nerveux perturbé

① Comment un bruit intense peut-il altérer la perception auditive ?
② L'alcool a-t-il un effet sur la perception de l'environnement ?
③ Comment expliquer les perturbations cérébrales provoquées par l'alcool ?

**Messager chimique :** molécule assurant la transmission du message nerveux au niveau d'une connexion entre deux neurones.

## CE QU'IL FAUT SAVOIR POUR ABORDER LE THÈME 6

▷ Le **système nerveux** permet à l'organisme de percevoir les stimulations de l'environnement et d'y réagir. Les **organes sensoriels** sont des « récepteurs ». Ils perçoivent des stimulations de l'environnement et élaborent des messages nerveux sensitifs. Ceux-ci se propagent le long d'un nerf sensitif, jusqu'aux centres nerveux (cerveau et moelle épinière).

▷ Les centres nerveux analysent le message sensitif et élaborent un message nerveux vers les organes effecteurs.

▷ Tous les tissus nerveux de l'organisme sont constitués de cellules nerveuses spécialisées : les **neurones**. Ils possèdent une **fibre nerveuse** le long de laquelle se propage le message nerveux. Un centre nerveux est constitué de très nombreux neurones connectés entre eux.

▷ La **transmission du message nerveux** d'un neurone à l'autre est assurée au niveau de zones de contact entre ces neurones. L'arrivée d'un message nerveux déclenche la libération de **messagers chimiques** à l'extrémité de la fibre nerveuse du premier neurone. Ces substances se fixent sur la membrane du second neurone, qui génère à son tour un message nerveux.

▷ L'altération des cellules sensorielles par un bruit intense atténue la capacité de l'oreille interne à générer un message nerveux sensoriel. Ce phénomène est une des origines de la surdité. Certaines substances comme l'alcool ont un effet important sur le fonctionnement du cerveau. Ils peuvent perturber la transmission du message nerveux entre deux neurones.

# THÈME 6 — De l'œil au cerveau : quelques aspects de la vision

## SOMMAIRE

### CHAPITRE 1 — De la lumière au message nerveux : le rôle de l'œil — 291

- **UNITÉ 1** Le trajet de la lumière dans l'œil — 292
- **UNITÉ 2** La rétine et le rôle des photorécepteurs — 294
- **UNITÉ 3** Les pigments rétiniens et la vision des couleurs — 296
- **UNITÉ 4** La vision des couleurs chez les primates — 298
- Bilan des unités — 300
- L'essentiel — 302
- Exercices — 304

### CHAPITRE 2 — Cerveau et vision : aires cérébrales et plasticité — 307

- **UNITÉ 1** Les troubles cérébraux de la perception visuelle — 308
- **UNITÉ 2** L'étude du cerveau en fonctionnement — 310
- **UNITÉ 3** L'effet des drogues sur la perception visuelle — 312
- **UNITÉ 4** Le développement du cortex visuel — 314
- **UNITÉ 5** La plasticité du cerveau et l'apprentissage — 316
- Bilan des unités — 318
- L'essentiel — 320
- Exercices — 322
- **OBJECTIF BAC** L'étude d'un trouble visuel — 325
- **ATELIERS D'EXPLORATION** SCIENCES ACTUALITÉ – B2I – ENQUÊTE – MÉTIER — 326

**CHAPITRE 1**

# De la lumière au message nerveux : le rôle de l'œil

*Nous percevons notre environnement grâce aux organes sensoriels. L'œil est un organe sensoriel spécialisé dans la vision. Il est sensible aux stimulations lumineuses.*

| Un chimpanzé bonobo.

**Comment l'œil réagit-il aux stimulations lumineuses ?**

# UNITÉ 1 — Le trajet de la lumière dans l'œil

L'œil est un organe sensible aux stimulations lumineuses. Il capte les rayons lumineux issus de notre environnement.

⇢ **Comment l'œil capte-t-il la lumière ?**

## Reconstituer le trajet de la lumière dans l'œil — TP

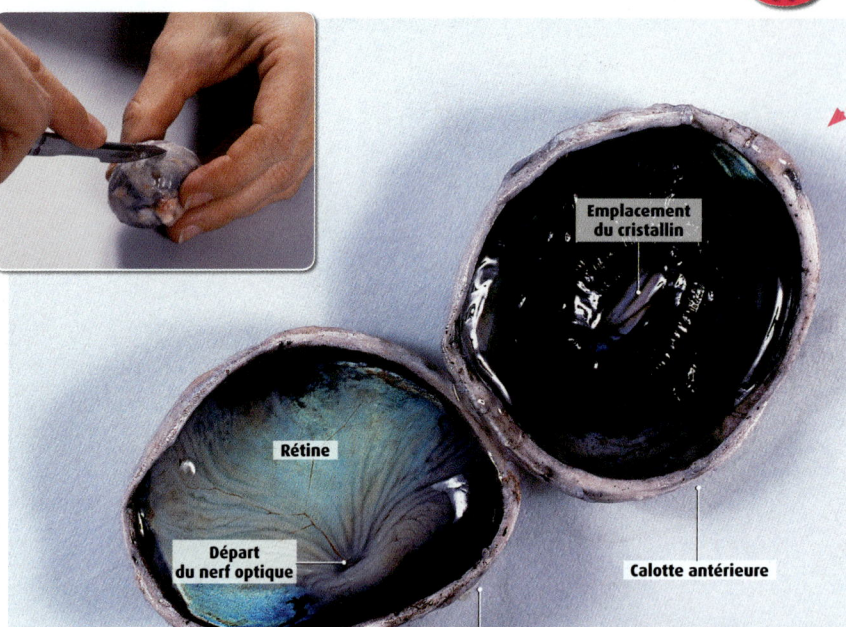

### JE MANIPULE

- À l'aide de la pointe du scalpel, pratiquez une boutonnière dans le plan équatorial entre les calottes antérieure et postérieure du globe oculaire.
- À l'aide des ciseaux, découpez le long de l'équateur pour séparer l'œil en deux moitiés. Le liquide qui s'échappe est l'humeur aqueuse.
- Détachez l'humeur vitrée. Prélevez le cristallin, et déposez-le dans un bécher contenant de l'eau.

Légendes : Emplacement du cristallin — Rétine — Départ du nerf optique — Calotte postérieure — Calotte antérieure

**1** La dissection de l'œil de veau.

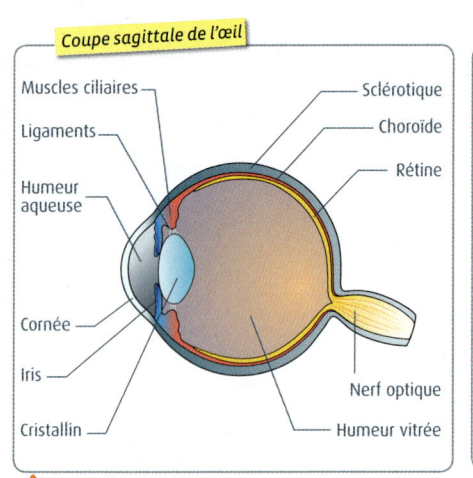

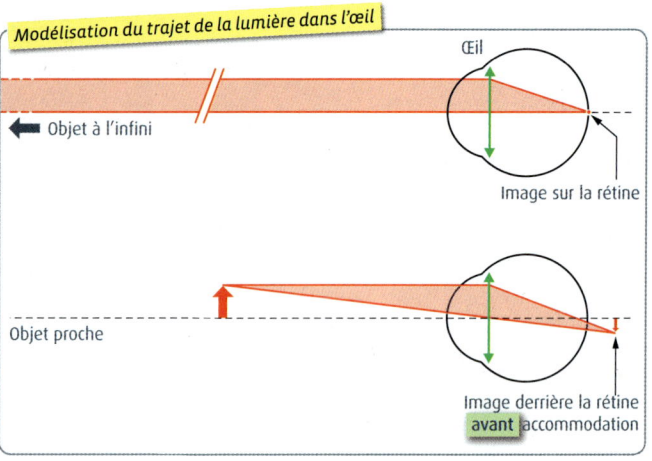

**Coupe sagittale de l'œil** : Muscles ciliaires — Ligaments — Humeur aqueuse — Cornée — Iris — Cristallin — Sclérotique — Choroïde — Rétine — Nerf optique — Humeur vitrée

**Modélisation du trajet de la lumière dans l'œil** :
- Objet à l'infini → Image sur la rétine
- Objet proche → Image derrière la rétine avant accommodation

**2 La formation d'une image dans l'œil.**
La cornée, le cristallin ainsi que les humeurs vitrée et aqueuse constituent les milieux transparents de l'œil. La courbure du cristallin peut augmenter grâce à la contraction des muscles ciliaires. La rétine joue le rôle d'un écran sur lequel les rayons lumineux se focalisent et forment une image. Un œil normal perçoit un objet proche ou lointain avec la même acuité grâce à son pouvoir d'accommodation.

## Comprendre le rôle du cristallin

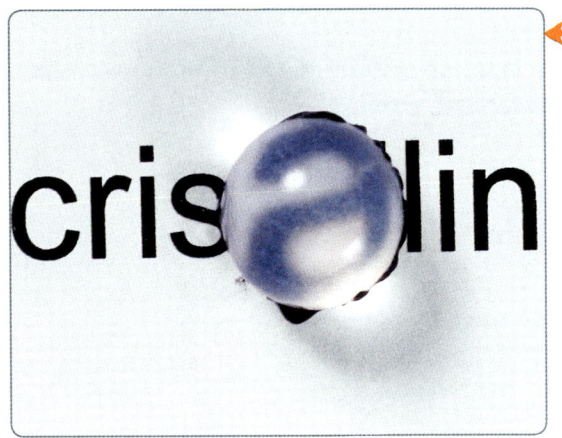

**3 Une propriété du cristallin.** L'effet loupe est une caractéristique des lentilles convergentes. La convergence est d'autant plus marquée que la courbure est forte.

| Défaut du cristallin | Défaut de vision résultant |
|---|---|
| Forme sphérique (chez le bébé né prématurément) | Myopie sévère : très faible acuité visuelle de loin. |
| Perte d'élasticité (à partir d'environ 45 ans) | Presbytie : difficulté d'accommodation entraînant une baisse de la vision de près. |
| Perte de transparence (à partir d'environ 70 ans) | Cataracte : baisse de l'acuité visuelle. |

**4 Quelques défauts de vision.**

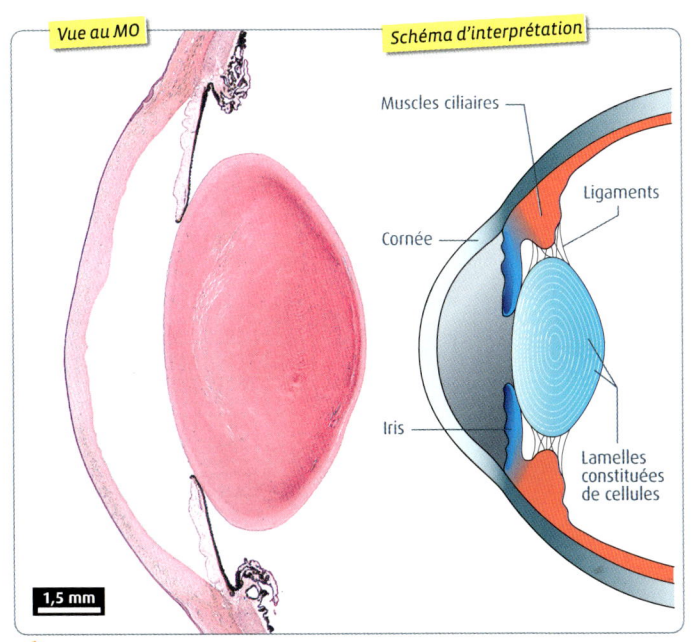

*Vue au MO* — *Schéma d'interprétation*

Muscles ciliaires — Ligaments — Cornée — Iris — Lamelles constituées de cellules

1,5 mm

**5 Coupe transversale du cristallin.** Le pouvoir de réfraction et la transparence du cristallin sont dus à l'organisation particulière des cellules qui le constituent. Il s'agit d'un seul type de cellules, à différents stades de différenciation. Les cellules différenciées ont perdu leur noyau et sont remplies de cristallines, protéines solubles qui assurent la transparence du cristallin.

**Interview du Pr Philippe Denis,** ophtalmologiste à l'hôpital de la Croix-Rousse (Lyon).

**À la face antérieure du cristallin,** des cellules souches cubiques forment une couche unique. Dans la région équatoriale du cristallin, ces cellules se divisent, s'allongent et se différencient en fibres transparentes. Ces fibres cristalliniennes sont vivantes et leur métabolisme dépend des échanges avec le milieu environnant, en particulier l'humeur aqueuse. L'association étroite des fibres entre elles permet le maintien de l'organisation du cristallin lorsqu'il change de forme pendant l'accommodation. Avec l'âge, le cristallin perd de son élasticité. Il peut également perdre sa transparence en raison de modifications de l'arrangement des cristallines dans les fibres.

**6 Comment le cristallin est-il organisé ?**

## ACTIVITÉS

**1 DOC. 1 ET 2.** Déterminez quelles propriétés physiques doit posséder la structure dessinée en vert sur la modélisation du doc. 2.

**2 DOC. 2 À 4.** Déterminez, en justifiant votre réponse, à quel élément de l'œil correspond la structure dessinée en vert sur la modélisation du doc. 2.

**3 DOC. 4 À 6.** Indiquez en quoi l'organisation cellulaire du cristallin lui confère ses propriétés physiques. Décrivez son altération possible au cours du vieillissement.

**4 EN CONCLUSION.** Récapitulez comment l'œil capte la lumière émise par un objet proche ou lointain et détaillez le rôle du cristallin.

## UNITÉ 2 — La rétine et le rôle des photorécepteurs

Le cristallin est une lentille biologique qui focalise les rayons lumineux sur la rétine, où il se forme une image. La stimulation de la rétine provoque l'émission d'un message nerveux transmis par le nerf optique.

**Comment la rétine produit-elle un message nerveux à partir de la lumière visible ?**

### Observer la structure de la rétine

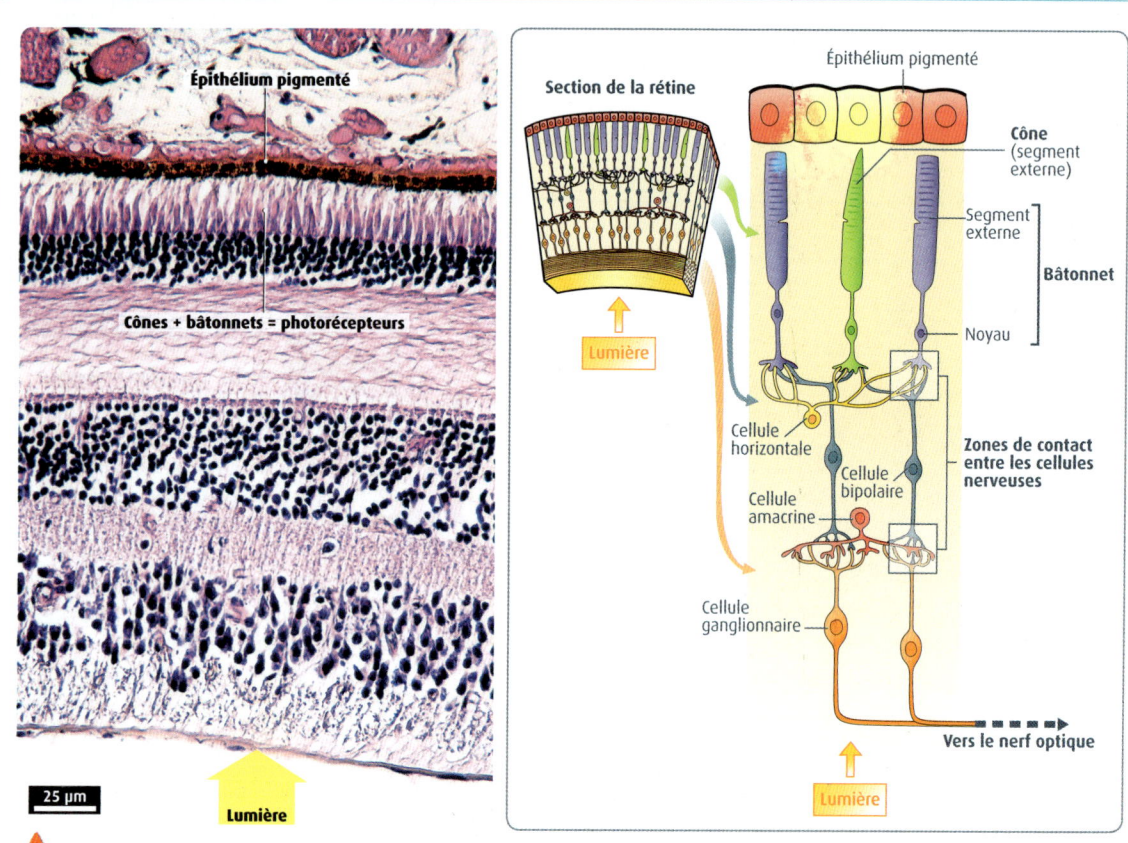

**1** **La rétine, vue en coupe (au MO) et représentation schématique.** La rétine est une structure comportant plusieurs types cellulaires. Seuls les cônes et les bâtonnets sont sensibles à la lumière : ces cellules sont des **photorécepteurs**.

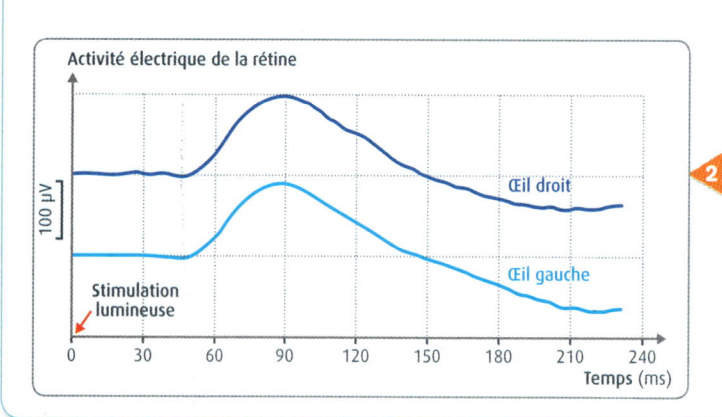

Légendes : Épithélium pigmenté — Cônes + bâtonnets = photorécepteurs — Lumière — 25 µm — Section de la rétine — Cône (segment externe) — Segment externe — Bâtonnet — Noyau — Zones de contact entre les cellules nerveuses — Cellule horizontale — Cellule bipolaire — Cellule amacrine — Cellule ganglionnaire — Vers le nerf optique.

**2** **Un électrorétinogramme lors d'une stimulation lumineuse.** L'activité de la rétine est enregistrée grâce à des électrodes placées sur la cornée et la paupière inférieure, alors que le sujet est soumis à des éclairs lumineux. Dans le même temps, des électrodes placées sur le cuir chevelu révèlent une augmentation de l'activité électrique du cerveau.

Graphique : Activité électrique de la rétine (µV) en fonction du Temps (ms), de 0 à 240 ms. Courbes Œil droit et Œil gauche. Stimulation lumineuse à t = 0.

## Comprendre le rôle des photorécepteurs

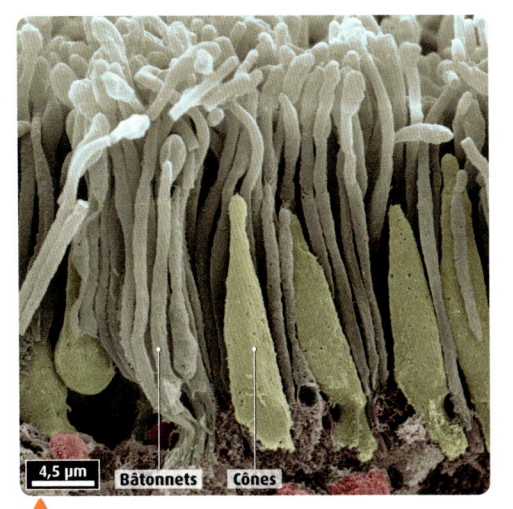

**3 Les cônes et les bâtonnets (vue au MEB).**
Ces cellules contiennent des protéines capables d'absorber les rayonnements lumineux : les **pigments**. L'absorption d'un seul photon suffit à déclencher la production d'un signal électrique par un bâtonnet. Il faut en revanche une centaine de photons pour activer un cône.

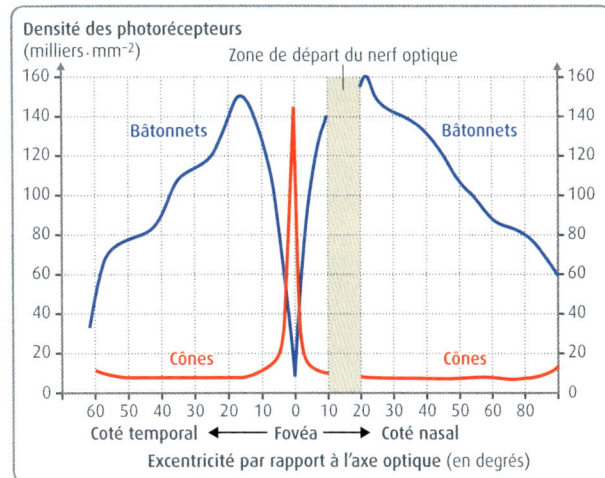

**4 La répartition des différents types de photorécepteurs dans la rétine d'un œil gauche chez l'Homme.**
On comptabilise la densité de cônes et de bâtonnets de la région temporale à la région nasale de la rétine.

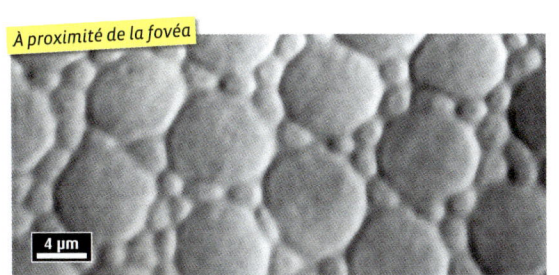

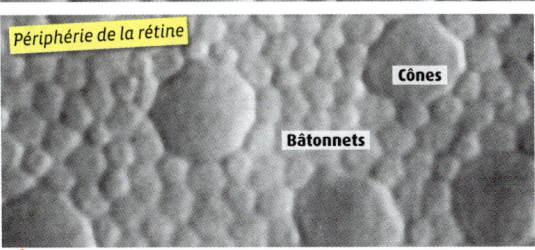

Densité des photorécepteurs (milliers·mm$^{-2}$)

**5 Surface de la rétine à proximité de la fovéa et à sa périphérie (vues au MEB).**

**Interview de Kenneth Knoblauch**, chercheur spécialiste de la vision des couleurs

**La vision n'est pas la même selon que la lumière est reçue par la région centrale (fovéa) ou périphérique de la rétine.** Dans de bonnes conditions de luminosité, un individu voit mieux en vision centrale, en fixant l'objet observé. Il distingue nettement mieux les couleurs et les détails que du coin de l'œil, c'est-à-dire en vision périphérique. Lorsque la luminosité est plus faible, on perçoit mal les détails et on distingue bien moins les couleurs. En outre, la nuit, on détecte plus facilement une étoile peu lumineuse lorsqu'on ne la fixe pas directement : la vision centrale baisse au profit de la vision périphérique.

**6 Qu'est-ce qui distingue la vision centrale et la vision périphérique ?**

### TÂCHE COMPLEXE

**ACTIVITÉS**

À partir de l'analyse des documents, expliquez comment la rétine produit un message nerveux à partir de la lumière visible.

Pour cela, vous pouvez :
– montrer le rôle sensoriel de la rétine **(DOC. 1 À 3)**.
– présenter les deux types de photorécepteurs et montrer leurs rôles respectifs dans la vision en fonction des conditions de luminosité **(DOC. 4 À 6)**.

THÈME 6 – CHAPITRE 1 DE LA LUMIÈRE AU MESSAGE NERVEUX : LE RÔLE DE L'ŒIL **295**

# 3 Les pigments rétiniens et la vision des couleurs

Les cônes et les bâtonnets sont les photorécepteurs de la rétine : ils captent la lumière et sont à l'origine d'un message nerveux acheminé vers le cerveau. Les cônes sont mis en jeu dans la perception des couleurs.

**Comment l'Homme peut-il distinguer les couleurs ?**

## Étudier une anomalie de la vision des couleurs

*Individu témoin* | *Individu daltonien*

**1** Simulation de la vision d'un étal de marché par un individu témoin et par un individu daltonien.

**2** **Le spectre visible de la lumière blanche.**
La lumière blanche est un mélange de radiations lumineuses, chacune caractérisée par sa longueur d'onde et sa couleur.

Le daltonisme est un trouble héréditaire de la vision des couleurs touchant près de 8 % des hommes et 0,4 % des femmes. Il peut prendre de nombreuses formes. Ainsi, certains daltoniens souffrent d'un défaut de perception des couleurs qui vont du vert au rouge. Le monde apparaît pour eux comme un mélange de jaunes-ocres, de bleus et de teintes grises-blanchâtres. D'autres daltoniens, beaucoup plus rares, perçoivent mal les couleurs dans la partie bleue du spectre.

**3** **Le daltonisme.**

Couleur primaire ① | Couleur primaire ② | Couleur primaire ③

Addition de 3 couleurs primaires = obtention de toutes les couleurs du spectre

Résultat du test chez un individu percevant normalement les couleurs

Intensité de la lumière : 5,8 (Lampe rouge) | 0,36 (Lampe verte) | 1 (Lampe jaune-orangée) — Référence

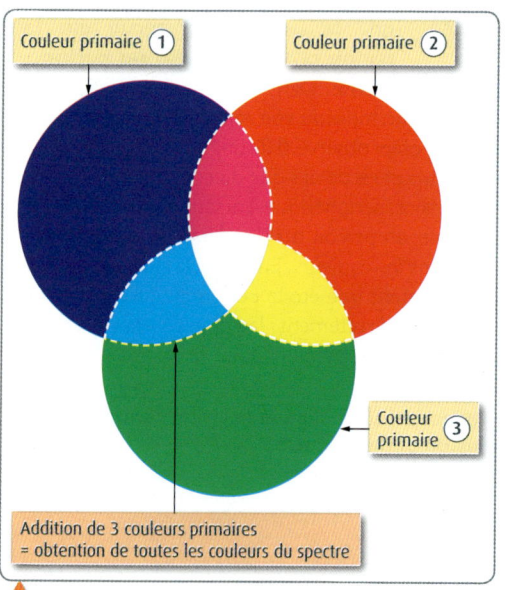

**4** **La trichromatie.** Depuis la fin du XVIIIe siècle, on sait que la plupart des couleurs du spectre peuvent être obtenues en mélangeant en différentes proportions trois couleurs dites primaires (rouge, vert et bleu, ou bien cyan, magenta et jaune par exemple).

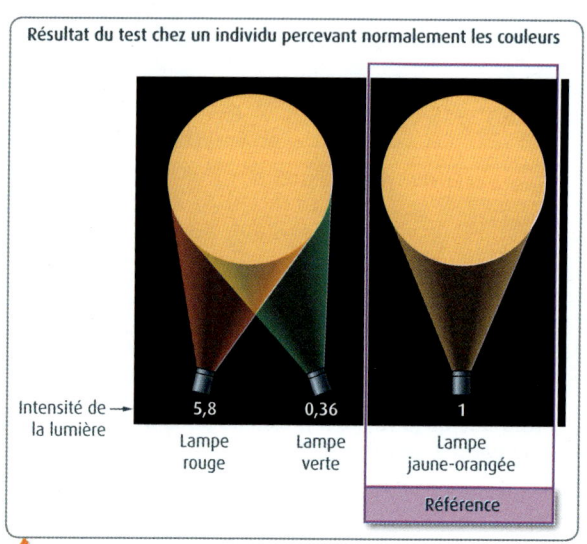

**5** **Le test de Rayleigh.** De nombreux daltoniens confondent la lumière jaune avec n'importe quel mélange de vert et de rouge. Dans le test de Rayleigh, on demande à ces daltoniens d'ajuster en intensité un mélange d'une lumière rouge et d'une lumière verte afin de reproduire une teinte jaune-orangée de référence. On observe que certains patients utilisent pour cela uniquement la lumière verte, tandis que d'autres utilisent seulement la lumière rouge.

## Découvrir les pigments rétiniens

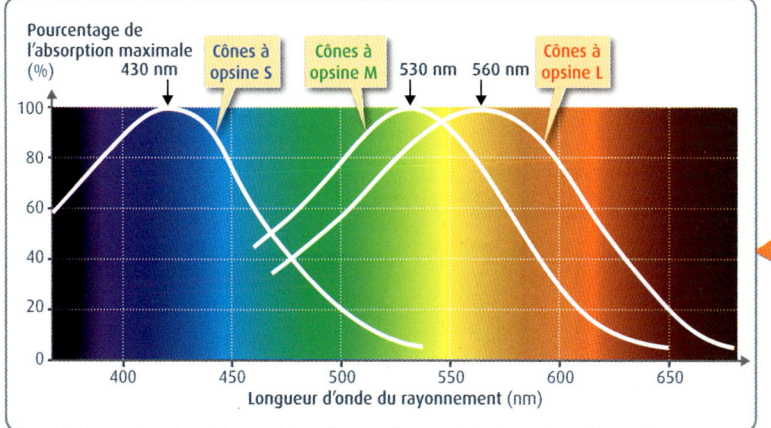

**6** **L'absorption des rayonnements lumineux selon leur longueur d'onde par les cônes rétiniens.** Chaque type de cônes contient un pigment différent : opsine S, M ou L. Chaque opsine présente un spectre d'absorption de la lumière spécifique.

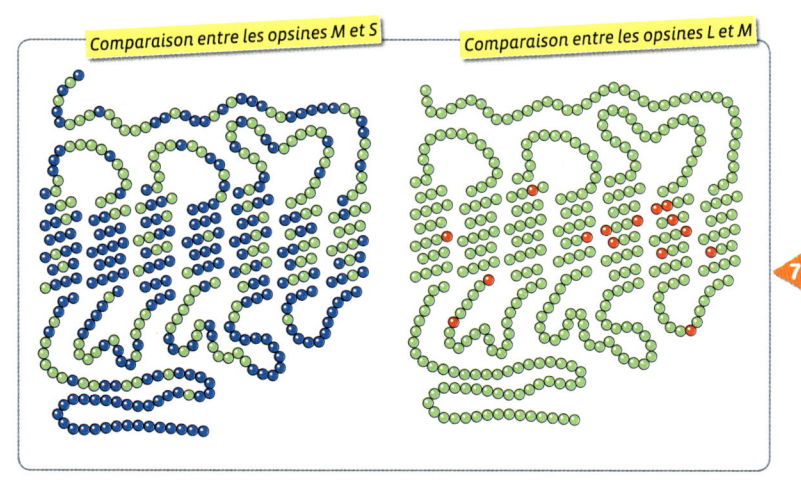

**7** **Comparaison de la séquence peptidique des opsines S, M et L chez l'Homme.** Chaque cercle représente un acide aminé. Les acides aminés identiques entre les deux opsines comparées sont figurés en vert, tandis que ceux qui diffèrent sont en bleu ou en rouge.

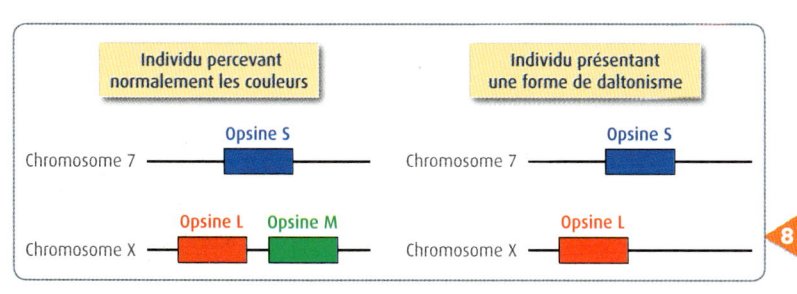

**8** **La localisation chromosomique des gènes codant les opsines.**

### ACTIVITÉS

**1** **DOC. 1 À 5.** En mettant en relation les documents, formulez une hypothèse quant au mécanisme de perception des couleurs chez l'Homme.

**2** **DOC. 6 ET 7.** Caractérisez les trois types de cônes rétiniens puis éprouvez votre hypothèse.

**3** **DOC. 8.** Expliquez comment une anomalie génétique peut être à l'origine du daltonisme.

**4** **EN CONCLUSION.** Expliquez comment l'Homme perçoit les couleurs.

# UNITÉ 4 — La vision des couleurs chez les primates

La rétine de l'Homme possède trois types de cônes : la vision humaine est qualifiée de trichromate. L'Homme appartient au groupe des primates.

➔ **Tous les primates ont-ils une vision trichromate ?**

## Vision dichromate et vision trichromate

*Chimpanzé* — *Saïmiri*

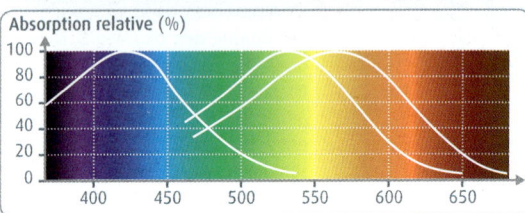

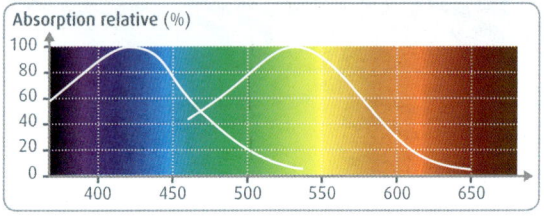

**1** Simulation de la perception d'une même image par deux primates et absorption des rayons lumineux par leurs cônes rétiniens. La vision du saïmiri est qualifiée de **dichromate**. Dans leur très grande majorité, les mammifères sont dichromates. (En abscisses : longueur d'onde en nanomètres.)

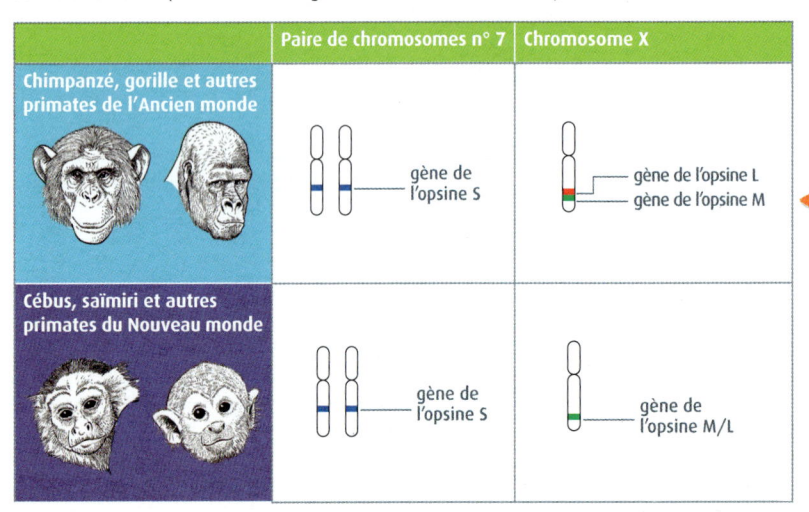

| | Paire de chromosomes n° 7 | Chromosome X |
|---|---|---|
| **Chimpanzé, gorille et autres primates de l'Ancien monde** | gène de l'opsine S | gène de l'opsine L / gène de l'opsine M |
| **Cébus, saïmiri et autres primates du Nouveau monde** | gène de l'opsine S | gène de l'opsine M/L |

**2** **Localisation des gènes codant les opsines chez les primates.** Les primates de l'Ancien monde occupent une grande partie de l'Afrique et de l'Asie. Les primates du Nouveau monde vivent en Amérique du Sud et en Amérique centrale. Il existe trois allèles du gène codant l'opsine M/L, qui codent des protéines différant par leur pic d'absorption de la lumière.

# Opsines et évolution

**TP** J'UTILISE PHYLOGÈNE

```
                390       400       410       420       430       440       450       460       470
Traitement    ▶ 0
opsine S      ▶ 0   CCTGCCTTTGAGCGCTACATTGTCATCTGTAAGCCCTTCGGCAACTTCCGCTTCAGCTCCAAGCATGCACTGACGGTGGTCCTGGCTACCTGGACCAT
opsine L      ▶ 0   -----AGGGCT-CAC-GT-TCCC-GTGTG-G-TCA-AGGTCT-TGG--CT-TGGC---T-ATTTCCTGG-AGAG-TG-C----GG--TGC-AGCCCTTTGG
opsine M      ▶ 0   -----AGGGCT-CAC-GT-TCCC-GTGTG-G-TCA-AGGTCT-TGG--CT-TGGC---T-ATTTCCTGG-AGAGATG-A----GG-CTGC-AGCCCTTTGG
Sélection : 0/4 lignes
```

**3 Comparaison d'une portion de la séquence des gènes codant les opsines S, L et M chez l'Homme.**
Les séquences sont comparées à celle du gène de l'opsine S (tiret : nucléotide identique).

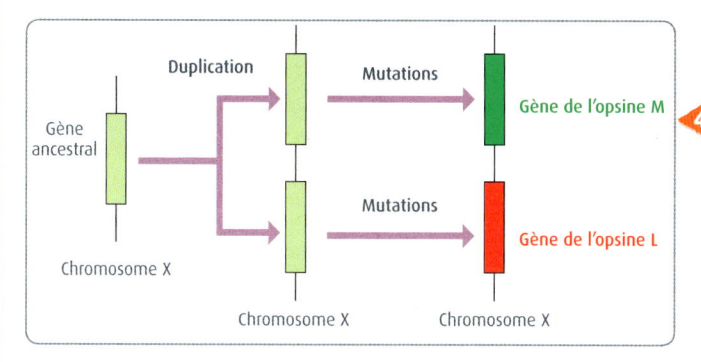

**4 Modèle de l'origine des gènes codant les opsines L et M.**
Au cours de l'évolution, les chercheurs supposent qu'un gène a été dupliqué chez un ancêtre commun à plusieurs espèces. Chez chacune de ces espèces, les deux copies du gène auraient ensuite accumulé séparément des mutations. Les gènes issus d'un tel processus constituent une famille multigénique.

|  | Cebus | Alouate | Saïmiri | Homme | Gorille | Bonobo | Chimpanzé | Macaque |
|---|---|---|---|---|---|---|---|---|
| Cebus | 0 | 8 | 14 | 25 | 26 | 25 | 25 | 26 |
| Alouate |  | 0 | 10 | 23 | 24 | 23 | 23 | 24 |
| Saïmiri |  |  | 0 | 28 | 29 | 28 | 27 | 27 |
| Homme |  |  |  | 0 | 1 | 0 | 0 | 13 |
| Gorille |  |  |  |  | 0 | 1 | 1 | 14 |
| Bonobo |  |  |  |  |  | 0 | 0 | 13 |
| Chimpanzé |  |  |  |  |  |  | 0 | 13 |
| Macaque |  |  |  |  |  |  |  | 0 |

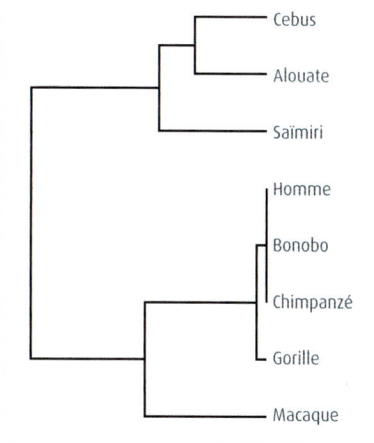

**5 Comparaison de la séquence d'acides aminés de l'opsine S chez 8 espèces de primates et arbre de parenté construit grâce à cette comparaison.** Chaque case indique le nombre de différences entre les séquences prises deux à deux. Comparer la séquence d'une même protéine chez plusieurs espèces renseigne sur le lien de parenté entre elles. En effet, ces protéines sont codées par un gène qui dérive d'un gène ancestral présent chez l'ancêtre commun à ces différentes espèces. Chez chacune de ces espèces, le gène a accumulé des mutations au cours des générations. En conséquence, moins il y a de différences entre les séquences d'un même gène (et donc d'une même protéine) chez deux espèces différentes, plus leur dernier ancêtre commun est récent, et plus le lien de parenté entre elles est étroit.

## ACTIVITÉS

**1 DOC. 1.** Comparez la vision des couleurs et les pigments rétiniens des deux primates.

**2 DOC. 2.** Expliquez les différences de vision des couleurs observées doc. 1.

**3 DOC. 3 ET 4.** Trouvez des arguments suggérant que les gènes d'opsine forment une famille multigénique.

**4 DOC. 5.** Montrez que les primates de l'Ancien monde et les primates du Nouveau monde forment deux groupes de la classification. Placez sur l'arbre la duplication génique à l'origine des gènes codant les opsines L et M.

**5 EN CONCLUSION.** Expliquez comment la comparaison des gènes d'opsines permet de situer l'Homme au sein des différents primates.

# CHAPITRE 1 — De la lumière au message nerveux : le rôle de l'œil

## UNITÉ 1 — Le trajet de la lumière dans l'œil

- L'œil comprend plusieurs milieux transparents qui transmettent la lumière tout en déviant sa trajectoire : ces milieux **réfractent** les rayons lumineux. L'un d'eux, le **cristallin**, joue le rôle d'une lentille convergente : il focalise la lumière sur la **rétine**. L'image d'un objet observé, proche ou lointain, se forme ainsi sur la rétine.
- Quand l'objet est proche (vision de près), les rayons lumineux doivent être davantage focalisés. Pour cela, le cristallin se déforme grâce aux muscles ciliaires : on dit que l'œil **accommode**.
- Le cristallin est composé de cellules vivantes spécialisées. Dépourvues de noyau, elles contiennent des protéines particulières à l'origine de la transparence et du pouvoir de réfraction du cristallin. L'élasticité du cristallin résulte de l'étroite association entre elles des cellules cristalliniennes.
- Avec l'âge, l'élasticité et la transparence du cristallin peuvent être altérées, à l'origine de troubles de la vision.

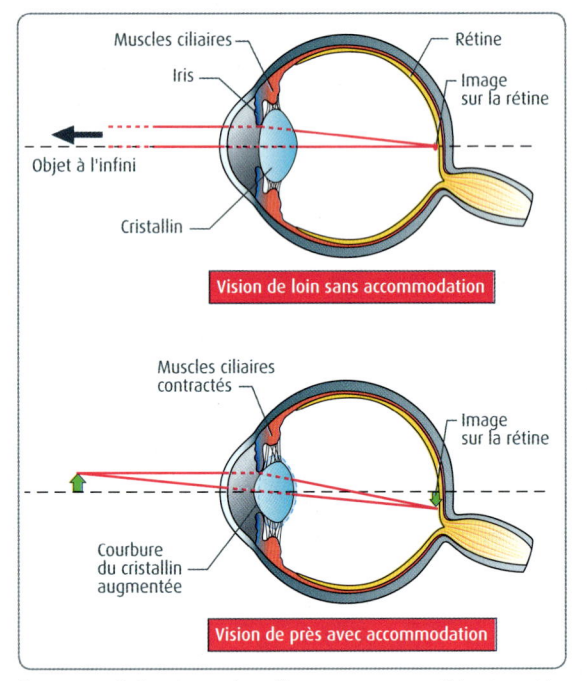

**Vision de loin sans accommodation** (Muscles ciliaires, Iris, Objet à l'infini, Cristallin, Rétine, Image sur la rétine)

**Vision de près avec accommodation** (Muscles ciliaires contractés, Courbure du cristallin augmentée, Image sur la rétine)

**L'accommodation.** La cornée et l'humeur aqueuse participent aussi à la réfraction des rayons lumineux.

## UNITÉ 2 — La rétine et le rôle des photorécepteurs

- La rétine comprend plusieurs types de cellules. Certaines cellules appelées **photorécepteurs** contiennent des **pigments** leur conférant une sensibilité à la lumière. Il existe deux types de photorécepteurs : les cônes et les bâtonnets. Leur répartition n'est pas uniforme et ils sont absents de la zone d'émergence du nerf optique.
- La rétine latérale est riche en bâtonnets. Ces photorécepteurs sont sensibles à de faibles intensités lumineuses, mais ne distinguent pas les couleurs. Ils sont mis en jeu dans des conditions de faible luminosité.
- La vision des couleurs nécessite une intensité lumineuse suffisante. Elle mobilise la région centrale de la rétine, riche en cônes. Ces photorécepteurs sont moins sensibles à la lumière, mais distinguent les couleurs. Ils permettent une vision précise.
- La stimulation des photorécepteurs de la rétine par la lumière entraîne la production d'un message nerveux, acheminé au cerveau par le nerf optique.

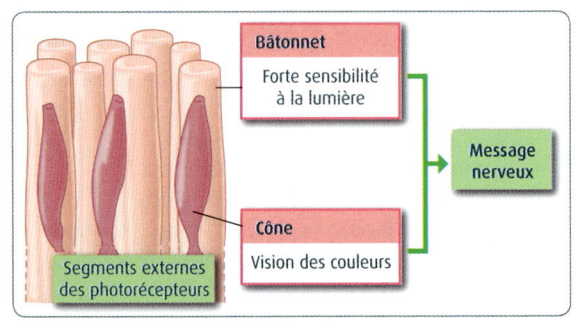

**Les photorécepteurs à l'origine d'un message nerveux.**

(Bâtonnet : Forte sensibilité à la lumière — Cône : Vision des couleurs — Segments externes des photorécepteurs → Message nerveux)

## BILAN DES UNITÉS

### UNITÉ 3 — Les pigments rétiniens et la vision des couleurs

- La vision des couleurs chez l'Homme met en jeu trois types de cônes distincts par leur spectre d'absorption de la lumière, avec une absorption maximale soit dans le bleu, soit dans le vert, soit dans le rouge. Chaque type de cônes contient un pigment spécifique (opsine S, M ou L) dont le maximum d'absorption de la lumière est différent.
- La vision humaine est trichromate : chaque couleur (c'est-à-dire chaque longueur d'onde du spectre de la lumière visible), est perçue grâce à l'activité des trois types de cônes. Selon leur sensibilité maximale (bleu, vert ou rouge), ces derniers absorbent plus ou moins chaque longueur d'onde.
- Les sujets daltoniens ont une perception altérée des couleurs. Ces troubles s'expliquent par une sensibilité diminuée ou nulle à certaines couleurs.
- Chaque type d'opsine est codé par un gène différent. Le daltonisme résulte d'anomalies de ces gènes.

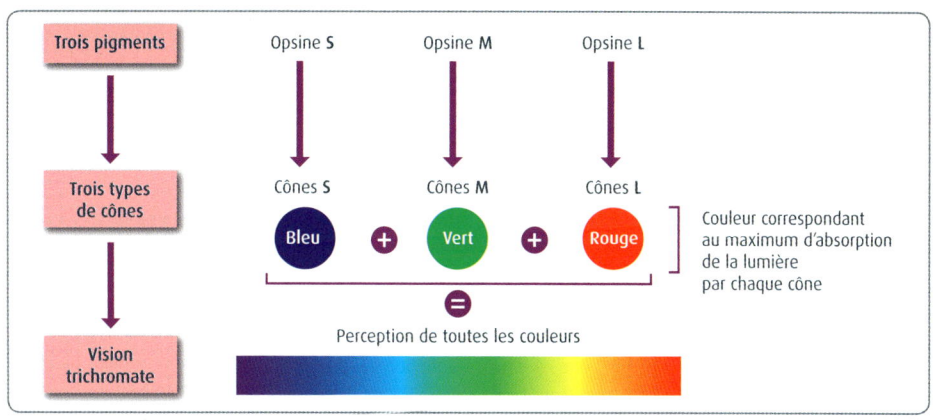

**Trois types de cônes pour la vision des couleurs.**

### UNITÉ 4 — La vision des couleurs chez les primates

- Les primates d'Amérique (primates du Nouveau monde) voient le monde en deux couleurs : ils sont dichromates. Les primates d'Afrique et d'Asie (primates de l'Ancien monde) sont trichromates. L'Homme est un primate trichromate.
- Ces différences s'expliquent par le fait que les primates de l'Ancien monde possèdent trois gènes codant des opsines (S, M et L), alors que les primates du Nouveau monde n'en ont que deux (S et M/L).
- Les ressemblances entre les opsines S des primates traduisent une relation de parenté : plus le nombre de similitudes est important, plus les espèces sont proches parentes. Dans l'arbre obtenu par comparaison des opsines S, les primates de l'Ancien monde sont plus proches parents entre eux qu'avec les primates du Nouveau monde et réciproquement. Primates de l'Ancien monde et du Nouveau monde forment donc chacun un groupe de la classification. L'Homme appartient au groupe des primates de l'Ancien monde.
- Les gènes codant les opsines M et L présentent de nombreuses similitudes. Ils sont issus de la duplication d'un gène ancestral. Cette duplication a eu lieu chez le dernier ancêtre commun aux primates de l'Ancien monde, à l'origine de leur trichromatie.

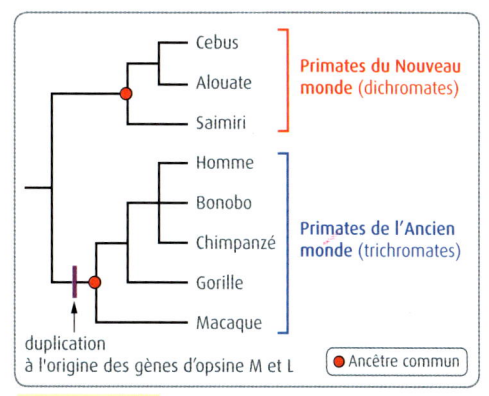

**Arbre de parenté** des primates obtenu par comparaison des opsines S.

# CHAPITRE 1 — De la lumière au message nerveux : le rôle de l'œil

## L'essentiel par le texte

### La formation des images sur la rétine

- La lumière traverse les milieux transparents de l'œil, dont le **cristallin.** Ce dernier réfracte (dévie) la lumière et la focalise sur la **rétine**, où il se forme une image des objets observés. La transparence du cristallin résulte de l'arrangement de certaines protéines dans les cellules vivantes qui le constituent.
- Le cristallin est élastique. Lors de la vision de près, il se déforme, de sorte que l'image se forme sur la rétine : c'est l'accommodation.
- Une anomalie de forme du cristallin, l'altération de son élasticité ou de sa transparence expliquent certains défauts de vision.

### Les photorécepteurs rétiniens

- La rétine comprend des cellules sensibles à la lumière car elle possèdent un **pigment**. Ce sont les **photorécepteurs**, à l'origine d'un message nerveux acheminé au cerveau par le nerf optique.
- Il existe deux types de photorécepteurs. Les bâtonnets sont sensibles à l'intensité lumineuse et interviennent dans la vision en conditions de faible luminosité. Les cônes, dont le pigment est une opsine, sont sensibles à la couleur et sont mis en jeu dans la vision précise.
- L'espèce humaine est trichromate : chaque couleur perçue résulte de l'activité de trois types de cônes qui diffèrent par leur maximum de sensibilité (soit dans le bleu, soit dans le vert, soit dans le rouge). Ces différences de sensibilité s'expliquent par la présence d'une opsine différente.
- Chez l'individu daltonien, la vision des couleurs est perturbée par suite d'une anomalie d'une des opsines.

### Pigments rétiniens et évolution

- Les pigments rétiniens sont codés par des gènes. Les différents gènes d'opsine de l'espèce humaine présentent de nombreuses similitudes : ils résultent de l'évolution d'un gène ancestral ayant subi des mutations, constituant ainsi une **famille multigénique**.
- Les différences entre les gènes d'opsine chez différentes espèces de primates reflètent le degré de parenté entre ces espèces. Elles permettent de classer l'Homme au sein des primates de l'Ancien monde. Une duplication des gènes d'opsines est à l'origine de la trichromatie des primates de l'Ancien monde.

## Les capacités et attitudes

- Mettre en œuvre un protocole de dissection pour comprendre le trajet de la lumière dans l'œil et le rôle du cristallin **(unité 1)**
- Extraire et organiser des informations pour comprendre le rôle des photorécepteurs rétiniens **(unité 2)**
- Extraire et organiser des informations pour comprendre la vision des couleurs **(unité 3)**
- Utiliser un logiciel et exploiter des documents pour comparer des gènes et établir des relations de parenté entre primates **(unité 4)**

## Mots clés

*Voir aussi Dico des SVT p. 332*

**Cristallin :** l'un des milieux transparents de l'œil qui réfractent la lumière et la focalisent sur la rétine.
**Famille multigénique :** ensemble de gènes dérivant d'un gène ancestral par duplication et mutations.
**Photorécepteurs :** cellules de la rétine sensibles à la lumière. Ce sont les cônes (vision des couleurs) et les bâtonnets (sensibles à l'intensité lumineuse).
**Pigments rétiniens :** protéines des photorécepteurs absorbant certaines longueurs d'onde de la lumière visible.
**Rétine :** membrane tapissant le fond de l'œil. Elle reçoit la lumière et produit un message nerveux.

# L'ESSENTIEL

## L'essentiel par l'image

### L'œil capte la lumière et élabore un message nerveux

**Le cristallin focalise la lumière sur la rétine**

Rétine

Cristallin
=
Lentille à courbure variable
↓
Pouvoir d'accommodation de l'œil lors de la vision de près

Objet observé

Lumière

**La rétine élabore un message nerveux**

Bâtonnet — Cône } Photorécepteurs

Message nerveux

**Le message nerveux est acheminé au cerveau**

Nerf optique
Image focalisée sur la rétine

### Vision des couleurs et évolution

Gènes ancestraux des opsines

Chromosome 7

Chromosome X

Duplication + mutations →

Opsine S — Chromosome 7
Opsine L / Opsine M — Chromosome X

Famille multigénique

Mutations seules →

Opsine S — Chromosome 7
Opsine M/L — Chromosome X

**3 types de cônes** : S, M, L
Absorption (%) 0–100
Longueur d'onde (nm) 400–700

**Vision trichromate**
Primates de l'Ancien monde (dont l'Homme)

**2 types de cônes** : S, M/L
Absorption (%) 0–100
Longueur d'onde (nm) 400–700

**Vision dichromate**
Primates du Nouveau monde

THÈME 6 – CHAPITRE 1 DE LA LUMIÈRE AU MESSAGE NERVEUX : LE RÔLE DE L'ŒIL

# EXERCICES

## évaluer ses connaissances

### 1 QCM

**Pour chaque proposition, identifiez la (ou les) bonne(s) réponse(s) :**

**1. Le cristallin :**
a. est une structure transparente et élastique.
b. est composé de cellules ayant conservé leurs organites.
c. conserve ses propriétés tout au long de la vie.

**2. L'accommodation :**
a. permet de voir net un objet lointain.
b. est permise par la déformation de la rétine.
c. fait intervenir certains muscles de l'œil.

**3. La vision des couleurs :**
a. est dichromate chez les primates de l'Ancien monde.
b. repose sur plusieurs pigments rétiniens appelés opsines.
c. met surtout en jeu la rétine périphérique.

**4. Les gènes codant les pigments rétiniens :**
a. sont tous localisés sur le même chromosome.
b. présentent tous la même séquence nucléotidique.
c. constituent une famille multigénique.

### 2 Vrai ou faux ?

**Identifiez les affirmations fausses et rectifiez-les :**
a. Le cristallin est transparent car c'est une structure dépourvue de cellules.
b. L'altération du cristallin avec l'âge peut entraîner des défauts de vision.
c. La rétine est entièrement constituée de cellules photosensibles appelées photorécepteurs.
d. Des modifications des gènes codant les opsines sont à l'origine d'anomalies de la vision de près.

### 3 Une phrase appropriée

**Rédigez une phrase scientifiquement correcte avec les termes suivants :**
a. Focalisation – cristallin – lentille – rayons lumineux – rétine.
b. Rétine – photorécepteurs – lumière – message nerveux visuel.
c. Famille multigénique – vision – opsines – couleurs – gènes.

## s'entraîner avec un exercice guidé

### 4 La baisse de l'acuité visuelle au cours du vieillissement

Le punctum remotum (PR) est la distance à partir de laquelle un objet est distinctement vu par l'œil sans accommodation. Pour tout objet vu au delà du PR, le pouvoir de convergence du cristallin est minimal (60 dioptries environ). À l'inverse, la distance minimale à laquelle un objet est vu avec netteté est appelée punctum proximum (PP). La courbure et le pouvoir de convergence du cristallin y sont à leur maximum (74 dioptries chez l'enfant). L'amplitude d'accommodation est la différence entre le pouvoir de convergence du cristallin mesuré au PP et celui mesuré au PR.

**Un peu d'aide**

- **Saisir des informations**
Identifiez les deux causes susceptibles d'expliquer la variation de l'amplitude d'accommodation avec l'âge.
- **Mobiliser des connaissances et raisonner**
– Rappelez la propriété du cristallin à l'origine de l'accommodation et son évolution avec l'âge.
– Concluez quant à l'origine de la variation de l'amplitude d'accommodation avec l'âge et indiquez les troubles visuels associés.

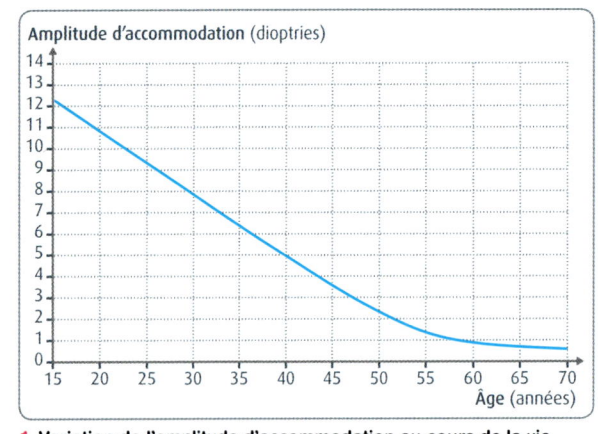

**1.** Variation de l'amplitude d'accommodation au cours de la vie.

**QUESTIONS** ❶ À l'aide de vos connaissances, expliquez l'évolution de l'amplitude d'accommodation avec l'âge.
❷ Précisez si la correction à apporter au-delà d'un certain âge concerne la vision de près ou la vision de loin.

## appliquer ses connaissances

### 5 Une atteinte du champ visuel
*Formuler et éprouver une hypothèse*

La dégénérescence maculaire liée à l'âge, ou DMLA, est la première cause de cécité après 50 ans dans les pays industrialisés. Elle est liée à la dégénérescence de certaines cellules rétiniennes, qui provoque un déficit visuel très important, notamment de la vision précise. Son diagnostic repose principalement sur l'observation de la rétine à travers la pupille grâce à un examen appelé fond d'œil.

**1.** Simulation de la perception visuelle d'un patient atteint d'une DMLA modérée.

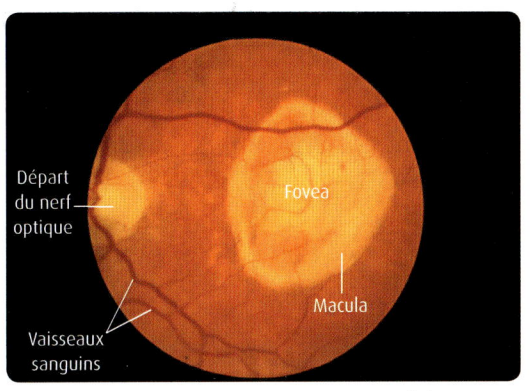

**2.** Fond d'œil d'un patient atteint de DMLA. Les cellules photoréceptrices confèrent une couleur orange sombre à la rétine. La zone rétinienne centrale comprend la macula et, au centre de celle-ci, la fovéa, qui contient seulement des cônes.

❶ Identifiez un symptôme de la DMLA à l'aide du doc. 1 et proposez une hypothèse quant à la localisation des cellules touchées.

❷ À l'aide du doc. 2, éprouvez votre hypothèse et expliquez pourquoi la vision précise du patient est affecté.

### 6 L'origine du daltonisme
*S'informer et raisonner*

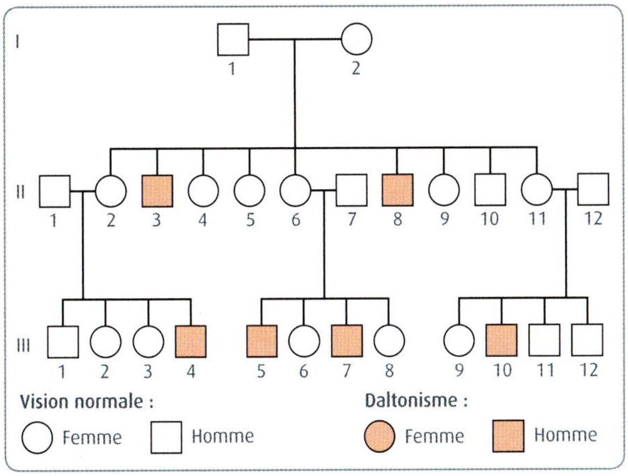

Au sein de la famille dont l'arbre généalogique est figuré ci-contre, plusieurs personnes présentent une forme de daltonisme qui se traduit par des troubles de la perception du vert et du rouge.

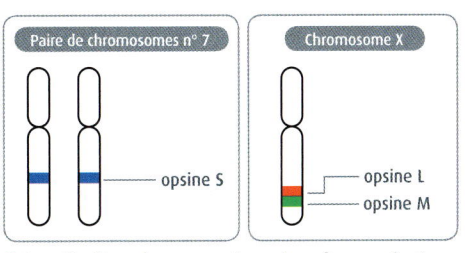

**1.** Arbre généalogique d'une famille touchée par le daltonisme.

Vision normale : ○ Femme  □ Homme
Daltonisme : ● Femme  ■ Homme

**2.** Localisation chromosomique des gènes codant les opsines. Les opsines M et L ont un pic de sensibilité respectivement dans le vert et dans le rouge.

❶ À l'aide du document 1, donnez des arguments en faveur d'une origine génétique du daltonisme.
❷ Expliquez la cause de cette anomalie de vision des couleurs.
❸ Identifiez le point commun à tous les individus daltoniens de la famille.
❹ À l'aide de la localisation du ou des gènes mis en cause, proposez une explication à l'observation précédente.

# EXERCICES

## Appliquer ses connaissances

### 7 Primates nocturnes et primates diurnes
*Analyser des données et raisonner*

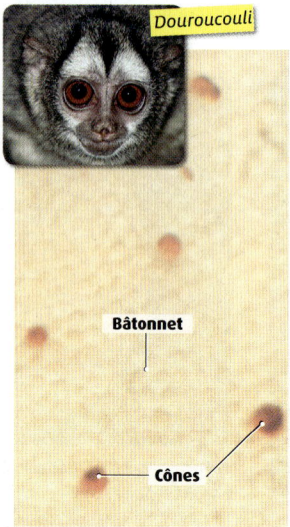

Le douroucouli est un petit singe peuplant les forêts d'Amérique du Sud et d'Amérique centrale. Aussi appelé singe de nuit ou singe hibou, il est le seul primate nocturne connu aujourd'hui. Après s'être reposé le jour, il passe la nuit à chercher des fruits pour se nourrir.

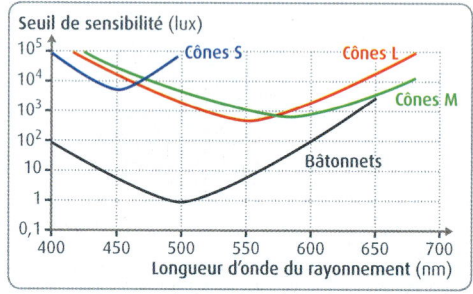

**1.** Vue au MEB d'une portion de rétine de macaque et d'une portion de rétine de douroucouli.

**2. Seuil de sensibilité des cônes et des bâtonnets chez le singe.** Pour l'ensemble du spectre visible, on mesure l'intensité lumineuse minimale (en lux) pour laquelle le photorécepteur est sensible.

❶ Comparez la rétine des deux primates étudiés.
❷ Comparez les seuils de sensibilité à l'intensité lumineuse des cônes et des bâtonnets.
❸ Expliquez pourquoi la rétine de ces deux primates est adaptée à leur mode de vie respectif.

### 8 Pigments rétiniens et évolution chez les vertébrés
*S'informer et raisonner*

La rhodopsine est le pigment contenu dans les bâtonnets de la rétine des vertébrés. Contrairement aux opsines, il n'en existe qu'un seul type, dont la séquence est variable selon les espèces. La comparaison de la séquence en acides aminés de ce pigment chez différentes espèces de vertébrés permet d'étudier leurs liens de parenté.

|  | Homme | Bœuf | Rat | Poule | Carpe | Alligator | Lamproie |
|---|---|---|---|---|---|---|---|
| Homme | 100 | 93 | 95 | 84 | 76 | 84 | 78 |
| Bœuf |  | 100 | 93 | 84 | 77 | 84 | 79 |
| Rat |  |  | 100 | 83 | 77 | 83 | 79 |
| Poule |  |  |  | 100 | 78 | 90 | 81 |
| Carpe |  |  |  |  | 100 | 79 | 75 |
| Alligator |  |  |  |  |  | 100 | 82 |
| Lamproie |  |  |  |  |  |  | 100 |

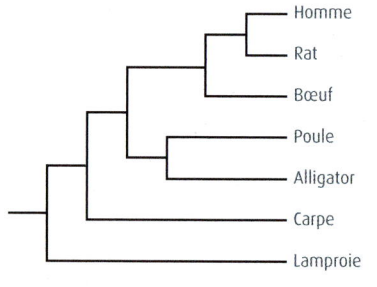

**1. Comparaison de la séquence d'acides aminés de la rhodopsine de quelques espèces de vertébrés et arbre phylogénétique correspondant.** Dans le tableau, les chiffres représentent la proportion d'acides aminés identiques entre les séquences comparées deux à deux.

❶ Expliquez comment la comparaison de la séquence de la rhodopsine chez les espèces de vertébrés étudiées permet de discuter le degré de parenté entre elles.
❷ Proposez une hypothèse expliquant la variation du gène de la rhodopsine au cours de l'évolution des vertébrés.

**CHAPITRE 2**

# Cerveau et vision : aires visuelles et plasticité cérébrale

*La rétine perçoit les images et élabore un message nerveux propagé par le nerf optique. Ces informations sensorielles sont transmises à notre cerveau où elles seront décodées et mises en mémoire.*

**Le cortex visuel** (en jaune), localisé par Imagerie à résonance magnétique fonctionnelle (IRMf).

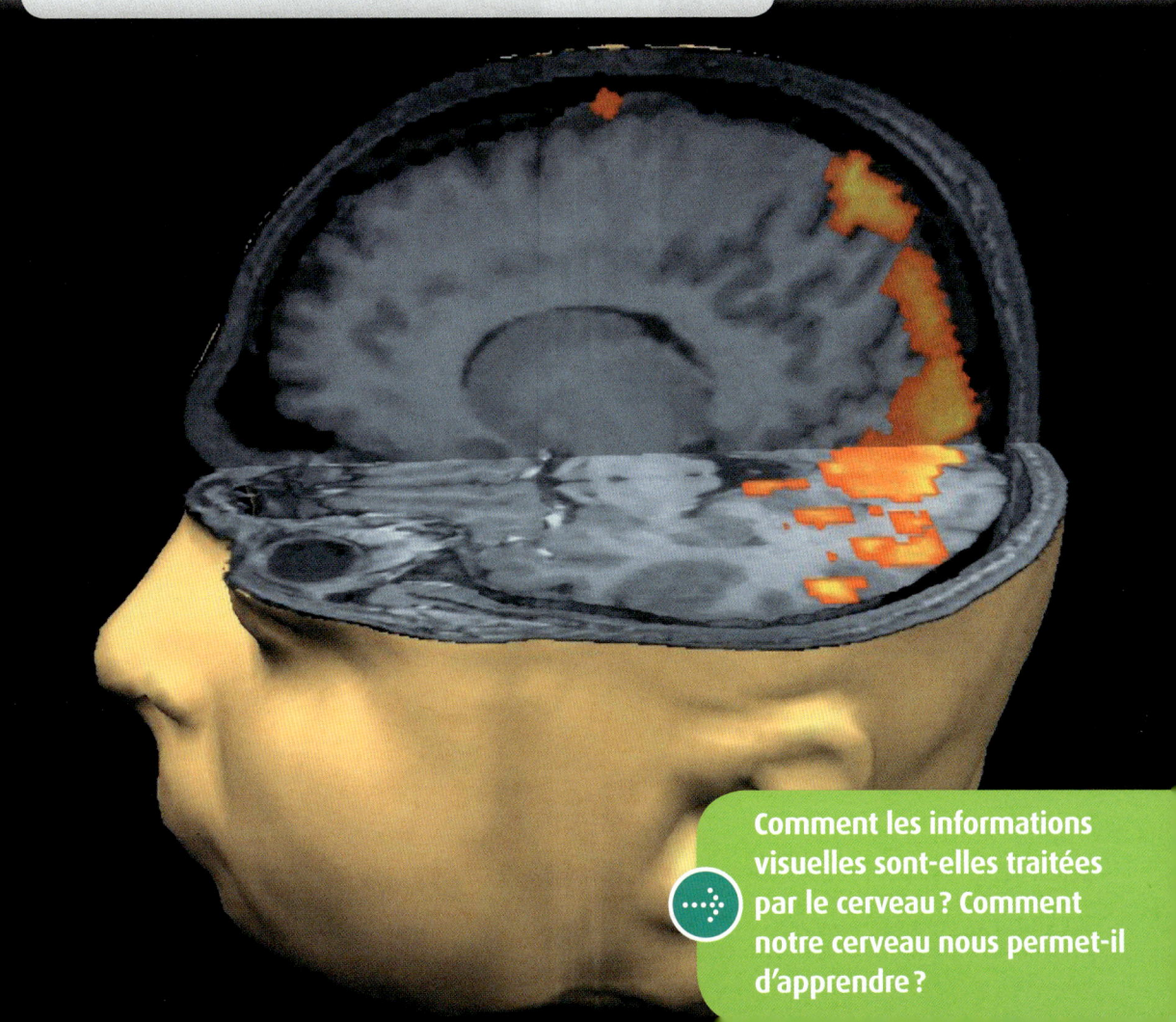

**Comment les informations visuelles sont-elles traitées par le cerveau ? Comment notre cerveau nous permet-il d'apprendre ?**

# UNITÉ 1 — Les troubles cérébraux de la perception visuelle

Certains troubles de la perception visuelle sont d'origine cérébrale. Grâce à l'imagerie cérébrale, l'origine de ces pathologies est aujourd'hui mieux comprise.

⇢ **Quelles informations les pathologies cérébrales donnent-elles sur la perception visuelle ?**

## L'organisation du cortex visuel

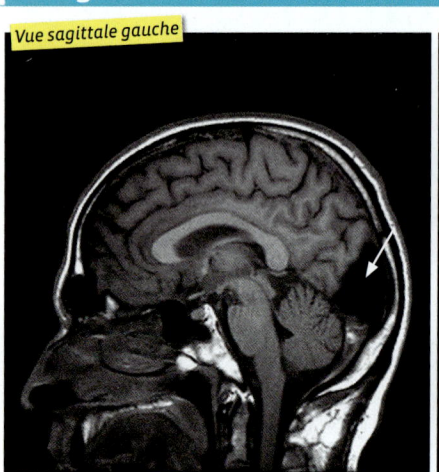

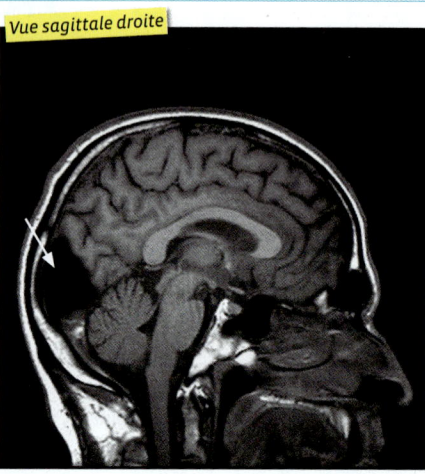

*Vue sagittale gauche* — *Vue sagittale droite*

**1** **Imagerie cérébrale d'un patient ayant perdu la vue, à la suite d'une hémorragie cérébrale.** L'hémorragie est révélée par la zone sombre, à l'arrière du cerveau (flèches). La région touchée correspond à l'aire visuelle primaire (voir doc. 2). Le reste du cortex, les yeux et la rétine sont en bon état.

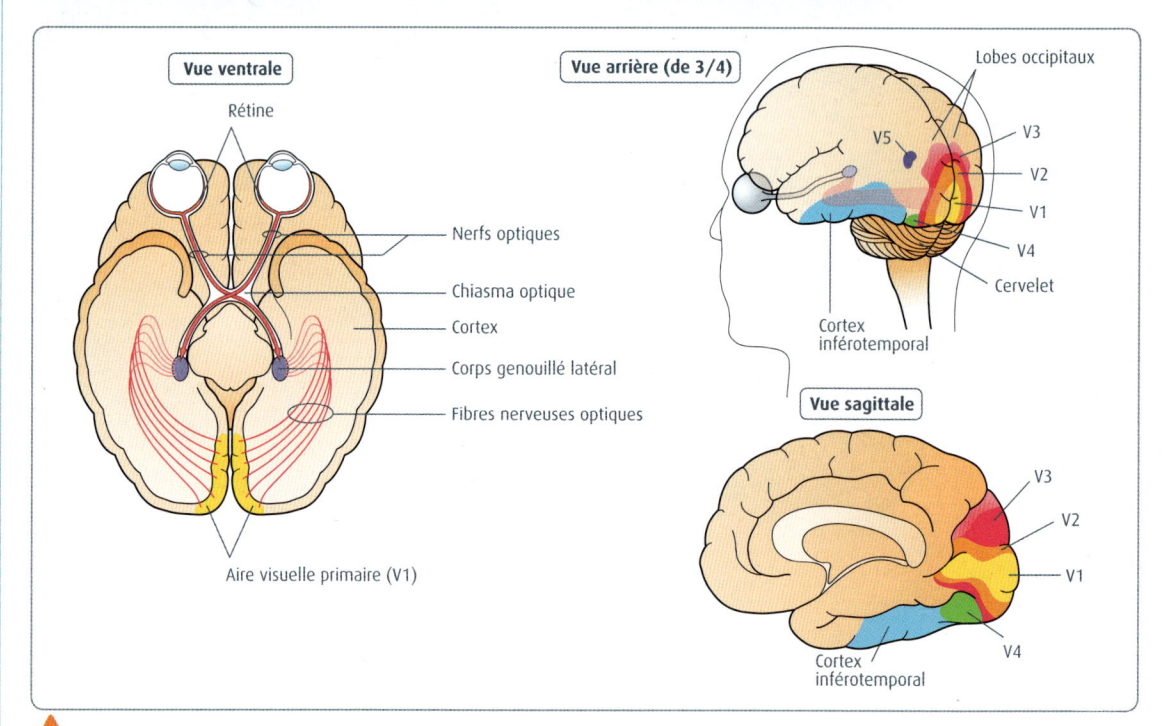

*Vue ventrale* : Rétine — Nerfs optiques — Chiasma optique — Cortex — Corps genouillé latéral — Fibres nerveuses optiques — Aire visuelle primaire (V1)

*Vue arrière (de 3/4)* : Lobes occipitaux — V5, V3, V2, V1, V4 — Cortex inférotemporal — Cervelet

*Vue sagittale* : V3, V2, V1, V4 — Cortex inférotemporal

**2** **Le cortex visuel et ses aires fonctionnelles.** Les fibres nerveuses provenant du corps genouillé latéral aboutissent toutes à l'extrémité occipitale du cerveau, dans une zone étroite appelée **aire visuelle** primaire, ou V1. Plusieurs autres aires visuelles sont connectées à V1 et également entre elles (aires visuelles V2 à V5). L'ensemble de ces aires visuelles (V1 à V5) forme le cortex visuel. Le cortex inférotemporal n'appartient pas au cortex visuel. Il y est cependant connecté.

# Des effets de lésions cérébrales

| Pathologie | Troubles visuels | Aires visuelles touchées |
|---|---|---|
| Achromatopsie cérébrale | Défaut de perception des couleurs | V4 |
| Akinétopsie | Défaut de localisation dans l'espace et défaut de perception des mouvements | V5 |

**3 L'effet de lésions des aires visuelles sur la perception des images.** Pour chaque pathologie, on détermine par des tests appropriés la nature précise des troubles de la perception et les aires visuelles touchées.

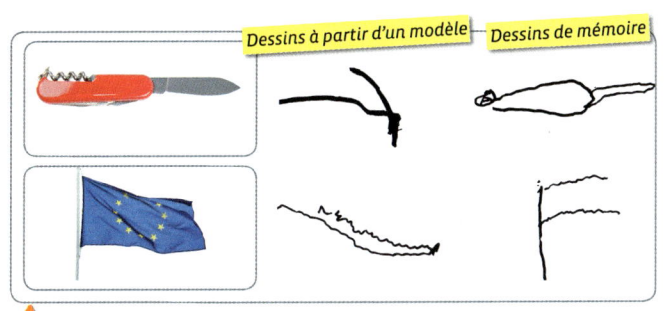

*Dessins à partir d'un modèle — Dessins de mémoire*

**4 Un test de reconnaissance des formes de la patiente A. T.** Cette patiente présente une bonne perception visuelle mais a des difficultés à percevoir et identifier les formes. On lui demande de reproduire un modèle d'un couteau suisse et d'un drapeau, puis de dessiner ces objets de mémoire. Elle souffre de lésions situées dans le cortex inférotemporal.

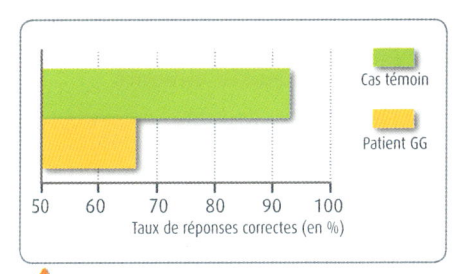

**5 Un test de reconnaissance des visages du patient G. G.** Ce retraité a subi un accident vasculaire cérébral. Sa perception visuelle est affectée. Il souffre également de certains troubles de la mémoire visuelle. On évalue par un test sa capacité à identifier des visages connus.

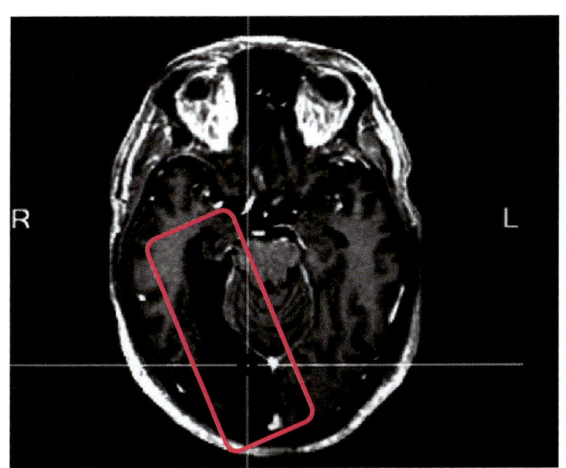

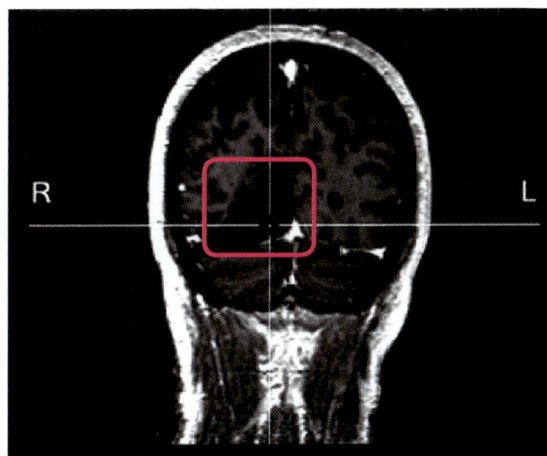

*Taux de réponses correctes (en %) — Cas témoin / Patient GG*

**6 Les IRM anatomiques du patient G. G.** La région touchée par l'hémorragie, en sombre, comprend une partie du cortex visuel mais également une partie du cortex inférotemporal.

## ACTIVITÉS

**1 DOC. 1 ET 2.** Expliquez comment s'organise le cortex visuel et montrez le rôle de l'aire V1 dans la vision.

**2 DOC. 2 ET 3.** Montrez que ces cas pathologiques permettent d'identifier la fonction de chacune des aires visuelles présentées.

**3 DOC. 4, 5 ET 6.** Montrez qu'une tâche de reconnaissance visuelle ne mobilise pas seulement les aires du cortex visuel.

**4 EN CONCLUSION.** Récapitulez les informations apportées par les pathologies cérébrales concernant le traitement de l'information visuelle par le cerveau.

# UNITÉ 2 — L'étude du cerveau en fonctionnement

L'étude de lésions cérébrales met en évidence une spécialisation des aires visuelles dans le cerveau. La technique d'IRM fonctionnelle (IRMf) permet de les localiser avec précision et d'étudier leur rôle.

⇢ **Comment l'IRMf permet-elle d'explorer le fonctionnement du cerveau ?**

## La localisation des aires visuelles par IRMf

### HISTOIRE DES TECHNIQUES

L'Imagerie par résonance magnétique fonctionnelle (IRMf) permet de repérer l'activité d'un tissu biologique. Cette technique est fondée sur le fait que l'hémoglobine du sang perturbe la résonance magnétique des noyaux d'hydrogène de son voisinage. Cette perturbation dépend de la charge de l'hémoglobine en $O_2$. Quand une région du cerveau s'active, le débit du sang oxygéné augmente et entraîne une modification du signal de résonance. On peut ainsi localiser les régions cérébrales en activité et donc préciser leur rôle fonctionnel.

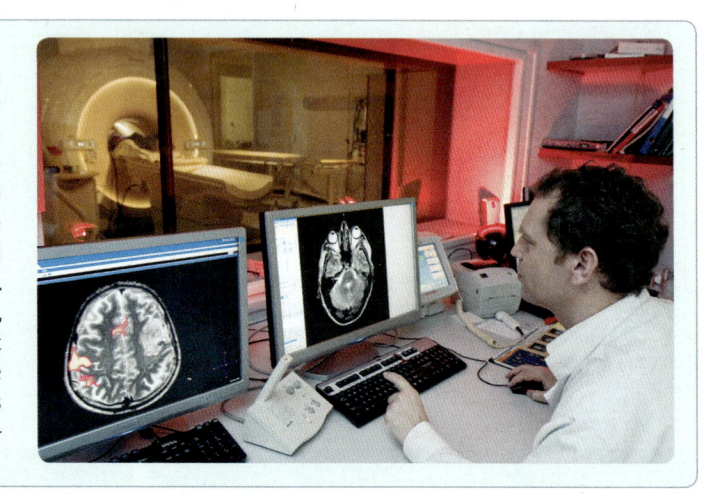

**1** La technique d'**IRM fonctionnelle (IRMf)**.

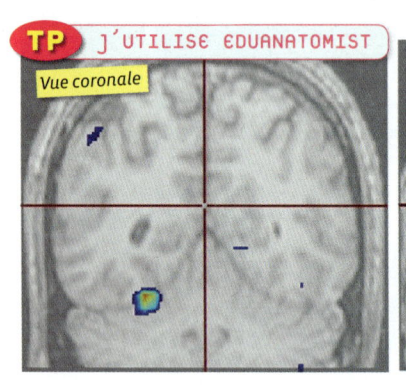

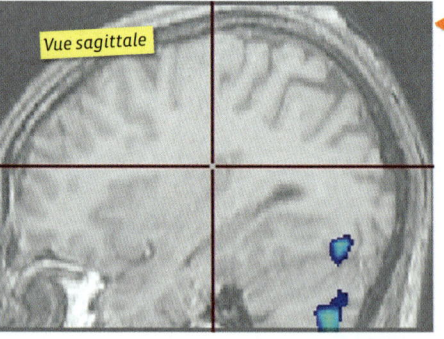

**TP** J'UTILISE EDUANATOMIST
Vue coronale — Vue sagittale

**2** **IRMf obtenue lors d'une tâche de vision des couleurs.** Des stimuli visuels colorés ou non sont présentés à des sujets. Une image des régions spécifiquement activées par les stimuli colorés est ainsi produite par soustraction. On la superpose à une imagerie cérébrale anatomique.

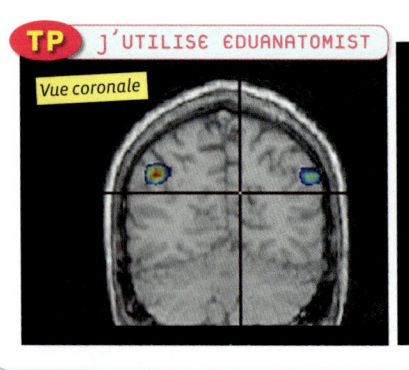

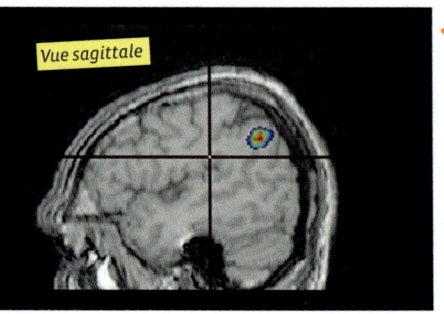

**TP** J'UTILISE EDUANATOMIST
Vue coronale — Vue sagittale

**3** **IRMf obtenue lors d'une tâche de vision des mouvements.** On présente à des sujets des stimuli, soit en mouvement, soit immobiles. On en déduit les régions spécifiquement activées par les stimuli en mouvement.

# La mémoire visuelle

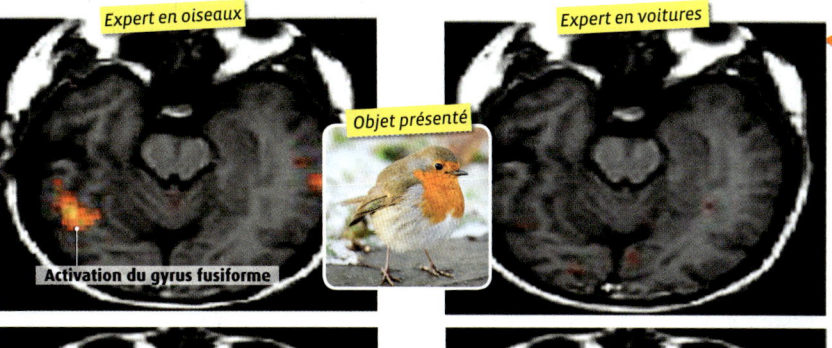

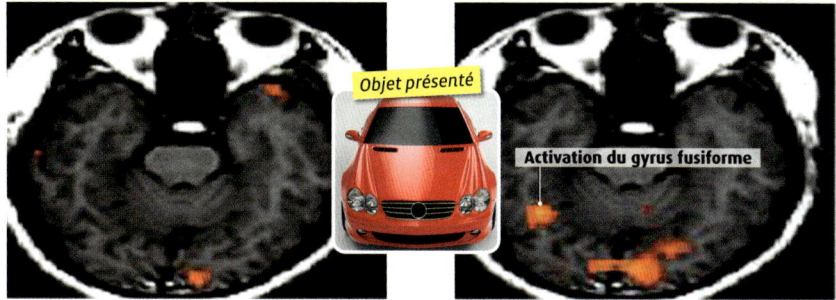

*Expert en oiseaux* — *Expert en voitures*

*Objet présenté*

Activation du gyrus fusiforme

*Objet présenté*

Activation du gyrus fusiforme

**4** **IRMf obtenues lors d'une tâche de reconnaissance visuelle.** Chez un expert en oiseaux et un expert en voitures, on visualise les régions qui sont spécifiquement activées lors de la présentation de séries de voitures et d'oiseaux. Le cortex visuel, dont l'activation n'est pas prise en compte ici, est également mobilisé. Le gyrus fusiforme est une zone localisée dans le cortex inférotemporal.

Cortex — V5 — **Voie dorsale** — V2 — V4 — V1 — **Voie ventrale** — Œil — Cortex inférotemporal — Cervelet

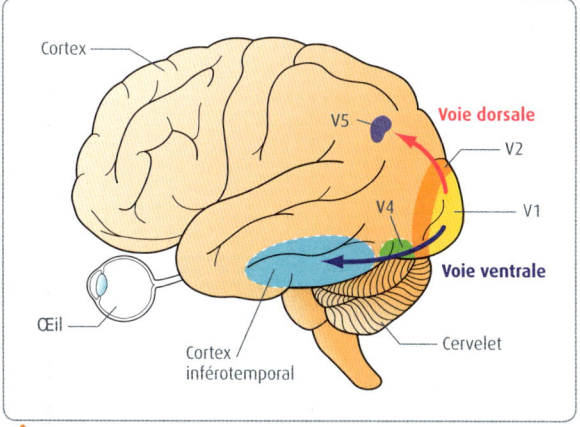

**5** **Un modèle cérébral des fonctions visuelles.** Deux voies interviennent dans la vision. La voie dorsale (ou voie du « où ») mobilise des aires dorsales du cortex visuel et est impliquée dans la vision spatiale. La voie ventrale (ou voie du « quoi ») sollicite les aires ventrales et est activée lors de la reconnaissance des objets des visages et des formes spécifiques.

**Interview** de **Catherine Vidal**, chercheuse en neurosciences.

**Pour des processus cérébraux aussi complexes que la mémoire,** on ne peut pas identifier des « aires » spécifiques. D'abord parce qu'il existe de nombreux types de mémoire : la mémoire d'une poésie ou des visages, la mémoire des savoir-faire comme la conduite automobile, ou la mémoire des événements vécus. La mémoire peut aussi être immédiate, à court terme ou à long terme ! Chacun de ces processus demande le concours de nombreuses zones cérébrales différentes qui fonctionnent en réseaux et varient au cours du temps. Par l'IRMf, on peut observer des régions impliquées dans certains types de mémoire, mais ces régions sont aussi utilisées pour d'autres fonctions. LA zone de la mémoire n'existe donc pas

**6** Peut-on localiser la mémoire dans le cerveau ?

## ACTIVITÉS

**1** **DOC. 1 À 3.** Expliquez en quoi l'IRMf confirme que la perception des couleurs et des mouvements n'implique pas les mêmes aires visuelles.

**2** **DOC. 4 ET 6.** Montrez que l'IRMf confirme que la reconnaissance visuelle nécessite la collaboration entre plusieurs aires cérébrales, dont les aires visuelles.

**3** **DOC. 5.** En vous appuyant sur les documents de l'unité précédente, complétez le modèle proposé en mentionnant la fonction des aires indiquées. Justifiez l'appellation voie du « où » et voie du « quoi ».

**4** **EN CONCLUSION.** Expliquez comment l'IRMf permet de comprendre le traitement de l'information visuelle par le cerveau.

# UNITÉ 3 — L'effet des drogues sur la perception visuelle

Le traitement des informations visuelles implique différentes aires corticales. Certaines drogues perturbent le fonctionnement du cerveau : ce sont des substances psychotropes. Elles peuvent affecter la perception visuelle.

⇢ **Comment les drogues modifient-elles le traitement des informations visuelles par le cerveau ?**

## La fixation des psychotropes dans le cerveau

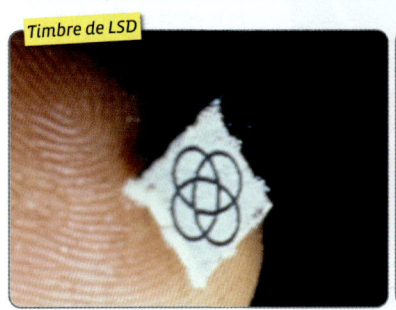

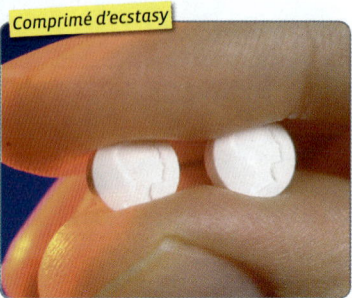

*Timbre de LSD*

*Comprimé d'ecstasy*

*Champignon hallucinogène*

**1 Quelques exemples de drogues.** Le LSD et l'ecstasy sont des molécules de synthèse. Le champignon hallucinogène produit naturellement une molécule aux effets psychotropes : la psilocine.

*Sérotonine*

● = carbone
● = oxygène
○ = hydrogène
● = azote

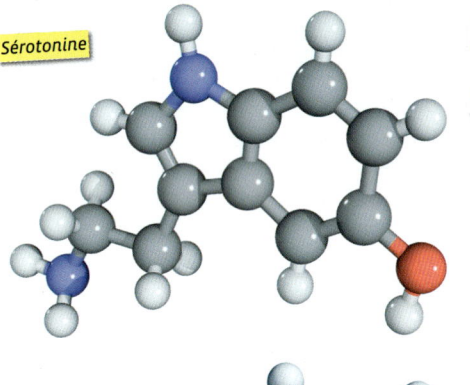

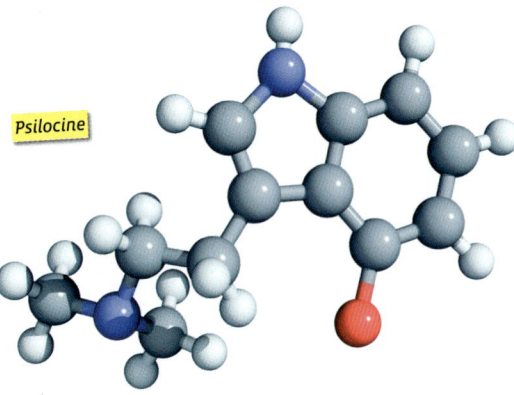

*Psilocine*

*Après prise de psilocine*

*Cortex visuel primaire*

*Avant prise de psilocine*

**2 La structure moléculaire de la psilocine et de la sérotonine.** La sérotonine est un médiateur chimique qui assure la transmission des messages nerveux entre les neurones. Elle se fixe sur des récepteurs qui reconnaissent spécifiquement sa structure dans l'espace.

**3 Activation des récepteurs spécifiques à la sérotonine dans le cerveau avant et après consommation de psilocine.** En vert, activité faible ; en rouge, activité modérée ; en jaune, activité forte.

## Les perturbations visuelles induites par les psychotropes

« Une demi-heure après avoir avalé de la drogue, j'ai vu des lumières dorées qui dansaient lentement. J'ai passé plusieurs heures – ou était-ce plusieurs siècles ? – non pas seulement à fixer ces pieds de bambous [d'une chaise], mais à « être » ces pieds. On est alors aussi près que peut l'être un être fini d'une perception totale de tout ce qui se passe partout dans l'Univers. Tout d'un coup, je me suis retrouvé au bord de la panique. »

Aldous Huxley, *Les Portes de la perception*, 1954.

**4** Le récit de l'écrivain Aldous Huxley d'une expérience vécue après une prise de psychotropes.

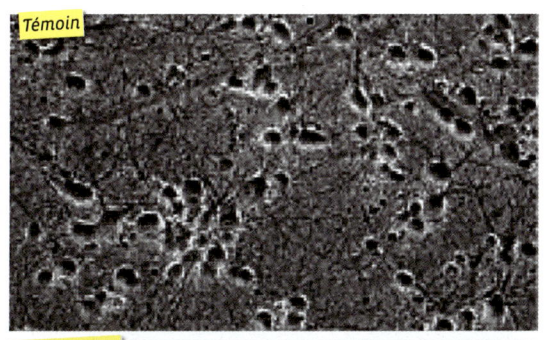

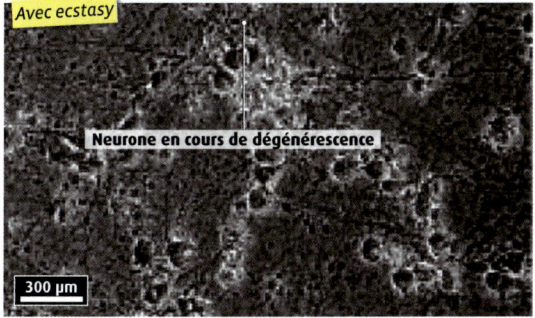

*Témoin*

*Avec ecstasy*

Neurone en cours de dégénérescence

300 µm

**6** L'effet de l'ecstasy sur des neurones corticaux en culture (vu au MO).

**5** La pochette d'un disque de 1967. Le psychédélisme est un courant artistique né dans les années 1960. Il s'inspire graphiquement des perturbations visuelles provoquées par la prise de drogues, et notamment de LSD.

Certains effets augmentent avec le nombre de prises, comme les stéréotypies (activités motrices répétées à l'identique de nombreuses fois), mais aussi les syndromes psychotiques (perte de prise sur la réalité, hallucinations, etc.). Cette augmentation des psychoses suite à la répétition des administrations d'amphétamines est sûrement due aux effets cérébraux de la drogue sur les circuits assurant les fonctions cognitives de l'individu. La prise régulière d'ecstasy entraîne ainsi un amaigrissement, un affaiblissement et des troubles de l'humeur avec une agressivité exacerbée et des perturbations psychiques.

Lucas Salomon, *Cerveau, drogues et dépendances*, Belin, 2010.

**7** Les drogues : des dangers potentiels.

### ACTIVITÉS

**1** DOC. 1, 2 ET 3. Montrez que la psilocine peut agir sur la perception visuelle et formulez une hypothèse quant à son mode d'action sur le cerveau.

**2** DOC. 4 ET 5. Expliquer pourquoi l'on parle du LSD comme d'une drogue hallucinogène.

**3** DOC. 6 ET 7. Décrivez les effets neurologiques et psychologiques des drogues hallucinogènes à long terme.

**4** EN CONCLUSION : Récapitulez les perturbations visuelles pouvant être induites par les psychotropes et précisez leurs effets à long terme.

# UNITÉ 4 — Le développement du cortex visuel

À la naissance, le cortex visuel n'est pas encore totalement fonctionnel. Il se met en place pendant les premiers mois et évolue au cours de la vie.

**Comment le cortex visuel est-il mis en place et comment évolue-t-il au cours de la vie ?**

## La mise en place du cortex visuel après la naissance

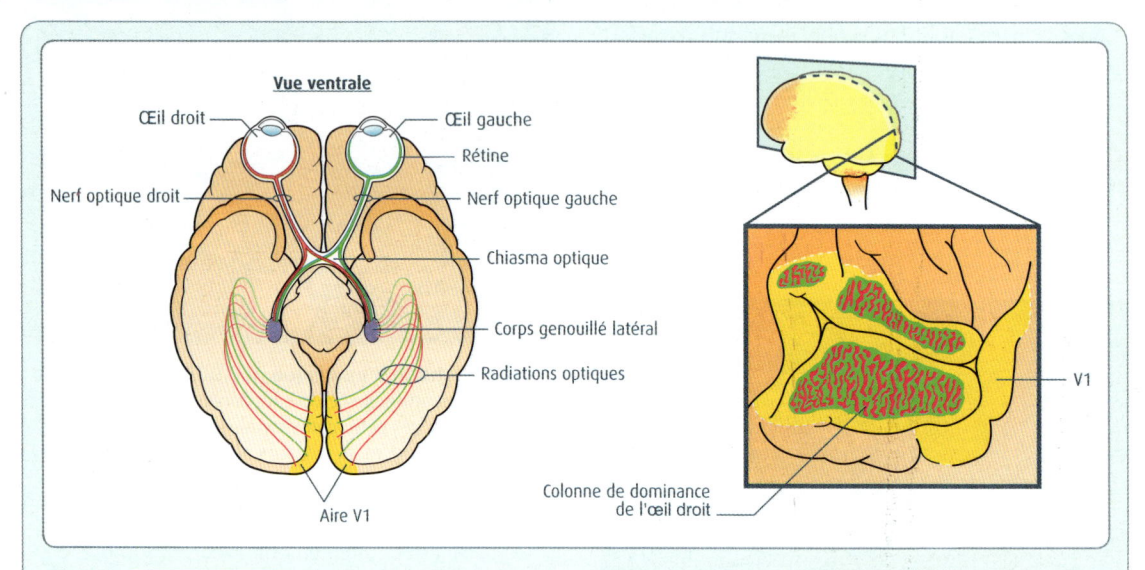

Chaque **photorécepteur** rétinien est relié par un enchaînement de neurones à un seul des deux corps genouillés latéraux. À partir de ces derniers, les neurones issus de l'œil gauche et ceux issus de l'œil droit sont « mélangés » : les deux faisceaux nerveux qui se projettent vers le cortex visuel primaire contiennent des fibres issues de l'œil droit et des fibres issues de l'œil gauche. Sur le cortex visuel, on observe alors des séries alternées de neurones selon l'œil dont ils proviennent. Ces séries sont dénommées colonnes de dominance oculaire.

**1** La structure du **cortex visuel**.

*Cortex visuel de singe adulte témoin*

*Cortex visuel de singe dont a suturé l'œil droit à la naissance*

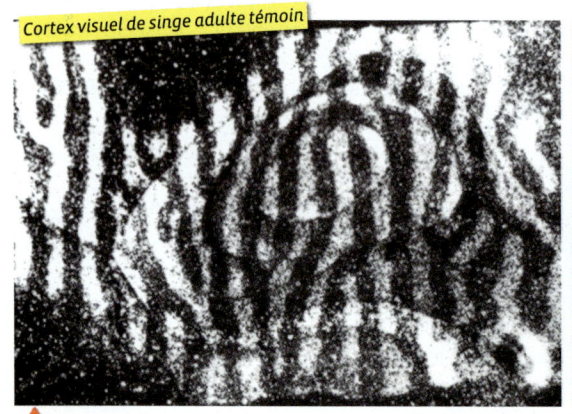

**2** **La mise en place des colonnes de dominance oculaire.** Un traceur radioactif est introduit dans l'œil droit d'un singe adulte. Le traceur est transporté de neurone en neurone, jusqu'à leur terminaison au niveau du cortex visuel primaire. Celui-ci apparaît sous forme de bandes claires (marquées) et sombres (non marquées). On réalise la même expérience, sur un singe dont on a suturé l'œil droit entre l'âge de 2 jours et celui de 18 mois.

## La plasticité du cortex visuel chez l'adulte

**3. Un non-voyant lisant un texte écrit en braille.**
Le braille est un alphabet destiné aux non-voyants. Les caractères (lettres et chiffres) sont codés par des signes en relief, détectables par le toucher.

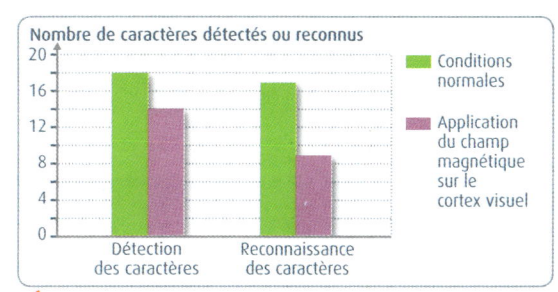

**4. La fonction du cortex visuel primaire chez les non-voyants de naissance.** Lors d'une tâche de lecture du braille, le cortex visuel primaire est artificiellement perturbé par l'application d'un champ magnétique indolore sur le crâne. On mesure le nombre de caractères détectés par le toucher, puis reconnus par le lecteur.

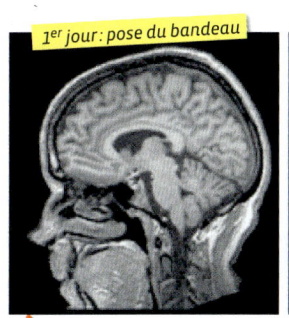

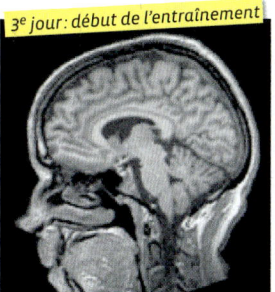

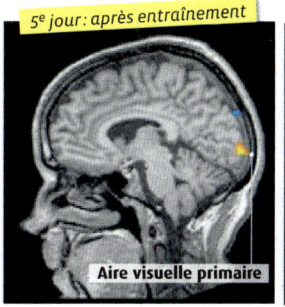

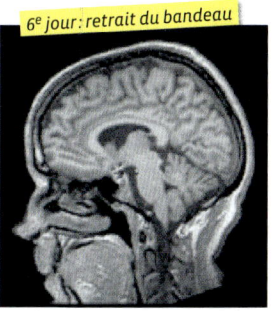

*1er jour : pose du bandeau — 3e jour : début de l'entraînement — 5e jour : après entraînement — 6e jour : retrait du bandeau*

Aire visuelle primaire

**5. L'effet d'une privation artificielle de la vue sur la lecture du braille.** Un sujet voyant dont les yeux sont bandés pendant plusieurs jours est entraîné à lire le braille. Par IRMf, on observe les zones cérébrales dont l'activité augmente chez cette personne lors de la lecture du braille par rapport à un sujet non privé de la vue. Au 6e jour, le bandeau est retiré.

La lettre « A », dans l'absolu, est-elle rouge ou bleue ? Pour environ 5 % de la population, cette question n'est pas absurde. Chez ces personnes, dites synesthètes, une perception active simultanément différentes représentations : chaque lettre est par exemple associée à une couleur spécifique. Ces associations sensorielles sont propres à chaque individu synesthète et reposent sur des connexions supplémentaires entre régions cérébrales, par exemple entre une aire spécialisée dans la reconnaissance des caractères et l'aire visuelle V4. La synesthésie est plutôt observée chez les enfants et disparaît généralement au cours de la vie.

**6. La synesthésie, un exemple de modification cérébrale.**

## ACTIVITÉS

**1 DOC. 1 ET 2.** Indiquez l'effet chez le singe de l'occlusion d'un œil sur le cortex visuel après la naissance. Concluez quant à la mise en place du cortex visuel chez le nouveau-né.

**2 DOC. 3 À 5.** Montrez que la fonction du cortex visuel chez l'adulte peut changer selon l'expérience personnelle.

**3 DOC. 6.** Expliquez en quoi la disparition de la synesthésie au cours du temps témoigne de modifications cérébrales.

**4 EN CONCLUSION.** Décrivez la mise en place du cortex visuel à la naissance et résumez les arguments montrant la plasticité du cortex visuel chez l'adulte.

# UNITÉ 5 — La plasticité du cerveau et l'apprentissage

Chez un adulte, l'organisation du cortex visuel peut être modifiée par l'expérience personnelle. Cette capacité du cerveau à s'adapter est appelée plasticité. Elle est également mise en jeu lors d'un apprentissage.

⇢ **Quelles modifications cérébrales observe-t-on lors d'un apprentissage ?**

## Les échelles de la plasticité cérébrale

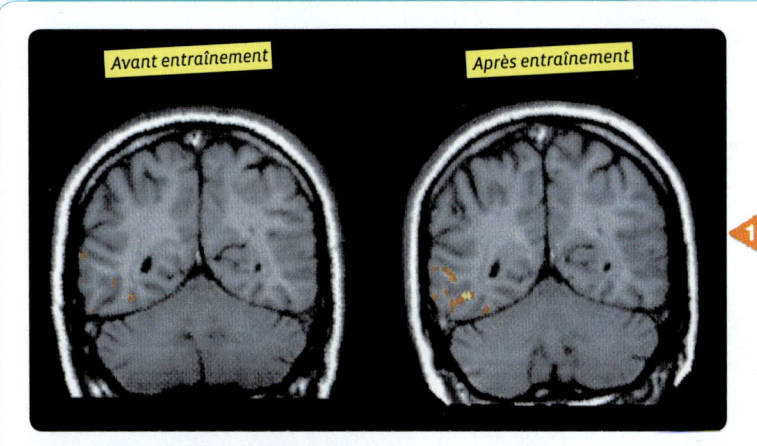

*Avant entraînement* — *Après entraînement*

*Un mot écrit en miroir* : ƎЯUTCEL

**1** **L'apprentissage de la lecture en miroir.** Des individus sachant lire sont entraînés à lire des mots et des phrases inversés (écrites comme s'ils étaient vus dans un miroir). Chez l'un de ces sujets, on observe l'évolution de l'activité cérébrale dans le gyrus fusiforme pendant une tâche de lecture en miroir, avant et après qu'il se soit entraîné.

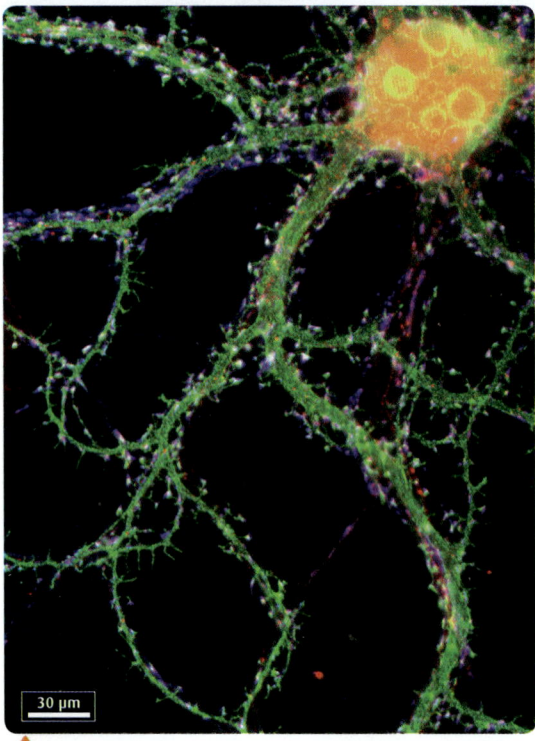

**2** **Un neurone du cortex vu au MO.** Les points blancs représentent les connexions établies avec d'autres neurones. On estime que chaque neurone du cortex établit 10 000 connexions, qui évoluent constamment (doc. 3). — 30 µm

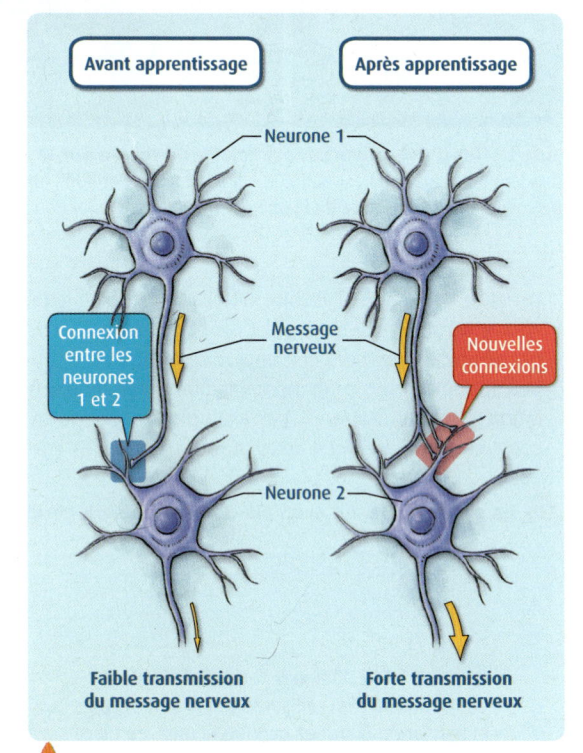

**Avant apprentissage** — **Après apprentissage**

Neurone 1 — Message nerveux — Neurone 2
Connexion entre les neurones 1 et 2 — Nouvelles connexions
Faible transmission du message nerveux — Forte transmission du message nerveux

**3** **La plasticité des connexions neuronales.** Lors d'un apprentissage, de nouvelles connexions entre neurones apparaissent. Cette plasticité neuronale modifie la transmission des messages nerveux dans le cerveau.

## Un modèle d'apprentissage

**4 L'aplysie, ou limace de mer.** Répandu dans toutes les mers du globe, ce mollusque a constitué un modèle d'étude des mécanismes neuronaux de l'apprentissage en raison de la simplicité de son système nerveux, caractérisé notamment par un faible nombre de neurones. Elle respire grâce à des branchies dans lesquelles l'eau est injectée par un siphon.

Lorsque l'on stimule mécaniquement son siphon, l'aplysie rétracte ses branchies de manière réflexe, pour les protéger. Pour réaliser un apprentissage simple, Kandel stimule le siphon tout en appliquant un choc électrique sur la queue de l'animal. Après avoir répété cette double stimulation à plusieurs reprises, il observe que la seule stimulation électrique de la queue de l'aplysie provoque la rétractation des branchies. Ce phénomène est appelé sensibilisation.

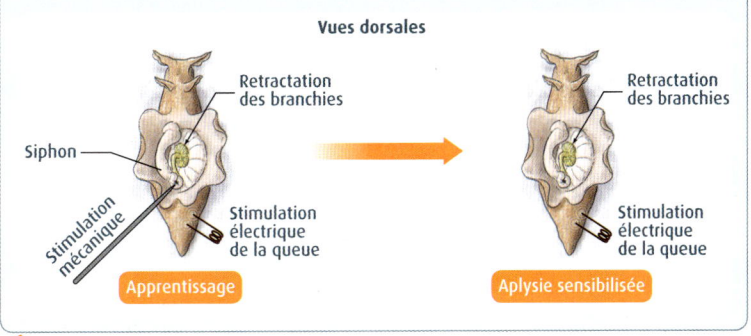

**5 L'expérience d'Eric Kandel (1970).**

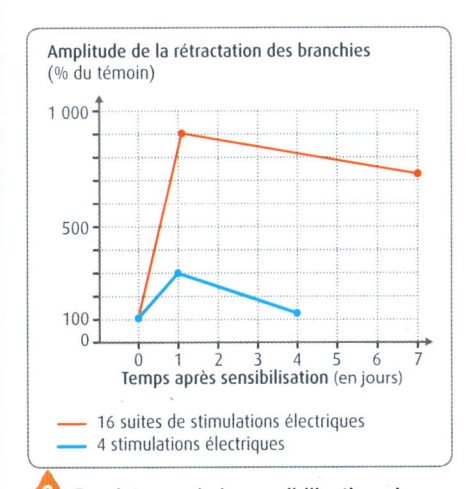

**6 Persistance de la sensibilisation chez l'aplysie.** Kandel répète l'expérience en faisant varier le nombre de stimulations mécaniques et électriques appliquées pour produire la sensibilisation. Il mesure ensuite la durée pendant laquelle la sensibilisation persiste.

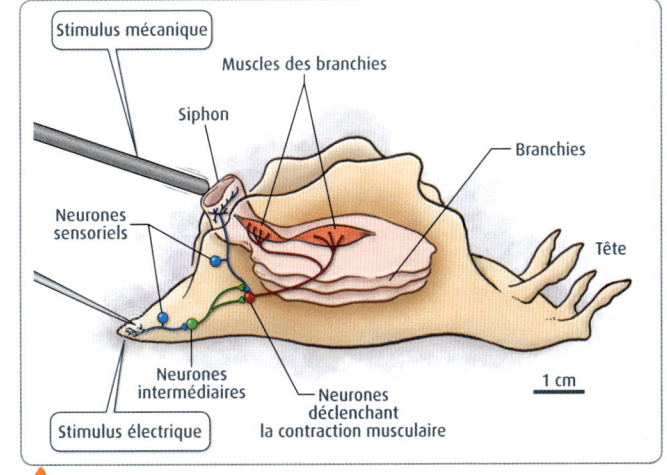

**7 Le circuit de neurones impliqué dans la sensibilisation chez l'aplysie.** Lorsque la sensibilisation à long terme est acquise, Kandel observe une augmentation des connexions entre les neurones sensoriels de la queue, les neurones intermédiaires et les neurones déclenchant la contraction des branchies.

### ACTIVITÉS

**1 DOC. 1.** Relevez les modifications de l'activation du gyrus fusiforme après apprentissage de la lecture en miroir.

**2 DOC. 1 À 3.** Montrez que l'on peut expliquer les modifications de l'activité cérébrale par une plasticité des connexions entre neurones.

**3 DOC. 4 À 6.** Expliquez comment varie la persistance de la sensibilisation chez l'aplysie selon le nombre de stimulations électriques et mécaniques appliquées.

**4 DOC. 6 ET 7.** Montrez que la sollicitation répétée d'un circuit de neurones et sa plasticité sont nécessaires à la sensibilisation à long terme de l'aplysie.

**5 EN CONCLUSION.** Résumez les modifications cérébrales induites par l'apprentissage et précisez-en les bases neuronales.

THÈME 6 – CHAPITRE 2 CERVEAU ET VISION : AIRES VISUELLES ET PLASTICITÉ CÉRÉBRALE

**CHAPITRE 2** Cerveau et vision : aires visuelles et plasticité cérébrale

## BILAN DES UNITÉS

### UNITÉ 1 — Les troubles cérébraux de la perception visuelle

- Une fois élaboré par la rétine, le message nerveux visuel est acheminé vers le cortex visuel par le nerf optique et les voies nerveuses centrales. La lésion de l'extrémité occipitale du cortex visuel peut provoquer une cécité complète. Cela suggère que seule cette partie du cortex reçoit les informations issues de la rétine. Elle est appelée cortex visuel primaire, ou aire V1.
- Le cortex visuel est composé de cette aire V1 et d'autres régions, ou aires visuelles, connectées à V1 et connectées entre elles. L'étude de cas cliniques révèle un degré important de spécialisation de chacune de ces aires. Des lésions localisées peuvent entraîner la perte spécifique de la perception des couleurs, des formes ou du mouvement. La coopération de l'ensemble des aires visuelles est donc nécessaire à une perception visuelle normale.
- La lésion de structures cérébrales distinctes du cortex visuel entraîne des difficultés à reconnaître des visages. Ces structures sont donc impliquées dans la mémoire visuelle et leur activité est nécessaire à la reconnaissance visuelle.

**Le cristallin, une lentille vivante.**

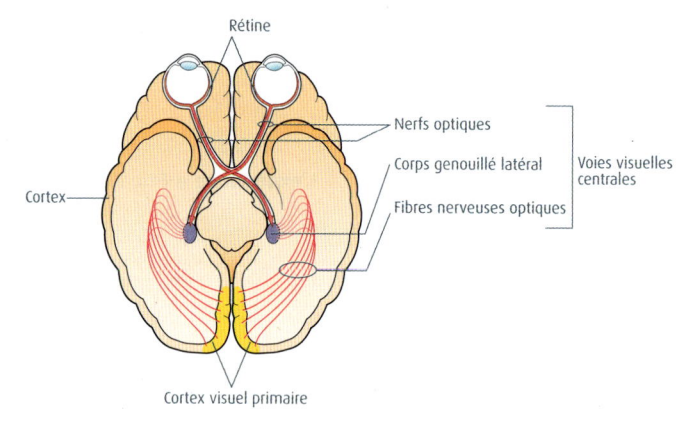

### UNITÉ 2 — L'étude du cerveau en fonctionnement

- La technique d'Imagerie par résonance magnétique fonctionnelle (IRMf) permet de localiser précisément les régions du cerveau activées lors de la réalisation d'une tâche. La fonction spécifique de chaque aire visuelle peut ainsi être vérifiée.
- L'IRMf confirme également que la reconnaissance visuelle implique l'activation des aires visuelles en même temps que celle de structures impliquées dans la mémoire, comme le gyrus fusiforme.
- Il est alors possible d'établir un modèle des fonctions visuelles cérébrales : les aires situées dans la partie inférieure du cortex visuel sont responsables de la perception des qualités de l'objet observé (sa couleur, sa forme) : c'est la voie du « quoi », qui peut impliquer la mémoire. Les aires situées dans la partie supérieure du cortex visuel perçoivent la localisation spatiale de l'objet ou son mouvement : c'est la voie du « où ».

**Un modèle des fonctions visuelles cérébrales.**

# BILAN DES UNITÉS

## UNITÉ 3 — L'effet des drogues sur la perception visuelle

- En dehors des cas pathologiques, la perception visuelle est altérée par la prise de certaines drogues comme le LSD. Dans le cerveau, ces molécules prennent la place des médiateurs chimiques qui assurent la transmission nerveuse entre deux neurones. La prise de ces drogues entraîne alors une activation plus importante du cortex visuel.
- Cette perturbation cérébrale se traduit par une perception visuelle déformée, source d'hallucinations. On dit de ces drogues qu'elles ont des effets hallucinogènes.
- L'usage répété de drogues hallucinogènes n'est pas sans conséquences : à long terme, il peut être à l'origine de comportements psychotiques ou d'hallucinations spontanées (sans prise de drogue préalable).

## UNITÉ 4 — Le développement du cortex visuel

- À la naissance, le cortex visuel est organisé selon des structures innées, issues de l'évolution. À la surface du cortex visuel primaire, les terminaisons des fibres nerveuses issues de l'œil droit alternent avec celles des fibres nerveuses issues de l'œil gauche.
- Cette distribution en colonnes de dominance oculaire peut cependant être modifiée par l'expérience visuelle. L'occlusion précoce d'un œil après la naissance entraîne par exemple une réduction importante du nombre de terminaisons nerveuses issues de l'œil occlus au sein du cortex visuel primaire.
- Cette plasticité du cortex visuel s'observe également à l'âge adulte : l'aire V1 peut changer rapidement de fonction chez des personnes privées de stimulations visuelles.

## UNITÉ 5 — La plasticité du cerveau et l'apprentissage

- Le cerveau dans son ensemble conserve sa plasticité tout ou long de la vie. C'est sur elle que repose l'apprentissage. Un entraînement à la lecture en miroir produit par exemple une augmentation de l'activation du gyrus fusiforme. La plasticité cérébrale s'explique par la plasticité des connexions entre neurones.
- Les expériences réalisées sur l'aplysie (mollusque) révèlent que la mémoire acquise après un apprentissage se traduit par la modification d'un circuit de neurones. La persistance de cette mémoire est d'autant plus importante que ce circuit a été sollicité à un grand nombre de reprises lors de l'apprentissage.

La plasticité des connexions neuronales.

# CHAPITRE 2 — Cerveau et vision : aires visuelles et plasticité cérébrale

## L'ESSENTIEL

### L'essentiel par le texte

#### Le traitement cérébral de l'information visuelle

- Le message nerveux produit par la rétine est acheminé au cerveau par les voies nerveuses centrales. Il parvient au **cortex** visuel primaire, aussi appelé aire V1, situé à l'extrémité occipitale du cerveau. Il est ensuite propagé dans l'ensemble du cortex visuel.
- L'étude de différentes lésions cérébrales du **cortex visuel** met en évidence l'existence de plusieurs régions localisées, appelées **aires corticales visuelles**. Chacune d'entre elles a des fonctions spécifiques (perception de la couleur, des formes, du mouvement).
- Les études d'imagerie par résonance magnétique fonctionnelle (**IRMf**) confirment qu'une perception visuelle normale repose sur l'activité simultanée de l'ensemble de ces aires visuelles.
- L'étude de lésions et l'imagerie cérébrale montrent enfin que la reconnaissance visuelle d'objets ou de visages nécessite la collaboration entre les aires visuelles et des structures cérébrales impliquées dans la mémoire.
- La prise de **drogues** hallucinogènes, comme le LSD, perturbe le fonctionnement du cortex visuel et provoque des hallucinations. Leur usage répété peut produire de graves troubles cérébraux à long terme.

#### La mise en place du phénotype visuel et la plasticité du cerveau

- Le développement d'un cortex visuel fonctionnel repose sur des structures cérébrales innées héritées de l'évolution. Il dépend également de l'expérience visuelle précoce de chaque individu après la naissance, qui peut induire des réarrangements neuronaux au sein du cortex visuel. Cette **plasticité cérébrale** s'observe tout au long de la vie.
- L'apprentissage et la mémorisation reposent également sur la plasticité du cerveau. L'apprentissage implique une sollicitation répétée de circuits de neurones, qui modifie les connexions entre ces neurones.

### Les capacités et attitudes

▶ Exploiter des données notamment expérimentales pour comprendre qu'une image naît des interactions entre différentes aires du cortex cérébral **(unité 1)**
▶ Interpréter des observations médicales et/ou des imageries cérébrales chez l'Homme **(unités 2 et 3)**
▶ Interpréter des expériences sur la maturation du cortex visuel chez l'animal **(unité 4)**
▶ Recenser, extraire et organiser des informations pour comprendre le phénomène de plasticité cérébrale et son importance dans l'établissement de différentes fonctions cognitives **(unités 4 et 5)**

### Mots clés
*Voir aussi Dico des SVT p. 332*

**Aire corticale visuelle :** région localisée du cortex impliquée dans le traitement d'une partie de l'information visuelle.
**Cortex :** tissu nerveux constituant la couche externe des hémisphères cérébraux.
**Cortex visuel :** région du cortex constituée du cortex visuel primaire (V1) et des autres aires visuelles.
**Drogue :** substance chimique prise par l'Homme modifiant le fonctionnement du cerveau et pouvant entraîner une dépendance.
**IRMf** (Imagerie par résonance magnétique fonctionnelle) : technique d'imagerie détectant les variations de débit de sang oxygéné dans un tissu vivant, qui révèlent son activité.
**Plasticité cérébrale :** capacité d'adaptation anatomique et fonctionnelle du cerveau en fonction des expériences vécues par l'individu.

## L'ESSENTIEL

### L'essentiel par l'image

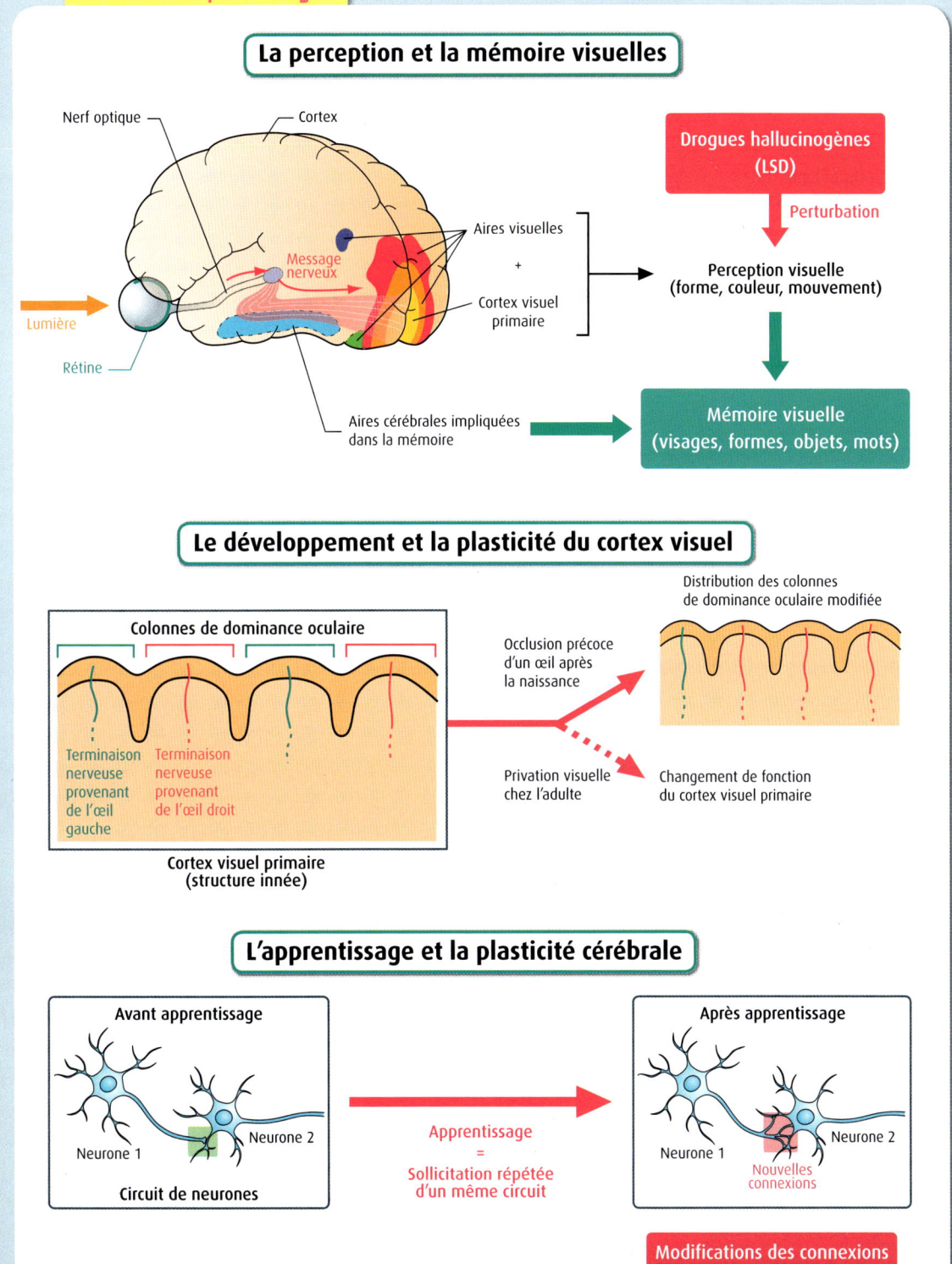

#### La perception et la mémoire visuelles

- Nerf optique
- Cortex
- Lumière
- Rétine
- Message nerveux
- Aires visuelles
- Cortex visuel primaire
- Aires cérébrales impliquées dans la mémoire

Drogues hallucinogènes (LSD) → Perturbation

Perception visuelle (forme, couleur, mouvement)

Mémoire visuelle (visages, formes, objets, mots)

#### Le développement et la plasticité du cortex visuel

Colonnes de dominance oculaire

- Terminaison nerveuse provenant de l'œil gauche
- Terminaison nerveuse provenant de l'œil droit

Cortex visuel primaire (structure innée)

- Occlusion précoce d'un œil après la naissance → Distribution des colonnes de dominance oculaire modifiée
- Privation visuelle chez l'adulte → Changement de fonction du cortex visuel primaire

#### L'apprentissage et la plasticité cérébrale

**Avant apprentissage**
- Neurone 1 — Neurone 2
- Circuit de neurones

Apprentissage = Sollicitation répétée d'un même circuit

**Après apprentissage**
- Neurone 1 — Neurone 2
- Nouvelles connexions

Modifications des connexions = Plasticité cérébrale

THÈME 6 – CHAPITRE 2 CERVEAU ET VISION : AIRES VISUELLES ET PLASTICITÉ CÉRÉBRALE

# EXERCICES

## évaluer ses connaissances

### 1 QCM

**Pour chaque proposition, identifiez la (ou les) bonne(s) réponse(s).**

**1. La perception visuelle :**
a. repose sur la seule activation de l'aire visuelle primaire.
b. est perturbée par certaines drogues.
c. mobilise toujours la mémoire.

**2. Le cortex visuel :**
a. se met en place chez le nouveau-né sous l'action de l'environnement.
b. peut être étudié grâce à la tomographie cérébrale.
c. est responsable de la mémoire.

**3. La plasticité cérébrale :**
a. implique des modifications des connexions entre neurones.
b. dépend uniquement de l'information génétique de l'individu.
c. ne s'observe plus à l'âge adulte.

**4. L'apprentissage :**
a. est une manifestation de la plasticité cérébrale.
b. implique la mémoire, mais pas la plasticité cérébrale.
c. provoque des modifications de circuits neuronaux.

### 2 Qui suis-je ?

a. Une région fonctionnelle du cerveau impliquée dans la perception visuelle.
b. Une propriété du cerveau impliquée dans la mise en place du cortex visuel et dans l'apprentissage.
c. Une technique permettant de localiser l'activité cérébrale pendant une tâche donnée.

### 3 Une phrase appropriée

**Rédigez une phrase scientifiquement correcte avec les termes suivants :**
a. Reconnaissance des formes – aires visuelles – mémoire.
b. Hallucination – drogues – cortex visuel – effets à long terme.

## s'entraîner avec un exercice guidé

### 4 Une période critique dans le développement du cortex visuel

En 1970, D. Hubel et J. Wiesel répartissent les neurones du cortex visuel de chat en sept catégories, selon l'œil qui les active préférentiellement. Ils cherchent à déterminer l'effet d'une privation visuelle sur ces différentes catégories de neurones. L'occlusion d'un œil est réalisé soit chez un chaton, par suture des paupières de l'œil droit de la naissance à 2,5 mois, soit chez un chat adulte. Les résultats sont comparés à un chat adulte témoin.

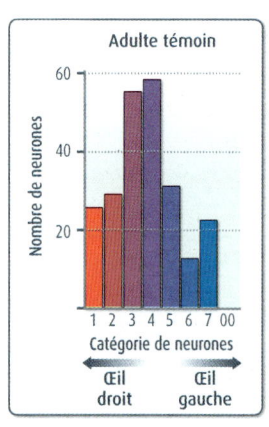

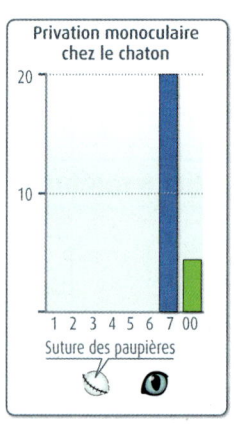

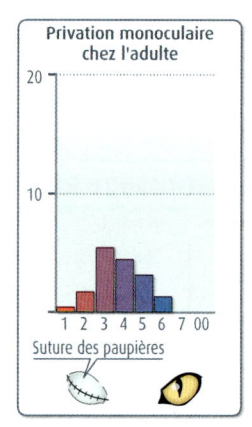

**Un peu d'aide**

• **Mobiliser ses connaissances**
Rappelez l'organisation du cortex visuel primaire en colonnes de dominance oculaire.

• **Saisir des informations**
Comparez la variation de la dominance oculaire lorsque la privation visuelle est réalisée au début de la vie et à l'âge adulte.

• **Conclure**
Montrez la plasticité du cortex visuel observée dans les deux cas et indiquez celui pour lequel cette plasticité est la plus importante.

**1. Distribution des neurones du cortex visuel selon la dominance oculaire.** Les neurones de la catégorie 1 sont seulement activés par l'œil droit et les neurones 7 le sont uniquement par l'œil gauche. Les catégories intermédiaires sont activées par les deux yeux et ceux de la catégorie 00 par aucun des yeux.

**QUESTION** Montrez que ces résultats permettent de déterminer une période critique pendant laquelle la plasticité du cortex visuel est particulièrement importante.

## Appliquer ses connaissances

### 5 Un cas d'agnosie visuelle
*Pratiquer une démarche scientifique*

Suite à un accident vasculaire cérébral, le patient J. S., 74 ans, se plaint d'une incapacité à « voir » les objets, regarder la télévision ou lire les journaux. Il n'éprouve en revanche aucune difficulté à se déplacer dans son domicile et à proximité. Les examens médicaux ne révèlent aucune anomalie oculaire. Des tests évaluant sa capacité de perception du mouvement donnent également de bons résultats. On examine alors ses capacités de reconnaissance des formes.

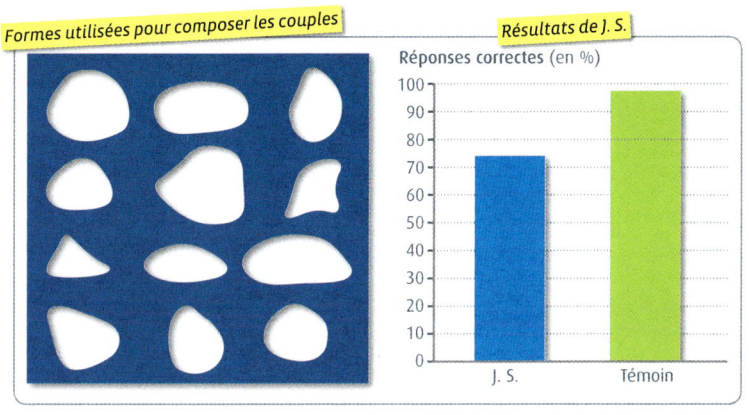

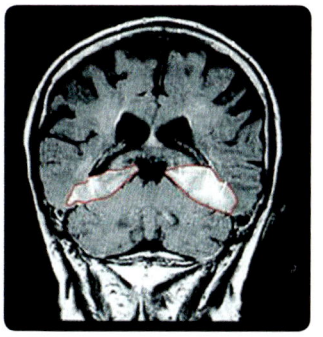

**1. Test de perception des formes réalisé par le patient J. S.** On présente à J. S. une série de couples de formes parmi les formes ci-dessus, toutes dissemblables. Pour chaque couple, il doit signaler s'il distingue une différence.

**2. IRM anatomique du patient J. S., dix jours après son accident vasculaire cérébral.** Les zones lésées sont blanches et entourées en rouge. Ces zones sont distinctes du cortex visuel primaire.

● À l'aide des documents et de vos connaissances, montrez que la reconnaissance des formes implique la collaboration entre plusieurs aires corticales spécialisées.

---

### 6 Les effets du LSD sur la vision
*Recenser, extraire et organiser des informations*

La sérotonine est une petite molécule sécrétée au niveau des jonctions entre deux neurones. Elle agit en se fixant sur des récepteurs spécifiques présents à la surface de la membrane plasmique de l'un des deux neurones en contact. Des souris génétiquement modifiées chez lesquelles ces récepteurs ne sont pas exprimés ont été produites. L'effet du LSD est testé chez ces animaux.

❶ À l'aide du doc. 1, montrez que les récepteurs à la sérotonine sont mis en jeu lors des perturbations visuelles associées à la prise de LSD.

❷ Mettez en relation les deux documents et formulez une hypothèse quant aux mécanismes à l'origine de ces perturbations visuelles.

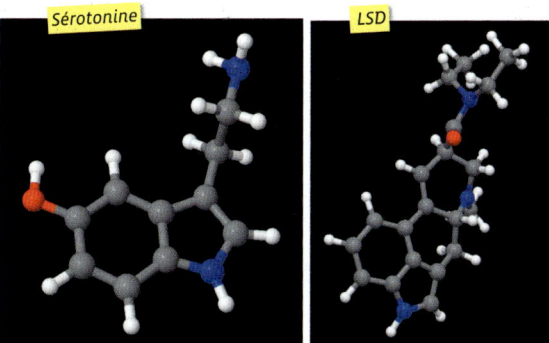

**1. Structure moléculaire du LSD et de la sérotonine.** Le récepteur du LSD reconnaît la structure spatiale de la molécule.

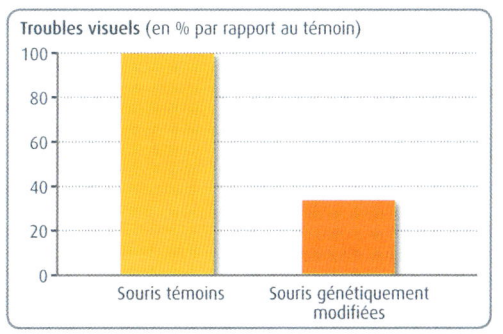

**2. Troubles visuels spécifiques au LSD mesurés après injection de cette drogue chez des souris.**

# EXERCICES

## appliquer ses connaissances

### 7 Les capacités de mémorisation des aveugles
*Recenser, extraire et organiser des informations*

On demande à des non-voyants de naissance et à des personnes voyantes d'apprendre une série de mots. À la suite de cet exercice, une IRMf est réalisée lorsque l'on demande aux patients de se souvenir de ces mots.

Une zone d'activation spécifique aux non-voyants est localisée (**doc. 1**). Six mois plus tard, pour chaque individu, on comptabilise le pourcentage de mots mémorisés et l'on mesure l'activité de cette zone cérébrale.

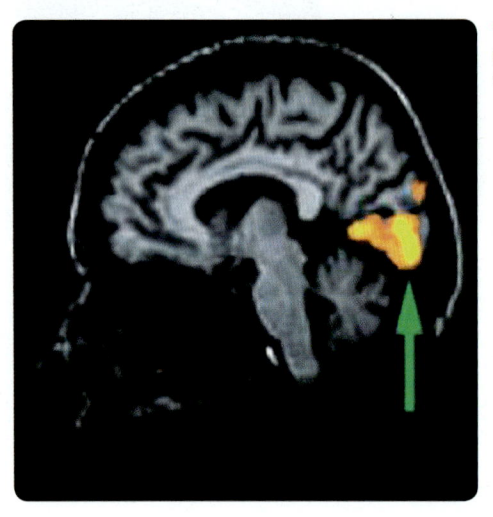

**1.** IRMf de patients non-voyants de naissance après une tâche de mémorisation verbale. La zone spécifiquement activée chez les non-voyants apparaît en jaune : il s'agit de l'aire visuelle primaire.

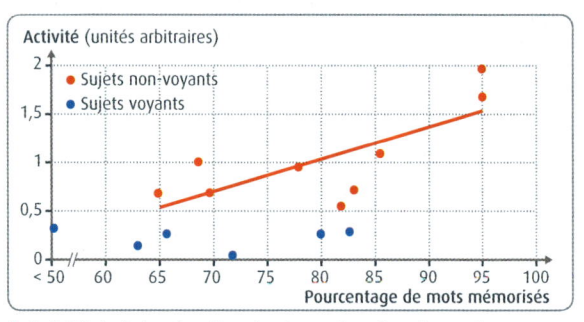

**2.** Activité de l'aire visuelle primaire en fonction des performances de mémorisation après 6 mois chez les sujets étudiés.

❶ Montrez que l'aire visuelle primaire est impliquée dans la mémorisation verbale chez les non-voyants de naissance.
❷ Expliquez en quoi ces données illustrent la plasticité cérébrale.

### 8 Une protéine impliquée dans la plasticité du cortex
*Pratiquer une démarche scientifique*

On étudie le rôle d'une protéine appelée CaMk II dans l'apprentissage. Pour cela, des souris génétiquement modifiées sont produites chez lesquelles le gène codant la CaMk II est altéré. Elles sont placées dans un bassin rempli d'eau, où seule une plateforme leur permet de se reposer. Sa surface légèrement immergée est invisible. L'expérience est répétée un grand nombre de fois et le temps moyen passé pour trouver la plateforme est mesuré (**doc. 1**). La plateforme est ensuite retirée du bassin (**doc. 2**), dans lequel on place les mêmes souris.

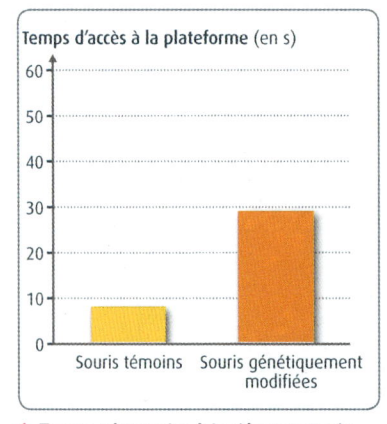

**1.** Temps nécessaire à la découverte de la plateforme par les souris.

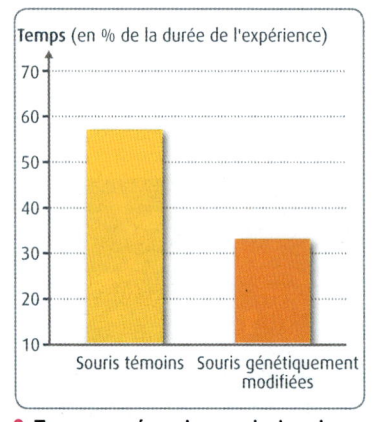

**2.** Temps passé par les souris dans la zone où se trouvait la plateforme.

❶ Comparez les performances d'apprentissage chez les deux types de souris.
❷ Discutez alors de l'importance de la protéine CaMk II dans la plasticité cérébrale.

# EXERCICE objectif BAC

**Thème 6 : De l'œil au cerveau : quelques aspects de la vision**

## L'étude d'un trouble visuel

Le patient D., âgé de 20 ans, consulte pour une baisse de la vision : il se plaint de ne plus rien voir dès que vient le crépuscule et se cogne en marchant dans la rue, ne voyant pas les obstacles sur les trottoirs. Des examens ophtalmologiques sont d'abord réalisés : le champ visuel de D. est établi et son fond d'œil observé. Pour confirmer son diagnostic, le médecin procède à un électrorétinogramme et demande à ce que soit mené un examen du cortex cérébral.

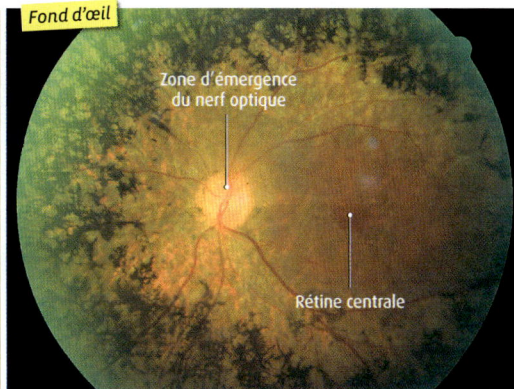

*Simulation du champ visuel du patient D*

*Fond d'œil* — Zone d'émergence du nerf optique ; Rétine centrale

**1 Résultats des examens ophtalmologiques.** Après avoir déterminé le champ visuel du patient D., il est possible de simuler sa perception d'une image. Le fond d'œil permet d'observer la rétine pour y détecter d'éventuelles lésions. Les cellules photoréceptrices confèrent une teinte jaune orangée à la rétine.

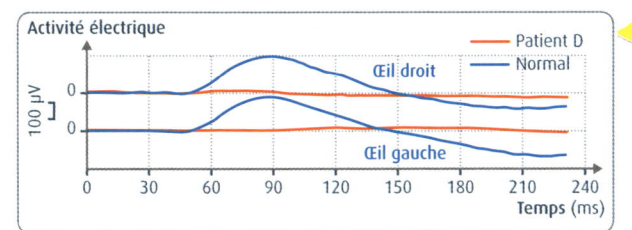

**2 Électrorétinogramme réalisé en conditions scotopiques (avec une faible luminosité).** L'activité électrique de la rétine est enregistrée par des électrodes placées sur la cornée ou la paupière inférieure, en réponse à une stimulation visuelle.

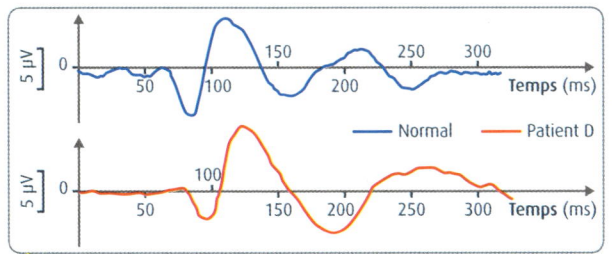

**3 Enregistrement de l'activité du cortex visuel du patient D. à la suite d'une stimulation visuelle.** Des électrodes appliquées à la surface du cuir chevelu, sur la partie occipitale du crâne, enregistrent la variation de l'état électrique du cortex. Une stimulation visuelle est réalisée à t = 0.

### Exploiter les documents

**DOC. 1.** Décrivez le champ visuel du patient D. et l'état de sa rétine. À l'aide de vos connaissances sur l'organisation de la rétine, formulez une hypothèse quant à l'origine de son trouble visuel.

**DOC. 2.** Justifiez l'intérêt de l'électrorétinogramme en conditions scotopiques pour établir le diagnostic du patient D. Analysez-en les résultats.

**DOC. 3.** Expliquez en quoi l'examen de l'activité du cortex chez le patient D. permet de déterminer avec certitude la cause de ses troubles visuels.

## QUESTION

À partir des documents présentés et en vous appuyant sur vos connaissances, montrez que ces examens cliniques permettent d'établir la cause du trouble visuel qui affecte le patient D.

# ATELIERS D'EXPLORATION

## SCIENCES ACTUALITÉ — Des gènes de bactéries pour rendre la vue à des souris

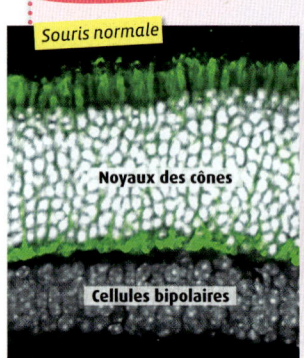

*Souris normale* — Noyaux des cônes ; Cellules bipolaires
*Souris atteinte de rétinite pigmentaire*

Coupes de rétine de souris après thérapie génique.
La halorhodopsine émet une fluorescence verte.

La rétinite pigmentaire est une maladie génétique de la rétine qui, en quelques années, aboutit à la cécité complète. Elle est due à la mutation de plusieurs gènes, provoquant d'abord la mort progressive des bâtonnets, puis celle de 80 à 90 % des cônes. Les 10 à 20 % de cônes survivants régressent et ne contiennent plus de pigments fonctionnels. Pour que ces cônes « dormants » puissent à nouveau générer un message nerveux en réaction aux radiations lumineuses, des chercheurs ont réalisé un essai de thérapie génique sur des souris normales et atteintes de rétinite. Dans le génome des photorécepteurs restants, ils ont inséré le gène de la halorhodopsine, un pigment connu chez des microorganismes vivant en milieux salés.

### ACTIVITÉS

❶ Observez les photos et concluez sur le résultat de cet essai de thérapie génique.
❷ Recherchez des informations sur la rétinite pigmentaire chez l'Homme.
❸ Rappelez le principe de la thérapie génique et trouvez d'autres maladies de l'œil susceptible d'être ainsi traitées.

**POUR VOUS GUIDER** B2i
- www.pourlascience.fr (cherchez « halorhodopsine »)
- www.snof.org/ (rubrique « maladies », puis « thérapie génique »)

## INFORMATIQUE — L'œil et la vision

http://pedagogie.ac-toulouse.fr/svt/serveur/lycee/perez/oeil/oeilindex.htm

Pour observer tous les constituants de l'œil et comprendre leur rôle, téléchargez et lancez le logiciel « l'œil et la vision ».

### ACTIVITÉS

❶ Comparez l'organisation cellulaire de la rétine au niveau de la fovéa, de la zone d'émergence du nerf optique, et en périphérie.
❷ Expliquez ce qu'est le point aveugle.
❸ Expliquez la myopie et l'hypermétropie et indiquez comment corriger ces anomalies.
❹ Après avoir imprimé le schéma des voies visuelles, complétez-en les légendes et expliquez les effets des sections A, B et C sur le champ visuel.

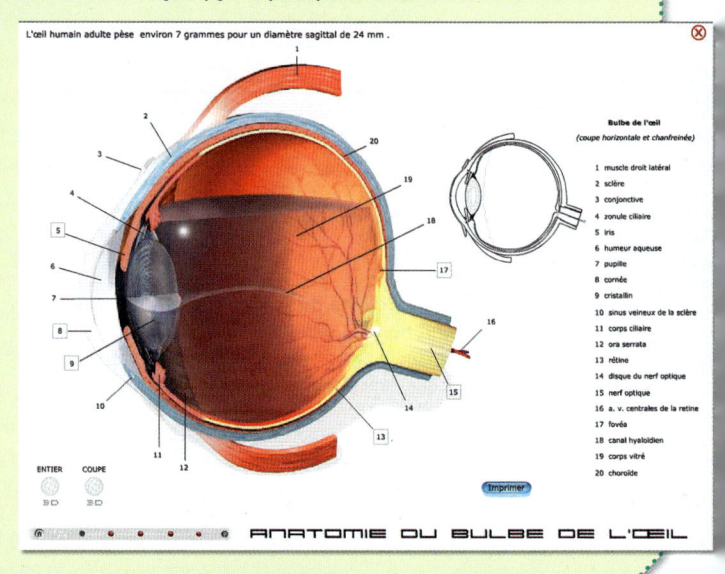

ANATOMIE DU BULBE DE L'ŒIL

L'œil humain adulte pèse environ 7 grammes pour un diamètre sagittal de 24 mm.

Bulbe de l'œil (coupe horizontale et chanfreinée)
1 muscle droit latéral
2 sclère
3 conjonctive
4 zonule ciliaire
5 iris
6 humeur aqueuse
7 pupille
8 cornée
9 cristallin
10 sinus veineux de la sclère
11 corps ciliaire
12 ora serrata
13 rétine
14 disque du nerf optique
15 nerf optique
16 a. v. centrales de la rétine
17 fovéa
18 canal hyaloïdien
19 corps vitré
20 choroïde

## ENQUÊTE — Rendre la vue : une révolution à venir ?

« Nous ne voyons pas avec les yeux, mais avec le cerveau », disait un neurologue de l'université du Wisconsin en 1972. C'est sur ce principe que les scientifiques cherchent, depuis des décennies, le moyen de rétablir la vue de personnes non-voyantes. Récemment, les derniers essais de rétine artificielle ont abouti à des résultats très encourageants. Une technique plus originale, le dispositif Brainport®, repose sur la stimulation... de la langue.

### ACTIVITÉS :

❶ Par une recherche sur Internet, expliquez le principe de la rétine artificielle et celui du dispositif brainport®.
❷ Faites le point sur les résultats réels obtenus aujourd'hui grâce à chacun de ces dispositifs.
❸ Recherchez d'autres projets de substitution sensorielle, notamment auditive.

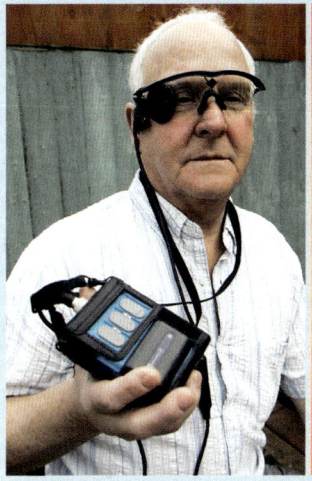

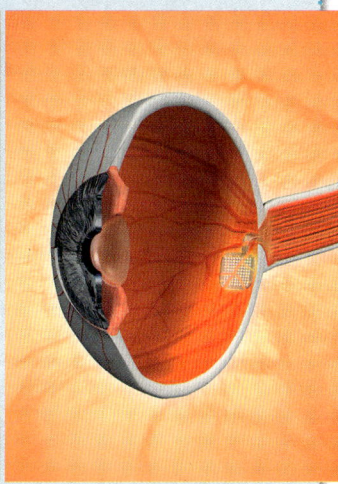

*Une personne non-voyante, équipée d'un dispositif de vision artificielle.*

**POUR VOUS GUIDER :**
- www.futura-sciences.com/fr/news/t/medecine/d/retine-artificielle-des-essais-prometteurs_25951/
- www.futura-sciences.com/fr/news/t/recherche/d/la-langue-larme-des-soldats-du-futur_8761/
- www.desaunay.com/BrainPort-voir-avec-la-langue_a175.html
- www.lefigaro.fr (cherchez « rétine artificielle » et « surdité »)

## MÉTIER — Les métiers de l'imagerie médicale

À mesure qu'elles se perfectionnent, les techniques d'imagerie médicale occupent une place croissante dans la médecine et la science modernes. Étroitement associées à l'informatique, elles peuvent aujourd'hui produire des visualisations du corps très détaillées. Ce domaine offre des débouchés professionnels à des niveaux de technicien ou d'ingénieur qui, selon les postes requièrent des connaissances en biologie, en physique, en informatique ou en électronique.

### ACTIVITÉS

❶ Recensez les différents métiers de l'imagerie médicale et les niveaux d'études qu'ils requièrent.
❷ Identifiez les champs d'exercice de ces métiers : médecine, recherche fondamentale, etc.
❸ Rédigez pour le ou les métiers de votre choix une fiche décrivant le métier, le niveau d'études et les qualités requises.

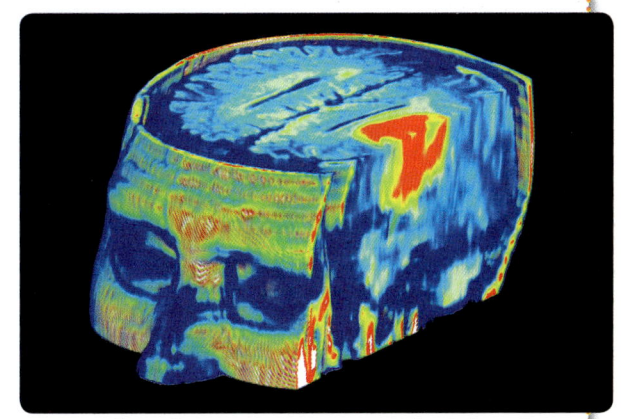

*Le cerveau d'un patient, vu par un scanner en IRMf en 3 dimensions.*

**POUR VOUS GUIDER**
- www.libtheque.fr
- www.onisep.fr
- www.cea.fr/jeunes/metiers/biologie/technicien_en_imagerie_medicale
- www.inserm.fr/thematiques/technologies-pour-la-sante/dossiers-d-information/imagerie-fonctionnelle-biomedicale

THÈME 6 – DE L'ŒIL AU CERVEAU : QUELQUES ASPECTS DE LA VISION

# CORRIGÉS D'EXERCICES

# THÈME 1

## CHAPITRE 1 (p. 28)

### évaluer ses connaissances

**❶ QCM**
1. Réponses b et c. 2. Réponse b. 3. Réponse b.

**❷ Qui suis-je ?**
a. La réplication semi-conservative.
b. La molécule d'ADN. c. L'interphase.

**❸ Vrai ou faux ?**
a. Faux : le cycle cellulaire comprend l'interphase et la mitose. b. Faux : la réplication de l'ADN a lieu en phase S de l'interphase. c. Faux : la mitose comprend 4 phases (prophase, métaphase, anaphase, télophase). d. Vrai.

**❹ s'entraîner avec un exercice guidé**

Lors de la réplication de l'ADN, chaque chaîne de la double hélice sert de modèle pour la synthèse d'une nouvelle chaîne complémentaire. La réplication d'une molécule d'ADN produit ainsi 2 molécules d'ADN contenant chacune une chaîne de la molécule initiale et une chaîne nouvellement synthétisée.
Au terme du premier cycle de réplication en présence de BrdU, chaque molécule d'ADN (= une chromatide) doit donc être composée d'une chaîne avec de la BrdU et d'une chaîne avec thymidine. À la fin d'un deuxième cycle de réplication en présence de BrdU, les chromosomes seront constitués :
– d'une molécule d'ADN (une chromatide) dont les deux chaînes ont incorporé de la BrdU ;
– d'une molécule d'ADN dont une chaîne contient de la thymidine et l'autre de la BrdU.
Pour chaque chromosome, si la réplication est semi-conservative, le cliché doit révéler des chromosomes comprenant une chromatide fortement colorée (dont une chaîne contient de la thymidine) et d'une chromatide faiblement colorée (à BrdU). Le cliché expérimental est conforme à cette prévision et confirme bien l'hypothèse du caractère semi-conservatif de la réplication.

## CHAPITRE 2 (p. 44)

### évaluer ses connaissances

**❶ QCM**
1. Réponse a. 2. Réponse a. 3. Réponse b.

**❷ Qui suis-je ?**
a. Une mutation germinale. b. La biodiversité génétique. c. Un agent mutagène.

**❸ Questions à réponses brèves**
a. Les mutations spontanées peuvent être dues à des altérations chimiques ou structurales de la molécule d'ADN, ou encore à des erreurs lors de la réplication. b. Les systèmes de réparation de l'ADN éliminent les nucléotides altérés ou les mésappariements, ce qui restaure l'intégrité de la molécule d'ADN et maintient le taux de mutations à une valeur faible. c. Une mutation somatique est transmise au clone issu de la cellule mutée. Cette mutation peut parfois être à l'origine d'une tumeur chez l'individu où elle est apparue, mais elle ne sera pas transmise à sa descendance.

**❹ s'entraîner avec un exercice guidé**

La cytosine est complémentaire de la guanine : 3 liaisons faibles peuvent s'établir entre un nucléotide à cytosine (C) et un nucléotide à guanine (G). En revanche, la cytosine désaminée (uracile) est complémentaire de l'adénine : 2 liaisons faibles peuvent s'établir entre un nucléotide à uracile (U) et un nucléotide à adénine (A). La désamination d'un nucléotide à cytosine aura donc une conséquence lors de la réplication : par complémentarité, un nucléotide à adénine sera incorporé en face d'un nucléotide à cytosine désaminée dans le brin nouvellement synthétisé. Au cycle de réplication suivant, la paire de nucléotides initiale C–G sera modifiée en A–T.
En conclusion, une désamination d'une cytosine peut entraîner, si la molécule d'ADN altérée est répliquée, une mutation d'un nucléotide à cytosine en un nucléotide à thymine.

## CHAPITRE 3 (p. 64)

### évaluer ses connaissances

**❶ QCM**
1. Réponse b. 2. Réponses a et c. 3. Réponse b.

**❷ Vrai ou faux ?**
a. Faux : seules les parties codantes de l'ADN s'expriment sous la forme d'une synthèse de protéines. b. Faux : toutes les cellules d'un organisme vivant possèdent le même génotype mais pas le même phénotype moléculaire. Celui-ci dépend de la nature des gènes qui sont exprimés, sous l'influence de facteurs internes et externes à la cellule. c. Faux : seule la séquence de l'ARN pré-messager correspond à la séquence du gène transcrit. L'ARN messager est issu de modifications de cet ARN pré-messager : sa séquence ne correspond donc pas à la séquence du gène.

**❸ Une phrase appropriée**
a. Après maturation de l'ARN pré-messager, on obtient un ARN messager qui est exporté dans le cytoplasme et sert de modèle pour la synthèse de protéines. b. Le phénotype d'un individu est le résultat de l'expression de son génotype, celle-ci étant sous l'influence de l'environnement. c. Des mutations alléliques peuvent entraîner la synthèse de protéines différentes et modifier ainsi le phénotype moléculaire d'un individu.

**❹ s'entraîner avec un exercice guidé**

❶ La quantité de protéine p24 augmente fortement dans les cellules non traitées (de 30 à 280 ng.mL-1 environ entre les jours 4 et 14) alors qu'elle n'augmente que très légèrement (de 0 à 25 ng.mL-1 environ entre les jours 4 et 14) dans les cellules traitées par l'IDC16. L'IDC16 semble donc empêcher la production de protéines virales, c'est-à-dire l'expression du génome viral.

❷ Les cellules traitées à l'IDC16 présentent autant d'ARN pré-messager viral que les cellules non traitées. L'IDC16 n'empêche donc pas la transcription de l'ADN viral. En revanche, la quantité d'ARNm viraux dans les cellules traitées est bien moindre que dans les cellules non traitées (20 u.a. au lieu de 250). Il semblerait donc que l'IDC16 empêche la maturation de l'ARN pré-messager viral.

# THÈME 2

## CHAPITRE 1 (p. 92)

### évaluer ses connaissances

**❶ QCM**
1. Réponse a. 2. Réponses b et c. 3. Réponses b et c.

**❷ Qui suis-je ?**
a. Une onde sismique P. b. La sismique réfraction. c. La croûte continentale.

**❸ Savez-vous ?**
a. La théorie de la dérive des continents repose sur quatre arguments principaux : géographiques (emboîtement des continents africain et sud-américain), paléogéographiques (continuité des dépôts glaciaires entre l'Afrique et l'Amérique du Sud), paléontologiques (similarité des faunes et flores fossiles de part et d'autre de l'Atlantique) et topographiques (répartition bimodale des altitudes à la surface terrestre suggérant l'existence de croûtes terrestres différentes : continentale et océanique). b. La croûte océanique est composée de basaltes et gabbros (pyroxènes et plagioclases). La croûte continentale est essentiellement granitique (quartz, feldspaths et micas). Les roches de la croûte océanique sont plus denses que celles de la croûte continentale. Toutes deux sont composées des mêmes éléments chimiques, mais dans des proportions différentes.

**❹ s'entraîner avec un exercice guidé**

❶ Le graphique montre qu'environ 40 % de la surface terrestre présentent une altitude comprise entre – 4000 m et – 6000 m et que 30 % se trouvent à une altitude comprise entre 0 et 2000 m. Les altitudes à la surface terrestre se répartissent donc autour de deux valeurs : cette répartition est bimodale. ❷ L'interprétation faite par Alfred Wegener de cette répartition consiste à distinguer les continents, faits de matériaux légers (le SIAL), et le plancher océanique, fait de matériaux plus denses (le SIMA). Selon lui, le SIAL « flotte » sur le SIMA et peut donc être animé de mouvements tant verticaux qu'horizontaux.

## CHAPITRE 2 (p. 110)

### évaluer ses connaissances

**❶ QCM**
1. Réponses a et c. 2. Réponse b. 3. Réponse b.

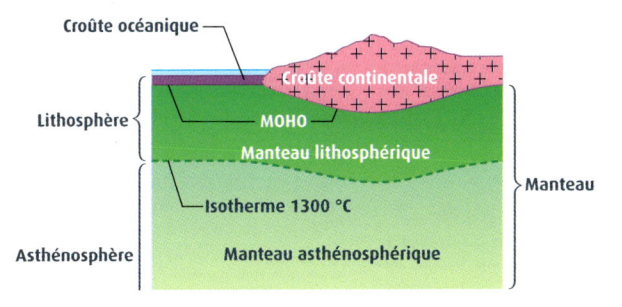

**② Vrai ou faux ?**
**a.** Faux : l'expansion océanique permet d'expliquer le déplacement des continents à la surface de la Terre. C'est donc un argument en faveur de la théorie de la dérive des continents. **b.** Faux : la lithosphère est constituée de la croûte et de la partie lithosphérique du manteau. **c.** Faux : l'isotherme 1 300 °C correspond à la limite supérieure de l'asthénosphère.

**③ Schéma à compléter**
Voir schéma ci-dessus.

**④ s'entraîner avec un exercice guidé**
Les données bathymétriques et topographiques témoignent de la présence d'une fosse océanique parallèle à la côte sud de l'Indonésie. Les foyers sismiques se situent à des profondeurs variables, de 50 à 700 km. La profondeur des foyers augmente avec leur distance à la fosse de la Sonde. On peut définir un plan incliné selon lequel tous les foyers sont situés (plan de Wadati − Benioff). Cette donnée, caractéristique des zones de subduction, suggère un enfoncement de la lithosphère océanique rigide dans l'asthénosphère dans cette région.

## CHAPITRE 3 (p. 130)
### évaluer ses connaissances
**① QCM**
**1.** Réponse b. **2.** Réponse c. **3.** Réponse c.
**② Vrai ou faux ?**
**a.** Faux : les plaques lithosphériques sont animées de mouvements convergents au niveau des zones de subduction et divergents au niveau des dorsales. **b.** Vrai. **c.** Faux : les alignements volcaniques s'expliquent par le déplacement d'une plaque lithosphérique à l'aplomb d'un point chaud fixe. **d.** Faux : au niveau des dorsales, de la nouvelle lithosphère océanique est produite à partir de matériel mantellique en fusion partielle.

**③ s'entraîner avec un exercice guidé**
La plaque africaine est délimitée à l'ouest par la dorsale Atlantique. Les failles transformantes décalent l'axe de cette dorsale. Ces failles transformantes sont des portions de cercles par définition centrés sur l'axe de rotation de la plaque africaine. Ces parallèles eulériens sont parallèles aux parallèles terrestres qui sont, eux, centrés sur l'axe de rotation de la Terre. On en conclut que le pôle de rotation de la plaque africaine est proche du pôle de rotation de la Terre.

# THÈME 3

## CHAPITRE 1 (p. 156)
### évaluer ses connaissances
**① QCM**
**1.** Réponse a. **2.** Réponse b.
**② Vrai ou faux ?**
**a.** Faux : une conjonction de conditions très précises est nécessaire à la formation d'un gisement pétrolier. **b.** Faux : un gisement pétrolier est constitué de la superposition d'une roche mère du pétrole, puis d'une roche réservoir et d'une roche de couverture imperméable. **c.** Faux : la tectonique des plaques joue un rôle dans mise en place de ressources géologiques, mais d'autres conditions (climatiques, géographiques, etc.) expliquent aussi leur localisation.

**③ Qui suis-je ?**
La subsidence.

**④ s'entraîner avec un exercice guidé**
La région du golfe persique correspond à la soudure des deux marges passives d'un ancien océan. À partir de − 200 Ma, ces marges étaient situées entre les deux tropiques, soit une zone océanique à forte productivité primaire. La faible teneur en oxygène des courants chauds a permis à une biomasse importante d'échapper à l'action des décomposeurs et de se déposer au fond de l'océan. La morphologie des marges passives a permis l'accumulation de ces sédiments riches en matière organique qui, par subsidence, se sont transformés en roches mères de pétrole.

## CHAPITRE 2 (p. 176)
### évaluer ses connaissances
**① QCM**
**1.** Réponses b et d. **2.** Réponses b et c.
**3.** Réponses b et c.
**② Vrai ou faux ?**
**a.** Faux : la productivité primaire y est toujours plus importante que la productivité secondaire. **b.** Faux : Un agrosystème est un écosystème dont une grande partie de la matière organique est exportée chaque année par l'Homme. **c.** Vrai. **d.** Faux : l'exploitation d'un agrosystème requiert un apport d'énergie important par l'Homme.

**③ Qui suis-je ?**
**a.** Le biotope. **b.** Les produits phytosanitaires. **c.** Des engrais.

**④ s'entraîner avec un exercice guidé**
Surface nécessaire à la production de 4,1 tonnes d'herbe fraîche : 4,1 / 3 = 1,37 ha. Surface nécessaire à la production de 2,1 tonnes de foin : 2,1 / 5 = 0,42 ha. Surface nécessaire à la production de 0,37 tonnes d'aliments concentrés (blé) = 0,37 / 7 = 0,05 ha. Surface totale nécessaire à l'alimentation d'un bœuf : 1,84 ha. Production potentielle en blé de cette surface : 1,84 × 7 = 12,88 t. Pour une même surface agricole, on peut produire 250 kg (soit 0,25 t) de viande de bœuf ou 12,88 t de blé. Pour la consommation humaine, la production de viande nécessite ici 51 fois plus de surface cultivée que la production de blé.

## CHAPITRE 3 (p. 190)
### évaluer ses connaissances
**① QCM**
**1.** Réponse b. **2.** Réponses a et c. **3.** Réponse a.
**4.** Réponses a, b et c.
**② Vrai ou faux ?**
**a.** Faux : l'évolution de la démographie mondiale se traduit par une diminution de la surface cultivée par habitant. **b.** Faux : les stocks mondiaux équivalent à 3 mois de consommation mondiale. **c.** Faux : la consommation mondiale de viande augmente de façon continue. **d.** Vrai.

**③ Une phrase appropriée**
**a.** La surface cultivée nécessaire à la production de viande est supérieure à celle nécessaire à la production de céréales. **b.** L'inégale répartition mondiale de la production alimentaire en 2050 accroît les risques de famine.

**④ s'entraîner avec un exercice guidé**
**①** En 1960, 12,5 kg (1/80) d'engrais permettait de produire une tonne de céréale. En 1995, on en utilisait 45 kg (1/22). En 1960, 1,4 t de céréales était produite à l'hectare (soit 1,4 × 12,5 = 17,7 kg d'engrais épandus par hectare). En 1995, 2,8 t de céréales étaient produites à l'hectare. L'épandage d'engrais se montait donc à : 45 × 2,8 = 126 kg par hectare.
**②** La quantité d'engrais utilisée a donc été multiplié par 7, alors que le rendement céréalier, dans le même temps, a été multiplié par 2. Il y a donc un usage excessif des engrais, dont la part non utilisée par la plante peut contribuer à la pollution des eaux.

# THÈME 4

## CHAPITRE 1 (p. 216)

### évaluer ses connaissances

**❶ QCM**
**1.** Réponses a et c. **2.** Réponses a et b.

**❷ Vrai ou faux ?**
**a.** Faux : les gamètes mâles sont fabiqués en continu à partir de la puberté. **b.** Faux : le sexe d'un individu est déterminé dès la fécondation par la présence d'une paire de gonosomes XX ou XY. **c.** Faux : la différenciation de la gonade bipotentielle est due à l'absence du gène *SRY* et à l'expression de gènes féminisants. **d.** Faux : l'AMH est une hormone qui provoque la disparition de canaux de Müller.

**❸ Une phrase appropriée**
**a.** Le gène *SRY* présent sur le chromosome sexuel Y est à l'origine du sexe gonadique mâle. **b.** La testostérone induit le développement des canaux de Wolff tandis que l'AMH entraîne la dégénérescence des canaux de Müller. **c.** À partir de la puberté les ovaires produisent un ovule par cycle jusqu'à la ménopause.

### ❹ s'entraîner avec un exercice guidé

Les alligators mâles du lac Apopka souffrent de troubles du développement de leur appareil génital, ayant entraîné leur disparition du lac. Le doc. 1 montre qu'un testicule de souris dont le récepteur à l'œstradiol est inactivé sécrète beaucoup plus de testostérone (25 pg.h⁻¹ par testicule) que le testicule de souris témoin (10 pg.h⁻¹). Ceci suggère que la fixation de l'œstradiol sur son récepteur dans le testicule limite la sécrétion de testostérone. Cette hormone est connue pour commander la masculinisation de l'appareil génital mâle. Le doc. 1 révèle en outre qu'une partie de la structure spatiale de la molécule de DDT est similaire à une partie de la structure spatiale de l'œstradiol.
On peut donc formuler l'hypothèse que le DDT en grande quantité se fixe sur les récepteurs à l'œstradiol du testicule embryonnaire et inhibe la sécrétion de testostérone, entraînant un développement insuffisant de l'appareil génital mâle chez les alligators du lac Apopka.

## CHAPITRE 2 (p. 236)

### évaluer ses connaissances

**❶ QCM**
**1.** Réponses a et c. **2.** Réponse a.
**3.** Réponses a et b.

**❷ Vrai ou faux ?**
**a.** Faux : Cette photo a été prise lors de la phase folliculaire du cycle ovarien. **b.** Faux : la structure a est un ovule, soit une cellule germinale. **c.** Vrai.

**❸ Une phrase appropriée**
**a.** Le préservatif est le seul moyen de contraception qui soit également un moyen de prévention contre les IST. **b.** La pilule est un moyen contraceptif hormonal disponible pour les femmes, mais pas encore pour les hommes. **c.** La testostérone exerce un rétrocontrôle sur la secrétion des hormones LH et FSH par l'axe hypothalamo-hypophysaire. **d.** Les méthodes de procréation médicalement assistée comme la FIVETE ou l'ICSI sont des solutions à l'infertilité

### ❹ s'entraîner avec un exercice guidé

Sur le doc. 1, on constate que la sécrétion de testostérone est inférieure aux valeurs fertiles chez les deux patients. Cette sécrétion, connue pour stimuler la spermatogenèse, est contrôlée par des hormones hypophysaires (LH et FSH). Pour expliquer cette déficience en testostérone, on peut donc formuler deux hypothèses : un fonctionnement altéré du testicule ou un défaut de sécrétion de l'axe hypothalamo-hypophysaire.
Le patient A présente des taux d'hormones hypophysaires très supérieurs aux valeurs normales. L'hypothèse d'une déficience du testicule est donc la plus plausible, l'augmentation des taux d'hormones hypophysaires s'expliquant alors par l'absence du rétrocontrôle négatif exercé par la testostérone. À l'inverse, le patient B présente des taux d'hormones hypophysaires indétectables, suggérant une déficience de l'hypophyse. Le recherche de lésions dans ces organes est donc logique pour le médecin et confirment ses hypothèses : des lésions testiculaires expliquent l'infertilité du patient A tandis qu'une tumeur de l'hypophyse est à l'origine des troubles du patient B.

# THÈME 5

## CHAPITRE 1 (p. 260)

### évaluer ses connaissances

**❶ QCM**
**1.** Réponse b. **2.** Réponse c. **3.** Réponses a et b.

**❷ Vrai ou faux ?**
**a.** Vrai. **b.** Faux : On peut seulement déterminer le risque relatif de déclencher un diabète chez une personne dont l'un des parents est diabétique, par rapport à une personne qui n'a aucun parent diabétique. **c.** Faux : la mucoviscidose est une maladie génétique qui s'exprime lorsqu'une personne porte deux allèles mutés du gène *CFTR*. **d.** Faux : le diabète de type 2 se caractérise par une hyperglycémie (malgré une sécrétion d'insuline) résistante à des injections d'insuline. **e.** Faux : le diabète de type 2 est causé par une baisse de l'efficacité de l'insuline sur les cellules cibles. **f.** Faux : le fait de posséder un allèle à risque d'un gène de prédisposition au diabète de type 2 implique que l'on a plus de risque développer la maladie qu'une personne qui ne le possède pas.

### ❸ s'entraîner avec un exercice guidé

**❶** L'allèle muté *CFTR*− conduit au développement de la mucoviscidose seulement chez les individus homozygotes. Pour le gène *CFTR*, les deux enfants malades présentent donc un génotype *CFTR*− / *CFTR*−.
Les mécanismes génétiques de la reproduction indiquent que chaque parent transmet un allèle de chaque gène à ses enfants. Les deux parents III-5 et III-6 possèdent donc chacun un allèle *CFTR*−. Non atteints par la maladie, ils sont hétérozygotes pour l'allèle *CFTR*−. Leur génotype est *CFTR*+ / *CFTR*−.

**❷** Dans la population générale, la probabilité que des parents non malades soient tous deux porteurs d'un allèle *CFTR*− est : 1/34 x 1/34 = 1/1156. Par définition, pour deux parents hétérozygotes pour l'allèle *CFTR*−, la probabilité d'avoir un enfant homozygote pour cet allèle vaut ¼. La probabilité totale, dans la population générale, qu'un enfant d'un couple sain soit atteint par la mucoviscidose est donc de 1/1 156 x ¼ = 1/4 624.
Sachant que les individus II-1 et II-5 ne sont pas porteurs de la mutation, on en déduit que la mutation a été transmise aux individus III-5 et III-6 par les individus II-2 et II-4. Ces derniers sont nécessairement porteurs sains, donc de génotype *CFTR*+/ *CFTR*−. Le risque pour les individus de la génération III d'être porteurs sains est donc de ½ (à l'exception des individus III-5 et III-6 dont on sait déjà qu'ils sont porteurs sains puisqu'ils ont des enfants malades). Le risque pour un couple de cousins germains de la génération III (par exemple III-4 et III-7) d'avoir un enfant malade est donc de ½ x ½ x ¼ = 1/16.
Dans l'exemple étudié, le risque pour un couple de cousins germains de la génération III d'avoir un enfant malade est de 1/16 quand ce risque dans la population générale est de 1/4 624. Le mariage consanguin augmente donc fortement le risque de survenue de la mucoviscidose chez les enfants.

## CHAPITRE 2 (p. 280)

### évaluer ses connaissances

**❶ Vrai ou faux ?**
**a.** Faux : la majorité des bactéries est naturellement sensible aux antibiotiques. **b.** Vrai. **c.** Faux : les mutations conférant une résistance aux antibiotiques apparaissent de manière aléatoire. **d.** Faux : le vaccin contre le cancer du col de l'utérus empêche les infections par les papillomavirus qui favorisent le développement de ce cancer. **e.** Faux : l'utilisation d'antibiotiques favorise la sélection de bactéries résistantes et favorise leur multiplication. **f.** Faux : la cancérisation implique l'accumulation de mutations somatiques.

**❷ Qui suis-je ?**
**a.** Une mutation. **b.** Un agent mutagène de l'environnement. **c.** La sélection naturelle.

**❸ QCM**
**1.** Réponse a. **2.** Réponse b.

### ❹ s'entraîner avec un exercice guidé

**❶** On remarque une corrélation positive entre la fréquence de staphylocoques résistants à la méticilline et la fréquence des infections nosocomiales. Il est donc probable que ces bactéries résistantes soient la cause de certaines infections nosocomiales. Présentes sur la peau, elles peuvent pénétrer facilement dans le corps suite à une piqûre d'aiguille ou une opération chirurgicale par exemple, si la désinfection est insuffisante.

**2** Dans un hôpital, deux conditions sont rassemblées pour augmenter la fréquence de bactéries résistantes aux antibiotiques :
– les traitements antibiotiques fournis aux malades pour une première infection peuvent favoriser la sélection de bactéries résistantes parmi les espèces à l'origine de l'infection, mais aussi parmi l'ensemble des espèces présentes naturellement dans le corps ;
– la présence de nombreux malades accentue les risques de transmission de ces bactéries d'un patient à l'autre.

# THÈME 6

## CHAPITRE 1   (p. 304)
### évaluer ses connaissances
**1** QCM
**1.** Réponse a. **2.** Réponse c. **3.** Réponse b. **4.** Réponse c.
**2** Vrai ou faux ?
**a.** Faux : le cristallin est transparent car les cellules qui le constituent sont dépourvues d'organites. **b.** Vrai. **c.** Faux : la rétine est constituée de plusieurs types cellulaires, dont les cellules photoréceptrices et les cellules ganglionnaires. **d.** Faux : des modifications des gènes des opsines sont à l'origine de défauts de vision des couleurs.
**3** Une phrase appropriée
**a.** Le cristallin joue le rôle de lentille qui focalise les rayons lumineux sur la rétine. **b.** Les photorécepteurs présents dans la rétine convertissent la lumière en message nerveux visuel. **c.** Les opsines sont codées par des gènes qui composent une famille multigénique et sont responsables de la vision des couleurs.

### **4** s'entraîner avec un exercice guidé
**1** On constate, sur le doc. 1, une baisse constante de l'amplitude d'accomodation avec l'âge. Celle-ci s'explique par la perte d'élasticité du cristallin au cours du vieillissement, qui induit une diminution de sa capacité à se déformer.
**2** Lors de la vision de loin, le cristallin est à son état relâché, au minimum de sa déformation. Lors de la vision de près, il est en revanche fortement déformé. La perte d'élasticité du cristallin n'affecte donc que la vision proche et entraîne un éloignement du punctum proximum. La correction à apporter concerne donc la vision de près.

## CHAPITRE 2   (p. 322)
### évaluer ses connaissances
**1** QCM
**1.** Réponse b. **2.** Réponse a. **3.** Réponse c. **4.** Réponses a et c.
**2** Qui suis-je ?
**a.** Une aire visuelle. **b.** La plasticité cérébrale. **c.** L'imagerie à résonance magnétique fonctionnelle.
**3** Une phrase appropriée
**a.** La reconnaissance des formes implique les aires visuelles et la mémoire. **b.** Les drogues hallucinogènes sont capables de provoquer des hallucinations visuelles et peuvent avoir des effets à long terme.

### **4** s'entraîner avec un exercice guidé
Le cortex visuel primaire est organisé chez l'adulte en colonnes de dominance oculaire : certains neurones sont activés par l'œil gauche uniquement, d'autres par l'œil droit, beaucoup le sont par les deux. Lorsqu'une privation sensorielle par suture des paupières de l'œil droit est réalisée chez le chaton avant 2,5 mois, les colonnes de dominance oculaire sont totalement réorganisées. On ne trouve plus que des neurones activés par l'œil gauche (le chaton restera alors aveugle de l'œil droit). On constate en outre l'apparition d'une nouvelle catégorie de neurones (00), qui ne sont pas impliqués dans la perception visuelle. Ces modifications sont des manifestations d'une plasticité cérébrale très importante.
Lorsque la suture des paupières est réalisée chez un chat adulte, les colonnes de dominance oculaire ne sont pas modifiées qualitativement mais quantitativement : le nombre global de neurones impliqués dans la perception visuelle diminue, mais la dominance oculaire n'est pas modifiée. Ces résultats mettent en évidence l'existence d'une période critique de développement où la plasticité cérébrale est forte, entre la naissance et environ 2,5 mois chez le chat. Pendant celle-ci, la distribution de la dominance oculaire peut varier.

# LE DICO DES SVT

## A

**Accommodation :** modification de la courbure du cristallin. L'accommodation est mise en jeu lors de la vision de près.

**Acide aminé :** petite molécule constitutive des protéines composée de carbone, d'azote, d'oxygène et d'hydrogène. Les protéines sont formées d'un enchaînement d'acides aminés parmi 20 possibles.

**Agent cancérigène :** agent physique ou chimique de l'environnement qui augmente le risque de survenue d'un cancer chez les personnes exposées. Les agents cancérigènes sont, dans leur immense majorité, des agents mutagènes.

**Agent mutagène :** agent physique ou chimique de l'environnement qui augmente la fréquence de mutation.

**Agriculture écologique et intensive :** cette expression désigne les pratiques agricoles permettant à la fois l'augmentation de la production agricole et la diminution de son impact écologique.

**Aire corticale visuelle :** région localisée du cortex impliquée dans le traitement d'une partie de l'information visuelle.

**Allèles :** versions d'un même gène. Les allèles diffèrent entre eux par des mutations.

**Anomalie magnétique :** écart entre le champ magnétique mesuré en un point donné de la surface terrestre et le champ magnétique terrestre moyen actuel. On parle d'anomalie positive si la valeur mesurée est supérieure à la valeur du champ magnétique terrestre moyen et d'anomalie négative dans le cas inverse.

**Antibiogramme :** test permettant de déterminer la sensibilité d'une souche de bactéries (ensemble de bactéries génétiquement identiques) à plusieurs antibiotiques.

**Antibiotique :** molécule, d'origine naturelle ou fabriquée par l'Homme, qui empêche la multiplication des bactéries.

**Arbre de parenté :** mode de représentation des liens de parenté entre plusieurs espèces. Chaque espèce, qu'elle soit actuelle ou fossile, est placée au bout d'une branche. Le point d'où partent plusieurs branches est appelé « nœud ». Chaque nœud correspond à un ancêtre commun aux espèces situées au bout des branches raccordées à ce nœud.

**ARN :** acide ribonucléique. Molécule simple brin formée d'un enchaînement de ribonucléotides (A, U, G ou C). L'ARN est, comme l'ADN, un acide ribonucléique.

**ARN messager (ARNm) :** molécule intermédiaire entre l'ADN d'un gène et la protéine codée par ce gène.

**ARN pré-messager :** molécule d'ARN issue de la transcription d'un gène par l'ARN polymérase. Elle est formée d'une succession d'introns et d'exons. L'ARNm pré-messager subit une maturation qui consiste en l'élimination des introns et au raboutage des exons. Il devient alors ARN messager.

**Asthénosphère :** enveloppe du globe située dans le manteau et sous la lithosphère. Sa limite supérieure est l'isotherme 1 300 °C.

## B

**Bactérie résistante (à un antibiotique) :** bactérie chez laquelle un antibiotique n'a pas d'effet.

**Bathymétrie :** profondeur des fonds marins. On parle de « carte bathymétrique ».

**Biocénose :** ensemble des êtres vivants peuplant un milieu.

**Biodiversité :** diversité du monde vivant. Elle se définit à trois échelles : biodiversité des écosystèmes, biodiversité des espèces et biodiversité génétique (diversité des allèles au sein d'une espèce).

**Biomasse :** masse d'individus présents à un instant donné dans un écosystème.

**Biotope :** le milieu et ses caractéristiques physico-chimiques.

**Brin transcrit :** brin d'ADN qui est « lu » par l'ARN polymérase lors de la transcription d'un gène. L'ARN a une séquence complémentaire du brin transcrit.

## C

**Cancer :** maladie causée par une prolifération anormale de certaines cellules dans l'organisme. La plupart des cancers aboutissent à la formation de tumeurs. Les cancers se développent en plusieurs années ou dizaines d'années suite à une accumulation de mutations dans des cellules somatiques.

**Caractère héréditaire :** caractère présent chez un individu et se retrouvant chez les individus des générations suivantes. Un caractère héréditaire est transmissible lors de la reproduction sexuée.

**Caractères sexuels primaires :** ensemble des caractéristiques anatomiques de l'appareil génital chez le mâle et chez la femelle.

**Caractères sexuels secondaires :** ensemble des caractéristiques morphologiques et anatomiques spécifiques de chaque sexe acquises au moment de la puberté.

**Caryotype :** ensemble des chromosomes d'une cellule et leur classement. À l'exception des cellules reproductrices, toutes les cellules d'un organisme ont le même caryotype.

**Centre nerveux :** organe du système nerveux où parviennent les voies nerveuses sensorielles et d'où sont issues les voies nerveuses effectrices.

**Chromatide :** molécule d'ADN formée de deux brins, constitutive d'un chromosome. Les chromosomes ont soit une chromatide (chromosomes simples), soit deux chromatides sœurs identiques (chromosomes doubles).

**Chromosome double :** chromosome consitué de deux molécules d'ADN identiques. Les chromosomes se trouvent dans cet état après la phase S du cycle cellulaire et durant les deux premières phases de la mitose (prophase et métaphase).

**Clone :** ensemble de cellules génétiquement identiques issues des divisions d'une cellule mère et de ses descendantes.

**Code génétique :** système de correspondance entre un triplet de nucléotides dans un ARNm ou dans l'ADN d'un gène (codon) et un acide aminé dans une protéine.

**Codon :** ensemble formé par trois nucléotides successifs sur un gène ou sur l'ARN messager issu de la transcription de ce gène. Chaque codon correspond à un acide aminé sur la protéine issue de la traduction de l'ARNm. Le code génétique donne la correspondance entre codons et acides aminés.

**Complexe hypothalamo-hypophysaire :** structure située à la base du cerveau comprenant l'association de l'hypothalamus, qui sécrète une neuro-hormone (GnRH), et de l'hypophyse, qui sécrète des hormones (LH et FSH en particulier).

**Contraceptif :** molécule ou dispositif permettant d'empêcher de façon réversible une grossesse non désirée.

**Convection :** mode de propagation de la chaleur par déplacement de matière.

**Cortex :** tissu nerveux constituant la couche externe des hémisphères cérébraux.

**Cortex visuel :** région du cortex constituée du cortex visuel primaire (V1) et des autres aires visuelles.

**Cristallin :** l'un des milieux transparents de l'œil qui réfractent la lumière et la focalisent sur la rétine.

**Croûte :** partie superficielle et solide de la Terre. La croûte est séparée du manteau sous-jacent par la discontinuité de Mohorovicic (ou « Moho »).

**Croûte continentale :** croûte qui constitue les continents. Elle est composée de roches diverses dont le granite (roche magmatique).

**Croûte océanique :** croûte qui constitue le plancher océanique. Elle est constituée pour l'essentiel de basaltes et de gabbros (roches magmatiques).

**Cycle cellulaire :** ensemble des étapes qui décrivent la vie d'une cellule. Le cycle cellulaire est constitué de l'interphase puis de la mitose. Il comprend quatre phases : $G_1$ (croissance), S (réplication de l'ADN), $G_2$ (croissance) et M (mitose). L'interphase est constituée des phases $G_1$, S et $G_2$.

**Cycle menstruel :** voir cycle utérin.

**Cycle ovarien :** modifications de l'ovaire durant le cycle sexuel. Durant la phase folliculaire, plusieurs follicules se développent. Un seul follicule parvient à maturité (follicule mûr). Au moment de l'ovulation, il se rompt et émet un ovule. Durant la phase lutéale, le reste du follicule mûr se transforme en corps jaune. S'il n'y a pas eu fécondation, le corps jaune dégénère en fin de cycle.

**Cycle sexuel:** ensemble de modifications cycliques subies par l'appareil génital femelle. Chez la femme, le cycle sexuel dure environ 28 jours. Il comprend des modification des ovaires (cycle ovarien) et des modifications de l'utérus (cycle utérin ou cycle menstruel).

**Cycle utérin:** modifications de la paroi externe de l'utérus, ou endomètre, durant le cycle sexuel. Chez la femme, entre les jours 5 et 14 du cycle, l'endomètre se développe et se vascularise (phase proliférative); entre les jours 14 et 28, l'endomètre sécrète un mucus riche en sucres (phase sécrétoire); entre les jours 1 et 5 du cycle suivant, s'il n'y a pas eu fécondation et nidation d'un embryon, l'endomètre se détache, à l'origine des règles (ou menstruations).

## D

**Dérive des continents:** théorie formulée par le météorologiste Alfred Wegener au début du XXe siècle, proposant que les continents se déplacent à la surface du globe (mobilité horizontale).

**Dichromatie:** perception des couleurs grâce à deux types de photorécepteurs distincts absorbant chacun des radiations lumineuses de longueur d'onde différente. La dichromatie ne permet pas de percevoir l'ensemble des couleurs du spectre de la lumière visible.

**Dorsale:** relief des fonds océaniques, siège de la production du plancher océanique.

**Drogue:** substance chimique prise par l'Homme modifiant le fonctionnement du cerveau et pouvant entraîner une dépendance.

**Ductile:** se dit d'une roche qui, soumise à une contrainte, se déforme sans casser, telle de la pâte à modeler.

## E

**Écosystème:** un écosystème est formé par un ensemble d'être vivants (biocénose) et un milieu de vie (biotope). Le biotope et la biocénose sont en interaction permanente.

**Engrais:** produit ajouté à une culture végétale et contenant des substances minérales importantes pour sa croissance.

**Épidémiologie:** approche statistique de l'étude des causes d'une maladie. Elle permet d'identifier des facteurs augmentant le risque de développer une maladie.

**Expression d'un gène:** un gène est exprimé lorsque la cellule synthétise la protéine qu'il code.

## F

**Faille transformante:** fracture qui décale l'axe des dorsales. Un secteur de la faille est marqué par une activité sismique liée à des mouvements décrochants. Ce secteur constitue une frontière entre deux plaques.

**Famille multigénique:** ensemble de gènes dérivant d'un gène ancestral par duplication et mutations.

**Fécondation:** union des noyaux de l'ovule et du spermatozoïde. Elle aboutit à la formation d'une cellule-œuf.

**Flux géothermique:** quantité de chaleur dissipée par la Terre par unité de surface et de temps.

**Follicule ovarien:** ensemble constitué par le gamète femelle (ovocyte ou ovule) entouré de cellules somatiques.

**Fosse océanique:** dépression sous-marine profonde en bordure d'îles ou de certains continents.

**Foyer:** point situé en profondeur où s'est produite une rupture entre blocs rocheux à l'origine d'un séisme.

## G

**Gamète:** cellule reproductrice. Le gamète mâle est le spermatozoïde, le gamète femelle est l'ovule.

**Gène:** fragment d'ADN gouvernant la synthèse d'une protéine. On dit qu'un gène code une protéine.

**Gène de prédisposition:** gène dont certains allèles (dits «à risque») augmentent la probabilité de développer une maladie.

**Gène SRY:** gène porté par le chromosome Y à l'origine de la masculinisation de la gonade.

**Génotype:** ensemble des allèles d'un individu.

**Géotherme:** courbe décrivant l'évolution de la température en fonction de la profondeur dans le globe terrestre.

**Gonade:** organe produisant les gamètes. La gonade mâle est le testicule, qui produit les spermatozoïdes; la gonade femelle est l'ovaire, qui produit les ovules.

**GPS (Global Positioning System):** technique fondée sur l'utilisation de satellites qui permet de positionner au millimètre près un point à la surface de la Terre.

## H

**Hétérozygote:** se dit d'un individu possédant deux allèles différents d'un gène donné.

**Homozygote:** se dit d'un individu possédant deux allèles identiques d'un gène donné.

**Horizon:** couche d'un sol définie par sa structure et sa composition. Un ensemble d'horizons caractérise un sol.

**Hormone:** molécule sécrétée dans le sang par un organe producteur et modifiant le fonctionnement d'un ou de plusieurs organes cibles.

**Hormones sexuelles:** hormones sécrétées par les gonades (testostérone et AMH produites par le testicule; œstrogènes produites par l'ovaire).

**Humus:** matière organique du sol, issue de la dégradation d'êtres vivants par des décomposeurs.

**Hydrocarbures:** mélange de composés constitués surtout de carbone et d'hydrogène, et formés par dégradation de molécules organiques issues du phytoplancton dans certaines conditions géologiques. Les hydrocarbures peuvent être gazeux (gaz naturel), liquides (pétrole) ou solides.

**Hypophyse:** voir complexe hypothalamo-hypophysaire.

**Hypothalamus:** voir complexe hypothalamo-hypophysaire.

## I

**Incidence:** nombre de nouveaux cas d'une maladie donnée observés pendant une période donnée sur une période donnée.

**Infertilité:** absence de grossesse chez un couple après deux ans de rapports sexuels réguliers.

**Interphase:** étape du cycle cellulaire marquée par la réplication semi-conservative de l'ADN. L'interphase comprend les phases $G_1$, S et $G_2$.

**Intrants:** ensemble de l'énergie et des substances (engrais, produits phytosanitaires, etc.) utilisées par l'Homme dans un agrosystème.

**Inversion magnétique:** inversion des pôles du champ magnétique terrestre (le pôle Nord devient pôle Sud et inversement).

**IRMf (Imagerie par résonance magnétique fonctionnelle):** technique d'imagerie détectant les variations de débit de sang oxygéné dans un tissu vivant, qui révèlent son activité.

**Isotherme:** ligne le long de laquelle la température reste à une valeur constante dans un milieu donné (comme, par exemple, l'atmosphère, la croûte ou le manteau terrestre).

## L

**Lave:** roche en fusion provenant d'un magma partiellement dégazé et émise à la surface d'un volcan.

**Lithosphère:** enveloppe superficielle de la Terre constituée de la croûte et de la partie superficielle du manteau.

**Lumière polarisée et analysée:** lumière qui traverse une lame mince d'échantillon rocheux dans un microscope dit polarisant. Elle confère aux minéraux des couleurs spécifiques qui permettent de les identifier.

LE DICO DES SVT

# LE DICO DES SVT

## M

**Magma :** matériau liquide contenant de la roche en fusion et du gaz.

**Manteau :** enveloppe intermédiaire entre la croûte et le noyau terrestre. Le manteau, entièrement solide, est constitué de péridotites.

**Marge passive :** bordure immergée d'un continent formée de croûte continentale et comprenant le plateau continental et le talus.

**Messager chimique :** molécule assurant la transmission du message nerveux au niveau d'une connexion entre deux neurones.

**Mitose :** étape du cycle cellulaire (phase M) pendant laquelle s'effectue la division d'une cellule mère en deux cellules filles génétiquement identiques.

**Mobilité horizontale des continents :** déplacement latéral (ou « dérive ») des continents à la surface de la Terre.

**Moho :** surface de discontinuité (sur laquelle les ondes sismiques se réfléchissent) séparant la croûte terrestre du manteau.

**Mucus :** sécrétion bronchique qui enrobe les bactéries et les particules inhalées puis est évacuée vers la gorge.

**Mutation :** modification de la séquence nucléotidique de l'ADN.

**Mutation germinale :** mutation présente dans l'ADN d'une cellule reproductrice (gamète), transmissible à la descendance.

**Mutation somatique :** mutation présente dans l'ADN d'une cellule non reproductrice, transmise seulement aux cellules filles de la cellule mutée.

## N

**Neurone :** cellule spécialisée du système nerveux.

**Nidation :** implantation de l'embryon dans la paroi utérine. Elle survient 6 jours après la fécondation.

## O

**Opsine :** molécule absorbant la lumière (pigment photosensible) contenue dans les cellules photoréceptrices de la rétine (cônes et bâtonnets).

**Organe sensoriel :** organe produisant un message nerveux en réponse à une stimulation de l'environnement.

**Ovulation :** émission d'un seul ovule par l'un des deux ovaires. Elle a lieu au milieu du cycle ovarien.

## P

**Pesticide :** substance qui permet à l'Homme de lutter contre les animaux (insectes), les champignons ou les végétaux nuisibles aux cultures.

**Phénotype macroscopique/cellulaire :** ensemble des caractères d'un individu/d'une cellule.

**Phénotype moléculaire :** ensemble des protéines d'une cellule.

**Photorécepteurs rétiniens :** cellules de la rétine sensibles à la lumière. Ce sont les cônes (vision des couleurs) et les bâtonnets (sensibles à l'intensité lumineuse).

**Photosynthèse :** processus par lequel les végétaux chlorophylliens produisent de la matière organique à partir d'eau et de $CO_2$ et d'énergie lumineuse.

**Piège d'hydrocarbures :** système géologique permettant l'accumulation et la conservation d'une quantité importante d'hydrocarbures. Il est toujours constitué d'une roche réservoir poreuse stockant les hydrocarbures, recouverte d'une couche de roche imperméable empêchant les hydrocarbures de s'échapper vers la surface (roche couverture).

**Pigments rétiniens :** protéines des photorécepteurs absorbant certaines longueurs d'onde de la lumière visible.

**Pilule :** contraceptif hormonal. On distingue la pilule combinée, qui contient une mélange d'œstrogènes et de progestatifs de synthèse, et la micropilule progestative, qui contient seulement un progestatif de synthèse.

**Pilule « du lendemain » :** contraceptif de secours utilisable après un rapport sexuel non protégé.

**Plaque lithosphérique :** plaque constituée de lithosphère océanique et/ou continentale, qui est animée d'un mouvement de rotation à la surface du globe.

**Plasticité cérébrale :** capacité d'adaptation anatomique et fonctionnelle du cerveau en fonction des expériences vécues par l'individu.

**Point chaud :** zone volcanique localisée à l'origine des alignements de volcans observés à l'intérieur des plaques.

**Prévalence :** fréquence d'une maladie donnée dans une population donnée.

**Productivité d'un agrosystème :** masse de matière organique synthétisée par hectare et par an par l'agrosystème.

**Productivité primaire :** masse de matière organique synthétisée par hectare et par an par les végétaux chlorophylliens.

**Produits phytosanitaires :** produits permettant de lutter contre les espèces nuisant à la production végétale.

**Protéine :** molécule constituée par un assemblage ordonné, ou séquence, d'acides aminés.

**Puberté :** période de transformation de l'organisme qui permet l'acquisition de la capacité à se reproduire.

**Pyramide de productivité :** représentation schématique qui décrit les échanges de matière et d'énergie au sein d'un écosystème.

## R

**Récepteur (d'une hormone) :** molécule exprimée par une cellule cible d'une hormone et sur laquelle se fixe l'hormone. La liaison entre l'hormone et son récepteur est la première étape du modification du fonctionnement cellulaire induit par l'hormone sur la cellule cible.

**Réfraction :** modification de la trajectoire des rayons lumineux lorsqu'ils traversent une surface séparant deux milieux aux propriétés physico-chimiques différentes.

**Réplication semi-conservative :** processus permettant la copie conforme d'une molécule d'ADN. Les deux molécules issues de la réplication ont la même séquence nucléotidique que la molécule de départ. La réplication de l'ADN est assurée par l'ADN polymérase.

**Rétine :** membrane tapissant le fond de l'œil. Elle reçoit la lumière et produit un message nerveux.

**Rétrocontrôle :** voir doc. 2 page 226.

**Rift continental :** fossé d'effondrement allongé situé en milieu continental, délimité par des failles normales, marqué par un amincissement de la lithosphère (remontée de l'asthénosphère) et une sédimentation importante.

**Risque relatif :** en épidémiologie, augmentation de la probabilité d'apparition d'une maladie dans une population exposée à un facteur génétique ou environnemental en comparaison avec une population qui n'est pas exposée à ce facteur.

**Roche couverture :** roche imperméable qui forme le sommet d'un piège d'hydrocarbures.

**Roche magmatique :** roche issue du refroidissement d'un magma.

**Roche mère :** roche sédimentaire au sein de laquelle se forment, en plusieurs millions d'années, les hydrocarbures.

**Roche métamorphique :** roche issue de la transformation d'autres roches sous l'effet de l'augmentation de la pression et de la température.

**Roche réservoir :** roche sédimentaire poreuse pouvant stocker des hydrocarbures.

**Roche sédimentaire :** roche formée à partir de sédiments enfouis et durcis. Voir doc. 5 p. 143.

## S

**Sélection naturelle :** effet de l'environnement sur une population dont les individus présentent des caractères différents ; seuls les individus les mieux adaptés survivent et se reproduisent.

**Séquence nucléotidique :** succession ordonnée de nucléotides dans une molécule d'ADN ou d'ARN.

**Sismique réflexion :** méthode d'étude du sous-sol fondée sur l'analyse de la réflexion d'ondes sonores et permettant de localiser des surfaces qui séparent des couches géologiques. Les ondes se réfléchissent sur ces surfaces (dites de discontinuité).

**Sismique réfraction :** méthode d'analyse du sous-sol fondée sur l'analyse de la réfraction d'ondes sonores au niveau de surfaces séparant des couches géologiques (surfaces de discontinuité). La sismique réfraction permet de calculer la vitesse de propagation des ondes dans les différentes couches traversées.

**Sismographe :** dispositif permettant d'enregistrer à distance les ondes émises lors d'un séisme.

**Stimulation ovarienne :** stimulation des ovaires (grâce à des injections d'hormones) qui permet d'accélérer la maturation des follicules ovariens en follicules mûrs.

**Subduction :** enfoncement de la lithosphère dans l'asthénosphère au niveau des fosses océaniques.

**Subsidence :** enfoncement de structures géologiques lié aux mouvements des plaques lithosphériques à la surface du globe et impliquant le jeu de failles normales.

**Système de récompense :** ensemble de régions cérébrales activées lors d'expériences procurant de la satisfaction.

**Système de réparation de l'ADN :** ensemble de protéines éliminant les nucléotides endommagés ou corrigeant les mauvais appariements de bases.

### T

**Thérapie génique :** stratégie visant à introduire un ou plusieurs gènes dans les cellules d'un malade afin de corriger la maladie.

**Traduction :** fabrication, dans le cytoplasme, d'une protéine à partir d'un ARN messager.

**Transcription :** fabrication, dans le noyau, d'une molécule d'ARN à partir d'un gène.

**Trichromatie :** perception des couleurs grâce à trois types de photorécepteurs distincts, absorbant chacun des radiations lumineuses de longueur d'onde différente. La trichromatie permet de percevoir l'ensemble des couleurs du spectre de la lumière visible.

**Tumeur :** amas de cellules issu de la prolifération indéfinie et incontrôlée de cellules cancéreuses.

---

## Crédits photographiques

**Couverture :** Rene Krekels/Foto Natura/Minden Pictures/JH Editorial

**Thème 1 p. 12-13 et reprise p. 2 :** Photo MC & JG BAILLET
**p. 14hg :** Getty/Young-Wolff/Photographer's Choice
**p. 14hm :** Getty/White Packert/The Image Bank
**p. 14hd :** Allard/REA
**p. 15m :** Addenbrooks Hospital/SPL/Cosmos
**p. 15hg :** Goetgheluck/ISM
**p. 15hd :** Manfred Kage/SPL/Cosmos
**chap. 1 p. 17 :** Dr Gopal Murti/SPL/Cosmos
**p. 18 (3 ph.) :** BSIP/Ed Reschke
**p. 19h (5 ph.) :** Gimenez/CNRI coll./Cosmos
**p. 19bg et bd :** Dr Alexey Khodjakov/SPL/Cosmos
**p. 20g et d :** Pr Vago/ISM
**p. 21hg :** Getty/ScienceFoto
**p. 21hd :** Pr Laemmli, univ. de Genève
**p. 21b :** BSIP/Visuals Unlimited
**p. 22g :** © Belfer Center for Science and International Affairs
**p. 22d :** © CSH
**p. 23h :** Getty/Visuals Unlimited
**p. 23b :** L. Counillon
**p. 28 :** PLS/Sheldon Wolff, univ. San Francisco
**p. 29 :** Carolina Biological/Visuals Unlimited/Corbis
**p. 30h :** Biosphoto/Lessin/Peter Arnold
**p. 30b :** Syred/SPL/Cosmos
**chap. 2 p. 31 :** Getty/National Geographic/Rosing
**p. 35 :** Dex/Publiphoto Diffusion/SPL/Phanie
**p. 36 :** F. Bernerd, D. Asselineau, C. Vioux, O. Chevallier-Lagente, B. Bouadjar, A. Sarasin, M. Tagnoldo, « Clues to epidermal cancer proneness revealed by reconstruction of DNA repair-deficient xeroderma pigmentosum skin in vitro », PNAS July 3, 2001 vol. 98, 14:7817-7822 © 2001 by The National Academy of Sciences of the USA
**p. 38hg :** Colibri/Casiano
**p. 38bg :** Colibri/Polette
**p. 38hd, md et bd :** Photo12.com/Alamy
**p. 45 :** Michael J. Daly/SPL/Cosmos

**chap. 3 p. 47 :** BSIP/Image Source
**p. 48g :** E. Capellini
**p. 48d :** © Dr Christian Heintzen/Univ. de Manchester
**p. 49 :** L. Duret
**p. 50 :** Rémi Masson/Naturimages
**p. 51 :** Pr Miller/SPL/Cosmos
**p. 53 :** Dr Kiseleva/SPL/Cosmos
**p. 54 :** Pierre Chambon, « Split genes », Scientific American 1981 May, 244(5): 60-71
**p. 57 :** Hamilton/REA
**p. 58hg :** Sovereign/ISM
**p. 58hd :** Lonergan GJ et al. *Radiographics* 2001, 21: 971-994, fig. 13c © 2001 by Radiological Society of North America
**p. 58b (3 ph.) :** Eye of Science/Phanie
**p. 59 :** Image Robert Josephs, Biological Applications of Electron Microscopy, université de Chicago
**p. 65 :** © Dr David M. Prescott
**p. 67h :** D'après données de Sangwon Cha et al., « *In Situ* Proteomic Analysis of Human Breast Cancer Epithelial Cells Using Laser Capture Microdissection (LCM)-LC/MS : Annotation by Protein Set Enrichment Analysis (PSEA) and Gene Ontology (GO) » *Mol Cell Proteomics* mcp.M110.000398 © Copyright 2010 by The American Society for Biochemistry and Molecular Biology, Inc.
**p. 67mg et hd :** Human Protein Atlas (www.proteinatlas.org)
**p. 68h :** Goetgheluck/ISM
**p. 69h :** Archives du 7e Art/DR/Columbia Pictures Corporation
**p. 69b :** ImageSource/REA

**Thème 2 p. 70-71 et reprise p. 2 :** Sylvain Cordier/Biosphoto
**p. 72h :** AFP/Martin Bernetti
**p. 72m :** Paul Souders/Corbis
**chap. 1 p. 75 :** ETOPO1 Ice Surface Global Relief Model, NOAA NGDC - Image J. Varner and E. Lim, CIRES, Univ. of Colorado at Boulder, 2008
**p. 76 :** Akg-images
**p. 78 :** Traité de géologie, Émile Haug, Armand Colin, 1907

**p. 79g :** P. Bernard
**p. 79d :** EOST, musée de sismologie et magnétisme terrestre
**p. 80 :** © Lamont-Doherty Earth Observatory/Columbia University
**p. 81 et 104 :** Audacity marque déposée de Dominic Mazzoni
**p. 82h :** OAR/national undersea research program/NOAA
**p. 83g et d :** Hervé Conge/ISM
**p. 84 :** François Michel
**p. 85hd :** Hervé Conge
**p. 86 :** SPL/Cosmos
**p. 87b :** Hervé Conge
**p. 94b :** T. Gonon
**chap. 2 p. 95 :** Nasa/SPL/Cosmos
**p. 96 :** © Marie Tharp, 1977
**p. 97 :** A. Dewaele et C. Sanloup
**p. 98d :** Patrick Cordier
**p. 99 :** © Gary A Glatzmaier, Univ. of California, Santa Cruz
**p. 102 :** Logiciel sismilog
**p. 103hg :** © 2011 The Japan Academy All Right Reserved
**p. 103hd :** Courtesy of the Archives, California Institute of Technology
**chap. 3 p. 113 :** Perrine Doug/Sunset
**p. 114h :** © Marie Tharp, 1977
**p. 114b :** LDEO : Marine Geoscience Data System – Ref. : Ryan W.B.F et al. (2009), Global Multi-Resolution Topography synthesis, *Geochem. Geophys. Geosyst.*, 10, Q03014, 10.1029/2008GC002332
**p. 116h :** Edmaier/SPL/Cosmos
**p. 118g :** HG Nataf/OSUG
**p. 118d :** Carini/Pacific Stock/Sunset
**p. 119 :** © Commission de la carte géologique du monde/Unesco 2000 (www.ccgm.org)
**p. 122h :** Ifremer/Campagne Cyatherm 1982
**p. 122b :** Image courtesy of Submarine Ring of Fire 2002 Exploration, NOAA-OE
**p. 124h et bg :** Muller, R.D., M. Sdrolias, C. Gaina, and W.R. Roest 2008. *Age, spreading rates and spreading symmetry of the world's ocean crust, Geochem. Geophys. Geosyst.*, 9, Q04006 – Image © Mr. Elliot Lim, CIRES & NOAA/NGDC

**p. 124bd :** Smith, W. H. F., and D. T. Sandwell, « Global seafloor topography from satellite altimetry and ship depth soundings », *Science*, v. 277, p. 1957-1962, 26 Sept., 1997
**p. 131h :** Maurice Mattauer
**p. 134h :** Pierre Thomas
**p. 135b :** Hervé Conge

**Thème 3 p. 136-137 et reprise p. 2 :** Keith Dannemiller/REA
**p. 138 :** Alain Mascle/IFP
**p. 139g :** Claude Censier
**p. 139d :** Gerster/Rapho
**chap. 1 p. 141 :** Getty/Keith Wood
**p. 142 :** ETOPO1 Ice Surface Global Relief Model, NOAA NGDC - Image J. Varner and E. Lim, CIRES, Univ. of Colorado at Boulder, 2008.
**p. 144h :** Avec l'aimable autorisation de CGGVeritas
**p. 144bg et bd :** BéGénat (www.begenat.com)
**p. 147h :** Biosphoto/Natural History Museum of London
**p. 147b :** Image NASA/GSFC, MODIS Rapid Response
**p. 148h :** SPL/Cosmos
**p. 148b :** Photo source MDPA
**p. 150g :** Thierry Perrin /Hoa-Qui
**p. 150d :** Gérard Guittot /REA
**p. 157 :** Ifremer
**chap. 2 p. 159 :** Stéphane Leitenberger/Naturimages
**p. 163 (5g) :** ARVALIS-Institut du végétal - Cornec Nicole
**p. 163 (5d) :** ARVALIS-Institut du végétal - Molines J.
**p. 163 (6g) :** Suffert Frédéric/INRA
**p. 163 (6hd) :** Colibri/Breal
**p. 163 (6bd) :** Fraval Alain/INRA
**p. 164 :** Stéphane Leitenberger / Naturimages
**p. 165 :** Claudius Thiriet/Biosphoto
**p. 166 :** Photo ARVALIS Institut du végétal
**p. 167 :** Daumal Jeanne/INRA
**p. 168g :** Dupraz Christian/INRA
**p. 168d :** Colibri/Dupre
**p. 170 :** Getty /Thinkstock/iStockphoto
**p. 171g :** Claudius Thiriet/Biosphoto
**p. 171d :** J.-L. Klein et M.-L. Hubert/Biosphoto
**p. 178h et b :** Lechenet/DoubleVue.fr

**chap. 3 p. 179:** Bruno Arnold/Asappictures-Reporters-REA
**p. 180hg:** IRD/Bruno Le Ru
**p. 180hd:** Claudius Thiriet/Biosphoto
**p. 180b:** David Bathgate/Corbis
**p. 182:** Paul Harrison/Still Pictures//Biosphoto
**p. 183:** Colibri/Loubsens
**p. 184:** Photo12.com/Alamy
**p. 185:** IRD-Cirad / Pierre Silvie
**p. 191:** Gleizes/REA
**p. 193h:** Photo12.com/Alamy
**p. 193m:** With kind permission from Springer Science+Business Media: *Environmental Management*, « Remote Sensing and GIS Techniques for Selecting a Sustainable Scenario for Lake Koronia, Greece », janv.1 2006, p. 282, Alexandridis et al., fig. 1, © 2006, Springer Science+Business Media, Inc.
**p. 194h:** Logiciel Mesurim
**p. 194b:** Pascal Sittler/REA
**p. 195h:** S. Reboulard
**p. 195b:** Nicolas Bertrand/INRA

**Thème 4 p. 196-197 et reprise p. 3:** N. Bromhall/SPL/Cosmos
**p. 198h:** Getty/Visuals Unlimited/Gary Martin
**p. 198b:** Getty/Image bank / Derek Berwin
**p. 199:** J.-P. et F. Ziegler/Biosphoto
**chap. 1 p. 201:** BSIP/Gyssels
**p. 202:** Gauvreau/Belin
**p. 203hg:** Dr Gaugler/SPL/Phanie
**p. 203hd:** Goetgheluck/ISM
**p. 203g:** Sovereign/ISM
**p. 203d:** Syred/SPL/Cosmos
**p. 205:** MRC/SPL/Cosmos
**p. 206 (5 ph.):** T. Berrod, Mona Lisa Production/SPL/Phanie
**p. 207:** © Dr Nathalie Josso, INSERM U82
**p. 209:** Justyna Zofia Paplinska et al., « Reproduction in male swamp wallabies (*Wallabia bicolor*) : puberty and the effects of season » *J. Anat.* (2007) 211, pp518-533 © 2007 The Authors - Journal compilation © 2007 Anatomical Society of Great Britain and Ireland
**p. 210:** BSIP/Steimer/ARCO
**p. 211g:** Burger/Phanie
**p. 211d:** Sescousse, Redoute and Dreher, « The Architecture of Reward Value Coding in the Human Orbitofrontal Cortex », *J. Neurosci.*, September 29, 2010, 30(39):13095-13104 © 2010 the Authors
**p. 211b:** © C. Vidal
**p. 217b:** Reprinted by permission from Macmillan Publishers Ltd : *Nature Genetics* 28, 216 - 217 (2001), V. Vidal, M.-C. Chaboissier, D. G. de Rooij & A. Schedl « *Sox9* induces testis development in XX transgenic mice » © 2001, Nature Publishing Group
**p. 218b:** Brian K. Jordan, et al. « Wnt4 overexpression disrupts normal testicular vasculature and inhibits testosterone synthesis by repressing steroidogenic factor 1/D-catenin synergy », PNAS September 16, 2003 vol. 100, 19 : 10866-10871 © 2003 by The National Academy of Sciences of the USA
**chap. 2 p. 219:** BSIP/Phototake/Nikas
**p. 220h:** Visuals Unlimited/Corbis
**p. 220b:** Human Protein Atlas (www.proteinatlas.org)
**p. 222 (4 ph.):** BSIP/Biophoto Associates
**p. 223 :** S. Curtis Hewitt, J. F. Couse & K. S. Korach, « Estrogen receptor transcription and transactivation Estrogen receptor knockout mice : what their phenotypes reveal about mechanisms of estrogen action », *Breast Cancer Res.* 2000, 2: 345-352, Fig. 2, 12 July 2000 © 2000 Current Science Ltd
**p. 225:** Nishinaga Susumu/SPL/COSMOS
**p. 226:** Reprinted from *Brain Research* 817 (1999) 19-24, S. Apostolinas, G. Rajendren, A. Dobrjansky, M. J. Gibson, « Androgen receptor immunoreactivity in specific neural regions in normal and Hypogonadal male mice: effect of androgens » © 1999 with permission from Elsevier Science B.V. All rights reserved
**p. 227:** Inserm/Warembourg
**p. 228h:** P. This
**p. 228b:** Dr François Chrétien
**p. 229hg:** BSIP/Scott Camazine
**p. 229hd:** Garo/Phanie
**p. 229b:** Plate Forme Prévention Sida (http://www.preventionsida.org)
**p. 230h:** Sovereign/ISM
**p. 230m et b:** Eye of science/Phanie
**p. 231h:** Goetgheluck/ISM
**p. 231b:** S. Mathieu
**p. 236h:** Carolina Biological/Visuals Unlimited/Corbis
**p. 239h:** De Gendt K, Swinnen JV, Saunders PT, Schoonjans L, Dewerchin M, Devos A, Tan K, Atanassova N, Claessens F, Lécureuil C, Heyns W, Carmeliet P, Guillou F, Sharpe RM, Verhoeven G., « A Sertoli cell-selective knockout of the androgen receptor causes spermatogenic arrest in meiosis », PNAS Feb. 3, 2004 vol. 101(5):1327-32 © 2004 by The National Academy of Sciences of the USA
**p. 239b:** Tan KA, De Gendt K, Atanassova N, Walker M, Sharpe RM, Saunders PT, Denolet E, Verhoeven G., « The Role of Androgens in Sertoli Cell Proliferation and Functional Maturation: Studies in Mice with Total or Sertoli Cell-Selective Ablation of the Androgen Receptor » *Endocrinology* Jun.146(6): 2674-83 © 2005 by The Endocrine Society
**p. 240h:** akg-images / Electa
**p. 241g:** Goetgheluck/ISM
**p. 241d:** © DuBouillon - Iconovox

**Thème 5 p. 242-243 et reprise p. 3:** Dr Wheeler /SPL/Cosmos
**p. 245:** avec l'aimable autorisation de M. W. Nachman, directeur du dpt Écologie et Biologie évolutionniste, univ. d'Arizona, Tucson (extrait de Nachman M.W. *et al.*, PNAS, 100: 5268-5273, fig. 1B © 2003 National Academy of Sciences, États-Unis)
**chap. 1 p. 247:** Kunkel/Visuals Unlimited/Corbis
**p. 248h et m:** BSIP/Benarrosh
**p. 248b:** SPL/Phanie
**p. 249:** Inserm/Édith Puchelle
**p. 250:** TBWA/CORPORATE/NON PROFIT - © Denis Rouvre - RCS 784 287 583 – 181 rue de tolbiac – 75013 PARIS
**p. 251hg:** © Patrick Allard pour Vaincre la mucoviscidose
**p. 251hd:** © Thierry Passerat pour Vaincre la mucoviscidose
**p. 251bg :** I. Durieu
**p. 253 :** Dr Beauclair
**p. 254g:** N. Bouatia-Naji
**p. 254d:** CDRC-APHP/Phanie
**p. 261 :** Bedwell *et al.* « PTC124 is an orally bioavailable compound that promotes suppression of the human CFTR-G542X nonsense allele in a CF mouse model » PNAS February 12, 2008 vol. 105 no. 6 2064-2069 © 2008 by The National Academy of Sciences of the USA
**chap. 2 p. 263:** Inserm/Valladeau
**p. 264hg et mg:** Biophoto Associates/SPL/Phanie
**p. 264hd:** Dr Cartier/ISM
**p. 264bg:** Centre Jean-Perrin/ISM
**p. 264bd:** Inserm/H. Lu
**p. 265 :** T. Deerinck/NCMIR/SPL/Cosmos
**p. 267h:** figure 2 *in* F. Pedeutour et al., « De la cytogénétique à la cytogénomique des tumeurs adipocytaires 2. Tumeurs adipocytaires malignes » *Bulletin du Cancer* vol. 91, n°4, 317-23, avril 2004 © John Libbey Eurotext avec l'aimable autorisation de Florence Pedeutour, université de Nice-Sophia Antipolis, Faculté de médecine de Nice
**p. 268 :** Garo/Phanie
**p. 270h:** INCa - campagne de dépistage du col de l'utérus 2008
**p. 270b :** CDC/Phanie
**p. 271h et b:** SPL/Phanie
**p. 272h:** Hervé Conge/ISM
**p. 272b:** Coll. CNRI/Cosmos
**p. 273 :** Meckes/Ottowa/Eye of Science/Cosmos
**p. 275 :** L. Loison
**p. 281:** Takaomi Okawa, Carmen Z. Michaylira, Jiri Kalabis, et al., « The functional interplay between EGFR overexpression, hTERT activation, and p53 mutation in esophageal epithelial cells with activation of stromal fibroblasts induces tumor development, invasion, and differentiation », *Genes & Dev.* 2007. 21: 2788-2803 Copyright © 2007, Cold Spring Harbor Laboratory Press
**p. 282:** Dr D. Kunkel/Phototake/ISM
**p. 283:** BSIP/Phototake/Somerville
**p. 284:** BSIP/Boissonnet
**p. 285h:** SPL/PHANIE
**p. 285m:** Photo12.com/Alamy
**p. 285b:** Snow J. *On the Mode of Communication of Cholera*, 1855

**Thème 6 p. 286-287 et reprise p. 3:** Goetgheluck/DoubleVue.fr
**p. 288h:** Belin archives
**p. 288bg:** Dr D. Kunkel/Phototake/ISM
**p. 288bd:** T. Deerinck, NCMIR/SPL/Cosmos
**p. 289g:** Inserm/Lenoir
**p. 289m:** © Assurance Maladie/CFES, Comité français d'éducation à la santé/réalisation DDB & Co – Hintzy Heymann
**p. 291:** Renaud Fulconis/Biosphoto
**p. 293bg:** Johannes Lieder/ISM
**p. 293bd:** P. Denis
**p. 294 :** J.-C. Révy/ISM
**p. 295h:** Eye of Science/Phanie
**p. 295bg:** Curcio A. A. et al. « Human Photoreceptor Topography », *The Journal of comparative neurology*, 292:497-523 (1990) Copyright © 1990 Wiley-Liss, Inc.
**p. 295bd:** K. Knoblauch
**p. 296:** Slagmulder Christian/INRA
**p. 298 :** Getty /Thinckstock/iStockphoto
**p. 298 insert gauche :** S. Meng/Biosphoto
**p. 298 insert droit:** Colibri/Bascoules
**p. 305g:** Garo/Phanie
**p. 305d:** Parker/SPL/Phanie
**p. 306 insert gauche :** Cyril Ruoso/Biosphoto
**p. 306 insert droit:** Malcolm Schuyl/Still Pictures/Biosphoto
**p. 306 :** Kenneth C. Wikler and Pasko Rakic, « Distribution of Photoreceptor Subtypes in the Retina of Diurnal and Nocturnal Primates » *J. Neurosci*, October 1990, 10(10): 3390-4401 © 1990 by Society for Neuroscience
**chap. 2 p. 307:** BSIP/Wellcome photo lib.
**p. 308 :** CNRS Photothèque /E. DURAND - D'après « Autonomie déambulatoire et perception visuelle du mouvement dans un cas de cécité corticale quasi totale » Ceccaldi et al. *Rev. Neurol*. (Paris), 1992, 148, 5, 343-349
**p. 309h et m:** Getty /Thinckstock/iStockphoto
**p. 309b:** Busigny T., et al. (2010), « Holistic perception of the individual face is specific and necessary: evidence from an extensive case study of acquired prosopagnosia », *Neuropsychologia*, 48, 4057-4092 Copyright © 2010 with permission from Elsevier
**p. 310h:** Francois Henry/REA
**p. 311h:** Gauthier et al., « Expertise for cars and birds recruits brain areas involved in face recognition », *Nature Neuroscience* 3, 191-197 (2000) © 2000, Nature Publishing Group
**p. 311h insert1:** Getty/Thinckstock/iStockphoto
**p. 311h insert2:** Getty/Thinckstock/Hemera
**p. 311b:** C. Vidal
**p. 312hg:** BSIP/CMSP
**p. 312hm:** BSIP/Phototake/Hansen
**p. 312hd:** François Klein/Biosphoto
**p. 312bg:** Laguna Design/SPL/Cosmos
**p. 312bd:** © Felix Hasler, univ. of Psychiatry Zurich
**p. 313hd:** Photo12.com/Alamy
**p. 313m et bg:** Capela et al, Neurotoxicology, 2007
**p. 314 :** PLS/D. Hubel & T. Wiesel (http://hubel.med.harvard.edu/index.html)
**p. 315h:** Getty/Thinkstock/Jupiterimages
**p. 315b:** © Merabet LB, et al. (2008) « Rapid and Reversible Recruitment of Early Visual Cortex for Touch », PLoS ONE 3(8): e3046. doi:10.1371/journal.pone.0003046
**p. 316h:** RA Poldrack, JE Desmond, GH Glover, and JD Gabrieli, « The neural basis of visual skill learning: an fMRI study of mirror reading », *Cereb. Cortex* (1998) 8(1): 1-10 © 1998, Oxford University Press
**p. 316b:** CNRS Photothèque /Mondin M., Choquet D., Legros P., Poujol C.
**p. 317:** Christophe Courteau/Biosphoto
**p. 323:** Hans-Otto Karnath, Johannes Rüter, André Mandler, and Marc Himmelbach, « The Anatomy of Object Recognition-Visual Form Agnosia Caused by Medial Occipitotemporal Stroke » *J. Neurosci*, May 6, 2009, 29(18):5854-5862 © 2009 Society for Neuroscience
**p. 324 :** A. Pascual-Leone, A. Amedi, F. Fregni, and L. B. Merabet, « The Plastic Human Brain Cortex », *Annual Review of Neuroscience*, vol. 28 : 377-401, July 2005) 2005 by Annual Reviews. All rights reserved
**p. 325g:** ISM
**p. 325d:** Cordelia Molloy/SPL/Cosmos
**p. 326h:** © Friedrich Miescher Institute for Biomedical Research (FMI), (www.fmi.ch)
**p. 327hg:** Equinox Graphics/SPL/Phanie
**p. 327hd:** Martin Cleaver/AP/SIPA
**p. 327b:** Pasieka/SPL/Phanie.

**Illustrations :** Thomas Haessig (http://haessig-illustrations.com/); Corédoc/Laurent Blondel; Amandine Wanert; Sophie Jacopin; Thierry Delétraz
**Photos non référencées :** Paxal Image/Christophe Michel
**Conception graphique intérieure :** Marie-Astrid Bailly-Maître

Le code de la propriété intellectuelle n'autorise que « les copies ou reproductions strictement réservées à l'usage privé du copiste et non destinées à une utilisation collective » [article L.122-5]; il autorise également les courtes citations effectuées dans un but d'exemple ou d'illustration. En revanche « toute représentation ou reproduction intégrale ou partielle, sans le consentement de l'auteur ou de ses ayants droit ou ayants cause, est illicite » [article L. 122-4]. La loi 95-4 du 3 janvier 1994 a confié au C.F.C. (Centre français de l'exploitation du droit de copie, 20, rue des Grands-Augustins, 75006 Paris), l'exclusivité de la gestion du droit de reprographie. Toute photocopie d'œuvres protégées, exécutée sans son accord préalable, constitue une contrefaçon sanctionnée par les articles 425 et suivants du Code pénal.

**IMPRIM'VERT** Imprimé en France par IME by Estimprim – 25110 Autechaux
N° d'édition : 70115825-06/août2016 – Dépôt légal : avril 2011